D0384127

dictionnaires
europa

français anglais

english french

dictionnaire europa

Larousse

© 1980 Langenscheidt KG, Berlin und München
Imprimerie: Druckhaus Langenscheidt,
Berlin-Schöneberg
Imprimé en Allemagne

Table des Matières

Contents

Abréviations

Abbreviations

Le tilde ~ (avec cercle ~̊ pour indiquer que le mot précédent prend une majuscule quand il doit être répété) remplace la totalité du mot précédent ou la partie du mot devant le trait vertical (|).

The tilde ~ (when the initial letter changes ~̊) stands for the catchword at the beginning of the entry or the part of it preceding the vertical bar (|).

a. aussi, *also.*
abbr. abréviation, *abbreviation.*
adj. adjectif, *adjective.*
adv. adverbe, *adverb.*
Am. américanisme, *Americanism.*
arch. architecture, *architecture.*
auto automobilisme, *automobilism.*
av. aéronautique, *aviation.*
bot. botanique, *botany.*
Br. anglicisme, *Anglicism.*
ch.d.f. chemin de fer, *railway.*
cin. cinéma, *cinema.*
cj. conjonction, *conjunction.*
com. commerce, *commerce.*
cuis. cuisine, *cooking.*
dr. droit, *jurisprudence.*
eccl. ecclésiastique, *ecclesiastical.*
élec. électricité, *electricity.*
etc. et cætera, *and so on.*
f féminin, *feminine.*
fam. langage familier, *familiar term.*
fig. sens figuré, *figuratively.*
f/pl. féminin pluriel, *feminine plural.*
int. interjection, *interjection.*
m masculin, *masculine.*
mar. marine, *nautical term.*
méd. médecine, *medicine.*
mil. militaire, *military.*
mot. moteur, *motor.*
m/pl. masculin pluriel, *masculine plural.*
mus. musique, *music.*
opt. optique, *optics.*
o.s. oneself.
paint. peinture, *painting.*
parl. parlement, *parliamentary term.*
phot. photographie, *photography.*
pl. pluriel, *plural.*
pol. politique, *politics.*

pop. populaire, *popular.*
poss. pronom possessif, *possessive pronoun.*
p.p. participe passé, *past participle.*
prét. prétérit, *past tense.*
pron. pronom, *pronoun.*
prp. préposition, *preposition.*
q. quelqu'un, *somebody.*
qc. quelque chose, *something.*
radio radio, *wireless.*
s. substantif, *substantive, noun.*
s.b. quelqu'un, *somebody.*
s.o. quelqu'un, *someone.*
sport sport, *sport.*
s.th. quelque chose, *something.*
su. substantif, *substantive, noun.*
télé. téléphone, *telephone.*
télév. télévision, *television.*
thé. théâtre, *theatre.*
typ. typographie, *typography.*
v. verbe, *verb.*
zo. zoologie, *zoology.*

Tableau de Prononciation Anglaise et Française

Key to French and English Pronunciation

L'alphabet phonétique employé dans la liste suivante est celui de l'Association Phonétique Internationale. Les exemples donnés sont les équivalents les plus proches. Le signe [:] veut dire que la voyelle précédente se prononce longue. L'accent tonique est indiqué par [ˈ] précédant la syllabe accentuée. La prononciation des consonnes non contenues dans la liste ne diffère pas de la prononciation française.

The phonetic alphabet used in the following list is that of the International Phonetic Association. The examples given contain the nearest English equivalent to the original French sound. Long vowels are followed by the sign [:]. The stress is indicated by [ˈ] preceding the stressed syllable. The consonants not listed should be pronounced the same as their English counterparts.

Signe	Exemples Anglais	Exemples Français
ɑː	f*ar*	p*â*te
ʌ	c*o*me	c*a*nne
æ	b*a*g	—
ɛə (*seulement devant r*)	p*ea*r	*ai*r
ai	t*ie*, d*ye*	—
au	n*ow*	—
ei	d*ay*	p*aie*
e	b*e*d	—
ə	*a*bout	s*e*
əː	b*i*rd	b*eu*rre
i	b*i*g	gr*i*ppe
ɔ	g*o*d	f*o*rme
o	m*o*lest	b*eau*
ou	b*oa*t	—
ɔi	b*oy*	—
ʉ	r*oo*m	t*ou*ffe
ʒ	lar*g*e	*g*énie
j	*y*es	ca*h*ier, bâi*ll*er
ŋ	ri*ng*	—
θ	*th*in	—
ð	fa*th*er	—
s	*s*ee	*c*itron
z	ri*s*e	jalou*s*ie
ʃ	*sh*ake	*ch*er
w	*w*ill	*ou*i

Sign	Examples French	Examples English
a	p*a*tte	c*u*p
ɑ	*â*gé	p*a*lm
e	cl*e*f	—
ɛ	s*e*pt	—
ə	m*e*	*a*bove
i	gr*i*ppe	b*i*g
ɔ	p*o*ste	b*o*ss
o	ch*au*d	m*o*lest
u	g*ou*tte	r*oo*m
y	cr*u*	—
œ	b*eu*rre	g*i*rl
ø	j*eû*ne	—
ɑ̃, ɛ̃, ɔ̃, œ̃	sounds ɑ, ɛ, ɔ, œ uttered while keeping the passage between throat and nose closely shut	
ʒ	man*g*er	*j*ust
j	ca*h*ier, bâi*ll*er	*y*es
ɲ	co*gn*er	le*n*ient
s	*c*ime	*s*o
z	mai*s*on	po*s*e
ʃ	*ch*anter	*sh*ow
w	*ou*i	*w*e

A

à [a] to; at; in; for; by; until; with; ~ **la ...** (in the) ... fashion, in the manner of ...
abaiss|ement *m* lowering; **~er** lower, reduce; humble; **s'~er** fall, drop; *fig.* stoop.
abandon [abɑ̃dɔ̃] *m* desertion; renunciation; neglect; **à l'~** neglected; **~ner** abandon; forsake; give up.
abat-jour *m* lamp-shade.
abatt|ement *m* dejection; prostration; **~re** demolish; fell (*tree*); kill; bring down; lay low; **s'~re** fall down, drop; collapse; swoop down; *plane*: crash; abate; **~u** dejected.
abbaye [abɛi] *f* abbey.
abcès [apsɛ] *m* abscess.
abdi|cation [abdikasjɔ̃] *f* abdication; **~quer** abdicate, renounce.
abeille [abɛj] *f* bee.
abhorrer abhor, detest.
abîm|e *m* abyss; **~er** damage, spoil, ruin.
abjurer [abʒyre] abjure.
abnégation *f* abnegation; self-denial.
abois [abwa]: **aux ~** hard pressed; at bay.
abol|ir abolish; **~ition** [abɔlisjɔ̃] *f* abolition.
abond|ance [abɔ̃dɑ̃:s] *f* plenty; abundance; **~ant** abundant.
abonn|é *m* subscriber; **~ement** *m* subscription; season-ticket; **s'~er à** subscribe to.
abord [abɔ:r] *m* approach; access; **~s** *pl.* surroundings *pl.*; **au premier ~** at first sight; **d'~** at first; **tout d'~** first of all; **~er** land; approach; address, accost.
aboutir [abuti:r] **à** (*or* **dans**) lead to; result in.
aboyer bark, bay.
abrég|é *m* summary; **~er** shorten, abridge.
abreuver water; **s'~** quench one's thirst.
abréviation [abrevjasjɔ̃] *f* abbreviation.
abri [abri] *m* shelter; **à l' ~ de** sheltered from, secure from; under the protection of.
abricot [abriko] *m* apricot.
abriter shelter (**de** from); accommodate; **s'~** take shelter.
abrupt abrupt, steep.
absen|ce [apsɑ̃:s] *f* absence; **~ce d'esprit** absent-mindedness; **~t** absent, away; missing.
absinthe [apsɛ̃:t] *f* absinth.
absolu absolute; complete;

~ment absolutely.
absorber absorb; soak up; swallow (up).
absoudre [apsudr] absolve.
abstenir: s'~ abstain (**de** from).
abstraction [apstraksjɔ̃] *f* abstraction; **faire ~ de** leave out of account; **~ faite de** apart from.
abstrait [apstrɛ] abstract.
absurde [apsyrd] absurd, senseless.
abus [aby] *m* abuse; **~er** deceive; **~er de** misuse; **s'~er** be mistaken; **~if** abusive; excessive; improper.
académi|e *f* academy; **~que** academic.
accabl|ant oppressive; crushing; **~é** worn out; depressed; **~é de** snowed under with; **~ement** *m* despondency; **~er de** overwhelm with.
accalmie *f mar.* lull; calm; *com.* dull (*or* dead) season.
accaparer take up, absorb; monopolize.
accéder à have access to; comply with, grant.
accélér|ateur *m* accelerator; **~er** accelerate, step up.
accent [aksɑ̃] *m* accent; stress; pronunciation; **~uer** stress, emphasize.
accept|ation [aksɛptasjɔ̃] *f* acceptance; **~er** accept; *com.* hono(u)r (*bill*).
accès [aksɛ] *m* access, approach; fit, outburst.
accessoires *m/pl* accessories *pl.*
accident [aksidɑ̃] *m* accident; **par ~** by chance; **~é** uneven, rough; **~el** accidental.
acclamer acclaim, cheer.
accommod|ant obliging; easy to deal with; **~er** arrange, fix; adapt (**à** to); **s'~er de** be content with; put up with.
accompagner [akɔ̃paɲe] accompany, escort.
accompl|ir accomplish; achieve; perform; **~issement** *m* accomplishment; achievement.
accord [akɔ:r] *m* agreement; harmony; *mus.* chord; **être d'~** be agreed; **d'~!** all right; **~er** grant; reconcile; *mus.* tune; **s'~er** agree.
accoter: s'~ à lean against.
accouch|ement *m* delivery, confinement, birth; **~er** be confined; **~er de** be delivered of (*baby*).
accoupl|ement *m* coupling, linking; **~er** join; couple.
accourir hasten up.
accoutum|ance *f* habit, usage; **s'~er à** get accustomed to, get used to.
accréditer accredit.
accroc [akro] *m* tear, rent; hitch; **sans ~** smoothly.
accrocher hang up; catch, hook, hold; *auto* collide with, run into; **s'~** get caught (**à** on); **s'~ à** hold on to.
accroître [akrwatr] increase,

enlarge; **s'~** grow.
accueil [akœ:j] *m* reception; welcome; **~lir** welcome, receive.
accumul|ateur *m élec.* accumulator; **~er** accumulate, hoard, pile up.
accus|ation [akyzasjɔ̃] *f* accusation, indictment; **~é** *m dr.* defendant; **~er** (**de**) accuse (of); charge (with); **~er réception** acknowledge receipt.
acerbe acrid, bitter.
acharn|é inveterate; keen; dogged; **~ement** *m* relentlessness; doggedness.
achat [aʃa] *m* purchase.
acheminer send, forward; **s'~** be on one's way, move, travel.
achet|er [aʃte] buy, purchase; **~eur** *m* buyer.
achever [aʃve] finish; finish off.
achoppement: pierre *f* **d'~** stumbling block.
acid|e [asid] acid; sour; **~ité** *f* acidity.
acier [asje] *m* steel.
acompte [akɔ̃:t] *m* instalment, part payment.
acquér|eur *m* purchaser; **~ir** acquire.
acquiescer [akjɛse] **à** grant (*request*); agree to.
acquis [aki] acquired; **~ition** *f* acquisition.
acquitter acquit; discharge.
âcre acrid, pungent; sharp.
acte *m* deed, document; act (*a. thé.*); action; **~ de naissance** birth certificate.
acteur *m* actor.
actif *m* assets *pl.*; *adj.* active, busy.
action [aksjɔ̃] *f* action; act; effect; *com.* share; **~s** *pl.* stock; **~ner** set going, work, turn on.
activ|er activate, stir up, hasten; **~ité** *f* activity.
actualité *f* topicality; reality; topic of the moment; **~s** *pl.* news(reel).
actuel present, current; **~lement** now(adays), at present.
acuité [akɥite] *f* acuteness, sharpness.
adapt|ation *f* adaptation; **~er** adapt, adjust; **s'~er à** adapt o.s. to.
addition [adisjɔ̃] *f* addition; *restaurant:* bill, *Am.* check; **~ner** add up.
adéquat adequate.
adhér|ent [aderɑ̃] *m* adherent; *adj.* adhering; clinging; **~er** adhere.
adieu [adjø] *m*, *int.* farewell; good-bye; **faire ses ~x** take leave (**à** of).
adjacent adjoining.
adjoint [adʒwɛ̃] *m* assistant, deputy; *adj.* adjunct.
adjudication *f* adjudication; award.
adjuger [adʒyʒe] adjudge.
admettre [admɛtr] admit, allow.
administr|ateur *m* manag-

er, administrator; director; **~atif** administrative; **~a-tion** [administrasjɔ̃] *f* administration; management; **conseil** *m* **d'~ation** board of directors; **~er** manage, direct, govern; administer.

admir|able [admirabl] admirable; **~er** admire.

admiss|ible admissible; eligible; **~ion** *f* admission; admittance.

adolescence [adɔlɛsɑ̃s] *f* adolescence.

adonner: s'~ à devote o.s. to; become addicted to.

adopt|er adopt; take up; **~ion** [adɔpsjɔ̃] *f* adoption.

adorer adore, worship; love passionately.

adosser contre *or* **à** lean against (*a.* **s'~**).

adouci|r soften, soothe, smooth; alleviate; **~sseur** *m* softener.

adresse *f* address; skill; **~r à** send to; **s'~r à** speak to; ask; apply to.

adroit [adrwa] skilful; dexterous.

adulte [adylt] *m*, *adj.* adult, grown-up.

adultère *m* adultery.

advenir happen; **advienne que pourra** come what may.

adver|saire [advɛrsɛ:r] *m* adversary; opponent; **~sité** *f* adversity.

aér|age [aera:ʒ] *m* ventilation; **~é** aerated; **~er** air; **voyage** *m* **~ien** air travel.

aéro|drome *m* airfield; **~dynamique** streamline(d); **~port** [aerɔpɔ:r] *m* airport.

affab|ilité *f* affability; **~le** affable, amiable.

affaiblir weaken (*a.* **s'~**).

affaire [afɛ:r] *f* affair; business; matter; difficulty; **~s** *pl.* business; belongings *pl.*; **avoir ~ à** have to do with; **chiffre** *m* **d'~s** turnover; **s'~r** be busy; fuss.

affaisser: s'~ collapse; give way, cave in.

affaler: s'~ drop, sink.

affam|é hungry, starving (**de** for); **~er** starve.

affect|ation [afɛktasjɔ̃] *f* affectation; *funds:* appropriation; **~er** affect; appropriate (*funds*); **~ion** *f* fondness; *méd.* ailment; **~ionné** affectionate; devoted; **~ionner** like; **~ueux** affectionate, loving.

affermir strengthen; consolidate; confirm.

affich|e [afiʃ] *f* poster, bill; **~er** post up; display; *fig.* show off, make a show of; **s'~er** show off.

affiler sharpen; whet.

affilier affiliate; associate.

affirm|atif affirmative; **~er** affirm; assert; **s'~er** assert o.s.; prove.

affli|ction [afliksjɔ̃] *f* misfortune; affliction; **~ger** afflict; distress.

afflu|ence [aflyɑ̃:s] *f* crowd; **heures** *f/pl.* **d'~ence** rush-

hours *pl.*; **~ent** *m river:* tributary; **~er** flow; *people:* flock, crowd.
affol|ement *m* panic; **~er** excite; drive mad; **s'~er** panic.
affranch|ir set free; release; stamp (*letter*); **~issement** *m* liberation, release.
affres [afr] *f/pl.* throes *pl.*, pangs *pl.*
affreux frightful, dreadful.
affront [afrɔ̃] *m* insult, snub; **~er** brave, face.
afin [afɛ̃]: **~ de** in order to; **~ que** in order that, so (that).
africain [afrikɛ̃] *adj.*, **2** *m* African.
Afrique *f* Africa; **~ du Sud** South Africa.
agaçant irritating; annoying.
agac|ement *m* irritation. annoyance; **~er** irritate; annoy.
âge [aːʒ] *m* age; years *pl.*; old age; **quel ~ avez-vous?** how old are you?; **en bas ~** in infancy; **à la fleur de l'~** in the prime of life.
âgé aged, old; elderly; **~ de dix ans** ten years old.
agenc|e [aʒɑ̃ːs] *f* agency, branch office; **~ de voyages** travel agency; **~er** arrange, set up.
agenouiller: s'~ kneel.
agent [aʒɑ̃ː] *m* agent; **~ de change** stockbroker; **~ (de police)** policeman; **~ de tourisme** travel agent; **~ immobilier** house agent, *Am.* realtor.
agglomération *f* agglomeration, mass; cluster; town, village.
aggraver aggravate, make worse.
agil|e [aʒil] nimble, agile; **~ité** *f* nimbleness; agility.
agio|tage [aʒjɔtaːʒ] *m* stockjobbing; **~teur** *m* stockjobber.
agi|r [aʒiːr] act, behave; **il s'agit de ...** ... is concerned; **dont il s'agit** in question; **~ssements** *m/pl.* doings *pl.*
agit|ateur *m* agitator; **~ation** [aʒitasjɔ̃] *f* agitation; unrest; turmoil; **~é** agitated; restless; upset; **~er** shake, wave, stir; agitate; upset; discuss (*problem*); **s'~er** be agitated; bustle about.
agneau [aɲo] *m* lamb.
agoni|e *f* agony; **~ser** agonize; be dying.
agraf|e *f* hook; clasp; **~er** fasten, hook (up).
agrand|ir enlarge (*a. phot.*), increase; **s'~ir** expand, extend; **~issement** *m* enlargement.
agré|able [agreabl] agreeable; **~é** approved.
agrément *m* consent; pleasure; charm; **voyage** *m* **d'~** pleasure trip.
agress|eur *m* aggressor; **~if** aggressive; **~ion** [agrɛsjɔ̃] *f* aggression.
agri|cole agricultural; **~cul-**

teur *m* farmer, peasant.
ahur|ir [ayri:r] dumbfound, flabbergast, bewilder; **~issement** *m* stupefaction.
aide [ɛd] *f* help, assistance, aid; *m* assistant, helper; **à l'~ de** by means of, with; **~r** help, assist.
aïeu|l [ajœl] *m* grandfather; **~le** *f* grandmother; **~x** *m/pl.* ancestors *pl.*
aigle [ɛgl] *m* eagle.
aiglefin *m* haddock.
aigre sour; shrill; sharp.
aigr|eur *f* sourness; bitterness (*a. fig.*); acidity; **~eurs** *pl.* **(d'estomac)** heartburn; **~ir** embitter; **s'~ir** become embittered; turn sour.
aigu [ɛgy] sharp; pointed; shrill.
aiguill|e [egɥi:j] *f* needle; *ch. d. f.* switch; points *pl.*; **~er** switch, shunt; direct.
aiguillon [egɥijɔ̃] *m* sting, goad; **~ner** goad, spur on.
aiguiser [egɥize] sharpen; whet.
ail [aj] *m bot.* garlic.
aile [ɛl] *f* wing; *auto* mudguard, *Am.* fender; **voler de ses propres ~s** stand on one's own feet.
ailleurs [ajœ:r] elsewhere; **d'~** besides, moreover; **par ~** apart from that.
aimable amiable, kind; pleasant.
aimant *m* magnet; *adj.* loving; **~er** magnetize.
aimer [ɛme] love, like; enjoy; **~ mieux** prefer; **se faire ~ de** win the affection of.
aîné elder, eldest, senior.
ainsi [ɛ̃si] so, thus; **~ que** as well as; just as.
air [ɛ:r] *m* air; appearance; *mus.* tune; **avoir l'~ de** seem to (be), look like; **se donner des ~s** put on airs.
airain *m* brass, bronze.
aire [ɛ:r] *f* surface; ground; area; *auto* servicing area.
airelle *f bot.* bilberry.
aisance [ɛzɑ̃:s] *f* ease; comfort.
aise [ɛ:z] *f* ease, pleasure; **à l'~, à son ~** comfortable; **mettez-vous à votre ~** make yourself comfortable; **mal à l'~** ill at ease, uneasy.
aisselle *f* arm-pit.
ajourn|ement *m* adjournment; **~er** adjourn; put off, postpone.
ajouter add; **~ à** add to.
ajuster [aʒyste] adjust; aim (at); adapt, fit.
alacrité *f* cheerfulness.
alarme *f* alarm; **~ d'incendie** fire alarm; **~r** alarm; **s'~r** be alarmed (**de** at).
alcool [alkɔl] *m* alcohol; **~ique** alcoholic; **~isme** *m* alcoholism.
aléatoire uncertain.
alentours [alɑ̃tu:r] *m/pl.* neighbo(u)rhood; surroundings; vicinity.
alerte [alɛrt] *f* alarm; **fausse**

~ false alarm; *adj.* alert, lively; **~r** alert, warn.
algèbre *f* algebra.
Algér|ie [alʒeri] *f* Algeria; **≈ien** [alʒerjɛ̃] *adj.*, **~ien** *m* Algerian.
algue [alg] *f bot.* seaweed.
alién|ation *f* alienation; madness; estrangement; **~é** *méd. adj.* lunatic; *m* mental patient; **~er** alienate; estrange; **~iste** *m* psychiatrist.
alignement [aliɲəmɑ̃] *m* alignment.
aliment [alimɑ̃] *m* food; **~s** *pl.* food-stuff; **~ation** *f* feeding; nourishment; supply; grocery (shop, *Am.* store); **~er** feed; supply; **~eux** nourishing.
alit|é confined to bed; bedridden; **s'~er** take to one's bed.
allécher entice, tempt.
allée *f* path, walk, alley; **~set venues** *f/pl.* running about, hustle and bustle.
alléger lighten, relieve.
allégorie *f* allegory.
allégresse *f* gaiety, joy.
alléguer allege, assign.
Allemagne [almaɲ] *f* Germany.
allemand [almɑ̃] *adj.*, **≈** *m* German.
aller go, move; **~ à cheval** ride; **~ à pied** walk; **~ bien** be well, be in good health *clothes, etc.:* suit, fit; **~ chercher** go for; fetch; **~ en bateau** sail; **~ en voiture** drive; **~ voir** go to see, call on; **s'en ~** go away; depart; **allez-vous-en!** go away!; **allons!, allez!** come on!
aller(-)retour *m* return, *Am.* round-trip (ticket).
alli|ance [aljɑ̃:s] *f* alliance; marriage; wedding-ring; **~é** *m* ally; **~er** ally; combine; mix, blend.
allô *int.* hello, hallo.
allocution [alɔkysjɔ̃] *f* allocution; address, speech.
allong|ement *m* lengthening; extension; **~er** lengthen, stretch; **s'~er** stretch out, lie down.
allouer [alwe] allow, grant (*money*).
allum|age *m* lighting: ignition; **couper l'~age** switch off the ignition; **~er** light; switch on, turn on; **s'~er** light up; **~ette** *f* match.
allure [aly:r] *f* gait, pace; bearing, style, distinction; look, appearance; **à toute ~** at top speed.
allusion *f* hint; **faire ~ à** hint at, refer to.
aloi [alwa] *m* quality, standard.
alors [alɔ:r] then; **~ que** whereas; **jusqu'~** until then.
alouette *f* lark.
alourdir [alurdi:r] make heavy; dull.
aloyau *m* sirloin.
Alpes [alp] *f/pl.* Alps *pl.*

alpha|bet *m* alphabet; **~bétique** alphabetical.

alpinisme *m* mountaineering.

altercation [altɛrkasjɔ̃] *f* quarrel, dispute, altercation.

altérer impair, worsen; make thirsty; **s'~** deteriorate; degenerate.

altern|atif alternate; alternating; **~ative** [altɛrnati:v] *f* alternative; option; **~er** alternate; rotate.

alti|er haughty, lofty; **~mètre** *m* altimeter; **~tude** [altityd] *f* altitude, height.

alun *m* alum.

amabilité *f* amiability, kindness.

amadouer coax, wheedle.

amaigrir make thin; **s'~** grow thin, slim down, slenderize.

amaigrissant slimming, slenderizing.

amande *f bot.* almond.

amant *m* (**~e** *f*) lover.

amarr|age *m mar.* mooring; **~er** moor; fasten.

amas [ama] *m* heap; mass; pile; **~ser** collect; heap (up); **s'~ser** pile up; crowd together.

amateur [amatœ:r] *m* amateur, lover, dilettante.

ambages [ɑ̃ba:ʒ]: **sans ~** without beating about the bush, freely.

ambassa|de *f* embassy; **~deur** *m* ambassador.

ambiance [ɑ̃bjɑ̃:s] *f* surroundings *pl.*; environment; atmosphere.

ambigu [ɑ̃bigy] ambiguous; equivocal; **~ïté** *f* ambiguity.

ambiti|eux ambitious; **~on** [ɑ̃bisjɔ̃] *f* ambition.

ambre *m* amber.

ambulance [ɑ̃bylɑ̃:s] *f* ambulance.

ambulant itinerant; strolling; **marchand** *m* **~** hawker.

âme [ɑ:m] *f* soul; mind; sentiment; **sans ~** unfeeling; soulless; **tranquillité** *f* **d'~** peace of mind; **grandeur** *f* **d'~** magnanimity.

amélior|ation *f* [ameljɔrasjɔ̃] *m* improvement; **~er** ameliorate, improve (*a.* **s'~er**).

aménag|ement *m* arrangement; **~er** arrange, lay out.

amend|able [amɑ̃dable] improvable; **~e** *f* fine, penalty; **~e honorable** apology; **~ement** *m* improvement; amendment; **~er** improve; reform; **s'~er** mend one's ways.

amener bring; bring in; bring round; lead; *fam.* **s'~** turn up.

aménité *f* affability; amiability.

amer [amɛ:r] bitter.

américain [amerikɛ̃] *adj.*, **~** *m* American.

Amérique [amerik] *f* America; **États** *m/pl.* **Unis d'~** United States of America; **~**

du Nord North America; ~ **du Sud** South America; ~ **latine** Latin America.
amertume *f* bitterness.
ameublement *m* furnishing.
ameuter rouse (*mob*).
ami *m* friend; **~e** *f* girl-friend; **un de mes ~s** a friend of mine; *adj.* friendly; **~able, ~cal** amicable, friendly; **à l'~able** amicably.
amidon *m* starch; **~ner** starch.
amincir [amɛ̃si:r] make (look) thin; (grow) slim.
amincissant slimming, slenderizing.
amitié [amitje] *f* friendship; affection; **par ~** out of friendship; **~s** *pl.* kind regards *pl.*; **présentez mes ~s à** remember me to.
amnésie *f méd.* amnesia.
amnistier amnesty.
amoindrir [amwɛ̃dri:r] lessen; reduce; belittle; **s'~** diminish.
amollir soften; *fig.* enfeeble.
amoncel|er heap up (*a.* **s'~**); **~lement** *m* accumulation.
amont: en ~ upstream, **en ~ (de)** above.
amorc|e [amɔrs] *f* bait; detonator; *fig.* beginning; **~er** bait; *fig.* start, get under way.
amorphe amorphous; shapeless.
amort|ir deaden, muffle, dull, cushion; pay off (*debt*); **~issable** *com.* redeemable; **~isseur** *m* shock-absorber.
amour [amu:r] *m* love; **faire l'~** make love; **s'~acher de** fall for; **~eux** *m* lover; *adj.* in love (**de** with); loving; love ...; **tomber ~eux (de)** fall in love (with); **~-propre** *m* self-esteem.
ampl|e [ɑ̃pl] ample, wide; abundant; **~eur** *f* width, spaciousness; *fig.* extent, dimensions *pl.*
amplificat|eur *m radio* amplifier; *phot.* enlarger.
ampli|fier amplify; magnify; **~tude** *f* amplitude.
ampoule *f méd.* blister; *élec.* (incandescent) bulb; **~ (de) flash** flash-bulb.
amput|ation [ɑ̃pytasjɔ̃] *f* amputation; **~er** amputate.
amus|ant amusing; **~ement** [amyzmɑ̃] *m* amusement, entertainment; **~e-gueule** *m* appetizer, cocktail snack; **~er** amuse, entertain; **s'~er** enjoy o.s., have a good time; dally, dawdle.
amygdal|e [amigdal] *f* tonsil; **~ite** *f* tonsillitis.
an [ɑ̃] *m* year; **il y a un ~** a year ago; **jour** *m* **de l'~** New Year's Day; **l'~ dernier** last year; **tous les ~s** every year.
analogue analogous.
analyse [analiz] *f* analysis; **~r** analyze.
ananas [anana] *m bot.* pineapple.
anarchie [anarʃi] *f* anarchy.
anatomie *f* anatomy.

ancêtres *m/pl.* ancestors *pl.*, forefathers *pl.*
anchois [ɑ̃ʃwa] *m* anchovy.
ancien [ɑ̃sjɛ̃] ancient; senior; former, one-time; late; **~neté** *f* seniority; antiquity.
ancre *f* anchor; **~r** cast anchor; **s'~r** establish o.s, take root.
andouille [ɑ̃du:j] *f* chitterlings *pl.*; *pop.* fool, sap.
âne *m* donkey, ass.
anéant|ir annihilate, ruin, destroy; **~issement** *m* annihilation, destruction.
anémie *f méd.* an(a)emia.
ânerie *f* stupidity.
anesthésie *f* an(a)esthesia.
ange [ɑ̃:ʒ] *m* angel; **~ gardien** guardian angel.
angine *f méd.* sore throat; tonsillitis.
angle [ɑ̃:gl] *m* angle.
anglais [ɑ̃glɛ] English; **≈** *m* Englishman; **~e** *f* Englishwoman.
Angleterre [ɑ̃glətɛ:r] *f* England.
angoiss|e [ɑ̃gwas] *f* anxiety; pang; **~er** anguish, distress.
anguille [ɑ̃gi:j] *f* eel.
angulaire angular.
animal [animal] *m* animal, beast; **~ favori** pet; *adj.* animal; brutish.
anim|ation [animasjɔ̃] *f* animation; liveliness; **~é** lively, spirited; **dessin** *m* **~é** *film:* cartoon; **~er** animate, enliven; **s'~er** become lively; **~osité** *f* animosity; spite.
anis [ani] *m bot.* anise, aniseed.
annales *f/pl.* annals *pl.*
anneau *m* ring; link; hoop.
année *f* year.
annex|e *f* annex; **~er** annex; **~ion** *f* annexation.
annihiler [aniile] annihilate; annul.
anniversaire *m* anniversary; birthday.
annonc|e [anɔ̃:s] *f* advertisement; announcement; **~er** announce, declare; advertise; **s'~er bien** be promising; **~iation** *f* annunciation; **(Fête** *f* **de l')≈iation** Lady Day.
annot|ation [anɔtasjɔ̃] *f* annotation **~er** annotate.
annuaire *m* **des téléphones** telephone directory.
annuel annual, yearly.
annuité *f* annuity.
annulaire *m* ring-finger; *adj.* ringlike.
annul|ation *f* cancellation; **~er** [anyle] cancel; annul.
anode *f élec.* anode.
anodin anodyne; harmless.
anomalie *f* anomaly.
anonyme anonymous; **société** *f* **~** limited (liability) company.
anormal abnormal.
anse [ɑ̃:s] *f* handle.
antécédent [ɑ̃tesedɑ̃] *m* antecedent; *adj.* previous.
antenne [ɑ̃tɛn] *f* feeler, antenna; *radio* aerial.
antéri|eur [ɑ̃terjœ:r] an-

terior; previous; **~orité** *f* priority.
anthracite *m* anthracite.
antialcoolique *m* teetotaller; *adj.* teetotal.
antibiotique *m*, *adj.* antibiotic.
antichambre [ɑ̃tiʃɑ̃:br] *f* antechamber, waiting room.
anticip|ation [ɑ̃tisipasjɔ̃] *f* anticipation; **~er** anticipate; forestall.
antidater antedate.
antidérapant *tire:* non-skid.
antidote *m* antidote.
antigel [ɑ̃tiʒɛl] *m* anti-freeze.
antipathie [ɑ̃tipati] *f* antipathy.
antiqu|e [ɑ̃tik] ancient; antique; **~ités** *f/pl.* antiquities *pl.*; antique shop.
antirévolutionnaire antirevolutionary.
antisémitique anti-Semitic.
antiseptique [ɑ̃tisɛptik] *adj.*, *m* antiseptic.
anxi|été [ɑ̃ksjete] *f* anxiety, anxiousness; **~eux** anxious.
août [u,ut] *m* August.
apais|ement *m* appeasement; calming; **~er** allay, appease; satisfy (*hunger*); quench (*thirst*); **s'~er** subside, calm down.
apathique apathetic(al).
apercev|able perceivable, perceptible; **~oir** [apɛrsəvwa:r] perceive; observe; **s'~oir de** notice, realize; *fig.* look through (*scheme*); **ne pas s'~oir de** overlook.
aperçu [apɛrsy] *m* glimpse; sketch; short account; estimate.
apéritif, *fam.* **apéro** *m* aperitif, appetizer.
à peu près nearly, about, approximately.
apiculteur *m* bee-keeper.
apitoyer excite pity; **s'~ sur** feel sorry for.
aplanir smooth; flatten, plane, level; smooth away (*obstacles*).
aplatir flatten; **s'~** fall flat, fall over; crouch; *fig.* cringe.
aplomb [aplɔ̃] *m* poise, balance; *fig.* assurance, self-possession; impudence, cheek; **d'~** vertical(ly), upright.
apogée [apɔʒe] *m* peak; zenith.
apologie [apɔlɔʒi] *f* vindication; defence.
apoplexie stroke, apoplexy.
apostasier renounce one's faith.
apostrophe [apɔstrɔf] *f* apostrophe.
apôtre *m* apostle.
apparaître [aparɛtr] appear; become visible.
apparat *m* pomp, display.
appareil [aparɛj] *m* appliance; apparatus; machine; gear; telephone; **~ (photographique)** camera; **~ à jetons** slot-machine; **~lage** *m* installation.
apparemment apparently.
apparence [aparɑ̃:s] *f* ap-

pearance; probability; **sauver les ~s** save one's face; **en ~** apparently; **apparent** [aparɑ̃] apparent, visible, evident.

apparenté related.

apparition *f* apparition; phantom; vision.

appartement [apartəmɑ̃] *m* set of rooms; apartment; flat; **~ meublé** furnished flat.

appartenir à belong to; **s'~** be one's own master.

appât [apa] *m* bait; enticement; **~er** bait; lure.

appauvrir impoverish.

appel *m* call; appeal; **faire ~ à** call (up)on, turn to, summon up; **~ interurbain** trunk call; **~ téléphonique** telephone call; **~er** call (up); **s'~er** be called.

appendi|ce [apɛ̃dis] *m* appendix; **~cite** *f* appendicitis.

appentis *m* shed, lean-to.

appesantir: s'~ sur insist on, linger over (*details*).

appét|issant appetizing, tempting; **~it** *m* appetite.

applaud|ir applaud, clap; approve; **~issements** *m/pl.* applause; acclamation.

appli|cable [aplikabl] applicable; appropriate; **~cation** [aplikasjɔ̃] *f* application; assiduity; **~qué** applied; diligent, assiduous.

appliquer apply; lay on; give, land (*blow*); **s'~** apply; **s'~ à** apply o.s. to; give one's attention to.

appoint [apwɛ̃] *m* contribution; *com.* balance; **~ements** *m/pl.* salary; **~er** pay a salary (to).

apport *m* contribution, share; **~er** bring; fetch.

apposer fix, put, place, set.

appréci|ation [apresjasjɔ̃] *f* appreciation; estimation; **~er** appreciate; value; appraise.

appréhender apprehend; arrest.

apprendre [aprɑ̃dr] learn; find out, hear (*news*); **~ qc. à q.** teach s.o. s.th.

apprenti [aprɑ̃ti] *m* apprentice; **~ssage** *m* apprenticeship.

apprêt *m* preparation; *fig.* affectation; **~er** prepare; **s'~er** get ready; dress.

apprivois|é [aprivwaze] tame; **~er** tame; *fig.* make sociable.

approba|teur approving; **~tion** *f* approval; consent.

approch|ant near; about; not unlike; **~e** *f* approach; **~es** *pl.* outskirts *pl.*

approcher bring near(er) (**de** to); come close(r) (**de** to), approach; **s'~ de** approach.

approfondi thorough; **~r** make deeper, deepen; study *or* examine thoroughly.

appropri|é appropriate; suitable; **~er** adapt (**à** to); **s'~er** appropriate, usurp.

approuver approve (of), agree to.

approvisionner de supply with.
approximati|f approximative; approximate; **~vement** approximately.
appui [apyi] *m* support; prop.
appuyer [apyije] place, put, lean, rest, press; support, help; **~ sur** emphasize; **~ sur le bouton** push the button; **~ sur l'accélérateur** accelerate; **s'~ sur** lean on; rest on; rely on.
âpre rough, harsh, gruff; sour; *fig.* severe, austere.
après [aprɛ] after, next to; **d'~** from, according to; **~ tout** after all; **~-demain** *m* the day after tomorrow; **~-midi** *m* afternoon.
apt|e apt, qualified; **~itude** *f* aptitude; qualification.
aquarelle [akwarɛl] *f paint.* water-colo(u)r.
aqueduc [akdyk] *m* aqueduct; culvert.
arabe [arab] Arab; Arabian; Arabic; **≗** *m* Arab.
arable arable; tillable.
arachide [araʃid] *f* peanut.
araignée *f* spider.
arbitr|age *m* arbitration; **~aire** arbitrary; despotic; **~e** *m* arbitrator, umpire; **~er** arbitrate; referee.
arborer raise; hoist (*flag*); *fig.* show off, sport.
arbre *m* tree; (driving-)shaft; *auto* axle.
arbrisseau *m bot.* shrub.
arc [ark] *m* bow, arch.
arcade [arkad] *f* arcade.
arc-en-ciel *m* rainbow.
archevêque [arʃəvɛ:k] *m* archbishop.
architect|e [arʃitɛkt] *m* architect; **~e paysagiste** landscape-gardener; **~ure** [arʃitɛkty:r] *f* architecture.
archives [arʃiv] *f/pl.* archives *pl.*
arctique arctic.
ard|ent [ardɑ̃] ardent; keen; eager; fervent; passionate; **~eur** *f fig.* fire, ardo(ur); heat.
ardoise [ardwa:z] *f* slate.
ardu arduous; steep; *fig.* difficult.
arène *f* arena, bull-ring.
arête *f* fish-bone; crest, ridge.
argent [arʒɑ̃] *m* silver; money; **~ comptant** cash; **~ liquide** ready money; **~é** silvery; plated; **~erie** *f* (silver) plate, silverware, **~in** silvery; clear.
argile [arʒil] *f* clay.
argot *m* slang; cant.
argument [argymɑ̃] *m* argument; proof; **~ation** *f* reasoning.
aride arid; barren; dry.
aristocrate *m* (*f*) aristocrat.
armat|eur *m* ship-outfitter; shipowner; **~ure** *f* framework, braces *pl.*
arme [arm] *f* arm, weapon; **à ~s égales** on equal terms.
armée *f* army.
armement *m* armament.
armer arm; equip, fit out (**de** with); reinforce.

armistice [armistis] *m* armistice.
armoire [armwa:r] *f* cupboard; **~-pharmacie** *f* medicine chest.
arôme *m* aroma, flavo(u)r.
arpent|er stride along; pace (*room*); **~eur** *m* (land-) surveyor.
arqué [arke] arched.
arracher pull (out, up), draw; snatch; **~ à** tear (away) from, tear out of.
arrang|eant accommodating; **~ement** [arɑ̃ʒmɑ̃] *m* arrangement; agreement; terms *pl.*; **~er** arrange; settle; suit; **s'~er** get ready; manage; come to an understanding; **cela s'arrangera!** that will be all right!
arrérages *m/pl.* arrears *pl.*
arrestation *f* arrest, apprehension; capture.
arrêt [arɛ] *m* stop; pause; detention, arrest; **~é** *m* decision; order; by-law; **~er** stop; interrupt; arrest; fix, appoint; decide; **s'~er** stop; halt, pull up; stay; cease.
arrhes [a:r] *f/pl.* deposit.
arrière [arjɛ:r] *m* rear, back; **en ~** back, backwards; behind; **en ~ de** behind; **~-goût** *m* aftertaste; **~-pensée** *f* ulterior motive; **~-plan** *m* background; **~-saison** *f* late season; **~-train** *m auto* rear.
arriéré backward; behind the times; mentally retarded.
arriv|age *m* arrival; *com.* consignment, shipment; **~ée** *f* arrival; **~er** arrive; happen; manage (**á faire qc.** to do s.th.); **~iste** *m* pusher, climber.
arrogant [arɔgɑ̃] arrogant, overbearing.
arrond|ir round (off); **s'~ir** get (*or* grow) round; **~issement** *m* roundness; district.
arros|er water, wet; sprinkle; **~euse** *f* sprinkling-cart; **~oir** *m* watering-can.
arsenic *m* arsenic.
art [a:r] *m* art; **les beaux ~s** *pl.* the fine arts *pl.*
artère *f* artery; thoroughfare; **~ principale** arterial road.
arthrite *f méd.* arthritis.
artichaut *m* artichoke.
article *m* article; thing.
articulation [artikylasjɔ̃] *f* joint; articulation.
artific|e [artifis] *m* artifice; contrivance; **feu** *m* **d'~e** fireworks; **~iel** artificial; **~ieux** artful, cunning.
artisan [artizɑ̃] *m* artisan, craftsman; workman.
artist|e *m* artist; **~ique** artistic.
as [ɑ:s] *m* ace (*a. fig.*).
ascendan|ce *f* ascendancy; **~t** *m* influence, sway; *adj.* ascending, upward; **~ts** *pl.* ancestry.
ascens|eur [asɑ̃sœ:r] *m* lift, *Am.* elevator; **~ion** *f* ascent; climb; rise; **ℒion** *f* Ascension-day.

asiatique [azjatik] *adj.*, **&** *m* Asian.
Asie *f* Asia.
asile [azil] *m* asylum.
aspect [aspɛ] *m* aspect; sight; appearance.
asperge [aspɛrʒ] *f bot.* asparagus.
asperger sprinkle, spray (**de** with).
asphyxier [asfiksje] *méd.* asphyxiate, suffocate.
aspirant *m* candidate.
aspirateur *m* vacuum cleaner.
aspirer inhale, suck in; ~ **à** aspire to *or* after.
assaill|ant *m* assailant; aggressor; **~ir** attack, assail.
assainir make healthy; *fig.* stabilize.
assaisonne|ment *m cuis.* seasoning; dressing; **~r** *cuis.* season, flavo(u)r; dress.
assassin [asasɛ̃] *m* murderer, assassin; *adj.* murderous; **~at** *m* murder; assassination; **~er** assassinate.
assaut *m* assault; **donner l'~ à** storm.
assembl|age *m* assemblage; gathering; joining; *élec.* coupling; **~ée** *f* assembly, meeting; **~er** bring together; gather; **s'~er** meet.
assentiment *m* consent; assent.
asseoir [aswa:r] seat, place; **s'~** sit down, take a seat.
assermenter swear in.
assertion [asɛrsjɔ̃] *f* assertion.
assez [ase] enough; rather; ~ **bien** pretty well; **j'en ai ~!** I'm tired of it; **~!** that will do!; ~ **souvent** pretty often.
assidu assiduous, diligent; steady; **~ité** *f* assiduity.
assiéger besiege, surround.
assiett|e [asjet] *f* plate; *fig.* seat; state of mind; **ne pas être dans son ~e** feel bad; **~ée** *f* plateful.
assigner [asiɲe] assign.
assimiler assimilate; compare (**à** to).
assistance [asistɑ̃s] *f* audience; spectators *pl.*; attendance; assistance; ~ **sociale** social welfare (work).
assistant [asistɑ̃] *m* helper; asistant; onlooker, witness.
assister assist; help; ~ **à** attend, be present at, witness.
associ|ation [asɔsjasjɔ̃] *f* partnership; participation; association; **~é** *m* partner; associate; **~é commanditaire** silent partner; **~er** associate (**à** with); take into partnership; **s'~er à** share in; combine with; enter into partnership with.
assoiffé thirsty.
assombrir darken; sadden.
assomm|ant tiring, boring; **~er** knock down, slug; stun; *fig.* bore.
Assomption *f eccl.* Assumption.
assorti assorted; matching, to match; **bien ~** well-stocked; **~ment** *m* assortment;

matching; **~r** match; **~r à** suit to.
assoup|ir make sleepy; **s'~ir** get drowsy; fall asleep; **~issant** dull.
assujettir [asyʒɛti:r] submit; compel; fix, fasten.
assurance [asyrɑ̃:s] *f* assurance; confidence; insurance; **~-vie** life insurance; **~-voyages** travel insurance.
assur|é *adj.* confident, sure; *m* insured; **~ément** certainly; **~er** assure; ensure; insure; **s'~er** make sure (**de** of); **~eur** *m* insurer.
asthme [asm] *m* asthma.
astre *m* star.
astreindre à compel to.
atelier *m* workshop; studio; **~ (de réparations)** repair-shop; **chef** *m* **d'~** foreman.
Atlantique [atlɑ̃tik] *m* Atlantic.
athlète [atlɛt] *m* athlete.
athlétisme *m* athletics *pl.*, *Am.* track and field.
atmosphère [atmɔsfɛ:r] *f* atmosphere.
atome [ato:m] *m* atom; particle.
atout [atu] *m* trump.
âtre *m* hearth, fire-place.
atroc|e atrocious; dreadful; grim; **~ité** *f* atrocity.
attache [ataʃ] *f* leash, tie; bond; **~ment** *m* attachment; affection; **~r** tie, fasten; attach; **s'~r à** become fond of.
attaqu|e *f* attack; *méd.* fit; **~er** attack.
attard|é belated; old-fashioned; mentally retarded; **s'~er** be late; linger (around); loiter, dally.
atteindre [atɛ̃dr] reach, attain; hit; seize.
atteinte [atɛ̃t] *f* blow; harm; **hors d'~** out of reach; **porter ~ à** injure, harm.
attenant adjoining, adjacent; contiguous.
attendre [atɑ̃dr] wait; wait for, await; **faire ~** keep waiting; **s'~ à** expect.
attendri|r move, touch; soften; **s'~r sur** feel pity for; **~ssement** *m* compassion, pity.
attente [atɑ̃t] *f* expectation; waiting; **contre toute ~** against all expectations; **être dans l'~ de** be waiting for; **salle** *f* **d'~** waiting-room.
attentif [atɑ̃tif] attentive, mindful.
attention [atɑ̃sjɔ̃] *f* attention; regard; **~!** look out!; **faire ~ (à)** pay attention (to), be careful (of).
atténuer extenuate, reduce.
atterrer overwhelm, stun.
atterr|ir *av.* land; **~issage** *m* landing.
attest|ation *f* certificate; **~er** certify.
attirail *m* gear; utensils *pl.*; **~ de pêche** fishing tackle.
attirer attract, allure; **s'~** bring upon o.s., incur.
attitude [atityd] *f* posture; attitude.

attraction [atraksjɔ̃] *f* attraction; attractiveness; **~s** *pl.* entertainment.
attrait *m* charm.
attrape *f* trap; trick; take-in; **~r** catch; cheat; *fam.* scold, tell off; **~r froid** catch (a) cold.
attribu|er assign, allot; **~er qc. à** attribute (*or* ascribe) s.th. to; **~tion** *f* allocation; **~tions** *pl.* competence.
attrister grieve, sadden.
aube [o:b] *f* dawn, day-break.
auberge [obɛrʒ] *f* inn; **~ de la jeunesse** youth hostel.
aubergine [obɛrʒin] *f* eggplant.
aubergiste [oberʒist] *m* innkeeper.
aucun [okœ̃] none, no, not any; **~ement** by no means; not at all.
audacieux daring.
au-deçà on this side.
au-dedans (de) inside.
au-dehors (de) outside.
au-delà (de) beyond.
au-dessous [od(ə)su] **(de)** below, beneath.
au-dessus [od(ə)sy] **(de)** above; on top (of).
au-devant de: aller ~ go to meet; anticipate.
audi|ence *f* hearing; *dr.* sitting; **~teur** *m* listener.
augment|ation *f* increase; rise; **~er** increase; raise; rise.
aujourd'hui [oʒurdɥi] today; nowadays.
aumône *f* alms; **faire l'~** give alms.
aune *m bot.* alder-tree.
auparavant previously, before.
auprès [oprɛ] near (by); **~ de** close to, near, with; compared with.
aurore [ɔrɔ:r] *f* dawn; daybreak; *fig.* beginning; **~ boréale** northern lights *pl.*
auspice [ospis] *m* auspices *pl.*
aussi also, too, so, as, equally; and so; therefore; **~ bien que** as well as.
aussitôt immediately; **~ que** as soon as.
aust|ère austere; severe, stern; **~érité** *f* austerity; sternness.
Australie [ostrali] *f* Australia.
australien [ostraljɛ] *adj.*, **≗** *m* Australian.
autant as (so) many; as (so) much; as good as; as far as; **d'~** by so much; **d'~ plus que** the more so as, especially as; **~ que** as far as.
autel *m* altar.
auteur *m* author; maker; originator; **droit** *m* **d'~** royalty; copyright.
authenti|cité *f* authenticity; **~que** authentic; genuine.
auto [oto] *f* (motor-)car, automobile; **~bus** *m* bus; **~-école** *f* driving school.
automat|e [otɔmat] *m* automaton; **~ique** automatic(al).
automne [otɔn] *m* autumn, *Am. a.* fall.
automobilis|me [otɔmɔ-

bilism] *m* motoring; **~te** *m* motorist.
auto|nome self-governed; **~nomie** *f* autonomy, self-government.
autori|ser authorize; permit; license; **~taire** authoritative; **~té** *f* authority; power.
autoroute [otorut] *f* motorway, express way, *Am. a.* speedway.
auto-stop *m* hitch-hiking; **faire de l'~** hitch-hike; **~peur** *m* hitch-hiker.
autour (de) (a)round, about.
autre [o:tr] other, different; **à d'~s!** tell it to the Marines! **l'~ jour** the other day; **~fois** formerly; **~ment** otherwise; (or) else.
Autriche [otriʃ] *f* Austria.
autrichien [otriʃjɛ̃] *adj.*, **⁂** *m* Austrian.
autruche *f* ostrich.
autrui others *pl.*, other people.
auxiliaire [oksiljɛ:r] *m* aid; *adj.* auxiliary.
aval *m com., fig.* endorsement; **en ~** downstream.
avalanche [avalɑ̃:ʃ] *f* avalanche.
avaler swallow.
avanc|e [avɑ̃s] *f* advance; start, lead; *com.* loan, advance; **à l'~e, d'~e** beforehand, in advance; **en ~** *be, arrive* early; **~ement** *m* promotion; progress, improvement; **~er** advance, push; suggest, propose; **s'~er** move forward; approach.
avant [avɑ̃] *prp., adv.* before; in front; far; **en ~** forward; in front (**de** of); **~ que** before; *m* front (part), forepart.
avantag|e [avɑ̃ta:ʒ] *m* advantage, success; **avoir l'~e** win, prevail; **~er** favo(u)r; **~eux** advantageous; beneficial, profitable; becoming.
avant|-hier the day before yesterday; **~-propos** *m* introduction; **~-scène** *f* proscenium.
avar|e *m* miser; *adj.* stingy; miserly; **~ice** *f* stinginess; avarice; **~icieux** avaricious.
avarie *f mar.* damage to goods (during conveyance); average; **sans ~** without mishap.
avec with; with it.
avènement *m* coming; accession; advent, arrival.
avenir [av(ə)ni:r] *m* future; *fig.* posterity; **à l'~** in future.
Avent *m eccl.* Advent.
aventur|e [avɑ̃ty:r] *f* adventure; chance, fortune; **à l'~e** at random; **~er** risk; **s'~er** venture; **~eux** venturesome.
avenue [av(ə)ny] *f* avenue; walk, drive.
avérer: s'~ prove (to be).
averse *f* shower, down-pour; *fig.* flood.
aversion [avɛrsjɔ̃] *f* aversion, dislike.
avert|ir warn; inform; **~issement** *m* advice; warning, notice; preface, fore-

word; **~isseur** *m* alarm (bell); *auto* horn, hooter.
aveu *m* admission; avowal; confession.
aveugl|e [avœgl] blind; **~ement** *m* blinding; blindness; **~er** blind; *fig.* dazzle; **à l'~ette** like a blind person, groping about.
aviat|eur *m* aviator; pilot; **~ion** *f* aviation; air traffic.
avid|e greedy (**de** of); avid; **~ité** *f* avidity, greediness.
avil|ir debase; dishono(u)r; degrade; **~issement** *m* degradation; *com.* depreciation.
avion [avjɔ̃] *m* aeroplane, *Am.* airplane; **~ à réaction** jet aircraft; **par ~** by airmail.
aviron *m* oar.
avis [avi] *m* opinion; notice, information; **~ au public** public notice; **à mon ~** in my opinion; **changer d'~** change one's mind; **~é** circumspect, wise.
aviser notice; inform, notify; **~ à** consider, think about; take care of, see to; **s'~ de** notice, realize; take it into one's head to, dare (to).
aviver enliven; brighten; stir up; *fig.* sharpen.
avocat *m* advocate; barrister; lawyer; **~ géneral** Public Prosecutor, *Am.* Attorney General.
avoine [avwan] *f* oats *pl.*
avoir [avwa:r] *v.* have; get; **qu'avez vous?** what's the matter with you?; *m* possessions *pl.*; credit, assets *pl.*
avoisin|ant neighbo(u)ring, nearby; **~er** border on, be close to.
avou|é *m* solicitor; **~er** admit; confess, own up (to).
avril *m* April; **poisson** *m* **d'~** April-fool-joke.
axe [aks] *m* axis, axle.
azote [azɔt] *m* nitrogen.
azur [azy:r] *m* azure, blue.

B

babeurre *m* buttermilk.
babil [babil] *m* chatter, prattle; **~lard** *m* babbler, chatterbox; *adj.* talkative; **~ler** babble, chatter.
bâbord *m mar.* port side.
bac[1] *m* ferry, ferry-boat; tank, vat; can, bin.
bac[2] *m fam.* = **baccalauréat** *m* leaving certificate (of French schools).
bâch|e [bɑ:ʃ] *f* tarpaulin; awning; **~er** cover with a tarpaulin.
bachot *m fam.* = **bac**[2]; **~er** *fam.* cram.
bacille [basil] *m* bacillus.
bâcler do hastily; scamp (*work*).
badin [badɛ̃] playful; **~age** *m* playfulness; joking; **~er** joke, play; trifle.

bafouill|age *m* nonsense; **~er** stammer; *auto* splutter.
bagage [baga:ʒ] *m* baggage; **~s** *pl.* luggage, baggage; **~s à main** hand baggage; **plier ~** *fam.* pack up and be off.
bagarre *f* fight, brawl.
bagatelle *f* trifle.
bagnole *f pop.* jalopy.
bague [bag] *f* ring; **~ de fiançailles** engagement ring.
baguette [bagɛt] *f* wand, rod; long thin loaf of bread; **~s** *pl.* **de tambour** drumsticks *pl.*
bahut [bay] *m* chest, cupboard; *fam.* school.
baie[1] *f bot.* berry.
baie[2] *f* bay.
baign|er [beɲe] bathe; *fig.* wash; **se ~er** go swimming; **~eur** *m* bather; **~oire** *f* bathtub; *thé.* ground-floor box.
bail [ba:j] *m* lease.
bâiller yawn.
bailleur *m* lessor; **~ de fonds** silent partner.
bain [bɛ̃] *m* bath; **salle** *f* **de ~** bath-room; **~ de boue** mudbath; **~-douche** shower-bath; **~ de vapeur** vapo(u)r-bath; **~s** *pl.* watering-place, spa.
bain-marie *m cuis.* water-bath.
baiser [bɛze] *m* kiss.
baiss|e *f* lowering, going down; *a. com. prices:* fall; **en ~e** falling; **~er** lower, put down, bend (down); sink, go down, drop; **se ~er** bend, stoop.
bal *m* ball; dance.
balad|e [balad] *f* stroll, ramble; trip, excursion; **se ~er** stroll, walk about; **~euse** *f* trailer.
balai *m* broom.
balance [balɑ̃:s] *f* balance; scales *pl.*; **~r** swing, rock (*a.* **se ~r**); *fig.* hesitate; *fam.* throw, chuck.
balay|er sweep; **~eur** *m* sweeper; scavenger.
balbutier [balbysje] lisp; stammer.
balcon [balkɔ̃] *m* balcony: *thé.* dress circle.
baleine *f* whale.
balise *f mar.* beacon; buoy; *av.* ground light; **~r** mark out.
baliverne *f* bosh, rubbish.
ballast [balast] *m* ballast.
balle *f* ball; bullet; bale.
ballon *m* balloon; football.
ballot [balo] *m* bundle, package.
ballottage *m elections:* second ballot.
Baltique: mer *f* **~** Baltic Sea.
balustrade [balystrad] *f* balustrade; handrail.
bambou *m bot.* bamboo.
ban [bã] *m* ban; proclamation; **~ de mariage** banns *pl.*
banal commonplace; **~ité** *f* banality; commonplace.
banane *f* banana.
banc [bɑ̃] *m* bench; seat; pew; **~ de sable** sandbank.
band|age [bɑ̃da:ʒ] *m* bandage; bandaging.

bande [bɑ̃d] *f* band, tape, strip; gang, bunch, herd; ~ **magnétique** recording tape; ~**r** bandage; tighten, bend; ~**r les yeux à** blindfold.
banderole *f* streamer.
bandit [bɑ̃di] *m* bandit.
banlieue [bɑ̃ljø] *f* suburbs *pl.*; ~ **de villas** residential suburbs.
bannière *f* banner; flag.
bannir banish, exile.
banqu|e [bɑ̃k] *f* bank; banking business; ~**eroute** *f* bankruptcy; **faire ~eroute** go bankrupt; ~**et** *m* banquet; ~**ette** *f* bench; ~**ier** *m* banker; ~**ise** *f* pack-ice.
bapt|ême [batɛ:m] *m* christening; ~**iser** christen.
baquet *m* tub.
bar *m* bar; counter.
baragouin *m* gibberish.
baraque [barak] *f* hut, hovel; stall.
barbare *m* barbarian; *adj.* barbaric, uncivilized.
barbe *f* beard; *fam.* nuisance; **se faire la** ~ shave; ~ **à papa** candy floss, floss candy; **fil** *m* **de fer** ~**lé** barbed wire.
barboter splash about; *pop.* steal, pinch.
barbouiller [barbuje] daub, smear, soil; scrawl on; mess up.
barbu [barby] bearded.
barbue *f zo.* brill.
bardeau [bardo] *m* shingle.
baril [bari] *m* barrel, keg.
barman [barman] *m* bartender.
baromètre [barɔmɛtr] *m* barometer.
baroque *m*, *adj.* baroque; *adj. a.* odd, curious.
barque *f* boat, barque.
barrage [bara:ʒ] *m* blocking (up); barrage; dam.
barr|e *f* bar; *mar.* helm; ~**e d'appui** handrail; ~**eau** *m* small bar; *dr.* the Bar; **route ~ée** *road sign:* "no thoroughfare"; ~**er** bar, block (up); cross out (*word*); cross (*cheque*); ~**icader** barricade; ~**ière** *f* gate, fence; barrier.
bas[1] (~**se** *f*) [bɑ, bɑ:s] low, shallow; mean; vile; **en** ~ below, down there; downstairs.
bas[2] *m* bottom; lower part; **en** (*or* **au**) ~ **de** at the bottom of.
bas[3] *m* stocking; ~ *pl.* **nylon** nylons *pl.*
bascule [baskyl] *f* seesaw; ~**r** swing, rock; tip, tilt (up).
base [bɑ:z] *f* base, foot; basis, foundation; **sans** ~ unfounded; ~**r** base, ground.
bas-fond *m mar.* shallow; ~**s** *pl. fig.* dregs *pl.*
basse|-cour *f* poultry yard; ~**pression** *f weather:* depression, low pressure.
bassin [basɛ̃] *m* basin; dock; ~**er** *pop.* bore, get on *s.o.'s* nerves.
bas-ventre *m* abdomen.
bataill|e *f* battle; **livrer ~e à**

join battle with; **~eur** *adj.* (*m*) quarrelsome (person).
bâtard *m* bastard; *adj.* illegitimate.
bateau [bato] *m* boat; **monter un ~ à** hoax, kid; **~ à rames** rowing-boat; **~ à vapeur** steamer; **~ à voiles** sailing-boat; **~-citerne** tanker; **~ de pêche** fishing-boat.
batelier [batəlje] *m* boatman.
bâtiment [bɑtimɑ̃] *m* building; building trade; vessel, ship.
bâtir build; **terrain** *m* **à ~** building-site.
bâton [bɑtɔ̃] *m* stick; staff; **~ de rouge à lèvres** lipstick; **~s** *pl.* **de ski** ski-sticks *pl.*; **à ~s rompus** *talk* incoherently, *work* by fits and starts; **~ner** beat, cudgel.
batt|age *m* threshing; beating; *fig.* fuss; **~ant** *m bell:* clapper; *shutter, etc.:* leaf; *adj.* beating; **porte** *f* **~ante** folding door; **~ement** *m* beat(ing); clap(ping); throb(bing); stamp(ing); bang(ing); **~erie** [batri] *f* battery; **~erie de cuisine** metal kitchen utensils *pl.*; **~eur** *m* beater; **~euse** *f* threshing-machine.
battre beat; strike; defeat; bang; throb; shuffle *(cards)*; **~ des mains** clap (one's hands); **se ~** fight.
bavard talkative (person); **~age** *m* gossip, chatter; **~er** chatter, gossip.
bavarois [bavarwa] *adj.*, **♀** *m* Bavarian.
bave *f* slaver; ooze; **~r** dribble.
Bavière [bɑvjɛr] *f* Bavaria.
bazar *m* bazaar; bargain store; *fam.* things *pl.*; jumble.
bd. (*short for:* **boulevard**) boulevard.
béant gaping, yawning.
béat [bea] smug; **~itude** *f* beatitude; bliss.
beau [bo], **belle** beautiful, fine, handsome; **il fait beau** the weather is fine; **au beau milieu** in the very middle; **avoir ~ faire** do in vain.
beaucoup [boku] much, many, a lot; **de ~** by far.
beau|-fils *m* (**beaux-fils** *pl.*) son-in-law; stepson; **~-frère** *m* (**beaux-frères** *pl.*) brother-in-law; stepbrother; **~-père** *m* (**beaux-pères** *pl.*) father-in-law; step-father.
beauté [bote] *f* beauty.
beaux-parents *m/pl.* parents-in-law *pl.*
bébé *m* baby.
bec [bɛk] *m* beak, bill.
bécane *f fam.* bicycle, bike.
bêche *f* spade; **~r** dig.
bée [be]: **bouche ~** gaping, all agape.
bégayer [begɛje] stutter, stammer.
bégueule *f* prude.
beige [bɛ:ʒ] beige.
beignet *m cuis.* fritter.
bel n beau.
belette *f zo.* weasel.

belge [bɛlʒ] *adj.*, ♀ *m* Belgian.
Belgique [bɛlʒik] *f* Belgium.
belle *f of* **beau**; **~-fille** *f* daughter-in-law; stepdaughter; **~-mère** *f* mother-in-law: stepmother; **~-sœur** *f* sister-in-law; stepsister.
belli|gérant *m* belligerent; **~queux** warlike, quarrelsome.
belvédère *m* belvedere; terrace.
bénédiction *f* blessing.
bénéfic|e [benefis] *m* profit; benefit; gain; **~iaire** *m* recipient, payee; **~ier de** have *or* get (the benefit of), enjoy.
bénévole benevolent, kind.
bénignité [beniɲite] *f* kindness; *méd.* mildness.
béni|n, ~gne good-natured; benign; *méd.* mild.
bénir bless, consecrate.
béquill|e [bekij] *f* crutch.
berc|eau [bɛrso] *m* cradle; arbo(u)r; vault; **~er** rock; soothe; nurse (*a.fig.*); **~euse** *f* lullaby.
béret [berɛ] *m* beret.
berge *f* bank, embankment.
berg|er [bɛrʒe] *m* shepherd; **~ère** *f* easy chair; **~erie** *f* sheep-fold.
berne: en ~ *flag:* at half-mast.
berner make a fool of.
besogne [b(ə)zɔɲ] *f* work; task; piece of work.
besoin [b(ə)swɛ̃] *m* need; want; **au ~** if necessary; **avoir ~ de** want, need.
bestial beastly, brutish.
bêta *m* simpleton, blockhead.
bétail *m* (**bestiaux** *pl.*) [beta:j, bɛstjo] cattle.
bêt|e [bɛt] *f* animal, beast; *fam.* duffer; *adj.* silly, stupid; **faire la ~e** behave foolishly; **~e** noire pet aversion; **~ise** *f* silliness; nonsense, foolish thing; blunder.
béton *m* concrete; **~ armé** reinforced concrete.
betterave [bɛtra:v] *f* beetroot.
beugler low, bellow.
beurr|e [bœ:r] *m* butter; **~er** butter; **~ier** *m* butter-dish.
bévue [bevy] *f* blunder.
biais [bjɛ] *m* slope, bent, slant; *fig.* angle; shift, expedient; **de** (*or* **en**) **~** aslant, askew; **regarder de ~** throw a side-glance at.
bibelot [bib(ə)lo] *m* knick-knack, trinket.
biberon *m* feeding-bottle.
bible [bibl(ə)] *f* Bible.
biblio|thécaire *m* librarian; **~thèque** *f* library.
bicolore two-colo(u)red.
bicyclette [bisiklɛt] *f* bicycle; **aller à** (*or* **en**) **~** cycle.
bidon [bidɔ̃] *m* can, tin; **~ville** *f* shantytown, slums *pl.*
bien [bjɛ̃] *adv.* well; properly; much, very, quite; **eh ~!** now then! well then!; **~ que** although; **si ~ que** so that; **être ~ avec** be on good terms with; **vouloir ~** be willing; *m* good; welfare; **~s**

pl. possessions *pl.*, property; goods *pl.*; **~-aimé** *m* (**bien-aimés** *pl.*) darling, beloved; **~-être** *m* well-being; comfort; **~faisance** *f* charity; **~faisant** benevolent; charitable; **~fait** *m* kind action; blessing, benefit; **~faiteur** *m* benefactor; **~fonds** *m* landed property; **~heureux** blessed, happy.

bienséan|ce [bjɛ̃seɑ̃:s] *f* propriety; decorum; **~t** becoming, decent; fitting.

bientôt [bjɛ̃to] soon; before long; **à ~!** so long!

bienveillan|ce *f* kindness; good-will; **~t** kind.

bienvenu welcome; **soyez le ~ (la ~e)** you are welcome.

bière[1] [bjɛ:r] *f* beer; **~ blonde** light ale; **~ brune** stout.

bière[2] *f* coffin.

biffer strike out, cross out.

bifteck *m* steak.

bifur|cation [bifyrkasjɔ̃] *f* branching off, bifurcation, forking; **~quer** fork, branch off.

bigame *m* bigamist; *adj.* bigamous.

bigarré motley, variegated.

bigler [bigle] *fam.* squint.

bigot *m* bigot; *adj.* bigoted; **~erie** [bigɔtri] *f* bigotry.

bigoudi *m* hair curler.

bijou [biʒu] *m* jewel; *fam.* darling; **~x** *pl.* jewel(le)ry; **~terie** [biʒutri] *f* jewel(le)ry.

bilan *m com.* balance-sheet; *fig.* result, outcome.

bil|e *f* gall; *fig.* anger; **se faire de la ~e** worry; **~ieux** bilious; choleric; testy.

bilingue bilingual.

billet [bijɛ] *m* note, ticket; **~ de banque** bank-note; **~ d'aller** simple ticket; **~ aller-retour** return (*Am.* round-trip) ticket; **~ d'entrée** entrance ticket; **~ de faveur** free ticket; **~ doux** love-letter; **~ à ordre** promissory note.

billot *m* (chopping-)block.

binette *f* hoe.

biologie [bjɔlɔʒi] *f* biology.

bis[1] [bi] *adj.* brown; **pain** *m* **~** brown bread.

bis[2] [bi:s] *house numbers:* A, $\frac{1}{2}$; *thé.* encore.

biscornu odd, queer.

biscotte *f* rusk.

biscuit [biskɥi] *m* biscuit, *Am.* cookie.

bise [bi:z] *f* north wind; *fam.* kiss.

bisquer *fam.* be angry, be mad.

bisser *thé.* encore .

bissextile: année *f* **~** leap-year.

bistre brown, swarthy.

bistrot [bistro] *m* pub, bar, café.

bitume *m* bitumen; asphalt.

bizarre [biza:r] odd, bizarre, strange.

blafard livid, sallow; wan.

blague [blag] *f* tobacco-pouch; hoax, story, joke;

sans ~ no kidding.
blaireau[1] *m zo.* badger.
blaireau[2] *m* shaving-brush.
blâm|e [blɑ:m] *m* blame, reproach; **~er** blame, find fault with.
blanc[1] *m* whiteness; blank; white man.
blanc[2], **blanche** [blɑ̃, blɑ̃:ʃ] white, clean, pure.
blanc-bec *m* greenhorn.
blanch|âtre [blɑ̃ʃɑ:tr] whitish; **~eur** *f* whiteness; **~ir** whiten; bleach; wash; **~issage** *m* washing; white-washing; **~isserie** [blɑ̃ʃisri] *f* laundry; **~isseuse** *f* laundry woman.
blanquette [blɑ̃kɛt] *f* white sparkling wine; **~ de veau** veal stew in white sauce.
blasé indifferent, blasé.
blason [blazɔ̃] *m* coat of arms.
blé *m* corn, wheat.
bled [blɛd] *m fam.* hole (of a place), hick town, sticks *pl.*
blêm|e ghastly; pale; **~ir** turn pale (*or* livid).
bless|er wound; *fig.* offend; **~ure** *f* wound.
bleu [blø] *adj* blue; *m* blue; bruise; blueness; **~âtre** bluish; **~et** *m* corn-flower; **~ir** make (*or* turn) blue.
blind|age *m* armo(u)r-plating; **~er** armo(u)r.
bloc *m* block; log; bolder; lump; pad; *fam.* jail; **en ~** wholesale; **~-notes** writing-pad.
blocus [blɔkys] *m* blockade; **faire le ~ (de)** blockade.
blond [blɔ̃] fair(haired); light.
bloquer block (up); jam; combine.
blottir: se ~ crouch.
blous|e [blu:z] *f* blouse; **~on** [bluzɔ̃] *m* (**en cuir** leather) jacket.
bluet [blyɛ] = **bleuet**.
bluffer [blœfe] bluff.
bobard *m fam.* lie, tall story.
bobine *f* bobbin, reel; spool; *élec.* coil.
bocage *m* grove.
bocal *m* glass jar, bocal.
bœuf *m* (**bœufs** *pl.*) [bœf, bø] ox; beef; **~ bourguignon** *cuis.* beef in red wine sauce.
bohémien *m* gipsy.
boire [bwa:r] drink; *fig.* drink in; **~ comme un trou** drink like a fish.
bois [bwa] *m* wood; shaft; frame; *pl.* antlers *pl.*; **~ de chauffage** firewood; **~ contre-plaqué** plywood; **~é** wooded.
boisson [bwasɔ̃] *f* drink; **~ non-alcoolique** soft drink.
boîte [bwat] *f* box; case; tin, *Am.* can; *fam.* school, office, shop, *etc.*; **~ à outils** tool kit; **~ d'alumettes** box of matches; **~ aux lettres** letter-box, *Am.* mailbox; **~ de nuit** nightclub; **mettre q. en ~** pull s.o.'s leg.
boit|er limp; **~eux** lame; limping.
bol *m* bowl, basin.
bolcheviste *m* Bolshevist.

bolide *m* meteorite; *fig. auto* racing-car.
bomb|e *f* bomb; **~e atomique** A-bomb; **~e à hydrogène** H-bomb; **faire la ~e** go out on a spree; **~er** bulge, swell.
bon|(ne *f*) [bɔ̃, bɔn] *adj.* good; right; **~ à** good for; **la ~ne clé** *etc.* the right key, *etc.*; **~ne affaire** bargain; **~ marché** cheap, inexpensive; **à quoi ~?** what is the use of it (*or* of *doing s.th.*)?; **c'est ~** that will do; *m* good; coupon, voucher, ticket.
bonasse simple, overkind.
bonbons *m/pl.* sweets *pl., Am.* candy.
bond [bɔ̃] *m* leap; bounce.
bond|e *f* bung; bung-hole; **~é** packed, (over)crowded.
bond|ir leap, jump; bound; skip; **~issement** *m* bounding; bouncing.
bonheur [bɔnœ:r] *m* happiness.
bonhom|ie [bɔnɔmi] *f* good nature; **~me** *m* fellow, guy.
boni *m* surplus; profits *pl.*; **~fier** improve (*a.* **se ~fier**); **~ment** *m* claptrap.
bonjour [bɔ̃ʒu:r] good morning, good day; good afternoon.
bonne *f* maid, housemaid; **~ à tout faire** maid-of-all-work.
bonnement simply; frankly.
bonnet [bɔnɛ] *m* cap; **~ de bain** bathing-cap; **gros ~** *fam.* big shot; **~erie** *f* hosiery.
bonsoir good evening; good night.
bonté *f* kindness, goodness.
bord [bɔ:r] *m* border, edge; rim; verge; *river:* bank; shore; **à ~** on board; **~ de la mer** seashore; **~ de la rivière** riverside; **~ de la route** roadside, wayside; **~ du trottoir** curb, kerb.
border [bɔrde] border, hem; tuck in (*sheets*).
bordereau [bɔrdəro] *m* (itemized) list; note.
bordure *f* border, edging; kerb, curb.
borgne [bɔrɲ] one-eyed; *fig.* disreputable.
borne *f* milestone; limit; boundary; **dépasser les ~s** *fig.* go too far.
borné stupid, dull; limited.
borner limit, bound; **se ~ à** content o.s. with; stick to.
bosquet *m* grove.
bosse *f* bump; hump; *fam.* gift, talent; **~ler** emboss; dent.
bossu *m* hunchback; *adj.* hunchbacked.
botanique *f* botany; *adj.* botanical.
bott|e *f* boot; bundle, bunch; truss; **~er** supply with boots; kick; *fam.* suit, please.
bottin *m* directory.
bouch|e [buʃ] *f* mouth; opening; **~e d'incendie** fire-hydrant, fire-plug; **~ de**

métro underground (*Am.* subway) entrance; **~ée** *f* mouthful, bite.
boucher[1] [buʃe] plug (up); block (up); cork, stop up.
boucher[2] *m* butcher; **~ie** *f* butcher's shop; *fig.* massacre.
bouchon [buʃɔ̃] *m* plug; bung; cork; stopper.
boucl|e [bukl] *f* buckle; curl; bend; **~s** *pl.* **d'oreilles** earrings *pl.*; **~é** curly; **~er** buckle (up); *fam.* shut up; curl.
bouder sulk; be sulky with.
boudin [budɛ̃] *m* black pudding, *Am.* blood sausage.
boue [bu] *f* mud, dirt.
bouée [bwe, bue] *f* buoy.
boueux *adj.* muddy; *m* dustman, *Am.* garbage-collector.
bouff|ant puffed out; **~e** *f* *pop.* eats *pl.*, eating, guzzling; **~ée** *f* *wind:* gust; *smoke:* puff; **~er** puff out; *pop.* eat.
bouffi puffed (up), swollen; **~r** swell; **~ssure** *f* swelling.
bougeoir [buʒwa:r] *m* candlestick.
bouger [buʒe] move, stir.
bougie [buʒi] *f* candle; **~ d'allumage** *auto* sparking plug, spark-plug.
bouillabaisse [bujabɛs] *f* *cuis.* soup (*or* stew) of various fish.
bouill|ant boiling, scalding; **~i** *adj.* boiled; *m* boiled beef; **~ie** *f* pap; **(faire) ~ir** [buji:r] boil; **~oire** *f* kettle; **~on** *m* *cuis.* broth; **~onner** boil (up), seethe; **~otte** *f* hot-water bottle.
boulanger baker; **~ie** [bulɑ̃ʒri] *f* baker's shop, bakery.
boule [bul] *f* ball; **jouer aux ~s** play bowls.
bouleau *m* *bot.* birch.
boulevard [bulva:r] *m* boulevard.
boulevers|ement *m* overthrow; confusion; **~er** overthrow, upset; stun.
boulot [bulo] *m* *fam.* work.
bouquetière *f* flower-girl.
bouquin *m* *fam.* book; **~iste** *m* dealer in second-hand books.
bourbeux muddy.
bourdon [burdɔ̃] *m* *zo.* bumble-bee; **~ner** buzz.
bourg [bu:r] *m* market town; **~eois** *m* citizen; *adj.* middle-class; civilian; *fam.* Philistine.
bourgeon [burʒɔ̃] *m* bud, shoot; **~ner** bud.
bourrage *m* stuffing.
bourrasque *f* squall; *fig.* fit.
bourré de stuffed *or* packed with.
bourreau *m* hangman.
bourrer wad; stuff; cram.
bourru tart; surly, gruff.
bourse [burs] *f* purse, bag; **2** *com.* Stock Exchange; **~ d'études** scholarship.
boursoufl|é swollen, bloated; **~ure** *f* swelling.
bousculer [buskyle] jostle; upset; hustle, rush.
bousiller [buzije] botch; ruin,

smash up.
boussole *f* compass.
bout [bu] *m* end; tip; bit, piece; **être à ~ de ...** be out of ...; have run out of ...; **venir à ~ de** master, manage; **à ~ portant** point-blank; **au ~ du compte** after all.
boutade [butad] *f* sudden whim, outburst; fit.
bouteille [butɛj] *f* bottle.
boutiqu|e *f* small shop (*or* workshop); boutique; **parler ~e** talk shop; **~ier** [butikje] *m* shopkeeper.
bouton [butɔ̃] *m* button; knob; bud; pimple, blister; **~s** *pl.* **de manchettes** cuff links *pl.*; **~-d'or** *m bot.* buttercup; **~ner** button (up); **~nière** *f* buttonhole.
box|e *f sport* boxing; **~er** [bɔkse] box; **~eur** *m* boxer.
boyau [bwajo] *m* bowel, gut; narrow passage.
boycottage *m* boycotting.
bracelet [bras(ə)lɛ] *m* bracelet; watch strap; **~-montre** *m* wrist watch.
braconn|er poach; **~ier** *m* poacher.
brailler bawl, yell, holler.
brais|e *f* embers *pl.*; live coals *pl.*; **~er** *cuis.* braise.
brancard *m* stretcher; litter; **~ier** *m* stretcher-bearer.
branche [brɑ̃ʃ] *f* branch; **~r** *élec.* plug in.
brande *f* heather.
brandiller dangle, stir.
brandir brandish, flourish.
branle [brɑ̃l]: **mettre en ~** set in motion; **~r** shake; wag; be shaky.
bras [bra] *m* arm.
braser solder.
brasier *m* brazier, blaze.
brasiller sparkle; grill.
brass|ard *m* armlet; badge; **~ée** *f* armful; *swimming:* stroke.
brasserie [bras(ə)ri] *f* brewery; restaurant.
bravache *m* swaggerer, braggart.
brave [bra:v] brave, courageous; worthy, honest.
brav|er [brave] defy, brave; **~oure** *f* bravery, courage.
brèche *f* breach, gap.
bredouiller [brəduje] stammer, stutter.
bref, brève brief, short; curt; **en bref** in short.
Brésil [brezil] *m* Brazil; **≈ien** *adj.*, **~ien** *m* Brazilian.
bretelles *f/pl.* braces *pl.*, *Am.* suspenders *pl.*
breuvage *m* drink, draught.
brevet [brəvɛ] *m* certificate; patent; diploma; **~ de pilote** pilot's licence; **~ de capitaine** master's certificate; **~er** grant a patent.
bribes [brib] *f/pl.* bits *pl.*, snatches *pl.*, fragments *pl.*
bric-à-brac *m* curios *pl.*; odds and ends *pl.*
bricoleur *m* potterer; jack-of-all-trades.

bride [brid] *f* bridle; rein; *fig.* restraint; **à ~ abattue** at full speed; **~r** bridle, check.
briève|ment [briɛvmɑ̃] briefly; **~té** *f* brevity.
brigand *m* brigand, robber.
brill|ant [brijɑ̃] *m* brightness, lustre; *adj.* brillant; bright, resplendent; **~er** glitter, shine, glow; *fig.* be conspicuous, stand out.
brin [brɛ̃] *m* blade, sprig; bit.
brindille [brɛ̃dij] *f* twig; sprig.
brioche *f cuis.* bun; *fam.* belly, paunch.
briqu|e *f* brick; **~et** *m* cigarette lighter; **~et à gaz** gas lighter.
bris *m* breaking open.
brisant *m* breaker, shoal.
brise [bri:z] *f* breeze.
bris|er [brize] break; smash; *fig.* weary; **~ure** *f* crack, break.
britannique [britanik] British.
broc [bro] *m* jug, pitcher.
brocant|e *f* (dealing in) second-hand goods; **~eur** *m* dealer in second-hand goods.
brocart [brɔka:r] *m* brocade.
broch|e [brɔʃ] *f* brooch; *cuis.* spit; **~er** stitch; **~et** *m zo.* pike; **~ette** *f cuis.* small spit; skewer; **~ure** *f* pamphlet; booklet.
broder embroider; *fig.* exaggerate; **~ie** [brɔdri] *f* embroidery.
brom|e *m* bromine; **~ure** *m* bromide.
broncher [brɔ̃ʃe] stumble, trip; falter; stir, budge; flinch.
bronch|es *f/pl.* bronchi(a) *pl.*; **~ite** *f* bronchitis.
bronz|é suntanned; **se ~er** tan.
bross|e *f* brush; **~e à cheveux** hairbrush; **~e à dents** tooth-brush; **~e à habits** clothes-brush; **~e à ongles** nail-brush; **cheveux** *m/pl.* **en ~e** crew-cut; **~er** brush (up *or* down).
brouette *f* wheelbarrow.
brouhaha *m* [bruaa] hubbub, hum(ming).
brouillage [bruja:ʒ] *m radio* jamming, interference.
brouillard [bruja:r] *m* mist, fog; *com.* waste-book.
brouill|e [bruj] *f* discord, quarrel; **~er** mix up, muddle up; scramble (*eggs*); **se ~er** become entangled, tangle up; blur, dim; fall out, quarrel.
brouillon *m* rough copy; *adj.* muddle-headed.
brouissure *f* blight.
broussailles [brusɑ:j] *f/pl.* brushwood.
brouter browse.
broyer crush, grind.
bru *f* daughter-in-law.
bruine *f* fine drizzle, mist; **~r** drizzle.
bruire [brɥi:r] rustle, murmur.
bruit [brɥi] *m* noise, row; din;

fig. rumo(u)r, talk; fuss.
brûl|er burn; scorch; scald; be hot; **~er le pavé** hurry; **~er de** be dying to; **~ure** *f* burn, scald; **~ures** *pl.* **d'estomac** heartburn.
brum|e *f* mist, haze; **~eux** misty, foggy, hazy.
brun brown; **~âtre** brownish; **~ette** [brynɛt] *f* brunette.
brusqu|e curt, blunt; unexpected; **~er** treat harshly; hurry, rush; **~erie** *f* rudeness.
brut [bryt] raw; unfinished; crude; *com.* gross.
brutal [brytal] brutal, savage; fierce.
brute [bryt] *f* brute; ruffian.
bruyant [brɥijɑ̃] noisy; loud.
bruyère [bryjɛ:r, brɥi-] *f* heath; heather; briar.
buanderie *f* laundry.
bûche *f* log; *fig.* blockhead; *pop.* fall.
bûcher *m* woodshed; stake; *v. fam.* grind; cram.
budget [bydʒɛ] *m* budget.
buée [bye] *f* vapo(u)r, steam; mist.
buffet [byfɛ] *m* buffet; sideboard; refreshment room.
buffle [byfl] *m* buffalo; buff.
buis *m bot.* boxwood.
buisson [bɥisɔ̃] *m* bush; **~neux** bushy.
bulb|e *f* bulb; **~eux** bulbous.
bulgare *adj.*, **≗** *m* Bulgarian.
Bulgarie *f* Bulgaria.
bulle *f* bubble; blister.
bulletin [byl(ə)tɛ̃] *m* bulletin; report; ticket; **~ de bagage** luggage-ticket; **~ de vote** voting paper; **~ météorologique** weather report.
buraliste *m* clerk; tobacconist.
bureau [byro] *m* office; writing-desk; **~ des objets trouvés** lost property office; **~ des paris** betting office.
burette *f* oilcan; oiler.
burin [byrɛ̃] *m* chisel; engraving.
bus [bys] *m fam.* bus.
buse *f* buzzard.
busqué arched, curved.
buste [byst] *m* bust; **en ~** half-length.
but [by(t)] *m* aim, purpose; goal; **droit au ~** to the point.
buté obstinate, stubborn.
buter [byte] support, prop; **~ contre** run against, stumble over; *fig.* meet with (*difficulties*); **se ~** be obstinate, insist; **se ~ à** run against.
butin [bytɛ̃] *m* booty.
butoir *m* buffer.
butte [byt] *f* mound; **être en ~ à** be exposed to.
buvable drinkable.
buv|ette [byvɛt] *f* refreshment room; soda-fountain; **~eur** *m* drinker, drunkard.

C

ça [sa] = **cela**.
çà [sa] here; ~ **et là** here and there.
cabale *f* intrigue, plot.
cabane *f* hut, cottage.
cabaret *m* cabaret.
cabas *m* basket, grip.
cabine [kabin] *f* cabin; ~ **téléphonique** call box, telephone booth.
cabinet [kabinɛ] *m* small room, study; lavatory; *pol.* cabinet; ~ **(d'aisances)** water-closet; ~ **de consultation** surgery.
câble [kɑ:bl] *m* cable; **~r** cable.
caboche *f fam.* head, nut.
cabosser dent, bump.
cabrer: se ~ *horse*: rear; *fig.* revolt.
cabriol|e *f* caper, leap; **~et** *m auto* convertible.
cacahuète [kakawɛt] *f* peanut.
cacao *m* cocoa.
cache-|cache *m* hide-and-seek; **~col** *m*, **~nez** *m* scarf, muffler.
cachemire [kaʃmi:r] *m* cashmere.
cacher hide (*a.* **se** ~).
cachet *m* seal; imprint; stamp; *fig.* style.
cachette *f* hiding-place; **en** ~ secretly.
c.-à-d. (*short for:* **c'est-à-dire**) that is to say, i.e.
cadavre *m* corpse, carcass.
cadeau [kado] *m* present, gift.
cadenas [kadna] *m* padlock.
cadence [kadɑ̃:s] *f* rhythm; *fig.* rate.
cadet younger, youngest; junior; **il est mon** ~ **de deux ans** he is two years younger than I.
cadran *m* dial, face.
cadre [kadr] *m* frame; setting; **~s** *pl.* persons *pl.* in a managerial position; **~r** tally; frame.
cadu|c, ~que [kadyk] decaying, declining, decrepit, tumbledown.
cafard *m*: **avoir le** ~ be down in the dumps.
café [kafe] *m* coffee; café, coffee-house; ~ **liégeois** iced coffee; **~ine** *f* caffeine.
cafétéria [kafeterja] *f* coffee bar.
cafe|tier *m* café-owner; **~tière** *f* coffee-pot; percolator.
cage [ka:ʒ] *f* cage.
cahier [kaje] *m* paper book; exercise book; notebook; copybook.
cahot [kao] *m* jolt; bump; **~er** jolt, jerk; **~eux** *road:* bumpy.
caille [kɑj] *f* quail.
caill|é *m* curdled milk; **~er** curdle, clot (*a.* **se ~er**).
caillou [kaju] *m* pebble.
caiss|e *f* box, chest; till, cash-box; pay-desk; ticket-office;

~**ier** *m* cashier.
calamit|é *f* calamity; ~**eux** calamitous, disastrous.
calcaire *m* limestone; *adj.* calcareous.
calcul [kalkyl] *m* calculation; reckoning; sum; *méd.* calculus; **faux** ~ miscalculation; ~**er** reckon; count; calculate; **mal** ~**er** miscalculate.
cale [kal] *f* wedge; *mar.* hold.
caleçon [kal(ə)sɔ̃] *m* underpants *pl.*; *Am.* shorts *pl.*; ~ **de bain** bathing trunks *pl.*
calembour *m* pun.
calendrier [kalɑ̃drie] *m* calendar.
calepin *m* notebook.
caler wedge; *mot.* stall.
calice [kalis] *m* cup, chalice.
califourchon: à ~ astride.
calleux callous, hard.
calm|ant *m méd.* sedative, tranquillizer; *adj.* soothing; ~**e** [kalm] *m* calm, quiet; ~**er** calm, soothe; **se** ~**er** get calm, calm down.
calomni|ateur *m* slanderer; ~**e** *f* slander; ~**er** slander.
calorie [kalɔri] *f* calorie.
calotter cuff, slap.
calquer [kalke] trace, copy.
calvitie [kalvisi] *f* baldness.
camarade *m* comrade, mate.
cambr|é curved, arched; ~**er** curve, arch.
cambriol|age *m* burglary; ~**er** break into, burgle; ~**eur** *m* burglar.
camelot [kamlo] *m* street-vendor; news-boy.
camelote *f* cheap goods *pl.*; rubbish.
camion [kamjɔ̃] *m* truck, lorry; ~**nette** *f* delivery-van, pick-up.
camomille [kamɔmij] *f* camomile (tea).
camouflage [kamufla:ʒ] *m* camouflage.
camp *m* camp; ~**agnard** *m* peasant, rustic; ~**agne** *f* country, countryside; campaign; ~**er** camp; ~**ing** [kɑ̃piŋ] *m* camping.
Canad|a [kanada] *m* Canada; ≈**ien** [kanadjɛ̃] *adj.*, ~**ien** *m* Canadian.
canaille [kanɑ:j] *f* rabble, mob; cad.
canal [kanal] *m* channel; canal.
canapé [kanape] *m* couch; settee.
canard *m* drake, duck; hoax; false news; *fam.* piece of sugar dipped in coffee, brandy, *etc.*
canari *m* canary.
cancan *m* cancan; ~**s** *pl.* gossip; ~**er** gossip.
cancer [kɑ̃sɛ:r] *m méd.* cancer.
cancéreux *méd.* cancerous.
cand|eur *f* cando(u)r, frankness, artlessness; ~**idat** *m* candidate; ~**ide** frank, guileless.
canevas [kanva] *m* canvas; *fig.* outline.
canif *m* penknife.
caniveau *m* gutter.
canne *f* cane; walking-stick; ~ **à pêche** fishing rod; ~**ler**

channel, flute.
cannelle *f* cinnamon.
cannelure *f arch.* fluting.
canon[1] *m* cannon, gun.
canon[2] *m eccl.* canon.
canot *m* (small) boat; ~ **de sauvetage** life-boat; ~ **automobile** motor boat; ~ **pneumatique** rubber dinghy.
cantatrice *f* (professional) singer.
canton [kɑ̃tɔ̃] *m* district.
caoutchouc [kautʃu] *m* rubber.
cap [kap] *m* cape.
cap|able [kapabl] capable, able, fit; **~acité** *f* capacity; ability.
cape [kap] *f* cape; **rire sous ~** laugh up one's sleeve.
capitaine *m* captain; leader.
capital [kapital] *m* capital, funds *pl.*; *adj.* chief, principal; essential; **~e** *f* capital, metropolis.
capot *m auto* bonnet, *Am.* hood; *av.* cowling; **~e** *f* cloak; *auto* top; **~er** capsize, overturn.
câpre *m bot.* caper.
caprice [kapris] *m* caprice, whim, fancy.
capsule [kapsyl] *f* capsule; bottle cap.
cap|ter obtain, win, catch; *radio* pick up, tune in on; **~tieux** [kapsjø] cunning, insidious.
captif [kaptif] captive.
capti|ver captivate, charm; **~vité** *f* captivity, bondage.
captur|e [kapty:r] *f* capture; **~er** capture; seize, catch.
capuchon [kapyʃɔ̃] *m* hood, cowl.
car[1] for, because.
car[2] *m* motorcoach, bus, van.
caractère *m* character; type, letter.
caractéristique [karakteristik] *f* characteristic, salient feature; *adj.* typical.
caraf|e *f* bottle, decanter; **~on** *m* small decanter.
carambol|age *m* collision; **~er** run *or* bump into.
caramel [karamɛl] *m* caramel, burnt sugar; toffee.
caravane *f* caravan.
carbone *m* carbon; **papier** *m* ~ carbon-paper.
carbur|ant [karbyrɑ̃] *m* motor-fuel; **~ateur** *m* carburettor.
cardiaque cardiac.
cardigan [kardigɑ̃] *m* cardigan.
carême *m* Lent.
caresser caress, fondle.
cargaison *f* cargo, freight.
cari|e *f méd.* caries; **~er** rot, make carious; **se ~er** decay, rot.
carillon *m* chimes *pl.*; **~ner** chime, peal.
carnage [karna:ʒ] *m* massacre, slaughter.
carnet [karnɛ] *m* notebook; ~ **de cheques** cheque-book, *Am.* checkbook; ~ **(de métro)** book of ten tickets.
carotte *f bot.* carrot.
carpe [karp] *f* carp.

carpette *f* rug.
carr|é *m*, *adj*. square; **~eau** *m* square; tile; pane; *cards:* diamonds *pl.*; **à ~eaux** *cloth:* checked; **~efour** *m* cross-roads *pl.*; **~eler** pave, tile; check (*cloth*).
carrière [karjɛ:r] *f* quarry; career; **donner ~ à** give free rein to.
carross|e *m* coach; **~erie** *f* body (of motor-car).
carrure *f* breadth (of shoulders).
carte *f* card; map; chart; bill of fare, menu; **~ blanche** full power; **~ postale (illustrée)** (picture) postcard; **~ routière** road map.
cartel *m com.* combine.
carton [kartɔ̃] *m* cardboard; cardboard box, carton; **~ bitumé** roofing felt; **~né** *book*: in boards.
cartouche *f* cartridge.
cas [kɑ] *m* case; event, circumstance; **en ~ que, au ~ où** in case, if; **en tout ~** by all means, in any case; **en aucun ~** by no means; **faire (grand) ~ de** value (highly); **faire peu de ~ de** care little about.
cascade [kaskad] *f* waterfall; cascade.
case [kɑ:z] *f* hut, cabin.
caser place, find a place for.
caserne *f* barracks *pl.*
casier [kɑzje] *m* rack, box, cabinet; **~ judiciaire** police record.
casqu|e *m* helmet; **~ette** *f* cap.
cass|able breakable; **~ant** brittle; rigid; *fam.* tiring, trying; **~e** *f* breaking; breakage; *fam.* fight, trouble; **~é** broken; broken down.
casse|-croûte [kɑskrut] *m* snack, light meal; **~-noix** *m* nutcracker; **~-pieds** *m fam.* bore.
casser break; crack; beat; **à tout ~** big, great, tremendous(ly); *drive, etc.* at top speed; **~ les pieds à q.** get on s.o.'s nerves.
casserole *f cuis.* saucepan.
casse-tête *m* cudgel; *fig.* puzzle, problem.
cassis [kasis] *m* black-currant (liqueur *or* syrup).
castel *m* castle.
catalogue [katalɔg] *m* catalog(ue).
catastrophe [katastrɔf] *f* catastrophe.
catégori|e [kategɔri] *f* category; **~que** categorical.
cathédrale [katedral] *f* cathedral.
catholique [katɔlik] *adj.*, *m* catholic; **pas ~** *fam.* fishy.
cauchemar [koʃma:r] *m* nightmare.
cause [ko:z] *f* cause, motive, reason; *dr.* lawsuit; **à ~ de** on account of, because of; **en ~** in question.
caus|er cause; talk, chat; **~erie** [kozri] *f*, **~ette** *f* chat; **~eur** *m* talker; *adj.* chatty,

talkative; ~**euse** *f* settee.
caustique caustic.
cauteleux hypocritical.
caution [kosjɔ̃] *f* bail.
cavalier *m* rider; trooper; partner; *chess:* knight.
cav|e [ka:v] *f* cellar; wine-cellar; ~**eau** *m* small cellar, vault.
caverne *f* cavern.
cavité *f* cavity; hollow.
ce (cet) *m*, **cette** *f*, **ces** *pl.* this, that, these, those, it; **c'est vrai** it is true; **c'est moi** it is me; **ce sont** these (those) are; **ce qui (ce que)** what.
ceci this, this one.
cécité [sesite] *f* blindness.
céder give (up), yield, give in (**à** to).
cèdre *m bot.* cedar.
ceindre [sɛ̃dr] surround; encircle; gird (on).
ceinture [sɛ̃ty:r] *f* belt, girdle; ~ **de sauvetage** lifebelt; ~ **(de sécurité)** safety belt; *auto* seat belt; **attacher la** ~ buckle up.
cela that; **c'est** ~ that is it; **comme** ~ like that.
célèbre [selɛbr] famous.
célébrer celebrate.
célébrité *f* fame; famous person.
celer [səle] conceal.
céleri [selri] *m bot.* celery.
célérité *f* speed.
céleste celestial, heavenly.
célibat *m* celibacy; ~**aire** *m* bachelor; *f* spinster; *adj.* single, unmarried.
cellier *m* (wine-)cellar.
cellule *f* cell.
celui *m*, **celle** *f*, **ceux** *m/pl.*, **celles** *f/pl.*, he, she, they who; **celui-ci, celle-ci, ceux-ci, celles-ci,** this (one), these; **celui-là, celle-là, ceux-là, celles-là** that (one), those.
cendr|e [sɑ̃dr] *f* ashes *pl.*; cinders *pl.*; ~**ier** *m* ash-tray.
censé supposed to.
censeur *m* censor, critic.
censure [sɑ̃sy:r] *f* censorship.
cent [sɑ̃] *m* hundred; ~**aine** *f* about a hundred.
centenaire *m*, *adj.* centenarian; centenary.
centimètre [sɑ̃timɛtr] *m* centimetre; tape measure.
central [sɑ̃tral] central; ~ *m* **téléphonique** telephone exchange; ~**e** *f* **électrique** power station; ~**iser** centralize; concentrate.
centre [sɑ̃:tr] *m* centre; ~ **commercial** shopping centre; ~ **récréatif** recreation centre.
centuple hundredfold.
cépage *m* vine-plant.
cependant however, yet.
céramique [seramik] *f* ceramics.
cerceau [sɛrso] *m* hoop.
cercle *m* circle; hoop; ~**r** encircle.
cercueil [sɛrkœ:j] *m* coffin.
céréales [sereal] *f/pl. bot.* cereals *pl.*
cérémoni|e [seremɔni] *f* ceremony; ~**eux** formal.

cerf [sɛ:r] *m* stag; **~-volant** *m* stag-beetle; kite.
ceris|e [s(ə)ri:z] *f bot.* cherry; **~ier** *m* cherry-tree.
cerné: avoir les yeux ~s have rings under the eyes.
cerner encircle, ring; husk.
certain [sɛrtɛ̃] certain.
certes [sɛrt] indeed, certainly.
certifi|cat [sɛrtifika] *m* certificate, testimonial; **~cat médical** health certificate; **~er** certify, attest; authenticate.
certitude [sɛrtityd] *f* certainty.
cerveau [sɛrvo] *m* brain; *fig.* intellect.
cervelas *m* saveloy.
cervelle *f* brain; mind; **se creuser la ~** rack one's brains.
cess|e *f* ceasing; rest; **sans ~e** ceaselessly; **~er** cease; **faire ~er** stop; **~ible** transferable; **~ion** *f* transfer.
c'est-à-dire namely, that is to say.
chacun each, each one; anyone.
chagrin *m* grief, sorrow.
chahuter kick up a row.
chaîn|e [ʃɛn] *f* chain; **~e roulante** assembly line; **~e de montagnes** mountain range; **~on** *m* link (of chain).
chair [ʃɛ:r] *f* flesh; *fruit:* pulp.
chaire *f* pulpit; professorship, chair.
chaise *f* chair.
châle *m* shawl, comforter.
chalet *m* Swiss cottage.
chaleur *f* heat, warmth; fire; *fig.* enthusiasm; **~eux** warm; *fig.* ardent.
chambre [ʃɑ̃:br] *f* room, chamber; **~ à air** inner tube; **~ à coucher** bedroom; **~ d'ami** guest room, spare room; **~ d'enfants** nursery.
chameau [ʃamo] *m* camel.
chamois [ʃamwa] *m* chamois; **peau** *f* **de ~** shammy (-leather).
champ [ʃɑ̃] *m* field; ground; scope, space; **~s** *pl.* country; **sur-le-~** immediately; **~agne** [ʃɑ̃paɲ] *m* *wine*: champagne; **~être** rural, rustic.
champignon [ʃɑ̃piɲɔ̃] *m* mushroom.
chance [ʃɑ̃:s] *f* chance; luck, fortune; **~s** *pl.* odds *pl.*
chancelier *m* chancellor.
chandail *m* sweater.
chandelle *f* candle.
chang|e [ʃɑ̃:ʒ] *m* change; exchange; **bureau de ~e** exchange office; **lettre** *f* **de ~e** *com.* bill of exchange; **~eant** variable, fickle, unsteady; **~ement** *m* change; alteration; **~er** change; exchange; alter; **~eur** *m* money-changer.
chanson [ʃɑ̃sɔ̃] *f* song; **~nier** *m* singer.
chant *m* singing; song; **~age** *m* blackmail(ing); **~er** sing; warble; crow; **faire ~er** blackmail; **~eur** *m* singer, vocalist; blackmailer.

chantier *m* works *pl.*, building site; ~ **naval** ship-yard.
Chantilly [ʃɑ̃tiji] *m* (*a.* **crème** *f* ~) whipped cream.
chaos *m* chaos, confusion.
chapeau [ʃapo] *m* hat.
chapelier *m* hatter.
chapelle [ʃapɛl] *f* chapel.
chapit|eau *m column:* capital; **~re** [ʃapitr] *m* chapter.
chapon *m* capon.
chaque [ʃak] each, every.
char *m* car, chariot.
charbon *m* coal; ~ **de bois** charcoal.
charcu|terie [ʃarkyt(ə)ri] *f* pork-butcher's shop, delicatessen; meats and sausages *pl.*; **~tier** *m* pork-butcher.
chardon *m bot.* thistle.
charg|e [ʃarʃ] *f* burden; charge; duty; office; responsibility; **~ement** *m* loading; load; cargo; **~er** load; charge; register; **~er q. de qc.** entrust somebody with; **se ~er de** take in hand, take charge of; undertake; **je m'en ~e** I'll see to it.
chariot [ʃarjo] *m* cart.
charit|able charitable; **~é** *f* charity; alms *pl.*; **demander la ~é** beg.
charme [ʃarm] *m* charm; **~r** charm, fascinate, delight; captivate.
charnel carnal, sensual.
charnière [ʃarnjɛ:r] *f* hinge.
charpentier [ʃarpɑ̃tje] *m* carpenter.
charrette *f* cart.
charrier carry, transport; *fam.* hoax, kid.
charrue *f* plough.
chass|e *f* chase, hunting; *cuis.* venison; **partir en ~e** go shooting; **~e-neige** *m* snowplough; **~er** hunt, chase; drive away; **~eur** *m* hunter; bell-boy, bell-hop.
châssis [ʃɑsi] *m* frame(work); *auto* chassis.
chaste [ʃast] chaste, pure.
chat [ʃa] *m* cat.
châtaign|e [ʃɑtɛɲ] *f* chestnut; **~ier** *m bot.* chestnut-tree.
châtain [ʃɑtɛ̃] (chestnut-) brown.
château [ʃɑto] *m* castle, mansion.
châti|er chastise, punish; **~ment** *m* punishment.
chatouiller [ʃatuje] tickle; *fig.* titillate.
chaud [ʃo] *adj.* hot, warm; *m* warmth, heat; **avoir ~** be warm; **il fait ~** it is warm.
chaudière *f* boiler; kettle.
chauffage *m* heating; ~ **central** central heating.
chauff|er heat, warm; get hot; **~eur** *m auto* driver; **~eur de taxi** taxi (*or* cab) driver; **sans ~eur** *car:* self-drive.
chaussée [ʃose] *f* causeway, road.
chausse-pied *m* shoehorn.
chauss|er put (shoes) on; **~ette** *f* sock; **~ure** [ʃosy:r] *f* shoe, boot; **~ures** *pl.* **de gymnastique** sneakers *pl.*

chauve [ʃo:v] bald; **~-souris** *f* bat.
chaux *f* lime.
chef [ʃɛf] *m* chief, head, leader; **de son propre ~** on one's own (authority); **~ (cuisinier)** chef; **~ d'atelier** foreman; **~ de gare** station-master; **~-d'œuvre** *m* [ʃɛdœ:vr] masterpiece; **~-lieu** *m* [ʃɛfljø] chief town, count(r)y town.
chemin [ʃ(ə)mɛ̃] *m* way, road, path; **~ de fer** railway, *Am.* railroad; **~ faisant** on the way; **~eau** *m* tramp; **~ée** *f* chimney, fire-place; **~er** walk, plod, trudge.
cheminot *m* railwayman.
chemise [ʃ(ə)mi:z] *f* shirt; wrapper; **~ de nuit** nightgown.
chêne *m bot.* oak.
chenil [ʃ(ə)ni(l)] *m* kennel.
chenille *f* caterpillar.
chèque [ʃɛk] *m* cheque, *Am.* check; **~ de voyage** traveller's cheque.
cher, chère [ʃɛ:r] dear, beloved; costly, expensive.
chercher seek, look for; hunt for; look up; **~ à** try to; **aller ~** call for, go to fetch; **envoyer ~** send for.
chère [ʃɛ:r] *f*: **faire bonne ~** live well.
chéri(e) [ʃeri] *m* (*f*) darling, sweetheart, honey.
chérir love, cherish.
cherté *f* expensiveness.
chétif puny, thin; sickly.
cheval *m* horse; **~ de course** racehorse.
chevalet *m* easel; trestle.
chevalier *m* knight.
cheval-vapeur *m auto* horsepower; *abbr.* **CV** h.p.
chevelure [ʃəvly:r] *f* (head of) hair.
cheveu [ʃ(ə)vø] *m* hair; **en ~x** bareheaded; **tiré par les ~x** far-fetched.
cheville *f* peg, pin, bolt; ankle.
chèvre [ʃɛ:vr] *f* goat; **(fromage** *m* **de) ~** goat's cheese.
chevreau *m* kid(-skin).
chevreuil *m* roe-deer; *cuis.* venison.
chevroter *voice:* quaver.
chez [ʃe] in, at; to; with; **~ nous** at our house; in my country; **~ soi** at home.
chic [ʃik] chic, stylish.
chicane *f*, **~r** cavil, quibble.
chiche [ʃiʃ] stingy.
chicorée *f bot.* chicory.
chien *m* dog.
chiffon *m* rag; **~ner** crumple; *fig.* vex, trouble; offend.
chiffre [ʃifr] *m* figure, number; cipher; code.
chimie *f* chemistry.
Chine [ʃin] *f* China.
chinois [ʃinwa] *adj.*, **2** *m* Chinese.
chiot *m* puppy.
chirurgien [ʃiryrʒjɛ̃] *m* surgeon.
choc *m* collision, clash; impact; blow, shock.
chocolat [ʃɔkɔla] *m* chocolate.

chœur [kœ:r] *m* choir.
choisir [ʃwazi:r] choose.
choix [ʃwa] *m* choice; selection; pick; **de ~** first-rate.
chôm|age [ʃoma:ʒ] *m* unemployment; **~er** be out of work; **~eur** *m* unemployed worker.
chope [ʃɔp] *f* beer-mug.
choqu|ant shocking; **~er** knock, strike against; shock, scandalize; **~er les verres** clink glasses.
chose [ʃo:z] *f* thing, matter, affair; **petite ~** trifle; **autre ~** another thing; something else.
chou [ʃu] *m bot.* cabbage; **mon petit ~** *fam.* my darling; **~ de Bruxelles** Brussels sprouts *pl.*; **~-fleur** *m* cauliflower; **~x** *pl.* **frisés** savoy.
chrétien [kretjɛ̃] *m, adj.* Christian.
christianisme *m* Christianity.
chrome [krom] *m* chromium.
chronique [krɔnik] *adj.* chronic; *f* chronicle.
chronologique [krɔnɔlɔʒik] chronological.
chuchoter [ʃyʃɔte] whisper.
chut! [ʃyt, ʃt] hush!
chute [ʃyt] *f* fall; **~ d'eau** waterfall.
ci here; **par-~ par-là** here and there; **~-après** farther on.
cible *f* target.
cicatrice [sikatris] *f* scar.
ci-contre opposite; annexed.
ciboulette [sibulɛt] *f* chives *pl.*
ci-dessous below.
ci-dessus above.
cidre [sidr] *m* cider.
ciel [sjɛl] *m* sky, heaven.
cierge *m* wax candle, taper.
cigale *f* cicada.
cigare [siga:r] *m* cigar.
cigarette [sigarɛt] *f* cigarette.
cigogne *f* stork.
ci-inclus enclosed.
ci-joint herewith.
cil [sil] *m* eyelash.
cime *f* summit, top, peak.
ciment [simɑ̃] *m* cement; **~er** cement.
cimetière [simtjɛ:r] *m* cemetery; churchyard.
cinéma *m* cinema, *Am.* movies *pl.*; movie theatre.
cinq [sɛ̃k] five.
cinquant|aine *f* about fifty; **~e** fifty; **~ième** fiftieth.
cinquième fifth.
cintre [sɛ̃tr] *m* arch; coat-hanger.
cirage *m* shoe-polish; waxing.
circon|férence [sirkɔ̃ferɑ̃:s] *f* circumference; **~scrire** encircle; circumscribe; **~spect** [sirkɔ̃spɛ] cautious, circumspect; **~stance** *f* circumstance.
circuit [sirkɥi] *m* circuit.
circul|aire *f* circular letter; *adj.* circular; **~ation** [sirkylasjɔ̃] *f* traffic; circulation; **~er** move about, run; circulate; **~ez!** move on!
cire *f* wax; **~r** wax.

cirque *m* circus.
ciseau [sizo] *m* chisel; **~x** *pl.* scissors *pl.*; **~x à ongles** nail-scissors *pl.*
citadins [sitadɛ̃] *m/pl.* townspeople *pl.*
citation [sitasjɔ̃] *f* quotation; *dr.* summons.
cité *f* city; large town; group of buildings.
citoyen [sitwajɛ̃] *m* citizen.
citron *m bot.* lemon.
citrouille *f* pumpkin.
civière *f* stretcher, litter.
civil [sivil] *m* civilian; layman; **en ~** in plain clothes; **~isation** [sivilisasjɔ̃] *f* civilisation.
civique civic.
clair [klɛ:r] *adj.* clear, bright, light; *beard, soup, etc.*: thin; **(y) voir ~** understand, find out; *m* light; **~ de lune** moonlight; **tirer au ~** clear up (*mystery, etc.*); **~ière** *f* clearing, glade.
clairvoyant perspicacious.
clandestin clandestine, covert, stealthy.
claque *f* slap; **~r** clap; slap, smack; bang.
clarifier clarify, clear.
clarté *f* light; *fig.* clarity.
classe [klas] *f* class; **~ moyenne** middle-class; **~ touriste** tourist class; **~ment** *m* classification; **~r** class, classify; file.
classique *adj.* classic(al); *m* classic(al) (author); standard work.
clavicule *f* collar-bone.
clavier *m* keyboard.
clé, clef [kle] *f* key (*a. mus.*); **fermer à ~** lock (up); **sous ~** under lock and key; **fausse ~** skeleton key; **~ anglaise** monkey-wrench.
clémence [klemɑ̃:s] *f* mercy, clemency.
clergé *m* clergy.
cliché *m phot.* negative; *fig.* cliché, commonplace.
client [klijɑ̃] *m* customer; **~èle** *f* clients *pl.*; customers *pl.*; *méd.* patients *pl.*
clign|er [kliɲe] wink; **~otant** *m auto* winker, direction indicator; **~oter** blink; twinkle; flicker.
climat [klima] *m* climate; region; **~ique** climatic; **~isé** air-conditioned.
clin [klɛ̃] *m* twinkle; **en un ~ d'œil** in the twinkling of an eye.
clinique *f* infirmary, hospital; *adj.* clinical.
clochard *m* bum, habitual loafer.
cloche [klɔʃ] *f* bell; dish cover; *méd.* blister.
clocher[1] *m* steeple, belfry.
clocher[2] limp, hobble; *fig.* not to run smoothly, be wrong.
cloison [klwazɔ̃] *f* partition, dividing wall.
cloître *m* cloister.
clopiner hobble.
cloque [klɔk] *f* blister.
clos [klo] *m* enclosure; vineyard; *adj.* closed.

clôture *f* enclosure, fence; end, closing.
clou [klu] *m* nail; *fig.* chief attraction; *méd.* boil; *fam.* pawnshop; **~er** nail (up *or* down); fix.
club [klœb] *m* club.
coaguler coagulate; curdle, clot (*a.* **se ~**).
coche *f* notch, nick.
cocher *m* coachman.
cochon [kɔʃɔ̃] *m* pig, swine; **~nerie** *f* filth(iness); obscenity; foul trick.
code [kɔd] *m* code, law; **~ de la route** highway code, traffic regulations *pl.*; **~ postal** zip code; **(phare) ~** *auto* low beam; **se mettre en ~** dip (*Am.* dim) one's headlights.
cœur [kœ:r] *m* heart; **par ~** *learn* by heart; **avoir mal au ~** feel sick.
coffre *m* chest, trunk; *auto* boot; **~-fort** *m* safe; **~t** *m* small box.
cogner hit; knock; bump.
cohue [kɔy] *f* crowd; mob, throng.
coiff|e *f* head-dress; cap; **~er** put (a hat, *etc.*) on; do *s.o.'s* hair; **~er sainte Catherine** get on the shelf; **~eur** [kwafœ:r] *m* hairdresser; barber; **~euse** *f* dressing-table; **~ure** *f* hair-style; hairdressing.
coin [kwɛ̃] *m* corner, nook; wedge; **~cer** wedge, fasten; *fam.* pinch, nab; corner; **se ~cer** stick, jam.
coing [kwɛ̃] *m bot.* quince.
col *m* collar; mountain-pass.
colère [kɔlɛ:r] *f* anger, temper.
coléreux quick-tempered.
colérique choleric, irascible.
colis *m* package, parcel.
collaborer collaborate.
collant *adj.* tight; close-fitting; *m* tights *pl.*; pantyhose.
colle *f* paste, glue.
collection [kɔlɛksjɔ̃] *f* collection; **~ner** collect (*stamps, etc.*); **~neur** *m* collector.
collège [kɔlɛ:ʒ] *m* secondary school.
collègue [kɔllɛg] *m* colleague.
coller paste, glue; stick, cling; *pop.* run, work; **ça colle** it works.
collier [kɔlje] *m* necklace.
colline *f* hill.
collision [kɔlizjɔ̃] *f* collision; **entrer en ~** collide.
colombier *m* dove-cot.
colonie *f* colony.
colonne *f* column.
colorant *m* colo(u)ring.
colorer colo(u)r, dye.
colporter peddle; spread (*news*).
combat [kɔ̃ba] *m* fight, struggle; **~tant** *m* combatant, fighter; **~tre** combat, fight.
combien [kɔ̃bjɛ̃] how much?; how many?; **~ de fois** how often?
combin|aison [kɔ̃binɛzɔ̃] *f* combination, arrangement; overalls *pl.*; lady's slip; **~er** combine; contrive.

combl|e *m* attic; *fig.* height, maximum, summit, limit; **de fond en ~e** from top to bottom, entirely; *adj.* full, crowded; **~é** happy, content; **~er** fill (up); satisfy; gratify; **~er de** shower with.

combustible [kɔ̃bystibl] *m* fuel; *adj.* combustible, inflammable.

comédien *m* actor.

comestible *adj.* edible; **~s** *m/pl.* food, provisions *pl.*

comique comical, funny.

comité [kɔmite] *m* committee, board, commission.

command|e [kɔmɑ̃:d] *f* order; control, ·lever; **~ement** *m* order, commandment; **~er** command, order, rule; control.

comme like, as; how; since, because; **~ si** as if.

commen|çant *m* beginner; **~cement** *m* beginning; **~cer** begin, start.

comment [kɔmɑ̃] how; **~?** what?

comment|aire [kɔmɑ̃tɛ:r] *m* comment; **~er** comment upon.

commérage *m* gossip.

commerçant [kɔmɛrsɑ̃:] *m* merchant, tradesman; *adj.* mercantile; commercial, shopping . . .

commerc|e [kɔmɛrs] *m* trade, business; **~ial** commercial, trading.

commettre commit.

commissaire *m* commissioner; inspector of police.

commissariat *m* police station.

commission [kɔmisjɔ̃] *f* commission; errand, message; **~naire** *m* commission agent; porter, messenger.

commod|e *f* chest of drawers; *adj.* convenient; handy; easy (to deal with); **~ité** *f* convenience; comfort.

commotion *f* **cérébrale** concussion (of the brain).

commun [kɔmɛ̃] common; **en ~** in common; **~auté** *f* community; **~auté des biens** *dr.* joint estate (of husband and wife).

commun|e [kɔmyn] *f* parish; **~ication** [kɔmynikasjɔ̃] *f* communication; **~ication locale** (*or* **urbaine**) *télé.* local call; **~ier** take the sacrament; **~iquer** communicate.

communis|me [kɔmynism] *m* communism; **~te** *adj.*, *m* communist.

commutateur *m* switch.

compa|gne *f* female companion; **~gnie** *f* company; society; **~gnie de navigation** shipping line; **~gnon** *m* companion, mate; fellow.

compar|aison *f* comparison; **~er** compare.

compartiment *m* compartment.

compas [kɔ̃pɑ] *m* compass; (pair of) compasses *pl.*; **~sé** regular; stiff; stilted.

compassion *f* pity.
compatible compatible.
compatissant compassionate, sympathetic.
compatriote *m* fellow-countryman.
compétence [kɔ̃petɑ:s] *f* competence; *dr.* powers *pl.*; skill.
compétent competent.
compétit|if competitive; **~ion** [kɔ̃petisjɔ̃] *f* competition; contest.
complai|re [kɔ̃plɛ:r] please; **se ~re à** *or* **dans** take pleasure in; **~sance** *f* complacency; self-satisfaction; **~sant** obliging, complacent.
compl|et *m clothes:* suit; **~-veston** lounge suit; *adj.* complete; full (up); **~ètement** wholly, completely; **~éter** complete.
complexe *m* complex; *adj.* complicated, complex.
complication [kɔ̃plikasjɔ̃] *f* complication; complexity.
complice [kɔ̃plis] *m* accomplice, accessory.
compliment [kɔ̃plimɑ̃] *m* compliment; **~s** *pl.* regards *pl.*
comport|ement *m* behavio(u)r; **~er** comprise; involve; **se ~ ~er** behave.
compos|é *m*, *adj.* compound; **~er** compose; **~er un numéro de téléphone** dial; **se ~er de** consist of; **~iteur** *m* composer.
comprendre [kɔ̃prɑ̃:dr] understand; include.
comprim|é *m méd.* tablet, pill; **~er** compress; check, hold back.
compris understood; included; **y ~** including.
compromettre [kɔ̃prɔmɛtr] compromise, jeopardize.
compt|abilité [kɔ̃tabilite] *f* book-keeping; **~able** *m* accountant.
compte [kɔ̃:t] *m* account; calculation; **~ en banque** bank account; **~ courant** current account; **en fin de ~** after all; **tenir ~ de** take into account (*or* consideration); **se rendre ~ de** realize; **~ rendu** *m* report.
compt|er [kɔ̃te] count; reckon; intend; **~er sur** rely (*or* count) on; **à ~er de ...** from ... on; **~eur** *m* meter; **~oir** [kɔ̃twa:r] *m* counter.
comt|e [kɔ̃t] *m* count, earl; **~é** *m* county; **~esse** *f* countess.
concentr|ation [kɔ̃sɑ̃trasjɔ̃] *f* concentration; **(se) ~er** concentrate (**sur** on).
concept [kɔ̃sɛpt] *m* concept; **~ion** *f* conception.
concern|ant concerning; **~er** concern, regard; **en ce qui ~e** with regard to.
concert *m* concert; **de ~** together, in agreement; **~er** plan; concert.
concession [kɔ̃sɛsjɔ̃] *f* concession; **~naire** *m* licence-holder.
concev|able conceivable;

~oir conceive; understand.
concierge [kɔ̃sjɛrʒ] *m, f* porter, door-keeper.
conciliant conciliatory.
concitoyen *m* fellow citizen.
conclu|re conclude; **~sion** *f* conclusion.
concombre *m* cucumber.
concourir converge; **~ à** concur to(ward); **~ pour** compete for.
concours [kɔ̃ku:r] *m* competition; concourse; help, aid.
concurren|ce [kɔ̃kyrɑ̃:s] *f* rivalry; competition; **~t** *m* rival, competitor.
condamner [kɔ̃dane] condemn; fine, sentence.
condenser condense.
condition [kɔ̃disjɔ̃] *f* condition; state, rank; **à ~ que** on condition that; **~s** *pl.* **de payement** terms *pl.* of payment; **sans ~s** unconditional.
conducteur *m* leader, conductor; *auto* driver.
conduire [kɔ̃dɥi:r] conduct, lead, guide; drive (*car*); **se ~** behave.
conduit *m* pipe, tube; **~e** *f* conduct; behavio(u)r; leading; escorting; *auto* driving, steering; pipe, main; management.
confection [kɔ̃fɛksjɔ̃] *f* make, making; ready-made clothes *pl.*; **de ~** ready-made.
confédérer confederate.
conférence *f* conference, lecture; **~ au sommet** summit conference.
confess|ion [kɔ̃fɛsjɔ̃] *f* confession; **~er** confess; **se ~er** confess (one's sins).
confian|ce *f* confidence, trust; **faire ~ à** trust, confide in; **~t** confiding, confident.
confi|dence [kɔ̃fidɑ̃:s] *f* secret; **~dent** *m* confidant; **~dentiel** confidential.
confier entrust; **se ~ à** confide in, trust in.
confins [kɔ̃fɛ̃] *m/pl.* confines *pl.*, limits *pl.*
confirmer confirm.
confis|erie *f* confectionery; **~eur** *m* confectioner.
conflit *m* conflict, clash.
confondre mingle; mix (up); mistake for; be mistaken; confuse; confound.
conforme à in conformity with; in keeping with.
confort [kɔ̃fɔ:r] *m* comfort, ease; **~able** comfortable, cosy.
confrère *m* colleague.
confronter confront; compare (*texts*).
confus [kɔ̃fy] confused, vague; **~ion** [kɔ̃fyzjɔ̃] *f* confusion; muddle; error, mistake.
congé [kɔ̃ʒe] *m* leave; dismissal; holiday, vacation; day off; **prendre ~** take leave; **donner son ~ à** give notice.
congédier dismiss, discharge.

congel|é frozen; **~er** congeal, freeze.
congénital *méd.* inborn; congenital.
congrès [kɔ̃grɛ] *m* congress.
conique conical; tapering.
conjecture [kɔ̃ʒɛkty:r] *f* conjecture, surmise.
conjointement [kɔ̃ʒwɛ̃tmɑ̃] jointly, together.
conjugaison *f* conjugation.
conjurer avert, stave off, stem; conjure, beseech.
connaiss|ance [kɔnɛsɑ̃:s] *f* knowledge; consciousness; acquaintance; **~eur** *m* expert, connaisseur; *adj.* expert.
connaître [kɔnɛ:tr] know, be acquainted with; **s'y ~ en** be an expert in.
connexion [kɔnɛksjɔ̃] *f* connection, relation.
conquête *f* conquest.
consacr|er consecrate; dedicate, devote; grant; **expression** *f* **~ée** usual expression.
conscien|ce [kɔ̃sjɑ̃:s] *f* conscience; consciousness; **~t** conscious.
conseil [kɔ̃sɛj] *m* advice, counsel; council, board; **~ municipal** town council; **~ler** *v.* advise; recommend; *m* councillor.
consent|ement *m* approval; **~ir (à)** consent, assent, agree (to).
conséquence [kɔ̃sekɑ̃:s] *f* consequence; *fig.* importance; **en ~** accordingly.
conserv|ation [kɔ̃sɛrvasjɔ̃] *f* conservation; preservation; **~es** *f/pl.* tinned (*Am.* canned) foods *pl.*; **~er** preserve, keep (*a.* **se ~er**).
considér|able considerable; **~ation** *f* consideration; *fig.* esteem; **~er** consider, regard.
consigne *f* left luggage office, checkroom.
consist|ance *f* consistency; *fig.* stability; firmness; **~er en** (*or* **dans**) consist of; **~er à** consist in; be.
consol|ation [kɔ̃sɔlasjɔ̃] *f* consolation, comfort; **~er** console, comfort (**de** for).
consolider consolidate.
consomm|ateur *m* consumer; **~ation** *f* consuming, consumption; drink; **~er** consume; use up; eat; drink.
conspir|ation *f* conspiracy, plot; **~er** plot; conspire.
consta|mment [kɔ̃stamɑ̃] constantly; **~nt** [kɔ̃stɑ̃] constant; certain, steadfast.
constater state; notice; find (out), establish.
consterner dismay, astound.
constitu|er constitute, make up; **~tion** *f* constitution.
construction [kɔ̃stryksjɔ̃] *f* construction; building.
construire [kɔ̃strɥi:r] build, construct.
consulat [kɔ̃syla] *m* consulate.
consult|ation [kɔ̃syltasjɔ̃] *f*

consultation; ~er consult.
contact [kɔ̃takt] *m* contact; relation; ~**er** contact.
contagieux [kɔ̃taʒjø] contagious, infectious.
contaminer contaminate.
conte *m* short story; tale.
contempler contemplate.
contemporain *m*, *adj*. contemporary.
conten|ance [kɔ̃tnɑ̃:s] *f* capacity; *fig*. bearing; ~**ir** [kɔ̃tni:r] contain; hold.
content [kɔ̃tɑ̃] content; satisfied; pleased; happy, glad (**de** with, about, to *do, etc.*); ~**ement** *m* contentment; ~**er** content, satisfy, please; **se ~er de** content o.s. with.
contenu *m* contents *pl*.
conter relate, report, tell.
contester contest; dispute.
contigu adjoining.
continent [kɔ̃tinɑ̃] *m* continent; ~**al** continental.
contingences *f/pl*. contingencies *pl*.
contingent *m* quota.
continu uninterrupted; ~**er** continue, go on (with); ~**er de** (*or* **à**) go on *doing s. th.*
contorsion *f* contortion.
contour [kɔ̃tu:r] *m* outline, shape; ~**nement** bypass; ~**ner** go (a)round, bypass.
contraceptif *adj*., *m* contraceptive.
contracter contract (*a. fig*.; *a.* **se** ~).
contradic|tion [kɔ̃tradiksjɔ̃] *f* contradiction; ~**toire** contradictory; conflicting.
contrain|dre [kɔ̃trɛ̃:dr] force, compel; **se ~dre** restrain o.s.; ~**te** *f* constraint; restraint.
contraire *m*, *adj*. contrary; **au** ~ on the contrary.
contrarier oppose, thwart; annoy; vex.
contraste [kɔ̃trast] *m*, ~**r** contrast.
contrat [kɔ̃tra] *m* contract.
contravention [kɔ̃travɑ̃sjɔ̃] *f* infraction, infringement; traffic ticket; fine, penalty.
contre [kɔ̃tr] against, close to; ~**bande** *f* smuggling; **à ~-cœur** reluctantly; ~**coup** *m* rebound, repercussion; ~**dire** contradict.
contrée *f* region.
contre|façon [kɔ̃trəfasɔ̃] *f* imitation, forgery; ~**faire** imitate, counterfeit; ~**maître** *m* foreman; ~**poids** *m* counterpoise, counterbalance; **à ~temps** inopportunely; ~**venir à** infringe; ~**vent** *m* shutter.
contribu|able *m* taxpayer; ~**er** contribute; ~**tion** [kɔ̃tribysjɔ̃] *f* contribution; tax; duty.
contrôle *m* checking, examination; control; ~**r** check, examine.
controversé controversial.
contusion [kɔ̃tyzjɔ̃] *f*, ~**ner** bruise.
convaincre [kɔ̃vɛ̃:kr] convince.

conven|able [kɔ̃vnabl] suitable, fitting; proper; **~ance** *f*, **~ances** *pl.* propriety; **~ir à** suit; **~ir de** admit, agree; decide on *or* to; **~u** agreed.
conversation [kɔ̃vɛrsasjɔ̃] *f* talk; conversation.
convertir convert.
conviction [kɔ̃viksjɔ̃] *f* belief, conviction.
convive *m* guest.
convoi [kɔ̃vwa] *m* convoy; train; funeral.
convoit|er [kɔ̃vwate] covet; **~eux** covetous; **~ise** *f* cupidity.
convoquer summon; convene; call up.
coopé [kɔpe] *f fam.* co-op.
coopérer co-operate.
copain *m fam.* chum, mate, pal, buddy.
copier copy.
copieux copious, plentiful.
copine *f fam.* friend.
coq *m* cock; **~ d'Inde** turkey.
coque *f* shell; *mar.* hull.
coqueluche *f méd.* whooping-cough; favo(u)rite, darling.
coquet coquettish; smart, natty; *a. fig.* tidy; **~terie** [kɔkɛtri] *f* coquetry.
coquillage [kɔkija:ʒ] *m* shell; shellfish; **~s** *pl. cuis.* cockles *pl.*, scallops *pl.*
coquille *f* shell; **~ Saint-Jaques** scallop.
coquin *m* rascal; *adj.* mischievous.
cor *m* bugle, horn; **~ au pied** corn (on the foot).
corail *m* coral.
corbeau *m* raven.
corbeille [kɔrbɛj] *f* basket; **~ à papier** wastepaper basket.
corde *f* rope, cord, string.
cordial [kɔrdjal] cordial (*a. m*), hearty.
cordon [kɔrdɔ̃] *m* string; lace; rope; ribbon; cordon; **~ bleu** excellent cook; **~nier** *m* shoemaker.
corn|e *f* horn; hoof; **~e à souliers** shoehorn; **~ée** *f méd.* cornea.
corneille *f* rook.
cornet *m* paperbag.
cornichon *m* gherkin; *pop.* duffer, sap.
corporation [kɔrpɔrasjɔ̃] *f* corporation.
corporel bodily.
corps [kɔ:r] *m* body, corpse; substance; group; corps.
corpulen|ce [kɔrpylɑ̃:s] *f* corpulence, stoutness; **~t** stout.
corpuscule *m* particle.
correct [kɔrɛkt] correct; **~ion** *f* correction; correctness; reproof, punishment.
correspondance [kɔrɛspɔ̃dɑ̃:s] *f* correspondence; *ch.d.f.* connection.
correspondant *m* correspondent; *adj.* corresponding.
correspondre correspond, exchange letters; **~ à** correspond to, agree with.
corridor [kɔridɔr] *m* corridor.
corriger correct.

corroder corrode.
corrompre corrupt; bribe.
corruption [kɔrypsjɔ̃] *f* corruption.
cortège *m* procession; retinue.
coss|e *f* husk, pod; *pop.* laziness; **~u** wealthy.
costume [kɔstym] *m* costume, dress; suit; **~ tailleur** ladies' suit.
cote [kɔt] *f com.* quotation, share, quota.
côte [ko:t] *f* rib; coast; hill.
côté [kote] *m* side; direction; **à ~** near (by); next; **à ~ de** beside, next to; **de ce ~** this way, on this side; **d'un ~** on the one hand; **de l'autre ~** on the other hand; **de l'autre ~ (de)** across; **du ~ de** in the direction of; at, near.
coteau [kɔto] *m* hill, hillside.
côtelette *f cuis.* cutlet, chop.
coter mark; classify, number; *com.* quote.
coton [kɔtɔ̃] *m* cotton.
cou *m* neck.
couchant *adj. sun:* setting; *m* west.
couche [kuʃ] *f* layer, coat (-ing); stratum; nappy, diaper.
couché [kuʃe]: **être ~** lie; be in bed.
coucher [kuʃe] *v.* lay down, put to bed; sleep, spend the night; **se ~** go to bed; lie down; *sun:* set; *m* going to bed; lodging; **~ du soleil** sunset, sundown.
couchette *f* sleeping-berth.
coude *m* elbow; bend.
coudre [kudr] sew; stitch.
coul|age *m* leakage; **~ant** flowing; easy; **~er** flow; leak; run; glide; *time:* pass; sink; cast (*metal*); **se ~er dans** steal into.
couleur [kulœ:r] *f* colo(u)r; paint.
coulisse *f* slide; sliding door, *etc.*; **en ~** *glance:* sidelong; **~s** *pl. thé.* wings *pl.*
couloir *m* passage; strainer.
coup [ku] *m* blow, knock, stroke, bump, tap, kick, shot, bit; **boire un ~** have a drink; **tout à ~** suddenly; **~ d'envoi** *sport* kick-off; **~ d'œil** glance; **~ de téléphone** telephone call.
coupable *m* culprit; *adj.* guilty.
coupe[1] [kup] *f* cut; cutting.
coupe[2] *f* cup, goblet.
couper cut, cut off, slice; cut short; **~ le vin** add water to the wine.
couple [kupl] *m* couple; pair; **~r** couple.
coupole *f arch.* cupola.
coupure *f* cut.
cour *f* yard; *dr.* court.
courage [kura:ʒ] *m* courage.
couramment [kuramã] fluently; currently.
courant *m* current; **~ d'air** draught, *Am.* draft; **~ alternatif** *élec.* alternating current; **~ continu** *élec.* continuous (*or* direct) cur-

rent; **au ~** informed; up to date; *adj.* running, flowing, current.

courbe *f* curve; *adj.* curved; **~r** bow, curve, bend (*a.* **se ~r**).

coureur *m* runner, racer.

courge [kurʒ] *f* gourd, squash, pumpkin.

courir run, race; run after.

couronn|e *f* crown, wreath; **~er** crown.

courrier *m* mail, post.

courroie *f* strap, belt.

cours [ku:r] *m* course; flow; lecture, class, lesson; price, rate; **~ d'eau** river, stream; **au** *or* **en ~ de** in the course of.

course [kurs] *f* run(ing); excursion; race; errand; **~ d'automobiles** motor-race; **~ de chevaux** horse-race; **~ cycliste** cycle-race.

court[1] [ku:r] short; **à ~ de** short of (*money, etc.*).

court[2] [kɔrt] *m* tennis court.

courtage *m* brokerage.

court-circuit *m* *élec.* short circuit.

courtepointe *f* quilt.

courtier [kurtje] *m* agent, broker.

courtois [kurtwa] courteous.

cousin [kuzɛ̃] *m*, **~e** [kuzin] *f* cousin.

coussin *m* cushion; **~et** *m* pad.

coût [ku] *m* cost; **~ de la vie** cost of living.

couteau [kuto] *m* knife.

coût|er cost; **~e que ~e** at all costs; **~eux** expensive.

coutum|e [kutym] *f* custom; **de ~e** usual(ly); **~ier** customary; habitual.

coutur|e *f* sewing; seam; dressmaking; fashion; **~ier** *m*, **~ière** *f* dressmaker.

couvent *m* monastery, convent.

couver hatch (*a.* *fig.*); smoulder.

couvercle *m* cover, lid.

couvert [kuvɛ:r] *m* cover(ing); place (at table); knife, fork, and spoon; cover charge; **mettre le ~** lay the table; *adj.* covered; **~ure** *f* cover; blanket.

couvrir [kuvri:r] cover (up).

crabe [krab] *m* crab.

cracher spit; sputter.

craie *f* chalk.

craindre [krɛ̃:dr] fear, dread, be afraid of.

craint|e [krɛ̃:t] *f* fear; **de ~e de** for fear of; **de ~e que** lest; **~if** timid.

cramoisi [kramwazi] crimson.

crampe *f* *méd.* cramp.

crampon *m* clamp; cramp-iron; *fam.* bore; **se ~ner à** cling to.

cran *m* notch; cog, tooth, catch; *fam.* pluck, guts *pl.*

crâne [kran] *m* skull.

crapaud *m* toad.

crapule *f* scoundrel; mob, rabble.

craqueler crack(le).

craqu|er crack; collapse, tumble (down), topple (over); **~eter** crackle.
crasseux filthy, sordid.
cratère *m* crater.
cravate *f* necktie.
crayon *m* pencil; **~ de couleurs** colo(u)red pencil.
créancier [kreɑ̃:sje] *m* creditor.
créa|teur *m* creator; **~tion** *f* creation; work; **~ture** [kreaty:r] *f* creature.
crèche *f* day-nursery.
crédit [kredi] *m* credit; credence; prestige; **à ~** on credit; **~eur** *m* creditor; **~er** credit.
crédul|e credulous; **~ité** *f* credulity.
créer [kree] create.
crémaillère [kremajɛ:r] *f*: **pendre la ~** have a housewarming.
crème [krɛm] *f* *cuis.* cream; custard; cream soup; *fig. the* best, *the* pick; (**café** *m*) **~** coffee with milk; **~ à raser** shaving-cream; **~de beauté** face cream.
crémerie *f* dairy.
crémeux creamy.
crêpe *f* *cuis.* pancake.
crépuscule [krepyskyl] *m* dawn, twilight.
crête *f* crest, ridge; cockscomb.
creuser dig; hollow (out).
creux hollow (*a. m*); *period*: slack.
crevaison [krəvɛzɔ̃] *f* puncture, blowout, flat.
crevass|e *f* crevice; crack; **~er** crack, chap.
crever burst, blow up, puncture; wear out, kill; perish, *pop.* die; **~ les yeux** be obvious.
crevette *f* shrimp, prawn.
cri *m* shriek, scream, shout, cry; **dernier ~** latest fashion.
crible *m* sieve; **~r** riddle.
cric [krik] *m* *auto* jack.
crier shout, cry, scream, creak, squeal.
crim|e [krim] *m* crime; **~inel** *m*, *adj.* criminal.
crinière *f* mane.
crise [kri:z] *f* crisis; fit, attack; **~ cardiaque** heart-attack; **~ du logement** housing shortage.
crisper contract (*a.* **se ~**), clench; *fam.* get on s.o.'s nerves.
critiqu|e *m* critic; *f* criticism; *adj.* critical; **~er** criticize, find fault with.
croc [kro] *m* hook; fang; *boar:* tusk.
crochet [krɔʃɛ] *m* hook; sharp turn.
croire [krwa:r] believe; think; **faire ~** persuade.
crois|ée *f* crossing; casement-window; **~ière** *f* cruise; **~ement** *m* crossing; **~er** cross; meet (*a.* **se ~er**); cruise.
croissance [krwasɑ̃:s] *f* growth.
croissant *adj.* growing; *m*

crescent; *cuis.* crescent roll.
croître [krwa:tr] grow; increase.
croix [krwa] *f* cross.
croquer crunch, munch, eat; sketch.
croquis *m* sketch; rough draft.
croul|ant tumbledown; **~er** crumble, collapse; *fig.* fall through.
croupir stagnate.
croustillant crisp.
croûte [krut] *f* crust; *méd.* scab; **casser la ~** take a snack, eat.
croy|able [krwajabl] credible; **~ance** *f* belief; **~ant** *m* believer.
cru[1] raw, uncooked; coarse.
cru[2] *m* vintage, wine.
cruauté *f* cruelty.
cruche *f* jug, pitcher.
crudité *f* crudity; coarseness.
crue *f* swelling, flood.
cruel [kryɛl] merciless; cruel, unkind.
crustacés *m/pl.* shellfish.
cube [kyb] cube.
cueillir [kœji:r] gather; pick.
cuiller, cuillère [kɥijɛ:r] *f* spoon; **cuillerée** *f* spoonful.
cuir [kɥi:r] *m* hide, skin; leather.
cuire [kɥi:r] cook, bake; smart, burn.
cuisin|e *f* kitchen; cooking; **faire la ~e** cook; **~ière** *f* cook; kitchen-range, cooker.
cuisse [kɥis] *f* thigh; leg.
cuisson *f* cooking, baking.
cuit [kɥi] cooked, baked.
cuivre [kɥi:vr] *m* copper; **~ jaune** brass.
cul [ky] *m* seat, bottom, posterior; **~-de-jatte** *m* cripple; **~-de-sac** *m* blind alley.
culbute *f* fall; somersault; **~r** overturn.
culinaire culinary.
culot [kylo] *m* base, bottom; cheek, nerve.
culotte *f* breeches, shorts, panties *pl.*
culpabilité [kylpabilite] *f* culpability, guilt.
culte *m* worship; creed.
cultiv|ateur *m* farmer; **~é** cultivated; **~er** till; cultivate; foster; raise, grow.
culture [kylty:r] *f* culture.
cupid|e covetous, greedy; **~ité** *f* greed.
curable curable.
cure [ky:r] *f* cure; **~ de repos** rest-cure.
curé *m* parish priest; vicar.
cure|-dent *m* toothpick; **~-pipe** *m* pipe cleaner.
curer clean; pick (*teeth*); dredge (*river*).
curi|eux [kyrjø] curious; **~osité** *f* curiosity; **~osités** *pl.* sights *pl.*
cuv|e *f* tub, vat; **~er** ferment; **~ette** *f* basin.
cycl|e [sikl] *m* cycle; **~isme** *m* cycling; **~iste** *m* (*f*) cyclist.
cygne [siɲ] *m* swan.
cylindre [silɛ̃:dr] *m* cylinder; roller.

cylindrée *f auto* cylinder capacity.
cynique cynical.
cyprès [siprɛ] *m* cypress.

D

dactylo *f* typist; **~graphier** type.
daigner [deɲe] deign.
daim [dɛ̃] *m* (fallow-)deer; suede; buckskin.
dallage *m* pavement.
daltonisme *m* colo(u)r-blindness.
damas *m* damask.
dame [dam] *f* lady; *cards, checkers:* queen.
damner [dane] damn.
Danemark *m* Denmark.
danger [dɑ̃ʒe] *m* danger, peril; **~eux** dangerous.
danois [danwa] *adj.* Danish; **♀** *m* Dane.
dans in, inside, into; within.
dans|e [dɑ̃:s] *f* dance; **~e folklorique** folk dance; **~er** dance; **~eur** *m* dancer.
dard *m* dart, sting; **~er** dart, hurl.
dat|e [dat] *f* date; **~er** date; **à ~er de ce jour** from today on.
datte *f bot.* date.
daub|er stew, braise; **~ière** *f* stew-pan.
davantage [davɑ̃ta:ʒ] more; longer.
de of, from, on, for, to, than, as, by, upon, in; **~ jour (~ nuit)** *travel, etc.* by day (by night).
dé *m* die; thimble; **~s** *pl.* dice *pl.*
déambuler saunter, stroll.
débâcl|e [debɑkl] *f* break-down, downfall; rout.
déballer unpack, unwrap.
déband|ade *f*: **à la ~ade** in disorder, topsy-turvy; **~er** unbend; unbind.
débar|cadère *f mar.* landing place; **~quement** *m* landing, arrival; **~quer** land, disembark; unload.
débarrasser relieve, rid; clear; **se ~ de** get rid of.
débat *m* debate, discussion, dispute; **~s** *pl.* court hearing; proceedings *pl.*
débattre debate, discuss; **se ~** struggle.
débauch|e [debo:ʃ] *f* debauchery; **~é** *m* debauchee; **~er** lay off (*workers*); *fam.* divert, distract.
débet *m* balance due.
débil|e [debil] weakly, sickly; **~iter** enfeeble, weaken.
débit [debi] *m* (retail) sale; shop, store; *com.* debit (side); **~ant** *m* dealer; retailer; **~er** sell, retail; *fig.* utter, tell (*lies etc.*); *com.* debit.
débiteur *m* debtor.
déblayer clear.
déboire [debwa:r] *m* disappointment; trouble.
déboiser deforest.

déboîter [debwate] dislocate; *auto* filter.
débonnaire [debɔnɛ:r] good-natured.
débord|é snowed under (**de** with), very busy; **~ement** *m* overflowing, flood (*a. fig.*); **~er** overflow, flow over; project beyond.
débouch|é [debuʃe] *m* opening; *fig.* market; **~er** clear; uncork, open; come out.
déboucler [debukle] unbuckle.
débourser disburse; spend.
debout [d(ə)bu] standing, upright, up.
déboutonner unbutton.
débraillé untidy, careless.
débrancher [debrɑ̃ʃe] *élec.* disconnect.
débrayer disengage (*clutch etc.*).
débris *m/pl.* fragments *pl.*, remains *pl.*
débrouill|ard [debruja:r] clever, smart, resourceful; **~er** unravel, disentangle; clear (up); **se ~er** manage, get along, get by.
début [deby] *m* start, beginning; **~ant** *m* beginner, learner; **~er** start, begin; come out; *thé.* make one's first appearance.
decà [d(ə)sa] on this side.
décacheter [dekaʃte] unseal, open (*letter*).
décadence *f* decline, decay.
décamper flee, make off.
décéder die.
déceler disclose; betray.
décembre [desɑ̃:br] *m* December.
décence *f* decency, decorum.
décennal decennial.
décent [desɑ̃] decent; fit; **peu ~** unseemly.
décentraliser decentralize.
décerner award (*prize*).
décès [desɛ] *m dr.* decease.
déce|vant disappointing; **~voir** [desəvwa:r] disappoint.
déchaîner unchain; unleash (*a. fig.*); **se ~** break out; rage.
déchanter *fam.* change one's tune, come down a peg.
décharg|e [deʃarʒ] *f* discharge; unloading; receipt; **~er** discharge; unload; free, exempt (**de** from); relieve; fire (*rifle*).
déchéance *f* decay; downfall; *dr.* loss.
déchet [deʃɛ] *m* waste; loss.
déchiffrer decipher, decode.
déchiqueter [deʃikte] shred, tear up.
déchir|ant heart-rending; **~er** rend, tear; defame; **~ure** *f* rent, tear.
décid|é decided; resolute; **~er** decide; determine; **se ~er** make up one's mind, decide.
décis|if decisive; **~ion** [desizjɔ̃] *f* decision.
déclar|ation [deklarasjɔ̃] *f* declaration; statement; **~er** declare (*a. at customs*), state; **se ~er** *disease, fire:* break out; **se ~er pour (contre)**

declare for (against).
déclencher release; *fig.* trigger.
déclin [deklɛ̃] *m* decline; decay; waning; **~er** decline.
décocher let fly, discharge.
décoll|age *m av.* take-off; **~er** *av.* take off.
décolor|é discolo(u)red, faded; **~er** bleach, fade (*a.* **se ~er**).
décombres [dekɔ̃br] *m/pl.* ruins *pl.*
décommander cancel, countermand; call off.
décomposer decompose; **se ~** get spoiled, rot.
décompte [dekɔ̃:t] *m* discount; deduction.
déconcert|é taken aback; **~er** disconcert, baffle; **se ~er** lose countenance.
déconseiller [dekɔ̃sɛje] dissuade from, advise against.
déconvenue *f* disappointment, discomfiture.
décor *m* decoration; setting; **~s** *pl. thé.* scenery; **~ation** [dekɔrasjɔ̃] *f* decoration; **~er** decorate.
découler result, follow.
découper [dekupe] cut up; carve; **se ~** stand out.
décourager [dekuraʒe] discourage, dishearten; **se ~** lose heart.
décousu unsewn; incoherent.
découvert uncovered; bare; open; unprotected; **à ~** *act, etc.* openly.
découverte [dekuvɛrt] *f* discovery; **aller à la ~** go exploring.
découvrir [dekuvri:r] discover; **se ~** take off one's hat; *sky:* clear up.
décrasser clean, wash.
décret *m* decree.
décrier disparage, discredit.
décrire describe.
décrocher unhook, take down; disconnect.
décroissence [dekrwasɑ̃:s] *f* decrease.
décroître [dekrwɑ:tr] decrease; decline; *days:* draw in.
décrotter clean, brush.
déçu [desy] disappointed.
dédaign|er [dedɛɲe] scorn, disregard, *fam.* sniff at; **~eux** disdainful.
dédain *m* disdain; scorn; contempt.
dedans [dədɑ̃] inside; **au ~ (de)** inside.
dédicace *f* dedication.
dédier dedicate; inscribe (*book*); devote.
dédommager compensate, make up (**de** for).
déduction [dedyksjɔ̃] *f* deduction; inference.
défaill|ance *f* failing; fainting fit; **~ant** failing; weak (-ening); **~ir** weaken; fail; faint.
défai|re undo; untie; upset; **~t** undone; in disorder; defeated; *face:* drawn; **~te** *f* defeat.
défaut [defo] *m* fault; want,

lack, absence; **faire ~** be wanting; **à ~ de** for want of; **en ~** at fault; **mettre en ~** baffle.

défav|eur *f* disgrace; **~orable** unfavo(u)rable; disadvantageous.

défect|ion [defɛksjɔ̃] *f* defection; **faire ~ion** desert, defect; **~ueux** defective, faulty.

défendeur *m dr.* defendant.

défend|re [defɑ̃:dr] defend, protect; forbid, prohibit; **à son corps ~ant** *fig.* reluctantly.

défense [defɑ̃:s] *f* defence; interdiction; **légitime ~** self-defence; **~ de fumer** no smoking; **~ d'entrer** no entry.

défér|ence [deferɑ̃:s] *f* respect, regard; **~er à** defer to, accede to; *dr.* refer to.

défi *m* challenge; defiance; **~ance** *f* distrust, suspicion; **~ant** suspicious, distrustful, wary.

déficit [defisit] *m* deficit, shortage.

défier [defje] challenge; brave; defy; **se ~ de** distrust.

défigurer disfigure; *fig.* distort (*truth*).

défil|é *m* defile, (narrow) pass; **~er** march (past).

défin|ir define; **~itif** definitive, final; **~ition** [definisjɔ̃] *f* definition; **en ~itive** after all.

déflation [deflasjɔ̃] *f* deflation, devaluation.

déformation [defɔrmasjɔ̃] *f* deformation, distortion.

défraîchi shop-soiled, shop-worn; faded; stale.

défrayer defray.

défunt *m* deceased.

dégagement *m* disengagement; clearing; release, relief; exit.

dégager free, set free, disengage; give off, give out; **se ~** get free; (get) clear; emerge, come out.

dégâts [degɑ] *m/pl.* damage.

dégel [deʒɛl] *m* thaw; **~er** [deʒle] thaw.

dégénérer degenerate (**en** into).

dégonfler deflate; **se ~** go flat; *fam.* lose heart, sing small.

dégourdi sharp, smart; **se ~r les jambes** stretch one's legs.

dégoût [degu] *m* disgust; dislike; **~ant** disgusting, loathsome; **~é** disgusted; **~er** disgust; **se ~er de** take a dislike to.

dégoutter drip, trickle.

dégrad|ation *f* degradation; **~er** degrade; damage; tone down (*colours*).

degré *m* degree; step.

dégrever relieve of taxes.

déguiser [degize] conceal, disguise (*a. voice*).

déguster taste; relish.

dehors [dəɔ:r] *adv.* outside; outdoors; **en ~ (de)** outside;

m exterior; outside; appearances *pl.*; **au ~ (de)** outside.
déjà [deʒa] already.
déjeter warp (*timber*); buckle (*metal*).
déjeuner [deʒœne] *m* lunch(eon); *v.* have lunch *or* breakfast; **petit ~** breakfast.
déjouer baffle, outwit; thwart.
délabré *adj.* dilapidated; *health:* shattered.
délai [delɛ] *m* time(-limit); respite; **sans ~** immediately; **à bref ~** at short notice.
délaisser abandon.
délasser relax; **se ~** rest; take a recreation.
délateur *m* informer.
délayer thin, water, dilute.
délégué [delege] *m* delegate.
délibér|ation [deliberasjɔ̃] *f* deliberation; **~é(ment)** deliberate(ly); **~er** deliberate.
délicat delicate, dainty; fragile, sensitive; **~esse** *f* delicacy; tact.
délic|e [delis] *m* delight; **faire ses ~es** (*f/pl.*) **de** delight in; **~ieux** delicious.
déli|é fine; *mind:* penetrating; **~er** untie; undo; release; **sans bourse ~er** without spending a penny.
délimit|ation [delimitasjɔ̃] *f* delimitation, demarcation; **~er** delimitate, define.
délinquant *m* *dr.* culprit, offender.
délir|ant delirious, frenzied; **~e** *m* delirium; frenzy; **~er** be delirious, rave.
délit [deli] *m dr.* transgression, misdemeanour; **prendre en flagrant ~** catch red-handed; **~ de fuite** hit-and-run-offence.
délivr|ance *f* deliverance; rescue; relief; delivery; **~er** (set) free; rescue; deliver; **se ~er de** get rid of.
déloger move out, go away; dislodge, turn out.
déloy|al disloyal; dishonest; unfair, foul; **~auté** *f* disloyalty, treachery.
déluge [dely:ʒ] *m* deluge, flood; *fig.* great quantity.
démagogue *m* demagogue.
démailler: se ~ *stocking:* ladder, run.
demain [d(ə)mɛ̃] tomorrow.
demande *f* request; question; demand; **sur ~** on request; **~r** ask (**à q.** s.o.); ask for; request; demand; require; **se ~r** wonder.
demandeur *m dr.* plaintiff.
démang|eaison *f* itch; **~er** itch; **ça me ~e de** I am itching to.
démanteler dismantle.
démarcation [demarkasjɔ̃] *f* demarcation, boundary.
démarche [demarʃ] *f* gait, walk, bearing; *fig.* step, measure.
démarquer mark down (*prices*).
démarr|er *auto* start; *fig.* get under way; **~eur** *m* starter.

démasquer unmask, expose.
démêl|é *m* dispute; difficulty, trouble; **~er** disentangle, clear up, get straight.
déménag|ement [demenaʒmã] *m* removal, moving; **~er** move house, move out.
démence [demã:s] *f* madness, insanity.
démener: se ~ struggle.
démenti [demãti] *m* denial; contradiction; **~r** belie, contradict; **se ~r** fail.
démesuré excessive, immoderate.
démettre dislocate; **se ~ de** resign, give up.
demeur|e [d(ə)mœ:r] *f* mansion, manor; dwelling place; delay; **à ~e** permanently; **~er** live, dwell; stay.
demi *adj.* half; semi, demi; **à ~** half, by halves; **~-cercle** *m* semicircle; **~-jour** *m* twilight; *m* glass of beer.
démission [demisjɔ̃] *f* resignation; **~ner** resign.
demi-tarif *m* half fare.
démocra|tie [demɔkrasi] *f* democracy; **~tique** democratic.
démodé out of style; oldfashioned.
demoiselle *f* young lady; spinster; *zo.* dragon-fly.
démoli|r demolish, destroy; **~tion** *f* demolition.
démon [demɔ̃] *m* demon; imp.
démonstration [demɔ̃strasjɔ̃] *f* demonstration.
démont|able detachable; **~er** dismantle; *fig.* upset; **se ~er** be put out.
démontrer [demɔ̃tre] prove clearly; demonstrate, show.
démoraliser demoralize.
démordre de let go, give up.
dénatalité *f* declining birthrate.
dénatur|é unnatural, cruel; **~er** pervert, distort.
dénégation *f* denial.
dénicher find, unearth.
dénier [denje] deny.
dénigrer disparage.
dénom|ination [denɔminasjɔ̃] *f* name, denomination; **~mer** denominate, call, name.
dénonc|er denounce; inform against; **~iateur** *m* informer, stool-pigeon; **~iation** *f* denunciation.
dénoter denote, indicate, show, point to.
dénou|ement *m* issue, solution; **~er** untie, loosen; **se ~er** come undone; *fig.* end, be solved.
denrée [dãre] *f*: **~s** *pl.* **alimentaires** food(stuffs *pl.*).
dens|e [dã:s] dense, compact; **~ité** *f* denseness, density.
dent [dã] *f* tooth; cog; prong; **~elé** indented; notched; **~eler** indent; jag; **~elle** *f* lace; **~ier** *m* false teeth *pl.*; **pâte** *f* **~ifrice** tooth-paste; **~iste** *m* dentist.
dénu|ement *m* destitution, poverty; **~é de** void of, without.

déodorant [deɔdɔrɑ̃] *m* deodorant.
dépann|age *m auto* breakdown service; **~er** repair; *fam.* help out; **~eur** *m* car mechanic; **~euse** *f* breakdown lorry, *Am.* wrecking truck, wrecker.
dépaqueter [depakte] unpack, unwrap.
départ [depa:r] *m* departure; start; starting; outset; **~ usine** *com.* ex works.
département [departəmɑ̃] *m* department, section; province.
départir distribute, allot; **se ~ de** depart from; part with, give up.
dépaysé out of one's element, embarrassed.
dépecer [depəse] cut up.
dépêch|e [depɛʃ] *f* dispatch; telegram; **~er** hasten, dispatch; **se ~er** make haste, hurry.
dépend|ance [depɑ̃dɑ̃:s] *f* dependency; dependence; **~ances** *pl.* outhouse, outbuildings *pl.*; **~re** take down (*picture etc.*); **~re (de)** depend (on); **cela dépend** it depends.
dépens [depɑ̃] *m/pl. dr.* costs *pl.*; **aux ~ de** at the expense of; **à mes ~** to my prejudice.
dépens|e [depɑ̃:s] *f* expenditure, expense, consumption; **~er** spend; **~ier** extravagant.
dépérir waste away; decline, dwindle.
dépeupler depopulate; thin (*wood etc.*).
dépister track down (*criminal*); discover, find.
dépit [depi] *m* resentment; grudge; **en ~ de** in spite of; **par ~** out of spite; **~é** disappointed; **~er** hurt.
déplac|é displaced; misplaced, out of place; **~ement** *m* displacement; removal; travel(l)ing; **frais** *m/pl.* **de ~ement** travel(l)ing expenses *pl.*; **~er** (re-)move, shift; **se ~er** move; travel.
déplai|re displease; **~sant** unpleasant, objectionable.
dépli|ant *m* folder; **~er** unfold, open (*a.* **se ~er**).
déploiement *m* show, display.
déplor|able [deplɔrabl] deplorable, wretched; **~er** regret, deplore; mourn.
déployer [deplwaje] unfurl; spread (out); display, show (*a. fig.*).
déportation *f* displacement, deportation.
dépos|er deposit; put down, lay down; drop (*a. person*); check (*baggage, etc.*); depose (*a. dr.*); **~ition** *f dr.* statement.
dépôt [depo] *m* deposit; warehouse.
dépouiller [depuje] skin, strip; rob, deprive; take off; verify (*account*); **se ~ de** strip off; cast off; rid o.s. of.
dépourvu: ~ de stripped of;

devoid of; **au ~** unawares.
déprav|ation depravity; **~er** corrupt, deprave.
dépréciation [depresjasjɔ̃] *f* depreciation; *a. com.* wear and tear.
dépression [deprɛsjɔ̃] *f* depression; hollow.
déprimer depress.
depuis [d(ə)pɥi] since; from; ever since; **~ longtemps** for a long time; **~ quand?** how long? **~ que** since.
déput|ation [depytasjɔ̃] *f* deputation; **~é** *m* deputy.
déraciner uproot; eradicate.
dérailler *ch. d. f.* run off the rails, be derailed; *fig., fam.* be off the rails.
déraisonnable unreasonable.
dérange|ment [derɑ̃ʒmɑ̃] disturbance; trouble; **~r** put into disorder; derange; trouble; upset (*plans*); disturb.
déraper *auto* skid, slip.
dérèglement *m* irregularity; disorder.
dérégler put out of order.
déris|ion [derizjɔ̃] *f* mockery; **~oire** derisive; ridiculous; absurd.
dériver divert; drift; *fig.* **~ de** be derived from.
derni|er [dɛrnje] last; latest; final; preceding; extreme; **~èrement** lately, recently.
dérobée: à la ~ stealthily.
dérober steal, take away; conceal; **se ~** slink off, steal away; **se ~ à** hide from; dodge, shirk (*duty, etc.*).
déroger à deviate from.
dérouler unroll, unfold; **se ~** take place; *story, etc.*: be set.
dérout|e [derut] *f mil.* rout; *fig.* disorder; **~er** lead astray, baffle.
derrière [dɛrjɛ:r] behind; (at the) back of; **par ~** from behind.
dès [dɛ] from, since; as early as; **~ à présent** from now on; **~ que possible** as soon as possible; **~ lors** from that moment on; **~ que** as soon as, when.
désaccord *m* discord, disagreement.
désagré|able disagreeable, nasty; **~ment** *m* unpleasantness.
désappointement [dezapwɛ̃t(ə)mɑ̃] *m* disappointment.
désapprobateur *adj.* disapproving.
désapprouver disapprove (of).
désarçonner [dezarsone] baffle, nonplus.
désarm|ement *m* disarmament; **~er** disarm.
désastre *m* disaster.
désavantag|e [dezavɑ̃ta:ʒ] *m* disadvantage; **~er** put at a disadvantage, handicap; **~eux** unfavo(u)rable; detrimental.
désav|eu *m* disavowal; disowning; **~ouer** disavow; disown; deny.
descend|ance [desɑ̃dɑ̃:s] *f*

descent; descendants *pl.*; **~ant** *m* offspring.
descendre [desɑ̃:dr] descend; come down, go down; put up (*at a hotel*); get off, land, alight; bring down; **~ chez q.** stay with s.o.
descente [desɑ̃:t] *f* descent; slope; police raid; **~ de lit** bedside rug.
description [dɛskripsjɔ̃] *f* decription.
désenchantement *m* disenchantment, disillusion.
désenivrer sober up.
désert [dezɛ:r] *m* desert; wilderness; *adj.* deserted, lonely; **~er** desert, abandon; **~eur** *m* deserter.
désespér|ant heart-breaking; **~é** hopeless, desperate.
désesp|érer despair (**de** of); be the despair of; **se ~érer** be in despair; **~oir** *m* despair; desperation.
déshabiller [dezabije] undress (*a.* **se ~**).
déshabituer: ~ de cure of (*habit*); **se ~ de** give up (*smoking, etc.*).
déshériter [dezerite] disinherit.
déshon|neur [dezɔnœ:r] *m* dishono(u)r; **~orant** disgraceful; **~orer** dishono(u)r; spoil, taint.
désigner point out (*a.* **~ du doigt**); appoint.
désillusionner disillusion.
désinfect|ant [dezɛ̃fɛktɑ̃] *adj.*, *m* disinfectant; **~er** disinfect.
désintéressé unselfish; impartial; **se ~er de** become indifferent to.
désir *m* desire; wish; **~er** wish (for), want; **~able** [dezirabl] desirable; **~eux** desirous (**de** of); **~eux de** anxious to *do, etc.*
désobéir disobey.
désobligeant [dezɔbliʒɑ̃] disobliging; uncivil.
désodorisant *adj.*, *m* deodorant.
désol|ant distressing; **~é** desolate; sorry; **~er** grieve.
désordonné disorderly; untidy.
désordre *m* disorder; confusion; *fig.* riots *pl.*
désormais [dezɔrmɛ] from now on; henceforth.
dessécher dry (up); wither.
dessein [desɛ̃] *m* design, purpose.
desserrer loosen; release.
dessert [desɛ:r] *m* *cuis.* dessert.
desservir clear the table; *ch. d.f., etc.* ply between, serve.
dessin [desɛ̃] *m* drawing; design; pattern; **~er** draw; outline; **se ~er** appear, show, take shape.
dessous [d(ə)su] *adv.* underneath, below; *m* underside, bottom; wrong side, ugly side; *pl.* ladies' underwear; *fig.* secrets *pl.*
dessus [d(ə)sy] *adv.* above, over, on top, on it, on them;

bras ~ bras dessous arm in arm; *m* upper side, top; **avoir le ~** have the upper hand.
destin [dɛstɛ̃] *m* fate; destiny; doom; **~ataire** *m* addressee; **~ateur** *m* sender; **~ation** *f* destination; **à ~ation de** bound for; **~ée** *f* destiny; fate; **~er à** destine for, mean for, intend for.
destituer dismiss.
destruct|ion [dɛstryksjɔ̃] *f* destruction; **~if** destructive.
désuet obsolete.
désunir disjoint, separate.
détach|ant *m* stain remover; **~é** detached, indifferent; **~ement** [detaʃmɑ̃] *m* indifference; **~er** detach, untie, undo; remove stains from; **se ~er** work loose, come off, separate; stand out (**sur** against).
détail [detaj] *m* detail; *com.* retail; **~s** *pl.* particulars *pl.*; **~ler** sell by retail; detail.
détecter detect.
déteindre: se ~ lose colo(u)r, fade.
détendre [detɑ̃dr] loosen, slacken, relax (*a.* **se ~**).
détenir [detni:r] possess, hold; keep *s.o.* prisoner, detain.
détente [detɑ̃t] *f* trigger; relaxation; **dur à la ~** *fig.* close-fisted.
détention [detɑ̃sjɔ̃] *f* imprisonment; **~ préventive** detention pending trial.
détenu *m* prisoner; *adj.* detained.
détergent [detɛrʒɑ̃] *adj.*, *m* detergent.
détériorer deteriorate, worsen (*a.* **se ~**); spoil, ruin.
détermin|é determined; specific, **~er** determine, decide (*a.* **se ~er**).
déterrer disinter.
détestable detestable.
détour [detu:r] *m* turning, bend, winding; detour, roundabout route *or* way (*a. fig.*); **~ner** avert; turn away, turn aside; divert; hijack (*plane*); *fig.* embezzle.
détresse *f* distress; **signal** *m* **de ~** distress signal (*S.O.S.*).
détriment [detrimɑ̃]: **au ~ de** to the prejudice of.
détritus [detritys] *m* rubbish, refuse, garbage; debris.
détroit *m* straits *pl.*
détromper open *s.o.'s.* eyes.
détruire [detrɥi:r] destroy; ruin.
dette *f* debt, obligation.
deuil [dœj] *m* mourning; bereavement.
deux [dø] *m* two; **tous les ~** both; **tous les ~ jours** every other day; **~ième** second; **~-pièces** *m* two-piece suit.
dévaliser rob, rifle, strip.
dévaloris|ation [devalɔrizasjɔ̃] *f* devaluation; **~er** devaluate.
dévalu|ation [devalyasjɔ̃] *f* devaluation; **~er** devaluate.
devanc|er precede; go ahead of; anticipate (*wishes, etc.*);

~ier *m* predecessor.
devant [d(ə)vɑ̃] *prp.* before; in front of; *adv.* ahead; *m* front, forepart; **aller au-~ de** go to meet; *fig.* anticipate (*wishes, etc.*); **~ure** *f* façade; display; shop window.
dévaster devastate, ravage.
développ|ement [devlɔpmɑ̃] *m* development; **~er** develop (*a.* **se ~er**).
devenir [dəvni:r] become, get, grow, turn.
dévergondé shameless.
déverser pour (*a.* **se ~**).
dévêtir undress (*a.* **se ~**).
déviation [devjasjɔ̃] *f* deviation; *auto* detour.
dévider reel off.
dévier deviate, swerve.
deviner guess, divine.
devis [d(ə)vi] *m* estimate.
dévisager stare at.
devise [d(ə)vi:z] *f* motto; **~s** *pl.* **étrangères** foreign currency.
dévisser unscrew.
dévoiler unveil.
devoir [d(ə)vwa:r] *v.* owe; (*when followed by an infinitive*) have to, must, should, ought, need; *m* duty; *com.* debit; *school:* homework.
dévorer devour; consume; swallow; eat up.
dévot devout.
dévou|é devoted (**à** to); **se ~er** sacrifice o.s.; volunteer.
dextérité *f* dexterity, skill.
diabète *m méd.* diabetes.
diab|le [dja:bl] *m* devil; **tirer le ~le par la queue** be hard up; **~olique** diabolic(al), devilish.
diagnosti|c *m* diagnosis; **~quer** diagnose.
diagonale [djagɔnal] *f* diagonal (line); **en ~** diagonally.
diagramme *m* diagram, graph.
dialogue [djalɔg] *m* dialog(ue).
diamant [djamɑ̃] *m* diamond.
diaphane transparent.
diapositive *f phot.* slide.
diapré variegated.
dictat|eur *m* dictator; **~ure** *f* dictatorship.
dictée *f* dictation.
diction *f* diction; style.
dictionnaire [diksjɔnɛ:r] *m* dictionary.
diète *f* diet; **à la ~** on a diet.
dieu [djø] *m* god; **≈ merci!** thank God!
diffam|ant libel(l)ous; **~ateur** *m* defamer; slanderer; **~er** slander.
différ|ence [diferɑ̃:s] *f* difference; discrepancy; **~encier** differentiate; **~end** *m* difference, disagreement; **~ent** different; **~er** differ; defer, put off.
diffi|cile difficult; **~culté** *f* difficulty; **faire des ~cultés** raise objections, make difficulties.
difformité *f* deformity.
diffus [dify] diffuse; **~er**

diffuse; spread; broadcast; distribute; ~ion *f* diffusion; broadcasting; spreading; prolixity.
digérer digest; *fig.* swallow, stomach.
digest|ible [diʒɛstibl] digestible; **~if** *adj.* digestive; *m* after-dinner drink; **~ion** [diʒɛstjɔ̃] *f* digestion.
digital digital; **empreintes** *f/pl.* **~es** fingerprints *pl.*
dign|e worthy, dignified; **~e de confiance** trustworthy, reliable; **~ité** *f* dignity.
digue [dig] *f* dike, dam.
dilapider squander.
dilat|er dilate, distend; **~oire** *dr.* dilatory.
diluer [dilɥe] dilute.
dimanche [dimɑ̃:ʃ] *m* Sunday.
dimension *f* dimension.
diminu|er [diminɥe] diminish, lessen; *com.* reduce (*prices*); **~tion** *f* decrease; diminution; reduction, cut.
dindon *m* turkey.
dîn|er *m* dinner; *v.* dine, have dinner; **~eur** *m* diner.
diplôm|e *m* diploma, certificate; **~é** certified.
dire say; tell; **cela va sans ~** it goes without saying.
direct [dirɛkt] direct, straight.
direc|teur *m* director, manager; principal; **~tion** [dirɛksjɔ̃] *f* direction; management; manager's office; **~tives** *f/pl.* instructions *pl.*
diriger direct; guide; manage, *mus.* conduct; **mal ~** misconduct.
discerner discern; perceive.
disciple [disipl] *m* disciple, follower.
discophile *m* record fan.
discord|ance *f* discordance; **~e** *f* discord, dissension.
discothèque *f* discotheque.
discour|ir sur discourse upon; **~s** *m* speech, discourse; treatise.
discrédit *m* discredit; disrepute; **~er** bring discredit (up)on.
discussion [diskysjɔ̃] *f* discussion; debate; argument; dispute.
discuter discuss, debate; argue; question, dispute.
disette *f* dearth, lack.
diseuse *f* **de bonne aventure** fortune-teller.
disgrâce [disgrɑ:s] *f* disgrace.
disloquer dislocate.
disparaître [disparɛ:tr] disappear, vanish.
disparate ill-matched.
dispar|ition [disparisjɔ̃] *f* disappearance; **~u** *adj.* disappeared; *m* missing person.
dispenser dispense; **~ de** exempt from; excuse from.
dispers|er disperse, scatter; **~ion** *f* dispersion; dispersal; dissipation (of energy, *etc.*).
disponible [disponibl] available; vacant.
dispos [dispo] fit, in good form; **~é** disposed (**à** to); **~é**

à *a.* willing to; **~er** dispose; **~er de** have at one's disposal; **se ~er à** get ready to; **~ition** *f* disposition; disposal.

disput|er dispute; *fam.* tell off, blow up; **se ~er** quarrel; argue; **~eur** quarrelsome.

disque *m* disk, record; **~ longue durée** long-playing record.

dissembl|able unlike, dissimilar; **~ance** [disɑ̃blɑ̃:s] *f* unlikeness, dissimilarity.

disséminer scatter (*seeds*); spread (*germs*); disseminate (*ideas*).

dissen|sion [disɑ̃sjɔ̃] *f* discord, dissension; **~timent** *m* disagreement, difference.

dissertation *f* treatise, essay.

dissident [disidɑ̃] dissenting, dissident.

dissimilitude *f* dissimilarity.

dissimuler conceal, hide (*a.* **se ~**).

dissiper dissipate; waste, squander; scatter.

dissolu dissolute; **~ble** dissoluble.

dissoudre [disu:dr] dissolve.

dissuader de dissuade from.

distan|ce [distɑ̃:s] *f* distance; **commande** *f* **à ~ce** remote control; **~cer** overtake, outrun; outstrip; **~t** distant, far.

distiller [distile] distil; *fig.* spread.

distinct [distɛ̃kt] distinct; clear; **~ion** [distɛ̃ksjɔ̃] *f* distinction; **sans ~ion** indiscriminately.

distingu|é [distɛ̃ge] distinguished; **~er** distinguish; **se ~er** differ; distinguish o.s.

distraction [distraksjɔ̃] *f* absence of mind, inadvertance; distraction; amusement.

distrai|re distract, divert; amuse, entertain; **~t** inattentive, absent-minded.

distribu|er distribute; **~teur** *m* **(automatique)** slot-machine, vending machine; **~tion** [distribysjɔ̃] *f* distribution; *mail:* delivery; *thé.* cast.

divaguer [divage] talk wildly.

divan *m* couch, divan.

diver|gence *f* divergence, difference; **~ger** diverge.

divers [divɛ:r] diverse; different; various: **~ion** *f* [diversjɔ̃] *f* diversion.

divert|ir entertain, amuse; **se ~ir** have a good time, relax; **~issement** [divɛrtismɑ̃] *m* entertainment, hobby.

divin holy, divine.

divination *f* divination.

divinité *f* divinity, deity.

divis|er divide (*a.* **se ~er**); **~ion** *f* [divizjɔ̃] division.

divorc|e [divɔrs] *m* divorce; **~é(e)** divorced man (*or* woman); **~er** be divorced; **~er d'avec q.** divorce s.o.

divulguer divulge; make known.

dix ten; **~ième** tenth; **~-huit** eighteen; **~-neuf** nineteen; **~-sept** seventeen.

docile docile, manageable.
doct|eur *m* doctor; physician; **~orat** *m* Doctor's degree.
doctrine *f* doctrine, tenet.
document [dɔkymɑ̃] *m* document; **~s** *pl.* papers; **~ation** *f* documentation; (information) material; **~er** document; inform (**sur** about).
dodu plump, fat.
doigt [dwa] *m* finger; **~ de pied** toe; **montrer du ~** point at; **~é** *m* skill; tact.
doléance *f* grievance, complaint.
domaine [dɔmɛn] *m* estate, property; *a. fig.* domain.
dôme [dom] *m* dome; cupola.
domestique *m, f* servant; *adj.* domestic.
domicil|e [dɔmisil] *m* domicile, residence, dwelling; **franco à ~e** carriage paid, *Am.* free delivery; **livrer à ~e** home-deliver; **~ié** domiciled, resident, living (**à** at).
domin|ant dominant; **~ation** [dɔminasjɔ̃] *f* domination; **~er** dominate (over); tower above; overlook.
dommage [dɔma:ʒ] *m* damage; loss; **c'est ~** it is a pity; **quel ~!** what a pity!
dommages-intérêts *m/pl. dr.* damages *pl.*
dompt|er [dɔ̃te] tame; subdue; **~eur** *m* tamer.
don *m* gift; donation; *fig.* talent; **~ation** *f* donation, gift.
donc [dɔ̃k] therefore, consequently, then.
donner give; provide; attribute; yield (*harvest*); express (*opinion*); **~ contre** run into (*or* against); **~ dans** fall into; **~ sur** look out on, face.
dont whose, of whom, of which.
doré gilt, golden.
dorénavant [dɔrenavɑ̃] henceforth.
dorer gild.
dorm|eur *m* sleeper; **~ir** sleep; **~ir à poings fermés** sleep like a log; **~ir trop longtemps** oversleep.
dortoir [dɔrtwa:r] *m* dormitory; **cité** *f* **~** dormitory town.
dorure *f* gilt.
dos [do] *m* back; **voir au ~!** turn over!
dose *f* dose, quantity.
dossier *m* back (of chair); file, record.
dot [dɔt] *f* dowry; **~er** endow; equip; favo(u)r.
douan|e *f* customs *pl.*; custom-house; **droits** *m/pl.* **de ~e** customs duty; **~ier** *m* customs officer; *adj.* customs.
doubl|e [dubl] *m* double; duplicate; *adj.* double; **~er** double; line (*clothes*); *auto* overtake, pass; **~ure** *f* lining.
douc|ement [dusmɑ̃] softly, gently; slowly; **~eur** *f* sweetness; kindness; mildness; **~eurs** *pl.* sweets *pl.*, candy.
douch|e [duʃ] *f* shower-bath; **se ~er** take a shower-bath.
dou|é gifted; **~er** endow.

dou|leur *f* pain; sorrow; **sans ~leur** painless; **~loureux** painful; aching; *fig.* sad.

dout|e *m* doubt; misgiving; **sans ~e** doubtless; of course; **~er (de)** doubt, question; **se ~er de** suspect, expect; **~eux** dubious, doubtful, uncertain.

doux, douce [du, dus] sweet, gentle, soft.

douz|e [du:z] twelve; **~aine** *f* dozen; **~ième** twelfth.

doyen *m* dean; doyen.

dragées *f/pl.* sugar-almonds *pl.*; *méd.* pills *pl.*

draguer dredge.

dram|atiser dramatize; **~e** *m* drama.

drap [dra] *m* cloth; sheet; **~eau** *m* flag; **~er** drape; **~erie** [drapri] *f* drapery, drape.

dresser raise, erect; set up; pitch (*tent*); set (*table*); draw up (*list, etc.*); prick up (*ears*); train (*animal*); **se ~** rise, rear; stand; **se ~ contre** turn against.

dressoir *m* sideboard, dresser.

droit [drwa] *m* right; privilege; fee, duty; law; **avoir ~ à** be entitled to; be eligible for *or* to; *adj.* straight; direct; upright; *angle, side, etc.*: right; **tout ~** straight ahead; **~e** [drwat] *f* right-hand side; right (hand); **à ~e** to (*or* on) the right.

drôle [dro:l] funny; **une ~ d'histoire** a funny story; **un ~ de chapeau** a funny hat.

dru thick(set); **tomber ~** fall thick(ly).

dû due, owing.

duc *m* duke.

duchesse *f* duchess.

dûment duly; in due form.

dup|e [dyp] *f* dupe; **~er** fool, take in; **~erie** *f* dupery, trickery; **~eur** *m* cheat.

duplicata *m* duplicate, copy.

duplicité *f* duplicity; double dealing.

dur hard; harsh; **avoir l'oreille ~e** be hard of hearing; **~able** lasting.

durant [dyrã] during.

durcir harden; crust.

dur|ée *f* duration; **~ée (de validité)** validity; **de ~ée** durable; lasting; **~er** last; remain.

dureté [dyrte] *f* hardness, harshness; hard-heartedness.

duvet *m* down; **~é** [dyvte] downy.

dynamo [dinamo] *f* dynamo; *auto a.* generator.

E

eau [o] *f* water; **aller aux ~x** go to a watering-place; **ville *f* d'~x** spa; **~ bénite** holy water; **~ douce** fresh water; **~ gazeuse** soda-water; **~ glacée** ice-water; **~ miné-**

rale mineral water; **~-de-vie** *f* brandy.
ébats *m/pl.* frolic, gambol.
ébauche [ebo:ʃ] *f* sketch; **~r** sketch, make a rough sketch of; **~r un sourire** give the hint of a smile.
ébène *f* ebony.
ébéniste *m* cabinet-maker.
éblouir [eblui:r] dazzle.
éboul|ement *m* landslide; **(s')~er** collapse, fall in, crumble down.
ébranl|ement [ebrɑ̃ləmɑ̃] *m* shaking; shock; **~er** shake; unsettle, put in motion; **s'~er** begin to move, start; totter.
ébrécher chip; jag; *fam.* make inroads upon (*one's fortune*).
ébullition [ebylisjɔ̃] *f* boiling, ebullition; *fig.* commotion, turmoil; **point** *m* **d'~** boiling-point.
écaill|e [ekɑ:j] *f* scale; shell; **~er** scale; **s'~er** scale off, peel off.
écaler shell, husk.
écarlate *f* (*a. adj.*) scarlet.
écart [eka:r] *m* difference, gap, variation, digression; **à l'~** aside, apart, out of the way; **à l'~ de** away from, clear of; **~é** wide apart; lonely, isolated; **~er** spread out; remove, push aside, move away; stave off; **s'~er** spread, open; move away, deviate (**de** from).
écervelé *adj.* scatter-brained, thoughtless.
échafaud *m* scaffold; **~age** *m* scaffolding.
échange [eʃɑ̃:ʒ] *m* exchange; *com.* barter; **libre ~** free trade; **~r** exchange; barter.
échangeur *m auto* interchange.
échantillon [eʃɑ̃tijɔ̃] *m* sample, pattern, specimen.
echappement *m*: **gaz** *m* **d'~** exhaust gas; **tuyau** *m* **d'~** exhaust pipe.
échapper: ~ à escape, slip; **l'~ belle** have a close (*or* narrow) shave; **laisser ~** let go; miss; drop; **s'~** escape; get away.
écharde *f* splinter; spine.
écharpe *f* sash; scarf; *méd.* sling.
échauder scald.
échauff|é heated, warm; *fig.* excited, vexed; **~er** heat, warm; inflame; *fig.* excite, vex; **s'~er** grow warm (*or* excited); run hot.
échéan|ce [eʃeɑ̃:s] *f com.* maturity; expiry; **le cas ~t** if necessary.
échec [eʃɛk] *m* check; setback; failure; **~s** *pl.* chess.
échelle *f* ladder; scale.
échelon [eʃlɔ̃] *m* rung; stage, level; degree; echelon; **~ner** stagger, space out.
échev|eau *m* skein; **~elé** [eʃəvle] dishevelled.
échine [eʃin] *f* backbone, spine.
écho [eko] *m* echo.
échotier *m* columnist, gossip-

writer.
échouer [eʃue] be stranded, strand (*a. fig.*); *fig.* fail, be a failure; *plans:* fall through.
échu due.
éclabousser [eklabuse] splash.
éclair [eklɛ:r] *m* lightning; *cuis.* éclair; **~age** *m* lighting; illumination; **~cie** *f* clear spot, bright interval; **~cir** clear up; thin (*hair*); brighten (up) (*a.* **s'~cir**); **~er** light, illuminate; brighten; inform; make clear.
éclat [ekla] *m* splinter; burst, explosion; peal, clap; brightness, glow, glare; *fig.* splendo(u)r, glory; sensation; **~ant** bright; dazzling; piercing; *fig.* conspicuous, brilliant; **~er** split; burst; explode, blow up; *fig.* break out; **~er de rire** burst out laughing.
éclipse *f* eclipse; **~r** outshine, eclipse.
éclisse *f méd.* splint.
éclore hatch, be hatched; *blossom:* open.
écœur|ant nauseating; **~er** disgust; discourage; **~ement** *m* disgust, loathing.
écol|e *f* school; **faire ~e** set a fashion; **~ier** *m* schoolboy; **~ière** *f* schoolgirl.
économ|e *m*, *f* house-keeper; steward; *adj.* economic(al); sparing; **~ie** *f* economy; thrift; **~ie dirigée** planned economy; **~ie domestique** domestic economy, housekeeping; **~ie politique** political economics *pl.*; **~ies** *pl.* savings *pl.*; **~iser** save (up); use sparingly, husband; economize (**sur** on); **~iseur de** *labo(u)r, etc.* -saving; **~iste** *m* economist.
écorce [ekɔrs] *f*, **~r** bark, skin, peel.
écorch|er [ekɔrʃe] flay, skin; scratch; graze; *pop.* fleece (*customers*); murder (*language*); **~ure** *f* scratch.
écossais Scotch, Scottish; **♀** *m* Scot, Scotsman.
Écosse *f* Scotland.
écosser shell, husk.
écoul|ement *m* [ekulmɑ̃] flowing; sale; **~er** sell well (*wares*); **s'~er** flow out, run out; *fig. time:* pass.
écourter shorten, curtail.
écout|e [ekut] *f* listening(-in); **~er** listen (to); **~eur** *m* (telephone-)receiver.
écran [ekrɑ̃] *m film, television, etc.:* screen.
écras|é flat; **~er** crush; **s'~er** crash; **se faire ~er** get run over; **~eur** *m fam.* road hog, scorcher.
écrémer skim; *fig.* take the best part of.
écrevisse [ekrəvis] *f* crayfish.
écrier: s'~ exclaim, cry out.
écrin *m* casket; jewel-case.
écrire write; spell; **machine** *f* **à ~** typewriter; **s'~** be written.
écri|t [ekri] *m* writing; docu-

ment; **par ~t** in writing; **~teau** *m* bill, poster; notice; **~ture** *f* writing; handwriting; records *pl.*; **les saintes ~tures** *pl.* the Holy Scriptures *pl.*

écrivain [ekrivɛ̃] *m* writer, author.

écrou *m* (screw-)nut; **~er** imprison.

écrouler [ekrule]: **s'~** collapse; drop; *fig.* crumble away; come to nothing.

écru unbleached, raw.

écu *m* scutcheon.

écueil [ekœ:j] *m* reef; rock; *fig.* obstacle, danger.

écume [ekym] *f* foam; froth.

écureuil *m* squirrel.

écurie *f horses:* stable.

édenté toothless.

édifi|ce [edifis] *m* building; edifice; **~er** build; *fig.* edify.

édit *m* edict; **~er** edit, publish; **~eur** *m* publisher; editor; **~ion** *f* edition; issue; **~orial** *m* leading article, leader, editorial.

édredon [edrədɔ̃] *m* eiderdown.

éducat|if educative, educational; **~ion** [edykasjɔ̃] *f* education; training, breeding.

éduquer [edyke] bring up, rear, raise; train; educate.

effacer [efase] efface, erase, wipe out; **s'~** diappear, fade away; *fig.* step back, keep in the background.

effar|é scared, frightened; **~er** scare, startle.

effect|if effective, real; **~ivement** in fact, actually; **~uer** effect, realize, perform; **s'~uer** come off, take place.

efféminé effeminate.

effervescence [efɛrvesɑ̃:s] *f* effervescence; excitement.

effet [efɛ] *m* effect, result; impression; **~s** *pl.* belongings *pl.*; *com.* negotiable instruments *pl.*; **en ~** indeed.

effeuiller: s'~ shed its leaves (*or* petals).

efficace efficacious; efficient.

effleurer touch lightly, graze, skim.

effondr|ement *m* collapse, ruin, breakdown; **s'~er** collapse, cave in, give way.

efforcer: s'~ de try (hard) to, do one's best to.

effort [efɔ:r] *m* effort.

effraction *f* housebreaking, burglary.

effray|ant frightening, dreadful; **~er** frighten, scare; **s'~er** be scared (**de** at).

effréné unrestrained, frantic, unchecked.

effroi [efrwa] *m* terror.

effront|é impudent; **~erie** [efrɔ̃tri] *f* impudence.

effroyable [efrwajabl] horrible, frightful; hideous.

égal *m* equal; *adj.* equal, level; smooth; regular; **sans ~** matchless, unequalled; **cela m'est ~** it is all the same to me; **~ement** likewise, equally, as well; **~er** equal; **~iser**

equalize; level; **~ité** *f* equality; evenness.

égard [ega:r] *m* respect; consideration; regard; **plein d'~s** attentive, considerate; **à l'~ de** with respect to; **eu ~ à** in consideration of.

égar|ement *m* disorder; bewilderment; **~er** lead astray; mislay; mislead; bewilder; **s'~er** go astray, get lost.

égayer cheer; **s'~** make merry, amuse o.s.

église *f* church.

égoïs|me *m* selfishness; **~te** *m, f* egoist; *adj.* selfish.

égorger cut the throat of.

égout [egu] *m* drain; sewer; sink; **~ter** drain (*a.* **s'~ter**).

égratign|er [egratiɲe] scratch; **~ure** *f* scratch.

Égypt|e [eʒipt] *f* Egypt; **⁓ien** [eʒipsjɛ̃] *adj.*, **~ien** *m* Egyptian.

élaborer elaborate; work out.

élan [elɑ̃] *m* spring, bound, dash; *fig.* enthusiasm.

élanc|ement [elɑ̃smɑ̃] *m* shooting pain, twinge; **~er** hurt, twinge; **s'~er** rush, dart.

élarg|ir enlarge; widen; release (*prisoner*); **~issement** *m* enlargement.

élastique *m* elastic, rubber, elastic band; *adj.* elastic.

élec|teur *m* elector; voter; **~tion** [elɛksjɔ̃] *f* election, polling; **~torat** *m* electorate.

électr|icien [elɛktrisjɛ̃] *m* electrician; **~icité** *f* electricity; **~ique** electric: **~iser** electrify; **~onique** *adj.* electronic; *f* electronics.

électrophone *m* record player, *Am.* phonograph.

élégamment [elegamɑ̃] elegantly.

élégan|ce [elegɑ̃:s] *f* elegance; **~t** elegant, stylish.

élément [elemɑ̃] *m* element; *élec.* cell; **~aire** elementary, basic.

éléphant *m* elephant.

élevage *m* cattle-raising, cattle-breeding.

élévation [elevasjɔ̃] *f* height; elevation; raising; rise; increase.

élève *m, f* pupil, student.

élev|é high; **~er** [elve] raise, lift; build, erect; bring up (*children*); rear (*a. cattle*); **s'~er** rise, arise; **s'~er à** *a.* amount to; **~eur** [elvœ:r] *m* breeder.

élimin|ation [eliminasjɔ̃] *f* elimination; **~er** eliminate; cancel; get rid of.

élire elect.

elle (*pl.* **elles**) she, it, her (*pl.* they); **~-même** herself; **~s-mêmes** *f/pl.* themselves *pl.*

éloign|é [elwaɲe] far (away); distant, remote, faraway; **~er** remove, send away; stave off; postpone; **s'~er** go away, leave; depart (**de** from).

élucider elucidate; clear up.

éluder elude; evade; shun.

émail [emaj] *m* enamel.

émancip|ation [emɑ̃sipasjɔ̃] *f* emancipation; **~er** emancipate.
emballage *m* packing.
emballer[1] wrap up; pack (in *or* up).
emballer[2] race (*engine*); **s'~** *horse*: bolt, run away; *engine*: race; *fig*. get excited.
embar|cadère *m* landing-stage; **~quement** *m* embarkation; **~quer** embark; *fam*. arrest.
embarras [ɑ̃barɑ] *m* embarrassment; confusion; difficulty; *fam*. pinch; **~sant** *situation, etc.*: awkward; **~ser** embarrass; puzzle, nonplus.
embaucher [ɑ̃boʃe] hire, engage.
embaumer [ɑ̃bome] embalm; smell sweetly of.
embellir embellish, beautify; improve, become more beautiful.
embêt|ant [ɑ̃bɛtɑ̃] *fam*. tiresome, annoying; **~ement** *m* nuisance; **~er** annoy, bore.
emblée: d'~ instantly, straight off.
emblème *m* emblem.
emboîter fit in.
embouchure [ɑ̃buʃy:r] *f* *river, etc.*: mouth.
embouteill|age [ɑ̃butɛja:ʒ] *m* traffic jam; **~er** block, obstruct.
embranchement *m* road junction.
embrasser kiss; embrace; hug; *fig*. comprise.
embray|age [ɑ̃brɛja:ʒ] *m* coupling; clutch; **~er** couple; *auto* let in the clutch.
embrouiller tangle; confuse, trouble; **s'~** get entangled; become confused.
embûche *f* ambush; snare.
émeraude [emro:d] *f* emerald.
émerger [emɛrʒe] emerge, appear.
émeri [emri] *m* emery.
émerveiller [emɛrveje] amaze; **s'~** marvel (**de** at).
émetteur *m* radio transmitter; broadcasting station; *com*. drawer (*of a bill*).
émettre emit, give out; transmit, broadcast; express (*opinion, etc.*); issue (*banknotes, etc.*).
émeute *f* riot.
émietter crumble; waste.
émigr|é *m* emigrant, refugee; **~er** emigrate.
éminen|ce [eminɑ̃:s] *f* eminence, prominence; **~t** eminent, outstanding.
émissaire *m* emissary, messenger; **bouc** *m* **~** scapegoat.
émission [emisjɔ̃] *f* broadcast, transmission; issue; utterance.
emmagasiner [ɑ̃magazine] store (up).
emmêler entangle.
emménager [ɑ̃menaʒe] move in.
emmener [ɑ̃mne] lead away, take (away).

emmitoufler [ãmitufle] wrap up, muffle up.
émoi *m* emotion, commotion, turmoil.
émoluments [emɔlymã] *m/pl.* salary; emoluments *pl.*
émotion [emɔsjɔ̃] *f* emotion; excitement.
émoussé blunt; **~er** blunt; dull.
émouvoir [emuvwa:r] arouse; move; **s'~** be moved; get excited.
empaqueter [ãpakte] pack (up), wrap up.
emparer: s'~ de seize, take possession of.
empêcher [ãpeʃe] hinder, prevent (**de** from); **n' empêche que ...** ... all the same; **s'~ de** keep *or* refrain from; **je ne peux pas m'~ de rire** I cannot help laughing.
empereur *m* emperor.
empesé stiff, formal.
empiéter sur encroach upon, trepass upon; infringe.
empiler stack, pile up; *fam.* cheat, rob.
empire [ãpi:r] *m* empire; domination; rule; authority; **~ sur soi-même** self-control.
empirer worsen; make worse; get worse.
emplacement [ãplasmã] *m* place, site, location.
emplette *f* purchase; **faire ses ~s** go shopping.
emplir fill (up).
emploi [ãplwa] *m* use; employment; occupation; **mode** *m* **d'~** directions for use.
employ|é(e) [ãplwaje] *m, f* employee, clerk; **~er** use; employ; spend; **s'~er à** devote o.s. to; **~eur** *m* employer.
empocher pocket (*money etc.*).
empoigner [ãpwaɲe] grasp, take hold of.
empoisonner poison.
emport|é quick-tempered; **~er** carry away; take away; remove; **l'~er sur** get the better of, prevail over; **s'~er** get angry; lose one's temper.
emprein|dre [ãprɛ̃:dr] imprint; impress; **~te** *f* imprint; foot-mark.
empress|é zealous; eager, fervent; **s'~er** make a lot of fuss; **s'~er de** hasten to.
emprisonne|ment *m* imprisonment; **~r** imprison.
emprunt [ãprœ̃] *m* loan; **~er** borrow (**à** from); take (*road*).
ému moved, stirred.
en [ã] in, as, like, on, at, to, into; of (from, with, by) him, her, them, it.
encadrer frame, surround.
encaisser collect, get in (*money*); *fig.* pocket (*insults*).
en-cas *m* emergency snack.
encastrer fit in, embed.
enceindre [ãsɛ̃dr] enclose, surround.
enceinte [ãsɛ̃t] *f* enclosure; precincts *pl.*, walls *pl.*; *adj.*

pregnant.
encens [ɑ̃sɑ̃] *m* incense.
encercler encirle, surround; shut in.
enchaîner chain (up); link (up), connect.
enchant|ement [ɑ̃ʃɑ̃t(ə)mɑ̃] *m* delight; charm; **~é** delighted; delightful; **~er** enchant, fascinate; **~eur** *m* sorcerer; *adj.* bewitching; charming.
enchères [ɑ̃ʃɛːr] *f/pl.*: **vente** *f* **aux ~** public auction.
enchevêtrer: s'~ get entangled (*or* confused).
enclin à inclined to; prone to.
enclos [ɑ̃klo] *m* enclosure, close.
enclume *f* anvil.
encombr|ant bulky, clumsy; **~ement** *m* traffic jam; obstruction; **~er** obstruct, hinder; litter; glut, overstock.
encore [ɑ̃kɔːr] still; again; more; **~ un** another; **~ un peu (de ...)** some more (...); **pas ~** not yet; **~ que** although.
encourager encourage.
encourir incur, run (*risk etc.*).
encre *f* ink.
endetter: s'~ run into debt.
endive [ɑ̃div] *f* endive.
endommager [ɑ̃dɔmaʒe] damage, injure.
endormi asleep; **~r** send to sleep; **s'~r** go to sleep, fall asleep.
endoss|ement [ɑ̃dosmɑ̃] *m com.* endorsement; **~er** put on (*clothes*); *com.* endorse.
endroit [ɑ̃drwa] *m* place; spot; right side, face.
endui|re [ɑ̃dɥiːr] coat; **~t** *m* coat(ing).
endurance [ɑ̃dyrɑ̃ːs] *f* endurance; stamina.
endurcir harden, inure.
endurer bear, endure, go through.
énerg|ie [enɛrʒi] *f* energy; **~ique** energetic; vigorous.
enfan|ce [ɑ̃fɑ̃ːs] *f* childhood; infancy; **~t** [ɑ̃fɑ̃] *m* child; **~tin** childish.
enfer [ɑ̃fɛːr] *m* hell.
enfermer shut up; lock in *or* up; enclose.
enfil|ade *f* string, series; **~er** thread; string; slip on, put on (*clothes*); take (*road*).
enfin at last; finally; in short.
enflammer kindle (*a. fig.*); inflame; *fig.* excite.
enfl|er swell, bloat; **~ure** *f* swelling.
enfoncer drive in (*nail, etc.*); break open (*door*); **s'~** sink; penetrate; plunge.
enfreindre [ɑ̃frɛ̃ːdr] infringe, transgress.
enfuir: s'~ flee, run away; *fig. time*: pass rapidly.
engag|ement [ɑ̃gaʒmɑ̃] *m* engagement; obligation; **~er** engage; hire, take on; bind, oblige (**à** to); enter into, open; pledge, pawn; **s'~er** commit o.s.
engelure [ɑ̃ʒlyːr] *f* chilblain.
engendrer engender.

engin [ɑ̃ʒɛ̃] *m* device, tool, instrument; missile; *fam.* gadget.
englober comprise, include.
engloutir swallow; engulf.
engouffrer swallow.
engourdi numb; **~r** (be)-numb; **s'~** grow numb.
engraisser fatten; get fat.
engrenage *m* gear, cogwheels *pl.*; *fig.* network.
enhardir [ɑ̃ardi:r] encourage; **s'~** take courage.
énigme *f* riddle, enigma, puzzle.
enivr|ement [ɑ̃nivrəmɑ̃] *m* intoxication; *fig.* ecstasy; **~er** intoxicate; *fig.* excite; **s'~er** get drunk.
enjamber [ɑ̃ʒɑ̃be] stride, stride over.
enjeu [ɑ̃ʒø] *m* bet, stake.
enjoindre enjoin.
enjoliveur *auto* hubcap.
enjoué playful, gay.
enlèvement [ɑ̃lɛvmɑ̃] *m* removal; carrying off; abduction.
enlever [ɑ̃l(ə)ve] remove; take away; abduct.
ennemi [ɛnmi] *m* enemy.
ennoblir [ɑ̃nɔbli:r] ennoble.
ennu|i [ɑ̃nɥi] *m* trouble, nuisance, bother; boredom; grief; **~yer** [ɑ̃nɥije] annoy; bore; bother; **s'~yer** be bored; **~yeux** annoying; boring, dull.
énoncer enunciate; state.
enorgueillir [ɑ̃nɔrgœji:r] make proud; **s'~ de** pride o.s. on, take pride in.
énorme enormous; huge.
enquérir: s'~ de inquire about.
enquête [ɑ̃kɛt] *f* inquiry; investigation; **~r** investigate.
enracin|é deep-rooted; **s'~er** take root.
enrager fume, be furious; **faire ~** vex, enrage.
enregistre|ment *m* registration; recording; **droit** *m* **d' ~ment** booking-fee; **~r** register; book; record (*a. music*).
enrhumer [ɑ̃ryme]: **s'~** catch cold.
enrichir enrich.
enrou|é hoarse; **s'~er** become hoarse.
enrouler roll (up), wind (*a.* **s'~**).
enseign|e [ɑ̃sɛɲ] *f* sign, signboard; **~ement** [ɑ̃sɛɲmɑ̃] *m* teaching, instruction; **~er** teach, instruct.
ensemble [ɑ̃sɑ̃bl] *adv.* together; at the same time; *m* whole; set; ensemble; **~-pantalon** *m* pantsuit.
enserrer enclose.
ensevelir [ɑ̃səvli:r] bury.
ensoleillé [ɑ̃sɔlɛje] sunny.
ensommeillé sleepy; drowsy.
ensuite [ɑ̃sɥit] afterwards, next, then.
ensuivre [ɑ̃sɥi:vr] follow; result; **il s'ensuit que** it follows that.
entacher stain, taint.
entaill|e [ɑ̃tɑ:j] *f* gash;

groove; **~er** notch, cut.
entam|e *f* first slice; **~er** cut into; eat into; break into; impair; *fig.* begin, enter into; **~ure** *f* incision.
entasser heap up, pile up; hoard (*money*).
entendre [ɑ̃tɑ̃:dr] hear; understand; intend, mean; **s'~** agree, get on, get along; be obvious.
entendu [ɑ̃tɑ̃dy] settled, understood, agreed; **bien ~!** of course!
entente [ɑ̃tɑ̃:t] *f* understanding; agreement.
enterr|ement [ɑ̃ntɛrmɑ̃] *m* burial; **~er** bury.
en-tête *m* heading.
entêt|é obstinate; stubborn; **s'~er à** persist in.
enthousiasme [ɑ̃tuzjasm] *m* enthusiasm.
entier [ɑ̃tje] entire, whole; **en ~** wholly, completely; in full.
entièrement [ɑ̃tjɛrmɑ̃] wholly, entirely.
entonn|er barrel (*liquid*); *mus.* intonate, strike up (*song*); **~oir** *m* funnel.
entorse *f* sprain.
entortiller [ɑ̃tɔrtije] twist, wind, curl (**autour de** round; *a.* **s'~**); *fam.* get round *s.o.*, take in, wrap (up).
entour: à l'~ de around.
entourage [ɑ̃tura:ʒ] surroundings *pl.*; entourage.
entourer surround; encircle.
entracte *m thé.* interval, intermission.
entraider: s'~ help one another.
entrailles [ɑ̃tra:j] *f/pl.* entrails *pl.*; bowels pl.
entrain [ɑ̃trɛ̃] *m* enthusiasm, fire.
entrain|ement *m* training; **~er** drag, carry, lead (away); induce; involve, entail; train; **~eur** *m* trainer.
entrant [ɑ̃trɑ̃] incoming.
entrav|e *f* shackle, fetter; *fig.* obstacle; **~er** shackle; impede, hinder.
entre [ɑ̃tr] between, among; **~bâiller** half open (*door*), set ajar; **~chat** *m* caper.
entrée [ɑ̃tre] *f* entrance; way in; entry; admission; *meal:* first course; **~ interdite** no admittance.
entre|faites *f/pl.*: **sur ces ~faites** meanwhile; **~lacer** intertwine; **~mêler** intermix, intermingle; **~mets** [ɑ̃trəmɛ] *m* sweet dish; **~mise** *f* mediation; intervention; **~pôt** *m* storehouse; warehouse; **~prenant** enterprising; **~prendre** undertake; take in hand; **~preneur** *m* contractor; entrepreneur; **~prise** *f* enterprise; undertaking.
entrer [ɑ̃tre] enter; come in; go in; **faire ~** show in (*visitor*).
entre|sol *m arch.* mezzanine; **~-temps** meanwhile; in the meantime; **~tenir** [ɑ̃trətni:r] maintain; keep up;

s'~tenir (have a) talk, converse; **~tien** [ɑ̃trətjɛ̃] *m* maintenance; upkeep; conversation; **~voir** catch a glimpse of; **~vue** *f* meeting.
entr|ouvert ajar; **~ouvrir** half open (*door*).
énumérer enumerate.
envahir invade, infest; seize, overcome; encroach upon.
envelopp|e [ɑ̃v(ə)lɔp] *f* envelope; wrapper; **~er** envelop, wrap up.
envenimer poison; *fig.* aggravate, worsen.
envergure [ɑ̃vɛrgy:r] *f av.* wing-spread; *fig.* scope, importance, standing.
envers [ɑ̃vɛ:r] *prp.* towards, to; *m* reverse, back, wrong side; *fig.* seamy side; **à l'~** inside out; upside down.
envi|e *f* envy; desire, longing; **avoir ~e de** wish (for), want (to), feel like; **~er** envy.
environ [ɑ̃virɔ̃] about; **~s** *m/pl.* neighbo(u)rhood.
envisager envisage; consider.
envoi [ɑ̃vwa] *m* sending off, dispatch; consignment, shipment.
envol *m av.* take-off; **s' ~er** fly away; flee.
envoy|é *m* envoy, messenger; **~er** send.
épais, ~se thick; dense; *fig.* dull (-witted); **~seur** *f* thickness; **~sir** thicken; grow stout.
épancher pour out.
épanouir [epanui:r] cheer up; **s'~** bloom, open, blossom out (*a. fig.*).
épargn|e [eparɲ] *f* saving; economy; **caisse** *f* **d'~e** savings-bank; **~er** save; spare.
éparpiller [eparpije] scatter; disperse.
épars scattered; dishevelled.
épat|ant *fam.* wonderful, great; **~er** *fam.* flabbergast.
épaule [epo:l] *f* shoulder; **hausser les ~s** shrug the shoulders.
épave [epa:v] *f* wreck.
épée *f* sword.
épeler [eple] spell.
éperdu bewildered; **~ment** very much, madly.
éperon [eprɔ̃] *m* spur.
épi *m grain:* ear; spike.
épi|ce *f* spice; **pain** *m* **d'~ce** gingerbread; **~cé** highly spiced, spicy (*a. fig.*); **prix** *m* **~cé** stiff price; **~cer** spice; season; **~cerie** [episri] *f* grocery; **~cerie fine** delicatessen; **~cier** *m* grocer.
épidémie *f* epidemic.
épier watch; spy.
épiler depilate.
épinard(s) [epina:r] *m(pl.)* spinach.
épin|e *f* thorn; **~e dorsale** spine; **~eux** prickly.
épingle [epɛ̃gl] *f* pin; **~ á cheveux** hairpin; **~ de sûreté** safety-pin; **tiré à quatre ~s** carefully dressed, spick and span; **~r** pin (on *or* down).
épître *f* epistle; (long) letter.

éplucher pick; clean (*vegetables*); peel, pare (*potatoes, etc.*); sift.
éponge *f* sponge.
époque *f* epoch, period; time; **(d')~** *furniture:* period; **faire ~** mark an epoch.
épous|e [epu:z] *f* wife; **~er** marry.
épousset|er [epuste] dust off; **~te** *f* dust-cloth.
épouvant|able frightful; horrible; **~ail** *m* scarecrow; **~er** terrify; horrify.
époux [epu] *m* husband; *pl.* husband and wife.
éprendre: s'~ de fall in love with; take a fancy to.
épreuve [eprœ:v] *f* trial; test; *phot.* print; **à l'~ de** proof against, ...-proof; **à toute ~** well-tried, firm.
éprouv|er [epruve] test; try (*a. fig.*); feel, experience; **~ette** *f* test-tube.
épuis|é exhausted; sold out; **~er** exhaust; drain; wear out; use up; **s'~er** wear o.s. out; run out, run low.
épurer purify; refine.
équateur [ekwatœ:r] *m* equator.
équilibre *m* balance.
équip|age [ekipa:ʒ] *m* outfit; *ship:* crew; **~e** *f* team; **~ement** [ekipmɑ̃] *m* equipment, outfit; **~er** equip, fit out.
équitable just, fair.
équitation [ekitasjɔ̃] *f* riding.
équité *f* equity, justice.
équivalent [ekivalɑ̃] equivalent.
équivoque doubtful, ambiguous, equivocal.
érable *m bot.* maple(-tree).
érafler scratch, graze.
ère [ɛ:r] *f* era; epoch.
éreinter wear out; *fig.* slash, slate; **s'~** toil, slave.
ériger erect, raise.
err|ant wandering, errant; **~er** [ɛre] wander, ramble; *fig.* err, be mistaken; **~eur** [ɛrœ:r] *f* error, mistake; fallacy; **~oné** wrong, faulty, mistaken.
érudit *adj.* learned; *m* scholar.
éruption [erypsjɔ̃] *f* eruption; *méd.* rash.
ès [ɛ(s)] **(n en les)** of; **licencié** *m* **ès lettres** Bachelor of Arts.
escabeau *m* stool.
escale *f av.* intermediate landing; *mar.* port of call; **faire ~ à** call at.
escalier *m* stairs *pl.*; staircase; **~ roulant** escalator; **~ de secours** fire escape; **~ en vis** spiral staircase.
escalope *f* cutlet.
escamot|er juggle away; rob, pilfer; **~eur** *m* juggler; pilferer.
escargot *m* snail.
escarp|é steep; **~ement** *m* steep, slope; **~ins** *m/pl.* (dancing) slippers *pl.*; **~olette** *f* (children's) swing.
esclandre *m* scandal, scene.
esclav|age *m* slavery; bond-

age; ~e m, f slave.
escompte [ɛskɔ̃:t] *m* discount; **taux** *m* **d'~** bank rate; **~r** [ɛskɔ̃te] *com.* discount; *fig.* expect, count on.
escorter escort.
escrime *f* fencing; **faire de l'~** fence, go in for fencing; **s'~r** endeavo(u)r, try hard.
escroc [ɛskro] *m* crook.
espace *m* space; **~r** space (out).
Espagn|e [ɛspaɲ] *f* Spain; **ɛol** *adj.*, **~ol** *m* Spanish.
espèce [ɛspɛs] *f* kind; species; **~s** *pl.* cash; **~ d'imbécile!** you idiot!
espér|ance *f* hope; **~er** hope, trust; expect.
espiègle [ɛpjɛgl] mischievous, roguish, arch.
espion [ɛspjɔ̃] *m* spy; **~ner** spy; watch.
esprit [ɛspri] *m* ghost; spirit; mind; wit.
esquisse *f* sketch, plan; **~r** sketch.
essai [ɛsɛ] *m* attempt; trial; test; **à l'~** on trial.
essaim *m*, **~er** swarm.
essay|age *m* trying(-on), fitting; **~er** [eseje] try; attempt (**de** to); try on (*or* out).
essence [esɑ̃:s] *f* petrol, *Am.* gasoline; **poste** *m* **d'~** filling station; **prendre de l'~** refuel.
essentiel [ɛsɑ̃sjɛl] *m* chief point; *adj.* essential.
essieu [esjø] *m* axle.
essor *m* flight, soaring; *fig.* rise, upswing.
essoufflé out of breath.
essuie|-glace *m auto* windscreen (*Am.* windshield) wiper; **~-main** *m* towel.
essuyer [esɥije] wipe, dry; *fig.* suffer, endure, undergo.
est [ɛst] *m* east.
estaminet *m* tavern.
estamp|e *f* print, plate; **~er** stamp; imprint; *fam.* cheat, do; **~ille** *f* trade mark.
estim|able [ɛstimabl] worthy; estimable; **~ation** *f* estimate, valuation; **~e** *f* esteem, high regard; **~er** esteem; estimate; think, consider.
estival summer-like.
estomac [ɛstɔma] *m* stomach.
estrade *f* platform, stand, stage.
estropier cripple, maim.
estuaire *m* estuary.
et [e] and; **et ... et ...** both ... and ...
étable *f* cattle-shed.
établir establish; create; set up; draw up, work out; **s'~** settle (down).
établissement [etablismɑ̃] *m* establishment; settling.
étag|e *m* floor, storey; **~ère** *f* shelf.
étain *m* pewter; tin.
étal|age *m* show; display; shop window; **~er** display; spread; stagger.
étanche tight; watertight; **~r** stem (*blood*); quench (*thirst*).
étang [etɑ̃] *m* pond.
étape [etap] *f* stage, distance;

stopping place; **faire ~** stop (over), put up.
état [eta] *m* state; condition; profession; list.
États-Unis [etazyni] *m/pl.* United States *pl.*
été *m* summer.
éteindre extinguish; put out, switch off; **s'~** *fire, etc.*: go out; *fig.* die (away); fade away.
étend|re [etɑ̃:dr] stretch; spread; lay; floor; extend; **s'~re** lie down; stretch, extend; **~u** vast; extensive; **~ue** *f* expanse, stretch.
étern|el eternal, perpetual; **~ité** *f* eternity.
éternuer sneeze.
étincel|er [etɛ̃sle] sparkle; flash; **~le** *f* spark.
étiquet|er [etikte] label; **~te** *f* label, tag; etiquette.
étoffe *f* cloth, material, fabric; stuff (*a. fig.*); **~s** *pl.* drapery; **~r** pad out (*speech, etc.*).
étoile [etwal] *f* star; **~ filante** shooting star.
étonn|ant astonishing; **~ement** *m* astonishment; **~er** astonish; amaze; **s'~er** be astonished.
étouff|ant stifling, sultry, close; **~ée** *f* stew(ing); **~er** stifle, suffocate, choke.
étourd|erie *f* thoughtlessness, distraction; blunder, thoughtless act; **~i** thoughtless, careless, absent-minded; **~ir** stun; numb, deaden; deafen; **~issant** stunning; deafening; bewildering.
étrang|e [etrɑ̃:ʒ] strange, queer; odd; **~er** *adj.* foreign; unknown, strange; *m* stranger; foreigner, alien; foreign country; **à l'~er** abroad; **~eté** [etrɑ̃ʒte] *f* strangeness; oddness.
étrangler strangle; choke.
être [ɛtr] *v.* be; **~** *m* **humain** human being.
étrécir: s'~ narrow, shrink.
étrein|dre [etrɛ̃:dr] clasp, grasp, grip; **~te** *f* embrace; grasp.
étrenn|e [etrɛn] *f* New Year's gift; **~er** use for the first time.
étrier *m* stirrup; **le coup** *m* **d'~** one for the road.
étroit [etrwa] narrow; tight; **à l'~** cramped; **~esse** *f* narrowness; tightness.
étude *f* study; research; **faire ses ~s** study.
étudi|ant(e *f*) *m* student; **~er** study.
étui *m* case; **~ à cigarettes** cigarette case.
étuver [etyve] stew.
Europe [ørɔp] *f* Europe.
européen [ørɔpeɛ̃] *adj.*, **2** *m* European.
eux-mêmes *m/pl.* themselves.
évacuer evacuate, empty.
évader: s'~ escape.
évaluer value; estimate.
évanou|ir: s'~ faint, swoon; **~issement** *m* fainting fit.
évaporer: s'~ evaporate.

évas|é flared; **~er** widen (*a.* **s'~er**).

évasion [evazjɔ̃] *f* escape; evasion; **~ de l'argent** flight of capital.

éveiller [eveje] awaken; arouse; **s'~** wake up.

événement [evɛnmɑ̃] *m* event; occurrence.

évent|ail *m* fan; **~er** fan; ventilate; discover.

eventuel [evɑ̃tɥɛl] possible.

évêque *m* bishop.

évidemment [evidamɑ̃] evidently; of course.

évident evident, obvious.

évier *m* sink.

éviter avoid; shun; **~ qc. à q.** spare s.o. s.th.

évolution [evɔlysjɔ̃] *f* evolution; development.

évoquer evoke; call up; conjure up.

exact [ɛgzakt] exact; correct; punctual; **~ement** exactly; **~itude** *f* accuracy; exactitude; correctness.

exagérer [egzaʒere] exaggerate.

examen [ɛgzamɛ̃] *m* examination; inspection; **~ médical** checkup.

examiner examine.

excéd|ent *m* surplus; excess; **~ent de bagage** excess baggage; **~er** exceed; go beyond; *fig*. annoy, wear out.

excellen|ce [ɛksɛlɑ̃:s] *f* excellency; excellence; **par ~** in the highest degree; **~t** excellent.

exceller excel.

except|é except, save; **~er** except; **~ion** *f* exception; **~ionnel** exceptional, unusual.

excès [ɛksɛ] *m* excess; abuse; **~ de vitesse** speeding.

excessif excessive; extreme.

excit|ation [ɛksitasjɔ̃] *f* excitement; instigation; **~er** excite, rouse; stimulate; stir up.

exclam|ation [ɛksklamasjɔ̃] *f* exclamation; **s'~er** exclaim.

exclu|re exclude; shut out; **~sion** *f* exclusion.

excursion [ɛkskyrsjɔ̃] *f* trip; tour; route; excursion.

excus|e [ɛksky:z] *f* excuse; apololgy; **~er** excuse; **s'~er** apologize; **se faire ~er** ask to be excused.

exécut|er perform; execute; **~ion** *f* execution; performance.

exempl|aire *m book, etc.*: copy; *adj*. exemplary; **~e** *m* example; **par ~e** for instance, for example; indeed!

exempt [ɛgzɑ̃] exempt; free; **~ d'impôts** tax-free; **~ de droits** duty-free; **~er** exempt (**de** from); **~ion** *f* exemption.

exerc|er exercise, train; exert; carry on (*profession, etc.*); **s'~er** practise; **~ice** *m* exercise; training; practice.

exhaler exhale, breathe out.

exhiber [egzibe] exhibit.

exhorter exhort; urge.

exig|eant [ɛgziʒɑ̃] exacting,

demanding, hard to please; **~ences** *f/pl.* demands *pl.*, conditions *pl.*, requirements *pl.*; **~er** exact; require; demand.
exigu exiguous, scanty.
exil [ɛgzil] *m* exile; banishment; **~é** *m* exile; *adj.* exiled; **~er** exile, banish.
exist|ence [ɛgzistɑ̃:s] *f* existence; **~er** exist.
exonérer exonerate; free.
expatrier banish; **s'~** leave one's country.
expédi|er send (off), ship, dispatch; **~tion** *f* forwarding; expedition.
expérience [ɛksperjɑ̃:s] *f* experience; experiment.
experiment|é experienced; **~er** experience; test, try.
expert [ɛkspɛ:r] *m*, *adj.* expert; **~ comptable** certified public accountant; **~ise** *f* expert valuation.
expier expiate, atone for.
expir|ation *f* expiration; end; expiry; **~er** expire; breathe out; die.
explication [ɛksplikasjɔ̃] *f* explanation.
expliquer explain; **s'~** explain o.s.; **s'~ avec** have an argument with.
exploit [ɛksplwa] *m* exploit; **~ation** *f* exploitation; **~er** exploit, work, cultivate; make use of; *fig.* turn to account.
explor|ateur *m* explorer; **~er** explore.
exploser explode, blow up.
export|ateur *m* exporter; *adj.* exporting; **~ation** [ɛkspɔrtasjɔ̃] *f* export(ation); **~ations** *pl.* exports *pl.*
expos|é *m* statement, account; **~er** expose; show, exhibit; **~ition** [ɛkspɔzisjɔ̃] *f* exposition, show; exposure.
exprès [ɛksprɛ] *adj.* express, definite; express, *Am.* special delivery *letter*; *adv.* on purpose.
express [ɛksprɛs] *m* fast train.
express|ément expressly; specially; **~if** expressive; **~ion** [ɛksprɛsjɔ̃] *f* expression.
exprimer express, utter; squeeze (out).
exproprier expropriate.
expulser expel, eject.
exquis exquisite, choice.
extase *f* ecstasy, rapture.
extension [ɛkstɑ̃sjɔ̃] *f* extension, extent.
exténuer weaken, wear out.
extérieur [ɛksterjœ:r] *m* exterior; outside; foreign countries *pl.*; *adj.* exterior; foreign.
exterminer exterminate.
externe external.
extinct|eur *m* fire-extinguisher; **~ion** [ɛkstɛ̃ksjɔ̃] *f* extinction.
extirper extirpate, uproot, root out.
extorquer extort.
extraction [ɛkstraksjɔ̃] *f* extraction.
extrader extradite.
extraire extract, pull out.
extrait *m* extract; **~ de**

naissance birth certificate.
extraordinaire [ɛkstraɔrdinɛ:r] extraordinary.
extrême [ɛkstrɛ:m] *adj.*, *m* extreme.
extrémité [ɛkstremite] *f* extremity; end; **~s** *pl.* hands *pl.* and feet *pl.*; **à l'~** dying; **à l'~ de** at the far end of.
Extrême-Orient *m* Far East.
exubérant [ɛgzyberɑ̃] exuberant; superabundant.

F

fable [fa:bl] *f* fable; story; fiction.
fabri|cant *m* manufacturer; **~cation** [fabrikasjɔ̃] *f* fabrication, manufacture; **~que** *f* factory; **~quer** make; manufacture.
fabuleux fabulous; incredible.
façade *f* façade; front.
face [fas] *f* face; **en ~ (de)** opposite; **faire ~ à** face, meet, cope with.
fâch|er irritate; vex; **se ~er** get angry; **~eux** annoying; tiresome.
facil|e easy; **~ité** *f* facility; easiness; gift, aptitude; **~iter** facilitate, make easy; **~ités** *pl.* **(de paiement)** easy terms *pl.*
façon [fasɔ̃] *f* make, cut; manner, way, fashion; **~s** *pl.* ceremony, fuss; **à la ~ de** like, in the style of; **de ~ à** so as to; **de ~ que** so that; **de toute ~** in any case, anyway; **~ner** fashion, form, make.
facteur *m* postman, mailman; maker, manufacturer; factor.
factur|e *f com.* bill, invoice; **~er** *com.* invoice.
facult|atif optional; **~é** *f* faculty, power; school, department.
fade [fad] insipid, tasteless.
fagot *m* faggot, bundle.
faibl|e *adj.* weak; faint; feeble; thin; *m* weakness, foible; **~esse** *f* weakness; weak point; **~ir** weaken; give way.
faill|ir [faji:r] fail; *com.* go bankrupt; **j'ai ~i tomber** I almost fell; **~ite** *f* bankruptcy; **faire ~ite** go bankrupt.
faïence [fajɑ̃:s] *f* earthenware, crockery.
faim [fɛ̃] *f* hunger; **avoir ~** be hungry; **mourir de ~** be starving.
fainéant *m* sluggard, idler; *adj.* idle, lazy.
faire [fɛ:r] make; do; cause; **ça ne fait rien** it doesn't matter, never mind; **~ ~ qc.** get *or* have s.th. done; **se ~** grow, become; **se ~ à** get accustomed to; **c'est bien fait pour vous** serves you right.
faisable [fəzabl] feasible;

practicable.
faisan [fəzɑ̃] *m* pheasant.
faisceau [fɛso] *m* bundle, pile, stack, cluster.
fait [fɛ] *m* fact; deed; exploit; *adj.* done; made (**de** of); ripe, mature; **en ~** as a matter of fact; **en ~ de** as regards, in the way of; **~s** *pl.* **divers** news item; **en venir au ~** come to the point.
faîte *m* top; summit; ridge; *fig.* height.
falaise [falɛ:z] *f* cliff.
falloir [falwa:r] be necessary; want; need; must; ought; should; **il me faut de l'argent** I need (some) money; **comme il faut** proper, correct.
falsifier falsify; tamper with; forge (*documents*).
famélique famished.
fameux famous; renowned; well-known; *fig.* capital, pretty good, terrific.
famil|ier familiar; domestic; intimate; **~le** *f* family; household.
famine [famin] *f* famine; starvation.
fanal *m* beacon, lantern.
fanat|ique fanatical; **~isme** *m* fanaticism.
faner make hay; fade, wither (*a.* **se ~**).
fanfar|e *f mus.* flourish; brass band; **~on** *m* boaster, braggart.
fang|e [fɑ̃:ʒ] *f* mud, mire; *fam.* muck; **~eux** muddy, miry; filthy.
fantaisie *f* fancy; imagination.
fantastique fantastic.
fantôme *m* ghost, spirit.
farce *f* stuffing, filling; trick; joke.
farci stuffed; **~r** stuff.
fard [fa:r] *m* paint, rouge, makeup; **piquer un ~** flush, blush.
fardeau burden; load.
farder paint, make up; *fig.* disguise; **se ~** put on makeup.
farin|e *f* flour; **~eux** mealy, farinaceous.
farouche [faruʃ] wild, grim, fierce; shy, timid.
fascin|ation [fasinasjɔ̃] *f* fascination, charm; **~er** fascinate.
faste *m* pomp; display.
fastidieux tedious, dull.
fastueux gorgeous; pompous; sumptuous.
fat [fat] *m* fop; *adj.* foppish; conceited.
fatal [fatal] fatal; inevitable; **~ité** *f* fatality; calamity, misfortune.
fatig|ant tiring; wearisome; **~ue** *f* weariness; fatigue; strain, wear; **~ué** tired, weary; threadbare, worn; **~uer** [fatige] tire, weary; **se ~uer** get tired.
faubourg [fobu:r] *m* suburb; outskirts *pl.*
fauch|er mow, cut, reap; **~euse** *f* mowing-machine.

faucille *f* sickle.
faucon *m* falcon.
faufiler tack, baste; **se ~** sneak, slip.
fauss|aire *m* forger; **~er** falsify; warp; bend; pervert, distort; force (*lock*); **~eté** [foste] *f* falseness; duplicity; lie.
faute [fo:t] *f* fault; error; mistake; **~ de** for want of; **sans ~** without fail.
fauteuil [fotœj] *m* arm-chair, easy chair; **~ d'orchestre** stall, orchestra seat; **~ roulant** wheel chair.
fauve *m* wild beast; *adj.* fawn-colo(u)red.
faux[1] [fo] *f* scythe.
faux[2] *m* forgery; falsehood.
fau|x[3], **~sse** false, wrong, untrue; counterfeit; forged.
faux-filet *m* sirloin.
faux-monnayeur *m* counterfeiter.
faveur *f* favo(u)r; **à la ~ de** under cover of; **en ~ de** on behalf of; in favo(u)r of, to the advantage of; **billet** *m* **de ~** complimentary (*or* free) ticket; **prix** *m* **de ~** preferential price.
favor|able [favɔrabl] favo(u)rable; **~i** *m*, *adj.* favo(u)rite; **~is** *m/pl.* whiskers *pl.*, sideburns *pl.*; **~iser** favo(u)r.
fécond fertile; fruitful; *fig.* productive; **~er** fertilize; **~ité** *f* fecundity, fertility.
fécule *f* starch.
fédér|al federal; **~ation** [federasjɔ̃] *f* federation, confederation; **~é** *adj.*, *m* federate.
fée *f* fairy; **conte** *m* **de ~s** fairy-tale; **~rique** magic, enchanting.
feindre [fɛ̃:dr] feign, sham; **~ de** pretend to.
feinte [fɛ̃:t] *f* feint, pretence, bluff.
fêler crack; fracture (*glass etc.*).
félicit|ation [felisitasjɔ̃] *f* congratulation; **~é** *f* felicity; **~er q. de** congratulate (*or* compliment) s.o. on.
félonie *f* treason.
femelle *f*, *adj.* female.
fémin|in feminine; female; womanly; **~isme** *m* feminist movement; **~iste** *f* feminist.
femme [fam] *f* woman; wife; **~ de chambre** chambermaid; **~ de ménage** charwoman.
fendre [fɑ̃:dr] split, cleave, rend; **se ~** split, crack.
fenêtre *f* window.
fenouil *m bot.* fennel.
fente [fɑ̃:t] *f* crack; slit; cleft; rent.
fer [fɛ:r] *m* iron; **~ à cheval** horseshoe; **~ à repasser** flatiron; **~-blanc** *m* tin.
férié: jour *m* **~** (public) holiday, bank holiday.
ferme[1] *f* farm; farmhouse.
ferme[2] firm; tough; strong; steady; **travailler ~** work hard.

fermé closed; shut; off.
ferment [fɛrmɑ̃] *m* ferment; **~ation** *f* fermentation; *fig.* excitement, unrest.
ferm|er shut (up); close; lock; block (up); switch off, turn off; **on ~e!** closing-time!; **la ~e!** *pop.* shut up!; **~eté** *f* firmness; strength; **~eture** *f* closing (time); fastening; **~eture à glissière** zip-fastener, zipper; **~oir** *m* clasp, fastener, snap.
féroc|e [ferɔs] ferocious; **~ité** *f* ferocity.
ferraille *f* scrap(-iron).
ferré skilled, expert; **voie** *f* **~e** railway line.
ferroviaire railway ..., railroad ...
ferrure *f* iron fitting.
fertil|e fertile; **~iser** manure; **~ité** *f* fertility.
ferv|ent [fɛrvɑ̃] *m* enthusiast, *fam.* fan; *adj.* fervent; zealous; **~eur** *f* fervo(u)r, earnestness.
festin *m* feast, banquet.
festival [fɛstival] *m* (musical) festival.
feston *m* festoon; scallop.
fête [fɛt] *f* feast; holiday; name-day; birthday; **♀-Dieu** *f* Corpus Christi; **~r** celebrate; entertain, fête.
fétiche *m* fetish.
feu[1] [fø] *m* fire; **~ de joie** bonfire; **donnez-moi du ~** give me a light; **~ arrière** tail-light; **~ de position** parking light; **~x** *pl.* **de circulation** (*or* **rouges**) traffic lights *pl.*; **coup** *m* **de ~** gunshot; **~ follet** will-o'-the-wisp.
feu[2] late, deceased.
feuill|age *m* foliage; **~e** [fœj] *f* leaf; sheet of paper; newspaper; **~eter** leaf through, skim through.
feutre *m* felt; felt hat.
fève *f* bean.
février *m* February.
fiançailles [fjɑ̃sa:j] *f/pl.* engagement.
fianc|é *m* (**~ée** *f*) fiancé(e); **se ~er** become engaged.
fibr|e [fibr] *f* fibre; filament; **~eux** fibrous.
ficel|er [fisle] tie up, do up; **mal ~é** *fam.* badly dressed; **~le** *f* string.
fich|e *f* peg; plug; (indexing) card, slip of paper; **~er** drive in (*peg*); *fam.* give; do; put; throw, chuck; **~e(z)-moi la paix!** leave me alone!; **se ~er de** laugh at, make fun of; not to care about; **~ier** *m* card index.
fichu [fiʃy] *m* neckerchief; *adj. fam.* ruined, lost; damned, bloody; **mal ~** in poor shape; **~ de** capable of, feeling up to.
fictif fictitious.
fiction [fiksjɔ̃] *f* fiction.
fid|èle faithful; loyal; **~élité** *f* faithfulness.
fiel *m* bile; gall (*a. fig.*).
fier[1] [fje]: **se ~ à** trust, rely on.
fier[2], **fière** [fje, fjɛ:r] proud.

fierté *f* pride.
fièvre [fjɛ:vr] *f* fever.
fiévreux [fjevrø] feverish.
figer [fiʒe] congeal, curdle, clot; stiffen (*a.* **se ~**).
figue [fig] *f* fig.
figurant *m* super(numerary), extra.
figuratif figurative.
figur|e [figy:r] *f* face; figure; shape; form; **~es** *pl.* **de cire** waxworks; **~er** figure; represent; appear; **se ~er** imagine.
fil *m* thread; **~ de fer** wire; **~ électrique** flex; **coup** *m* **de ~** *fam.* telephone call.
fil|e [fil] *f* file; row; **~er** spin; run; go; shadow (*person*); *fam.* give; make off, make tracks; **~er à l'anglaise** take French leave.
filet *m* net, netting; trickle; *liquid:* dash; *cuis.* fillet; tenderloin steak; **~ à bagages** luggage rack; **~ à provisions** shopping bag, string bag.
filial filial; **~e** *f* subsidiary company, branch.
fill|e [fij] *f* daughter; girl; **~ette** *f* little girl; **~eul** *m* godson; **~eule** *f* goddaughter.
film *m* film; **~ documentaire** documentary film; **~ en couleurs** colo(u)r film; **~er** film.
fils [fis] *m* son.
filtre *m* filter; **(bout** *m***) ~** filter tip; **~ jaune** *phot.* yellow (light) filter; **~r** strain; filter.
fin[1] [fɛ̃] *f* end, ending, close; aim, purpose.
fin[2] fine, thin, delicate; clever, subtle.
final [final] final, last; **~e** *f sport* final(s *pl*); **~ement** finally; eventually.
financ|e [finɑ̃:s] *f* finance; **~es** *pl.* finances *pl.*; resources *pl.*; **~er** finance; **~ier** *m* financier; *adj.* financial.
finaud sly, cunning.
fine [fin] *f* brandy.
finesse *f* fineness; nicety; delicacy.
fini finished, ended; done; over; done for; **~r** finish, end.
finlandais *adj.* Finnish; **♀** *m* Finn.
Finlande *f* Finland.
firme [firm] *f com.* firm.
fisc *m* treasury, internal revenue; **~al** fiscal.
fissure [fisy:r] *f* fissure, crack.
fix|e *adj.* steady, fixed, settled; *m* regular salary; **~er** fix, fasten; settle; stare at.
flagorner fawn upon.
flagrant [flagrɑ̃] flagrant; obvious.
flairer scent, smell.
flamb|ant flaming, blazing; **~ant neuf** brand-new; **~er** burn, flame, blaze; singe; **~oyant** blazing.
flamme *f* flame; *fig.* passion.
flanc [flɑ̃] *m* flank, side; **~ de coteau** hillside.
flân|er stroll; **~eur** *m* stroller; idler.
flanquer flank; *fam.* give;

throw, chuck; ~ **à la porte** kick out.
flaque *f* puddle, pool.
flasque flabby; limp.
flatt|er flatter; caress, stroke; gratify; **~erie** [flatri] *f* flattery; **~eur** *m* flatterer.
fléau *m* flail; *fig.* scourge, pest.
flèche [flɛʃ] *f* arrow; steeple; **monter en ~** rocket (up).
fléchir bend; persuade; give way, yield.
flegmatique phlegmatic.
flet [flɛ] *m* flounder.
flétan [fletɑ̃] *m* halibut.
flétrir fade, wither (*a.* **se ~**); *fig.* dishono(u)r.
fleur [flœ:r] *f* flower, blossom; *fig.* prime (of life); élite, pick; **à ~ de** level with; **~i** flowery; **~ir** flower; flourish; deck with flowers; **~issant** flowering; **~iste** *m*, *f* florist.
fleuve [flœ:v] *m* river.
flexib|ilité *f* flexibility; **~le** flexible; pliant.
flic [flik] *m pop.* policeman, bobby, cop(per).
flocon *m* flock; flake; **~s** *pl.* **d'avoine** rolled oats *pl.*
florissant flourishing, thriving.
flot [flo] *m* wave; flood; tide; crowd; **à ~** afloat; **à ~s** in torrents; **~tant** floating; flowing; **~te** *f* fleet; *fam.* water; rain; **~ter** float; *fam.* rain; **~teur** *m* float.
fluctu|ation [flyktyasjɔ̃] *f* fluctuation; **~er** fluctuate.
fluide [flɥid] *m*, *adj.* fluid.
flûte *f* flute; *fig.* long thin loaf (of bread).
fluvial fluvial.
flux [fly] *m* flow; *fig.* flood, torrent; flux.
fluxion *f* inflammation; congestion.
foi [fwa] *f* faith; belief; trust; **bonne ~** honesty, sincerity, loyalty; **mauvaise ~** dishonesty.
foie [fwa] *m* liver; **pâté** *m* **de ~ gras** goose-liver pie.
foin *m* hay.
foire [fwa:r] *f* fair.
fois [fwa] *f* time; **une ~** once; **deux ~** twice; **trois ~** three times; **cette ~** this time; **une ~ pour toutes** once and for all; **à la ~** at the same time.
foison *f*: **à ~** in abundance.
folâtre playful.
folie *f* madness; mania; **à la ~** madly.
fol(le) = **fou.**
fomenter stir up, foment.
fonc|é dark; **~er** dash, rush; darken.
foncier: propriétaire *m* **~** landowner; **propriété** *f* **foncière** real estate.
fonction [fɔ̃ksjɔ̃] *f* function; office; **faire ~ de** serve as; **~naire** *m* official; functionary; civil servant; **~nement** *m* working, running, operation; **~ner** function, work, run; operate (*a.* **faire ~ner**); act.
fond [fɔ̃] *m* bottom; end; background; **à ~** thoroughly;

au ~, dans le ~ after all; **couler à ~** sink; **~amental** basic, fundamental; **~ateur** *m* founder; **~ation** *f* foundation; **~é** grounded; justified; **~ement** [fɔ̃dmɑ̃] *m* foundation; *fig.* basis; **~er** found, establish; base (**sur** upon); **se ~er sur** be based upon.

fonderie *f* ironworks *pl.*

fondre [fɔ̃:dr] melt; smelt; cast (*metal*); **~ sur** swoop down on.

fonds [fɔ̃] *m* funds *pl.*; stock; fund; capital.

fondu melted.

fondue *f* dish of melted cheese; **~ bourguignonne** cubes of raw beef dipped into boiling oil.

fontaine *f* fountain.

fonte [fɔ̃t] *f* cast-iron; melting; smelting.

football [futbol] soccer.

force [fɔrs] *f* strength, force, power, might; **à ~ de** by (means of), through; **~r** force; force open; strain.

forer bore; perforate.

forestier *m* forester.

foret *m* drill; gimlet.

forêt *f* wood, forest.

forg|e [fɔrʒ] *f* smithy; foundry; ironworks *pl.*; **~er** forge; *fig.* make up; **~eron** *m* blacksmith.

form|alité *f* formality; **~at** *m* size, format; **~ation** [fɔrmasjɔ̃] *f* formation; training, background; **~e** *f* form; shape; **~el** formal; explicit; strict; **~er** form; train; constitute.

formidable enormous; *fam.* terrific, great.

formul|aire *m* form, blank; **~e** *f* formula; form, blank; **~er** formulate.

fort [fɔ:r] *adj.* strong, vigorous; powerful; firm; loud; thick; stout; large, big; *adv.* very, greatly; strongly; tightly; *m* strong point, forte; fort; **~ifier** strengthen; fortify.

fortuit fortuitous.

fortune [fɔrtyn] *f* fortune; chance; luck; **faire ~** make a fortune.

foss|e [fo:s] *f* pit; hole; grave; **~é** *m* ditch, trench.

fou, fol (folle *f*) mad, crazy (**de** about); **devenir fou** go mad.

foudr|e [fudr] *f* lightning; thunderbolt; **(le) coup de ~e** love at first sight; **~oyant** striking, crushing.

fouet *m* whip; **~ter** whip.

fouille *f* excavation; dig; **~r (dans)** search, rummage.

foulard *m* scarf.

foul|e *f* crowd; mob; **~er** trample down, tread, crush; **se ~er** sprain (*one's ankle, etc.*); **~ure** *f* sprain.

four [fu:r] *m* oven; kiln; *fig.* failure, flop; **petits ~s** *pl.* fancy biscuits *pl.*, cookies *pl.*

fourche [furʃ] *f* (pitch)fork; forking; **~tte** *f* fork.

fourgon *m* van, truck; *ch. d. f.* luggage van, *Am.* baggage car; **~nette** *f* delivery van.
fourmi *f* ant; **~lière** *f* anthill; **~ller** swarm.
fourn|aise *f* furnace; **~eau** [furno] *m* kitchen-range; stove; **haut ~eau** blast furnace.
fourni supplied; *beard, etc.*: close, thick; **~r** furnish, supply (**de** with); **~sseur** *m* supplier, contractor, purveyor, tradesman; **~ture** [furnity:r] *f* supplying; supplies *pl.*
fourrage *m* fodder.
fourré *m* thicket.
fourreau *m* sheath, case.
fourr|er put, stick, poke; line with fur; **~ure** *f* fur, skin.
foyer [fwaje] *m* hearth; fireplace; home; centre, club; *thé.* foyer.
fracas [fraka] *m* noise, din; **~ser** smash (*a.* **se ~ser**).
fract|ion [fraksjõ] *f* fraction; **~ure** [frakty:r] *f* fracture.
fragil|e [fraʒil] fragile; frail, weak **~ité** *f* fragility; frailty; weakness.
fragment [fragmɑ̃] *m* fragment; bit, scrap.
fraîch|eur *f* coolness; freshness; **~ir** get colder.
frais[1] **(fraîche)** [frɛ, frɛʃ] fresh, new; *paint:* wet; cool, chilly.
frais[2] *m/pl.* expenses *pl.*; cost; **faire les ~ de** pay for, defray; **~ de voyage** travelling expenses *pl.*; **faux ~** incidental expenses *pl.*
fraise [frɛ:z] *f* strawberry.
framboise *f* raspberry.
franc[1] [frɑ̃] *m coin:* franc.
franc[2] **(franche)** [frɑ̃, frɑ̃:ʃ] free; frank; sincere; **~ de port** carriage paid.
français [frɑ̃sɛ] *adj.* French; **≈** *m* Frenchman.
France [frɑ̃:s] *f* France.
franch|ir get (*or* jump *or* pass) over; cross; **~ise** *f* frankness, liberty.
franc-maçon *m* freemason.
franco free (of charge).
frange [frɑ̃:ʒ] *f* fringe.
frapper strike, beat, tap, knock; hit; coin; stamp; surprise, take aback; ice, chill (*drinks*); **se ~** get alarmed.
fratern|el brotherly; **~ité** *f* brotherhood.
fraud|e [fro:d] *f* fraud; cheat; smuggling; **~eur** *m* cheat; smuggler; **~uleux** fraudulent; bogus.
frayer [freje] trace, open up (*path*); **~ le chemin à** pave the way for; **~ avec** associate with.
frayeur [frɛjœ:r] *f* fear.
fredonner hum.
frein [frɛ̃] *m* bit, bridle; brake; *fig.* check; restraint; **~ à main** handbrake; **~ à pied** footbrake; **~er** brake, apply the brakes; check, curb.
frêle [frɛl] frail.
frelon *m* hornet.
frémi|r quiver, shudder;

~ssement *m* shuddering, quivering.
frêne *m* ash(-tree).
frénésie *f* frenzy.
fréque|mment [frekamɑ̃] frequently, often; **~nce** *f* frequency; **~nt** [frekɑ̃] frequent; **~nter** frequent; visit (with); associate with.
frère [frɛ:r] *m* brother; friar.
fret [frɛ] *m* freight; cargo.
fréter charter.
friand [friɑ̃] **de** fond of; **~ises** *f/pl.* sweets *pl.*, candies *pl.*, delicacies *pl.*
fric *m fam.* money, dough.
friche: en ~ fallow.
fricoter *fam.* cook, stew; do, be up to.
friction [friksjɔ̃] *f* friction; **~ner** rub.
frigidaire [friʒidɛ:r] *m* refrigerator.
frigo *m fam.* fridge.
frigorifi|er refrigerate; **viande** *f* **~ée** frozen meat.
frileux sensitive to cold.
frimas *m* hoarfrost.
fringale *f* ravenous hunger, craving.
fringant dashing, smart.
frire [fri:r], **faire ~** fry.
friser curl; *fig.* get near, skim, graze.
frisson *m* chill; shiver; thrill; **donner le ~ à** give *s.o.* the creeps; **~ner** shudder, shiver.
frit [fri] fried; **~es** [frit] *f/pl.* French fried potatoes; **~ure** *f* fried fish.
froid [frwa] *adj.*, *m* cold; **avoir ~** feel cold; **il fait ~** it is cold; **attraper ~** catch (a) cold; **en ~** on chilly terms; **~eur** *f fig.* coldness, indifference.
froisser [frwase] crumple, crease; *fig.* hurt, offend; **se ~** feel vexed.
fromage [frɔma:ʒ] *m* cheese.
froment *m* wheat.
froncer wrinkle, pucker; **~ les sourcils** frown.
front [frɔ̃] *m* forehead, brow; front; front part, face; nerve, cheek; **de ~** head-on; abreast.
frontière [frɔ̃tjɛ:r] *f* frontier, border.
frotter rub; polish; strike (*match*); **se ~ à** attack.
fructueux fruitful; lucrative.
fruit [frɥi] *m* fruit.
fugace fleeting, transient.
fugitif *m*, *adj.* runaway; fugitive.
fui|r [fɥi:r] flee; leak; **~te** *f* flight, escape; leak.
fulguration *f* sheet lightning.
fulminer rage, storm.
fumé *cuis.* smoked.
fume-cigarette *m* cigarette-holder.
fumée [fyme] *f* smoke.
fum|er [fyme] smoke; *fam.* rage; manure; **~et** *m* flavo(u)r, aroma; **~eur** *m* smoker; **~eux** smoky; **~ier** *m* dung(hill).
funèbre funereal; dismal.
funérailles [fynera:j] *f/pl.* funeral.

funeste fatal, deadly.
funiculaire *m* cable railway.
fur [fy:r]: **au ~ et à mesure** in proportion.
fureter (dans) rummage.
fureur *f* fury; **faire ~** be a smash hit.
furie *f* fury, rage.
furieux mad, furious.
furtif stealthy, furtive.
fusée *f* rocket; missile.
fus|er fuse; flash; **~ible** *adj.* fusible; *m* fuse (wire).
fusil [fyzi] *m* gun, rifle.
fusionner amalgamate.
fût [fy] *m* cask; *arch.* shaft (of a column).
futaie [fytɛ] *f* forest; **de haute ~** fully grown.
futile [fytil] petty, vain, frivolous.
futur [fyty:r] *m*, *adj.* future; **~e maman** *f* expectant mother.

G

gabardine *f* gabardine.
gâch|er [gɑʃe] bungle, mess up; spoil, ruin; waste, squander; **~ette** *f* trigger; **~is** *m* mess.
gaffe *f* boat-hook; *fam.* blunder; **fais ~!** *pop.* look out!, watch out!
gage [ga:ʒ] *m* pawn, pledge; **mettre en ~** pawn; **~s** *pl.* wages *pl.*, pay.
gagnant [gaɲɑ̃] *adj.* winning; *m* winner.
gagne-pain *m* livelihood; bread-winner.
gagn|er [gaɲe] win; earn; get; gain; reach; improve; **~ du terrain** gain ground.
gai gay, jolly, cheerful; tipsy; **~eté** *or* **gaîté** *f* gaiety.
gaillard [gaja:r] *m* vigorous person; *fam.* (jolly) fellow; *adj.* vigorous; jolly, jovial; ribald.
gain [gɛ̃] *m* gain, profit; benefit; **~s** *pl.* earnings *pl.*, winnings *pl.*
gaine [gɛn] *f* sheath; case; girdle.
galère *f* galley; **vogue la ~!** come what may!
galerie [galri] *f* gallery.
galet *m* pebble.
galetas [galta] *m* hovel.
galette *f* flat cake; *fam.* money, dough.
galimatias [galimatjɑ] *m* nonsense, gibberish.
galon *m* braid; gold lace; **~ner** trim, braid.
galop *m*, **~er** gallop; **~in** *m* urchin, scamp.
galvaniser galvanize; *fig.* excite, electrify.
gambade *f* gambol.
gamin [gamɛ̃] *m* street urchin, scamp; *fam.* boy, youngster; *adj.* roguish; **~e** *f* street-girl; *fam.* girl.
gamme *f mus.* scale; *fig* range, series.
gant [gɑ̃] *m* glove; **~s** *pl.* **de**

peau leather-gloves *pl.*
garag|e [gara:ʒ] *m* garage; repair shop; **~iste** *m* car mechanic.
garant *m* guarantor; guarantee; **~ie** [garɑ̃ti] *f* guarantee; **~ir** guarantee; protect (**de** from).
garçon [garsɔ̃] *m* boy, lad; bachelor; waiter; **~ d'honneur** best man; **~nière** *f* bachelor's apartment.
garde *f* guard, care, custody; watch; **prendre ~** be careful, take care (**de ne pas faire** not to do); **~** *m* guardian, keeper; **~-boue** *m* mudguard, *Am.* fender; **~-fou** *m* handrail; **~-malade** *m, f* nurse; **~-manger** *m* larder, pantry.
garder keep; keep on (*garment*); hold; watch over, look after; **se ~** *food:* keep; **se ~ de** beware of; **se ~ de** *faire etc.* take care not to *do, etc.*
garde-robe *f* wardrobe.
gardeur *m* keeper; herder.
gardien [gardjɛ̃] *m* keeper; guardian; attendant; caretaker; **~ de but** goalkeeper; **~ de la paix** policeman; **~ne** *f* attendant; **~ne d'enfants** kindergartener.
gare[1] *f ch.d.f.* station; **~ centrale** central station.
gare[2]**!** look out!, watch out!
garenne [garɛn] *f* warren.
garer park (*motor-car*); **se ~** get out of the way; seek shelter; park (one's car); **se ~ de** avoid.
gargariser: se ~ gargle.
gargouille *f arch.* gargoyle; waterspout; **~r** gurgle; rumble.
garnir trim; furnish, fit out (**de** with); **se ~** *room:* fill.
garnison *f* garrison.
garniture [garnity:r] *f* fittings *pl.*; trimmings *pl.*; lining.
gaspill|age [gaspija:ʒ] *m* squandering; **~er** squander, waste; **~eur** wasteful; spendthrift.
gastrite *f* gastritis.
gastronom|e *m* gastronome; **~ie** *f* gastronomy.
gâteau [gato] *m* cake.
gâter [gate] spoil (*a. child*); **se ~** deteriorate; *food, etc.:* go bad.
gauch|e [go:ʃ] *adj.* left; awkward, clumsy; warped; *f* left-hand side; left (hand); **à ~e** to the left; on the left; **~er** left-handed; **~erie** [goʃri] *f* clumsiness; **~ir** warp; distort; **~iste** *adj., m* leftist.
gaufre *f* waffle; **~tte** *f* wafer.
gaver cram, stuff.
gaz [ga:z] *m* gas; **couper les ~** throttle down; **mettre les ~** open out the throttle, *Am.* step on the gas; **usine** *f* **à ~** gas-works *pl.*
gaze [ga:z] *f* gauze.
gazon *m* lawn; turf.
gazouiller [gazuje] warble, twitter.

géant *m* giant; *adj.* gigantic.
geindre [ʒɛ̃:dr] moan, whimper.
gel *m* frost; freezing.
gélatine *f* gelatin(e).
gel|ée *f* frost; jelly; **~ée blanche** hoarfrost; **~er** freeze (*a.* **se ~er**).
gém|ir groan, whimper; **~issement** [ʒemismɑ̃] *m* groan(ing).
gemme *f* gem; **sel** *m* **~** rock-salt.
gênant [ʒɛnɑ̃] troublesome; inconvenient; awkward.
gencive *f* gum.
gendre [ʒɑ̃:dr] *m* son-in-law.
gêne [ʒɛn] *f* uneasiness; embarrassment; difficulty; (financial) straits *pl.*, want; restraint; **sans ~** *adj.* unconstrained; *m* unconstraint.
gêner hinder, be in the way (of); embarrass, trouble, disturb; *shoe, etc.*: pinch; **se ~** be shy; **ne vous gênez pas!** *a.* just go ahead!, don't be shy!
général [ʒeneral] *m, adj.* general; **~iser** generalize; **se ~iser** spread; **~iste** *m* general practitioner.
générateur *m* generator, *Am.* dynamo.
génération [ʒenerasjɔ̃] *f* generation.
généreux generous, liberal.
génial [ʒenjal] of genius, ingenious.
génie *m* genius; spirit.
genou *m* knee; **à ~x** on one's knees.
genre [ʒɑ̃:r] *m* kind; manner, style; race; gender; species; **faire du ~** be affected.
gens [ʒɑ̃] *m/pl.* people *pl.*, folks *pl.*
gentil [ʒɑ̃ti] nice, kind; pretty; **~homme** [ʒɑ̃tijɔm] *m* man of gentle birth; **~lesse** [ʒɑ̃tijɛs] *f* kindness.
géographie *f* geography.
geôle [ʒo:l] *f* jail, prison.
géologie *f* geology.
géran|ce *f* management; **~t** *m* manager.
gerbe *f* sheaf; **~ de fleurs** bunch of flowers.
ger|cer chap, crack; **~çure** [ʒɛrsy:r] *f* chap.
gérer manage, run.
germain germane; **cousin** *m* **~** first cousin.
germ|e [ʒɛrm] *m* germ, seed; **~er** germinate, sprout; **~icide** germicidal.
gésir lie.
gest|e *m* gesture; sign; **~iculer** gesticulate.
gestion [ʒɛstjɔ̃] *f* management.
gibier *m* game.
giboulée [ʒibule] *f* (sudden) shower.
gifle *f* slap (in the face).
gigantesque [ʒigɑ̃tɛsk] gigantic.
gigot *m* leg of mutton, *etc.*; **~er** *fam.* kick, fidget.
gilet *m* waistcoat; vest; cardigan; **~ de sauvetage** life-jacket.
gingembre [ʒɛ̃ʒɑ̃br] *m* ginger.

girofle *m bot.* clove.
girouette *f* weathercock.
gisement *m metal, oil:* deposit, layer.
gitane [ʒitan] *f* gipsy (woman).
givr|age *m* icing; **~e** *m* hoarfrost; **~é** frosty, rimy.
glabre hairless, smooth.
glac|e [glas] *f* ice; glass, plate-glass; mirror, looking-glass; ice-cream; **~er** freeze; ice; chill; frost, glaze; **~ial** icy, freezing; **~ier** [glasje] *m* glacier; ice-cream vendor.
glaçon [glasɔ̃] *m* icicle; floe.
glaire *f* white of egg.
glaise *f* clay, loam.
gland *m* acorn; tassel.
glande *f méd.* gland.
glaner glean.
glapir yelp, squeak.
glèbe *f* soil.
gliss|ade *f* slide, slip, glide; **~ant** slippery; **~er** slide, slip, glide; **se ~er** creep, sneak, slip.
global global; total; gross.
globe [glɔb] *m* globe; ball; **~ de l'œil** eyeball.
gloire [glwa:r] *f* glory.
glori|eux glorious; **~fier** glorify; **se ~fier** boast.
glousser cluck; chuckle.
glouton [glutɔ̃] *m* glutton; *adj.* gluttonous.
glu *f* glue; **~ant** sticky.
go [go]: **tout de ~** straight away, immediately.
gobelet [gɔblɛ] *m* tumbler.
gober swallow (*a. fig.*); *fam.* like.
godet *m* mug; small cup.
gogo [gɔgo]: **à ~** *fam.* in plenty, galore.
golf *m* golf; **terrain** *m* **de ~** golf links *pl.*
golfe *m* gulf.
gomme *f* eraser, rubber; **~r** erase, rub out.
gond [gɔ̃] *m* hinge; **sortir de ses ~s** fly off the handle.
gondole *f* gondola.
gonfl|able inflatable; **~er** blow up, inflate; swell; **se ~er** swell (up); be swollen; **~eur** *m* air-pump.
gorg|e [gɔrʒ] *f* throat; gorge; groove; **~ée** *f* mouthful, gulp; **boire à petites ~ées** sip; **~er** gorge, cram.
gosier [gozje] *m* throat; gullet.
gosse *m, f* kid, youngster.
gothique Gothic.
goudron *m* tar; pitch; coaltar; **toile** *f* **~née** tarpaulin.
gouffre [gufr] *m* abyss; gulf; *fig.* ruin.
goujat *m* lout, boor.
goujon [guʒɔ̃] *m* gudgeon; *fig.* bait.
goulot *m* neck of a bottle.
goulu gluttonous.
goupille [gupij] *f*, **~r** pin, peg, bolt.
gourd numb(ed), stiff.
gourde *f* gourd; water-canteen; *fam.* fool; *adj.* foolish.
gourdin *m* cudgel.
gourmand [gurmɑ̃] *m* gourmand, lover of food; *adj.*

fond of food; **~ de** fond of, avid of; **~er** rebuke, scold; **~ise** *f* fondness of food; **~ises** *pl.* sweetmeats *pl.*, delicacies *pl.*, titbits *pl.*
gourme: jeter sa ~ sow one's wild oats.
gourmet [gurmɛ] *m* gourmet, epicure, connaisseur.
gourmette *f* bracelet; chain.
gousse *f* pod, husk.
gousset *m* vest-pocket.
goût [gu] *m* taste; flavo(u)r; *fig.* liking, predilection; manner, style; **de bon ~** in good taste; **de mauvais ~** in bad taste, tasteless; **c'est une affaire de ~** that's a matter of taste; **~er** *v.* taste, try; have a snack; *fig.* appreciate, like, enjoy; *m* (afternoon) snack.
goutt|e [gut] *f* drop; *méd.* gout; **boire la ~e** *fam.* have a drink; **~er** drip; **~ière** *f* gutter; spout; eaves *pl.*
gouvern|ail [guvɛrnaj] *m* rudder, *a. fig.* helm; **~ante** *f* governess; **~ement** *m* government; **~er** govern, rule; *mar.* steer; **~eur** *m* governor.
grâce [grɑ:s] *f* grace; favo(u)r; mercy; pardon; **~ à** thanks to; **de bonne ~** willingly, gladly, readily; **~s** *pl.* thanks *pl.*; **faire des ~s** attididunize; **faire ~ à q. de qc.** spare s.o. s th.
grac|ier pardon, reprieve; **~ieux** graceful; pleasing; gratuitous, free; **à titre ~ieux, ~ieusement** gratis, free (of charge).
gracile [grasil] slender, slim.
grad|e *m* grade; rank; *school, university:* degree; **~in** *m* step; row, tier; **en ~ins** in tiers; **~uation** *f* graduation; scale; **~uel** gradual; **~uer** graduate.
grain [grɛ̃] *m* grain; *coffee:* bean; berry; grape; bead; speck; *mar.* sudden squall; **~ de beauté** beauty mark, beauty-spot; **~s** *pl.* cereals *pl.*; **à gros ~s** coarse-grained; **~e** *f* seed.
graiss|age *m* greasing, lubrication; **~e** *f* fat; grease; **~er** grease, lubricate; **~er la patte à** *fam.* bribe; **~eux** greasy, fatty.
grammaire *f* grammar.
gramme [gram] *m* gram(me).
gramophone *m* record-player; gramophone, *Am.* phonograph.
grand [grɑ̃] *adj.* big, great; tall; wide; grown-up; **un homme ~** a tall man; **un ~ homme** a great man; *m* grown-up; great man; **pas ~-chose** not much; **<u>G</u>e Bretagne** *f* Great Britain.
grand|eur *f* grandeur, greatness; size; **~ir** increase, grow; grow up; magnify.
grand|-mère *f* grandmother; **~-père** *m* grandfather; **~-route** *f* highway; **~-rue** *f* main street; **~s-parents** *m/pl.* grandparents *pl.*; **~**

teint *colours:* fast.
grange [grɑ̃:ʒ] *f* barn.
granit [grani(t)] *m* granite.
granul|aire granular; **~e** *m* granule; **~eux** granular.
graphique *m* diagram, chart, graph; *adj.* graphic.
grappe *f* bunch, cluster.
grappin [grapɛ̃] *m:* **mettre le ~ sur** get hold of, *fig.* hook.
gras [grɑ] fat; greasy; **~-double** *m* tripe.
gratifi|cation [gratifikasjɔ̃] *f* bonus, gratuity; reward; **~er** reward; **~er de** present with, give.
gratitude [gratityd] *f* gratefulness, gratitude.
gratt|e-ciel *m* sky-scraper; **~er** scrape; scratch; erase (*word*); *fig.* make small profits; *fam.* outdo, beat; *pop.* work, drudge; **~oir** *m* eraser.
gratuit [gratɥi] gratuitous, free; **~ement** gratis.
grave [gra:v] grave; serious; *tone, voice:* low.
graver engrave; imprint.
gravier *m* gravel.
gravir climb, ascend.
gravité *f* gravity; seriousness.
gravure [gravy:r] *f* engraving; etching; print.
gré *m:* **au ~ de** to *s.o.'s* liking; at the mercy of; **de bon ~** willingly, gladly; **de son plein ~** of one's own free will; **bon ~, mal ~** willy-nilly; **contre le ~ de** against the will of; **savoir ~ de** be grateful for.
grec (*f* **grecque**) [grɛk] *adj.*, **Grec** *m* Greek.
Grèce [grɛs] *f* Greece.
greffe[1] *m* registry; clerk's office.
greff|e[2] *f* graft; grafting; **~er** graft.
greffier *m dr.* clerk of the court, registrar.
grégaire gregarious; **instinct** *m* **~** herd instinct.
grêle[1] [grɛl] slender, slim; thin.
grêl|e[2] *f* hail; **~er** hail; damage by hail; **~on** *m* hailstone.
grelot *m* bell; **~ter** shiver, tremble; tinkle.
grenier [grənje] *m* granary; attic.
grenouille [grənu:j] *f* frog.
grésiller sizzle.
grève *f* beach, shore; strike, walkout; **faire ~** (be on) strike; **en ~** on strike; **se mettre en ~** go on strike, walk out; **~ de la faim** hunger-strike.
grever burden, encumber.
gribouill|age *m*, **~er** scrawl, scribble, daub.
grief [griɛf] *m* grievance; cause for complaint.
grièvement [griɛvmɑ̃] seriously, severely.
griff|e *f* claw, talon; clip; *fig.* mark, imprint; **coup** *m* **de ~e** scratch; **~er** claw, scratch.
grignoter [griɲɔte] nibble; pick at.
gril [gri] *m* gridiron, grill;

~lade *f* roast meat; **~lage** *m* grilling, roasting; grating, lattice-work; **~le** [grij] *f* grating, railing; grid; gate; **~é** [grije] grilled; **~ler** [grije] grill, roast, toast; scorch; burn; rail in.
grillon *m zo.* cricket.
grimac|e [grimas] *f* grimace; **faire des ~es** make faces; **~er** grimace.
grimper climb.
grincer creak, grate; **~ les dents** gnash one's teetch.
grincheux grumpy, surly.
grippe *f méd.* influenza, flu; *fig.* **prendre en ~** begin to dislike; **~r** stick, jam.
gris [gri] grey; dreary; tipsy; **~âtre** greyish; **~er** intoxicate, make drunk; *fig.* excite.
grisonner turn grey.
grive *f zo.* thrush.
grogn|ement [grɔɲəmɑ̃] *m* grunt; grumbling; **~er** grunt; grumble, grouch; **~on** grouchy *or* grumpy (person).
grommeler [grɔmle] mutter, grumble.
gronder growl, grumble; scold.
groom [grum] *m* bellboy.
gros [gro] *m* main part; **commerce** *m* **en ~** wholesale trade; *adj.* big, thick; stout; *fig.* coarse.
groseille [grozɛj] *f* currant; **~ à maquereau** gooseberry.
gross|esse *f* pregnancy; **~eur** *f* size; stoutness; swelling; **~ier** coarse, rough, cross; rude; **~ir** grow (big *or* stout); increase; swell (up); make look bigger (*or* stouter); magnify.
grotte *f* cave.
groupe *m* group, set, party; **~r** group (*a.* **se ~r**).
gruau *m* wheaten flour; oatmeal.
grue *f* crane; *pop.* prostitute.
grumeleux gritty, clotty, lumpy.
gruyère *m* gruyère (cheese).
gué [ge] *m* ford (of a river).
guenilles [gənij] *f/pl.* rags *pl.*, tatters *pl.*
guêp|e *f* wasp; **~ier** *m* wasps' nest *(a. fig.)*.
guère [gɛ:r]: **ne ... ~** little; hardly; scarcely.
guéridon *m* small round table, stand.
guér|ir cure (**de** of); heal (up); recover (*a.* **se ~ir**); **~ison** *f* recovery.
guerre *f* war; **~ mondiale** world war.
guet [gɛ] *m* watch, lookout; **~-apens** [gɛtapɑ̃] *m* ambush.
guetter watch for, lie in wait for.
gueule [gœl] *f animals:* mouth; opening; *pop.* mouth, trap; face; **~ de bois** hangover; (**ferme**) **ta ~!** *pop.* shut up!; **~r** *fam.* bawl; *pop.* grumble, protest.
gui [gi] *m bot.* mistletoe.
guichet [giʃɛ] *m* booking

office, ticket window; *thé.* box office; *bank:* pay-desk.
guide [gid] *m* guide; guidebook; **~s** *f/pl.* reins *pl.*; **~r** guide, lead, direct.
guidon *m* handle-bar.
guigne [giɲ] *f* black cherry; *fam.* hard luck, bad luck.
guignol [giɲɔl] *m* Punch; Punch and Judy show.
guillemets *m/pl.* quotation-marks *pl.*
guilleret lively, gay.
guimauve *f* marsh mallow.
guimbarde *f fam.* rattletrap, jalopy.
guindé [gɛ̃de] stiff, formal, constrained.
guinguette *f* tavern.
guirlande *f* garland, wreath.
guise [gi:z] *f* manner; **en ~ de** by way of; instead of; **faire à sa ~** do as one likes.
guitare *f* guitar.
gymnas|e *m* gymnasium; **~te** *m* gymnast; **faire de la ~tique** do gymnastics, go in for gymnastics.
gynécologue [ʒinekɔlɔg] *m* gynaecologist.
gypse *m* gypsum; *com.* plaster of Paris.

H

No liaison should be made where the mark (ʻ) precedes the bold-faced main entry.

habile [abil] clever, skilful (**à** at); able, capable; **~té** *f* cleverness, skill, skilfulness.
habill|ement *m* clothing; clothes *pl.*; **~er** [abije] dress (*a.* **s'~er**); **~er bien** be very becoming.
habit [abi] *m* dress; costume; **~s** *pl.* clothes *pl.*
habit|able (in)habitable; **~ant** *m* inhabitant; inmate; **~ation** [abitasjɔ̃] *f* habitation; dwelling; residence; housing; **~er (à)** inhabit; live (in).
habitude [abityd] *f* habit, custom; **d'~** usually; **comme d'~** as usual; **avoir l'~ de** be in the habit of; be used to; **j'en ai l'~** I am used to it.
habit|ué *m* frequenter; regular customer; *adj.* **~ué à** used to; **~uel** habitual, customary, usual; **(s')~uer à** get used to.
hableur *adj.* boastful; *m* braggart.
ʻhach|e [aʃ] *f* axe; **~er** chop, hack; hash, mince; **~ette** *f* hatchet; **~e-viande** *m* mincer; **~is** *m* minced meat; hash, mince; **~oir** *m* chopper, cleaver; chopping-board.
ʻhaie [ɛ] *f* hedge; line; **faire la ~** be lined up.
ʻhaillon [ajɔ̃] *m* rag; **~s** *pl.* tatters *pl.*
ʻhain|e *f* hatred; hate; **~eux**

spiteful, hateful.
'haï|r hate; **~ssable** hateful.
'hâl|e *m* sunburn, tan; **~é** sunburnt, tanned.
haleine [alɛn] *f* breath; **d'une (seule) ~** at one stretch, without interruption; **de longue ~** long-range ..., long-term ...
'hâler tan, burn.
'haleter [alte] pant, puff.
'hall [ɔl] *m* entrance hall; lounge.
'halle [al] *f* covered market; **les ~s** *f/pl.* former central market of Paris.
'halte [alt] *f* halt, stop; stopping place; **faire ~** stop.
'hamac [amak] *m* hammock.
'hameau *m* hamlet.
hameçon [amsɔ̃] *m* fish-hook; **mordre à l'~** *fig.* swallow the bait.
'hampe *f* staff, handle.
'hanche *f* hip; haunch.
'hangar [ɑ̃ga:r] *m* shed; **~ à canots** boat-house.
'hanneton [antɔ̃] *m* cockchafer.
'hanter haunt.
'happer catch; snap at.
'harangue [arɑ̃:g] *f* speech, address; *fam.* severe lecture.
'harasser tire out.
'harceler plague, worry, nag, harass.
'hardes *f/pl.* (old and worn) clothes *pl.*
'hardi bold; daring; forward, impudent; **~esse** *f* boldness; daring; impudence.
'hareng [arɑ̃] *m* herring.
'hargneux surly, peevish.
'haricot *m* French bean; **c'est la fin des ~s!** *fam.* that is the limit!
harmon|ie *f* harmony; agreement; **~ieux** harmonious; *voice:* melodious; **~iser** harmonize (*a.* **s'~iser**).
'harpe *f* harp.
'harpon *m*, **~ner** harpoon.
'hasard [aza:r] *m* chance, risk; hazard; **~s** *pl.* dangers *pl.*; **au ~** at random; **par ~** by chance; **~er** risk, venture (*a.* **se ~er**); **~eux** perilous, risky.
'hât|e [ɑ:t] *f* haste, hurry; **~er** hasten, push on, hurry; **se ~er** hurry, hasten; make haste (**de** to); **~if** early, premature.
'hausse *f* rise, increase; **~r** raise; increase; lift; **~r les épaules** shrug one's shoulders; **se ~r** rise.
'haut [o] *adj., adv.* high; tall; loud; *m* top, upper part; **de ~** from above; **en ~** above; up; upstairs; **en ~ de** at the top of; **de ~ en bas** from top to bottom; **~ain** haughty, proud.
'haute fidélité *f* high fidelity, hi-fi (...).
'hauteur *f* height; *fig.* haughtiness; **à la ~ de** on a level with; *fig.* equal to, up to.
'haut-parleur *m* loudspeaker.
'hâve drawn, haggard.

'havre *m* haven.
hebdomadaire *adj.*, *m* weekly.
héberger lodge, accommodate, put up.
hébr|aïque Hebraic, Hebrew; **~eu** *m* Hebrew; **c'est de l'~eu pour moi!** *fam.* that is all Greek to me!
hélas! [elɑ:s] alas!
'héler hail; call.
hélice [elis] *f mar.* screw; *av.* propeller; **escalier** *m* **en ~** winding stairs *pl.*
hélicoptère [elikɔptɛ:r] *m* helicopter.
hémorragie [emɔraʒi] *f* hemorrhage, bleeding.
'hennir [eni:r] neigh, whinny.
herb|age *m* pasture; **~e** [ɛrb] *f* grass; herb; *fam.* grass, pot; **en ~e** budding; **fines ~es** *pl.* seasoning herbs *pl.*; **mauvaise ~e** weed; **~eux** grassy.
hérédit|aire [ereditɛ:r] hereditary; **~é** *f* heredity.
hérétique *m* heretic; *adj.* heretical.
'hériss|é bristling (**de** with); **~er** bristle (*a.* **se ~er**); **~on** *m* hedgehog.
hérit|age [erita:ʒ] *m* inheritance; **~er (de)** inherit; **~ier** [eritje] *m* heir; **~ière** *f* heiress.
héroï|ne *f thé.* heroine; *drug:* heroin; **~que** heroic, heroical; **~sme** *m* heroism.
'héron *m zo.* heron.
'héros *m* hero.
hésit|ation *f* hesitation; **~er** hesitate; falter, waver.
'hêtre *m bot.* beech.
heure [œ:r] *f* hour; time; **de bonne ~** early; **quelle ~ est-il?** what time is it?; **il est deux ~s** it is two o'clock; **être à l'~** be on time; **~ légale** standard time; **~ d'été** summer time, daylight saving time; **~s** *pl.* **d'ouverture** business hours *pl.*; **~s** *pl.* **de service** *or* **de bureau** office hours *pl.*; **~s** *pl.* **de travail** working hours *pl.*
heureux [œrø] happy; fortunate; lucky.
'heurt [œ:r] *m* shock, bump, blow; **sans ~** without a hitch; **~er** [œrte] hit, strike, knock (*or* run) against; *fig.* wound (*feelings*); **se ~er** collide (**à** with), clash.
hiberner hibernate.
'hibou *m* owl.
'hideux hideous, horrible.
hier [iɛ:r] yesterday; **~ soir** last night; **né d'~** *fam.* born yesterday, without experience.
'hiérarchique hierarchical; **par voie ~** through official channels.
hilarité *f* laughter, mirth.
hippi|que horse ...; **concours** *m* **~que** horse-show; **~sme** *m* riding.
hippodrome *m* race-course.
hirondelle *f* swallow.
hirsute [irsyt] dishevel(l)ed.
hispanique Spanish.
'hisser hoist; lift (up); **se ~**

rise; climb.

histoire [istwa:r] *f* history; story; matter; ~ **de** *fam.* (in order) to, for.

histor|ien [istɔrjɛ̃] *m* historian; ~**ique** historic(al).

hiver [ivɛ:r] *m* winter; ~**nal** wintry, winter ...

'hocher [ɔʃe] **la tête** shake the head; nod.

'hockey *m* hockey; ~ **sur glace** ice hockey.

'hollandais [ɔlɑ̃dɛ] *adj.* Dutch; 2 *m* Dutchman.

'Hollande [ɔlɑ̃:d] *f* Holland, Netherlands *pl.*

'homard *m* lobster.

homicide [ɔmisid] *m* homicide; ~ **volontaire** murder; ~ **involontaire,** ~ **par imprudence** manslaughter.

hommage *m* homage; ~**s** *pl.* respects *pl.*, compliments *pl.*

homme [ɔm] *m* man (*pl.* men); **l'**~ mankind; ~ **d'État** statesman.

'Hongrie [ɔ̃gri] *f* Hungary.

'hongrois [ɔ̃grwa] *adj.*, 2 *m* Hungarian.

honnête honest, respectable; ~**té** [ɔnɛtte] *f* honesty.

honneur *m* hono(u)r.

honor|able [ɔnɔrabl] hono(u)rable; respectable; honest; ~**aires** *m/pl.* fee(s *pl.*), *lawyer:* retainer; ~**er** hono(u)r, respect; ~**er une traite** hono(u)r a draft; **s'**~**er de** be proud of; ~**ifique** honorary.

'hont|e [ɔ̃:t] *f* shame; disgrace; confusion; **avoir** ~**e** be ashamed (**de** of; to *do*); **sans** ~**e** shameless ~**eux** shameful; disgraceful; ashamed (**de** of); shamefaced.

hôpital *m* hospital.

'hoquet [ɔkɛ] *m* hickup.

horaire [ɔrɛ:r] *m* time-table; schedule; *adj.*: **signal** *m* ~ *radio* time-signal; **vitesse** *f* ~ speed per hour.

horizon [ɔrizɔ̃] *m* horizon; skyline; ~**tal** horizontal.

horlog|e [ɔrlɔ:ʒ] *f* clock; ~**er** *m* watch-maker; ~**erie** [ɔrlɔʒri] *f* watch-maker's shop.

'hormis except, safe, apart from.

horr|eur [ɔrœ:r] *f* horror; disgust; horrible thing; horrible action; repugnance; **faire** ~**eur à** horrify; **avoir** ~**eur de, avoir** (*or* **prendre**) **en** ~**eur** hate, detest; ~**ible** horrible.

'hors [ɔ:r] **(de)** outside; beside; except; ~ **de doute** unquestionable; ~ **de vue** out of sight; ~ **de soi** beside oneself (with rage, *etc.*).

'hors-d'œuvre [ɔrdœ:vr] *m* hors d'œuvres *pl.*, starters *pl.*

hospice *m* home.

hospital|ier hospitable; ~**iser** hospitalize; ~**ité** *f* hospitality.

hostil|e hostile; unfriendly; ~**ité** *f* hostility.

hôte [o:t] *m* host; guest, visitor; inmate.

hôtel [otɛl] *m* hotel; mansion,

town-house; ~ **de ville** town hall; **~ier** *m* hotel-proprietor; **~lerie** *f* hostelry, inn; hotel trade.
hôtesse *f* hostess; ~ **de l'air** air-hostess.
'hotte *f* basket.
'houblon *m bot.* hops *pl.*
'houe *f* hoe; **~r** hoe.
'houill|e *f* coal, **~e blanche** water-power; **~ère** *f* coal-mine; colliery; **~eur** *m* collier.
'houl|e *f* swell, surge; **~eux** *sea:* rough.
'houppe *f* tuft; bunch; tassel; powder-puff.
'hublot *m* porthole.
'huer hoot; boo (*actor, etc*).
huil|e [ɥil] *f* oil; **~e de table** salad-oil; **~e de coude** *fig.* elbow-grease; **~e brute** crude oil; ~ **lourde** Diesel oil; **moteur** *m* **à l'~e lourde** Diesel engine; **~er** oil; lubricate; **~eux** oily.
huis [ɥi]: **à ~ clos** *dr.* behind closed doors; in private.
huissier [ɥisje] *m* bailiff; usher.
'huit [ɥi(t)] eight; ~ **jours** a week; **~aine** *f* about eight; about a week; **~ième** eighth.
huitre [ɥitr] *f* oyster.
humain [ymɛ̃] *adj.* human; humane; *m/pl.:* **les ~s** mankind, humanity.
human|iser humanize; *fig.* tame; **~ité** *f* humanity; mankind.
humble [ɛ̃:bl] humble.
humecter moisten, wet.
'humer inhale; smell.
humeur *f* humo(u)r, temper, disposition; **être de bonne (mauvaise)** ~ be in a good (bad) mood; **être d'~ à** feel like, be in the mood to.
humid|e [ymid] moist, damp; **~ité** *f* moisture, dampness, humidity.
humili|er humiliate; **~té** *f* humility.
humour [ymu:r] *m* (sense of) humo(u)r.
'hurl|ement *m* howl(ing); roar(ing); yell(ing); **~er** [yrle] howl; roar; yell; bawl.
'hutte *f* hut, cabin.
hydroglisseur *m* hovercraft.
hygiène [iʒjɛn] *f* hygiene.
hypocrite *m* hypocrite; *adj.* hypocritical.
hypothèque *m* mortgage.
hypothèse *f* hypothesis.
hystér|ie *f* hysteria; **~ique** hysterical.

I

ici here; **jusqu'~** until now, so far; **par ~** this way; here(abouts); ~ **même** right here; **d'~ demain** by to-morrow; **d'~ peu** before long; **d'~ là** in the meantime, by then; **d'~ (à) trois jours** within three days; **~-bas**

here below, on earth.
idéal [ideal] *adj.* *m* ideal; **~isme** *m* idealism; **~iste** *m,f* idealist; *adj.* idealistic.
idée *f* idea; mind; **changer d'~** change one's mind; **~ fixe** obsession.
identi|fier identify; **~que** identical; **~té** *f* identity; **carte** *f* **d'~té** identity card.
idiot *m* idiot; *adj.* idiotic; **~ie** [idjɔsi] *f* idiocy.
idol|âtrie *f* idolatry; **~e** *f* idol, god.
ignifuge non-inflammable, fire-proof.
ignoble base, mean, low.
ignor|ance [iɲɔrɑ̃:s] *f* ignorance; **~ant** *m* ignoramus; *adj.* ignorant (**de** of); **~é** unknown; **~er** not to know; be unaware of; **ne pas ~er** be fully aware (of).
il (*pl.* **ils**) he; it (*pl.* they).
île [il] *f* island, isle.
illégal illegal, unlawful.
illégitime illegitimate.
illettré unlearned.
illicite illicit, unlawful; **concurrence** *f* **~** unfair competition.
illimité boundless; unlimited; indefinite.
illisible illegible; unreadable.
illumin|ation [ilyminasjɔ̃] *f* illumination; **~er** illuminate.
illusion [ilyzjɔ̃] *f* illusion; self-deception.
illustr|ation [ilystrasjɔ̃] *f* illustration, picture; explanation; **~er** illustrate.
îlot *m* small island, islet; block of houses.
image [ima:ʒ] *f* picture; image.
imagin|aire imaginary; **~ation** [imaʒinasjɔ̃] *f* imagination; fancy; **~er** imagine; invent, conceive; **s'~er** imagine, picture, think.
imbécile [ɛ̃besil] *m* fool, idiot, nut; *adj.* foolish, idiotic.
imbiber soak; imbue; impregnate.
imbu de imbued with.
imit|ation [imitasjɔ̃] *f* imitation; **~er** imitate, copy; forge *(signature)*; mimic *(person)*.
immaculé immaculate; stainless, spotless.
immangeable [ɛ̃mɑ̃ʒabl] uneatable.
immanquable [ɛ̃mɑ̃kabl] infallible; quite certain; inevitable.
immatricul|ation [immatrikylasjɔ̃] *f* registration; **plaque** *f* **d'~ation** *auto* number plate; **~er** register.
immédiat immediate.
immense [immɑ̃:s] immense, huge.
immerger immerse, plunge, dip.
immérité undeserved.
immersion *f* immersion, plunging, dipping.
immeuble *m* building, apartment house, block of flats.
immigr|ant *m*, immigrant; **~ation** [immigrasjɔ̃] *f* im-

migration; **~er** immigrate.
imminent [imminɑ̃] impending, imminent.
immiscer: s'~ interfere.
immobil|e motionless; firm, immovable; **~ier** real estate ...; **~iser** immobilize; fix; lock up (*money*).
immodéré immoderate.
immonde [immɔ̃:d] filthy.
immoral immoral; **~ité** *f* immorality, licentiousness.
immortel *m* immortal; **~s** *pl. The* Immortals *pl.* (= members of the French Academy); *adj.* immortal; everlasting.
immunité *f* immunity.
impair [ɛ̃pɛ:r] *adj.* uneven, odd; *m fam.* blunder.
impardonable unforgivable.
imparfait imperfect *(a. m)*, defective; unfinished.
impartial [ɛ̃parsjal] impartial, unbiased; **~ité** *f* fairness, impartiality.
impasse *f* blind alley, dead end (*a. fig.*).
impassible impassible, unmoved; unimpressionable.
impatien|ce [ɛ̃pasjɑ̃:s] *f* impatience; **~t** impatient; **~t de** anxious to; **~ter** exasperate; **s'~ter** lose patience, fret.
impayable *fig.* priceless, killing; **il est ~** he is a perfect scream.
impeccable [ɛ̃pɛkabl] impeccable, faultless.
impénétrable [ɛ̃penetrabl] impenetrable; inscrutable.
impénitent impenitent, obdurate.
impératrice *f* empress.
imperceptible imperceptible; indiscernible.
imperfection [ɛ̃pɛrfɛksjɔ̃] *f* imperfection; flaw; blemish.
impérieux imperious, domineering; urgent.
impérissable imperishable.
imperméab|ilisé, ~iliser waterproof; **~le** *adj.* waterproof, watertight; *m* (*fam.* **imperm**) raincoat, mackintosh.
impertinen|ce [ɛ̃pɛrtinɑ̃:s] *f* impertinence, nerve, cheek; *dr.* irrelevance; **~t** impertinent, cheeky, fresh.
imperturbable [ɛ̃pɛrtyrbabl] imperturbable; unshaken, unmoved.
impétueux impetuous; passionate.
impie [ɛ̃pi] *m* impious person; *adj.* impious; blasphemous.
impitoyable pitiless; unrelenting; ruthless.
implacable [ɛ̃plakabl] implacable.
implanter implant; **s'~** *fig.* take root.
impli|cite [ɛ̃plisit] implicit, tacit; **~quer** imply; implicate, involve.
implorer implore, beseech.
impoli rude; **~tesse** *f* incivility, rudeness.
impondérables *m/pl.* intangible factors *pl.*, contingencies *pl.*
impopulaire [ɛ̃pɔpylɛ:r]

unpopular.
import|ance [ɛ̃pɔrtɑ̃:s] *f* importance; weight; consequence; **~ant** *adj.* important; *m* main thing, essential point; **faire l'~ant** act big.
importateur *m* importer; *adj.* importing.
importation [ɛ̃pɔrtasjɔ̃] *f* importation; **~s** *pl.* imports *pl.*
importer[1] import.
import|er[2] matter, import, be of importance; **n'~e!** it does not matter; never mind!; **n'~e qui** anyone; **n'~e quoi** anything; **n'~e où** anywhere; **qu'~e?** what does it matter?
importun [ɛ̃pɔrtɛ̃] troublesome (person), unwelcome (person); **~er** annoy, bother, inconvenience.
impos|able taxable; **~ant** imposing, impressive; **~er** impose; inflict; command; tax (*merchandise*); **s'~er** *a.* be indispensable; assert o.s.
impossible [ɛ̃pɔsibl] impossible; impracticable.
imposteur *m* impostor, cheat.
impôt [ɛ̃po] *m* tax, duty; **~ sur le revenu** income tax.
impotent *m* cripple; *adj.* crippled; powerless.
impraticable impracticable; unfeasible; impassable.
imprégner impregnate, soak (**de** with; *a. fig.*).
impression [ɛ̃presjɔ̃] *f* impression; sensation, feeling; print(ing); **~nant** impressive; **~ner** impress, affect.
imprévu unforeseen; unexpected; sudden; **en cas d'~** in case of an emergency.
imprim|er print, imprint; impress; **~erie** [ɛ̃primri] *f* printing; printing shop (*or* office); **~és** *m/pl.* printed matter; **~eur** *m* printer.
improbable [ɛ̃prɔbabl] improbable, unlikely.
improbité *f* dishonesty.
improductif [ɛ̃prɔdyktif] unproductive.
impropre unsuitable, unfit.
improviste: à l'~ unexpectedly, unawares.
impruden|ce [ɛ̃prydɑ̃:s] *f* imprudence; unwariness; heedlessness; **~t** imprudent, unwise; incautious; reckless.
impud|ence [ɛ̃pydɑ̃:s] *f* impudence; **~ent** impudent, shameless.
impuiss|ance [ɛ̃pɥisɑ̃:s] *f* powerlessness; *méd.* impotence; **~ant** powerless; vain; *méd.* impotent.
impuls|if impulsive; **~ion** *f* impulse; impetus.
impunité *f* impunity.
impur impure; unclean; tainted; **~eté** *f* impurity.
imputer impute (**à** to).
inabordable inaccessible; too expensive.
inacceptable [inaksɛptabl] unacceptible.
inaccoutumé unaccustomed, unusual.

inachevé [inaʃve] unfinished.
inaction *f* inaction, idleness.
inadéquat [inadekwa] inadequate, unsuitable.
inadvertance [inadvɛrtɑ̃:s] *f* inadvertence, oversight.
inaliénable unalienable.
inaltéré unchanged, unaltered.
inanimé inanimate, lifeless.
inaperçu [inapersy] unseen; **passer ~** escape notice.
inappréciable invaluable.
inapte unqualified, unfit (**à** for).
inattendu [inatɑ̃dy] unexpected.
inaugurer inaugurate; open; unveil (*monument*); usher in (*era*).
incandescence [ɛ̃kɑ̃desɑ̃:s] *f*: **lampe** *f* **à ~** *élec.* incandescent bulb.
incapable incapable; unable; inefficient; unqualified.
incassable unbreakable.
incendi|aire [ɛ̃sɑ̃djɛ:r] *m, adj.* incendiary; **~e** *m* fire, conflagration; **avertisseur** *m* **d'~e** fire-alarm; **~e volontaire** *dr.* arson; **~er** set on fire.
incert|ain uncertain; questionable; **~itude** *f* uncertainty; doubt.
incessamment [ɛ̃sɛsamɑ̃] immediately, at once.
inchangé unchanged.
incident [ɛ̃sidɑ̃] *m* incident; occurrence; difficulty; *adj.* incidental.
incis|er incise, cut; **~if** *fig.* sharp, cutting; **~ion** *f* incision, cut; cutting.
inciter incite; induce.
incivil impolite, rude.
inclinaison [ɛ̃klinɛzɔ̃] *f* incline, slant, slope, gradient; inclination.
inclination [ɛ̃klinasjɔ̃] *f* bow, courtesy; nod; inclination; tendency; *fig.* affection.
incliné sloping, slanting; inclined.
incliner bow, bend; slope, slant, lean, (*a fig.*) incline; **s'~** bow (**devant** to).
inclure [ɛ̃kly:r] include.
inclus included; including.
incolore colo(u)rless (*a. fig.*).
incomber à be incumbent on; devolve upon.
incombustible incombustible, fireproof.
incommod|e inconvenient; unhandy; awkward; **~er** annoy, trouble, disturb.
incomparable [ɛ̃kɔ̃parabl] incomparable.
imcompatible [ɛ̃kɔ̃patibl] incompatible.
incompétent incompetent; *dr.* unqualified.
incomplet incomplete; unfinished.
imcompréhensible [ɛ̃kɔ̃preɑ̃sibl] incomprehensible; unintelligible.
incompris [ɛ̃kɔ̃pri] misunderstood.
inconcevable inconceivable.
inconditionnel uncondi-

tional.
inconfortable [ɛ̃kɔ̃fɔrtable] uncomfortable.
inconnu [ɛ̃kɔny] *adj.* unknown (**à, de** to); *m* unknown person; stranger; **~e** *f* unknown quantity.
inconscient [ɛ̃kɔ̃sjɑ̃] unconscious.
inconséquent inconsistent; inconsequential.
inconsidéré thoughtless; unconsidered.
inconsolable [ɛ̃kɔ̃sɔlabl] inconsolable.
incontestable [ɛ̃kɔ̃tɛstabl] incontestable, indisputable.
inconv|enance *f* impropriety; **~enant** unseemly, improper, indecent; **~énient** *m* disadvantage, inconvenience; objection.
incorporer incorporate.
incorrect [ɛ̃kɔrɛkt] incorrect, inaccurate.
incrédibilité *f* incredibility.
incrédul|e *adj.* incredulous; unbelieving; *m* unbeliever; **~ité** *f* incredulity; disbelief.
incrimin|ation [ɛ̃kriminasjɔ̃] *f* incrimination; **~er** incriminate.
incroyable [ɛ̃krwajabl] incredible, unbelievable; hard to believe.
inculp|é *m* accused; *dr.* defendant; **~er** accuse, indict.
inculte uncultivated; *fig.* uneducated, uncultured.
incur|able [ɛ̃kyrabl] incurable; **~ie** *f* negligence; carelessness.
incursion [ɛ̃kyrsjɔ̃] *f* inroad; raid.
indécis irresolute, undecided; vague.
indéfini indefinite; undefined; **~ssable** undefinable, nondescript.
indélicat indelicate; coarse; tactless; unscrupulous.
indémaillable ladder-proof.
indemne [ɛ̃dɛmn] unhurt.
indemni|ser indemnify (**de** for); **~té** *f* indemnity.
indéniable undeniable, indisputable.
indépendan|ce [ɛ̃depɑ̃dɑ̃:s] *f* independence; **~t** independent; self-employed.
Indes [ɛ̃d] *f/pl.* Indies *pl.*; **~ occidentales** West Indies.
indescriptible indescribable.
index [ɛ̃dɛks] *m* forefinger; index; table of contents.
indicateur *m* indicator; *ch.d.f.* timetable; directory; gauge; informer, spy; **~ de l'huile** oil gauge; **~ de vitesses** speedometer.
indic|ation [ɛ̃dikasjɔ̃] *f* indication; sign, mark; **~ations** *pl.* instructions, directions *pl.*; **~e** *m* sign, mark; *prices, etc.:* index; **~ible** unspeakable, ineffable.
indifféren|ce [ɛ̃diferɑ̃:s] *f* indifference; **~t** indifferent (**à** to).
indigence [ɛ̃diʒɑ̃:s] *f* poverty, need.
indigène *m, adj.* native.

indigent poor, needy.
indigest|e [ɛ̃diʒɛst] indigestible; **~ion** [ɛ̃diʒɛstjɔ̃] *f* indigestion.
indign|ation [ɛ̃diɲasjɔ̃] *f* indignation; **~e** unworthy (**de** of); *act:* shameful; **~é** indignant; **~er** make indignant; **s'~er** get indignant.
indiqu|é advisable; **~er** indicate, show, point out.
indirect [ɛ̃dirɛkt] indirect.
indiscret [ɛ̃diskrɛ] tactless; indiscreet; prying.
indiscutable indisputable, obvious.
indispensable [ɛ̃dispɑ̃sabl] indispensable.
indisponible unavailable.
indisposé indisposed; unwell.
indistinct [ɛ̃distɛ̃(kt)] indistinct, hazy, dim.
individu [ɛ̃dividy] *m* individual; **~el** individual; private.
indivisible indivisible; inseparable.
indomptable untamable; ungovernable.
indu *hour:* late, *fam.* unearthly.
indubitable unquestionable; undeniable.
indulgen|ce [ɛ̃dylʒɑ̃:s] *f* indulgence, leniency; **~t** indulgent; lenient.
industri|e [ɛ̃dystri] *f* industry; **~e de base** key industry; **~el** industrial; **~eux** ingenious.
inébranlable unshakeable, firm.
inédit [inedi] new, novel; unpublished.
ineffable unspeakable; unutterable.
ineffaçable ineffaceable; ineradicable, indelible.
inégal unequal; irregular, uneven; **~ité** *f* inequality; irregularity; unevenness; disparity.
inept|e silly, stupid; **~ie** [inɛpsi] *f* silliness; absurdity.
inépuisable [inepɥizabl] inexhaustible.
inert|e inert; **~ie** [inɛrsi] *f* inertia, listlessness.
inespéré unhoped-for, unexpected.
inestimable invaluable.
inévitable [inevitabl] inevitable, unavoidable.
inexact inexact; inaccurate; unpunctual.
inexorable unrelenting.
inexpéri|ence *f* inexperience; **~menté** inexperienced; untested, untried.
inexplicable inexplicable, unaccountable.
inexprimable inexpressible.
infaillible [ɛ̃fajibl] infallible; unerring; unfailing.
infâme disgusting, vile.
infamie *f* infamy.
infatigable indefatigable; untiring.
infect [ɛ̃fɛkt] foul, stinking, unwholesome; **~er** pollute; *méd.* contaminate, infect; **~ieux** infectious; **~ion** *f*

infection; stench.
inférieur [ɛ̃ferjœ:r] inferior (**à** to); lower, bottom ...
infernal infernal, hellish.
infertile sterile, barren.
infidèle unfaithful.
infime minute; very small.
infini *m* infinity; **à l'~** infinitely; *adj.* endless, infinite; **~ment** so much, extremely.
infirm|e *m* invalid, disabled (person); **~erie** *f* infirmary; **~ier** *m* (male) nurse; **~ière** *f* nurse.
inflammation [ɛ̃flamasjɔ̃] *f* inflammation.
inflation [ɛ̃flasjɔ̃] *f* inflation.
inflex|ible inexorable, unbending, adamant; **~ion** *f* inflexion; deflection.
influ|ence [ɛ̃flyɑ̃:s] *f* influence; **~encer** influence; **~ent** influential; **~er sur** have an influence over (*or* on), affect.
information [ɛ̃fɔrmasjɔ̃] *f* information; inquiry; **centre** *m* **des ~s** inquiry-office; **les ~** *pl. radio* news *pl.*
informe unformed, misshapen; shapeless.
informer inform; **s'~** inquire, ask (**de** about).
infortun|e *f* misfortune; **~é** unfortunate, unlucky.
infraction [ɛ̃fraksjɔ̃] *f* infraction, infringement, breach (**à** of).
infranchissable impassable; *fig.* insuperable.
infrangible unbreakable.
infra-rouge infra-red.
infrastructure [ɛ̃frastrykty:r] *f* infrastructure.
infroissable wrinkle-resistant.
infructueux unfruitful; unsuccessful; unavailing.
ingéni|er: s'~er à try hard to, do one's best to; **~eur** *m* engineer; **~eux** clever, ingenious; **~osité** *f* ingenuity.
ingénu [ɛ̃ʒeny] ingenuous; artless; simple-minded; frank.
ingérence *f* interference, meddling.
ingrat ungrateful; **~itude** *f* ingratitude.
ingrédient [ɛ̃gredjɑ̃] *m* ingredient.
inhabit|able uninhabitable; **~é** uninhabited.
inhaler inhale.
inhérent inherent, intrinsic.
inhumain inhuman.
inimitié *f* enmity; hostility; antipathy.
ininterrompu [inɛ̃tɛrɔ̃py] uninterrupted, continuous.
iniqu|e iniquitous, unjust; **~ité** *f* iniquity.
initial [inisjal] *adj.*, **~e** *f* initial.
initiative [inisjativ] initiative.
initier [inisje] initiate (**à** into).
inject|é de sang *eyes:* bloodshot; **~er** inject; **~ion** [ɛ̃ʒɛksjɔ̃] *f* injection.
injur|es [ɛ̃jy:r] *f/pl.* abuse, bad language; **~ier** insult;

~ieux offensive.
injust|e [ɛ̃ʒyst] unjust, unfair; **~ice** [ɛʒystis] *f* injustice.
inlassable untiring.
innavigable innavigable.
inné innate, inborn.
innocen|ce [inɔsɑ̃:s] *f* innocence; guiltlessness; artlessness; **~t** innocent, harmless.
innocuité *f* innocuousness, harmlessness.
innombrable innumerable.
innovation [inɔvasjɔ̃] *f* innovation; novelty.
inoccupé unoccupied; unemployed.
inoffensif inoffensive, innocuous, harmless.
inond|ation [inɔ̃dasjɔ̃] *f* inundation; flood; **~er** inundate, flood; *fig.* overwhelm.
inopiné unexpected.
inoubliable [inubliabl] unforgettable.
inouï [inui] unheard-of; extraordinary.
inoxydable rust-proof; stainless.
inqui|et [ɛ̃kjɛ] uneasy, anxious; **~étant** alarming; **~éter** make uneasy, worry, alarm; **s'~éter** be alarmed; worry (**de** about); **s'~éter de** *a.* bother to; inquire about (*or* after); **~étude** *f* concern; uneasiness.
insalubre unhealthy; insanitary.
insatiable [ɛ̃sasjabl] insatiable.
insatis|faisant unsatisfactory; **~fait** unsatisfied; malcontent; unfulfilled.
inscription [ɛ̃skripsjɔ̃] *f* inscription; registration.
inscrire inscribe; enter (*name*); **s'~** enroll, register.
inscrutable inscrutable; unfathomable.
insect|e [ɛ̃sɛkt] *m* insect, *fam.* bug; **~icide** *m* insecticide.
insensé senseless, mad.
insensible [ɛ̃sɑ̃sibl] insensible.
insérer insert; wedge in.
insertion *f* insertion.
insidieux insidious.
insign|e [ɛ̃siɲ] *m* badge, token; *adj.* remarkable; *a.* notorious; **~ifiant** insignificant, unimportant.
insinu|ant insinuating; **~er** insinuate, suggest; **s'~er** insinuate o.s., worm one's way (in).
insipid|e [ɛ̃sipid] insipid; tasteless; dull; **~ité** *f* tastelessness; dullness.
insistant insistent, stubborn.
insister insist (**sur, pour, à** on); **~ sur** *a.* emphasize, make a point of.
insociable unsociable.
insolation *f méd.* sunstroke.
insolent [ɛ̃sɔlɑ̃] impudent, insolent.
insolite unusual.
insolvable *com.* insolvent, bankrupt.
insomnie [ɛ̃sɔmni] *f* sleep-

lessness, insomnia.
insonor|e soundproof; sound-deadening; **~isé, ~iser** soundproof.
insouci|ance [ɛ̃susjɑ̃:s] *f* unconcern, carelessness; **~ant** heedless, careless, thoughtless.
insoumis disobedient; **~sion** *f* insubordination.
insoutenable untenable; indefensible.
inspect|er inspect; **~eur** *m* inspector, surveyor; **~tion** [ɛ̃spɛksjɔ̃] *f* inspection; examination.
inspirer inspire; **s'~ de** be inspired by.
instable unstable, unsteady; *furniture, etc.*: rickety.
installation [ɛ̃stalasjɔ̃] *f* installation; fitting up, fixing; equipment; **~s** *pl. a.* facilities *pl.*
installer install; set up; fix; **s'~** install o.s.; settle.
instamment [ɛ̃stamɑ̃] earnestly, urgently.
instance [ɛ̃stɑ̃:s] *f dr.* authority; **avec ~** earnestly; **en ~ de** on the point of; **~s** *pl.* entreaties, requests *pl.*
instant [ɛ̃stɑ̃] *m* instant, moment; **à l'~** immediately, at once.
instantané *m phot.* snapshot; *adj.* instantaneous.
institu|er institute, establish; **~t** [ɛ̃stity] *m* institute; **~t de beauté** beauty parlo(u)r; **~teur** *m* (grade) school teacher, **~tion** [ɛ̃stitysjɔ̃] *f* institution; establishment.
instrui|re teach; inform; **~t** informed; educated.
instrument [ɛ̃strymɑ̃] *m* instrument; **~ de musique** musical instrument.
insu: à l'~ de without the knowledge of.
insuccès *m* failure.
insuffisant [ɛ̃syfizɑ̃] insufficient; incapable.
insulaire insular.
insulte [ɛ̃sylt] *f* insult; **~r** insult, abuse, outrage.
insupportable unbearable.
insurg|é *m* rebel; insurgent; **s'~er** revolt, rebel; riot.
insurrection *f* insurrection.
intact [ɛ̃takt] intact, untouched; undamaged, unbroken, whole.
intégrer integrate (**dans** into; *a.* **s'~**).
intègre upright, honest.
intellect [ɛ̃tɛlɛkt] *m* intellect, understanding; **~uel** *adj., m* intellectual.
intellig|ence [ɛ̃tɛliʒɑ̃:s] *f* intelligence; *fig.* understanding; **~ent** [ɛ̃tɛliʒɑ̃] intelligent, clever, bright; **~ible** intelligible; comprehensible, audible.
intempér|ance [ɛ̃tɑ̃perɑ̃:s] *f* intemperance; insobriety; **~ies** *f/pl.* bad weather.
intens|e [ɛ̃tɑ̃:s] intense; **~if** intensive; **~ité** *f* intensity; intenseness.
intent|er: ~er un procès à

dr. bring an action against; **~ion** [ɛ̃tɑ̃sjɔ̃] *f* intention; **avoir l'~ion de** intend to; **à votre ~ion** expressly for you; **~ionnel** intentional.
intercaler intercalate, interpolate, insert.
intercéder intercede.
intercepter intercept.
intercesseur *m* intercessor.
interchangeable interchangeable, commutable.
interdiction [ɛ̃tɛrdiksjɔ̃] *f* interdiction.
interdire forbid; prohibit; ban.
interdit forbidden; *fig.* speechless, dumbfounded; **~ aux piétons,** *etc.* no pedestrians, *etc.*
intéress|ant interesting, advantageous; *price:* attractive; **~é** *m* interested party; *adj.* interested, concerned; **~er** interest, concern, attract; **s'~er à** take an interest in, be interested in.
intérêt [ɛ̃terɛ] *m* interest (*a. com.*); **sans ~** uninteresting.
intérieur [ɛ̃terjœ:r] *m* inside; interior; **à l'~ (de)** inside; *adj.* inner, interior; internal, domestic; indoor.
inter|mède *m* interlude; **~médiaire** *m* mediator; intermediary, go-between; *com.* agent; *adj.* intermediate.
interminable [ɛ̃tɛrminabl] interminable, endless.
international [ɛ̃tɛrnasjɔnal] international.
interne internal, inner; **~r** intern, confine.
interpeller call to, shout to *or* at.
interphone [ɛ̃tɛrfɔn] *m* intercom, *Am.* interphone.
interposer interpose (*a.* **s'~**).
inter|prète *m* interpreter; **~préter** interpret.
interroger question, examine; consult.
interrompre interrupt; cut off, stop; break (*conversation*); **s'~** break off, stop, pause.
interrupt|eur *m élec.* switch, contact-breaker; **~ion** [ɛ̃tɛrypsjɔ̃] *f* interruption; break(ing); severance; stoppage.
intervalle [ɛ̃tɛrval] *m* interval; space, distance.
intervenir interfere; intervene.
interview [ɛ̃tɛrvju] *m*, **~er** interview.
intestin *m* intestine, bowel.
intime [ɛ̃tim] *adj.* intimate, close; private; familiar; *m* close friend; **~ment** intimately.
intimider intimidate frighten; bully.
intimité *f* intimacy.
intituler entitle.
intolérable intolerable, unbearable.
intoxication [ɛ̃tɔksikasjɔ̃] poisoning; **~ alimentaire** food poisoning.

intoxiquer poison.
intransigeant [ɛ̃trɑ̃ziʒɑ̃] uncompromising, unbending, intransigent, die-hard.
intrépide fearless, dauntless.
intrigue *f* intrigue, plot; **~r** [ɛ̃trige] intrigue, scheme, plot; puzzle, perplex.
intrinsèque intrinsic.
introduction [ɛ̃trɔdyksjɔ̃] *f* introduction; insertion.
introduire [ɛ̃trɔdɥi:r] introduce; show (*or* usher) in; insert; **s'~** get in; penetrate.
introuvable unobtainable; not to be found.
intrus [ɛ̃try] *m* intruder; *adj.* intruding.
intuit|if intuitive; **~ion** [ɛ̃tɥisjɔ̃] *f* intuition; insight.
inusable durable, everlasting.
inutil|e useless; unavailing; unprofitable; unnecessary; needless; **~ement** in vain; **~isé** unused; **~ité** *f* uselessness, inutility.
invalid|e [ɛ̃valid] *m* invalid; disabled veteran; *adj.* invalid; **~er** invalidate, nullify; **~ité** *f* disability.
invariable [ɛ̃varjabl] invariable; unchanging; unalterable.
invasion [ɛ̃vazjɔ̃] *f* invasion.
invectives *f/pl.* abuse, bad language.
invendu [ɛ̃vɑ̃dy] unsold.
inventaire *m* inventory; stock-taking; **faire l'~** take stock (**de** of).
inven|ter invent; make up (*excuse, etc.*); **~teur** *m* inventor; **~tion** [ɛ̃vɑ̃sjɔ̃] *f* invention; imagination.
inverse *adj.*, *m* inverse, contrary, opposite; **en sens ~** in the opposite direction.
investigation [ɛ̃vɛstigasjɔ̃] *f* investigation.
investi|r invest; **~ssement** *m* investment; **~sseur** *m* investor.
invétéré inveterate; confirmed.
invincible invincible, unconquerable; unsurmountable.
inviolable inviolable.
invisible [ɛ̃vizibl] invisible.
invit|ation [ɛ̃vitasjɔ̃] *f* invitation; **~é** *m* guest; **~er** invite; ask, request.
involontaire involuntary; unintentional; unwilling.
invoquer invoke.
invraisemblable unlikely; implausible.
iode [jɔd] *m* iodine.
irlandais [irlɑ̃dɛ] *adj.* Irish; **&** *m* Irishman.
Irlande [irlɑ̃:d] *f* Ireland.
ironi|e *f* irony; **~e du sort** irony of fate; **~que** ironical.
irréconciliable [irrekɔ̃siljabl] irreconcilable.
irrécupérable irretrievable.
irréfléchi unconsidered, rash; inconsiderate; thoughtless.
irréfutable [irrefytabl] irrefutable.
irrégulier irregular; uneven; disorderly.

irrémédiable [irremedjabl] irremediable.
irréparable irreparable.
irréprochable irreproachable; blameless.
irrésistible [irrezistibl] irresistible.
irrésolu irresolute; unsolved.
irrigation [irrigasjɔ̃] *f* irrigation.
irrit|able irritable; **~er** [irite] irritate; **s'~er** get angry.
Islande [islɑ̃:d] *f* Iceland.
isol|ant *adj.* insulating; **bande** *f* **~ante** insulating tape; *m élec.* insulator; **~é** isolated; lonely, solitary; **~ement** *m* isolation; loneliness; **~er** isolate; segregate; *élec.* insulate; **s'~er** cut o.s. off, keep to o.s.
Israël *m* Israel.
israélien [israeljɛ̃] *adj.*, **~** *m* Israeli.
issu: ~ de born, descended, sprung from; **~e** [isy] *f* issue, outlet; way out; end.
Italie *f* Italy.
italien [italjɛ̃] *adj.*, **~** *m* Italian.
itinéraire *m* itinerary, route.
ivoire [ivwa:r] *m* ivory.
ivr|e [i:vr] drunk; **~ mort** dead drunk; **~esse** *f* drunkenness, intoxication; *fig.* ecstasy; **~ogne** *m* drunkard.

J

jacinthe *f bot.* hyacinth.
jade *m* jade.
jadis [ʒadis] formerly, in olden times.
jaillir [ʒaji:r] gush (out), spring, spurt out, fly up, flash.
jalon [ʒalɔ̃] *m* stake; **~ner** stake out, mark (out).
jalou|sie [ʒaluzi] *f* jealousy; envy; Venetian blind; **~x** jealous; envious; **~x de plaire** anxious to please.
jamais [ʒamɛ] ever; **à ~** for ever; **ne ~** never.
jambe [ʒɑ̃:b] *f* leg.
jambon [ʒɑ̃bɔ̃] *m* ham; **~neau** *m* knuckles *pl.* of ham.
jante [ʒɑ̃:t] *f* rim.
janvier [ʒɑ̃vje] *m* January.
Japon [ʒapɔ̃] *m* Japan.
japonais *adj.*, **~** *m* Japanese.
jaquette *f* jacket, coat.
jardin [ʒardɛ̃] *m* garden; **~ anglais** landscape garden; **~ des plantes** botanical gardens *pl.*; **~age** *m* gardening; **~ier** *m* gardener; **~ière** window box; *cuis.* dish of vegetables.
jargon *m* jargon.
jarret *m* hollow (*or* back) of the knee; *cuis.* knuckles *pl.*; **~ière** *f* garter.
jaser, ~ie *f* chatter; gossip.
jasmin *m bot.* jasmine.
jatte *f* bowl, basin.
jaug|e [ʒo:ʒ] *f* gauge; ma

tonnage; **~e d'essence** petrol-gauge, *Am.* gasoline-gauge; **~er** gauge; measure; *fig.* size up.

jaunâtre yellowish.

jaun|e [ʒon] *adj.* yellow; *m* yolk (of egg); **rire ~e** give a sickly smile; **~ir** make yellow; grow yellow; **~isse** *f méd.* jaundice.

jazz *m* jazz.

je *pron.* I.

jersey [ʒɛrzɛ] *m* jersey.

jet [ʒɛ] *m* throw; jet, gush; shoot; spout; **~ d'eau** fountain; **premier ~** first sketch; **d' un seul ~** at one go.

jetée *f* pier, jetty; mole.

jeter [ʒ(ə)te] throw, hurl, cast, fling; throw away; drop; **se ~** throw o.s., jump, pounce.

jeton *m* chip, token, counter.

jeu [ʒø] *m* game; play; playing; gambling; *thé.* acting; *keys, tools, etc.:* set; *cards:* pack, deck; **~ d'esprit** witticism; **~ de mots** pun; play upon words; **en ~** at stake.

jeudi *m* Thursday; **≈ saint** Maundy Thursday.

jeun [ʒœ̃]: **à ~** on an empty stomach.

jeune [ʒœn] *adj.* young; new, unripe; **~ fille** girl; **(les) ~s** *m/pl.* young people.

jeûn|e *m* [ʒø:n] fast(ing); **~er** fast.

jeunesse *f* youth; boyhood; girlhood; young people.

jiu-jitsu *m* ju-jutsu.

joaill|erie [ʒɔɑjri] *f* jewel(l)er's shop; jewel(le)ry; **~ier** *m* jewel(l)er.

joie [ʒwa] *f* joy, gladness; pleasure, delight; **avec ~** gladly; **se faire une ~ de** be delighted to; **~ de vivre** joy of living.

joindre [ʒwɛ̃:dr] join; connect; clasp (*hands*); get in touch with; meet; **~ à** add to, combine with; **se ~ à** join (in).

joint [ʒwɛ̃] *m* joint; join; **trouver le ~** *fig.* hit upon the right plan; *adj.* joined, united; clasped; **~ure** *f* joint, articulation, knuckle.

joli good-looking; pretty; nice, fine; **~ment** prettily, nicely; much, very.

jonc [ʒɔ̃] *m* rush, reed, cane; rattan.

jonché de strewn with.

jonction *f* joining; junction; meeting.

jongler juggle.

joue [ʒu] *f* cheek; **mettre en ~** aim at.

jou|er [ʒwe] play; gamble; act; perform; risk, stake; fool, take in; *wood:* warp; **faire ~er** bring into play; set going; **se ~er de** laugh at; **en se ~ant** effortlessly, with ease; **~et** *m* toy; plaything; *fig.* victim; **~eur** *m* player; gambler; speculator; performer; **beau ~eur** good loser.

joug [ʒu] *m* yoke; *fig.* slavery; bondage.

jouir [ʒwi:r] **de** enjoy; possess; **~ d'une bonne santé** be in good health.
jouissance *f* enjoyment, delight; use.
jour [ʒu:r] *m* day; daylight; light; opening; **petit ~** dawn; **il fait ~** it is (growing) light; **se faire ~** break through; **en plein ~** in broad daylight (*a. fig*); **vivre au ~ le ~** live from hand to mouth; **être (mettre) à ~** be (bring) up to date; **de nos ~s** in our time; **du ~ au lendemain** overnight; **l'autre ~** the other day.
journ|al [ʒurnal] *m* newspaper; journal; diary; **~al parlé** *radio, télév.* news; **~alier** daily, everyday; **~alisme** *m* journalism; **~aliste** *m* journalist; **les ~aux** *pl.* the press.
journée *f* day; daytime; day's work; **dans la ~** in the course of the day; **femme** *f* **de ~** charwoman; **toute la ~** all day long.
journellement daily, every day.
jovial [ʒɔvjal] jovial, jolly.
joyau [ʒwajo] *m* jewel; gem.
joyeux [ʒwajø] joyful; merry.
jubil|é *m* jubilee; golden wedding; **~er** jubilate; be pleased.
jucher perch (*a.* **se ~**); perch up high, lift, raise.
judici|aire judicial; judiciary; forensic; **~eux** judicious; prudent; sensible.
juge [ʒy:ʒ] *m* judge; justice; **~ d'instruction** examining magistrate; **~ment** [ʒyʒmɑ̃] *m* judgment; verdict, sentence; opinion; **~ote** *f fam.* horse sense; **~r** judge; estimate; consider, think, deem; **~r de** imagine.
Juif *m* (*f* **Juive**) Jew; **≗** *adj.* Jewish.
juillet [ʒɥijɛ] *m* July
juin [ʒɥɛ] *m* June.
julienne *f* vegetable soup.
jum|eau *m* twin **~eaux** *pl.* twins *pl.*; **~eler** pair; twin; **~elles** *pl.* field glasses *pl.*; opera-glasses *pl.*; binoculars *pl.*
jument *f* mare.
jungle *f* [ʒœ̃gl, ʒɔ̃gl] jungle.
jup|e [ʒyp] *f* skirt; **~on** *m* petticoat.
jur|é *m* juryman; juror; **~er** swear (**de** to); curse; *colours:* clash.
juridi|ction *f* jurisdiction; *fig.* province; **~que** juridical; legal.
juron *m* swear word.
jury [ʒyri] *m* jury; examining board.
jus [ʒy] *m* juice; gravy; *fam.* coffee; *élec.* current.
jusant *m* ebb (tide).
jusqu|e, ~'à till, until; up to, down to; as far as; even; **~'à ce que** until; **~'à présent** so far, up to now.
just|e [ʒyst] just, right (*a adv.*); righteous; fair; lawful

legitimate; proper; exact; true; **au ~e** exactly, precisely; **~ement** just, exactly, precisely; **~esse** *f* exactness; correctness; **de ~esse** narrowly, barely, only just.
justi|ce [ʒystis] *f* justice; law; **faire** (*or* **rendre**) **~ce à** do justice to; **~fication** [ʒystifikasjɔ̃] *f* justification, vindication; **~fier** justify, vindicate; prove; **~fier de** give proof of.
juteux juicy.
juvénile youthful, juvenile.
juxtaposer place side by side.

K

képi [kepi] *m mil.* cap.
kermesse *f* (village) fair.
kilo|(gramme) *m* kilogram; **~métrage** *m* mileage; **~mètre** *m* kilometre.
kiosque [kjɔsk] *m* kiosk; **~ à journaux** newsstand.
klaxon *m* horn, hooter; **~ner** blow the horn, hoot.
kyrielle [kirjɛl] *f* flood, avalanche, long string, no end (**de** of).

L

la (l') the; her, it; **~ voici** here she (it) is.
là there; **par ~** this way; **~-bas** down (*or* over) there; **~-haut** up there.
labeur *m* labo(u)r, toil.
laboratoire [labɔratwar] *m* laboratory.
laborieux diligent; hard-working; painstaking.
labour [labur] *m* tillage; labo(u)r; **~age** *m* ploughing; **~er** plough; **~eur** *m* ploughman; husbandman, *Am.* farm hand.
lac [lak] *m* lake.
lacer lace.
lacérer lacerate; tear.
lacet [lasɛ] *m* lace; shoe-lace; noose; snare; *road:* hairpin bend.
lâch|e *m* coward; *adj.* loose; slack; cowardly; **~er** loosen; slacken; let go; discharge; chuck up; quit; **~er pied** give way; **~eté** [laʃte] *f* cowardice; **~eur** *m fam.* unreliable fellow.
lacrymogène: gaz *m* **~** tear-gas.
lacté milky, lacteous; **voie** *f* **~e** Milky Way.
lacune *f* gap; void; blank.
là|-dedans in there, therein; **~-dessous** underneath, beneath that; **~-dessus** thereupon; upon that.
ladre avaricious; stingy.
laid [lɛ] ugly, nasty; **~eron** *m* ugly young woman; **~eur** *f* ugliness.
lain|age *m* wool(l)en goods

pl.; **~e** [lɛn] *f* wool; **~e peignée** worsted; **~eux** woolly, fleecy.
laïque lay, secular; **école** *f* **~** undenominational school.
laisse *f* lead, leash.
laisser [lese] leave; let, allow to; let alone; bequeath; **~-aller** *m* freedom; unconstraint.
lait *m* milk; **~ condensé** condensed milk; **~ en poudre** powdered milk; **~erie** [lɛtri] *f* dairy.
laiton *m* brass.
laitue [lɛty] *f* lettuce.
lambeau *m* rag, scrap.
lambris *m arch.* wainscot, panel-work.
lam|e [lam] *f* blade; **~ (de rasoir)** razor-blade; strip; wave; **~elle** *f* lamella; foil.
lament|able [lamɑ̃tabl] woeful; **~er** lament; **se ~er** complain (**sur** about, of).
lamin|er laminate, roll; **~oir** *m* rolling-mill.
lampadaire [lɑ̃padɛr] *m* lamp-post; standard lamp.
lampe *f* lamp; *radio* valve (*or* tube); **~ de poche** torch, *Am.* flashlight; **~ de travail** reading-lamp.
lampion *m* Chinese lantern.
lamproie [lɑ̃prwa] *f* lamprey.
lanc|ement *m* launching (of ship); **~er** throw, hurl; start; give; dart; **~er des regards** cast looks.
lande *f* moor, heath.
langage [lɑ̃gaʒ] *m* language; style.
lange [lɑ̃ʒ] *m* diaper; **~s** *pl.* swaddling-clothes *pl.*
langoureux languishing; languid.
langouste *f* lobster.
langue [lɑ̃:g] *f* tongue; language; **~ maternelle** mother-tongue; **mauvaise ~** scandalmonger; **~s** *pl.* **vivantes** modern languages *pl.*
langu|eur [lɑ̃gœ:r] *f* languor; languidness; apathy; *com.* dullness; **~ir** [lɑ̃gi:r] languish (**après** for); *fig.* pine away; flag; **~issant** languid, drooping; *com.* dull.
lanière *f* thong.
lantern|e *f* lantern; street-lamp; **~er** dally, dawdle.
lapin *m* rabbit; *fig.* cunning fellow; **poser un ~ à q.** stand s.o. up.
laps [laps] *m* lapse (of time).
laque *f* lac; **~ à ongles** nail enamel; **~r** lacquer.
lard [la:r] *m* bacon; **~er** lard (*a. fig*); pierce.
larg|e [larʒ] *m* breadth, width; open sea; *adj.* broad, large, wide; generous; **prendre le ~e** stand out to sea; **~esse** *f* liberality; **~eur** *f* width, breadth.
larm|e *f* tear; **pleurer à chaudes ~es** weep bitterly; **~oyant** tearful; in tears; **~oyer** weep, snivel.
larron *m* thief; robber.
larynx [larɛ̃:ks] *m* larynx.

las (**lasse**) [lɑ, lɑ:s] tired; weary; **~ser** tire, weary; **se ~ser de** get tired (*or* weary) of; **~situde** *f* weariness.
latent [latɑ̃] latent, hidden.
latéral lateral; **rue** *f* **~e** side-street.
latin [latɛ̃] Latin.
latitude [latityd] *f geography:* latitude; *fig.* freedom.
latte *f* lath.
lauréat *m* prize-winner.
laurier *m bot.* laurel; **se reposer sur ses ~s** rest on one's laurels.
lavable washable.
lavabo [lavabo] *m* wash-basin; washroom, toilet.
lavage *m* washing.
lavande *f bot.* lavender.
lavasse *m pop.* thin (*or* watery) soup (*or* wine).
lave *f* lava.
lav|er wash; **~erie** *f* **automatique** launderette; **~ette** *f* dish-cloth; **~euse** *f* washerwoman; **~oir** *m* wash-house; **~ure** *f* dish-water.
laxatif *m* laxative.
laxité *f* laxity, looseness.
layette *f* layette.
le [lə] **(l')** the; him, it; **~ voici** here he (it) is.
lécher lick; *fig.* polish, elaborate.
leçon [ləsɔ̃] *f* lesson; lecture; *fig.* reprimand.
lect|eur *m* lecturer; reader; **~ure** *f* reading; perusal.
ledit *m dr.* the aforesaid.
légal [legal] lawful, legal; *méd.* forensic; **~iser** *dr.* legalize; certify; **~ité** *f* lawfulness.
légation *f* legation.
légende *f* legend; caption; inscription.
léger light, slight; trifling; fickle.
légère *f of* **léger: à la ~** lightly; rashly; **prendre à la ~** make light of; **~té** [leʒɛrte] *f* lightness, nimbleness; levity; frivolity; slenderness.
légion *f* legion; **~ étrangère** foreign legion; **~ d'honneur** Legion of Hono(u)r.
législation *f* legislation; laws *pl.*, regulations *pl.*
légitim|e rightful, legitimate; **~er** legitimate; justify; **~ité** *f* legitimacy; lawfulness.
legs [lɛ] *m* legacy; bequest.
léguer [lege] bequeath; leave.
légume [legym] *m* vegetable; **~s** *pl.* **verts** greens *pl.*; **grosse ~** *f* big shot.
lendemain [lɑ̃dmɛ̃] *m* next (*or* following) day; **le ~ (de ...)** the day after (...).
lent [lɑ̃] slow, tardy; **~eur** *f* slowness, tardiness.
lentille *f bot.* lentil; *opt.* lens; **~s** *pl.* **cornéennes** contact lenses *pl.*
lequel *m*, **laquelle** *f*, **lesquels** *m/pl.*, **lesquelles** *f/pl.* who, whom, which, that.
les *pl.* the; them.
lés|er wrong, injure; **~ion** *f* wrong, injury; *méd.* lesion, injury.

lessive *f* lye; wash(ing), laundry; washing-powder; **faire la ~** do the washing.
leste nimble, brisk; active; sharp; agile.
léthargie [letarʒi] *f* lethargy.
lettre *f* letter; **à la ~** literally; **affranchir une ~** stamp a letter; **mettre une ~ à la poste** post (*or* mail) a letter; **~ de change** *com.* bill of exchange; **~ de créance** credentials *pl.*; **~ exprès** express letter, *Am.* special delivery; **~ recommandée** registered letter; **~ par avion** air-mail letter; **~s** *pl.* arts *pl.*; humanities *pl.*; literature; **boîte** *f* **aux ~s** letter-box; **homme** *m* **de ~s** man of letters.
lettré *m* scholar; *adj.* learned, literate.
leur their; them; **le ~, la ~, les ~s** theirs.
leurrer lure, decoy; bait.
levain [ləvɛ̃] *m* yeast.
levant rising; *m* east; **~in** Levantine.
levée *f* rising; raising; breaking up; *mil.* levy; *mail:* collection.
lever [ləve] *m* raising, rise; **~ du jour** daybreak; **~ du soleil** sunrise; *v.* raise; lift; break up (*meeting*); **se ~** rise, get up.
levier *m* lever; **~ de (changement de) vitesse** gear-lever, *Am.* gearshift.
lèvre [lɛvr] *f* lip.
lézard [leza:r] *m* lizard; **faire le ~** *fam.* bask in the sun; **~e** *f* crevice; **~é** cracked; **(se) ~er** crack, split.
liaison [ljɛzɔ̃] *f* joint; junction; connection; love-affair; *mus.* slur.
liant supple; flexible.
liasse *f papers etc.:* bundle.
libellule *f* dragon-fly.
libér|al [liberal] liberal; generous, wide; **~alité** *f* liberality; generosity; **~ateur** *m* deliverer; *adj.* liberating; **~er** liberate, release, (set) free (**de** from).
liber|té *f* liberty; freedom; **~tin** licentious; profligate.
librair|e *m* bookseller; **~ie** *f* bookshop, bookstore.
libre free; unoccupied; **~-échange** *m* free trade; **~ service** *m* self-service.
licenc|e [lisɑ̃:s] *f* licence; **prendre sa ~e** graduate; **~ié** *m* licentiate; **~ié ès lettres** Master of Arts; **~ier** dismiss; discharge; **~ieux** licentious.
licite licit, lawful.
lie [li] *f* dregs *pl.*, scum.
liège [ljɛ:ʒ] *m* cork.
lien [ljɛ̃] *m* tie, band; **~s** *pl.* fetters *pl.*
lier [lje] tie, bind, link; fasten; attach (**à** to); connect (**à** with); **~ amitié** strike up a friendship, make friends; **~ conversation** strike up a conversation.
lierre *m bot.* ivy.

lieu *m* place; spot; **au ~ de** instead of; **au ~ que** whereas; **avoir ~** take place; **en haut ~** in high quarters; **en premier ~** in the first place; **~ de destination** place of destination; **~x** *pl.* premises *pl.*; scene (of crime); **~x communs** commonplaces *pl.*
lieue *f* league (*ancient linear measure*).
lièvre [ljɛ:vr] *m* hare.
ligne [liɲ] *f* line; rank; **~ aérienne** airline; **hors ~** excellent; **~ de pêche** fishing-line; **pêcher à la ~** fish; **~r** draw lines in, line.
lignite *m* lignite, *Am.* soft coal.
ligue [lig] *f* league; alliance.
lilas *m bot.* lilac.
limaçon [limasɔ̃] *m* snail.
lim|e [lim] *f* file; **~e à ongles** nail file; **~er** file, polish.
limitation *f* limitation.
limite [limit] *f* limit; boundary; **~ des prix** price limit; **vitesse** *f* **~** maximum speed; **~r** limit.
limon *m* mud, slime; *bot.* lemon; **~ade** *f* lemonade; **~eux** muddy.
limpide [lɛ̃pid] clear, limpid.
lin *m* flax, linen.
linéaire linear.
linge [lɛ̃:ʒ] *m* linen.
lingerie *f* linen goods *pl.*; underwear, undergarment; **magasin** *m* **de ~** lingerie store.
linguiste *m* linguist.
linoléum *m* linoleum.
linon *m* buckram.
lion [ljɔ̃] *m* lion; **la part du ~** the lion's share.
liquéfier liquefy, melt.
liquid|ation *f* liquidation; settlement; clearance sale, selling off; **~e** [likid] *m* liquid; **argent** *m* **~e** ready money; **~er** *com.* liquidate, sell off.
lire read, study (intensely).
lis [lis] *m bot.* lily.
liséré *m* border, trimming.
lisible legible, readable.
liss|e smooth, glossy; **~er** smooth, gloss, polish.
liste *f* list; **~ d' attente** waiting-list; **~ des prix** price list.
lit [li] *m* bed; layer; **~ de camp** cot; **~-couchette** berth; **~s** *pl.* **jumeaux** twin beds *pl.*
litanie *f* litany; *fig.* rigmarole.
litière *f* litter.
litige [liti:ʒ] *m* litigation.
litre *m* litre (*about two pints*).
littér|aire literary; **~ature** [literatyr] *f* literature.
littoral [litɔral] *m* coastline; *adj.* littoral.
livr|able *com.* to be delivered; **~aison** *f* delivery; shipment; *book etc.*: instalment.
livre[1] *m* book; **~ de cuisine** cook-book, cookery book; **~ de poche** paperback; **grand ~** *com.* ledger.
livre[2] *f* pound (weight *or* money).

livrer deliver; hand over; **se ~ à** devote o.s. to; indulge in.
livret *m* booklet.
livreur *m* delivery-man.
local [lɔkal] *adj.* local; *m* building; **~iser** localize; locate, spot; **~ité** *f* locality, place.
locataire *m* tenant.
location *f* hiring, letting; **~ de voitures** car hire; **bureau** *m* **de ~** booking-office.
locomotive [lɔkɔmɔtiv] *f* locomotive, engine.
locution *f* expression, term.
log|e [lɔ:ʒ] *f* hut, lodge; cell; **~ement** *m* lodging, accommodation; housing; **~ement garni** furnished room; **~er** lodge, dwell; put up; **~eur** *m* landlord; **~euse** *f* landlady.
logique *f* logic; *adj.* logical.
loi [lwa] *f* law, rule; **homme** *m* **de ~** lawyer; **mettre hors la ~** outlaw.
loin [lwɛ̃] far, distant, remote; **au ~** far off; at a distance; **de ~ en ~** at intervals; once in a while; **~tain** *m* distance; *adj.* remote, far-off.
loisir [lwazi:r] *m* leisure, spare time; **à ~** leisurely; at leisure.
long[1] *m* length.
long[2] **(longue)** [lɔ̃, lɔ̃:g] long; *m* **le ~ de, au ~ de** along; during; *f* **à la ~ue** in the long run.
longer [lɔ̃ʒe] skirt; follow.
longitude *f* *geography:* longitude.
longtemps long (time).
longueur [lɔ̃gœ:r] *f* length; **à ~ de journée** all day long; **~ d'onde** wave-length.
longue-vue *f* telescope.
lopin [lɔpɛ̃] *m* bit, plot (of ground).
loquac|e [lɔkwas] loquacious; talkative; **~ité** *f* loquacity; talkativeness.
loque *f* rag.
loquet *m* latch.
lorgner [lɔrɲe] stare at, ogle (at).
lorgnette *f* opera-glass.
lors then; **~ de** at the time of; **dès ~** from that time; **~ même que** even when.
lorsque when.
lot [lo] *m* share; portion; lot; *lottery:* prize; **~erie** *f* lottery; raffle.
lotion [losjɔ̃] *f* lotion; **~ner** lotion, bathe.
lot|ir divide into lots; share out, allot; **~issement** *m* allotment.
louable praiseworthy.
louange *f* praise.
louch|e [luʃ] *f* soup-ladle; *adj.* suspicious, phoney, funny; **~er** squint.
louer[1] praise, commend; **se ~ de** be pleased with.
louer[2] hire rent; hire out, let (*rooms*).
loueur[1] *m* one who hires out; lender.
loueur[2] *m* (base) flatterer.
loup [lu] *m* wolf; **entre chien et ~** at dusk; **à pas de ~** stealthily.

loupe *f* magnifying glass, lens.
lourd [lu:r] heavy; weighty; dull; clumsy; **~aud** *m fam.* blockhead; **~eur** *f* heaviness, dul(l)ness; sultriness.
loyal [lwajal] faithful, true, loyal; fair.
loyer *m* rent, rental.
lubie *f* whim, fad.
lubri|fiant *m* lubricant; *adj.* lubricating; **~fier** lubricate, oil.
lucarne *f* garret-window; skylight.
lucide [lysid] clear, lucid.
lucratif lucrative.
lueur *f* gleam, glimmer, light; flash.
lug|e [ly:ʒ] *f* toboggan; bobsleigh; **~er** toboggan.
lugubre dismal, lugubrious.
lui he, him, her; to him, to her; to it; **~-même** himself.
luire [lɥi:r] shine, gleam.
luisant [lɥizɑ̃] shiny, glossy; *m* shine, gloss.
lumbago [lɔ̃bago] *m* lumbago.
lumière [lymjɛ:r] *f* light; **~ du jour** daylight; **~ du soleil** sunlight.
lumin|eux luminous; *fig.* clear, lucid; **~osité** *f* luminosity.
lun|aire lunar; **~atique** fantastical; whimsical.
lundi *m* Monday.
lune *f* moon; **~ de miel** honeymoon; **clair** *m* **de ~** moonlight.
lunette *f* field-glass; telescope; **~s** *pl.* spectacles *pl.*; **~s de plongée** goggles *pl.*; **~s de soleil** (*or* **solaires**) sunglasses *pl.*
lustr|e [lystr] *m* gloss, lustre; chandelier; **~er** glaze; give a gloss to.
lut *m* lute, chemist's clay.
luth [lyt] *m mus.* lute.
lutin *m* goblin, imp; *adj.* roguish.
lutt|e [lyt] *f* struggle, fight; wrestling; **~e contre le bruit** noise abatement campaign; **~e des classes** class-warfare; **~er** struggle, wrestle, fight; **~eur** *m* wrestler, fighter.
luxation *f* luxation, dislocation.
luxe [lyks] *m* luxury.
Luxembourg [lyksɑ̃bu:r] *m* Luxembourg.
luxer: se ~ dislocate, sprain (*one's ankle, etc.*).
luxueux luxurious.
luxu|riant [lyksyrjɑ̃] exuberant, luxuriant; **~rieux** lustful, lewd.
luzerne *f* lucern; *Am.* alfalfa.
lycé|e *m* lycée, state secondary school; **~en** [liseɛ̃] *m* pupil (of a secondary school).
lynx [lɛ̃:ks] *m zo.* lynx.
lyri|que lyric(al); **~sme** *m* lyricism.

M

M (*short for:* **Monsieur**) Mr.
ma my.
macabre gruesome.
macaron *m* macaroon; **~i** *m* macaroni.
mâcher chew, masticate.
machin [maʃɛ̃] *m* thing, gadget; **~al** mechanical; **~ateur** *m* plotter; **~ation** *f* plot, scheme.
machine [maʃin] *f* machine; engine; **~ à coudre** sewing-machine; **~ à dicter** dictaphone; **~ à écrire** typewriter; **~ électrique** dynamo; **~ à laver** washing-machine; **~r** plan, plot.
mâchoire [maʃwa:r] *f* jaw, jaw-bone; **~s** *pl.* **de frein** *auto* brake-shoes *pl.*
mâchonner mumble; munch.
maçon [masɔ̃] *m* mason.
macule *f* spot; stain; **~r** stain.
madame [madam] *f* (**mesdames** *pl.*) Madam, mistress (*abbr.* Mrs.).
mademoiselle [madmwazɛl] *f* (**mesdemoiselles** *pl.*) miss; young lady, girl.
madone *f* madonna.
magasin [magazɛ̃] *m* shop, store; warehouse; **grand ~** department store; **~age** *m* *com.* storing.
magazine [magazin] *m* magazine, periodical.
magie [maʒi] *f* magic.
magique magical.
magistrat *m* town councillor; municipal authorities *pl.*; **~ure** *f dr.* bench.
magnanime magnanimous; high-minded; generous.
magnét|ique magnetic; **~ophone** *m* tape recorder.
magnifique [maɲifik] magnificent, grand, splendid.
mai [mɛ] *m* May.
maigr|e *m* meagre, thin, lean; **~eur** *f* thinness; **~ir** make thin; grow thin, lose weight.
maille [mɑ:j] *f* mesh, stitch; **~ qui file** *stockings*: ladder, *Am.* run.
maillet [majɛ] *m* mallet.
maillot [majo] *m* jersey, tights *pl.*; (*a.* **~ de bain** *or* **de plage**) swim suit, bathing-suit; (*a.* **~ de corps**) vest.
main [mɛ̃] *f* hand; handwriting; **de première ~** first-hand; **fait (à la) ~** hand-made; **de sa propre ~** *letter:* in his own hand; **~-d'œuvre** *f* workers *pl.*
maint [mɛ̃] many a; **~es fois** many a time.
maintenant [mɛ̃tnɑ̃] now, at present.
maintenir [mɛ̃tni:r] maintain; keep up; **se ~** remain, continue.
maintien [mɛ̃tjɛ̃] *m* maintenance; keeping, bearing.
mair|e *m* mayor; **~ie** *f* town hall.

mais [mɛ] but; ~ **non!** of course not!; ~ **oui!** certainly!
maïs [mais] *m* maize, *Am.* corn; Indian corn.
maison [mɛzõ] *f* house; home; *com.* firm; **à la** ~ at home; ~ **de commerce** commercial establishment; firm; ~ **de campagne** country house; **~nette** *f* bungalow, cottage.
maître *m* master; *school:* teacher; lawyer's title; **être** ~ **de** control; **trouver son** ~ meet one's match; ~ **chanteur** blackmailer; ~ **d'hôtel** head waiter; steward; ~ **nageur** swimming-master.
maîtresse *f* mistress; lady; teacher; *adj.* chief, leading, main.
maîtris|e *f* mastery; mastership; **~e de soi-même** self-control; **~er** master, control.
majestueux majestic; stately.
majeur [maʒœ:r] *m* middle finger; *adj.* major; of age; **force** *f* **~e** Act of God.
majorité *f* majority.
majuscule *f* (*a. adj.*) capital (letter).
mal *m* evil, wrong; harm; illness, pain; trouble; hardship, misfortune; **faire du** ~ **(à)** harm, hurt; **faire** ~ hurt, ache; **avoir du** ~ **à** find it hard to; **avoir** ~ **au cœur** feel sick; **avoir** ~ **aux dents** have a toothache; ~ **de l'air** air sickness; ~ **de gorge** sore throat; ~ **du pays** homesickness; ~ **de tête** headache; *adj.* bad; *adv.* badly ill; wrong; amiss; ~ **comprendre** misunderstand; **de** ~ **en pis** from bad to worse; **se trouver** ~ faint; **pas** ~ **de** quite a lot of.
malad|e *m* sick person; patient; *adj.* ill, sick, diseased; **~ie** *f* sickness, illness, disease; **~ie professionnelle** occupational disease; **~if** ailing, sickly.
mal|adresse *f* clumsiness; blunder; **~adroit** clumsy, awkward.
malais|e [malɛ:z] *m* discomfort; indisposition; uneasiness; **~é** difficult.
malappris ill-bred.
malchance [malʃɑ̃:s] *f* bad luck; mischance.
mâle [mɑ:l] *adj.*, *m* male.
malédiction *f* curse.
malencontr|e *f fam.* mishap; misfortune; **~eux** unfortunate, unlucky.
malentendu *m* misunderstanding; mistake.
mal|faisant harmful; spiteful; mischievous; **~faiteur** *m* evil-doer; **~famé** notorious; of bad repute.
malgré in spite of; ~ **cela,** ~ **tout** yet, all the same, nevertheless.
malheur [malœ:r] *m* misfortune, mishap, ill luck, hard luck; **par** **~,** **~eusement** unfortunately; **~eux** unlucky, unhappy; miserable.
malhonnête dishonest; **~té** *f*

dishonesty.
mali|ce [malis] *f* spite; trick; **~cieux** malicious, mischievous; spiteful.
malignité *f* malignity.
mali|n (~gne) [malɛ̃, maliɲ] malignant, wicked; *fig.* cunning; **joie** *f* **~gne** malicious glee, gloating.
mall|e *f* trunk; **~ette** *f* suitcase.
malodorant smelly.
malpropre dirty; **~té** *f* dirtiness.
mal|sain [malsɛ̃] unhealthy; unwholesome; **~séant** unseemly; unbecoming.
malt *m* malt.
maltraiter ill-treat.
malveill|ance [malvejɑ̃:s] *f* ill will, malevolence; **~ant** spiteful, ill-willed.
malversation *f* embezzlement.
maman [mamɑ̃] *f* mamma.
mamelle *f* breast, teat.
mammifère *m* mammal.
manager [manadʒɛ:r] *m* manager.
manche[1] *m* handle; stick; **~ à balai** broomstick.
manche[2] *f* sleeve; **la** ~ the English Channel.
manchette *f* cuff; *newspaper:* headline.
mandarine [mɑ̃darin] *f* tangerine.
mandat [mɑ̃da] *m* mandate; commission; order; *com.* draft; **~ d'arrêt** warrant; **~ postal, ~-poste, ~-lettre** money order, postal order; **~aire** *m* agent; representative.
manège [manɛ:ʒ] *m* horsemanship; *fig.* trick; **~ de chevaux de bois** merry-go-round.
mang|eable [mɑ̃ʒabl] eatable; **~eoire** *f* manger, crib; **~er** eat; consume; *fig.* squander (*money*); corrode (*metal*); *m fam.* eats *pl.*; **~er trop** overeat (o.s); **~eur** *m* eater.
maniable [manjabl] manageable, wieldy.
mani|aque *m* lunatic; *adj.* mad; **~e** *f* mania, fixed idea; **~er** handle; manage; use; **~ère** [manjɛ:r] *f* manner, kind, way; **de ~ère à** so as to; **de ~ère que** so that; **~ère de parler** way of speaking; **~éré** affected.
manif *f fam. pol.* demonstration.
manifest|ation *f* manifestation; *pol.* demonstration; **~e** evident; plain; **~er** show; manifest; demonstrate; **se ~er** appear.
manipul|ation *f* manipulation; **~er** manipulate; handle; transport.
manivelle *f* crank; winch.
mannequin [mankɛ̃] *m* dummy; (fashion) model.
manœuvre[1] *m* worker.
manœuvr|e[2] *f* manipulation; manœuvres *pl.*; **~er** manœuvre.

manomètre *m* manometer, pressure gauge.
manqu|ant [mɑ̃:kɑ̃] missing; **~e** [mɑ̃:k] *m* want; **~e d'appétit** lack of appetite; **~é** unsuccessful; **~er** miss; be missing; fail; **~er à** not to have; not to keep, break (*promise, etc.*); **il me ~e** I miss him; **~er de** want, lack; **elle a ~é (de) mourir** she nearly died.
mansarde *f* attic, garret.
mansuétude [mɑ̃sɥetyd] *f* gentleness, kindness.
manteau *m* coat, overcoat; cloak.
manucure *f* manicurist.
manuel [manɥɛl] manual, hand...; *m* handbook. textbook.
manufactur|e [manyfakty:r] *f* factory; **~er** manufacture.
manuscrit *m* manuscript; *typ.* copy; *adj.* handwritten.
maquereau [makro] *m* mackerel; *pop.* pimp.
maquette *f* model, design.
maquill|age *m* (heavy) make-up; **~er** make up (*face*); *fig.* fake, distort, falsify.
maquis [maki] *m* scrub; *fig. pol.* underground movement.
marais *m* marsh; bog.
marauder prowl; filch.
marbre *m* marble; *typ.* slab.
marc [ma:r] *m* grape brandy.
marchand *m* tradesman; dealer, merchant; **~ de journaux** news agent; **~er** haggle over, bargain for; **~ise** *f* wares *pl.*; goods *pl.*
marche [marʃ] *f* march, walk; gait; step, staircase; *fig.* progress; **~ arrière** reverse (gear); **~ à vide** neutral (gear).
marché *m* market; market-town; deal, bargain; **~ des valeurs** stock market; **à bon ~** cheap; **à meilleur ~** cheaper; **par-dessus le ~** moreover, into the bargain; **~ commun** Common Market.
marchepied [marʃəpje] *m* footboard; step-ladder.
marcher [marʃe] march, walk; go; run, work, function; **faire ~** *fam.* fool, kid.
mardi *m* Tuesday; **~ gras** Shrove Tuesday.
mare [ma:r] *f* pond, pool.
marécageux [marekaʒø] marshy, boggy.
marée *f* tide; *com.* (fresh) sea-fish; **~ basse** low tide; **~ haute** high tide.
marge [marʒ] *f* border; edge; margin.
mari *m* husband; **~age** *m* marriage, married life; wedding; **~é** married; *m* bridegroom; **~ée** *f* bride; **~er** marry; unite, join; **se ~er** get married.
marin [marɛ̃] *m* sailor; marine; **~e** *f* marine, navy; **~é** pickled.
marmite *f* pot, saucepan.
marmotter mumble, mutter.

maroquin *m* Morocco leather.
marqu|ant [markɑ̃] prominent, striking.
marque *f* mark; **~ de fabrique** trade mark; brand; **de ~** of distinction, choice; **~ déposée** registered trademark; **~r** mark; stamp; indicate; score.
marquis *m* marquess.
marraine *f* godmother.
marron *m* chestnut; *adj.* chestnut-colo(u)red, brown.
mars [mars] *m* March.
mart|eau *m* hammer; **~eau pneumatique** pneumatic drill; **~eler** hammer; *fig.* torment.
martyr *m* martyr; **~iser** torture, torment.
masculin [maskylɛ̃] masculine, male.
masque *m* mask; **~ de beauté** face pack; **~r** mask.
massacre *m* massacre; slaughter.
massage *m* massage.
masse *f* mass; lump, heap.
massif *m* mass (of mountains); *adj.* clumsy, bulky; *gold, etc.:* solid.
massue *f* club; **coup** *m* **de ~** stunning blow.
masti|c *m* putty; **~quer** masticate.
mat [mat] mat, dull; unpolished.
mât [mɑ] *m* mast, pole.
match [matʃ] **(de boxe, de football)** *m* (boxing, football) match.
matelas [matla] *m* mattress.
matelot [matlo] *m* sailor.
matériaux *m/pl.* materials *pl.*
matériel *m* equipment; furniture; stock; *adj.* material.
matern|el maternal; **(école) ~elle** *f* nursery school; **~ité** *f* maternity; motherhood; maternity hospital.
mathémati|cien *m* mathematician; **~ques** [matematik] *f/pl.* mathematics *pl.*
matière [matjɛːr] *f* matter; **~ plastique** plastic (material); **~ première** raw material.
matin [matɛ̃] *m* morning; **ce ~** this morning; **de bon ~** early in the morning; **~al** morning ...; early; **être ~al** get up early; **~ée** *f* morning; *thé.* afternoon performance; **faire la grasse ~ée** sleep late.
matou *m* tom-cat.
matricule *f* register.
matrimonial matrimonial.
maturité *f* maturity; ripeness.
maudire curse.
mauvais [mɔvɛ] bad, evil, wicked; wrong; unfavo(u)rable; **avoir ~e mine** look ill; **il fait ~** the weather is bad.
mauve [moːv] mauve.
me me, to me; myself; **~ voici!** here I am!
mec *m pop.* guy, chap.
mécani|cien [mekanisjɛ̃] *m* engine-driver; *Am. ch.d.f.* engineer; **~que** *f* mechanics

pl.; machinery; *adj.* mechanical; **~sme** *m* mechanism; works *pl.*

méchan|ceté [meʃɑ̃ste] *f* wickedness; spitefulness, malice; **~t** bad, evil, wicked; *dog:* that bites.

mèche *f* wick; lash; fuse; *hair:* lock; *fam.* **de ~ avec** in cahoots with; **vendre la ~** spill the beans.

mécompte [mekɔ̃:t] *m* deception; *com.* miscalculation.

méconnaître [mekɔnɛ:tr] fail to recognize; belittle.

mécontent dissatisfied, displeased; **~ement** *m* dissatisfaction; displeasure.

médaille *f* medal.

médecin [mɛtsɛ̃, mɛdsɛ̃] *m* doctor, physician; **~e** *f* (art of) medicine.

média|teur *m* mediator; **~tion** *f* mediation.

médic|al [medikal] medical; **~ament** *m* medicine; **~ation** *f* medical treatment.

médiéval medi(a)eval.

médiocre [medjɔkr] mediocre, poor, moderate.

médire de slander, vilify.

médit|atif meditative; **~er** meditate (**sur** on).

Méditerranée *f* Mediterranean (Sea).

méfait *m* misdeed.

méfiance [mefjɑ̃:s] *f* mistrust.

méfier: se ~ be on one's guard; **se ~ de** distrust, beware of.

mégarde *f* inadvertence; **par ~** inadvertently; by mistake.

mégot [mego] *m* cigarette-butt.

meilleur [mɛjœ:r] *m* best; *adj.* better; **le ~, la ~e** the best.

mélancolie *f* melancholy, gloom.

mélange [melɑ̃:ʒ] *m* mixture; blend; **~r** mix; blend; *fig.* mess up, mix up.

mêler mix; join; add; shuffle (*cards*); **se ~ de** meddle in; dabble in; get down to, take up; **se ~ à** join (in).

mélodie *f* melody.

melon *m* melon; **~ d'eau** water melon.

membre [mɑ̃:br] *m* member; limb.

même *adj.* same, self; very; very same; **moi-~** myself; *adv.* even; moreover; **être à ~ de** be able to; **de ~** likewise; **de ~ que** just as; **quand ~, tout de ~** all the same.

mémoire [memwa:r] *f* memory; **en ~ de** in memory of; *m* memorandum; dissertation; *com.* account; **~s** *pl.* memoirs *pl.*

mémorable [memɔrabl] memorable, noteworthy.

menace [mənas] *f* menace, threat; **~r** threaten.

ménage *m* household; housekeeping; (married) couple; **~ment** [menaʒmɑ̃] *m* caution, care; consideration.

ménager[1] spare; use sparingly; treat gently; make,

arrange; **se** ~ be careful of one's health, take it easy.
ménager[2] sparing, thrifty; household ...; **appareils** *m/pl.* **~s** household appliances.
ménagère *f* housewife; housekeeper.
mendi|ant *m* beggar; **~er** beg.
men|ée *f fig.* intrigue, plot; **~er** lead, conduct, guide; drive; manage (*business*); **~eur** *m* driver; leader.
mensong|e [mɑ̃:sɔ̃:ʒ] *m* lie, falsehood; **~er** false, lying; deceitful.
mensu|alité *f* monthly payment; **~el** monthly.
mental [mɑ̃tal] mental.
mentalité *f* way of thinking.
menteur *m* liar; *adj.* lying.
menthe *f* mint.
mention [mɑ̃sjɔ̃] *f* mention; **~ner** mention, make mention of.
mentir lie (**à** to), tell lies; **sans** ~ in truth.
menton *m* chin.
menu [məny] *m* bill of fare; (*a.* **~ à prix fixe**) set menu; **par le ~** in detail; *adj.* thin, slender; tiny, small; **~s frais** *pl.* small expenses *pl.*; **~s propos** *pl.* small talk.
menuisier *m* carpenter; joiner.
méprendre: se ~ sur (*or* **au sujet de**) be mistaken about.
mépris *m* contempt; **~able** contemptible; **~ant** scornful; **~e** *f* mistake; **~er** [meprize] despise; scorn.
mer [mɛr] *f* sea.
mercantile mercantile.
mercenaire *m mil.* mercenary.
mercerie *f* haberdashery; *Am.* notions *pl.* (shop).
merci [mɛrsi] *m* thanks *pl.*; **~!** thank you! (**de, pour** for); **~ beaucoup!, ~ bien!** thank you very much!; *f* mercy; pity; **à la ~ de q.** at someone's mercy.
mercredi *m* Wednesday; **~ des Cendres** Ash Wednesday.
mercure [mɛrky:r] *m* mercury.
merde [mɛrd] (bull-, horse-) shit.
mère *f* mother.
méridional southern.
mérit|e *m* merit; worth; **~er** deserve, be worthy of; **~oire** deserving.
merlan *m* whiting.
merle *m* blackbird.
merluche *f* dried cod.
merveill|e *f* wonder; **à ~e** admirably; **~eux** marvellous; wonderful.
mes *m(f)/pl.* my.
mésalliance *f* misalliance.
mésaventure *f* misadventure; mishap; mischance.
mésestimer underrate, underestimate.
mésintelligence *f* disagreement.
mésinterpréter miscon-

strue.
mesquin [mɛskɛ̃] mean, paltry; poor; shabby.
messag|e [mesa:ʒ] *m* message; **~er** *m* messenger; **~eries** *f/pl.* transport service.
messe *f eccl.* mass.
messieurs [mɛsjø, me-] *m/pl.* gentlemen *pl.* (*abbr.* Messrs.); **≗ Dames!** Ladies and Gentlemen!
mesur|e [məzy:r] *f* measure, gauge; standard; **à ~e que** in proportion as; **être en ~e de** be able to; **outre ~e** unbounded; **sur ~e** made to order, tailor-made, custom-made; **~é** measured; moderate; **~er** measure.
métal [metal] *m* metal; **~ brut** crude metal; **~lique** metallic.
météo *f fam.* (*a.* **bulletin** *m* **de la ~**) weather forecast; **~rologie** *f* meteorology.
méthode [metɔd] *f* method; system.
méticuleux [metikylø] fastidious, punctilious.
métier [metje] *m* trade, profession; loom.
métrage *m* measurement; **court ~** *film:* short.
mètre *m* metre, *Am.* meter; **~ à ruban** tape-measure; **~ carré** square metre; **~ cube** cubic metre; **~ pliant** carpenter's rule.
métrique metric.
métro *m* Paris Underground, *Am.* Paris subway.
métropol|e *f of a country:* capital; **~itain** metropolitan.
mets [mɛ] *m food:* dish.
metteur *m:* **~ en scène** *thé., film:* director.
mettre put; place; put on (*garment, etc.*); lay (*table*); take (*time*); **~ à profit** make use of; **~ au point** work out; focus (*lens*); tune (*motor*); **~ de côté** lay aside; **~ du rouge à lèvres** put on lipstick; **~ en colère** make angry; **se ~ en route** start; **se ~ à faire qc.** start doing something.
meubl|e *m* piece of furniture; **~es** *pl.* furniture; **~er** furnish.
meule *f* grindstone; millstone; haystack.
meunier *m* miller.
meurtr|e [mœrtr] *m* murder; **~ier** *m* murderer; *adj.* murderous, deadly.
meurtr|ir bruise; **~issure** *f* bruise.
meute *f hounds:* pack.
mévente *f com.* stagnation.
mexicain *adj.*, **≗** *m* [mɛksikɛ̃] Mexican.
Mexique [mɛksik] *m* Mexico.
mi half; **à ~-chemin** halfway; **à ~-hauteur** half-way up; **~-temps** *f sport* halftime; **à ~-voix** in an undertone.
miche *f bread:* round loaf.
micheline *f* electric rail-car.
microbe [mikrɔb] *m* microbe, germ.
microphone [mikrɔfɔn] *m*

microphone.
microsillon [mikrɔsijɔ̃] *m* long-playing record.
midi *m* noon; midday; *≗ m* South of France.
mie *f* crumb.
miel [mjɛl] *m* honey; **~leux** *fig.* sugary, bland.
mien [mjɛ̃]: **le ~** *m*, **les ~s** *m/pl.*, **la ~ne** [mjɛn] *f*, **les ~nes** *f/pl.* mine.
mieux [mjø] *m* better; best; *adv.* better; rather; **aimer ~** prefer; **au ~** at best; **de son ~** as well as he can; **tant ~** so much the better.
mignon [miɲɔ̃] *m* darling; *adj.* pretty; dainty, sweet; *Am.* cute.
migraine [migrɛn] migraine, headache.
migration *f* migration.
mijoter [miʒɔte] simmer, stew.
milieu [miljø] *m* middle; midst; surrounding; **au ~ de** in the middle of; **le juste ~** the golden mean.
milit|aire *m* soldier; *adj.* military; **~er** militate.
mille [mil] *m* (*a.* *adj.*) thousand.
milliaire: pierre *f* **~** milestone.
milliard [milja:r] *m* milliard, *Am.* billion.
million [miljɔ̃] *m* million; **~naire** *m, f* millionaire.
minauder mince, simper.
minc|e [mɛ̃:s] thin, slim; scanty; **~eur** *f* slenderness.
mine[1] [min] *f* looks *pl.*, appearance; **avoir bonne ~** look well.
min|e[2] *f* mine; **exploiter une ~e** work a mine; **~er** undermine, sap; **~erai** *m* ore.
mineur[1] *m* miner.
mineur[2] minor (*a. su.*); under age; smaller.
miniature [minjaty:r] *f* miniature.
minime very small.
minimum [minimɔm] *m* minimum; **~ vital** minimum wage.
ministère *m* ministry; department, office.
ministre *m* *pol.* minister, secretary.
minorité *f* minority; *dr.* nonage.
minuit [minɥi] *m* midnight.
minuscule [minyskyl] tiny.
minut|e [minyt] *f* minute (of time *or* deed); *fig.* moment; **à la ~e** instantly; **~e!** one moment!; **~ieux** very particular; thorough.
mira|cle [mirakl] *m* wonder; prodigy; **~culeux** marvel(l)ous; **~ge** *m* mirage.
mir|e [mi:r] *f* aim; **~oir** *m* mirror.
mise [mi:z] *f* placing, putting; stake; bid; *com.* investment; (manner of) dressing, dress, attire; **de ~** allowable, admissible; **~ en bouteilles** bottling; **~ en marche** *engine, project, etc.:* starting; **~ en plis** *hair:* setting; **~ au**

point *mechanism:* adjustment, tuning; *scheme:* working out; *thé.* ~ **en scène** staging; direction.
misère *f* misery, poverty.
mitaine *f* mitten.
mit|e [mit] *f* moth; **~é** moth-eaten.
mitiger [mitiʒe] mitigate; abate, soften.
mitrailleuse *f* machine-gun.
mixer [miksœr] *m* mixer.
mixte mixed, joint.
Mlle (*short for:* **Mademoiselle**) Miss.
MM (*short for:* **Messieurs**) gentlemen.
Mme (*short for:* **Madame**) Mrs.
mobil|e [mɔbil] *m* motive; moving body; *adj.* movable, changeable; **~iaire** *m* furniture; **~iser** mobilize; convert; **~ité** *f* mobility; *fig.* fickleness.
mode [mɔd] *m* mode, method; ~ **d'emploi** directions *pl.* for use; *f* manner, way; fashion; **~s** *f/pl.* fancy goods *pl.*; millinery; **à la** ~ in fashion; **à la** ~ **de** after the fashion of.
modèle [mɔdɛl] *m* model; pattern; example.
modeler [mɔdle] mould, form, shape.
modér|ation *f* moderation; **~é** moderate; **~er** check; moderate, abate.
modern|e [mɔdɛrn] modern, new; **~iser** modernize.
modest|e modest, unassuming; simple; bashful; **~ie** *f* modesty.
modicité *f* smallness; ~ **du prix** low price.
modifi|cation [mɔdifikasjɔ̃] *f* modification; change; **~er** modify, alter.
modique moderate; *value:* small; *price:* reasonable.
modiste *f* milliner.
moduler modulate.
moell|e [mwal] *f* marrow, pith; **~eux** soft; mellow.
mœurs [mœrs] *f/pl.* customs *pl.*; manners *pl.*
moi I, me; **à ~!** help!; **chez** ~ at my house, at home; **c'est à** ~ this is mine; **~-même** myself.
moindre [mwɛ̃:dr] less; lesser, smaller; **le** ~ *m* (**la** ~ *f*) the least, the slightest.
moine *m* monk.
moineau *m* sparrow.
moins [mwɛ̃] *adv.* less, fewer; **à** ~ **que** unless; **au** ~, **du** ~, **pour le** ~ at least; **le** ~ (the) least; *prp.* less, minus; **~-value** *f* depreciation.
mois [mwa] *m* month; **par** ~ monthly.
moisir grow mo(u)ldy.
moisson *f* harvest; *a.* time of harvest; **~ner** harvest, reap; **~neuse-batteuse** *f* combine-harvester.
moite moist.
moitié [mwatje] *f* half; **à** ~ half; **à** ~ **prix** at half-price.
molaire *f* molar (tooth).
môle [mo:l] *m* mole, pier.

molester molest, annoy.
moll|esse *f* softness; slackness; indolence; **~et** *m leg:* calf; **~ir** grow soft; soften; *fig.* faint, flag.
môme *m*, *f fam.* kid, child.
moment [mɔmɑ̃:] *m* moment, instant; **au ~ où** just when; **du ~ que** since; **par ~s** at times; **pour le ~** for the time being; **un ~!** listen!, wait a minute!; **~ané** momentary.
mon *m*, **ma** *f*, **mes** *pl.* my.
monar|chie [mɔnarʃi] *f* monarchy; **~que** *m* monarch.
monastère *m* monastery.
monceau *m* heap.
mond|ain [mɔ̃dɛ̃] worldly, fashionable; **~anités** *f/pl.* gossip, society news *pl.*; **~e** *m* world; people *pl.*; **tout le ~e** everybody; **recevoir du ~e** entertain; **~ial** world-wide.
monétaire monetary.
moniteur *m* monitor; *sport* instructor, coach.
monn|aie [mɔnɛ] *f* money; change; **~ayeur** *m* coiner.
monopol|e *m* monopoly; **~iser** monopolize.
monotone [mɔnɔtɔn] monotonous, dull.
monseigneur *m* title given to high personages; *a.* crow-bar.
monsieur [məsjø] *m* gentleman; sir; mister (*abbr.* Mr.).
monstre [mɔ̃:str] *m* monster; *adj.* huge, colossal.
mont *m* mountain, mount; hill, elevation.
montage *m* carrying up; setting; *élec.* wiring; fitting.
montagn|ard *m* highlander; **~e** [mɔ̃taɲ] *f* mountain; **~es** *pl.* **russes** switchback, scenic railway; **~eux** mountainous.
montant *m* amount, total; upright; flood(-tide); post; *adj.* rising, uphill.
mont-de-piété *m* pawnshop.
monte-charge *m* goods lift, *Am.* freight elevator.
montée *f* ascent, rise; climbing; slope.
monter ascend; go up, climb up; rise; set; get on (*train*); mount (*horse*); lift; *fig.* excite; *élec.* connect up; **se ~** be wound up (*or* excited); **se ~ à** amount to; **se ~ en** fit o.s. out with.
montre *f* watch; show; display; shop window; **faire ~ de** show off, exhibit; **~-bracelet** *f* wristlet watch; **~ à déclic** stop-watch.
montrer show.
montueux hilly.
monture [mɔ̃ty:r] *f* setting; *spectacles etc.:* frame; *animal:* mount.
monument [mɔnymɑ̃] *m* monument; **~s** *pl.* sights *pl.*
moqu|er: se ~er de laugh at; not care for (*or* about); **il s'en ~e** he doesn't care; **~erie** *f* mockery, jeering; **~eur** *m* scoffer; *adj.* mocking.
moral [mɔral] *m* morale, spirits *pl.*; *adj.* moral, ethical; **~e** *f* morals *pl.*; *of a story:*

moral; **faire la ~e à q.** lecture s.o.
morbide morbid.
morc|eau [mɔrso] *m* piece, bit; passage; **~eler** cut up.
mord|ant biting, sarcastic; satirical; **~re** bite; nip; *fig.* criticize.
morfondre: se ~ kick one's heels waiting; be bored.
morgue[1] [mɔrg] *f* conceit; arrogance.
morgue[2] *f* morgue, mortuary.
moribond *m* dying person; *adj.* dying.
morne dismal, gloomy.
morose [mɔro:z] surly, sullen, peevish.
morphine *f* morphine (*or* morphia).
morsure *f* bite; sting.
mort [mɔ:r] *f* death; *adj.* dead; lifeless; stagnant; *p.p. of* **mourir: il est ~ l'année dernière** he died last year; *m* dead person; **les ~s** the dead.
mortel mortal; fatal.
morte-saison *f* slack (*or* dead, low, off) season.
mortifier mortify, humiliate.
morue [mɔry] *f* cod; **~ sèche** stock-fish.
mot *m* word, expression; cue, key; **bon ~** witticism; **~s** *pl.* **croisés** crossword puzzle.
motard [mɔta:r] *m fam.* motor cyclist; speed cop.
motel [mɔtɛl] *m* motel.
moteur [mɔtœ:r] *m* motor; **~ (à l')arrière** rear engine; **~ à combustion** combustion engine; **~ à deux temps** two-stroke engine; *adj.* moving, motive.
motif *m* motive; cause; motif; *dr.* grounds *pl.*
motion [mosjɔ̃] *f* motion, movement; proposal.
moto|cyclette *f* motor cycle; **~cycliste** *m* motor cyclist; **~godille** *f* outboard motor.
motte *f* clod (of earth); butter pat.
mou (mol, molle) [mu, mɔl] soft; *fig.* spineless; effeminate.
mouchard *m fam.* informer; police-spy; *Am.* stool-pigeon; **~er** *fam.* squeak.
mouche *f* fly; *fig.* beauty-spot; **prendre la ~** take offence.
mouch|er wipe someone's nose; **se ~er** blow one's nose; **~eron** *m* gnat; **~oir** *m* handkerchief.
moudre [mudr] grind.
moue *f* pouting; **faire la ~** pout; sulk; make a wry face.
moufle *m* pulley block.
mouill|é [muje] wet; **~er** moisten, wet, soak; **~er l'ancre** *mar.* anchor.
moule[1] *f* mussel.
moul|e[2] *m* mo(u)ld; **~er** model, cast; **~in** [mulɛ̃] *m* mill; **~in à vent** windmill; **~u** ground; *fig.* bruised.
mourant dying.
mourir [muri:r] die; pass away; perish; **~ de faim** starve; **se ~** be dying; **~**

d'envie de die for (*or* to).
mousse *f* moss; *on beer:* froth, foam; *soap:* lather.
mouss|er froth, foam; sparkle, fizz; **~eux** sparkling, frothy.
mousson *f* monsoon.
moustache [mustaʃ] *f* moustache; *animal:* whiskers *pl.*
moustiqu|aire *f* mosquito-net; **~e** *m* mosquito.
moût [mu] *m* grape juice, must.
moutarde *f* mustard.
mouton *m* sheep; *meat:* mutton.
mouv|ant moving, stirring; **sables** *m/pl.* **~ants** quicksand; **~ement** [muvmɑ̃] *m* motion, movement; stir.
moyen [mwajɛ̃] *adj.* middle, mean, average; **le ~ âge** the Middle Ages *pl.*; *m* means *pl.*, way, manner; **au ~ de** by means of; **y a-t-il ~?** is it possible (**de** to)?; **~s** *pl.* means *pl.*, fortune; gifts *pl.*, powers *pl.*; **~nant** (in return) for; **~ne** *f* average; **en ~ne** on an average.
moyeu *m* hub, nave.
muet [mɥɛ] mute, dumb; silent.
mufle [myfl] *m* muzzle, snout; lout, boor.
mug|ir low; bellow; roar; **~issement** *m* lowing; bellowing; roaring.
mulâtre *m* half-caste; half-breed.
mule[1] [myl] *f* slipper.
mule[2] *f* mule.
multiple [myltipl] multiple, manifold.
multipli|cation [myltiplikasjɔ̃] *f* multiplication; **~er** multiply.
multitude *f* multitude; crowd.
municipal [mynisipal]: **conseil** *m* **~** town council.
munir de provide with, supply with, fit out with.
munitions *f/pl.* ammunition.
munster [mœstɛr] soft cow's milk cheese from Alsace.
mur *m* wall.
mûr ripe; mature.
muraille *f* thick wall.
mûre *f* mulberry; **~ sauvage** blackberry.
mûrir [myri:r] mature.
murmur|e [myrmy:r] *m* murmur; whisper; **~er** whisper; grumble; rustle.
muscade *f*: **fleur** *f* **de ~** mace; **noix** *f* **de ~** nutmeg.
muscadet [myskadɛ] *m* dry white wine from the Loire region.
muscle [myskl] *m* muscle.
museau [myzo] *m* muzzle; snout.
musée [myze] *m* museum.
musel|er muzzle; **~ière** *f* muzzle.
musette *f*: **bal** *m* **~** popular dance.
musi|cien *m* musician; *adj.* musical; **~que** [myzik] *f* music.
mutation [mytasjɔ̃] *f* mu-

tation; change.
mutilé *m*: **~ de guerre** disabled ex-serviceman.
mutiler mutilate; maim.
mutin [mytɛ̃] *m* mutineer; rebel; *adj*. intractable; roguish; rebellious; **~erie** *f* mutiny.
mutuel [mytɥɛl] mutual.
myop|e short-sighted; **~ie** *f* short-sightedness.
myosotis [mjɔzɔtis] *m* forget-me-not.
myrtille *f* bilberry.
myst|ère *m* mystery, secrecy; **~ifier** mystify, hoax.
myth|e [mit] *m* legend, myth; **~ique** mythical.

N

nabot *m* shrimp, runt.
nacr|e *f* mother-of-pearl; **~é** pearly.
nag|e [na:ʒ] *f* swimming; **être tout en ~e** be dripping with sweat; **~eoire** *f* fin; **~er** swim; float; **~eur** *m* swimmer.
naguère formerly, lately.
naïf (naïve) naive, artless.
nain [nɛ̃] *m* dwarf; midget; *fam*. runt.
naissance [nɛsɑ̃:s] *f* birth.
naître [nɛtr] be born; **~ de** spring from; **faire ~** give rise to.
nantissement *m* pledge; security.
nappe *f* table-cloth; *water, etc.*: sheet; layer.
narcose [narkoz] *f* narcosis.
narcotique *m* narcotic.
narguer [narge] defy; jeer (at).
narine *f* nostril.
narrat|eur *m* narrator; **~ion** *f* narrative.
narrer [nare] relate; tell; narrate.
natal native; **~ité** *f* birth-rate.
natation *f* swimming.
natif *m*, *adj*. native.
nation [nasjɔ̃] *f* nation.
nationalisation *f* nationalization, naturalization.
nationalité *f* nationality, citizenship.
nationaux [nasjɔno] *m*/*pl*. citizens *pl*. of a state.
natt|e *f* mat; plait, tress (of hair); **~er** cover with mats; plait.
naturaliser naturalize.
natur|e [naty:r] *f* nature; **contre ~e** unnatural; *adj*. *cuis*. plain; *coffee:* black; **~el** *m* disposition, nature; *adj*. natural; *child:* illegitimate; **~ellement** naturally.
naufrag|e [nofraʒ] *m* shipwreck; **~é** *m* shipwrecked person.
nauséabond loathsome; nauseating.
nausée *f* nausea; disgust.
navet *m bot*. turnip; *fig*. tripe, trash.
navette *f* shuttle; **faire la ~**

go to and fro, ply.
naviga|ble [navigabl] navigable; **~tion** *f* **(aérienne)** (aerial) navigation.
navire *m* ship, vessel.
navré heart-broken; grieved; **je suis ~** I regret.
ne: ~ ... pas not; **~ ... plus** no longer; **~ ... jamais** never; **~ ... rien** nothing.
né born; **bien ~** of good family.
néanmoins [neɑ̃mwɛ̃] nevertheless; still.
néant *m* nothing, nothingness.
nébuleux nebulous; *fig.* obscure.
nécess|aire [nesesɛ:r] *m* necessity; dressing-case; **~aire de toilette** toilet-case; **faire le ~aire** do what is necessary; *adj.* necessary, needful; requisite; **~ité** *f* necessity; need; **~iter** necessitate; **~iteux** needy.
néerlandais [neɛrlɑ̃dɛ] *adj.* Dutch; **ℒ** *m* Dutchman.
nef [nɛf] *f church:* nave.
néfaste unlucky, fatal; **jour** *m* **~** fatal day.
négati|f negative; **épreuve** *f* **~ve** *phot.* negative.
néglig|é *m* negligee; **~ence** [negliʒɑ̃:s] *f* carelessness; **~ent** [negliʒɑ̃] neglectful; **~er** neglect.
négoc|e [negɔs] *m com.* trade, business; **~iable** negotiable; **~iant** *m* merchant; **~iateur** *m* negotiator; **~iation** [negɔsjasjɔ̃] *f* negotiation; **~ier** trade; negotiate.
nègre *m,* **négresse** *f* negro.
neig|e [nɛ:ʒ] *f* snow; **~er** snow; **~eux** covered with snow; snowy.
néon [neɔ̃] *m* neon.
nerf [nɛr] *m* nerve; **taper sur les ~s à q.** get on s.o.'s nerves.
nerveux nervous; sinewy, vigorous.
net [nɛt] clean; clear; net; **s'arrêter ~** stop dead; **~tement** plainly.
nett|eté *f* distinctness; neatness; **~oyage** *m* **à sec** dry-cleaners *pl.*; **~oyer** clean; **~oyer à sec** dry-clean.
neuf[1] nine.
neuf[2] **(neuve)** fresh; new; novel; **à ~** like new.
neutre neuter.
neuvième ninth.
neveu *m* nephew.
névralgie *f* neuralgia.
nez [ne] *m* nose.
ni nor; **~ ... ~** neither ... nor; **~ l'un ~ l'autre** neither.
niais [njɛ] simple, foolish.
niche *f* recess; kennel; *fam.* prank, practical joke; **~r** lodge, *fam.* hang out; **se ~r** hide.
nid [ni] *m* nest; **~-de-poule** pot-hole.
nièce [njɛs] *f* niece.
nier [nje] deny.
nigaud simple, silly.
niveau *m* level; **~ de vie** standard of living; **de ~ avec**

on a level with.
niveler [nivle] level.
N° (*short for:* **numéro**) number.
noble noble; **~sse** *f* nobility.
noc|e [nɔs] *f* wedding; wedding-party; **faire la ~e** live it up; **~eur** *m* reveller.
nocif noxious.
nocturne nocturnal.
Noël [nɔɛl] *m* Christmas.
nœud [nø] *m* knot, tie; **~ papillon** bow tie.
noir [nwa:r] black; dark; **~cir** blacken.
noisette *f bot.* hazel-nut; *adj.* hazel-colo(u)red.
noix [nwa] *f bot.* walnut.
nom [nɔ̃] *m* name; *gram.* noun; **petit ~** Christian name; **~ de famille** surname; **~ de jeune fille** maiden name; **de ~** by name.
nombrable numerable.
nombr|e *m* number; **sans ~e** countless; **~er** number; count; **~eux** numerous.
nomination *f* nomination; appointment.
nomm|é named, called; appointed; **~er** name, call, nominate; **se ~er** be named (*or* called).
non [nɔ̃] no, not; **~ pas** not at all; **~ plus** no more, neither.
nonchalant [nɔ̃ʃalɑ̃] careless; indifferent; unconcerned.
nonobstant notwithstanding.
non-valeur *f* person *or* thing of low value; *com.* loss; bill of no value.
nord [nɔ:r] *m* north.
Norvège [nɔrvɛʒ] *f* Norway.
norvégien [nɔrveʒjɛ̃] *adj.*, **2** *m* Norwegian.
nos our.
nostalgi|e [nɔstalʒi] *f* homesickness; nostalgia; **~que** homesick; wistful.
notable *m* leading (*or* notable) man; *adj.* considerable, leading.
notaire *m* notary.
notamment [nɔtamɑ̃] especially.
not|e [nɔt] *f mus.* note; mark; *hotel:* bill; **~er** note (down); mark; take note of; **~ice** [nɔtis] *f* notice, short account; **~ifier** notify.
notion [nosjɔ̃] *f* idea, notion.
notoire notorious, well-known.
notoriété *f* notoriety.
notre our.
nôtre: le ~, la ~, les ~s ours.
nouer [nwe] tie; knot.
nougat [nuga] *m* candy made of sugar and almonds.
nouilles [nuj] *f/pl.* noodles *pl.*
nourr|ice *f* wet-nurse; **~ir** feed; nourish; rear; foster; keep; **~isson** *m* infant; **~iture** *f* food, nourishment.
nous we, us; **~-mêmes** ourselves.
nouveau[1] *m* new, novice, novelty.
nouv|eau[2] **(~el, ~elle)** new, novel, fresh; **de ~eau** anew,

again; **~eauté** *f* novelty, innovation; **~elle** *f* news; **vous avez de ses ~elles?** have you heard from him?; **~ellement** recently.
novateur *m* innovator.
novembre *m* November.
novice *m, f* novice, probationer; *adj.* inexperienced.
noyau [nwajo] *m* stone, pit, core; nucleus.
noyer[1] [nwaje] *m* walnut-tree.
noyer[2] drown; swamp; **se ~** be drowned.
nu naked, bare.
nuag|e [nɥa:ʒ] *m* cloud; **~eux** cloudy.
nuance [nɥɑ̃:s] *f* shade, nuance.
nucléaire [nykleɛ:r] nuclear.
nudité *f* nudity.
nu|e [ny] *f* cloud; **tomber des ~es** be flabbergasted; **~ée** *f* (thunder-)cloud; multitude; swarm.
nuire [nɥi:r] harm, injure.
nuisible harmful, injurious.
nuit [nɥi] *f* night, darkness; **~ blanche** sleepless night; **il fait ~** it is dark.
nul (nulle) *adj.* no, null; of no value; *pron.* no one, not any; **~le part** nowhere.
null|ement [nylmɑ̃] by no means; **~ité** *f* nullity.
numéro *m* number; item; *newspaper:* copy; **~ter** number.
nu-pieds barefooted.
nuptial nuptial.
nuque *f* nape of the neck.
nu-tête bare-headed.
nutri|tif nutritive; nourishing; **~tion** *f* nutrition.
nylon [nilɔ̃] *m* nylon.

O

obéir [ɔbei:r] obey (**à q.** s.o.); **se faire ~** command obedience.
obéissance *f* obedience.
obèse [ɔbɛ:z] fat, obese.
objectif *m phot.* lens, *a. fig.* aim, end; **~ transfocateur** zoom lens; *adj.* objective.
objection [ɔbʒɛksjɔ̃] *f* objection.
objet [ɔbʒɛ] *m* object, subject; *gram.* complement; **~s** *pl.* **de valeur** valuables *pl.*
obligation [ɔbligasjɔ̃] *f* obligation; duty; *Stock Exchange:* bond; *com.* debenture.
obligatoire binding, compulsory.
oblig|é [ɔbliʒe] obliged; **~eance** [ɔbliʒɑ̃:s] *f* obligingness; kindness; **~eant** obliging, courteous; **~er** oblige; compel, bind.
oblique slanting; devious; *fig.* crooked.
oblitérer obliterate; cancel; deface (*stamps*); efface.
obscène obscene, lewd.
obscur dark; gloomy; in-

distinct; *fig.* unknown; **~cir** dim, fog; obscure; **s'~cir** grow dark; **~ité** *f* darkness; obscurity; vagueness.
obséder beset; haunt, obsess.
obsèques [ɔpsɛk] *f/pl.* obsequies *pl.*; funeral.
observ|ateur *m* observer; **~ation** *f* observation, remark; observance; **~atoire** *m* observatory; **~er** observe; **s'~er** be careful.
obstacle [ɔpstakl] *m* obstacle.
obstin|ation *f* obstinacy, self-will; **~é** stubborn; **s'~er** insist; persist (**dans** in).
obstru|ction *f* obstruction; **~er** obstruct.
obtempérer comply (**à** with).
obtenir get, obtain.
obtur|ateur *m phot.* shutter; **~er** stop (*tooth*).
obtus [ɔpty] blunt; obtuse; *fig.* dull.
obus [ɔby] *m* shell.
obvier obviate; prevent.
occasion [ɔkazjɔ̃] *f* opportunity; cause; *com.* bargain; **d'~** second-hand; **~ner** cause; provoke; give rise to.
Occident [ɔksidɑ̃] *m* Occident; **&al** western.
occulte occult, hidden.
occupation [ɔkypasjɔ̃] *f* occupation; business, work.
occupé busy; engaged.
occuper occupy; employ; **s'~ de** give one's attention to; mind; attend (to); deal with; see to.
occurrence [ɔkyrɑ̃:s] *f*: **en l'~** in the circumstances.
océan *m* ocean, sea.
octobre *m* October.
octro|i *m* grant; concession; toll; **~yer** grant, concede.
ocul|aire ocular; **témoin** *m* **~aire** eyewitness; **~iste** *m* oculist.
odeur *f* smell, odo(u)r, scent; **~s** *pl.* perfumes *pl.*
odieux *person:* odious, hateful; *crime:* heinous.
odor|ant [ɔdɔrɑ̃] fragrant; **~at** *m* sense of smell.
œil [œ:j] *m* (*pl.* **yeux** [jø]) eye; sight; opening; **coup** *m* **d'~** glance, look.
œil-de-perdrix *m feet:* corn.
œillet *m* eyelet; *bot.* pink, carnation.
œuf [œf] *m* (*pl.* **~s** [ø]) egg; **~ à la coque** soft-boiled egg; **~ dur** hard-boiled egg; **~s** *pl.* **brouillés** scrambled eggs *pl.*; **~s** *pl.* **(au) plat** fried eggs *pl.*
œuvre [œ:vr] *f* work; deed; production; institution; act; **~ d'art** work of art; *m* collected (*or* complete) works *pl.* (of artist *or* author).
offens|e [ɔfɑ̃:s] *f* offence; trespass; **~er** offend; **s'~er de** take offence at.
office[1] [ɔfis] *f* pantry.
offic|e[2] *m* office; duty; employment; function; *eccl.* service; **d'~e** officially; **~iel** official; *visit:* formal.
officier *m* officer.
officieux semi-official; un-

official.
offr|e *f* offer; proposal; **~ir** offer, present.
offusquer offend, irritate; **s'~** take offence (**de** at).
oie [wa] *f* goose (*pl.* geese).
oignon [ɔɲɔ̃] *m* onion; bulb.
oiseau [wazo] *m* bird; **~ de passage** bird of passage; **à vol d'~** as the crow flies.
ois|eux idle, useless; **~if** idle, lazy; **~iveté** [wazivte] *f* idleness; sloth.
oléagineux oily.
oliv|e [ɔli:v] *f*, *adj.* olive; **~ier** *m* olive-tree.
ombrag|e *m* shade; *fig.* umbrage; **~er** shade, shelter; **~eux** easily offended; suspicious.
ombr|e *f* shadow; shade; **~ à paupières** eye-shadow; **~er** shade; **~eux** shady.
omelette [ɔmlɛt] *f* omelet.
omettre omit; overlook.
omission [ɔmisjɔ̃] *f* omission; oversight.
omnibus *m*: **(train** *m* **~)** slow train.
on [ɔ̃] (*often* **l'on**) people; one; someone; they.
once [ɔ̃:s] *f* ounce.
oncle *m* uncle.
onct|ion *f* unction, anointment; **~ueux** unctuous; oily (*a. fig.*).
ond|e *f* wave; **~e ultracourte** *radio* ultra-short wave; **~é** wavy; **~ée** *f* shower.
on-dit *m* rumo(u)r.
ondoyer undulate.
ondul|ation *f* undulation; **~é** undulated, wavy.
onéreux burdensome.
ongle *m finger:* nail; *bird:* claw; **coup** *m* **d'~** scratch.
onguent [ɔ̃gɑ̃] *m* ointment; liniment.
onze [ɔ̃:z] eleven.
opaque [ɔpak] opaque.
opéra *m* opera; opera-house.
opér|ateur *m* operator; *méd.* surgeon; **~ation** *f* operation; **~er** work, effect; perform; **s'~er** take place.
opiniâtr|e obstinate, stubborn; **s'~er à** persist in, remain stubborn about; **~eté** *f* obstinacy.
opinion [ɔpinjɔ̃] *f* opinion, estimate.
opportun opportune; **~ité** *f* opportuneness.
oppos|ant *m* opponent, adversary; *adj.* opposite, adverse; **~é** *m* opposite; *adj.* opposed, contrary; **~er** oppose, contrast (**à** with); **s'~er à** object to; **~ition** *f* opposition (*a. pol.*).
oppresser oppress.
opprimer oppress, crush.
opprobre *m* shame.
opter choose.
opticien *m* optician.
optimisme *m* optimism.
optimiste *m* optimist; *adj.* optimistic.
option [ɔpsjɔ̃] *f* option, choice.
optique *f* optics *pl.*; *adj.* optical.
opulence [ɔpylɑ̃:s] *f* opulence,

wealth.
or[1] *m* gold; **d'~** golden.
or[2] now; now it happens (*or* happened) that.
orag|e [ɔra:ʒ] *m* storm, thunderstorm; **~eux** *weather etc.:* threatening; stormy.
oraison *f* oration; speech; prayer.
oral [ɔral] oral, verbal.
orang|e [ɔrɑ̃:ʒ] *f, adj.* orange; **~er** *m* orange-tree.
orateur *m* speaker.
orbe *m* orb; globe, sphere.
orchestre [ɔrkɛstr] *m* orchestra; **chef** *m* **d'~** conductor.
ordinaire [ɔrdinɛ:r] *m* usual practice; *adj.* ordinary, common; usual; **vin** *m* **~** cheap wine.
ordonn|ance *f* order; arrangement; *méd.* prescription; **~é** tidy; **~er** order; arrange.
ordre [ɔrdr] *m* order; rank, class; **de premier ~** first-class.
ordures *f/pl.* garbage, refuse; **boîte** *f* **à ~** garbage can, dustbin.
ordurier filthy; obscene.
oreille [ɔrɛj] *f* ear, hearing; **avoir l'~ dure** be hard of hearing; **prêter l'~ à** listen to; **~r** *m* pillow.
orfèvre *m* goldsmith; jewel(l)er.
organe *m* organ; voice.
organis|ation *f* organization; **~er** organize.
orge *f* barley.
orgue *m mus.* organ.
orgueil [ɔrgœj] *m* pride; **~leux** proud, haughty.
Orient [ɔrjɑ̃] *m* Orient; **≗al** eastern.
orientation [ɔrjɑ̃tɑsjɔ̃] *f* orientation, direction; **~ professionnelle** vocational guidance.
orienter direct, guide; orientate; **s'~** find one's bearings.
orifice *m* opening; hole.
origin|aire native, innate; **~al** [ɔriʒinal] *m, adj.* original; **~e** [ɔriʒin] *f* beginning, origin; **~el** original, primitive.
oripeau [ɔripo] *m* tinsel, trash.
orme *m bot.* elm(-tree).
ornement *m* ornament; **~er** decorate (**de** with); adorn.
ornière *f* rut, groove, track.
orphelin [ɔrfəlɛ̃] *m, adj.* orphan; **~at** *m* orphanage.
orteil *m* (big) toe.
orthographe *f* spelling.
ortie [ɔrti] *f bot.* nettle.
os [ɔs, *pl.* o] *m* bone.
osciller [ɔsile] oscillate; *fig.* waver.
osé bold, daring.
oseille [ozɛj] *f* sorrel.
oser dare, venture.
osier *m bot.* willow; wicker.
oss|ements *m/pl.* bones *pl.*; **~eux** bony; **~ifier** ossify.
ostensible [ɔstɑ̃sibl] ostensible; patent.
otage [ɔta:ʒ] *m* hostage, guarantee.

ôter take away, remove; take off (*garment*); **s'~** get away, get out of the way.
otite *f méd.* otitis.
ou or; **~ bien** or else; **~ … ~** either … or.
où where; when; at (in, to) which; **d'~** where … from; **par ~** which way.
ouat|e [wat] *f* cotton wool; **~er** wad, quilt.
oubli *m* forgetfulness; oblivion; oversight; **~er** forget; **~eux** forgetful (**de** of); oblivious; unmindful.
ouest [wɛst] *m* west; **(d')~** western.
oui [wi] yes.
ouï-dire *m* hearsay.
ouïe [wi] *f* hearing; **~s** *pl. fish:* gills *pl.*
ouïr hear.
ouragan *m* hurricane.
ourl|er hem; **~et** *m* hem.
ours [urs] *m* bear; **~ blanc** polar bear.
oursin [ursɛ̃] *m* sea-urchin.
outil [uti] *m* tool; **~lage** *m* tools *pl.*, equipment; **~ler** equip (with tools).
outrag|e [utra:ʒ] *m* outrage; **~er** insult, outrage.
outranc|e *f* excess; **à ~e** to excess; **~ier** *m* extremist.
outre [utr] beyond, above; besides; further; **en ~** besides; **en ~ de** in addition to; **passer ~** go on.
outré exaggerated, overdone.
outre-mer beyond the seas, overseas.
ouvert [uvɛ:r] open; **~ure** *f* opening; *mus.* overture; **heures** *f/pl.* **d'~ure** business hours *pl.*
ouvrable [uvrabl]: **jour ~** working day.
ouvrag|e [uvra:ʒ] *m* work; piece of work; **~e à l'aiguille** needlework, **~é** wrought; figured.
ouvre|-boîte(s) *m* tin-opener, *Am.* can-opener; **~-bouteille(s)** *m* bottle-opener; **~-lettres** *m* letter-opener.
ouvreu|r *m thé., cin.* usher; **~se** *f* usherette.
ouv|rier [uvrie] *m* worker, workman; **classe** *f* **~rière** working class.
ouvrir [uvri:r] open; unlock; *élec.* switch on; **s'~** open.
ovale [ɔval] *adj.*, *m* oval.
oxygène [ɔksiʒɛn] *m* oxygen.

P

pacifi|cateur *m* pacifier; **~er** pacify, appease; **~que** pacific, peaceful; peaceable; **(Océan) ꝰque** *m* Pacific Ocean.
pact|e *m* pact; agreement; **~iser** form an alliance; come to terms.
pagaie [pagɛ] *f* paddle.
pagaïe, pagaille [pagaj] *f*

fam. disorder, mess.
pagayer paddle.
page [pa:ʒ] *f* page.
paie [pɛ:j] = **paye; ~ment** [pɛmã] = **payement.**
païen [pajɛ̃] *m, adj.* heathen, pagan.
paillasson *m* doormat.
paill|e [pɑ:j] *f* straw; **~é** straw-colo(u)red.
pain *m* bread; loaf; *soap, etc.:* cake; **gagner son ~** earn one's living; **~ complet** whole-meal bread; **~ d'épice** gingerbread; **petit ~** roll.
pair [pɛ:r] *m* equal; *com.* par; *adj.* equal, even; **au ~** *com.* at par; *girl:* au pair; **hors de ~** matchless.
paire [pɛ:r] *f* pair; couple.
paisible peaceable, peaceful; placid, quiet.
paître graze; feed.
paix [pɛ] *f* peace; quiet; rest.
palais [palɛ] *m* palace; law-court; palate, roof of the mouth.
palan *m* tackle; pulley.
pâle pale; wan, pallid.
paletot [palto] *m* overcoat.
pâleur *f* paleness; pallor.
palier [palje] *m* landing (of staircase).
pâlir turn pale; fade.
palis *m* paling.
palm|e [palm] *f bot.* palm; **~ier** *m* palm-tree.
palourde [palurd] *f* clam.
palpit|ant fluttering; palpitating, throbbing; thrilling; **~ation** [palpitasjɔ̃] *f* palpitation; throbbing; **~er** flutter; throb.
pâmoison *f* swoon.
pamphlet *m* pamphlet.
pamplemousse *m* grapefruit.
pan [pɑ̃] *m coat:* skirt; *wall:* piece.
panach|e [panaʃ] *m* plume; *smoke:* trail; **~é** plumed; streaked; variegated; *m* mixed drink of beer and lemonade, shandygaff.
panais *m bot.* parsnip.
pancarte *f* placard; label.
panier [panje] *m* basket; hamper.
panique *f* panic; sudden fright.
panne *f* breakdown; engine trouble; **tomber en ~** break down; **tomber en ~ d'essence** run out of petrol (*Am.* gas).
panneau *m* panel; signboard; *fig.* snare; **donner dans le ~** be caught in a trap.
pansement *m* bandage, dressing.
panser dress (*wound, etc.*).
pantalon *m* trousers *pl.*, pants *pl.*, slacks *pl.*
panteler [pɑ̃tle] pant, gasp for breath.
panthère *f* panther.
pantoufle *f* slipper.
paon [pɑ̃] *m* peacock.
papa *m* daddy.
pape [pap] *m* pope.
paperasse *f* red tape.

papeterie *f* stationery; stationer's shop; paper-mill.
papier [papje] *m* paper; ~ **argent** tinfoil; ~ **d'emballage** wrapping paper; ~ **de soie** tissue paper; ~ **peint** wallpaper; ~ **valeur** *m* security; bond.
papillon [papijɔ̃] *m* butterfly; *a.* leaflet; ~**ner** flutter (about).
paquebot [pakbo] *m* steamer, liner.
Pâques [pa:k] *m/pl.* Easter; ~ *f/pl.* **fleuries** Palm Sunday.
paquet *m* parcel, packet, bundle.
par by, from, about, through; in; at; by means of; ~ **an** per annum; ~ **conséquent** consequently; ~ **exemple** for instance; ~ **jour** per day; ~ **où?** which way?; ~ **personne** per person; ~ **trop** much too, far too.
parachutiste *m* paratrooper; parachutist.
parad|e [parad] *f* display; parade; ~**er** show off.
paradis [paradi] *m* paradise; *thé.* upper gallery.
paraf|e *m* paraph; ~**er** initial (*documents, etc.*).
paragraphe *m* paragraph.
paraît: il ~ **que** it seems (*or* appears) that; there is a rumour that.
paraître [parɛtr] appear; seem; become manifest; **faire** ~ publish; **vient de** ~ just published.
parallèle[1] *f, adj.* parallel.
parallèle[2] *m* comparison.
paraly|ser paralyse; ~**sie** *f méd.* paralysis; ~**tique** paralytic; paralysed.
paraphe(r) = **parafe(r).**
para|pluie [paraplɥi] *m* umbrella; ~**sites** *m/pl. radio* atmospherics *pl.*; ~**sol** *m* sunshade; parasol; *auto* sun visor; ~**tonnerre** *m* lightning-conductor; ~**vent** *m* screen.
parc [park] *m* park; ~ **(à voitures)** car-park; parking lot; ~**mètre** *m* parking meter.
parcelle *f* particle, small part; plot of ground.
parce que because.
parchemin *m* parchment.
parcimonie *f* parsimony; stinginess.
par-ci, par-là here and there.
parcourir go over (*or* about *or* through), travel, cover; wander about; glance over; explore.
parcours [parku:r] *m* course; route; distance; trip.
par|-dessous [pardəsu] below, beneath; ~**-dessus** [pardəsy] above.
pardessus *m* overcoat.
pardon [pardɔ̃] *m* pardon; ~! excuse me!; ~? I beg your pardon?; ~**ner** forgive; pardon (**qc. à q.** s.o. s.th.).
pare|-boue *m* mudguard, *Am.* fender; ~**-brise** *m*

windscreen, *Am.* windshield; **~-chocs** *m* bumper.
pareil [parɛj] like; similar; equal; same; **sans ~(le)** matchless.
parent [parɑ̃] *m* parent; relative; **~s** *pl.* parents *pl.*; **~s nourriciers** foster parents; *adj.* related; **~é** *f* relationship; relatives *pl.*
parer adorn; dress; trim; ward off (*blow, etc.*); **~ à** guard against; **se ~** dress up.
paress|e *f* laziness; idleness; **~eux** idle, lazy.
parfait [parfɛ] perfect; complete; thorough; faultless; *m cuis.* ice-cream (dessert).
parfois sometimes; now and then.
parfum [parfœ̃] *m* perfume, scent.
pari *m* bet, wager; **~er** bet.
parité *f* parity.
parjure [parʒy:r] *m* perjury; *adj.* perjured; **se ~r** perjure o.s.
par-là this way; in this way; by this means; thereby.
parlant speaking; *m* sound-film.
parlement [parləmɑ̃] *m* Parliament; **~aire** *m* member of Parliament; **~er** come to terms.
parler speak, talk (**à** to); **se ~** speak to each other; **sans ~ de** besides, not to mention.
parmi amid(st), among(st).
parodie *f* parody.
paroi [parwa] *f* partition (-wall); wall; inner surface.
paroiss|e *f* parish; **~ien** *m* parishioner.
parole *f* word; speech; language; **~s** *pl.* dispute; words *pl.* (of a song).
parquer enclose; *auto* park.
parquet *m dr.* bar; French floor; *thé.* orchestra.
parrain *m* godfather.
parsemer strew, stud.
part [pa:r] *f* part, share, portion; *cake, etc.:* piece; **d'une ~** on the one hand; **d'autre ~** on the other hand; **faire ~ de** inform of; **prendre ~ à** participate in; **billet** *m* (*or* **lettre** *f*) **de faire ~** announcement (of a person's birth, marriage, *etc.*); **de la ~ de** on behalf of; from; **à ~** aside, apart; **autre ~** elsewhere; **nulle ~** nowhere; **quelque ~** somewhere.
partag|e [parta:ʒ] *m* division; distribution; share; portion; **~er** share; divide; *fig.* take part in.
partenaire [partənɛ:r] *m* partner.
parterre *m* flower-bed (*or* -garden); *thé.* pit.
parti [parti] *m* party; resolution; profit; *marriage:* match; **~ pris** prejudice; **en prendre son ~** put up with it; **tirer ~ de** make use of; turn to account.
partial [parsjal] partial;

biased; one-sided.
participer à take part in; take a share in.
particul|e *f* particle; **~ier** *m* private person; detail; *adj.* particular; peculiar; private; strange.
partie [parti] *f* part; portion; *dr.* party; game, match; excursion; **en ~** partly; **faire ~ de** be part of, belong to.
partiellement in part; partly; partially.
partir depart; go away; start; go off; leave; be off; set out; pull out; **à ~ de ...** from ... on.
partisan *m* partisan, follower.
partition *f mus.* score.
partout [partu] everywhere; on all sides; **~ où** wherever; **un peu ~** everywhere.
parure *f* ornament; dress, attire.
parven|ir à reach, arrive at; succeed in; **~u** *m* upstart.
pas [pɑ] *m* pace, step, gait; stride; stair; threshold; *fig.* progress; **au ~** slowly; **faux ~** slip; blunder; *adv.* **ne ... ~** not; **ne ... ~ de** no, not any; **~ du tout** not at all; **~ encore** not yet; **~ plus** no more.
passable [pasabl] fair, middling; acceptable.
passag|e [pasa:ʒ] *m* passing, passage; way; thoroughfare; transition; change; crossing (point); **~e à niveau** level crossing, grade crossing; **~e clouté** crosswalk, zebra crossing; **~er** *m* passenger; *adj.* passing, fleeting; **oiseau** *m* **~er** bird of passage.
passant *m* passer-by; **chemin** *m* **~** frequented road.
passe *f*: **être dans une mauvaise ~** be in a tight corner; **mot** *m* **de ~** password.
passé *m time:* past; *adj.* past, finished; faded.
passe|-partout *m* master-key; **~-passe** *m* sleight-of-hand; **~port** [paspɔ:r] *m* passport.
passer pass; go (*or* walk) by; cross; go through; proceed; slip on; exceed; surpass; pass away; go over; spend (*time*); hand, give; **se ~** pass away; pass each other; happen; **se ~ de** do without; **~ pour ...** have the reputation of being ..., be considered ...; **se faire ~ pour ...** give o.s. out to be ...
passereau *m* sparrow.
passerelle [pasrɛl] *f* footbridge; gangway.
passe-temps *m* pastime.
passi|f *m* passive; *com.* liabilities *pl.*; *adj.* passive.
passion [pasjɔ̃] *f* passion; **~nant** exciting, thrilling; **~né** ardent, eager; *m* fan; **~ner** interest keenly, thrill; **se ~ner pour** have a keen interest in, go in for.
passoire *f* strainer.

pastel *m* pastel, crayon.
pastèque [pastɛk] *f* water-melon.
pasteur *m* shepherd; *eccl.* minister.
pasteurisé sterilized.
pastiche *m* imitation.
pastille *f* lozenge.
pastis [pastis] *m* aperitif made from aniseed.
patauger [patoʒe] splash; flounder.
pâte [pɑt] *f* paste, dough.
pâté [pɑte] *m* pie, pasty, meat paste; *houses:* block.
patent [patɑ̃] patent, evident, manifest.
patère *f* hat-peg; coat-peg.
paternel paternal; fatherly.
pâteux doughy; *tongue:* thick.
patience [pasjɑ̃:s] *f* patience; forbearance; **jeu** *m* **de ~** puzzle; *card-game*: solitaire; **prendre ~** be patient.
patient [pasjɑ̃] *m méd.* patient; sufferer; *adj.* patient, forbearing; long-suffering; **~er** have patience, be patient.
patin *m* skate; **~ à roulettes** roller skate; **~age** *m* skating; **~er** skate; **~eur** *m* skater; **~oire** *f* skating-rink.
pâtiss|erie [pɑtisri] *f* pastry; pastry shop; **~ier** *m* pastry-cook.
patois [patwa] *m* dialect.
pâtre *m* shepherd.
patricien *m*, *adj.* patrician.
patrie *f* fatherland, native country; birth-place; home.
patrimoine *m* patrimony.
patron *m* patron; master; employer; *pop.* boss; pattern; stencil; **~age** *m* patronage; protection.
patrouille *f* patrol.
patte *f* paw, foot; *animals:* leg; *pocket:* flap; *pop.* foot (*or* hand) of human being.
paume [po:m] *f hand:* palm; **jeu** *m* **de ~** ballgame.
paupière *f* eyelid.
pause *f* pause, stop; rest; **~-café** coffee-break; **~r** pause.
pauvr|e [po:vr] *m* poor person; *adj.* poor, needy, destitute; **~eté** *f* poverty, destitution, want.
pav|é *m* pavement; paving-stone; *fig.* street; **être sur le ~é** be homeless; *fig.* be out of work; **~er** pave.
pavillon [pavijɔ̃] *m* pavilion; flag.
pavoiser adorn with flags.
pavot *m bot.* poppy.
pay|able due, payable; **~ant** liable to a fee, not free; **~e** [pɛ:j] *f* pay, salary; wages *pl.*; **~ement** *m* payment; **~er** [peje] pay (for); repay; **se ~er** afford; **~eur** *m* payer.
pays [pei] *m* country, land, native country (*or* town); *fam.* countryman; **~age** [peiza:ʒ] *m* landscape, scenery; **~an** [peizɑ̃] *m* peasant.
Pays-Bas *m/pl.* Netherlands.
péage *m* toll; toll-gate; **autoroute** *f* **à ~** toll-road, *Am. a.* turnpike.

peau *f* skin; hide; peel.
pêche[1] *f bot.* peach.
pêche[2] *f* fishing; **~ à la ligne** angling.
péch|é *m* sin; **~é mignon** weak point; **~er** sin.
pêcher fish; **~ à la ligne** angle.
pécheur *m* sinner.
pêcheur *m* fisher.
pédagogique pedagogic(al).
pédale *f* pedal.
pédicure *m, f* chiropodist.
pègre *f* underworld.
peign|e [pɛɲ] *m* comb; **se donner un coup de ~e** comb one's hair; **~er** comb; **~oir** *m* dressing-gown.
peindre [pɛ̃:dr] paint; portray; *fig.* describe.
peine [pɛn] *f* penalty, punishment; pain; grief; toil; labo(u)r; misery; **à ~** scarcely, hardly; **valoir la ~** be worth while.
pein|é grieved; **~er** afflict; **se ~er** toil; take pains.
peint [pɛ̃] painted.
peintre *m* painter.
peinture *f* painting; **attention à la ~!** wet paint!; **~ à l'huile** oil-painting.
péjoratif pejorative.
pelé naked, bare.
pêle-mêle [pɛlmɛl] *m* confusion, disorder; mess; pell-mell; *adv.* helter-skelter; disorderly.
peler peel (off), skin.
pèlerin [pɛlrɛ̃] *m* pilgrim; **~age** *m* pilgrimage.
pelle *f* shovel, dustpan; **ramasser une ~** come a cropper.
pelleter shovel.
pelletier *m* furrier.
pellicule [pɛlikyl] *f* thin skin; *phot.* film; **~ en bobines** roll film; **~s** *pl.* dandruff.
pelote [plɔt] *f wool, etc.*: ball; pincushion; **faire sa ~** *fam.* make one's pile (of money); **se ~r** *fam.* pet, neck.
peloton *m mil.* platoon; **se ~ner** huddle up.
pelouse [plu:z] *f* lawn.
pelu hairy.
peluche [plyʃ] *f* plush.
pelure [ply:r] *f* rind; peel; skin.
pench|ant [pɑ̃ʃɑ̃] *m* slope; *fig.* decline; inclination; liking; **suivre son ~ant** follow one's bent; *adj.* sloping, declining; **~é** leaning, bent; **~er** incline; slope; lean over, tilt; bend (down); **se ~er** stoop; lean out.
pendant [pɑ̃dɑ̃] *m* counterpart; **faire ~ (à)** match; *adj.* hanging; pending; *prp.* during; **~ que** while.
pend|re hang; suspend; **~u** hanged, hung, hanging; suspended.
pendule[1] *m* pendulum.
pendule[2] *f* small clock.
pêne *m* bolt.
pénétrant penetrating; keen; searching; piercing.
pénétrer penetrate; **~ dans** enter; **~ de** fill with; **se ~ de**

become imbued with.
pénible painful; difficult, hard; distressing.
pénicilline *f* penicillin.
péninsule *f* peninsula.
péniten|ce [penitɑ̃:s] *f* repentance; penance; **~t** *m*, *adj.* penitent.
pénombre *f* dusk.
pens|ée [pɑ̃se] *f* thought; *bot.* pansy; **~er** [pɑ̃se] think (**à** of, about); **~eur** *m* thinker; **~if** pensive, thoughtful.
pension [pɑ̃sjɔ̃] *f* pension; boarding-house; room and board; **~ complète** full board; **~naire** boarder; **~nat** *m* boarding-school.
pente [pɑ̃:t] *f* slope; declivity; ascent; descent; *fig.* tendency.
Pentecôte [pɑ̃tko:t] *f* Whitsuntide, Pentecost.
pénurie *f* dearth; penury.
pépier chirp.
pépin *m* *fruit:* pip; *fam.* trouble; **~ière** *f* (tree) nursery.
perçant piercing; penetrating; acute, sharp.
perce-neige *m* *bot.* snowdrop.
percept|eur *m* (tax-) collector; **~ible** noticeable.
percer pierce, bore, drill; tap; stab; open; come out; go (*or* break) through; *fig.* leak out.
percevoir [pɛrsəvwa:r] collect (*taxes*); perceive, sense.
perch|e *f* pole, perch; (**se**) **~er** perch; **~oir** *m* perch.
percolateur *m* percolator.
percussion [pɛrkysjɔ̃] *f* percussion.
perdition *f* loss; waste; perdition; destruction.
perdre [pɛrdr] waste; lose; spoil; *fig.* ruin; **se ~** be lost; lose one's way, get lost; disappear.
perdrix [pɛrdri] *f* partridge.
père *m* father.
péremptoire peremptory.
perfectionn|ement [pɛrfɛksjɔnmɑ̃] *m* perfecting; improvement; **~er** perfect, improve.
perfide perfidious, false.
perforer perforate.
péril [peril] *m* danger; **~leux** dangerous.
périmètre *m* perimeter.
période [perjɔd] *f* period.
periodique *adj.*, *m* periodical.
périr perish.
périssable perishable.
périssoire *f* light canoe.
perl|e *f* bead, pearl; **~er** bead; fall in drops.
perlon *m* perlon.
permanent [pɛrmanɑ̃] permanent; without interruption; **~e** *f* perm.
permanenter: se faire ~ have one's hair permed.
perméable permeable; pervious (**à** to).
permettre permit, allow; enable; make possible; **se ~** take the liberty (**de** of).
permis allowed; *m* permit;

licence; ~ **de conduire** driving licence, *Am.* driver's license; ~ **de séjour** residence permit; ~ **de travail** work permit; **~sion** [pɛrmisjɔ̃] *f* leave; permission; *mil.* furlough.
pernicieux [pɛrnisjø] harmful, pernicious.
perpendiculaire [pɛrpɑ̃dikylɛr] perpendicular.
perpétu|er perpetuate; **~ité** *f* perpetuity; **à ~ité** for ever.
perplexe perplexed; puzzled.
perquisition [pɛrkizisjɔ̃] *f dr.* perquisition; ~ **à domicile** house search.
perron *m* flight of steps (to the front of a building).
perroquet [pɛrɔkɛ] *m* parrot.
perruque [peryk] *f* wig.
persécut|er persecute; worry, pester; **~eur** *m* persecutor; **~ion** *f* persecution.
persévér|ance [pɛrseverɑ̃:s] *f* perseverance; **~er** persevere, persist.
persienne *f* shutter, blind.
persifler banter, chaff.
persil [pɛrsi] *m bot.* parsley.
persister persist.
personn|age [pɛrsɔna:ʒ] *m* character; person, individual; *thé.* part; **~alité** *f* personality; personage.
personne [pɛrsɔn] *f* person; *pron.* anybody, anyone; **(ne)** ~ nobody.
personnel [pɛrsɔnɛl] *m* staff; personnel; *adj.* personal; private.
perspective [pɛrspɛkti:v] *f* perspective, prospect; **en** ~ in view.
perspicac|e clear-sighted; keen; discerning; **~ité** *f* penetration; perspicacity.
persua|der [pɛrsɥade] persuade, convince.
perte *f* loss; ruin; **à** ~ at a loss; **à** ~ **de vue** as far as the eye can see; ~ **de temps** loss of time.
pertinent pertinent; relevant.
perturba|teur *m* perturbator; disturber; **~tion** *f* perturbation; trouble, disorder.
pervertir pervert; corrupt.
pesage *m* weighing; *racecourse:* paddock.
pesant weighty, heavy; **~eur** *f* weight; heaviness (*a. fig.*).
peser weigh; *fig.* consider, dwell upon.
pétard *m* (fire-)cracker.
pétiller crackle; sparkle.
petit [p(ə)ti] *m* little one; baby; child; *adj.* small, little; petty; mean; slight; ~ **à** ~ little by little; gradually; **~e-fille** *f* granddaughter; **~-fils** *m* grandson.
pétrin [petrɛ̃] *m fam.* trouble, mess, tight corner.
pétrir knead; *fig.* mould, form.
pétrol|e *m* petroleum, (mineral) oil; paraffin, *Am.* kerosene; **~ier** *m* tanker; **industrie** *f* **~ière** oil-industry.

pétulant petulant.
peu [pø] *m* small quantity, little; bit; *adv.* little; few; **~ aimable,** *etc.* unkind, *etc.*; **~ de** few; little; **~ à ~** little by little, slowly; **quelque ~** somewhat; **sous ~** soon, before long; **~ de chose** not much.
peupl|e [pœpl] *m* nation, people; **~er** people.
peuplier *m bot.* poplar.
peur [pœ:r] *f* fear, fright; dread; terror; **avoir ~** be afraid, be scared; **de ~ de** for fear of; **de ~ que** lest, for fear that; **faire ~ (à)** frighten; **~eux** [pœrø] timid, fearful.
peut-être perhaps, maybe.
p. ex. (*short for:* **par exemple**) for instance, e.g.
phare *m* lighthouse; searchlight; *auto* headlight.
pharmac|ie [farmasi] *f* pharmacy; **~ien** [farmasjɛ̃] *m* chemist, druggist.
phoque [fɔk] *m* seal.
photogène photogenic.
photo [fɔtɔ] *f* photo; **~copie** *f*, **~copier** photostat, photocopy; **~graphe** *m* photographer; **~graphie** *f* photograph; photography; **~graphier** photograph; **appareil** *m* **~graphique** camera; **~mètre** *m* exposure meter.
phtisie [ftizi] *f méd.* consumption.
physicien [fizisjɛ̃] *m* physicist.
physique [fizik] *f* physics *pl.*; *adj.* physical.
piailler chirp; *child:* squeal, cry.
piano *m* piano; **~ à queue** grand piano.
pic *m* pickaxe; peak; *zo.* woodpecker; **à ~** perpendicularly.
picoter pick; prick; sting; irritate.
pie[1] *f zo.* magpie.
pie[2] pious.
pièce [pjɛs] *f* piece; room; coin; document; *thé.* play; **donner la ~** give a tip; **~ de résistance** principal dish; **~ d'identité** identity card; **~ détachée** (*or* **de rechange**) spare part; **~ jointe** enclosure.
pied [pje] *m* foot; *table, etc.:* leg; **à ~** on foot; **être sur ~** be up; **~-à-terre** *m* temporary lodging; **~s** *pl.* **nus** barefoot.
piège [pjɛ:ʒ] *m* snare, trap.
pierre [pjɛ:r] *f* stone; **~ à briquet** flint; **~ fausse** imitation(-stone); **~ précieuse** precious stone; **~ d'achoppement** stumbling-block.
pierreux stony.
piété *f* piety.
piéton *m* pedestrian.
piétonnière: rues *f/pl.* **~s** pedestrian precinct.
pieu *m* stake, pile.
pieuvre [pjœvr] *f* octopus.
pieux pious, devout.

pigeon [piʒɔ̃] *m* pigeon, dove; **~nier** *m* dove-cot.
pignon *m* pinion; gable.
pile [pil] *f* heap; pile; *élec.* battery; *coin:* reverse; **~ atomique** atomic pile.
piler crush, pound; bruise.
pilier *m* pillar; post.
pill|age [pija:ʒ] *m* plunder; **~er** plunder, ransack, pilfer.
pilori *m* pillory.
pilotage *m* piloting, guiding.
pilote [pilɔt] *m* pilot; **~ d'essai** test pilot; **~r** pilot; guide.
pilule [pilyl] *f* pill.
piment *m* red pepper.
pin *m bot.* pine, fir.
pinacle *m* top, summit, pinnacle.
pinc|e [pɛ̃:s] *f* pinch, pinching; clamp; pincers *pl.*; tongs *pl.*; crow-bar; **~é** affected, stiff; pinched.
pinceau [pɛ̃so] *m paint.* paintbrush.
pinc|er pinch; *fig.* catch; **~ette(s)** *f* (*pl.*) pincers *pl.*, tongs *pl.*, tweezers *pl.*
pinson *m zo.* finch.
pioche *f* pickaxe; **~r** dig; *fam.* grind, cram.
pipe *f* pipe.
piquant *m* thorn, spike; flavo(u)r; pungency; *adj.* pricking, sharp; keen; spicy; pointed; *fig.* witty.
piqu|e [pik] *f* pike, spear; *cards:* spades *pl.*; **~é** wormeaten; *wine:* sour; **~e-nique** *m*, **~e-niquer** picnic; **~er** prick, sting; stitch; *fig.* excite; *fam.* take; **se ~er de** pride o.s. upon; **~et** *m* peg; tent-peg; **~eter** mark with spots; picket; **~ette** *f* poor wine.
piqûre [piky:r] *f* sting, bite; injection, shot.
pire worse; **le ~** the worst.
pirouett|e *f* whirl, whirling, pirouette; **~er** whirl (around); turn (round).
pis[1] [pi] *m* udder.
pis[2] *adv.* worse; **le ~** the worst; **de mal en ~** from bad to worse; **au ~ aller** at the worst.
piscine [pisin] *f* swimming-pool; **~ couverte** indoor swimming-pool.
piste *f* trail, track; **~ (de courses)** racecourse; **~ (de roulement)** *av.* runway, landing-strip.
pistolet *m* pistol.
piston [pistɔ̃] *m* piston, valve; *fig.* pull, backing.
piteux piteous.
pitié *f* pity, compassion; **par ~** out of pity; **sans ~** pitiless.
pitoyable piteous, deserving pity; wretched, pitiful.
pittoresque [pitɔrɛsk] picturesque; pictorial.
pivot *m* pivot; *fig.* central motive.
placard *m* poster, notice; cupboard; **~er** post (*bill*), placard.
place [plas] *f* place; room, space; spot; seat; *in a town:*

square; post; *thé.* reservation; **à la ~ de** instead of; **à votre ~** if I were you.
placement [plasmã] *m com.* investment; selling; **bureau** *m* (*or* **agence** *f*) **de ~** employment agency.
placer put, set; sell; place; *com.* invest; find a place for.
plafond *m* ceiling (*a. av.*); *fig.* maximum.
plage [pla:ʒ] *f* coast, beach, shore; seaside.
plagiat *m* plagiarism.
plaid|er *dr.* plead; **~oyer** *m* speech for the defence.
plaie *f* wound, sore.
plaignant *m dr.* plaintiff.
plaindre [plɛ̃:dr] pity; **se ~ de** complain of.
plaine [plɛn] *f* plain.
plain-pied: de ~ level.
plainte *f* complaint; *dr.* accusation, charge.
plaire [plɛ:r] please; **cela vous plaît?** do you like (*or* enjoy) it?; **s'il vous plaît** please; **se ~ à** take pleasure in.
plaisan|ce [plɛzã:s] *f* pleasure; **~t** pleasant; comical; humorous; **~ter** joke, kid, make fun (of); **~terie** *f* [plɛzãtri] joke; trick, prank.
plaisir *m* pleasure; **faire ~ à q.** please s.o.; **à ~** without reason; wantonly; **avec ~** gladly.
plan [plã] *m* plan; plane; map; scheme; *av.* wing; **arrière ~** background; **premier ~** foreground; **laisser en ~** *fam.* let *s.o.* down; chuck up, drop; *adj.* plane, even; level.
planch|e [plã:ʃ] *f* board; plank; shelf; **~e de bord** *auto* dashboard; **~es** *pl. thé. fam.* stage; **~er** *m* floor; **~ette** *f* small board.
planer hover, soar.
planète *f* planet.
planeur *m av.* glider.
planifier plan.
plant|ation *f* cultivation; plantation; **~e** *f* plant; **~e du pied** sole of foot; **~er** plant; drive in; **~er là** *fam.* leave in the lurch; chuck up.
plaqu|e *f* (door-)plate; badge; **~e commémorative** memorial tablet; **~e d'immatriculation** (*or* **minéralogique**) *auto* number (*or* licence) plate; **~er** plate; veneer; paste, plaster; *fam.* walk out on.
plastron *m* shirt-front.
plat [pla] *m* flat; dish, course; *adj.* flat, dull; level; **à ~** flat; *fig.* depressed.
plateau [plato] *m* tray; tableland; platform; *thé.* stage.
plate-forme *f* platform; flat roof.
platine *m* platinum.
platitude *f* platitude, banal remark.
plâtr|e *m* plaster; **~é** white-washed; **~er** plaster.
plausible [plozibl] plausible.
plébiscite *m* plebiscite.

plein [plɛ̃] *m* full, middle; *adj.* full, filled; whole; complete; **~e saison** high (*or* peak) season; **en ~ air** in the open air; **en ~ été** in the height of summer; **en ~ hiver** in the middle of winter; **en ~ jour** in broad daylight; **en ~e rue** in the open street; **faire le ~ (d'essence)** *auto* fill the tank.

plénipotentiaire *m* plenipotentiary.

plénitude *f* plenitude, ful(l)ness; abundance.

pleurer weep, cry (for); mourn (for).

pleuvoir [pløvwa:r] rain; **il pleut** it is raining.

pli *m* fold; crease; wrinkle; envelope; **~ permanent** permanent press; **sous ce ~** enclosed; *fig.* **prendre un ~** get into a habit; **~able** pliable; folding; **~ant** flexible; folding; supple; *fig.* yielding; **chaise** *f* **~ante** folding chair; **~er** fold, bend; give way; yield; **se ~er à** conform to.

plomb [plɔ̃] *m* lead; shot; plumb-line; *élec.* fuse; **à ~** vertical(ly); **faire sauter le ~** blow the fuse; **~age** *m* plumbing; stopping (*or* filling) of teeth.

plong|ée *f* diving, dive; plunge; slope; **~er** dive; plunge; dip; **~eur** *m* diver.

ployer bend; fold up; yield.

pluie [plɥi] *f* rain; **craint la ~!** to be kept dry!

plum|age [plyma:ʒ] *m* plumage; feathers *pl.*; **~e** *f* feather; quill, pen; **~er** pluck, plume; *fig.* fleece.

plupart *f* the greater part; bulk; majority; **pour la ~** mostly; generally; **la ~ du monde** most people; **la ~ du temps** most of the time.

plus *m* the most; the utmost; *adv.* more; **~ grand** bigger; **le ~ grand** the biggest; **de ~** moreover; **en ~** besides, in addition; **ne ... ~** no more, no longer; not again; **ne ... ~ jamais** never again; **non ~** neither; **tout au ~** at the most; **sans ~ ...** without further ...

plusieurs [plyzjœ:r] several.

plus-value *f* (**plus-values** *pl.*) *value:* increase.

plutôt [plyto] preferably; rather; sooner.

pluvieux rainy.

pneu [pnø] *m* tyre, tire; **~ crevé** flat; **~ de rechange** spare tyre.

pneumonie *f méd.* inflammation of the lungs; pneumonia.

poch|e *f* pocket; bag; pouch; **~é** *egg:* poached; **~ette** *f* pouch.

poêle[1] [pwal] *m* stove.

poêle[2] *f* frying-pan.

poème *m* poem.

poé|sie *f* poetry; **~tique** poetical.

poids [pwa] *m* weight; *fig.*

importance; ~ **brut** gross weight; ~ **léger** light-weight; ~ **lourd** heavy-weight; *auto* (heavy) truck, lorry.
poignard *m* dagger; **~er** stab.
poignée [pwaɲe] *f* handful; handle; hilt; grip; ~ **de main** handshake.
poignet [pwaɲɛ] *m* wrist, cuff.
poil [pwal] *m* hair; bristle; fur, coat; **à** ~ naked; **~u** hairy, shaggy.
poinçon [pwɛ̃sɔ̃]: ~ *m* **de contrôle** hallmark; **~ner** punch; cancel (*ticket*).
poindre dawn; appear; sprout.
poing [pwɛ̃] *m* fist; **coup** *m* **de** ~ punch, blow.
point[1] [pwɛ̃] *m* point; spot; stitch; instant; degree; note; full stop, *Am.* period; **à** ~ *steak:* medium; ~ **de côté** stitches *pl.* in one's side; ~ **de départ** starting-point; ~ **de repère** landmark; ~ **de vue** point of view; ~ **du jour** daybreak; **être sur le** ~ **de** be about to; **sur ce** ~ on that score; ~ **mort** *auto* neutral.
point[2] = **pas**; ~ **du tout** not at all.
point|e [pwɛ̃:t] *f* point; nail; top; foreland; peak; very small quantity; **en ~e** pointed; tapering; **à la ~e du jour** at daybreak; at dawn; **~er** prick; dot; sharpen; point, aim; check, tick off; appear; rise; sprout.
pointill|é *m* dotted line; **~er** dot (*drawing*); **~eux** particular, punctilious, meticulous.
point|u pointed; peaked; sharp; **~ure** *f shoes, gloves, etc.:* size.
poir|e [pwa:r] *f bot.* pear; *fam.* dupe; **~eaux** *m/pl.* leek; **~ier** *m bot.* pear-tree.
pois [pwa] *m bot.* pea; **petits** ~ *pl.* green peas *pl.*; **purée** *f* **de** ~ pea soup; *fig.* dense fog.
poison [pwazɔ̃] *m* poison.
poisson *m* fish; ~ **frit** fried fish; **~nerie** *f* fish shop.
poitrine *f* breast, chest.
poivr|e [pwa:vr] *m* pepper; **~er** pepper; spice.
poix [pwa] *f* pitch.
polaire polar.
pôle *m* pole; ~ **Nord** North Pole; ~ **Sud** South Pole.
poli *m* polish; gloss; *adj.* polite; polished; bright; refined.
police[1] [pɔlis] *f* police; **agent** *m* **de** ~ policeman; **faire la** ~ keep order; ~ **secours** flying squad, *Am.* riot squad.
police[2] *f* (**d'assurance**) insurance policy.
policer civilize; refine.
policier *m* policeman; **roman** *m* ~ detective story.
polir polish; *fig.* cultivate; refine.
polisson *m* scamp; mischievous child; *adj.* naughty.
politesse *f* politeness; civility;

urbanity; good breeding.

politi|cien *m* politician; **~que** *f* politics *pl.*; policy; *adj.* political; *fig.* diplomatic; **économie** *f* **~que** political economics *pl;* **homme** *m* **~que** politician.

Pologne *f* Poland.

polonais Polish; **2** *m* Pole.

poltron *m* coward; *adj.* cowardly; craven.

polycopier multigraph, mimeograph.

pomm|e *f* apple; **~e de terre** potato; **~es** *pl.* **frites** chips *pl.*, French fries *pl.*; **~es** *pl.* **mousseline** mashed potatoes *pl.*; **~es** *pl.* **vapeur** boiled potatoes *pl.*; **~ette** *f* cheekbone; **~ier** *m* apple-tree.

pomp|e *f* pomp; display; parade; pump; **~e à essence** petrol (*Am.* gasoline) pump; **~e à incendie** fire-engine; **~e pneumatique** air-pump; **~er** pump (up); **~es** *pl. fam.* shoes *pl.*, boots *pl.; **~eux*** pompous; **~ier** *m* fireman.

ponct|ion *f* puncture, pricking; **~ualité** *f* punctuality; **~uel** punctual; exact; **~uer** punctuate; point.

pondérer balance; poise.

pondre lay (*eggs*).

poney [pɔnɛ] *m* pony.

pont [pɔ̃] *m* bridge; *mar.* deck; **~ élévateur** *auto* lifting ramp; **~ suspendu** suspension bridge; **~ tournant** swing bridge; **faire le ~** take off the day between two holidays; **~ arrière** rear axle.

ponton *m* pontoon.

popeline [pɔplin] *f* poplin, *Am.* broadcloth.

popul|arité *f* popularity; **~ation** [pɔpylasjɔ̃] *f* population; **~eux** populous.

porc [pɔ:r] *m* pig; pork.

porcelaine [pɔrsəlɛn] *f* china(-ware).

poreux porous, permeable.

port[1] [pɔ:r] *m* port, harbo(u)r; quay; **~ de mer** seaport; **arriver à bon ~** arrive safely.

port[2] *m* carriage; bearing; wearing; postage; **~ de retour** return postage; **~ dû** carriage-forward; **~ payé** post-free, prepaid.

portable portable.

portail *m* portal; chief doorway.

portant supporting; **bien (mal) ~** in good (bad) health; **à bout ~** point-blank.

portatif portable.

porte [pɔrt] *f* door; gate; entrance; **mettre à la ~** turn out; **~ à ~** next door (to each other); **~ cochère** carriage entrance; **~ tournante** revolving door; **~-affiches** *m* notice-board, *Am.* bulletin board; **~-avions** *m* aircraft carrier; **~-bagages** *m* luggage-rack; **~-bonheur** *m* mascot, (lucky) charm; **~-cigarette** *m* cigarette-

holder; **~-documents** *m* attaché-case.
porté: **~ à** inclined to; **~ manquant** reported missing.
portée *f* litter, brood; (power of) comprehension; range, reach, scope; **à (la) ~ de** within (the) reach of; **à la ~ de toutes les bourses** that everybody can afford.
portefaix [pɔrtəfɛ] *m* porter.
porte|feuille [pɔrtəfœj] *m* wallet; *fig.* portfolio; *com.* commercial bills *pl.*; **~man-teau** *m* coatstand; **~-mine** *m* propelling pencil; **~-monnaie** *m* purse; **~-parapluies** *m* umbrella-stand; **~-parole** *m* spokesman; **~-plume** *m* penholder.
porter [pɔrte] bear, carry, wear; support; bring forth; yield; lead; reach; **~ sur** concern; bear on; refer to; **~ à la tête** *wine:* go to the head; **~ sur les nerfs** get on the nerves; **se ~** go, direct o.s.; **se ~ bien** be well; **comment vous portez-vous?** how are you?
porteur *m* bearer, carrier; *com.* holder.
portier *m* door-keeper, porter, doorman, janitor.
portière [pɔrtjɛ:r] *f* door of carriage; door-curtain.
portion [pɔrsjɔ̃] *f* portion; helping; part, share.
portique *m* porch, portico.
portrait [pɔrtrɛ] *m* portrait, likeness.
portugais *adj.*, **≗** *m* [pɔrtygɛ] Portuguese.
Portugal *m* Portugal.
pos|e [po:z] *f* placing, laying, setting up; hanging; attitude; *phot.* time-exposure; *fam.* affectation; **~é** serious; quiet; cautious; staid; sedate; **~emètre** *m* exposure meter.
poser [poze] put, place, lay; hang; rest; pose; **~ une question** ask a question; **se ~ en** play the part of, set (o.s.) up as; **se ~er sur** *bird, etc.:* alight on.
positif [pozitif] *m phot.* print; *adj.* positive; certain; definite, practical.
position [pozisjɔ̃] *f* position; situation.
posséder possess; own; **se ~** contain o.s.
possess|eur *m* owner, possessor; **~ion** *f* possession; ownership; belongings *pl.*
possibilité *f* possibility.
possible [pɔsibl] *m* what is possible; **faire tout son ~** do one's best; *adj.* possible; **pas ~!** you don't say so!; **le plus souvent (vite) ~** as frequently (soon) as possible.
poste[1] [pɔst] *f* post; mail; (**bureau** *m* **de**) **~** post office; **~ aérienne** air mail; **mettre à la ~** post, *Am.* mail (*letter*); **~ restante** poste restante, *Am.* general delivery.
poste[2] [pɔst] *m* post, place; **~**

(**de TSF**) radio, wireless; ~ **de police** police-station; ~ **de secours** first-aid post; ~ **de télévision** television set; ~ **d'essence** service station; ~ **d'incendie** fire house (*or* station).
poster [pɔste] place; post, *Am.* mail.
postér|ieur *m* posterior; *adj.* posterior, later; **~iorité** *f* posterity.
postiche artificial, false.
postuler apply for (*post*); postulate.
posture [pɔsty:r] *f* posture; attitude; position.
pot [po] *m* pot; jug; ~ **au lait** milk-jug; ~ **de lait** jug containing milk; ~ **d'échappement** *auto* silencer, muffler; ~ **aux roses** secret plot; **tourner autour du** ~ beat about the bush.
potable [pɔtabl] drinkable, potable; *fig.* passable; **eau** *f* ~ drinking-water.
potag|e [pɔta:ʒ] *m* soup; **~er** *m* kitchen garden.
potasse *f* potash.
pot-au-feu *m* *cuis.* boiled beef; soup-pot; *fig.* stay-at-home.
poteau *m* post, stake; ~ **indicateur** signpost.
pot|erie [pɔtri] *f* pottery; earthenware; **~erie de grès** stoneware; **~ier** *m* potter.
potion [posjɔ̃] *f* *méd.* potion, draught.
pou *m* louse; **~x** *pl.* lice *pl.*
poubelle *f* dustbin, *Am.* garbage can.
pouce [pus] *m* thumb; big toe; inch.
poudr|e [pudr] *f* powder; dust; **en ~e** powdered, ground; **café** *m* **en ~e** instant coffee; **sucre** *m* **en ~e** castor sugar; **~er** powder; sprinkle; **~eux** powdery; dusty; **~ier** *m* (powder) compact.
pouffer (**de rire**) burst out laughing.
poulailler [pulaje] *m* hencoop; poultry-yard; *thé. pop.* upper gallery.
poulain *m* colt, foal.
poule [pul] *f* hen; ~ **d'Inde** turkey-hen; **chair** *f* **de** ~ goose-flesh.
poulet [pulɛ] *m* chicken; *fam.* letter.
pouls [pu] *m* pulse.
poumon *m* lung, lungs *pl.*
poupe *f* *mar.* poop; stern.
poupée *f* doll; puppet.
pour [pu:r] for; to; in order to; on account of; in the interest of; ~ **cent** per cent; ~ **que** in order that.
pour|boire *m* gratuity, tip; **~centage** *m* percentage.
pourparler *m* parley; conference; negotiations *pl.*
pourpr|e [purpr] *m* purple colour; *adj.* purple, crimson; **~é** purple.
pourquoi [purkwa] *m* cause; reason; *adv.* (*a. cj.*) why; what for; wherefore; **c'est ~, voilà**

~ that is why.
pourr|i rotten; **~ir** grow rotten; decay; *fig.* corrupt; **~iture** *f* rottenness; *fig.* corruption.
poursui|te [pursɥit] *f* pursuit; chase; *dr.* proceedings *pl.*; **~vre** [pursɥi:vr] pursue; chase; follow; go on with; continue; *dr.* prosecute; **se ~vre** follow its course.
pourtant [purtɑ̃] however, still.
pourtour *m* circumference.
pourvoir: ~ à provide for; see to; **~ de** supply (*or* provide) with.
pourvu que provided that.
pouss|e *f* growth; shoot, sprout; **~ée** *f* push; pressure; **~er** push; drive; shove; thrust; urge; utter (*cry*); heave (*sigh*); push on (*work*); grow; sprout; **~ette** *f* baby-carriage.
poussière *f* dust.
poutre *f* beam.
pouvoir [puvwa:r] *m* power; influence; authority; government; **~s** *pl.* competence; *v.* be able; be allowed; have power; **je peux** I can, I may; **se ~** be possible; **cela se peut** that may be; **il se pourrait que** it might happen that.
prairie [preri] *f* meadow.
praline *f* burnt almond.
pratiqu|able practicable; feasible; passable (*road*); *thé.* real; **~e** [pratik] *f* practice; experience; method; custom; routine; conduct; *adj.* practical, useful; **~er** practise; exercise (*profession*); make; frequent; contrive; cut (*road*).
pré *m* small meadow.
préalable *m* preliminary; **au ~** previously; *adj.* previous, preliminary.
préavis *m* forewarning; **sans ~** without notice.
précaire precarious; uncertain; unsettled.
précaution [prekosjɔ̃] *f* precaution; prudence; caution; **~s** *pl.* precautionary measures *pl.*; **se ~ner contre** take precautions against.
précéd|ent [presedɑ̃] *m* precedent; *adj.* preceding, previous, former; **sans ~ent** unheard(-of); **~er** precede; go before; have precedence of.
précept|e *m* precept; rule; **~eur** *m* tutor; teacher.
prêch|er preach; extol; **~eur** *m* preacher.
précieux [presjø] precious, costly, valuable.
précipice [presipis] *m* precipice, chasm.
précipit|amment [presipitamɑ̃] precipitantly, hastily, hurriedly; **~ation** *f* haste, hurry; **~é** precipitate, hasty, rash; **~er** precipitate; hurry; throw down; **se ~er sur** (*or* **dans**) rush upon (*or* into).
précis [presi] *m* résumé, summary; *adj.* precise,

accurate; exact; **~ément** precisely, exactly, just so; **~er** state precisely; specify; **~ion** *f* precision; preciseness.
précité above-mentioned, aforesaid.
précoc|e [prekɔs] precocious, early; **~ité** *f* precocity.
préconçu preconceived; *opinion:* foregone.
précurseur *m* precursor, forerunner.
prédécesseur *m* predecessor; **~s** *pl.* ancestors *pl.*
prédestiner predestinate; predetermine.
prédica|teur *m* preacher, predicant; **~tion** *f* preaching; sermon.
prédiction *f* prediction; prophesy.
prédilection [predilɛksjɔ̃] *f* predilection, preference; taste; **de ~** favo(u)rite.
prédire predict, foretell; prophesy.
prédominer predominate, prevail.
prééminent [preeminɑ̃] pre-eminent; promising; superior.
préface *f* preface; foreword.
préfecture *f* prefecture; administrative district (in France); **~ de police** police headquarters *pl.*
préfér|able preferable; **~ence** *f* preference; **de ~ence** preferably.
préférer [prefere] prefer (**à** to); like better; **je ~ais ...** I would rather....
préfet *m* prefect; **~ de police** chief of the police.
préjudic|e [preʒydis] *m* injury; wrong; damage; **au ~e de** to the prejudice of; **sans ~e de** without prejudice to; **~iable** prejudicial; injurious.
préjugé [preʒyʒe] *m* prejudice.
prélever [prelve] deduct (*money*) previously; set apart (in advance); take (*sample*).
préliminaire *m, adj.* preliminary.
prélude [prelyd] *m* prelude.
prématur|é premature; **~ité** *f* precocity.
préméditer premeditate.
premier [prəmje] *m* first; leader; first floor, *Am.* second floor; *adj.* first; **~ ministre** Prime Minister, premier; **au ~ abord** at first sight; **en ~ lieu** in the first place.
première [prəmjɛ:r] *f thé.* first performance; first night; *adj.* first (*f*).
prémonition [premɔnisjɔ̃] *f* premonition, foreboding.
prendre [prɑ̃:dr] take, seize; take, have (*bath, etc.*); eat, drink; freeze; take root; catch (*cold*); buy (*ticket*); make (*decision*); *milk:* curdle; **~ le dessus** get the upper hand; **aller ~ q.** call for somebody; **~ congé de** take leave of, say good-bye to; **~ en mauvaise part** take amiss; **~ à droite (gauche)** turn to the right (left); **à tout ~** on

the whole; **s'en ~ à** blame; **se ~** get caught; **s'y ~** go about it, manage.
prénom [prenɔ̃] *m* Christian name, first name.
préoccuper preoccupy; worry, trouble; care about.
prépar|atifs *m/pl.* preparations *pl.*, arrangements *pl.*; **~ation** *f* preparation, preparing; **~er** prepare (for), get ready.
prépondéran|ce *f* preponderance; **~t** preponderant; **voix** *f* **~te** casting vote.
prépos|é *m*, **~ée** *f check room, etc.:* attendant; **~er à** put in charge of.
prérogative [prerɔgati:v] *f* prerogative, privilege.
près [prɛ] near, close; **~ de** close to, near; nearly; **à ... ~** except for ...; **à peu ~** nearly, just about; **de ~** closely; **tout ~** very near.
présage [preza:ʒ] *m* omen, foreboding.
presbyte *méd.* long-sighted, *Am.* far-sighted.
prescription [prɛskripsjɔ̃] *f* regulation(s *pl.*), direction(s *pl.*); *dr.* limitation.
prescrire prescribe, order.
présence [prezɑ̃:s] *f* presence; attendance; **en ~ de** in the presence of; in view of.
présent [prezɑ̃] *m* present time; *adj.* present; **à ~** at present, right now; **pour le ~** for the time being; **~ation** *f* presentation; introduction; *com.* get-up; **~er** present; introduce.
préserver de preserve (*or* save) from; protect from.
présid|ence *f* presidency; chairmanship; **~ent** [prezidɑ̃] *m* president; chairman; **~er** (**à**) preside over (*or* at).
présompt|if presumptive; **héritier** *m* **~if** heir apparent; **~ion** *f* presumption; **~ueux** presumptuous.
presque [prɛsk] almost; nearly; **~ jamais** hardly ever; **~ rien** hardly anything.
presqu'île *f* peninsula.
pressant pressing, urgent.
presse [prɛs] *f* crowd; (printing) press.
pressé [prese] in a hurry; urgent; pressed, squeezed; **citron** *m* **~** lemon squash, lemonade.
pressent|iment *m* presentiment, misgiving; **~ir** foresee; have a presentiment of.
presse-papiers *m* paperweight.
presser press; squeeze; hug; urge on; rush; hasten; hurry; **se ~er** throng; hurry.
pression [prɛsjɔ̃] *f* pressure; **~ arterielle** blood pressure; **~ atmosphérique** atmospheric pressure; **~ d'huile** oil pressure; **~ des pneus** tire pressure; **bouton** *m* **à ~** patent fastener; **bière** *f* **(à la) ~** draught (*Am.* draft) beer; **groupe** *m* **de ~** pressure group, lobby.

pressurer press, squeeze; *fig.* oppress.
prestige [prɛsti:ʒ] *m* prestige.
présumer presume, assume.
prêt [prɛ] *m* loan; *adj.* ready; prepared; **~-à-porter** *m* ready-made clothes *pl.*
préten|dre [pretɑ̃dr] pretend; claim; maintain; **~dre à** aim at; aspire to; **~du** alleged, pretended, would-be; **~tieux** pretentious; assuming; **~tion** *f* pretension; claim.
prêter [prete] lend; ascribe, attribute; stretch; **~ la main** give help; **~ serment** take an oath; **~ attention** pay attention; **~ à** give rise to; be fit for; **se ~** lend o.s. to.
prêteur *m* **sur gages** pawnbroker.
prétexte *m* pretext; excuse.
prêtre *m* priest.
preuve [prœ:v] *f* proof; testimony; test; evidence; **faire ~ de** show, display.
prévaloir prevail; **se ~ de** take advantage of.
préven|ance [prevnɑ̃:s] *f* obligingness, kindness; civility; **~ant** engaging, obliging, considerate.
préven|ir [prevni:r] inform; warn; prejudice; anticipate; prevent; **~tif** preventive; **~tion** *f* prejudice; prevention; safety measures *pl.*; *dr.* custody; **~u** *m dr.* accused person; *adj.* warned; prejudiced.
prévision *f* prevision; supposition; **~s** *pl.* **météorologiques** weather-forecast.
prévoir [prevwa:r] foresee; anticipate; provide for; plan, design.
prévoyan|ce *f* foresight; **~ce sociale** public assistance; **~t** prudent, provident.
prévu: comme ~ according to plan.
prier [prie] pray (to); beg; **je vous en prie!** (if you) please!
prière [priɛ:r] *f* prayer; entreaty, request.
primaire primary.
prim|e [prim] *f* premium, bonus; prize; bounty; gift; *adj.* first; **de ~e abord** at first sight; **~é** [prime] prizewinning, prize ...; **~er** surpass; **~eurs** *f/pl.* early fruit, early vegetables *pl.*
primevère *f bot.* primrose.
primordial [primɔrdjal] essential, capital.
prince [prɛ̃s] *m* prince.
princip|al *m* principal (thing); main (point); capital (money); *adj.* principal, chief, main; **~e** *m* principle; origin; **dès le ~e** from the very first.
printemps [prɛ̃tɑ̃] *m* spring, springtime.
priorité *f* priority; **~ (de passage)** right of way.
prise [pri:z] *f* capture; taking; hold; influence; *méd.* dose; **~ de contact** first (preliminary) talks *pl.*; **~ de corps** arrest; **~ de courant** wall-

socket; ~ **d'eau** fire-plug; ~ **en considération** consideration, regard; **donner ~ à** expose o.s. to (*criticism, etc.*); **être aux ~s avec** grapple with.
pris|er estimate, value, prize; **~eur** *m* appraiser.
prison [prizɔ̃] *f* prison, jail; **~nier** *m* prisoner.
privation [privasjɔ̃] *f* privation, want.
privauté *f* familiarity; **~s** *pl.* liberties *pl.*
priv|é private; confidential; tame; **~é de** bereft of; **~er de** deprive of.
prix [pri] *m* price; cost; value; prize; award; **à tout ~** at any price; **au ~ de** at the cost of; **~ à débattre** asking price; nearest offer; **~ courant** market price; price-list; **~ coûtant** cost price; **~ du voyage** fare; **~ élevé** steep price; **~ unique** standard price; **~fixe** fixed price; **à vil ~** under price; *fam.* dirt-cheap; **hors de ~** extravagantly dear; **~ de gros** wholesale price; **dernier ~** lowest price.
probab|ilité *f* probability; **~le** [prɔbabl] probable.
probant convincing.
probité *f* honesty; integrity; probity.
problème [prɔblɛm] *m* problem; question.
procéd|é *m* proceeding, process, dealings *pl.*; **~er** act; **~er de** proceed from; **~ure** *f* practice; *dr.* proceedings *pl.*
procès [prɔsɛ] *m dr.* lawsuit; **~-verbal** minutes *pl.*; *police:* report.
processus [prɔsesys] *m* process.
prochain [prɔʃɛ̃] *m* fellow-being; *adj.* next; neighbo(u)ring; nearest; **~ement** shortly, soon.
proche [prɔʃ] near, close; at hand; **~ de** near, close to; **~s** *m/pl.* relatives *pl.*
procur|ation *f* power (of attorney); proxy; **~er** procure, obtain; **se ~er** get for o.s.; **~eur** *m dr.* attorney; public prosecutor.
prodigieux prodigious; amazing.
prodigu|e [prɔdig] *m*, *adj.* spendthrift, prodigal; **~er** lavish; squander.
produ|cteur *m* producer; **~ctif** productive; fruitful; **~ction** [prɔdyksjɔ̃] *f* production; output; **~ire** produce; cause; bring forth; yield; **se ~ire** happen, occur; appear; *thé.* perform.
produit [prɔdɥi] *m* product, produce; proceeds *pl.*; **~s** *pl.* **de beauté** cosmetics *pl.*
proférer utter, express.
profess|er profess; teach; practise; **~eur** *m* professor; master; teacher.
profession [prɔfɛsjɔ̃] *f* profession; occupation, trade; **~nel** *adj.*, *m* professional.

profit [prɔfi] *m* gain, benefit; profit; **~s** *pl.* **et pertes** *pl. com.* profit and loss; **~able** [prɔfitabl] profitable.

profiter [prɔfite] get on, thrive; **~ à** be profitable to; **~ de** profit by; take advantage of; make good use of, seize (*opportunity, etc.*).

profond deep, profound; **~eur** depth.

profusion [prɔfyzjɔ̃] *f* profusion, abundance.

programme [prɔgram] *m* program(me); list; bill; **~ divertissant** *radio* light program.

progrès [prɔgrɛ] *m* progress; advancement; improvement.

progressif [prɔgrɛsif] progressive.

prohibit|er prohibit, forbid; **~ion** *f* interdiction; prohibition.

proie [prwa] *f* prey; **en ~ à** a prey to, affected by.

projecteur *m* searchlight; projector.

projectile [prɔʒɛktil] *m* projectile, missile.

projection *f* projection; **éclairage** *m* **par ~** floodlight(ing).

projet [prɔʒɛ] *m* plan; project; design; **à l'état de ~** in the blueprint stage; **~er** [prɔʒte] plan, project; design; cast, throw.

prolét|aire *m* proletarian; **~ariat** *m* proletariat.

prolixe diffuse, wordy.

prolong|ation [prɔlɔ̃gasjɔ̃] *f* prolongation; extension; *sport* extra time; **~er** lengthen, prolong; **se ~er** continue, go on, last.

promenade [prɔmnad] *f* walk; promenade; trip; ride; excursion; **~ en voiture** drive; **faire une ~** go for a walk (trip, *etc.*).

promen|er [prɔmne] take for a walk (drive, *etc.*); **se ~er** (go for a) walk; **~eur** *m* walker.

promesse *f* promise; pledge; *com.* promissory note; **tenir sa ~** keep one's word.

prometteur attractive, promising.

promettre promise.

promis promised.

promontoire *m* promontory, headland.

promouvoir [prɔmuvwa:r] promote.

prompt [prɔ̃] quick; speedy; **~itude** [prɔ̃tityd] *f* promptness; promptitude; speed.

promulguer [prɔmylge] promulgate; issue.

prononc|é pronounced, decided, marked; **~er** pronounce, utter; **se ~er** speak out; give one's opinion (*or* decision); **~iation** *f* pronunciation.

propagande *f* propaganda; advertising, publicity.

propagation [prɔpagasjɔ̃] *f* diffusion, spreading, propagation.

propension *f* propensity.

propice favo(u)rable.
proportion [prɔpɔrsjɔ̃] *f* proportion, ratio; size.
propos [prɔpo] *m* resolution; talk; remark; *fam.* gossip; **à ~** at the right moment; to the point; **à ~!** by the way!; **à ~ de ...** speaking of ...; **mal à ~** ill-timed, out of place.
propos|er propose, suggest; offer (*price*); *parl.* move (*resolution*); **se ~er** intend (**de** to); **~ition** *f* proposal; motion; suggestion.
propre [prɔpr] *m* characteristic; proper sense; *adj.* proper, clean; suited; own; **mot** *m* **~** right word; **nom** *m* **~** proper name; **sens** *m* **~** literal meaning; **~ à** qualified for, fit for; **~té** *f* cleanliness, tidiness.
propriét|aire *m* proprietor, owner; landlord; **~é** *f* property; nature, quality; propriety; fitness; **~é privée** private property.
propulser propel, drive.
proroger prolong; adjourn.
proscrire proscribe; outlaw, banish.
prospectus [prɔspɛktys] *m* prospectus, handbill.
prospère prosperous, successful, flourishing.
prospér|er prosper, thrive; succeed; **~ité** *f* prosperity.
protagoniste *m* protagonist, principal character.
protecteur *m* protector, patron.
protéger protect, shelter (**de, contre** from, against).
protest|ant [prɔtɛstɑ̃] *m, adj.* Protestant; **~ation** *f* protest; protestation; **~er** protest.
protêt *m com.* protest.
proue *f mar.* prow, bow.
prouver [pruve] prove, make good.
provenance [prɔvnɑ̃:s] *f* origin.
proven|ant de proceeding from; **~ir** arise, proceed.
proverbe *m* proverb, saying.
province [prɔvɛ̃:s] *f* province; country.
provision [prɔvizjɔ̃] *f* provision, stock, store; **~s** *pl.* provisions *pl.*, supplies *pl.*; **faire ses** (*or* **aller aux**) **~s** do one's shopping.
provisoire [prɔvizwar] provisional, temporary.
provoc|ant provoking; provocative, aggressive; **~ateur** *m* provoker, aggressor; *adj.* provoking.
provoquer incite, challenge; provoke; cause; entail, bring on.
proximité *f* proximity, nearness; **à ~ de** in the neighbo(u)rhood of.
pruden|ce [prydɑ̃:s] *f* caution, discretion, carefulness; **~t** careful, cautious; advisable.
pruderie *f* coyness; prudishness.
prun|e [pryn] *f* plum; **pour des ~es** *pop.* for nothing;

~eau [pryno] *m* prune; *pop.* bullet; **~ier** *m bot.* plum-tree.
psaume [pso:m] *m* psalm.
pseudonyme *m* pseudonym; fictitious name.
psychanalyser [psikanalizer]: **se faire ~** have o.s. analysed.
psychanalyste [psikanalist] *m* (psycho)analyst.
psychiatre [psikiatr] *m* psychiatrist.
psycholog|ie [psikɔlɔʒi] *f* psychology; **~ique** psychological; **~ue** *m* psychologist.
puant stinking; fetid; disgusting; **mensonge** *m* **~** impudent lie; **~eur** *f* stench, offensive smell.
publi|c [pyblik] *m*, *adj* public; **~cation** *f* publication; publishing; **~ciste** *m* publicist, journalist; advertising agent; **~cité** *f* publicity, advertising; (**film** *m* **de**) **~cité** commercial; **office** *m* **de ~cité** advertising office; **~er** publish; bring out.
puce *f* flea; (**marché** *m* **aux**) **~s** *pl.* flea-market.
pudeur *f* bashfulness; modesty; sense of decency; **sans ~** shameless.
pudicité *f* chastity.
pudique chaste, modest.
puer [pɥe] stink; smell badly, reek; **~ l'alcool**, *etc.* stink of alcohol, *etc.*
puéril childish, puerile.
puis [pɥi] then, afterwards, next; **et ~** and then, besides.
puiser draw (*water*); *fig.* **~ dans** draw on.
puisque [pɥiskə] as, since, seeing that.
puissamment powerfully.
puissance [pɥisɑ̃:s] *f* power, strength; **~ au frein** brake power; **~ d'achat** purchasing power; **~ en chevaux** horsepower; **~ lumineuse** illuminating power.
puissant [pɥisɑ̃] powerful; mighty, strong.
puits [pɥi] *m* well; *mine:* shaft; **~ d'aérage** air shaft.
pull-over [pylɔvɛr] *m* pullover.
pulluler swarm; multiply.
pulsation *f* pulsation.
pulvéris|er reduce to dust; annihilate, smash; atomize; **~ateur** *m* atomizer.
punaise *f* bug; drawing-pin, *Am.* thumbtack.
pun|ir punish, chasten; **~ition** *f* punishment; **pour ~ition** as a punishment.
pupille [pypil] *m* pupil (of the eye).
pupitre *m* desk; lectern.
pur [py:r] pure, genuine; stainless; mere; *liquor:* neat, straight; **en ~e perte** to no purpose; **par ~e bonté** out of sheer kindness; **~e sottise** downright nonsense.
purée [pyre] *f* thick soup; mash.
pureté *f* [pyrte] purity; innocence; chastity.
purgat|if *m méd.* purgative;

adj. purging; **~oire** *m* purgatory.
purger [pyrʒe] *méd.* purge; purify; *fig.* cleanse; clear (**de** of).
purifi|cation *f* purification; **~er** purify, cleanse, refine; **se ~er** become refined.
pur-sang *m* thoroughbred.
pus [py] *m méd.* pus, matter.
pustule [pystyl] *f méd.* pimple, pustule.
putré|faction *f* putrefaction; **~fier** putrefy; rot; decompose; **se ~fier** become rotten, rot away.
putride putrid.
pyjama [piʒama] *m* pyjamas *pl.*, *Am.* pajamas *pl.*
pylône [pilo:n] *m* pylon, tower.
pyramide *f* pyramid.
Pyrénées [pirene] *f/pl.*: **les ~** the Pyrenees.

Q

quadrangulaire [kwadrɑ̃gylɛ:r] quadrangular.
quadrillé [kadrije] chequered.
quadruple [kwadrypl] fourfold, quadruple.
quai [ke] *m* quay; wharf; *river:* embankment; *ch.d.f.* platform.
qualifier qualify; call.
qualité [kalite] *f* quality; property; excellence; rank; title; **~ de membre** membership; **en ~ de** in one's capacity of.
quand when; whenever; **depuis ~?** since when?; **~ même** all the same; nevertheless.
quant à as for, as far as ... is concerned.
quantième *m* date; day of the month.
quantit|atif quantitative; **~é** *f* quantity; amount.
quarantaine *f* about forty; quarantine.
quarante [karɑ̃t] forty.
quart [ka:r] *m* quarter; *mar.* watch; **~ d'heure** quarter of an hour.
quartier [kartje] *m* quarter; piece; part; neighbo(u)rhood, district; **~ (Latin)** students' quarter in Paris; **~ résidentiel** residential quarters *pl.*; **bureau** *m* **de ~** branch office; **~ général** *mil.* headquarters *pl.*
quatorz|e [katɔrz] fourteen; **~ième** fourteenth.
quatre [katr] four.
quatre-vingt-dix ninety.
quatre-vingts eighty.
quatrième fourth.
quatuor [kwatyɔ:r] *m mus.* quartet(te).
que *pron.* which, whom, that; when; what?; *cj.* that; whether; *adv.* how, how much; **afin ~** in order that; **de sorte ~** so that; **ne ... ~** but, only, merely.

quel(le) what, which; whoever; **quel dommage!** what a pity!; **quelle heure est-il?** what time is it?
quelconque [kɛlkɔ̃:k] whatever; undistinguished, commonplace.
quelque *adj.* some; any; a few; **~s** *pl.* some, a couple of; **~ chose (de bon)** something (good); *adv.* some, nearly; what; **~ ... que** however; **~ part** somewhere.
quelquefois sometimes.
quelqu'un(e) some one, any one; **quelques-uns** *m/pl.*, **-unes** *f/pl.* some, any.
querell|e [kərɛl] *f* quarrel, row, brawl; **chercher ~e à** pick a quarrel with; **~er** scold; **se ~er** quarrel; **~eur** quarrelsome.
qu'est-ce que? what?; **~ c'est?** what is this?
qu'est-ce qui? what?; *fam.* who?
question [kɛstjɔ̃] *f* question; **... en ~** ... in question, ... involved; **mettre en ~** doubt; **~naire** *m* questionnaire; form; **~ner** question.
quêt|e *f* quest; collection (in church, *etc.*); **~er** seek for; make a collection.
queue [kø] *f* tail; end; *billiards:* cue; *mil.* rear; *bot.* stem, stalk; **à la ~ leu leu** in file; **en ~** in the rear; **faire la ~** queue up, *Am.* line up.
qui who, whom, which, that; **à ~ est-ce?** whose is it?
quiche [kiʃ] *f* **(lorraine)** pastry filled with cheese, beaten eggs, diced ham, *etc.*
quiconque [kikɔ̃:k] whoever; whosoever; whomever; whomsoever.
quiétude *f* quietness.
quille[1] [ki:j] *f* ninepin; skittle.
quille[2] *f mar.* keel.
quincaill|er *m* ironmonger; **~erie** [kɛ̃kajri] *f* ironmongery, hardware; hardware store (*or* shop).
quinine *f* quinine.
quintal *m* hundredweight.
quinte [kɛ̃t] *f* fit (of coughing); *mus.* fifth; *fig.* sudden whim.
quintessence [kɛ̃tesɑ̃:s] *f* quintessence; *fig.* essential part.
qui-vive [kivi:v] *m*: **être sur le ~** be on the alert.
quinteux moody, crotchety, fretful.
quintuple quintuple, fivefold.
quinzaine [kɛ̃zɛn] *f* about fifteen; *a.* fortnight.
quinze [kɛ̃:z] fifteen; **~ jours** *m/pl.* fortnight.
quinzième fifteenth.
quittance [kitɑ̃:s] *f* receipt; discharge; **donner ~** give a receipt.
quitt|e clear, rid, quit (of debts); **nous sommes ~es** we are even; **~e à** at the risk of; **~er** leave; **ne ~ez pas!** *telephone:* hold the line!; **se ~er** part.
quoi [kwa] what, which; that;

~! what!; ~ **donc!** what then!; **à ~ bon** what for, for what; **avoir de ~** *fig.* be comfortably off; **de ~** whereof; of which; **pas de ~!** don't mention it!; **~ qu'il arrive** whatever may happen; **~ qu'il en soit** at any rate; **sans ~** or else; **sur ~** whereupon.
quoique [kwakə] though, although.
quote-part *f* share, quota.
quotidien [kɔtidjɛ̃] *m* daily paper; *adj.* daily, everyday, quotidian.
quotité *f* part, share.

R

rabâcher repeat, rehash, harp on.
rabais [rabɛ] *m* discount, reduction, cut.
rabaisser reduce; disparage; humble.
rabatt|re turn down, lower; beat down; flatten; deduct (**de** from *price*); **se ~re sur** fall back upon; **~u** turned down, *etc.*
râblé strong, sturdy.
rabot [rabo] *m* plane; **~er** plane, smooth; **~eux** rough, uneven; knotty.
rabougri stunted; skimpy.
racaille *f* rabble, riff-raff.
raccommoder mend, darn.
raccord *m* joining; **~ement** *m* connection; *ch.d.f.* junction; **~er** connect.
raccourci *m road, etc.*: short cut; *book, etc.*: abridgement, digest; **... en ~** a summary of ... ; **~r** shorten.
raccrocher hang up again; *fam.* recover; retrieve; *télé.* ring off; **se ~ à** cling to; hang on to.
race [ras] *f* race; tribe; breed; **de ~** pedigreed, pure-bred.
rachat [raʃa] *m* repurchase; redemption.
racheter [raʃte] buy back; redeem; make up for.
racine [rasin] *f* root; *fig.* origin; beginning; **prendre ~** take root.
racler scrape, rake; **se ~ la gorge** clear one's throat.
raconter relate, tell.
rade [rad] *f mar.* roadstead.
radeau [rado] *m* raft, float.
radi|aire radiate; **~ateur** *m* radiator (*a. auto*); *élec.* heater; **~ation** [radjasjɔ̃] *f* radiation; **~er** efface, cross out; **~eux** radiant; *fig.* beaming (with joy).
radio [radjo] *f* radio, wireless (set); X-ray photograph; **~-diffusion** *f* broadcasting (station); **~graphie** *f* X-ray (photograph); **~graphier** X-ray; **se faire ~graphier** have o.s. X-rayed.
radis *m bot.* radish.
radoucir soften, appease; pac-

ify; mollify.

rafale [rafal] *f* gust, squall.

raffermir strengthen; harden; secure.

raffin|age *m sugar:* refining; *oil:* distilling; **~ement** *m* refinement; polish; subtleness; **~é** refined, subtle; shrewd; **~er** refine; **~erie** [rafinri] *f* refinery.

raffoler de be wild about; dote upon.

rafraîch|ir refresh, cool; freshen up; **~issement** *m* cooling; refreshment.

rag|e [ra:ʒ] *f* hydrophobia; frenzy, fury; rage, intensive suffering; **~e de dents** violent toothache; **~er** *fam.* rage, fume; **~eur** *m* ill-tempered person.

ragoût [ragu] *m cuis.* stew; **peu ~ant** disgusting.

raid|e [rɛd] stiff; inflexible; steep; rigid; *fig.* unyielding; *fam.* exaggerated; **~eur** *f* stiffness; steepness; *fig.* inflexibility; tenacity.

raidir stiffen; **se ~** get stiff; **se ~ contre** resist, offer resistance to.

raie [rɛ] *f* line, streak; *hair:* parting.

raifort [rɛfɔ:r] *m* horse-radish.

rail [rɑ:j] *m* rail.

raill|er [rɑje] make fun of, laugh at; **~erie** *f* joking, jest, banter.

raisin [rɛzɛ̃] *m* grape; **~s** *pl.* **secs** raisins *pl.*

raison [rɛzɔ̃] *f* reason; sense; cause; motive; rate; *dr.* claim; **~ sociale** *com.* firm (name); **avoir ~** be right; **à plus forte ~** so much the more; **avoir ~ de** get the better of; **en ~ de** in consideration of; **donner ~ à** decide in favo(u)r of; **~nable** reasonable, fair; judicious; sensible; *price:* moderate; **~nement** *m* reasoning, argument; **~ner** argue; reason (with).

rajeunir [raʒœni:r] rejuvenate.

rajouter add (again); **en ~** exaggerate, overdo.

rajuster readjust; put to rights; *fig.* reconcile.

ralent|i [ralɑ̃ti] *m* slow motion; **au ~i** at a slow pace (*or* rate); *adj.* slow(er); **~ir** slacken; slow down.

rallier [ralje] rally; rejoin; **se ~** rally.

rallonger lengthen.

rallumer relight, rekindle; **se ~** *fig.* break out again.

ramass|age *m* collection; **~er** pick up; gather, collect; **se ~er** roll o.s. up; crouch; pick o.s. up.

rame [ram] *f* oar.

rameau *m* bough; **dimanche** *m* **des ~x** Palm Sunday.

ramener bring back, take home; *fig.* restore.

ram|er row; **~eur** *m* rower; oarsman; **~eux** branchy; **~ification** *f* ramification;

subdivision; **se ~ifier** ramify.
ramollir soften; *fig.* enervate; **se ~** get soft; *fig.* relent.
ramoneur *m* chimney-sweep.
rampant [rɑ̃pɑ̃] creeping; *fig.* cringing, servile.
rampe [rɑ̃:p] *f* flight of stairs *pl.*; banisters *pl.*, rail; incline, slope; *thé.* footlights *pl.*
ramper creep, crawl; *fig.* grovel, cringe.
ramure *f* branches *pl.*; antlers *pl.*
rance [rɑ̃:s] rancid.
rancir get rancid.
rancœur [rɑ̃kœ:r] *f* ranco(u)r.
rançon [rɑ̃sɔ̃] *f* ransom.
rancune *f* grudge; spite.
randonnée *f* excursion, trip, outing.
rang [rɑ̃] *m* rank; row; order; **de premier ~** first-class; **~ social** social status.
rangée [rɑ̃ʒe] *f* row, line.
ranger [rɑ̃ʒe] range; class; set in order, put away; arrange; **se ~** stand aside; place o.s.; get out of the way; *fig.* reform.
ranimer revive; rouse.
rapace rapacious; greedy.
râp|e *f* rasp, grater; **~é** grated; threadbare, shabby; **~er** grate, rasp.
rapid|e [rapid] *m* rapid; *ch. d. f.* fast train, *Am.* express train; *adj.* rapid, swift, speedy; fast; **~ité** *f* rapidity, speed.
rapiécer [rapjese] mend, patch.
rappel *m* recall; revocation; roll-call; **~ à l'ordre** *parl.* call to order; **~er** [raple] call back; recall, remind; muster (*courage*); **~er à la vie** restore to life; **se ~er qc.** remember s.th.
rapport [rapɔ:r] *m* produce, yield; revenues *pl.*; report; account; **par ~ à** in comparison with; **~er** bring back; bring in; produce; yield; be profitable, pay; report; cancel; **se ~er à** refer to; correspond with; tally; **s'en ~er à** rely upon; **~eur** *m* reporter; stenographer; *fam.* telltale, informer.
rapprochement [raprɔʃmɑ̃] *m* reconciliation relation; comparison.
rapprocher bring together; **~ de** bring close to; **se ~** approach; come near (**de** to); *fig.* get reconciled.
rapt *m* kidnapping.
raquette *f sport* racket.
rar|e scarce, rare; unusual, uncommon; few; *hair:* thin; **se ~éfier** become scarce; **~ement** [rarmɑ̃] seldom; **~eté** [rarte] *f* rarity; scarceness.
ras [rɑ] short-haired; close-shaven; smooth; open; flat; even; level; **à** (*or* **au**) **~ de** level with; **à ~ bords** to the brim; **faire table ~e** make a clean sweep; **en avoir ~ le bol** *fam.* be fed up with it.

ras|er [raze] shave; pull down (*edifice*); pass close to, graze, skim; *fam.* bore; **se ~er** shave; **~eur** *m fam.* bore; **~oir** *m* **(de sûreté)** (safety) razor.
rassasier satisfy, satiate.
rassembler reassemble; collect; unite; **se ~** meet, assemble.
rasséréner calm; reassure; **se ~** *weather, etc.:* clear up.
rassis *bread:* stale; *fig.* settled, calm; unmoved.
rassurer reassure, encourage; **se ~** stop worrying.
rat [ra] *m* rat; **~ de bibliothèque** bookworm.
ratatiner: se ~ shrivel (up).
ratatouille [ratatuj] *f* vegetable stew, Mediterranean style.
rate [rat] *f* spleen.
raté [rate] *m* failure; **~ d'allumage** *auto* misfire; *adj.* miscarried, ineffectual; unsuccessful; missed.
rât|eau *m* rake; **~eler** [rɑtle] rake; **~elier** [rɑtəlje] *m* set of false teeth.
rater fail; misfire; bungle; miss (*train, etc.*); be unsuccessful; *fig.* fail to obtain.
ratifier ratify.
ration [rasjɔ̃] *f* ration, allowance; share; **~aliser** rationalize; **~nel** rational; **~ner** ration.
ratisser rake; scrape.
rattacher tie (*or* fasten) (again); **se ~ à** be attached (*or* connected) to.
rattraper catch (*or* take) again; catch up with; overtake; make up for; **se ~** make up for loss, *etc.*; **se ~ à** catch hold of.
rature *f* erasure; **~r** cross out (*word*); efface; cancel.
rauque [ro:k] hoarse.
ravag|e [rava:ʒ] *m* ravage, havoc; **~er** devastate, ravage.
ravaler swallow; *fig.* keep back (*anger, etc.*).
ravauder mend, darn, patch.
rave [ra:v] *f bot.* turnip.
ravin [ravɛ̃] *m* ravine; gully.
ravir ravish, carry off; *fig.* charm, delight; enrapture.
raviser: se ~ change one's mind.
raviss|ant ravishing, charming; **~eur** *m* kidnapper.
ravitaill|ement *m* supplying; provisioning; refuel(l)ing; **~er** supply (**en** with), provision; refuel.
raviver revive, rouse.
ray|é striped; **~er** stripe, streak; cross out; **~on** [rɛjɔ̃] *m* ray, beam (of light, etc.); department; **~ure** *f* streak, stripe; erasure.
raz [rɑ] *m*; **~ de marée** spring tide.
réaction *f* reaction; **~ en chaîne** chain reaction; **avion** *m* **à ~** jet(-propelled) plane.
réalis|able practicable, feasible; **~ation** [realizasjɔ̃] *f*

realization; fulfilment; **~er** realize, carry out; *com.* convert into (ready) money; **se ~er** come true; **~me** *m* realism; **~te** *m* realist.
réalité [realite] *f* reality; **en ~** really, actually.
rebell|e *m* rebel; *adj.* rebellious; **~er** revolt, rebel; **~ion** *f* rebellion, revolt.
rebond *m* rebound, bounce; **~ir** rebound, bounce; start again.
rebord [rəbɔ:r] *m* brim, edge; border.
rebours [rəbu:r] *m*: **à ~** the wrong way, against the grain; **compte** *m* **à ~** countdown.
rebrousser brush up (*hair*); **~ chemin** retrace one's steps.
rébus [reby:s] *m* puzzle.
rebut [rəby] *m* scrap, reject; rubbish, garbage; **au ~** on the scrap-heap; **~er** put off, dishearten; **se ~er** be discouraged.
récapitulation *f* recapitulation; summing up.
recel|er conceal; harbo(u)r; receive (and hide) stolen goods; **~eur** *m* receiver of stolen goods.
récemment recently.
récent [resɑ̃] recent, new, fresh.
récépissé *m* receipt; acknowledgment.
récept|acle *m* receptacle, container; **~eur** *m* receiver; *adj.* receiving.
réception [resɛpsjɔ̃] *f* reception; welcome; receipt; *hotel:* reception desk (*or* office); **accuser ~ de** acknowledge receipt of; **~niste** *m* receptionist.
recette [rəsɛt] *f* receipts *pl.*, returns *pl.*, takings *pl.*; tax-collector's office; *cuis.* recipe.
recev|able receivable; admissible; **~eur** *m* tax-collector; *bus, etc.:* conductor.
recevoir [rəsəvwa:r] receive, get, accept; entertain; welcome; admit; take.
rechange [rəʃɑ̃:ʒ]: **... de ~** spare ...; **vêtements** *m/pl.* **de ~** change of clothes.
recharger [rəʃarʒe] recharge.
réchaud *m* dish-warmer; **~ à gaz** gas-ring; **~ à alcool** spirit-stove; **~ électrique** hot-plate.
réchauffer warm (up); *fig.* revive.
recherch|e [rəʃɛrʃ] *f* search, pursuit; inquiry; **~é** sought after, much in demand; *fig.* studied, affected; **~er** search (for), seek; investigate.
récif *m* reef.
récipient [resipjɑ̃] *m* container, vessel.
récit [resi] *m* narrative, report; account; **~al** [resital] *m* recital; **~er** recite.
réclamation *f* claim; complaint, protest; **bureau** *m* **des ~s** claims department, *Am.* adjustment bureau.

réclame [reklam] *f* advertisement, advertising; ~ **lumineuse** illuminated sign; **faire de la** ~ advertise; ~**r** claim, need, call for; complain, protest.

réclusion *f* reclusion; seclusion; solitary confinement.

récolte *f* crop, harvest; *fig.* profits *pl.*; ~**r** reap, gather (in), harvest.

recommander recommend, enjoin; register (*letter*).

recommencer recommence, begin again.

récompense [rekɔ̃pɑ̃s] *f* reward; ~**r** recompense, reward.

réconcilier reconcile.

reconduire [rəkɔ̃dɥi:r] lead back; see *s.o.* home; show out (*visitor*).

reconnaiss|ance [rəkɔnɛsɑ̃:s] *f* gratitude; recognition; acknowledgment; *mil.* reconnoit(e)ring; exploration; ~**ant** grateful, thankful.

reconnaître [rəkɔnɛtr] recognize; identify; *mil.* reconnoitre; investigate; acknowledge.

reconstituer reorganize, restore, reconstruct.

record [rəkɔ:r] *m sport, etc.:* record; **détenir le** ~ hold the record; ~**man** *m sport* record holder.

recourber bend (back).

recourir à have recourse to, resort to.

recours [rəku:r] *m* **à** recourse to; **avoir** ~ **à** resort to.

recouvrer recover, regain.

recouvrir cover (up); *fig. a.* mask.

récréation [rekreasjɔ̃] *f* amusement; *school:* break.

récrier: se ~ cry out.

récriminer complain; ~ **contre** criticize sharply.

recru|e *f mil.* recruit; ~**ter** recruit, enlist.

rectang|le [rɛktɑ̃gl] *m* rectangle; *adj.* right-angled; ~**ulaire** rectangular.

recti|fier rectify; set right; straighten; correct; ~**tude** *f* uprightness, straightness; correctness.

reçu [rəsy] *m* receipt; **au** ~ **de** on receipt of; *adj.* received, admitted; **être** ~ **à** pass (*exam*).

recueil [rəkœ:j] *m* collection; ~**lir** gather; reap; ~**lir des renseignements sur** gather information about.

recul [rəkyl] *m* recoil; distance; ~**é** remote, distant; ~**er** draw (*or* move) back; retreat; put back; postpone; **à** ~**ons** backwards.

récupérer [rekypere] recover; recuperate (*losses*).

récurer clean, scour.

rédacteur *m* writer; editor; ~ **en chef** chief editor.

reddition *f* surrender.

redevable: être ~ **de qc. à q.** owe s.th. to s.o., be indebted to s.o. for s.th.

redevenir become again.

rédiger [redi3e] draw up.
redire retell; divulge; **trouver à ~** find fault (**à** with).
redoutable [redutabl] formidable; dreadful.
redress|ement *m* reparation, redress; **~er** straighten; put up again; set right; **se ~er** straighten (up).
réduction [redyksjõ] *f* reduction, cut(s *pl.*), cutting down, decrease.
réduire [redɥi:r] reduce (**en**, **à** to); decrease, cut down.
réduit [redɥi] *m* retreat; corner; hovel; *adj.* reduced.
rééducation *f* rehabilitation; **~ professionnelle** retraining.
réel real, actual.
référ|ence [referɑ̃:s] *f* reference; **se ~er à** resort to, rely on; **en ~er à** leave the decision to; confide in.
réfléchir [refleʃi:r] reflect; think, consider; **~ à** (*or* **sur**) think over.
réflecteur *m* reflector.
reflet *m* reflection; reflected light.
réflexion [reflɛksjõ] *f* reflection; thought; **toute ~ faite** all things considered.
reflux [rəfly] *m* ebb.
réforme *f* reform; amendment; **~r** reform, rectify.
refouler [rəfule] drive back; repel; hold back, contain.
refréner restrain, check.
réfrigér|ateur *m* refrigerator; **~er** refrigerate, cool.
refroidi: ~ par l'air air-cooled; **~r** [refrwadi:r] cool, chill; **~ssement** *m* cooling, chill; *méd.* cold.
refuge [rəfy:ʒ] *m* refuge; retreat; shelter.
réfug|ié *m* refugee; displaced person; **se ~ier** take refuge.
refus [rəfy] *m* refusal; **~er** refuse.
réfuter refute, disprove.
regagner [rəgaɲe] regain; return to.
régaler treat, entertain.
regard [rəga:r] *m* look, glance; consideration; concern; *fig.* eyes *pl.*; **en ~** facing; **~ant** thrifty, stingy; **~er** look at; **ça me ~e!** *fig.* that is my own business!
régates [regat] *f/pl.* regatta, boatraces *pl.*
régime [reʒim] *m* form of government; system; diet.
région [reʒjõ] *f* region.
régi|r govern, rule; **~sseur** *m thé.* stage manager.
règle *f* ruler; rule; **en ~** in order; **de ~** usual.
réglé regular; steady.
règlement *m* regulation, rule; *com.* settlement.
réglementaire in conformity with regulations.
régler rule, regulate; settle; put in order; settle up, pay.
régner reign, rule; *fig.* dominate.
regret [rəgrɛ] *m* regret; **à ~** reluctantly; **~table** regrettable; **~ter** regret; be sorry

(for); miss.
régularité *f* regularity; punctuality; steadiness.
régulier [regylje] regular; exact.
réhabiliter rèhabilitate.
rehausser [rəose] raise, enhance; set off.
rein [rɛ̃] *m* kidney.
reine [rɛn] *f* queen.
réitérer repeat; reiterate.
rejaillir [rəʒaji:r] gush out; spurt; be reflected.
rejet|er [rəʒte] reject; throw back; cast off; *dr.* disallow; **~on** [rəʒtɔ̃] *m* offspring; shoot, sprig.
rejoindre [rəʒwɛ̃:dr] rejoin; catch up with; **se ~** meet.
réjou|ir [reʒwi:r] gladden; divert; delight; **se ~ir (de)** be happy (to); be glad (to, of); **~issance** *f* rejoicing; merrymaking.
relâch|e *m* interruption; break; *thé.* closing; **~ement** *m* slackening, relaxing; **~er** set free; relax; slacken; loosen; **se ~er** get slack, abate.
relater relate, state.
relatif à referring to.
relation [rəlasjɔ̃] *f* narrative; connection, relation; **~s** *pl.* **publiques** public relations *pl.*; **être en ~ avec** be in touch with.
relayer [rəlɛje] relieve; **se ~** take turns.
reléguer [rəlege] relegate.
relève *f* relief.
relevé *m* statement, summary; *adj.* raised, erect; *dish, etc.:* spicy, hot.
relèvement *m* lifting, raising; rising; statement.
relever [rəlve] set up; pick up; turn up; hold up; revive; enhance; season; collect (*mail*); improve; remove; point out; relieve (*shift, sentry*); **~ de** belong to, fall under; **se ~** recover (**de** from); get up again.
relief [rəljɛf] *m* relief.
relier bind (*books*); connect; *fig.* unite, join.
religion [rəliʒjɔ̃] *f* religion.
reliure *f books:* binding.
relui|re [relɥi:r] shine, glitter; **~sant** shiny.
remanier alter, change, remodel.
remarqu|able remarkable, outstanding; **~e** *f* observation; remark; **~er** notice; remark; observe; **se faire ~er** make o.s. felt; attract attention.
rembourrer [rɑ̃bure] pad, stuff.
rembours|ement *m* reimbursement, refund, repayment; **contre ~ement** cash on delivery, C.O.D.; **~er** reimburse, refund, repay.
remède *m* remedy.
remédier à remedy.
remerci|ements [rəmɛrsimɑ̃] *m/pl.* thanks *pl.*; **~er** thank (**de** for); **je vous ~e** thank you very much.

remettre [rəmɛtr] put back, replace; put on again; put off, postpone; restore; reinstate; hand (over); deliver; entrust; **~ à neuf** redecorate, renovate; **se ~** recover (**de** from); **se ~ à** recommence; **s'en ~ à** rely on.
remise *f money:* remittance; delivery; delay; postponement; discount; shed; garage; **~ en état** repair.
remonte-pente *m* skilift.
remonter get up again, climb again; ascend; wind up (*clock*); restock; *fig.* cheer up.
remontrance [rəmɔ̃trɑ̃:s] *f* remonstrance.
remords [rəmɔ:r] *m* remorse, compunction.
remorque [rəmɔrk] *f* towing; *auto* trailer; **~ de camping** caravan; **prendre en ~** take in tow; **~r** tow; tug.
rémoulade *f cuis.* sharp sauce.
remous [rəmu] *m* eddy; *mar.* backwater; *fig.* movement; turmoil.
remplaçant *m* substitute; deputy.
remplacer replace, take the place of, deputize for.
rempl|ir fill (up, in, out); perform (*duty*); fulfil; **~issage** *m* filling.
remporter carry (*or* take) back; win (*prize, etc.*).
remue-ménage *m* stir, bustle, rush.
remuer [rəmɥe] stir, move; dig up; *fig.* touch, affect.
rémunér|ation [remynerasjɔ̃] *f* payment, remuneration; **~er** remunerate, reward.
renâcler à shirk, balk at.
renaître [rənɛtr] revive; reappear.
renard *m* fox.
renchérir *prices:* rise; **~ sur** outdo.
rencontre [rɑ̃kɔ̃:tr] *m* meeting; encounter; **~r** meet (with); encounter; run into, come across; **se ~r** meet (each other); be met with; be found.
rendement [rɑ̃dmɑ̃] *m* produce; yield; output.
rendez-vous [rɑ̃devu] *m* place of meeting; date, appointment.
rendre [rɑ̃dr] give back (*or* up *or* out); repay; bring in; yield; produce; vomit; make; render; translate; **~ (une) visite à** call on; **se ~** surrender; **se ~ à** go to; **se ~ compte de** be aware of, realize.
rendurcir make harder.
rêne *f* rein.
renfermer contain, include.
renfler swell, bulge.
renforcer strengthen; reinforce; intensify.
renfort *m* strengthening.
rengorger: se ~ put on airs.
renier deny; disown.
renifler sniff; snuffle.
renne [rɛn] *m* reindeer.

renom [rənɔ̃] *m* renown; **~mée** *f* reputation; fame; **~mer** rename; reappoint.
renoncer à renounce; give up; swear off; waive.
renouvel|er renovate, renew; regenerate; **~lement** *m* renewal; increase.
rénovation [renɔvasjɔ̃] *f* renovation, renewal.
renseigne|ment *m* information; intelligence; **prendre des ~ments sur** inquire about; **bureau** *m* **de ~ments** inquiry office; **~r** give information; **se ~r** inquire (**sur** about).
rente [rɑ̃:t] *f* income, rent; annuity.
rentrée *f* return; *school, etc.:* reopening.
rentrer re-enter; come in; come home, go home; reopen; bring in, take in; pull in; **~ dans** run into, collide with.
renvers|ement *m* reversing; overturning; upsetting; confusion; **~er** throw down; knock down (*or* over); turn upside down, upset; spill (*liquid*); *fig.* amaze, stupefy, flabbergast.
renvoi [rɑ̃vwa] *m* return; dismissal; reference.
renvoyer [rɑ̃vwaje] send back; dismiss, fire; adjourn; **~ à** refer *s.o.* to.
repaire *m* haunt, den.
répandre spread; pour, spill; shed; exhale; **se ~** spread; circulate.
répandu widespread; well-known.
réparable reparable.
répar|ation [reparasjɔ̃] *f* repair; *fig.* amends *pl.*; **~er** repair, mend, fix; make up for.
répart|ir distribute; share out; **~ition** *f* allotment; distribution.
repas [rəpa] *m* meal.
repass|age *m* pressing, ironing; **sans ~age** *shirt:* wash and wear; **~er** call again; pass again; iron, press; sharpen; think (*or* go) over.
repentir: se ~ (de) regret; repent (of); *m* repentance; remorse; penitence.
répercussion *f* repercussion.
repère *m* guide mark; landmark.
repérer locate, spot; **se ~** find one's way.
répertoire [repɛrtwa:r] *m* index; repertory; *thé.* stock.
répéter repeat; rehearse.
répit *m* respite.
replacer replace; reinvest.
repli *m* fold, plait; coil; winding; **~er** fold (*or* coil) up, turn back (*a.* **se ~er**).
répliquer reply, retort.
répondre [repɔ̃dr] answer, reply; **~ à** reply to; answer; respond to; **~ à une lettre** answer a letter; **~ de** be responsible for.
réponse *f* answer, reply.
report|age [rəpɔrta:ʒ] *m* reporting, report, coverage;

~er [rəpɔrtɛ:r] *m* reporter.
repos [rəpo] *m* rest; repose; **~ant** restful.
reposer [rəpoze] put back, replace; rest; **se ~** rest (up); **se ~ sur** confide in.
repouss|ant disgusting; **~er** drive back; repulse: reject, decline; postpone; grow again.
reprendre [rəprɑ̃:dr] retake; get back; resume; reprove; begin again; go on (with), continue.
représailles *f/pl.* reprisals *pl.*; retaliations *pl.*
représent|ant *m* agent; representative; **~atif** representative; **~ation** [rəprezɑ̃tasjɔ̃] *f* production; representation; *thé.* performance; **~er** represent; show, perform.
réprimand|e *f* reproach; **~er** reprimand; admonish.
réprimer repress.
reprise *f* resumption; revival; darning, mending; trade-in; **à plusieurs ~s** repeatedly; **~r** darn.
réprobation *f* reproval; censure.
reproche [rəprɔʃ] *f* reproach, blame; **~r qc. à q.** reproach s.o. with s.th.
reproduction [rəprɔdyksjɔ̃] *f* reproduction, copy.
reproduire [rəprɔdɥi:r] reproduce; **se ~** happen again.
républi|cain *m*, *adj.* republican; **~que** [repyblik] *f* republic.
répulsion [repylsjɔ̃] *f* repulsion; disgust.
réputation [repytasjɔ̃] *f* reputation.
requérir ask, claim; require.
requête *f* request, petition.
requin *m* shark.
requis [rəki] required; necessary.
réseau [rezo] *m* net; network.
réservation [rezɛrvasjɔ̃] *f* reservation, booking.
réserve *f* reserve; caution; **sans ~** unreservedly; **~r** reserve, keep, save; book (*seats*).
réservoir [rezɛrvwa:r] *m* tank; reservoir; **~ d'essence** petrol (*Am.* gas) tank.
résid|ence [rezidɑ̃:s] *f* residence; **~ent** [rezidɑ̃] *m*, *adj.* resident; **~er** reside, dwell.
résidu *m* residue; remnant.
résigner [reziɲe]: **se ~ à** resign o.s. to.
résilier cancel.
résin|e *f* resin; **~eux** resinous.
résist|ance [rezistɑ̃:s] *f* resistance; **la ≈ance** French resistance movement; **~er à** resist, withstand; endure.
résolu resolute, resolved; **~tion** *f* resolution.
résonner resound, echo.
résoudre [rezudr] resolve; dissolve; solve, settle (*question*).
respect [rɛspɛ] *m* respect; **~able** respectable; **~er** respect; show consideration for; **~if** respective.

respectueux respectful.
respir|ation [rɛspirasjɔ̃] *f* respiration, breathing; **~er** breathe.
resplendir shine brightly; be resplendent.
responsab|ilité [rɛspɔ̃sabilite] *f* responsibility, liability; **~le** responsible, liable (**de** for).
ressac [rəsak] *m mar.* surf.
ressaisir [rəsɛzi:r] seize again; **se ~** regain self-control, recover.
ressembl|ance [rəsɑ̃blɑ̃:s] *f* resemblance, similarity, likeness; **~ant** similar; **~er à** be like, resemble; **se ~er** resemble each other.
ressemeler [rəsemle] resole (*shoes*).
ressent|iment [rəsɑ̃timɑ̃] *m* resentment, grudge; **~ir** feel; experience; resent.
resserrer [rəsɛre] tighten; contract; narrow (*a.* **se ~**).
ressort [rəsɔ:r] *m watch, etc.:* spring; resilience; *dr.* resort, department.
ressortir go out again; follow, result; *fig.* stand out; **faire ~** set off; **~ à** *dr.* be dependent on.
ressource [rəsurs] *f* resource, means, expedient.
restant [rɛstɑ̃] *m* remainder, rest; *adj.* remaining.
restaur|ant [rɛstɔrɑ̃] *m* restaurant; **~ation** *f* restoration; **~er** restore, repair; revive.
reste *m* remainder, rest; **de ~** left over, to spare; **du ~, au ~** besides.
rester [rɛste] remain, be left, stay, stop.
restitu|er restore, give back; **~tion** *f* restitution; restoration.
restreindre [rɛstrɛ̃:dr] restrict, limit; **se ~ à** restrict (*or* confine) o.s. to.
restriction [rɛstriksjɔ̃] *f* restriction; reserve.
résult|at *m* outcome; result; **~er** follow, result (**de** from).
résumé *m* summary; **en ~** in a nutshell.
rétablir restore, reinstate; **se ~** recover.
retard [rəta:r] *m* delay; slowness; **être en ~** be late; be slow; be in arrears; **~er** delay; put back (*watch*); be late; be slow.
retenir [rətni:r] hold back; retain; detain; hire, engage; keep back; **se ~** restrain o.s.
retent|ir resound, ring; **~issant** loud, ringing.
reten|u [rətny] detained; booked; reserved, modest; discreet; **~ue** *f* holding back; *money:* deduction; restraint; discretion; detention.
réticence [retisɑ̃:s] *f* reticence; concealment.
retir|é isolated; secluded; retired; **~er** withdraw; take (*or* draw) back; take out; take off; remove; **se ~er** retire, retreat.
retouche *f* retouching, touching up; **~r** retouch, touch up.

retour [rətu:r] *m* return; **billet** *m* **de** ~ return ticket; **match** ~ return match; **être de** ~ be back; **par** ~ **du courrier** by return of post.
retourner [rəturne] turn (over *or* inside out); go back; send back; return; **se** ~ turn round.
retrait *m* withdrawal; **~e** *f* retreat; retirement; **prendre sa ~e** retire; **~er** pension off.
retrancher retrench; cut off; subtract; excise.
rétrécir make (*or* get) narrower; take in; **se** ~ shrink.
rétrograde retrograde.
retrouver recover; **se** ~ meet again.
rétro(viseur) *m* rear-view mirror.
réun|ion [reynjɔ̃] *f* meeting; collection; **~ir** unite; assemble; collect; **se ~ir** meet.
réussi successful, well-done; **~r** be successful, thrive; bring off; **~r à** succeed in; **~te** *f* success; result.
revanche [rəvɑ̃:ʃ] *f* revenge, retaliation; **en** ~ in return.
rêve *m* dream; **faire un** ~ (have a) dream.
réveil *m* awakening; *fig.* disillusionment; (*a.* **~le-matin** *m*) alarm-clock; **~ler** awake, arouse; **se ~ler** wake up.
révél|ation [revelasjɔ̃] *f* revelation; disclosure; **~er** reveal; disclose; **se ~er** show, appear; prove, turn out to be.
revenant [rəvnɑ̃] *m* ghost.
revendeur *m* retailer; second-hand dealer.
revendi|cation [rəvɑ̃dikasjɔ̃] *f* claim, demand; **~quer** claim.
revendre [rəvɑ̃:dr] sell again.
revenir [rəvni:r] come back; return; reappear; please; ~ **à** amount to; cost; ~ **de** get over (*surprise, etc.*).
revenu [rəvny] *m* income, revenue.
rêver dream; rave.
réverbère *m* street-lamp.
révérer revere, hono(u)r.
rêverie *f* daydream.
revers [rəvɛ:r] *m* reverse; wrong side; back; lapel; *fig.* setback.
revêt|ement [rəvɛtmɑ̃] *m* clothing; coat(ing); **~ir** cover, clothe; coat, line; put on; assume.
rêveur *m* dreamer.
revient [rəvjɛ̃] *m*: **prix** *m* **de** ~ cost price.
revirement *m* sudden change; about-face.
revis|er revise; examine; overhaul (*car*); **~ion** *f* revision; review; overhaul.
révoc|able revocable; **~ation** *f* revocation.
revoici [rəvwasi], **revoilà** [rəvwala]: **me** ~ ! here I am again!
revoir [rəvwa:r] revise; see (or look over) again; **au ~!** goodbye!
révol|te *f* revolt, rebellion; **se**

~**ter** revolt, rebel; ~**ution** *f* revolution; rotation.
révoquer revoke; *dr.* repeal.
revue [rəvy] *f* review; *thé.* revue.
rez-de-chaussée [redʃose] *m* ground floor, *Am.* first floor.
rhubarbe *f bot.* rhubarb.
rhum [rɔm] *m* rum.
rhumatisme *m méd.* rheumatism.
rhume [rym] *m méd.* cold; ~ **des foins** hay fever.
ricaner sneer, grin, giggle.
rich|e [riʃ] *m* rich man; *adj.* rich, wealthy; ~**esse** *f* riches *pl.*; richness.
ricin *m:* **huile** *f* **de** ~ castor oil.
ricoche|r, ~**t** *m* rebound, ricochet.
ride [rid] *f* wrinkle.
rideau [rido] *m* curtain; ~ **de fer** Iron Curtain.
rider wrinkle, ruffle.
ridicul|e ridiculous; absurd; ~**iser** ridicule, deride.
rien [rjɛ̃] *m* trifle; nothing; *pron.* anything; **(ne)** ~ nothing; ~ **du tout** nothing at all; **pour** ~ for nothing; **de** ~ don't mention it.
rieur *m* laugher; *adj.* laughing; mocking.
rigid|e [riʒid] rigid, stiff; *fig.* severe; ~**ité** *f* rigidity; *fig.* severity.
rigol|e *f* furrow; trench; ridge; ~**er** make ridges; *fam.* laugh; ~**o** *fam.* jolly, funny.
rigoureux severe, strict; harsh, hard.
rigueur [rigœ:r] *f* rigo(u)r, severity; **à la** ~ at a pinch; **de** ~ obligatory, required.
rillettes [rijɛt] *f/pl. cuis.* minced meat baked in fat.
rincer [rɛ̃se] rinse.
ripost|e *f* riposte; repartee; ~**er** retort.
rire *m* laughter; laugh; *v.* laugh (**de** at); ~ **de** *a.* make fun of; ~ **aux éclats** (*or* **éclater de** ~) burst out laughing.
ris [ri] *m cuis.* sweetbread.
risqu|e *m* risk, danger; **à ses** ~**es et périls** *com.* at one's own risk; ~**é** risky; ~**er** risk; venture; ~**e-tout** *m* daredevil.
rivage *m* shore, beach.
rival [rival] *m* rival, competitor.
rive *f* riverbank.
river rivet.
riverain *m* resident.
rivet [rivɛ] *m* rivet, clamp; ~**er** rivet.
rivière *f* river.
riz [ri] *m* rice.
robe [rɔb] *f* dress; gown, frock; ~ **de chambre** dressing-gown.
robinet [rɔbinɛ] *m* tap, faucet.
robuste [rɔbyst] strong, sturdy.
roch|e *f* rock, boulder, stone; ~**er** *m* high, steep rock, cliff; ~**eux** rocky.
rodage [rɔda:ʒ] *m:* **en** ~ *auto*

running in.
roder run in, break in (*motor, etc.*).
rôder rove, ramble; prowl.
rogner [rɔɲe] clip, pare.
rognon [rɔɲɔ̃] *m cuis.* kidney.
rogue [rɔg] haughty, arrogant.
roi [rwa] *m* king.
rôle *m* roll, list; scroll; *thé.* part; **à tour de ~** in turns.
roman [rɔmɑ̃] *m* novel; *fig.* romance; **~ policier** detective story.
romand: la Suisse ~e French-speaking Switzerland.
romanti|que [rɔmɑ̃tik] romantic; **~sme** *m* romanticism.
rompre [rɔ̃pr] break (up, off); interrupt; **à tout ~** furious(ly).
rompu broken; worn out.
rond *m* round, ring, circle; *adj.* round; plump; *sum:* even; *fam.* tipsy.
ronde *f* round; rounds *pl.*; **à la ~** around.
rondelet [rɔ̃dlɛ] roundish; *sum:* tidy.
rond-point *m* roundabout, traffic circle.
ronfl|ant snoring; *fig.* high-sounding, bombastic; **~ement** *m* snoring; roaring; **~er** snore; snort; hum.
rong|er [rɔ̃ʒe] gnaw; nibble; corrode; **~eur** *m zo.* rodent; *adj.* gnawing.
ronronner purr.
rosaire *m* rosary.
rosbif *m* roast beef.
rose [ro:z] *f* rose; *adj.* pink, rosy.
rosé [roze] *m* light red wine.
roseau [rozo] *m* reed.
rosée *f* dew.
rosier *m* rose-tree.
rosse *f* old hag; *adj.* rude, nasty.
rossignol [rɔsiɲɔl] *m* nightingale; *fam.* picklock; unsaleable article.
rôti [roti] *m* roast meat; **~ de ...** roast ...; **~r** roast, toast.
rôtisserie [rotisri] *f* grill-room.
rouage *m* wheels *pl.*, works *pl.*
roue [ru] *f* wheel.
roué *m* crafty (person).
rou|elle *f* round slice; little wheel; **~er de coups** thrash, beat up.
rouge [ru:ʒ] *m* rouge, red colo(u)r; **~ à lèvres** lipstick; *adj.* red; **~âtre** [ruʒɑ:tr] reddish; **~ole** *f méd.* measles *pl.*
rougeur *f* redness; blush.
rougir blush, get red.
rouille [ruj] *f* rust; *bot.* blight.
rouillé [ruje] rusty.
rouleau *m* roll; roller; coil; rolling-pin; **au bout de son ~** at one's wits' end.
roulement *m* **à billes** ball-bearing.
rouler [rule] roll, turn (over); run, travel; roam; *fam.* cheat, do (down).
roulette *f* roulette, castor;

patin *m* **à ~s** roller-skate.
roumain *adj.*, **≗** *m* Romanian.
Roumanie *f* Romania.
roupill|er *fam.* doze; **~on** *m* *fam.* snooze.
roussâtre russet.
rousseur *f* redness; **taches** *f/pl.* **de ~** freckles *pl.*
roussi *m* smell of burning.
rout|e [rut] *f* road; route; **en ~e** on the way; **~ier** *m* long-distance lorry driver, *Am.* long haul truck driver; **réseau** *m* **~ier** system of roads; **carte** *f* **~ière** road map.
routine [rutin] *f* routine; habit.
rouvrir open again.
roux (rousse) [ru, rus] red; red-haired.
royaume [rwajo:m] *m* kingdom; realm.
ruban *m* ribbon.
rubis [rybi] *m* ruby.
ruche *f* beehive; ruffle.
rud|e [ryd] rough; coarse; harsh; difficult; formidable; **~esse** *f* roughness; rudeness; harshness.
rudiments [rydimɑ̃] *m/pl.* rudiments *pl.*
rue [ry] *f* street; **~ barrée!** no thoroughfare!
ruée *f* run, rush; attack.
ruelle *f* lane, alley.
ruer: se ~ sur rush upon.
rugir roar; bellow.
ruine [rɥin] *f* ruin; downfall; **~r** ruin, destroy.
ruisseau [rɥiso] *m* small stream, brook; gutter.
ruisseler [rɥisle] stream; trickle, run; **~ de** drip (with).
rumeur *f* uproar, noise; hum; rumo(u)r.
rupture [rypty:r] *f* rupture; breach; breaking off.
rus|e *f* trick, artifice; **~é** cunning, crafty.
russe *adj.*, **≗** *m* Russian.
Russie *f* Russia.
rustique rustic; rural.
rustre *m* bumpkin; churl; *adj.* boorish.
rythm|e [ritm] *m* rhythm; **au ~e de** at the rate of; **~ique** [ritmik] rhythmical.

S

sa his, her, its, one's.
S.A. (*short for:* **société anonyme**) limited company, ltd.
sabl|e [sa:bl] *m* sand, gravel; **~é** *m cuis.* shortbread (cookie); **~er** sand; swig (*champagne*); **~ière** *f* sand-pit.
sabot *m* clog; wooden shoe; hoof; skid; **~age** *m* sabotage; **~er** mess up, scamp; sabotage.
sabre *m* sword.
sac [sak] *m* bag; sack; **~ à dos** rucksack; **~ (à main)** handbag, purse; **~ de couchage** sleeping-bag; **~ de voyage** travel(l)ing case, grip.
saccad|e *f* jerk, jolt; **par ~es**

by jerks; ~é jerky.
saccager plunder, ransack; depredate.
saccharine [sakarin] *f* saccharin.
saccoche *f* (money-)bag; tool bag, tool kit.
sachet [saʃɛ] *m* small (paper) bag.
sacr|é holy, sacred; *fam.* damned, bloody; **~ement** *m* sacrament; **~er** consecrate; crown; *fam.* swear.
sacri|fier sacrifice; **~lège** *m* sacrilege; *adj.* sacrilegeous; **~stain** *m* sexton; **~stie** *f* vestry.
sagac|e [sagas] clever, shrewd; sagacious; **~ité** *f* sagacity, shrewdness.
sage [sa:ʒ] *m* wise man; sage; *adj.* wise; modest; well-behaved; **~-femme** *f* (**~s-femmes** *pl.*) midwife.
sagesse *f* wisdom, prudence; good behavio(u)r.
saign|ant [sɛɲɑ̃] bleeding; *cuis.* underdone, rare; **~ée** *f* blood-letting; *fig.* loss, drain; **~er** bleed; drain.
saill|ant projecting, protruding; outstanding; **~ie** *f* start, spurt; *fig.* witticism; **~ir** [saji:r] stick out; project; start; gush; spurt.
sain [sɛ̃] healthy, sound; wholesome; **~ et sauf** safe and sound.
saindoux *m* lard.
saint *m* saint; *adj.* holy, sacred, saint; **~eté** *f* holiness; sanctity; **~-siège** *m* Holy (Apostolic) See.
saisie *f* seizure (*a. dr.*).
saisir seize; grasp; comprehend; get hold (of); understand; lay hold on; **chercher à ~** snatch at.
saisiss|ant impressive; startling; thrilling; **~ement** *m* chill; *fig.* emotion, shock.
saison [sɛzɔ̃] *f* season; **de ~** seasonable, opportune; **hors de ~** out of place; off season.
salade [salad] *f* salad; *fam.* jumble; **~s** *pl.* stories *pl.*, lies *pl.*
salaire [salɛ:r] *m* wages *pl.*; pay; reward.
salari|at *m* salary and wage earning class; **~é** salaried.
salaud [salo] *m fam.* son of a bitch.
sale [sal] dirty, soiled; filthy, foul.
salé [sale] *m* salt pork; *adj.* salted; *fam. price, etc.:* steep; *story:* risqué.
saler salt; pickle.
saleté *f* dirtiness; dirt, filth; dirty thing (*or* trick); obscenity.
salière *f* salt-cellar.
salin saline, briny; **~e** *f* salt-mine.
salir dirty, soil.
salive *f* saliva, spittle.
salle *f* hall; large room; *thé.* house; **~ à manger** dining-room; **~ d'attente** waiting-room.
salon [salɔ̃] *m* drawing- (*or*

living-) room; exhibition, show; ~ **de beauté** beauty parlo(u)r; ~ **de thé** tea-room, tea-shop.

salope *f pop.* slattern.

salopette *f* overalls *pl.*

salubr|e healthy, salubrious; **~ité** *f* **publique** public health.

saluer [salɥe] salute; greet; say 'hello' to.

salut [saly] *m* safety; salvation; bow, greeting; **~!** *fam.* hello!; see you!; ~ **public** public (*or* common) weal; **~aire** salutary; **~ation** *f* greeting, salutation.

samedi [samdi] *m* Saturday.

sanctifier sanctify, hallow.

sanction [sɑ̃ksjɔ̃] *f* sanction; penalty; approval.

sandwich [sɑ̃dwitʃ] *m* sandwitch.

sang [sɑ̃] *m* blood.

sang-froid *m* composure; **garder son** ~ keep one's cool.

sanglant bleeding, bloody.

sangl|e *f* strap; girth; **~er** strap together; lace (up).

sanglot *m* sob; **~er** sob.

sanguin [sɑ̃gɛ̃]: **groupe** *m* ~ blood-group; **vaisseau** *m* ~ blood-vessel.

sanitaire sanitary; hygienic.

sans [sɑ̃] without; unless; but for; **~-cœur** heartless (person); **~-gêne** *m* free and easy behavio(u)r.

santé *f* health; **maison** *f* **de** ~ private nursing home.

sap|er sap, undermine; **~eur-pompier** *m* fireman.

saphir *m* sapphire.

sapin *m* fir (tree).

sarcasme *m* sarcasm.

sarcler weed.

sardine *f* sardine; **~s** *pl.* **à l'huile** sardines *pl.* in olive oil.

sardonique sardonic.

satiété [sasjete] *f* satiety; repletion; **à** ~ to satiety.

satin [satɛ̃] *m* satin; **~é** satiny, smooth; **~ette** *f* sateen.

satis|faction [satisfaksjɔ̃] *f* satisfaction, contentment; **~faire** satisfy, please; gratify; **~faire à** fulfil (*duty*); meet (*condition, etc.*); **~fait** satisfied, pleased, content.

saturer saturate.

sauc|e [so:s] *f cuis.* sauce; **~ière** *f* sauce-boat.

sauciss|e [sosis] *f* (uncooked) sausage; **~on** *m* (ready-to-eat) sausage.

sauf[1] except (for), excepting.

sauf[2] **(sauve** *f***)** safe, unhurt; **~-conduit** *m* (**~-conduits** *pl.*) safe conduct.

saugrenu [sogrəny] queer, absurd.

saule [so:l] *m bot.* willow; ~ **pleureur** weeping willow.

saumon *m* salmon.

saumure *f* brine, pickle.

saupoudrer de (*or* **avec**) sprinkle with.

saur [sɔ:r] cured, smoked; **hareng** *m* ~ red herring.

saut [so] *m* jump, leap, skip; ~

à la perche pole-vault(-ing); **~ d'obstacles** hurdles *pl.*; **~ en hauteur (en longueur)** high (long) jump.
sauter leap; jump; skip; blow, explode; **faire ~** blow up; *cuis.* fry quickly; **~ aux yeux** be obvious.
sauterelle [sotrɛl] *f* grasshopper.
sauterie *f fam.* knees-up, hop.
sautiller hop, skip.
sauvag|e [sova:ʒ] *m* savage, unsociable person; *adj.* savage, wild; shy; rude; untamed; **~erie** *f* savagery, wildness.
sauvegarde *f* safeguard; protection.
sauver save, rescue; *fig.* keep up (*appearances*).
sauvetage [sovta:ʒ] *m* rescue; *mar.* salvage; **bateau** *m* **de ~** lifeboat; **ceinture** *f* **de ~** lifebelt.
sauveur *m* deliverer; **2** Savio(u)r.
savant *m* scholar; scientist; learned person; *adj.* learned; scholarly.
saveur *f* taste, flavo(u)r; **sans ~** tasteless, insipid.
savoir [savwa:r] *m* knowledge, learning; *v.* know; know how to; be able to; find out; **faire ~** let know; **à ~** namely; **~-faire** *m* skill; know-how; **~-vivre** *m* (good) manners *pl.*
savon [savõ] *m* soap; *fig. fam.* dressing-down; **~ à barbe** shaving-soap; **~ner** soap, lather.
savour|er [savure] relish, enjoy; **~eux** tasty, savo(u)ry.
scabreux rough; *fig.* difficult; shocking.
scandaliser scandalize; **se ~ de** be shocked at.
scaphandrier *m* (deep-sea) diver.
scarlatine *f méd.* scarlatina, scarlet fever.
sceau [so] *m* seal, stamp.
scélérat *m* scoundrel.
scell|é *m dr.* seal; **~er** seal; stamp; seal hermetically.
scène [sɛn] *f* scene; stage; scenery; **mettre en ~** stage.
sciatique *f méd.* sciatica.
scie [si] *f* saw; *zo.* sawfish; *fam.* bore, nuisance; **~ à chantourner** fret-saw; **~ circulaire** circular saw.
sciemment [sjamɑ̃] knowingly, willingly.
science [sjɑ̃:s] *f* science, knowledge, learning.
scientifique scientific.
scier saw; **~ie** *f* sawmill.
scinder divide, sever.
scintiller [sɛ̃tije] scintillate, twinkle.
scission *f* division, split.
sciure *f* sawdust.
scolaire: année *f* **~** school year.
scrupul|e [skrypyl] *m* scruple, doubt; qualms *pl.*; **avoir trop de ~es** be overscrupulous; **sans ~es** unscrupulous(ly); **~eux** scru-

pulous; precise.
scrut|er examine (closely); scrutinize; **~in** *m* ballot, vote, voting.
sculpt|er [skylte] sculpture, carve; **~eur** *m* sculptor; **~ure** [skylty:r] *f* sculpture.
se himself; herself; itself; themselves; one another, each other.
séance *f* sitting, meeting, session; **~ plénière** full session; **~ tenante** immediately, on the spot.
séant *adj.* proper, seemly; *m*: **se dresser** (*or* **mettre**) **sur son ~** sit up, start up.
seau [so] *m* bucket, pail.
sec (sèche) dry; lean; hard; dried up, dried out; stale; sharp; cold; unfeeling; **être à ~** be dried up; *fig.* be broke; **perte** *f* **sèche** dead loss; **coup** *m* **~** sharp stroke.
sèche *f pop.* fag, cigarette.
sécher dry (up *or* out); wither; **~esse** [seʃrɛs] *f* dryness; drought.
séchoir *m* (hair) dryer.
second [səgɔ̃] *m* second; second floor, *Am.* third floor; *adj.* second, other; inferior; **en ~ lieu** in the second place; **sans ~** matchless.
secondaire [səgɔ̃dɛ:r] secondary.
seconde [səgɔ̃:d] *f* second; second class; **~r** back, support, second.
secouer shake (off); agitate.
secours [səku:r] *m* help, assistance; relief; **au ~!** help!; **roue** *f* **de ~** *auto* spare wheel; **sortie** *f* **de ~** emergency exit; **premiers ~** *pl.* first aid.
secousse *f* shake; shock; jolt.
secret [səkrɛ] *m* secret; secrecy; *adj.* secret; furtive, stealthy; **en ~** confidentially; in secret.
secrét|aire *m, f* secretary; *m* writing-desk; **~ariat** *m* secretariat.
secte *f* sect.
secteur [sɛktœ:r] *m* sector; area, district; field (of activity), domain.
section [sɛksjɔ̃] *f* section; **~ner** divide into sections.
sécul|aire secular, a century old; **~ier** secular, worldly.
sécurité *f* security, safety.
sédatif *m, adj.* sedative.
sédentaire sedentary; *person:* stay-at-home.
sédiment *m* sediment.
séduction *f* seduction; seductiveness, charm.
séduire [sedɥi:r] seduce; charm.
séduisant tempting; charming
seigle [sɛgl] *m bot.* rye.
seigneur *m* lord; landed proprietor; **le ₤** God.
sein [sɛ̃] *m* bosom; breast; *fig.* womb; heart, midst.
seiz|e [sɛz] sixteen; **~ième** sixteenth.
séjour [seʒu:r] *m* abode, stay, dwelling; **~ner** stay, remain, sojourn.

sel *m* salt.

sélect|if *radio* selective; **~ion** *f* selection; choice; **~ionner** select; choose.

sell|e *f* saddle; **aller à la ~e** go to the lavatory; **~er** saddle; **~erie** *f* saddler's trade; saddle and harness.

selon [səlɔ̃] according to; **c'est ~** that depends; **~ que** according as.

Seltz: eau *f* **de ~** seltzer water.

semailles *f/pl.* sowing; seed.

semaine [səmɛn] *f* week; **jour** *m* **de ~** weekday; **en ~** during the week.

sémaphore *m* semaphore, signal-post.

semblable *m* like, similar; **mes ~s** *pl.* my equals *pl.*; **nos ~s**, *pl.* our fellow-creatures *pl.*; *adj.* like, alike; similar; such.

sembl|ant [sɑ̃blɑ̃] *m* appearance, pretence; **faire ~ant** make believe; **faux ~ant** pretence; **~er** appear, seem; **il me ~e** it seems to me, I think.

semelle *f shoes:* sole.

semence *f* seed.

semer sow; scatter; spread about, propagate; *fam.* get rid of, shake off.

semestre [səmɛstr] *m* half-year; semester, term.

séminaire *m* seminary.

semi|-produit *m* semi-finished product; **~-remorque** *f* semi-trailer.

semonce *f* rebuke; admonishment.

sénat *m* senate; **~eur** *m* senator.

sénile senile.

sens [sɑ̃:s] *m* sense; meaning; opinion; direction; interpretation; judgment; sentiment; *pl.* sensuality; **~ artistique** ærtistic taste; **le bon ~** common sense; (**rue** *f* **à**) **~ unique** one-way street; **~ interdit!** no entry!; **~ dessus dessous** upside down, topsyturvy.

sensation [sɑ̃sasjɔ̃] *f* feeling; sensation; **~nel** sensational.

sens|é reasonable, sensible; **~ible** sensitive; obvious; lively; acute; perceptible, noticeable; **être ~ible à** feel; be susceptible to; appreciate.

sensitif sensitive, sensory.

sensualité *f* sensuality.

sentence [sɑ̃tɑ̃:s] *f* sentence; maxim.

sentier [sɑ̃tje] *m* trail, path; **~ pour piétons** footpath.

sentiment [sɑ̃timɑ̃] *m* feeling; sensation; sense; opinion; **~al** [sɑ̃timɑ̃tal] sentimental.

sentir [sɑ̃ti:r] feel; sense; appreciate; **~** *qc.* smell of, reek of; **~ bon** smell good; **~ mauvais** smell (bad), stink; **se ~** feel.

seoir [swa:r] sit; suit, be becoming.

sépar|able separable; distinguishable; **~ation** *f* separation; **~é** asunder; **~ément** separately; apart; **~er** separate; sever; **se ~er** divide; part.

sept [sɛt] seven.

septembre [sɛptɑ̃:br] *m* September.

septentrional northern.

septicémie *f* blood-poisoning.

septième [sɛtjɛm] seventh.

sépulcre *m* sepulchre.

séquelle *f* after-effects *pl*.

séquence [sekɑ̃:s] *f* sequence, run.

séquestrer isolate, shut up.

serein [sərɛ̃] serene, calm.

sérénité *f* calmness; serenity.

série *f* series; succession; sequence; **production** *f* **en ~** mass production; **hors ~** outsize; *fig*. extraordinary.

sérieux *m* seriousness; **prendre au ~** take seriously; *adj*. serious; important; earnest, reliable.

serin [sərɛ̃] *m* canary; *pop*. fool, sap.

seringue [sərɛ̃g] *f* syringe.

serment *m* oath.

sermon [sɛrmɔ̃] *m* sermon; *fam*. lecture.

serpent [sɛrpɑ̃] *m* snake, serpent; **~er** meander, wind.

serre [sɛr] *f* greenhouse; **~ chaude** hothouse; **~s** *pl*. claws *pl*.

serré [sɛre] *adj*. close, dense; tight; *adv*. (*play*) cautiously.

serrement *m* pressing, squeezing; **~ de main** handshake; **~ de cœur** *fig*. pang.

serre-papiers *m* paper-weight.

serrer [sɛre] press, squeeze; tighten; grip; shake (*hands*); clench (*teeth*); keep close to, hug; **se ~** tighten; close up; crowd.

serre-tête *m* kerchief; head-band; crash-helmet.

serrur|e *f* lock; **~e de sûreté** safety-lock; **trou** *m* **de ~e** keyhole; **~ier** *m* locksmith.

sérum [serɔm] *m* serum.

serveuse *f* waitress.

serviable [sɛrvjabl] helpful, obliging.

service [sɛrvis] *m* service; duty; favo(u)r; attendance; office; **être de ~** be on duty; **hors de ~** out of order; **rendre ~** be useful; **rendre (un) ~** do a favo(u)r; **~ compris** charge included; **~ après-vente** after-sales service; **~ de dépannage** towing- (*Am*. wrecker) service; **~ de navette** shuttle service; **~ d'étage** room service; **~ (militaire) obligatoire** compulsory (military) service; **~ (de table)** dinner service; **~ divin** divine service.

serviette *f* serviette, napkin; towel; brief-case; **~ de bain** bath towel; **~ de table** napkin; **~ hygiénique** sanitary towel.

servile servile, menial.

servir serve; help; wait on; be useful; be used; ~ **à** be good for, be used for; ~ **de** serve as; **se** ~ *at table:* help o.s.; **se** ~ **de** use, make use of; employ.
serviteur *m* servant.
ses (*pl. of* **son** *and* **sa**) his, her, its; one's.
session [sɛsjɔ̃] *f* session, sitting; period of sitting.
seuil [sœ:j] *m* sill, threshold.
seul [sœl] alone, single; only; by oneself; mere, bare; **~ement** only, merely; but.
sève *f* sap; juice.
sévère severe, harsh; austere; stern; correct.
sevrer wean.
sexe [sɛks] *m* sex; **le beau** ~ the fair sex.
shampooing [ʃɑ̃pwɛ̃] *m* shampoo.
si *cj.* if; whether, *adv.* yes; so, so much; ~ **bien que** so that.
sidéré *fam.* flabbergasted.
siècle [sjɛkl] *m* century.
siège [sjɛ:ʒ] *m* seat, bench; *mil.* siege.
siéger sit, be located.
sien (sienne) [sjɛ̃,sjɛn] *m* (*f*) his (her) property, his (her) possession; **~s** *pl.* one's own people; *adj. poss.* his (her) own; *pron. poss.* his, hers, its.
siffler whistle; hiss; sizzle; *fam.* swig (*drink*).
sifflet *m* whistle; hiss; **(coup** *m* **de)** ~ *sound:* whistle.
signal [siɲal] *m* signal, sign; ~ **de l'heure** *radio* time-signal; **~ement** *m* *person:* description; **~er** signal; point out; describe.
signat|aire *m* ↘ signer, subscriber; **~ure** [siɲaty:r] *f* signature.
sign|e [siɲ] *m* sign, mark; token; **~er** sign.
signifi|cation [siɲifikasjɔ̃] *f* meaning, significance; import, signification; **~er** signify, mean; notify; imply.
silenc|e [silɑ̃:s] *m* stillness; silence; secrecy; pause; *mus.* rest; **passer sous ~e** pass over in silence; **~ieux** *m auto* silencer, *Am.* muffler; *adj.* silent.
sillage *m mar.* wake.
sillon *m* furrow; wake; path, trail; groove; **~ner** furrow; groove.
similaire similar, analogous.
similitude *f* likeness, resemblance, similarity.
simpl|e [sɛ̃:pl] simple; single; plain, ordinary; simple-minded; **~e soldat** *m* private; **~ement** simply; **~icité** *f* simplicity; simpleness; **~ifier** simplify.
simul|ateur *m* pretender; simulator; **~er** feign, simulate, sham.
simultané simultaneous; coincident.
sincère [sɛ̃sɛ:r] sincere, genuine; candid; open.
sing|e [sɛ̃ʒ] *m* monkey; imitator; **~er** ape, imitate.
singulier [sɛ̃gylje] singular;

particular; peculiar; queer, strange.
sinistre *m* disaster; *adj.* sinister, evil; ominous; menacing; threatening.
sinistré *m* victim (of a disaster).
sinon [sinɔ̃] except, unless; if not; (or) else; otherwise.
sinueux sinuous, winding; wavy.
siphon [sifɔ̃] *m* siphon; ~ **d'eau de Seltz** soda-water siphon.
sirène *f* **(à vapeur)** fog-horn.
sirop *m* sirup, syrup.
siroter *fam.* sip.
site *m* site, spot, location.
sitôt so soon; ~ **que** as soon as.
situation [sitɥasjɔ̃] *f* situation; site, position, place; job.
situé [sitɥe] situated.
ski *m* ski; **~er, faire du** ~ ski; **~s** *pl.* **nautiques** water skis *pl.*; **~eur** *m* skier.
slip *m* trunks *pl.*, *Am.* shorts *pl.*; ~ **de bain** bathing trunks *pl.*
smoking [smɔkiŋ] *m* dinner-jacket; *Am.* tuxedo.
S.N.C.F. (*short for:* **Société Nationale des Chemins de fer Français**) French National Railways.
sobre sober, abstemious; temperate; frugal; restrained.
sobriquet *m* nickname.
sociable [sɔsjabl] sociable, companionable.
social [sɔsjal] social; **raison** *f* **~e** *com.* name of firm; **~iser** socialize; **~isme** *m* socialism; **~iste** *adj.* socialist(ic); *m* socialist.
sociétaire *m* shareholder; partner; member.
société [sɔsjete] *f* society, company; partnership; fellowship; community; ~ **anonyme** (*or* **par actions**) joint-stock company, *Am.* corporation; ~ **coopérative** co-operative society.
socle *m arch.* pedestal, socle.
sœur [sœ:r] *f* sister.
soi [swa] oneself; itself; **être chez** ~ be at home; **~-disant** so-called, self-styled; **~-même** oneself.
soie [swa] *f* silk.
soif [swaf] *f* thirst (*a. fig.*); **avoir** ~ be thirsty.
soigné carefully done; well cared for, well groomed; tidy; **rhume** *m* ~ *fam.* very bad cold.
soign|er [swaɲɛ] take care of, look after; treat with care; nurse; **se ~er** take care of o.s.; **~eux** careful, mindful; attentive.
soin [swɛ̃] *m* care, attention, attendance; **avoir** (*or* **prendre**) ~ **de** *or* **que** take care that, see (to it) that, be sure that; **avec** ~ carefully; **manque** *m* **de** ~ carelessness; **~s** *pl.* **de beauté** beauty treatment; **premiers ~s** *pl.* first aid; **~s** *pl.* **médicaux** medical care.

soir [swa:r] *m* evening, afternoon; **ce ~** tonight; **~ée** *f* evening; evening party.
soit be it so! agreed! well and good! namely; **tant ~ peu** ever so little.
soixante [swasɑ̃:t] sixty; **~-dix** seventy.
sol *m* ground, soil.
solaire solar; **cadran** *m* ~ sun-dial; **huile** *f* ~ suntan oil.
soldat *m* soldier.
solde[1] *f soldier:* pay.
solde[2] *m com.* balance; **en ~** at reduced prices; **~s** *pl.* clearance sale.
solder pay, pay off; settle; liquidate, sell off.
sole [sɔl] *f fish:* sole.
soleil [sɔlɛj] *m* sun, sunshine; **il fait (du) ~** the sun is shining; **coup** *m* **de ~** sunburn; sunstroke.
solenn|el [sɔlanɛl] solemn.
solid|e [sɔlid] solid; strong; substantial; stable; solvent; reliable; *colour:* fast; **~ité** *f* solidity; firmness; *com.* solvency.
solitaire *m* hermit; *adj.* lonely; solitary.
solitude [sɔlityd] *f* solitude; wilderness; loneliness; desert.
sollicit|er [sɔllisite] request; apply for; canvass; *fig.* attract; **~eur** *m* solicitor; canvasser; **~ude** *f* solicitude; anxiety; care.
solstice *m:* **~ d'été** summer solstice; **~ d'hiver** winter solstice.
solu|ble solvable; soluble; **~tion** [sɔlysjɔ̃] *f* solution; solving.
sommaire *m* abstract; summary; *adj.* brief, cursory; concise.
somme[1] *f* sum; amount; **~ globale** lump sum; **~ toute, en ~** in short; after all.
somme[2] *m* (short) sleep.
sommeil [sɔmɛj] *m* sleep, sleepiness; **avoir ~** be sleepy; **~ler** doze, drowse, slumber.
sommelier *m* wine-waiter.
sommer summon; call upon; sum up.
sommet *m* summit; top; peak; *head:* crown.
sommier *m com.* ledger; **~ élastique** spring mattress.
somnifère *m* sleeping-pill.
somnolent [sɔmnɔlɑ̃] somnolent, sleepy, drowsy.
somptu|eux sumptuous; **~osité** *f* sumptuousness.
son[1] [sɔ̃] *m* sound, noise.
son[2] his, her, its, one's.
son[3] *m* bran; **taches** *f/pl.* **de ~** freckles *pl.*
sondage *m* sounding; boring; **~ d'opinion** opinion poll.
sond|e [sɔ̃:d] *f* sounding-lead; *méd.* probe; **~er** fathom, bore; *méd.* probe; *fig.* sound (*person*).
song|e *m* dream; *fig.* illusion; **~er** dream; imagine, think; **~erie** *f* daydream; reverie; **~eur** *m* dreamer; *adj.* dreamy.
sonnant resounding; ringing;

à midi ~ on the stroke of twelve; **espèces** *f/pl.* **~es** hard cash; ready money.
sonn|er ring, toll; strike; tinkle; **~erie** *f* ringing; peel (*or* set) of bells; tolling; **~ette** *f* bell; doorbell; **serpent** *m* **à ~ettes** rattle-snake.
sorc|ellerie [sɔrsɛlri] *f* witchcraft; magic; **~ier** *m* wizard, sorcerer.
sordide sordid, filthy, dirty; *fig.* mean.
sort [sɔ:r] *m* fate, destiny; lot; **tirer au** ~ draw lots.
sorte [sɔrt] *f* kind, manner; **toutes ~s** *pl.* **de** all kinds of; **en quelque** ~ to some extent; in a certain way; **de ~ que** so that, so as.
sortie [sɔrti] *f* going out; way out, exit; excursion; *com.* sale, export; *mil.* sortie; ~ **de bain** bathrobe.
sortir go out, come out (*or* from); leave; emerge; take out; pull out; bring out; **au ~ de ...** on leaving ...
sot *m* fool; *adj* (*f* **sotte**) foolish, silly; **~tise** *f* folly, nonsense; foolish behavio(u)r.
sou *m* small coin; **sans le** ~ broke; **~s** *pl. fam.* money.
souche [suʃ] *f tree:* stump; stock, stem; origin; ~ **(de contrôle)** *ticket:* counterfoil, stub.
souci [susi] *m* care, worry; concern; **sans** ~ carefree; **se ~er de** care (*or* worry) about; **~eux** anxious.
soucoupe *f* saucer.
soudage *m* soldering.
soudain [sudɛ̃] sudden, unexpected; **~ement** suddenly, all of a sudden.
soude *f* soda.
souder solder; weld.
souffle *m* breath(ing); expiration; *fig.* inspiration.
souffler breathe, blow, whisper; pant; *thé.* prompt.
soufflet *m* bellows *pl.*; box on the ears; insult.
souffrance [sufrɑ̃:s] *f* suffering, pain.
souffr|ant suffering, ailing; injured; **~ir** suffer, endure; stand; tolerate.
soufre *m* sulphur.
souhait [swɛ] *m* wish; **à** ~ according to one's wishes; **~able** desirable; **~er** wish (for).
souillé [suje] dirty, soiled.
souill|er [suje] soil, stain; taint; **~ure** *f* dirt, stain.
soûl [su] drunk; glutted; **se ~er** get drunk.
soulag|ement *m* relief, comfort; **~er** lighten, relieve; alleviate.
soulèvement *m* rising; heaving; revolt; ~ **de cœur** sickly feeling.
soulever [sulve] lift; raise; stir up; rouse; **se** ~ revolt.
soulier *m* shoe.
souligner underline; emphasize, stress.
soumettre subdue, subject;

se ~ à submit to.
soumis submissive; dutiful.
soumission [sumisjɔ̃] *f* submission; obedience; *com.* tender; **~ner** present; tender (*contract*).
soupape *f* valve, plug; **~ de sûreté** safety-valve.
soupçon [supsɔ̃] *m* suspicion; bit, small quantity; **~ner** suspect; **~neux** suspicious, distrustful.
soupe *f* soup.
souper [supe] *m* supper; *v.* have supper; sup.
soupir [supi:r] *m* sigh, breath; *mus.* rest.
soupirer sigh; gasp; **~ après** long for.
souple [supl] supple; pliant; yielding; flexible; **~sse** *f* flexibility; pliancy; compliance; versatility.
source [surs] *f* spring, source; origin.
sourcil [sursi] *m* eyebrow.
sourd [su:r] *m* deaf person; *adj.* deaf; muffled; dull; **~-muet** *m* deaf and dumb person.
sourdre spring (*or* gush) forth; *fig.* arise.
souriant smiling.
souricière *f* mousetrap; *fig.* trap, snare.
sourire [suri:r] *m* smile; *v.* smile; **~ à** please; *fig.* favo(u)r.
souris *f* mouse (*pl.* mice).
sournois sly, cunning.
sous [su] under, below, beneath; **~ bande** under wrapper (*or* cover); **~ la main** at hand.
sous|cription [suskripsjɔ̃] *f* subscription; signature; **~crire** sign, subscribe; **~crire à** assent to; **~-estimer** underestimate, underrate; **~-locataire** *m* subtenant; **~-main** *m* blotting-pad; **~-marin** *m* submarine; *adj.* underwater; **~signé** *m*, *adj.* undersigned; **~-sol** *m* basement; subsoil; **~-titre** *m* subtitle.
soustraire subtract; take away; abstract.
soutenir [sutni:r] sustain, support, hold up; maintain; affirm; bear, endure; keep up; **~ une famille** support a family.
soutenu steady, constant; unremitting; *fig.* lofty.
souterrain [sutɛrɛ̃] *m* underground passage; *adj.* underground.
soutien [sutjɛ̃] *m* support; supporter; prop; **~-gorge** *m* brassière, bra.
souvenir [suvni:r] *m* memory; remembrance; souvenir, keepsake; *v.* **se ~ de** remember; **faire ~ de** remind of; **il me souvient** I remember.
souvent [suvɑ̃] often, frequently.
souverain [suvrɛ̃] *m*, *adj.* sovereign.
soviet *m* soviet.

soyeux silky, silken.
spacieux spacious, ample, roomy.
sparadrap [sparadra] *m* adhesive tape.
spasme *m méd.* spasm.
spécial [spesjal] special; particular; **~ement** especially, specially; **~isé** specialized; **se ~iser** specialize (**dans** in); **~iste** *m* specialist; **~ité** *f* special(i)ty.
spécimen [spesimɛn] *m* specimen, sample.
spectacle [spɛktakl] *m* sight; show; *thé.* play; (**industrie** *f or* **monde** *m* **du**) **~** show business; **aller au ~** go to the theatre; **donner en ~** exhibit.
spectateur *m* spectator; onlooker; **~s** *pl.* audience.
spectre *m* ghost, phantom; apparition; spectrum.
sphère [sfɛr] *f* sphere.
spirale [spiral] *f* spiral; helix; **en ~** winding.
spiritu|el religious, spiritual; witty; **~eux** *m/pl.* spirits *pl.*; *adj.* alcoholic.
splend|eur [splãdœ:r] *f* splendo(u)r; brilliancy; **~ide** splendid.
spontané spontaneous.
sport [spɔ:r] *m* sport(s *pl.*); **faire du ~** go in for sports; **~ nautique** aquatic sports *pl.*; **les ~s** games *pl.*; **~if** *m* sportsman; *adj.* sporting.
spumeux foamy; frothy.
square [skwa:r] *m* small public square (with trees and flowers).
squelette *m* skeleton.
stabili|sateur *m* stabilizer; **~ser** stabilize; **~té** *f* stability; durability.
stable [stabl] lasting, solid, stable; settled.
stade [stad] *m* stadium; *fig.* stage, period.
stage [sta:ʒ] *m* period of probation; stage; professional training.
stagnant [stagnɑ̃] stagnant; standing still.
stalle *f* stall; *thé.* stall.
stand [stɑ̃d] *m* stand; stall.
standard [stɑ̃da:r] *m*, *adj.* standard; **~iser** standardize; **~iste** *m*, *f* telephone operator.
station [stasjɔ̃] *f* station; position; (bus *etc.*) stop; **~ (de taxis)** (taxi-)stand; **~ balnéaire** seaside resort; **~ thermale** spa; **~ centrale** *élec.* central electric station; **~naire** stationary; **~nement** [stasjɔnmɑ̃] *m auto* parking; **~ner** station; park; **~-service** *f* service station.
statistique *f* statistics *pl.*
statu|er decree, decide; **~er sur** settle; **~t** *m* statute; **~taire** statutory.
sténo|dactylo *f* shorthand typist; **~graphe** *m*, *f* stenographer; **~graphie** *f* shorthand.
stéréo(phonie *f*) stereo (-phony).

stéril|e [steril] sterile, barren, unproductive; **~isé** sterilized; **~ité** *f* barrenness.
stimuler stimulate; excite; spur on; stir.
stipul|ation [stipylasjɔ̃] *f* stipulation; **~er** stipulate.
stock *m* stock; supply.
stop [stɔp] *m* red light; *auto* brake light; hitch-hiking.
stopp|age *m* invisible mending; **~er** stop, halt.
store [stɔ:r] *m* roller blind; blind; awning.
strapontin [strapɔ̃tɛ̃] *m* folding-seat.
stratagème *m* stratagem; *fig.* artifice; trickery.
strict [strikt] strict, rigid.
strident [stridɑ̃] shrill, harsh, rasping.
studieux studious.
stupé|faction *f* stupefaction; bewilderment; consternation; **~fait** amazed, speechless, nonplussed; **~fiant** *m* narcotic, dope, drug; **~fier** amaze, dumbfound.
stup|eur *f* stupor, amazement; **~ide** stupid; foolish.
stylo *m* fountain-pen; **~ à bille** ball (point) pen.
suave [sɥa:v] sweet, soft, delicate; agreeable, bland.
subalterne *m, adj.* subordinate; inferior.
subdiviser [sybdivize] subdivide, split up.
subir endure, sustain; undergo, suffer.
subit sudden, unexpected.
subjuguer [sybʒyge] subdue; *fig.* conquer.
sublime [syblim] *m, adj.* sublime.
submer|ger submerge, flood, inundate; **~sion** *f* submersion; **mort** *f* **par ~sion** (death by) drowning.
subordonné *m, adj.* subordinate, inferior.
suborner suborn, corrupt.
subséquent [sybsekɑ̃] posterior, subsequent; ensuing.
subside [sypsid] *m* subsidy.
subsist|ance [sybzistɑ̃:s] *f* subsistence, maintenance; **~ances** *pl.* provisions *pl.*, supplies *pl.*; **~er** exist, subsist; live (**de** on).
substan|ce [sypstɑ̃:s] *f* substance; **en ~ce** in short; **~tiel** substantial, solid.
substituer [sypstitɥe] substitute (**à** for).
subterfuge [syptɛrfy:ʒ] *m* shift, evasion, subterfuge.
subterrané subterranean; underground.
subtil subtle; acute, keen; fine, delicate; **~ité** *f* subtlety.
suburbain [sybyrbɛ̃] suburban; **colonie** *f* **~e** suburban settlement.
subvenir à provide for; meet (*expenses*).
subvention [sybvɑ̃sjɔ̃] *f* subsidy, grant; **~ner** subsidize.
subversion [sybvɛrsjɔ̃] *f* subversion; overthrow.
suc [syk] *m* juice.
succéder à succeed, follow;

replace.
succès [syksɛ] *m* success; **mauvais ~** failure.
success|eur [syksɛsœ:r] *m* successor, heir; **~ion** *f* succession; inheritance; sequence.
succinct [syksɛ̃] succinct, concise; **~ement** briefly.
succomber succumb; die; yield (**à** to).
succulent [sykylɑ̃] succulent; juicy; tasty.
succursale *f* branch-office; chain store.
sucer suck.
sucr|e *m* sugar; **~é** sweet; sugary; **~er** sweeten; **~eries** *f/pl.* sweetmeats *pl.*, *Am.* candy.
sud [syd] *m* south.
Suède [sɥɛd] *f* Sweden.
suédois *adj.*, **≈** *m* Swedish.
suer perspire; sweat.
sueur [sɥœ:r] *f* sweat; perspiration.
suffire be sufficient, be enough; suffice; **se ~** be self-sufficient.
suffisamment [syfizamɑ̃] sufficiently; **~ de ...** enough.
suffisan|ce [syfizɑ̃:s] *f* sufficiency; conceit; **à** (*or* **en**) **~ce** sufficient, enough, **~t** sufficient; necessary, required; conceited.
suffo|cation [syfɔkasjɔ̃] *f* choking; stifling; suffocation; **~quer** choke, stifle, suffocate.
suffrage [syfra:ʒ] *m* vote; approval; **~ féminin** female suffrage; **~ universel** universal suffrage.
suggérer [sygʒere] suggest.
suggestion [sygʒɛstjɔ̃] *f* suggestion.
suicid|e *m* suicide; **se ~er** commit suicide.
suie [sɥi] *f* soot.
suinter [sɥɛ̃te] ooze, seep; drip.
Suisse *f* Switzerland; **≈** *adj.*, **~** *m* Swiss.
suite [sɥit] *f* continuation; sequel; consequence; series; coherence, consistency; suite; **de ~** in succession, ... running; **par ~ de** because of, as a consequence of; **par là ~** afterwards; **(tout) de ~** at once, immediately, right away; **donner ~ à** carry out; **et ainsi de ~** and so on, and so forth.
suivant *adj.* following; next; **au ~!** next please!; *prp.* according to; **~ que** according as.
suivi continuous, coherent.
suivre [sɥi:vr] follow; attend (*course, etc.*); **à ~** to be continued; **faire ~** forward (*letter*).
sujet [syʒɛ] *m* subject; topic; reason; cause, motive; person, individual; **mauvais ~** bad lot; **à ce ~** in this connection; **au ~ de** about, concerning; *adj.*: **~ à** subject to, liable to; **~ à caution** rather doubtful.

sulfureux sulphurous.
super [sypɛr] super(...); *m auto* high-octane petrol (*Am.* gas).
superbe [sypɛrb] splendid, stately, superb.
supercherie [sypɛrʃəri] *f* deceit, fraud; trickery.
superfi|cie *f* surface, area; **~ciel** superficial.
superflu superfluous; unnecessary.
supéri|eur *m* superior; *adj.* superior; upper; higher; (on) top; **~orité** *f* superiority.
supermarché [sypɛrmarʃe] *m* supermarket.
superposer [sypɛrpoze] put on top of one another.
superstitieux [sypɛrstisjø] superstitious.
superstructure [sypɛrstrykty:r] *f* superstructure.
superviser supervise.
supplanter supplant; oust.
supplé|ant *m* substitute; *adj.* assistant; deputy; acting; **~er** [syplee] add; make up, fill; deputize for; **~er à** make up for; **~ment** [syplemɑ̃] *m* supplement; extra charge; *ch. d. f.* excess ticket; **~mentaire** supplementary; additional; **heures** *f/pl.* **~mentaires** overtime.
supplic|e *m* torture; punishment; **~ier** torture.
supplique *f* petition.
support [sypɔ:r] *m* support: prop; **~able** bearable; **~er** support; bear, tolerate, stand (up to).
supposer suppose; imply; **à ~ que** supposing (that).
suppositoire *m* suppository.
suppression *f* suppression; abolition; removing; cutting down.
supprimer suppress; remove; do away with; cut down, lessen; cancel; leave out, skip; kill.
suppurant suppurating.
suppurer suppurate, discharge matter.
supputer calculate, evaluate.
suprématie [sypremasi] *f* supremacy.
suprêm|e [syprɛm] supreme; highest.
sur [sy:r] on, upon, above, concerning, by, about, towards.
sûr [sy:r] certain, sure, safe; secure; **à coup ~, pour ~** surely.
surabond|ance *f* superabundance; **~ant** superabundant; plentiful.
suralimentation *f* overfeeding.
suranné [syrane] antiquated; obsolete.
surcharge [syrʃarʒ] *m* overweight; excess weight; overcharge; **~r** overload; overcharge.
surchauffer overheat.
surcroît [syrkrwa] *m* increase; **de ~, par ~** in addition, into the bargain.
surdité *f* deafness.

surélever raise; heighten.
surenchérir [syrɑ̃ʃeri:r] overbid.
surestimer overvalue.
sûreté [syrte] *f* safety, certainty; **la** ⚓ the Criminal Investigation Department.
surexciter overexite.
surface [syrfas] *f* surface; area.
surfait overrated.
surgir [syrʒi:r] (a)rise, spring up; loom up.
surintendant *m* superintendent; overseer.
surmen|age *m*, **~er** overwork.
surmonter surmount; get over; overcome; be on top of.
surnaturel supernatural.
surnom [syrnɔ̃] *m*, **~mer** nickname.
surpasser surpass; tower above, outdo; rise above.
surpayer pay too much for.
surplomber overhang.
surplus [syrply] *m* remainder; **au ~** besides.
surprenant surprising.
surprendre [syrprɑ̃:dr] surprise; catch (unawares).
surpris [syrpri] surprised; **~e** [syrpri:z] *f* surprise; **~e-partie** *f* dancing party among young people.
surproduction *f* overproduction.
sursaut [syrso] *m* start; jump; **en ~** with a start.
sursis *m* respite, reprieve; deferment.
surtaxe *f* surcharge; additional charge.
surtout [syrtu] above all, especially.
surveill|ance [syrvɛjɑ̃:s] *f* supervision, watch; observation; **~ant** *m* overseer, supervisor; **~er** superintend, watch over, supervise.
survenant coming (*or* entering) unexpectedly.
survenir occur; *person:* happen to come, drop in.
survente *f* overcharge.
survie [syrvi] *f* survival.
surviv|ance *f* survival; **~ant** *m* survivor; **~re** [syrvi:vr] **(à)** survive; outlive.
sus [sy(s)]: **en ~** in addition (**de** to).
susceptible susceptible; touchy; easily offended; **~ de** apt to; likely to.
susciter cause, stir up; rouse, kindle, instigate.
susdit [sysdi] above-said; aforesaid.
susmentionné [sysmɑ̃sjɔne] above-mentioned.
suspect [syspɛ] *m* suspect; *adj.* suspect; questionable.
suspendre [syspɑ̃:dr] hang (up); suspend; hold in abeyance; stop (*payment*).
suspendu suspended; hung up; **pont** *m* **~** suspension bridge.
suspens [syspɑ̃] **: en ~** in doubt; in suspense.
suspense [syspɛns] *m*

suspense.
suspension *f* suspension; *auto* springs *pl.*
suspicion [syspisjɔ̃] *f* suspicion.
suture *f* suture; join; **point** *m* **de ~** stitch.
svelt|e slender; slim; **~esse** *f* slimness.
s.v.p. (*short for:* **s'il vous plaît**) please.
syllabe *f* syllable.
sympathie [sɛ̃pati] *f* sympathy.
sympathique, *fam.* **sympa** likeable, nice.
symptôme [sɛ̃ptom] *m* symptom.
synchroniser synchronize.
syndi|cat *m* syndicate; trade union; **se ~quer** join *or* form a trade union.
synthèse *f* synthesis.
systématique [sistematik] systematic.
système [sistɛm] *m* system.

T

ta your.
tabac [taba] *m* tobacco; **bureau** *m* (*or* **débit** *m*) **de ~** tobacconist's, *Am.* cigar store.
table [tabl] *f* table; board; tablet; slab; index; **mettre la ~** set the table; **~ des matières** list of contents.
tableau [tablo] *m* picture, painting, scene; list; board; sight; catalogue; **~ de bord** *auto* dashboard; **~ de publicité** signboard, *Am.* billboard; **~ de distribution** *élec.* switchboard; **~ noir** blackboard.
tablette [tablɛt] *f* tablet; shelf; **~s** *pl.* writing-pad; notebook; **~ de chocolat** bar of chocolate.
tablier *m* apron; *bridge:* floor; **~ d'enfant** pinafore.
tache [taʃ] *f* stain; spot; *fig.* blemish; **sans ~** stainless; undefiled, unblemished.
tâche [ta:ʃ] *f* task; **travail** *m* **à la ~** piece-work.
tacher stain; tarnish, blemish; **se ~** soil o.s.
tâcher| de try to, endeavo(u)r to; **~on** *m* piece-worker.
tacheté [taʃte] freckled, spotted.
tacit|e tacit; implied; **~urne** taciturn.
tact [takt] *m* feeling, tact; touch; diplomacy.
tactique *f* tactics *pl.*; *adj.* tactical.
taie *f* pillowcase.
taillader [tajade] cut, slash; carve.
taille *f* cut, cutting; shape; trimming; *sword, etc.:* edge; waist, figure; height; size (*a. of garments*); **~-crayon** *m* pencil-sharpener.
tailler [tɑje] cut, trim; sharpen; cut out.

tailleur [tajœ:r] *m* tailor; cutter; tailored costume; ~ **pour dames** ladies' tailor; ~ **de pierres** stone-cutter.
taillis *m* coppice.
tain [tɛ̃] *m* tin foil.
taire [tɛ:r] keep secret; hush up; not to tell; **se** ~ fall silent; be quiet; **se** ~ **sur** (*or* **de**) not to speak about; **faire** ~ silence; **tais-toi!, taisez-vous!** be quiet, shut up!
talk [talk] *m* talkum powder.
talent [talɑ̃] *m* talent, capacity.
talion *m* retaliation.
talon [talɔ̃] *m* heel; sole; remainder; counterfoil; voucher; **~ner** pursue closely, tail, dog; urge, harass.
talus [taly] *m* slope, embankment.
tambour *m* drum; drummer.
tamis *m* sieve, strainer; **~er** sift; filter; screen; soften.
tampon *m* pad, plug; *ch.d.f.* buffer; **~nement** *m* plugging; shock; *ch.d.f.* collision; **~ner** run against *or* into, collide with; stamp; plug; stop; dab.
tandis que [tɑ̃dikə] while; whereas.
tangente [tɑ̃ʒɑ̃t] *f* tangent.
tangible [tɑ̃ʒibl] tangible.
tanière *f* den, lair, hole.
tann|er tan; dress; cure (*skins*); *fam.* get on *s.o.'s* nerves; **~eur** *m* tanner.
tant [tɑ̃] so (*or* as) much; so (*or* as) many; **en ~ que** inasmuch as; as, in the capacity of; ~ **mieux (pis)** so much the better (the worse); ~ **que** as long as; ~ **soit peu** ever so little; ~ **s'en faut** far from it.
tante [tɑ̃:t] *f* aunt.
tantôt just now; a litte while ago; soon; by and by; **à ~!** *fam.* till (we meet) next time!; **~ ... ~ ...** now ... sometimes, ... at other times.
taon [tɑ̃] *m* gad-fly.
tapage [tapa:ʒ] *m* uproar, noise; show, display; row.
tapageur noisy; loud, showy.
tape *f* tap, rap; slap.
taper strike, knock, tap; ~ **de** *fam.* touch for (*money*); ~ **(à la machine)** type(write); ~ **sur les nerfs** get on one's nerves.
tapir: se ~ crouch, squat; cower down; nestle.
tapis [tapi] *m* carpet; rug; mat; cloth; cover; **être sur le** ~ be the subject of conversation; **mettre sur le** ~ bring up (for discussion); **~ser** hang with tapestry; paper (*room*); **~serie** [tapisri] *f* tapestry; tapestry-work; **faire ~serie** *girl:* be a wallflower.
tapoter tap; pat.
taquet [takɛ] *m* peg; wedge.
taquiner tease; kid; **~ie** *f* teasing; kidding.
tard late; **au plus** ~ at the latest; **pas plus** ~ **que** only; **tôt ou** ~ sooner or later.

tarder delay, dally; be late, be long; ~ **à** be long in; **il me tarde de** I am anxious to.
tardif late, tardy, sluggish.
tar|e *f com.* tare; deduction made for packages; *fig.* blemish, defect; **~é** deteriorated, damaged.
targette *f* slide-bolt.
targuer: se ~ de pride o.s. on.
tarif [tarif] *m* tariff; rate; price-list; fare.
tarir dry up (*a.* **se ~**).
tarte [tart] *f cuis.* tart; **~lette** *f* small tart.
tartine [tartin] *f* slice of bread and butter.
tas [tɑ] *m* heap, pile, lot; **des ~ de** lots of; **mettre en ~** heap up, pile up.
tasse *f* cup; cupful; **une ~ de café** a cup of coffee; **une ~ à café** a coffee-cup.
tasser heap up; compress; squeeze; cram; **se ~** settle (down).
tâter feel, touch; feel out, sound; **~ de** taste, try.
tatillon [tatijɔ̃] fussy (person).
tâtons [tatɔ̃]: **à ~** fumblingly; **chercher à ~** grope for.
taudis *m* hovel, dirty hole; ~ *pl.* slums *pl.*
taup|e *f* mole; moleskin; **~inière** *f* molehill.
taureau [tɔro] *m* bull; **course** *f* **de ~x** bullfight.
taux [to] *m* rate; price; **~ d'escompte** bank-rate; **~ du change** rate of exchange; **~ d'intérêt** rate of interest.
taverne [tavɛrn] *f* tavern.
taxe *f* tax, duty; rate, charge, dues *pl.*; toll; **~ supplémentaire** surcharge; **~ à l'achat** purchase tax; **~ sur la valeur ajoutée** value-added tax; **~r** tax (*a. fig.* **de** with).
taxi *auto m* taxi(-cab); **~phone** *m* telephone booth, telephone box.
Tchécoslovaquie *f* Czechoslovakia.
tchèque [tʃɛk] *adj.*, **≈** *m* Czech.
te (to) you.
technicien [tɛknisjɛ̃] *m* technical engineer, specialist.
technique [teknik] *f* technique; technics *pl.*; engineering; *adj.* technical.
teign|e [tɛɲ] *f* moth; **~eux** scurvy, mangy; moth-eaten.
teindre [tɛ̃:dr] dye, colo(u)r; tinge, stain.
teint [tɛ̃] *m* complexion; dye; **bon ~** *colour:* fast; **~e** *f* dye, colo(u)r, hue; tinge; **~ure** [tɛ̃ty:r] *f* dye; dying; hue; tincture; *fig.* smatterings *pl.*; **~urerie** *f* dye shop, dyeworks *pl.*
tel (telle) such; as, like; **~ que** such as; **~ quel** just as it is (*or* was).
télautographe *m* telautograph.
téléférique *m* cable ropeway.
télégramme *m* telegram, cable.
télégraph|e *m* telegraph;

~ier telegraph, cable; **~ique** telegraphic; **mandat** *m* **~ique** telegraphic money order.
télémètre *m* range-finder.
téléobjectif *m* telephoto lens.
téléphone *m* telephone; **abonné** *m* **au ~** telephone subscriber; **~ automatique** dial telephone; **~ interurbain** long-distance telephone; **coup** *m* **de ~** (telephone) call; **~r** (tele)phone; call (up), ring up (**à q.** s.o.).
téléphonique: annuaire *m* **~** telephone directory; **taxe** *f* **~** telephone fees *pl.*
téléphoniste *m, f* (telephone) operator.
téléphotographie *f* telephotography.
télescope *m* telescope; **~r** *auto, etc.:* run into, collide with.
téléscripteur *m* teletype.
télésiège *m* chair lift.
téléski *m* ski lift.
téléspectateur *m* televiewer, TV viewer.
télévis|er televise, telecast; **~eur** *m* TV set; **~ion** [televizjɔ̃] *f*, *fam.* **télé** *f* television, TV.
tellement [tɛlmɑ̃] so, in such a manner, to such a degree.
témér|aire bold, rash; daring; **~ité** *f* audacity; recklessness.
témoign|age *m* evidence; testimony; proof; **~er** [temwaɲe] bear witness, testify; show; **~er de** bear witness to, prove.
témoin [temwɛ̃] *m dr.* witness; spectator; **prendre à ~** call to witness.
tempe [tɑ̃:p] *f méd.* temple.
tempérament [tɑ̃peramɑ̃] *m* constitution; temper, temperament; **paiement** *m* **à ~** payment by instalments.
tempér|ature [tɑ̃peraty:r] *f* temperature; **~er** temper, moderate; calm down; soothe, allay.
tempête [tɑ̃pɛt] *f* storm; gale; **~ de neige** snow-storm, blizzard.
tempétueux stormy.
temporaire temporary.
temporel temporal; worldly, secular.
temporiser temporize.
temps [tɑ̃] *m* time; weather; **~ libre** spare time; **à ~** in (good) time; **il fait beau ~** the weather is fine; **de ~ en ~** from time to time; **en même ~** at the same time; **quel ~ fait-il?** how is the weather?
tenace [tənas] tenacious; stiff; dogged; obstinate.
tenailler harass, torment.
tenailles *f/pl.* pincers *pl.*; nippers *pl.*
tendeur *m* spreader; hanger.
tendon *m* sinew, tendon.
tendre[1] [tɑ̃:dr] tend, hold out; set (*trap*); stretch; **~ à** tend to.

tendre[2] [tɑ̃:dr] tender; soft; affectionate; loving.
tendresse *f* tenderness; affection; love; caress.
tendron *m* young shoot.
ténèbres [tenɛbr] *f/pl.* darkness; gloom.
ténébreux dark, gloomy.
teneur *f* tenor; import; terms *pl.*; ~ *m* **de livres** book-keeper.
tenir [t(ə)ni:r] hold, keep, have; hold (out); ~ **à** value, care for, want; be anxious to; result from, be due to; ~ **de** take after; ~ **sa parole** keep one's word; **se** ~ keep, stand, be, remain; contain o.s.; **se** ~ **tranquille** keep quiet; **se** ~ **debout** stand, up(right); **s'en** ~ **à** stick to.
tennis [tɛnis] *m* tennis.
tenon *m* bolt; tenon.
tension [tɑ̃sjɔ̃] *f* strain, tension; intensity; *élec.* voltage; ~ **artérielle** blood-pressure.
tentacule [tɑ̃takyl] *m* tentacle, feeler.
tent|ant tempting, enticing; **~ateur** *m* tempter; *adj.* tempting.
tente [tɑ̃t] *f* tent.
tenter tempt; try, endeavo(u)r (**de** to).
tenture [tɑ̃ty:r] *f* (painted) wall-paper.
tenu kept, bound; held.
ténu tenuous.
tenue *f* deportment; manners *pl.*; behavio(u)r, bearing; appearance; holding; *of house, etc.:* keeping; **grande** ~ full dress; ~ **de soirée** evening dress; ~ **de ville** street dress; ~ **des livres** book-keeping.
ténuité *f* tenuity.
térébentine [terebɑ̃tin] *f* turpentine.
tergiverser tergiversate; beat about the bush.
terme [tɛrm] *m* term; expression; limit, end; due date; quarter's rent; **à long** ~ long-dated; **être en bons ~s avec q.** be on good terms with s.o.
termin|aison *f* termination; ending; **~er** end, terminate, finish.
terminus [tɛrminy:s] *m* *ch.d.f.* terminus.
ternir tarnish (*a.* **se** ~).
terrain [tɛrɛ̃] *m* (piece of) ground; ~ **d'aviation** airfield; ~ **de golfe** golf-links; ~ **de camping** camping site; ~ **de jeux** playground, recreation ground; **véhicule** *m* **tout** ~ all terrain vehicle.
terrasse *f* terrace; pavement (*Am.* sidewalk) in front of a café; **~r** bank up; lay low, overwhelm.
terre *f* earth; world; ground; land; estate; ~ **ferme** mainland; **mettre pied à** ~ alight; ~ **à** ~ prosaic; matter-of-fact; commonplace; **ventre à** ~ at full speed.
terrestre earthly, worldly.
terreur [tɛrœ:r] *f* terror, fright; awe.

terrible [tɛribl] terrible, awful.
terrien *m* landowner.
terrier *m* burrow, hole; *dog:* terrier.
terrifier terrify; dismay.
territoire [tɛritwa:r] *m* territory; district.
terroir *m* soil, ground.
terror|isme *m* terrorism; **~iste** *m, adj.* terrorist.
tes your.
tesson *m* potsherd; fragment.
test *m* test, trial.
testament [tɛstamɑ̃] *m* will, testament.
tête [tɛt] *f* head; mind; chief, leader; top; face; **signe** *m* **de ~** nod; **la ~ la première** headlong; **en avoir par-dessus la ~** *fam.* be fed up with it; **forte ~** strong-minded person; **en ~ à ~** in private; face to face; **faire à sa ~** do as one likes; **tenir ~ à** resist, oppose.
tête-à-queue *m* slew round, full turn.
tête-à-tête *m* private conversation; familiar interview.
téter suck.
têtu stubborn, headstrong, obstinate.
texte *m* text; textbook.
text|ile [tɛkstil] *m* textile; **~ure** *f* texture; disposition; arrangement.
thé [te] *m* tea; **boîte** *f* **à ~** tea-caddy.
théâtre [tea:tr] *m* theatre; **~ en plein air** open air theatre.
théière *f* teapot.
théorie [teɔri] *f* theory, doctrine.
thermoplongeur *m* immersion heater.
thon *m* tunny, tuna.
thym [tɛ̃] *m* thyme.
tic [tik] *m* twitching, tic; mania.
ticket [tikɛ] *m* ticket.
tiède tepid, lukewarm, mild, soft; *fig.* indifferent.
tien [tjɛ̃]: **le ~, la ~ne** yours.
tiers [tjɛ:r] *m* third person; *fig.* stranger; *adj.* third; **le ~ monde** the Third World.
tige [ti:ʒ] *f* stem, stalk; shaft; **~ de piston** piston rod.
tigre [tigr] *m* tiger.
tilleul *m bot.* lime-tree.
timbre [tɛ̃br] *m* bell; tone, sound, timbre; stamp; **~-poste** *m* postage stamp; **~r** [tɛ̃bre] stamp.
timide [timid] timid.
tint|ement *m* tinkling; tolling; buzzing; tingling; **~er** tinkle, buzz, ring.
tir *m* shooting; rifle-range; **~ à la cible** target firing.
tirage [tira:ʒ] *m* drawing; draught; towing; pulling; traction; *newspaper, etc.:* circulation; *fig.* difficulty; **~ au sort** drawing lots.
tiraill|ement *m* twinge; tugging pain; **~er** pull about; shoot at random; snipe.
tirant *m* boot-strap; **~ d'eau** *mar. of ship:* draught.
tire [ti:r] **: voleur** *m* **à la ~**

pickpocket.

tire|-au-flanc *m* malingerer; **~-bouchon** *m* cork-screw; **à ~-d'aile** at full speed; **~lire** *f* money-box, coin bank.

tirer pull (out), draw (out); extract; tug; stretch; draw, trace; print; fire, shoot (**sur** at); derive, get (**de** from, out of); **se ~** *fam.* make off, beat it; **se ~ de** get out of (*difficulty, etc.*); **s'en ~** manage, get along, get by.

tiret *m* hyphen, dash.

tiroir [tirwa:r] *m* drawer, slide.

tisane *f* infusion; herb-tea.

tison [tizɔ̃] *m* fire-brand; ember; **~nier** *m* poker.

tisser weave; **~and** *m* weaver.

tissu [tisy] *m* fabric, tissue; **~ éponge** towelling.

titre [titr] *m* title; title-deed; heading, headline; *gold, etc.:* standard; **à juste ~** justly, deservedly; **à ~ de** as; by way of; **à ~ d'essai** by way of trial; **à ~ gratuit** free (of charge).

tituber [titybe] reel, stagger.

titulaire *m* holder, bearer.

toboggan [tɔbɔgɑ̃] *m* bob-sleigh.

tocsin [tɔksɛ̃] *m* alarm-bell; **sonner le ~** ring the alarm-bell.

tohu-bohu [tɔybɔy] *m* chaos, hustle.

toi [twa] you; **c'est à ~** it is yours; **~-même** yourself.

toile [twal] *f* linen, canvas; *mar.* sail; oil-painting; *thé.* curtain; **~ cirée** oilcloth; **~ d'araignée** spider's web; **~ de coton** calico; **~ métallique** wire gauze; fine wire-netting; **~ vernie** oilskin.

toilette [twalɛt] *f* toilet, dress; dressing-table; **cabinet** *m* **de ~** dressing-room; **en grande ~** in full dress; **faire sa ~** (wash and) get dressed; **~s** *pl.* washroom, toilet, ladies' *or* mens' room.

toiser size up.

toit [twa] *m* roof; **~ ouvrant** sliding roof; **~ure** *f* roofing.

tôle *f* sheet iron; **~ ondulée** corrugated iron.

tolér|ance [tɔlerɑ̃s] *f* tolerance; *com.* allowance; **~ant** tolerant; broad-minded; **~er** tolerate.

tomate [tɔmat] *f* tomato.

tombant falling, drooping.

tomb|e *f* grave; **~eau** *m* monument on a grave; *fig.* tomb.

tombée *f* fall; **à la ~ de la nuit** at nightfall.

tomber fall (down); drop; fell, overthrow; **~ sur** hit upon; find; **faire ~** throw (*or* knock) down; **laisser ~** drop; **~ malade** fall (*or* be taken) ill; **~ d'accord** agree.

tome [tɔm] *m* volume, tome.

ton[1] [tɔ̃] *m* tone; style; *mus.* pitch, key; **de bon ~** good form.

ton[2] your.

tondeuse *f* clippers *pl.*;

shearing-machine; lawn-mower.
tondre [tɔ̃dr] trim, shear, cut (*hair*); mow.
tonique [tɔnik] *adj.*, *m* tonic; **~ capillaire** hair tonic.
tonn|age *m* tonnage; **~e** *f* cask, ton (1000 kilograms); **~eau** *m* barrel; cask; **~elier** *m* cooper.
tonn|er [tɔne] thunder, boom; **~erre** [tɔnɛ:r] *m* thunder; **coup** *m* **de ~erre** clap of thunder.
topaze *f* topaz.
toquade [tɔkad] *f* fad, craze.
toqué crazy (**de** about).
torche [tɔrʃ] *f* torch.
torch|er wipe; **~ette** *f* wisp of straw; **~on** *m* rag; dish-cloth.
tord|ant extremely funny; **~re** twist, wring; *fig.* disfigure; **se ~re** writhe.
torpeur *f* torpor, torpidity.
torpille *f* torpedo; mine; **~r** torpedo (*a. fig.*).
torréfier roast.
torrent [tɔrɑ̃] *m* torrent; *fig.* flood; **pluie** *f* **~ielle** cloudburst.
torride [tɔrid] torrid; scorching.
tort [tɔ:r] *m* wrong; mistake; fault; injury; harm; prejudice; **à ~** wrongly; **à ~ et à travers** at random, helter-skelter; **avoir ~** be wrong; **donner ~ à q.** decide against s.o.; **faire (du) ~ à** wrong; harm.
tortiller [tɔrtije] twist, twirl; *fam.* shilly-shally, shuffle; **se ~** writhe, wriggle.
tortu crooked, distorted.
tortue *f* tortoise; turtle.
tortueux [tɔrtɥø] winding; *fig.* underhand, crooked.
tortur|e [tɔrty:r] *f* torture; **~er** torture, torment.
tôt soon, early; quickly speedily; **au plus ~** as soon as possible; **~ ou tard** sooner or later.
total [tɔtal] *m* whole; *adj.* total; whole; **~ité** *f* totality; **en ~ité** as a whole.
touchant *adj.* touching; affecting, moving; *prp.* concerning, regarding.
touche [tuʃ] *f* touch (*a. fig.*); hit, stroke; *typewriter, etc.:* key; **~-à-tout** *m* meddler, busybody.
toucher *m* feeling; feel; (sense of) touch; *v.* touch; feel; hit; move, affect; cash (*cheque*), receive (*money*); **~ à** touch; meddle with; be close to; concern; **se ~** touch; adjoin.
touer [twe] *mar.* tow.
touff|e *f* tuft; bunch; wisp; cluster; **~e d'arbres** clump of trees; **~u** bushy, thick.
toujours [tuʒu:r] always; ever; forever; still; anyhow; **~ est-il que** the fact remains that.
toupet [tupɛ] *m hair:* tuft; *fig.* cheek, impudence.
tour[1] [tu:r] *f* tower; *chess:* castle.
tour[2] [tu:r] *m* turn, turning;

walk, excursion; tour, trip; lathe; trick; circumference; round; revolution, circuit; **~ à ~** in turns; **en un ~ de main** in an instant; **faire le ~ de** go (a)round; **c'est (à) mon ~** it's my turn.
tourb|e *f* peat; mob; **~eux** turfy, peaty; **~ière** *f* peat-bog.
tourbillon [turbijɔ̃] *m* whirlwind, whirlpool; eddy; *fig.* bustle.
tourelle *f* turret.
touris|me [turism] *m* tourism; **~te** *m* tourist.
tourment [turmɑ̃] *m* torment; anguish; pang; **~e** *f* storm, gale, squall; *fig.* turmoil; **~é** uneasy, restless; tormented; haggard; **~er** torment; toss; agitate; distress; torture.
tournant [turnɑ̃] *m* turning; turn, bend; (street) corner; turning point; *adj.* turning, revolving; **escalier** *m* **~** winding staircase.
tourne|broche *m* turnspit; **~-disque** *m* record player; **~dos** *m* fillet steak.
tournée [turne] *f* round; turn; visit; tour.
tournemain [turnəmɛ̃]: **en un ~** in a jiffy, in no time.
tourner [turne] turn, spin, wheel; turn over; turn (a-) round; get (a)round; change; *milk:* turn (sour), curdle; shoot (*film*); **~ bien (mal)** turn out well (badly); **~ rond** run smoothly; **se ~** turn round; **se ~ contre** turn against.
tournesol *m* sunflower.
tournevis [turnəvis] *m* screwdriver.
tourniquet *m* turnpike; turnstile.
tournoyer [turnwaje] whirl (*or* turn) round and round; wheel; eddy.
tournure [turny:r] *f* turn, shape, figure, form.
tourterelle *f* turtle-dove.
Toussaint *f* All Saints' Day.
touss|er cough; hem; **~oter** cough slightly; give little coughs.
tout[1] [tu] *m* whole, chief point; only thing.
tout[2] [tu] (**toute** *f*, **tous** *m/pl.*, **toutes** *f/pl.*) *adj., pron.* all, whole, the whole of; every, each; any; **~ ce que** all (that), whatever; **de tous côtés** from all sides; **de ~e(s) sorte(s)** of all kinds; **toutes les heures** hourly; **voilà ~** that is all; *adv.* quite; entirely; thoroughly; very; however; wholly; fully; completely; **~ à coup** suddenly; **~ à fait** quite, entirely; altogether; **~ à l'heure** just; a moment ago; in a moment; **à ~ à l'heure!** see you later!, so long!; **~ d'abord** in the beginning, at first; **~ droit** straight ahead; **~ d'un coup** all at once; **pas du ~** not at all; **tous les deux** both of

them.

toutefois [tutfwa] however, yet; **si** ~ yet if; if however.

toux [tu] *f* cough.

toxique *m* poison; *adj.* poisonous, toxical.

trac *m* fright, *fam.* funk; *thé.* stage fright; **il a le** ~ he is scared, he is in a funk.

tracas [traka] *m* worry, bother, **~ser** worry, bother, harass.

trac|e [tras] *f.* trace, track; footprint; trail; clue; **~é** *m* tracing; outline, sketch(ing); **~er** trace, outline; draw (*line*); **~eur** *m* tracer; designer.

trachée(-artère) *f* trachea; windpipe.

tract [trakt] *m* leaflet, pamphlet.

tracteur *m* tractor; traction-engine.

traction [traksjɔ̃] *f* traction, pulling; ~ **avant** (car with) front-wheel drive; ~ **arrière** (car with) rear-wheel·drive.

tradition [tradisjɔ̃] *f* tradition; **~nel** traditional.

traduct|eur *m* translator; **~ion** *f* translation.

traduire [tradɥi:r] translate; *fig.* express, interpret; ~ **en justice** *dr.* prosecute.

trafic [trafik] *m* (illicit) trading; traffic; ~ **téléphonique interurbain** trunk-line traffic; ~ **d'outre-mer** oversea traffic; ~ **des paiements** transfers *pl.*

trafiqu|ant *m* dealer; trader; **~er** traffic; *fam.* fiddle with, tamper with.

tragédie [traʒedi] *f* tragedy.

tragique [traʒik] tragic; **prendre au** ~ take too seriously.

trahir betray; reveal (*secret*); deceive.

trahison [traizɔ̃] *f* treason; treachery; **haute** ~ high treason.

train [trɛ̃] *m* *ch.d.f.* train; pace; rate; way; manner; ~ **avant (arrière)** *auto* front (rear) assembly; ~ **de banlieue** suburban train; ~ **direct** through train; ~ **de marchandises** goods train, *Am.* freight train; ~ **de voyageurs** passenger train; ~ **omnibus** slow (local) train; **en bon** ~ in full swing; **en** ~ **de travailler**, *etc.* working, *etc.*; **mettre en** ~ set (*thing*) going, start.

traînard *m* straggler; sluggard.

traîneau [trɛno] *m* sledge; sleigh.

traîner drag, draw; pull; trail; tow; protract; straggle; linger; litter; droop; ~ **en longueur** drag on; **se** ~ creep, crawl, drag o.s. along.

train-train [trɛ̃trɛ̃] *m* (everyday) routine.

traire milk.

trait [trɛ] *m* line, stroke; trait, characteristic; bolt, dart; *fig.* deed, act, stroke (*of genius*);

~s *pl.* features, face; **avoir ~ à** have to do with; refer to; **tout d'un ~** at one gulp; **~ d'esprit** witticism; **~ d'union** hyphen.

traite [trɛt] *f* way (*or* distance) covered without stopping; *com.* draft; **~ des blanches** white slavery.

traité *m* treatise; treaty; contract; agreement.

traitement [trɛtmɑ̃] *m* treatment; salary.

traiter [trɛte] treat; negotiate; entertain; **~ de** deal with; **~ q. de fou** call a person a fool; **~ en** treat as (*a friend, etc.*).

traître [trɛtr] *m* traitor; *adj.* treacherous; false.

trajet [traʒɛ] *m* distance; way; journey; passage; crossing.

tram|e [tram] *f* woof; *fig.* web, texture; plot; **~er** plot, contrive.

tramway [tramwɛ] *m* tramway, tram, *Am.* streetcar.

tranch|ant [trɑ̃ʃɑ̃] *m knife, etc.*: edge; *adj.* sharp; cutting; decisive; **~e** *f* slice; rasher; slab; *book:* edge; **~ée** *f* trench; **~er** cut, cut off; slice; settle (*question, etc.*); contrast (**sur** with).

tranquille [trɑ̃kil] quiet; peaceful; calm; easy; **laisser ~** leave alone; **soyez ~** don't worry.

tranquillis|er [trɑ̃kilize] tranquillize, reassure, soothe, calm (down); **~ant** *m méd.* tranquillizer.

tranquillité *f* peace, stillness, calm, quiet; **~ d'esprit** peace of mind.

transaction [trɑ̃zaksjɔ̃] *f* transaction; **~s** *pl.* dealings *pl.*

transatlantique *m* ocean liner; deck-chair; *adj.* transatlantic.

transborder *mar.* trans-ship; transfer; ferry.

trans|cription *f* transcription; **~crire** transcribe.

transe *f* fright; trance.

transférer transfer; convey.

transformer transform, change (**en** into); **se ~** change; be transformed, change, turn (**en** into).

transfuge *m* deserter; defector, turncoat.

transfus|er transfuse; **~ion** *f* transfusion.

transgress|er transgress, trespass against, break (*law*); **~eur** *m* trespasser.

transi [trɑ̃zi] chilled, shivering; benumbed (**de** with).

transiger [trɑ̃ziʒe] compromise; come to terms.

transistor [trɑ̃zistɔr] *m* transistor.

transit [trɑ̃zit] *m* transit; **~aire** *m* forwarding agent; **~ion** *f* transition.

transmettre transmit; hand down; forward; *élec.* conduct.

transmission [trɑ̃smisjɔ̃] *f* transmission; sending; *radio* broadcast.

transparen|ce [trɑ̃sparɑ̃:s] *f* transparency; **~t** transparent.
transpercer pierce through; go through.
transpir|ation *f* perspiration; **~er** perspire.
transplanter transplant.
transport [trɑ̃spɔ:r] *m* transport; removal; rapture, extasy; **~er** transport; carry (off *or* away).
transvaser decant.
transversal [trɑ̃svɛrsal] transversal; transverse.
trappe *f* trap, pitfall.
trapu thickset, squat.
traquer hunt down.
travail [travaj] *m* (**travaux** [travo] *pl.*) work, labo(u)r; piece of work; job, employment; **~ artisanal** handwork; **travaux** *pl.* works *pl.*; constructions *pl.*; *sign:* road works!; **~ler** work; labo(u)r; toil; **~leur** *m* worker; labo(u)rer; **parti** *m* **~liste** Labour Party.
travers [travɛ:r] *m* fault, shortcoming; **à ~, au ~ de** through, across; **au ~** across; **de ~** crooked; awry, amiss, the wrong way; **regarder de ~** look askance at; **en ~** across; crosswise; **~able** passable.
travers|e [travɛrs] *f* cross-bar; **rue** *f* **de ~e** cross-road; short cut; **~ée** *f* crossing, passage; **~er** cross; travel (*or* pass) through; **~in** *m* bolster.
travestir disguise.
trébucher [trebyʃe] stumble, trip; stagger; slip; *fig.* blunder, fail.
trèfle [trɛfl] *m bot.* clover; *cards:* clubs.
treill|age *m* lattice, trellis; **~is** *m* trellis; (iron) grating.
treiz|e [trɛz] thirteen; **~ième** thirteenth.
tremblant [trɑ̃blɑ̃] shaky.
tremblement *m* trembling, shaking; **~ de terre** earthquake.
trembl|er quiver, shake, tremble, shiver (**de** with); **~er devant** dread, fear; **~oter** tremble slightly, quaver.
trémousser [tremuse]: **se ~** fidget, stir.
tremp|e *f steel:* temper; *fig.* stamp; character; **~é** wet, soaked; drenched; **~er** temper (*steel*); dip, soak; dilute (*wine*).
tremplin [trɑ̃plɛ̃] *m* springboard; **~ de ski** ski-jump.
trente [trɑ̃t] thirty.
trépass|é deceased (person); **~er** die.
trépider vibrate, shake.
trépied *m* tripod, trivet.
trépigner [trepiɲe] stamp one's feet; trample.
très [trɛ] very, much, greatly; **~ bien** all right.
trésor [trezɔ:r] *m* treasure; safe; **le** ⁓ the Treasury; **~ier** *m* treasurer.
tressaillir [tresaji:r] start up,

give a start; shudder.
tresse [trɛs] *f* plait; tress; braid.
tréteau *m* trestle; **~x** *pl.* stage.
trêve [trɛ:v] *f* truce; respite, pause; **sans ~** without intermission; **~ de plaisanterie!** stop kidding!
triangle [triɑ̃:gl] *m* triangle.
triangulaire triangular.
tribord *m mar.* starboard.
tribu *f* tribe.
tribunal [tribynal] *m dr.* court of justice; magistrates *pl.*
tribune *f* platform; rostrum; gallery; stand.
tributaire [tribytɛ:r] tributary; **être ~ de** depend on (**pour** for); **fleuve** *m* **~** affluent.
trich|er [triʃe] cheat; **~eur** *m* cheat; *adj.* cheating; deceptive.
tricolore three-colo(u)red; **drapeau** *m* **~** French flag.
tricot [triko] *m* knitting; knit ware; knitted garment; vest, undershirt; **~er** knit.
trictrac [triktrak] *m* backgammon.
trier [trie] sort; pick out; classify; arrange; screen.
trimer *fam.* work and slave.
trimestr|e *m* quarter; three months; term; quarter's rent; **~iel** quarterly.
tringle *f* rod, pole.
trinquer [trɛ̃ke] clink glasses.
triomphe [trijɔ̃f] *m* triumph; **~r de** triumph over; overcome, master.
tripes [trip] *f/pl. cuis.* tripe.
triple triple, threefold.
triporteur *m* tricycle.
tripot *m* gambling-house; **~er** handle, fumble (at), tamper with, fool with; mess about; be up to, be engaged in; **~eur** *m* trafficker.
trist|e sad; gloomy; dreary; **le temps est ~e** the weather is dull; **~esse** *f* sadness; gloom; dreariness.
trivial [trivjal] trivial.
troc [trɔk] *m* barter, exchange.
trois [trwɑ] three; **~ quarts** three-quarter; **~ième** third.
trombe *f*: **~ d'eau** torrential rain; **~ de vent** whirlwind; **passer en ~** sweep by.
trombone [trɔ̃bɔn] *m* trombone; paper-clip.
trompe *f* horn; *elephant:* trunk.
trompe-l'œil *m* deception, eyewash; illusion, sham.
tromper deceive, take in; doublecross, cheat; **se ~** be mistaken, be wrong (**de** about); make a mistake; **se ~ de ...** *a.* take the wrong ...; **~ie** *f* cheating.
trompette *f* trumpet.
trompeur *m* deceiver; cheat; *adj.* deceitful; delusive; misleading.
tronc [trɔ̃] *m body, tree:* trunk; *church:* collecting-box.
tronçon [trɔ̃sɔ̃] *m* stump; section, part.
trône *m* throne.

tronquer mutilate; cut off; curtail; garble.
trop [tro] too, too much; too many; **pas ~ bon** not too good; **~ de peine** too much trouble.
trop-plein *m* overflow, waste; surplus.
tropical [trɔpikal] tropical.
tropique [trɔpik] *f* tropic; **les ~s** *pl.* the tropics *pl.*
trot [tro] *m* trot; **aller au ~** trot.
trott|er trot; trot along; toddle; *pop.* make off, beat it; **~eur** *m* trotter; **~in** *m* errand-boy; **~iner** trip; walk with short steps; **~inette** *f* scooter; **~oir** *m* pavement, *Am.* sidewalk.
trou [tru] *m* hole; gap.
trouble [trubl] *m* trouble; disorder; disturbance; *adj.* confused; muddy; blurred; dim, cloudy.
trouble-fête *m* killjoy, spoil-sport, wet blanket.
troubler disturb; make dull (*or* dim); confound; perplex; ruffle; annoy; **se ~** get dim; become confused.
trou|é full of holes; worn; **~ée** *f* gap; opening; **~er** pierce; make a hole in.
troupe *f* throng, gang; band; crew; *thé.* company; **~s** *pl.* troops *pl.*; **~au** *m* flock, herd.
trousse [trus] *f* bundle; case, kit; **aux ~s de** at the heels of; **~ de secours** first-aid kit; **~ de toilette** dressing-case.
trouss|eau [truso] *m* outfit (of bride *or* pupil); **~eau de clefs** bunch of keys; **~er** truss up; tuck up.
trouvaille [truvɑ:j] *f* lucky find (*or* discovery), windfall, godsend.
trouv|er [truve] find; discover; think, guess; **comment ~ez vous ...?** how do you like ...?; **se ~er** be, be found; feel (*better*, *etc.*); happen; **enfant** *m* **~é** foundling.
truc [tryk] *m* *fam.* trick, knack, hang; thing, gadget.
truelle *f* trowel.
truffe *f* truffle.
truite [trɥit] *f* trout.
truqu|er fake; *fam.* fiddle with, cook; **~eur** *m* cheat.
T.S.F. (*short for:* **télégraphie sans fil**) *f* wireless telegraphy.
tu you.
tub [tœb] *m* tub; sponge-bath.
tuba [tyba] *m* snorkel.
tube [tyb] *m* tube; pipe.
tuberculose [tybɛrkylo:z] *f* tuberculosis.
tuer [tɥe] kill; while away (*time*).
tue-tête: crier à ~ shout at the top of one's voice.
tuile [tɥil] *f* tile; *fam.* hard luck, blow.
tulipe [tylip] *f* *bot.* tulip.
tumeur *f* *méd.* tumo(u)r.
tumulte *m* tumult, uproar.
tunnel [tynɛl] *m* tunnel.
turboréacteur [tyrboreak-

tœ:r] *m* turbo-jet.
turbot [tyrbo] *m* turbot.
turbul|ence [tyrbylɑ̃:s] *f* unruliness; noisiness; **~ent** noisy, boisterous; wild; *fig.* stormy.
turc [tyrk] Turkish; **ꝛ** *m* Turc.
Turquie *f* Turkey.
tutelle [tytɛl] *f* guardianship; protection.
tuteur *m* guardian; trustee; prop of plant.
tutoyer [tytwaje] address as ‹tu› and ‹toi›.
tuyau *m* pipe, tube; *fam.* tip, hint; **~ d'arrosage** garden-hose; **~ d'échappement** *auto* exhaust-pipe; **~ de poêle** stove-pipe.
tuyauter [tɥiote] *fam.* give a tip (*or* a hint) to, tip off.
TVA [tevea] *f* (*short for:* **taxe sur la valeur ajoutée**) VAT, value-added tax.
type [tip] *m* type; standard; model; symbol; *fam.* fellow, bloke, guy.
typhon *m* typhoon.
typique typical.
tyranniser [tiranize] tyrannize, oppress, bully.

U

ulcère *m méd.* ulcer; **~ à l'estomac** gastric ulcer.
ultérieur [ylterjœ:r] ulterior; later; subsequent (**à** to); further; **~ement** later (on).
ultra-violet [yltravjɔle] ultraviolet.
un (une) a, an; **~ seul** a single one; *adj.* one; **~ à ~** one by one; **l'~ ... l'autre** the one ... the other; **l'~ l'autre** each other; **l'~ et l'autre** both; **l'~ ou l'autre** either; **ni l'~ ni l'autre** neither; **~ autre** another, one more.
unanim|e unanimous; **~ité** *f* unanimity; **à ~ité** unanimously.
uni [yni] united; joint; harmonious; uniform; smooth; level; even; unicolo(u)red, plain.
uni|fication [ynifikasjɔ̃] *f* unification; standardization; **~fier** unify; unite.
uniform|e [ynifɔrm] *m, adj.* uniform; **~ité** *f* uniformity.
unilatéral [ynilateral] one-sided, unilateral.
union [ynjiɔ̃] *f* union; coalition; combination; agreement; coupling.
unique [ynik] only, sole, unique; **sens** *m* **~** one-way street; **~ment** solely; only.
unir [yni:r] unite, join; combine, connect; **s'~ à** join forces with; marry.
unisson [ynisɔ̃] *m* unison, harmony; *fig.* keeping.
unité *f* unity.
univers [ynivɛ:r] *m* universe; **~el** universal.
universitaire [univɛrsitɛ:r]

university, academic; students'...
université *f* university.
uranium *m* uranium.
urbain *m* citizen; *adj.* urban.
urbanité *f* urbanity.
urgen|ce *f* urgency; **d' ~ce** urgently, immediately, without delay; **~t** [yrʒɑ̃] urgent, pressing; **cas** *m* **~t** emergency.
urin|e *f* urine; **~er** urinate.
usage [yzaːʒ] *m* use, custom; **d'~** usual, customary; **hors d'~** out of use; obsolete; **~ externe** external application; *fam.* **faire de l'~** wear well.
usager [yzaʒe] *m* user.
usé worn-out, shabby; threadbare; frayed; trite.
user [yze] wear (out); use up; **~ de** use, make use of; resort to; **s'~** wear down; wear o.s. out; be used, be spent.
usine [yzin] *f* factory, works *pl.*, mill, plant.
usité used, usual.
ustensile *m* utensil; tool; implement.
usuel [yzɥɛl] usual, customary, common.
usure[1] [yzyːr] *f* wear and tear.
usur|e[2] *f* usury; **~ier** [yzyrje] *m* usurer.
usurpateur *m* usurper; *adj.* usurping, arrogating.
util|e useful, serviceable; convenient; of service; **en temps ~e** in due time; **~isable** usable; **~isation** *f* utilization; utilizing; **~iser** make use of; employ; utilize; **~ité** *f* utility; usefulness.

V

vacance [vakɑ̃s] *f* vacancy; **~s** *pl.* vacation, holiday(s *pl.*); **grandes ~s** *pl.* summer holidays *pl.* (*or* vacation).
vacant [vakɑ̃] vacant.
vacarme *m* uproar, great noise.
vaccin [vaksɛ̃] *m* vaccine; **~ation** *f* vaccination.
vache *f* cow; cowhide.
vachement *fam.* very, very much, a lot.
vaciller [vasije] vacillate; waver; flicker; twinkle.
vagabond *m* vagabond; tramp; **~er** wander, rove, tramp; roam (about).
vague[1] [vag] *f* wave; **~ de chaleur** heat-wave.
vague[2] *m* emptiness; vagueness; *adj.* vague, uncertain, void; empty; indefinite; **terrains** *m/pl.* **~s** waste ground.
vaillan|ce [vajɑ̃ːs] *f* valo(u)r, bravery; **~t** brave, gallant, valiant.
vain [vɛ̃] vain, idle; **en ~** in vain, vainly.
vainc|re [vɛ̃kr] defeat; conquer; overcome; **~u** defeated

(person).
vainqueur *m* victor; conqueror; *adj.* victorious.
vaisseau *m* ship; vessel; ~ **école** training-ship; ~ **spatial** space ship.
vaisselle *f* plates and dishes *pl.*, tableware; **faire la** ~ wash up, wash the dishes.
valable [valabl] valid, good.
valet *m* (man)servant; farm hand.
valeur [valœ:r] *f* worth, value; **sans** ~ worthless, of no value; ~**s** *pl.* securities *pl.*; **mettre en** ~ emphasize; enhance.
valid|e [valid] valid; strong, sound, able-bodied; ~**er** validate; ratify; ~**ité** *f* validity.
valise *f* suitcase; bag.
vallée *f* valley.
valoir [valwa:r] be worth; be as good as; win, bring in (**qc. à q.** s.o. s.th); ~ **mieux** be better; **à** ~ *com.* on account; **faire** ~ bring into play.
valorisation [valɔrizasjɔ̃] *f* revalorization.
valse *f* waltz.
valve [valv] *f* valve.
vanille [vanij] vanilla.
vanit|é *f* vanity, conceit; ~**eux** *m* vain person; *adj.* vain, conceited.
vantail *m* (**vantaux** *pl.*) *door, etc.:* leaf.
vantard *m* braggart, boaster; *adj.* boastful; boasting; swaggering.
vanter praise, extol; **se** ~ boast (**de** of).
vapeur[1] [vapœ:r] *f* steam; haze, fume; **machine** *f* **à** ~ steam-engine.
vapeur[2] *m* steamer.
vaporeux vapo(u)rous, hazy; *fig.* obscure.
vapor|isateur *m* vaporizer, sprayer; ~**iser** vaporize.
vaquer: ~ **à ses affaires** go about one's work.
vareuse *f* jacket; blouse.
variable [varjabl] changeable, variable; unsteady.
variation [varjasjɔ̃] *f* variation.
varice *f méd.* varicose vein.
varicelle *f méd.* chicken-pox.
varié [varje] varied; miscellaneous.
varier [varje] vary; change; differ.
variété *f* variety; diversity; ~**s** *pl.* miscellanies *pl.*; **spectacle** *m* **de** ~**s** variety show, vaudeville.
variole *f méd.* smallpox.
vase[1] [vɑ:z] *m* vase, vessel.
vase[2] *f* mud; mire, slime.
vaseline *f* vaseline.
vaste vaste, wide, spacious.
vau-l'eau: aller à ~ come to nothing.
vaurien [vorjɛ̃] *m* scamp, good-for-nothing.
vautour *m* vulture.
veau [vo] *m* calf; calfskin.
vedette *f* patrol boat; *thé.* star; **mettre en** ~ make stand out.
végét|al [veʒetal] *m* plant; *adj.*

vegetable; **~arien** *m* vegetarian; **~ation** *f* vegetation; **~er** vegetate.
véhémen|ce [veemɑ̃:s] *f* vehemence; **~t** vehement.
véhicule [veikyl] *m* vehicle; **~r** transport, carry.
veille [vɛj] *f* staying up at night; night watch; day before, eve.
veiller be awake, be on guard; **~ à** see to, take care of, look after; **~ à ce que** see (to it) that, be sure; **~ sur** watch over; look after; **~ tard** sit up late.
veinard *fam.* lucky (fellow).
veine [vɛn] *f* vein; *mine:* lode; inspiration; *fam.* (good) luck.
veineux veined.
vélo *m* bicycle; **~cité** *f* rapidity; speed.
velours [vəlu:r] *m* velvet; **~ côtelé** corduroy; **~ de coton** velveteen.
velouté velvety, smooth.
velu hairy, shaggy.
venaison *f* venison.
vénal venal; **~ité** *f* venality.
vendable saleable, marketable.
vendange [vɑ̃dɑ̃ʒ] *f* vintage, grape-gathering.
vendeur *m* seller; **~** *m*, **vendeuse** *f* shop assistant, sales clerk.
vendre [vɑ̃dr] sell; *fig.* betray; **à ~** for sale.
vendredi [vɑ̃drədi] *m* Friday; **≈ saint** Good Friday.
vénéneux *plants:* poisonous.
vénér|able venerable; **~ation** [venerasjɔ̃] *f* veneration; **~er** venerate.
vénérien venereal.
vengeance [vɑ̃ʒɑ̃:s] *f* revenge, vengeance.
venger [vɑ̃ʒe] avenge; **se ~** be revenged (**de q.** on s.o.; **de qc.** for s.th.).
venimeux venomous; malignant.
venir [v(ə)ni:r] come, be coming; arrive; grow, thrive; **~ à** happen to; **en ~ à** happen to; **en ~ à** come to; **il vient d'arriver** he has just arrived; **~ chercher** call for; **faire ~** send for.
vent [vɑ̃] *m* wind; breeze; **~ coulis** draught; **~ debout, ~ devant** *mar.* wind ahead.
vente [vɑ̃:t] *f* sale; **~ à tempérament** hire-purchase; **~ publique** public auction.
venteux windy.
ventil|ateur *m* ventilator, fan; **~ation** [vɑ̃tilasjɔ̃] *f* ventilation, airing; **~er** ventilate.
ventre *m* belly; **bas ~** abdomen; **~ à terre** at full speed.
ventriloque *m* ventriloquist.
venu: le premier ~ anybody, no matter who.
venue *f* arrival; growth.
vêpres *f/pl.* vespers *pl.*
ver [vɛ:r] *m* worm; maggot; grub; **~ à soie** silkworm; **~ de terre** earth-worm; **~ luisant** glow-worm.

véracité *f* truthfulness.
véranda *f* veranda(h).
verbal [vɛrbal] verbal, spoken.
verbiage [vɛrbja:ʒ] *m.* verbiage.
verbosité *f* verbosity.
verdâtre greenish.
verdeur *f* (youthful) vigo(u)r; tartness; crudeness.
verdir make green; turn green.
verdure [vɛrdy:r] *f* greenness; plants *pl.*; greens *pl.*
véreux maggoty; worm-eaten; *fig.* fishy, shady.
verge [vɛrʒ] *f* rod, wand; stick.
verger [vɛrʒe] *m* orchard.
verglas [vɛrglɑ] *m* thin coating of ice (after rain *or* thaw).
vergogne [vɛrgɔɲ] *f*: **sans ~** shameless(ly).
véridicité *f* veracity.
véridique [veridik] veracious, truthful.
vérifi|cation *f* verification; inspection; checking; **~er** overhaul (*machinery*); examine; check; confirm; **se ~er** be confirmed; come true.
véritable [veritabl] true, real, genuine; actual, authentic; thorough.
vérité [verite] *f* truth; **en ~** really, indeed; **à la ~** to tell the truth.
vermeil rosy, ruddy.
vermillon vermilion.
vermine [vɛrmin] *f* vermin.
verni varnished, glazed; *fam.* lucky; **~r** varnish, polish; glaze (*pottery*); **~s** [vɛrni] *m* varnish, polish; **~s à ongles** nail polish; **~ssage** [vɛrnisa:ʒ] *m* opening of an art show.
verre *m* glass; glassful; *spectacles:* lens; *watch:* crystal; **~ à vin** wineglass; **~ de vin** glass of wine; **~ à vitre** sheet glass; **~ de sûreté** safety-glass; **~s** *pl.* **de contact** contact lenses *pl.*; **~rie** *f* glassware; glassworks *pl.*
verrière *f* stained glass window.
verrou [vɛru] *m* bolt; **~iller** bolt (*door*); bolt in (*person*).
verrue *f* wart.
vers[1] [vɛ:r] *m* verse, line.
vers[2] *prp.* towards; about; near (to); **~ le bas** downwards; **~ le haut** upwards; uphill; **~ (les) quatre heures** about four o'clock; **~ midi** towards noon.
versant *m* slope, hillside.
versatile changeable.
versé versed.
vers|ement *m* payment, instalment, deposit; pouring; spilling; **~er** pour (out); shed (*tears*); pay (in) (*money*); upset, overturn; **~er des fonds** invest money.
version [vɛrsjɔ̃] *f* version; translation from a foreign language.
verso *m page:* back.
vert [vɛ:r] green; unripe; fresh; sour; raw; *fig.* inexperienced; **~-de-gris** *m* verdigris.

vertébral vertebral; **colonne** *f* **~e** spinal column.
vertical [vɛrtikal] vertical.
vertige *m* giddiness; vertigo; dizziness; faintness.
vertu [vɛrty] *f* virtue; chastity; property, quality; **en ~ de** by virtue of; **~eux** virtuous.
verve *f* verve, zest.
verveine [vɛrvɛn] *f bot.* verbena.
vésicule *f* vesicle; **~ biliaire** gall-bladder.
vessie *f* bladder.
veste *f* jacket; sports coat.
vestiaire [vɛstjɛ:r] *m* cloakroom, *Am.* checkroom.
vestibule [vɛstibyl] *m* vestibule, hall.
vestige [vɛsti:ʒ] *m* footprint; trace; remains *pl.*
veston *m* man's suit coat; jacket.
vêtement [vɛtmɑ̃] *m* garment; clothing; **~s** *pl.* clothes *pl.*; **~s** *pl.* **de dessous** underwear, underclothes *pl.*
vétérinaire [veterinɛ:r] *m* veterinary surgeon, vet.
vêtir clothe, dress; put on.
veuf [vœf] *m* widower.
veule flabby; weak.
veuve [vœ:v] *f* widow.
vex|ant vexing; **~ation** *f* annoyance; vexation.
vexer vex; annoy; **se ~** be annoyed (**de** at).
via [vja] via, by way of.
viaduc *m* viaduct.
viag|er *adj.* for life; **rente** *f* **~ère** annuity for life; **~er** *m* life annuity.
viande [vjɑ̃:d] *f* meat.
vibr|ation [vibrasjɔ̃] *f* vibration; **~er** vibrate.
vicaire *m* curate, vicar.
vice [vis] *m* vice, defect.
vice-président [visprezidɑ̃] *m* vice-president; vice-chairman.
vichy [viʃi] *m* Vichy water, mineral water.
vici|er vitiate; pollute; **~eux** vicious; defective.
vicinal local; parochial; **chemin** *m* **~** parish road.
vicissitude [visisityd] *f* change, vicissitude; **~s** *pl.* ups and downs (of life).
victime *f* victim; casualty.
vict|oire *f* victory; **~orieux** victorious.
victuaille(s) *f* (*pl.*) victuals *pl.*; provisions *pl.*
vidange [vidɑ̃:ʒ] *m auto* oil change.
vide [vid] *m* void; blank; vacuum; empty space; gap; *adj.* empty, void; unoccupied; **à ~** empty; idle.
vide-ordures *m* waste chute, *Am.* incinerator (chute).
vider [vide] empty; quit (*rooms*); vacate; drain; bare; gut (*fish*); core (*apple*); stone (*fruit*); end (*quarrel*); solve (*question*).
vie *f* life; living; livelihood; lifetime; **~ priveé** privacy; **à ~** for life; **en ~** alive; **gagner sa ~** earn one's living.
vieill|ard [vjɛja:r] *m* old man,

old fellow; **~ards** *pl. the* aged; old people; **~e fille** *f* spinster; **~erie** *f* old stuff; old rubbish; **~esse** *f* old age; **~ir** grow old; become obsolete; **~ot** *m* little old man; *adj.* oldish.
vierge [vjɛrʒ] *f, adj.* virgin; *adj. a.* blank; spotless; unused.
vieux, vieil *m* (*f* **vieille**) old man; old woman; what is old; *adj.* old; aged.
vif *m* living flesh, quick; *adj.* (*f* **vive**) alive; lively; keen; alert; quick; brisk; ardent.
vif-argent *m* quicksilver.
vigilan|ce [viʒilɑ̃:s] *f* vigilance; watchfulness; **~t** vigilant; watchful.
vigne [viɲ] *f* vine; vineyard; **cep** *m* **de ~** stem of vine; **~ vierge** Virginia creeper.
vignoble [viɲobl] *m* vineyard.
vigoureux [vigurø] vigorous, strong.
vigueur [vigœ:r] *f* strength, vigo(u)r; energy; **entrer en ~** come into effect; **être en ~** *law, etc.:* be in force.
vil base, mean, vile; abject; **à ~ prix** at a low price.
vilain [vilɛ̃] ugly; nasty, mean; shabby; wretched; wicked.
vilebrequin *m* crankshaft.
vilenie *f* mean action; meanness.
villa [vila] *f* villa; country house.
ville [vil] *f* town; **dîner en ~** dine out.
villégiature *f* holiday(s *pl.*), vacation.
vin [vɛ̃] *m* wine; **bouteille** *f* **à ~** winebottle; **bouteille de ~** bottle of wine; **~ ordinaire** table-wine; **~ mousseux** sparkling wine.
vinaigre [vinɛgr] *m* vinegar.
vinaigrette *f cuis.* oil and vinegar sauce.
vingt [vɛ̃] twenty; **~ième** twentieth.
viola|teur *m* violator; transgressor; **~tion** *f* violation; transgression.
violâtre purplish.
viol|ence [vjɔlɑ̃:s] *f* violence; **~er** violate; transgress (*law*).
violet [vjɔlɛ] violet, purple; **~te** *f bot.* violet.
violon *m* fiddle, violin.
vir|age [vira:ʒ] *m* bend, curve, turn; turning; **~age sans visibilité** blind corner; **~er** turn about; change colo(u)r; *com.* transfer (*money*).
virgule *f* comma; **point** *m* **~** semicolon.
viril manly; male; **~ité** *f* manhood, manliness.
virus [viry:s] *m* virus.
vis [vis] *f* screw; **escalier** *m* **à ~** winding staircase.
visa [viza] *m* visa.
visage [viza:ʒ] *m* face.
vis-à-vis opposite; facing each other; **~ de** towards.
viser[1] aim (**à** at), take aim (**à** at); *fig.* be after, have in view.
viser[2] visa (*passport*); initial.
viseur *m phot.* view-finder.
visibilité [vizibilite] *f*

visibility.

visible [vizibl] visible, perceptible; noticeable; *fig.* evident, obvious; *fam.* at home (to see visitors).

vision [vizjɔ̃] *f* (eye)sight; view.

visit|e [vizit] *f* visit, call; inspection; examination; *of town, country:* tour; **~e des bagages** examination of luggage; **~er** visit; inspect; examine; tour (*country, etc.*); **~eur** *m* visitor; inspector.

vison *m* mink.

visqueux sticky, viscous.

visser screw up (*or* on).

vital [vital] vital; **~ité** *f* vitality.

vitamine [vitamin] *f* vitamin.

vite *adj.* quick, fast; *adv.* rapidly, quickly; **au plus ~** as quickly as possible.

vitesse *f* speed; *auto* gear; **à toute ~** at top speed; **~ ultra-sonique** supersonic speed; **boîte** *f* **de ~s** gearbox.

viticulture [vitikylty:r] *f* vine-growing.

vitrail *m* stained glass window.

vitr|e [vitr] *f* window-pane; **~er** glaze (*window*); **~ier** *m* glazier; **~ine** *f* shop-window; show-case.

vivac|e long-lived; *bot.* perennial; **~ité** *f* liveliness; animation; promptness; acuteness.

vivant *m* living person; **du ~ de q.** in s.o.'s lifetime; *adj.* living, alive; lively; animated; vivid; lifelike.

vivier *m* fish-pond.

vivoter live from hand to mouth; vegetate.

vivre *v.* live; be alive; **~s** *m/pl.* provisions *pl.*

vocabulaire *m* vocabulary.

vœu [vø] *m* vow; wish.

vogue [vɔg] *f* fashion, vogue; **être en ~** be much sought after, be "in".

voici [vwasi] here is, here are; this is, these are; **me ~!** here I am!; **nous ~ arrivés** here we are; **le ~ qui vient** here he comes.

voie [vwa] *f* way; road; *of road:* lane; track; means *pl.*; channel; *méd.* passage, tract; *fig.* course; **~ électrifiée** electric railway; **~ ferrée** *ch.d.f.* track; **~ hiérarchique** official channels *pl.*; **~ d'accès** access (road); **~ de communication** line of communication.

voilà [vwala] there is, there are; that's . . . ; **~!** here (it is)!; here you are!; **le ~** there he is; **en ~ assez** enough of that.

voile[1] [vwal] *m* veil; curtain; *fig.* mask; pretence.

voile[2] *f* sail; sailing.

voil|er veil, cover, conceal; obscure; dim; muffle (*noise*); **voix** *f* **~ée** husky voice; **se ~er** wear a veil.

voir [vwa:r] see; **aller ~** go to see (*person*); **se ~** be visible.

voisin [vwazɛ̃] *m* neighbo(u)r;

adj. neighbo(u)ring; ~ **de** next to, close to; **habiter la maison ~e** live next door; **~age** *m* neighbo(u)rhood; vicinity.
voiture [vwaty:r] *f* car, automobile; carriage; **en ~!** take your seats!, all aboard!
voix [vwa] *f* voice; vote; **à haute ~** aloud; **à ~ basse** in a whisper; ~ **publique** public opinion.
vol[1] *m* flight; ~ **charter** charter flight; ~ **de nuit** night-flight; **à ~ d'oiseau** as the crow flies; ~ **à voile** *av.* gliding; ~ **plané** *av.* glide.
vol[2] *m* theft; ~ **à la tire** pocket-picking; ~ **à l'étalage** shop-lifting.
volaille [vɔla:j] *f* poultry, fowl.
volant *m auto* steering-wheel; flounce; *adj.* flying; **feuille** *f* **~e** loose sheet.
volcan *m* volcano.
volée *f* flight, flying; *of birds:* flock; swarm, crowd; volley.
voler[1] fly; soar.
voler[2] steal, rob.
volet *m* shutter; **~er** flutter.
voleur *m* thief; robber.
volontaire [vɔlɔ̃tɛ:r] *m* volunteer; *adj.* voluntary; headstrong; obstinate.
volonté [vɔlɔ̃te] *f* will, energy; **à ~** at will, at pleasure, at discretion; **mauvaise ~** ill will; **~s** *pl.* testament; fancies *pl.*
volontiers [vɔlɔ̃tje] gladly, with pleasure.
volt [vɔlt] *m* volt; **~age** [vɔlta:ʒ] *m* voltage.
volte-face *f* about-face; **faire ~** about-face.
voltiger [vɔltiʒe] flutter.
volubile voluble, glib.
volum|e [vɔlym] *m* volume, bulk; mass; **~ineux** voluminous; bulky; capacious.
volupté *f* voluptuousness.
vom|ir vomit; **~issement** *m* vomiting; vomit; **~itif** *m* emetic.
vorace ravenous; voracious; greedy; gluttonous.
vos *pl.* your.
vote *m* vote; **~r** vote.
votre your.
vôtre: le (la) ~ yours; **les ~s** *pl.* yours *pl.*, your friends *pl.*; your family, your folks *pl.*
vouer [vwe] vow, consecrate; devote; pledge.
vouloir [vulwa:r] *m* will; *v.* wish, want, like; intend; **en ~ à** have a grudge against; be angry with; ~ **dire** mean; ~ **bien** be willing.
voulu required, requisite, deliberate; **en temps ~** in due time.
vous you, to you; **~-mêmes** yourselves.
voût|e [vut] *f* vault; arch; **~é** vaulted, arched, curved, bent.
voyage [vwaja:ʒ] *m* journey; excursion; trip; tour; ~ **d'affaires** business trip; ~ **d'agrément** pleasure-trip;

~ **à pied** walking tour.
voyager [vwajaʒe] travel, journey.
voyageur *m* travel(l)er; passenger; ~ **(de commerce)** commercial travel(l)er; *adj* travel(l)ing; **pigeon** *m* ~ carrier-pigeon.
voyant *m* seer; *adj.* gaudy, showy; loud; conspicuous.
vrac: en ~ in bulk.
vrai [vrɛ] *m* truth, reality; *adj.* true; real; right; correct, proper; accurate; **à ~ dire** to tell the truth; **~ment** truly; really.
vraisemblable [vrɛsɑ̃blabl] probable, likely; plausible.
vu [vy] *adj.* seen; considered; **bien (mal)** ~ well (ill) thought of; *cj.* considering.
vue [vy] *f* sight, view, eyes *pl.*; aspect, look; **avoir la ~ courte** be short-sighted; **à ~** at sight; **à première ~** at first sight; **en ~ de** in order to; **point** *m* **de ~** point of view.
vulcaniser vulcanize.
vulgaire common, low; trivial; vulgar; ordinary; everyday; *fig.* cheap.
vulnérable [vylnerabl] vulnerable.

W

wagon [vagɔ̃] *m ch.d.f.* car, carriage; coach; wag(g)on; ~ **frigorifique** refrigerator car; ~ **de marchandise** goods wag(g)on, *Am.* freight car; **~-citerne** *m* tank-car; **~-lit** *m* sleeping-car; **~-restaurant** *m* dining-car, diner.
wallon [walɔ̃] *adj.*, ≈ *m* Walloon.

X

xénophobie [ksenofɔbi] *f* aversion to foreigners.
xérès [xerɛs; gzerɛs] *m* sherry.

Y

y *adv.* there; here; within; *pron.* to it; by it; at it; in it; **il y a** there is, there are; **il y a dix ans** ten years ago; **pendant que j'y pense** while I think of it; **ça y est!** here you are!; **vous y êtes?** do you follow me?; **je n'y suis pour rien** I had nothing to do with it; I had no part in it; **vous y gagnerez** you will profit from it.
yacht [jɔt] *m* yacht; **~ing** [jɔtiŋ] *m* yachting.

yaourt [jaur(t)] *m*, **yog(h)ourt** [jɔgur(t)] *m* yoghurt.
yeux [jø] *m/pl.* eyes *pl.*
yougoslave *adj.*, ≈ *m* Yugoslav.
Yougoslavie *f* Yugoslavia.

Z

zèbre [zɛbr] *m* zebra.
zébré striped, streaked.
zèle [zɛ:l] *m* zeal, ardo(u)r, enthusiasm; **avec ~** zealously; **faire du ~** go to great pains.
zélé [zele] zealous.
zénith [zenit] *m* zenith.
zéro [zero] *m* zero, naught, cipher; freezing-point; *fig.* nothing.
zézayer lisp.
zibeline *f* sable.
zigzag [zigzag] *m* zigzag; **~uer** zigzag.
zinc [zɛ̃g] *m* zinc; *fam.* bar, counter; airplane.
zinguer zinc, cover with zinc; galvanize (*iron*).
zodiaque *m* zodiac.
zone [zo:n] *f* zone, area.
zoo [zɔɔ] *m* zoo; **~logie** *f* zoology; **~logique** zoological; **jardin** *m* **~logique** zoo.
zut! [zyt] *int.* dash it!, rats!, hang it!

A

a, an un, une.
aback: taken ~ étonné, déconcerté.
abandon [ə'bændən] abandonner, renoncer à; **~ed** dévergondé, dépravé; **~-ment** abandon *m*.
abase [ə'beis] abaisser, humilier.
abate supprimer (*abus*); se calmer, s'apaiser; **~ment** diminution *f*; remise *f*.
abb|ey abbaye *f*; **~ot** abbé *m*.
abbreviat|e abréger; **~ion** abréviation *f*.
abdicate abdiquer.
abdomen ['æbdəmen] abdomen *m*; ventre *m*.
abduct [æb'dʌkt] enlever; **~ion** enlèvement *m*.
abed au lit, couché.
abeyance [ə'beiəns] suspension *f*; **in ~** en suspens.
abhor [əb'hɔ:] abhorrer; **~rent** répugnant.
abide demeurer; supporter; **~ by** rester fidèle à (*promesse*); s'en tenir à.
ability capacité *f*; habileté *f*.
abject misérable; bas.
abjure [əb'dʒuə] abjurer.
able capable; **be ~ to** pouvoir; **~-bodied** fort, robuste.
aboard [ə'bɔ:d] à bord; **all ~!** en voiture!
abode[1] *prét. et p.p. de* **abide**.
abode[2] domicile *m*.
abol|ish abolir, supprimer; **~ition** abolition *f*, suppression *f*.
abomina|ble [ə'bɔminəbl] abominable; **~tion** horreur *f*.
abort|ion avortement *m*; **~ive** avortif.
abound in *ou* **with** abonder en.
about [ə'baut] autour de; dans; au sujet de; vers; presque, à peu près; environ; **be ~ to** être sur le point de; **what is it (all) ~?** de quoi s'agit-il?
above [ə'bʌv] au-dessus de; plus haut (que); au-delà de; **~ all** surtout; avant tout; **~-mentioned** susdit.
abreast côte à côte; **keep ~ of** se tenir au courant de.
abridg|e [ə'bridʒ] abréger; **~(e)ment** abrégé *m*, résumé *m*.
abroad [ə'brɔ:d] à l'étranger.
abrupt [ə'brʌpt] brusque, précipité; abrupt.
abscess abcès *m*.
absence ['æbsəns] absence *f*; éloignement *m*.
absent ['æbsənt] absent (**from** de); **~-minded** distrait.

absolute absolu; autoritaire; **~ly** absolument.
absolve absoudre; affranchir (**from** de); remettre (*péché*).
absorb [əb'sɔ:b] absorber.
absorption absorption *f*.
abstain s'abstenir (**from** de).
abstemious [æb'sti:mjəs] sobre, tempérant.
abstention abstinence *f* (**from** de); abstention *f*.
abstinen|ce abstinence *f*; **~t** tempérant, sobre.
abstract abstrait; résumé *m*; abrégé *m*.
absurd [əb'sə:d] absurde; **~ity** absurdité *f*.
abundan|ce abondance *f*; **~t** abondant, copieux.
abus|e abus *m*; insultes *f/pl.*; abuser de; injurier; maltraiter; **~ive** abusif; injurieux.
abyss [ə'bis] abîme *m*, gouffre *m*.
academ|ic académique; **~y** académie *f*.
accelerat|e accélérer; **~ion** accélération *f*; **~or** accélérateur *m*.
accent ['æksənt] accent *m*; **~uate** accentuer.
accept accepter; **~able** acceptable (**to** à); **~ance** acceptation *f*, accueil *m*.
access ['ækses] accès *m*; **~ible** accessible; abordable.
accessor|y accessoire, subsidiaire (**to** à); **~ies** *pl.* accessoires *m/pl.*
accident ['æksidənt] accident *m*; **~ insurance** assurance *f* (contre les) accidents; **~al** accidentel.
acclaim acclamer.
acclamation acclamation *f*.
acclimate, acclimatize [ə'klaimətaiz] (s')acclimater; naturaliser (*plante*).
acclivity montée *f*; pente *f*.
accommodat|e accommoder; recevoir, loger; **~e with** pourvoir de, munir de; **~ing** complaisant; **~ion** arrangement *m*; logement *m*.
accomp|animent accompagnement *m*; **~any** accompagner; **~lice** complice *m*.
accomplish accomplir; **~ed** accompli; **~ment** accomplissement *m*; talents *m/pl.*
accord [ə'kɔ:d] (s')accorder; accord *m*; **in ~ance with** conformément à; **~ing to** selon, d'après; à ce que.
accordion accordéon *m*.
accost accoster, aborder.
account [ə'kaunt] compte *m*, note *f*; récit *m*; **on no ~** dans aucun cas; **on ~ of** à cause de; **~ for** expliquer; **~able** responsable; explicable; **~-book** livre *m* de compte(s).
accredit accréditer; **~ed** *opinion etc.*: reçu, admis; agréé.
accumulat|e [ə'kju:mjuleit] (s')accumuler; amasser; **~ion** accumulation *f*.
accura|cy ['ækjurəsi] exactitude *f*; précision *f*; **~te** exact, précis.

accursed [ə'kə:sid] maudit; exécrable.
accus|ation accusation *f*; **~e** accuser (**of** de).
accustom: ~ oneself to, get ~ed to s'accoutumer à, se faire à; **~ed to** habitué à.
ace [eis] as *m*.
acet|ate acétate *m*; **alumina ~ate** acétate *m* d'alumine; **~ify** acétifier; **~ylene** acétylène *m*.
ache [eik] mal *m*, douleur *f*; faire mal.
achieve [ə'tʃi:v] accomplir, réaliser; **~ment** accomplissement *m*; exploit *m*.
acid aigre; acide *m*; **~ity** acidité *f*; *fig*. aigreur *f*; **~-proof** résistant à l'acide.
acknowledg|e [ək'nɔlidʒ] reconnaître; avouer; **~(e)ment** reconnaissance *f*; aveu *m*.
acme ['ækmi] comble *m*, apogée *m*.
acorn gland *m*.
acoustics *pl*. acoustique *f*.
acquaint [ə'kweint] **s.o. with s.th.** faire connaître qc. à q.; **be ~ed with** connaître; **~ance** connaissance *f*.
acquiesce [ækwi'es] **in** *ou* **to** acquiescer à.
acquire [ə'kwaiə] acquérir; **~ment** acquisition *f*.
acquisition acquisition *f*.
acquit acquitter, absoudre (**of** de); **~tal** décharge *f*; **~tance** acquit *m*.
acre ['eikə] arpent *m*; acre *f*.
acrid âcre.
across en travers (de), de l'autre côté (de); **come ~** rencontrer, tomber sur.
act agir; se conduire; *thé*. jouer; acte *m*; **~ion** action *f*; acte *m*; procès *m*.
activ|ate activer; **~e** actif; vif; **~ity** activité *f*; occupation *f*.
actor acteur *m*; comédien *m*.
actress actrice *f*.
actual réel; véritable; présent; **~ity** réalité *f*; fait *m*; **~ly** en fait; à présent.
acute aigu; vif; fin.
ad *fam. journal*: annonce *f*.
A.D. = **Anno Domini** l'an du Seigneur.
adamant ['ædəmənt] inflexible.
adapt adapter; accommoder; **~able** adaptable.
add ajouter; (*a*. **~ up**) additionner; **~ to** augmenter.
adder vipère *f*.
addition addition *f*; surcroît *m*; **in ~** en plus (**to** de).
address adresse *f*; discours *m*; **~ o.s. to** s'adresser à; **~ee** destinataire *m*.
adept expert (**in** dans; **at** à).
adequa|cy suffisance *f*; **~te** ['ædikwit] suffisant; raisonnable.
adhere [əd'hiə] **to** adhérer à; rester fidèle à; **~nt** adhérent; partisan *m*.
adhesive adhésif; gommé; **~ tape** (*ou* **plaster**) sparadrap *m*.
adjacen|cy voisinage *m*; **~t**

contigu (**to** à).
adjoin [ə'dʒɔin] **to** être contigu à.
adjourn remettre; (s')ajourner.
adjudge décider, déclarer (*coupable*); adjuger.
adjunct accessoire *m*; adjoint *m*.
adjure [ə'dʒuə] adjurer (**to** de).
adjust ajuster; régler; **~able** ajustable, réglable; **~ment** ajustement *m*; réglage *m*.
adminis|ter administrer; **~tration** administration *f*; **~trator** administrateur *m*.
admir|able ['ædmərəbl] admirable; **~ation** admiration *f*; **~e** [əd'maiə] admirer.
admiss|ible admissible; **~ion** admission *f*, accès *m*; **~ion free** entrée *f* libre.
admit [əd'mit] admettre; laisser entrer; avouer; **~tance** accès *m*; entrée *f*; **no ~tance!** entrée interdite!
admixture mélange *m*; adjonction *f*.
admoni|sh [əd'mɔniʃ] réprimander; **~tion** réprimande *f*.
ado [ə'du:] bruit *m*; agitation *f*.
adopt adopter; *fig*. embrasser; **~ion** adoption *f*.
ador|able adorable; **~ation** adoration *f*; **~e** adorer.
adorn orner, parer; **~ment** ornement *m*, parure *f*.
adult ['ædʌlt] adulte.
adulter|ate adultérer; altérer; **~y** adultère *m*.
advance (faire) avancer; hausser (*prix*); présenter (*idée etc.*); progrès *m*; avance *f*; **~ment** avancement *m*.
advantage [əd'vɑ:ntidʒ] avantage *m*; **take ~ of** exploiter; **~ous** avantageux.
advent arrivée *f*; venue *f*; **≗** l'Avent *m*.
adventur|e [əd'ventʃə] aventure *f*; **~er** aventurier *m*; **~ous** aventureux.
advers|ary adversaire *m*; **~e** contraire, défavorable; **~ity** adversité *f*.
advertis|e ['ædvətaiz] faire de la réclame pour; insérer une annonce; **~ement** [əd'və:tismənt] *journal*: annonce *f*; publicité *f*, réclame *f*; **~ing board** panneau *m* à affiches; **~ing film** film *m* publicitaire.
advice [əd'vais] conseil *m*, avis *m*.
advisable recommandable; prudent.
advis|e [əd'vaiz] recommander; conseiller; **~ory board** conseil *m* consultatif.
advocate avocat *m*; défendre; préconiser.
aerial ['ɛəriəl] aérien; antenne *f*.
aero... ['ɛərou] aéro...; **~naut** aéronaute *m*; **~plane** avion *m*.
afar: from ~ de loin.
affab|ility affabilité *f*; **~le** affable, poli.

affair [ə'fɛə] affaire *f*.
affect toucher; affecter; **~-ation** simulation *f*; **~ed** touché, ému; affecté; **~ion** affection *f*; tendresse *f*; **~-ionate** affectueux.
affidavit [æfi'deivit] déclaration *f* sous serment.
affiliate affilier (**to, with** à).
affinity affinité *f*.
affirm affirmer, confirmer; **~ation** affirmation *f*; confirmation *f*; **~ative** affirmatif.
affix attacher.
afflict affliger, tourmenter; **~ed with** affligé de; **~ion** affliction *f*; infirmité *f*.
affluen|ce ['æfluəns] abondance *f*; **~t** riche; affluent *m*.
afford s' offrir, se payer; être à même de; fournir, offrir; **I can't ~ it** mes moyens ne le permettent pas.
affront [ə'frʌnt] offenser; offense *f*.
afield: far ~ très loin.
afloat à flot; à la mer.
afoot à pied; en mouvement.
afore|said susdit, précité; **~thought** *dr*. prémédité.
afraid [ə'freid] effrayé; **be ~ of** avoir peur de; craindre.
afresh de nouveau.
Africa Afrique *f*; **~n** Africain *m*; africain.
after après; ensuite; plus tard; après que; **~-effect** répercussion *f*; **~noon** après-midi *m*; **~shave lotion** aftershave *m*; **~wards** ensuite, plus tard.
again [ə'gen] encore; de nouveau; de plus; **now and ~** de temps en temps; **~ and ~** maintes et maintes fois.
against contre; vers.
age [eidʒ] âge *m*; époque *f*; **of ~** majeur; **under ~** mineur; **~d** âgé, vieux.
agen|cy ['eidʒənsi] agence *f*, bureau *m*; **~t** agent *m*.
agglomerat|e (s')agglomérer; **~ion** agglomération *f*.
aggravat|e aggraver, empirer; **~ion** aggravation *f*.
aggress|ion agression *f*; **~ive** agressif; **~or** agresseur *m*.
agil|e ['ædʒail] agile, leste; **~ity** agilité *f*.
agitat|e agiter; *fig*. troubler; **~ion** agitation *f*; trouble *m*.
ago [ə'gəu]: **some years ~** il y a quelques ans; **long ~** il y a longtemps.
agon|izing atroce; navrant; **~y** angoisse *f*; douleur *f*; *méd*. agonie *f*.
agree être d'accord; consentir (**to** à); tomber d'accord (**on** sur); **I ~ with you** je suis de votre avis; **~able** agréable; aimable; **~ment** accord *m*; convention *f*; traité *m*.
agricultur|al agricole; *peuple*: agriculteur; **~e** ['ægrikʌltʃə] agriculture *f*; **~ist** agronome *m*.
ahead [ə'hed] en avant (**of** de): sur l'avant; **go ~!** allez-y!, continuez!; **straight ~** tout droit.
aid [eid] aider; aide *f*.

ail [eil]: **what ~s him?** qu'est-ce qu'il a?; **~ing** souffrant; **~ment** mal *m*, maladie *f*, affection *f*.
aim lancer (*projectile*); pointer (*canon etc.*); **~ at** viser; *fig. a.* aspirer à; but *m*; *fig.* dessein *m*; **take ~** viser.
air air *m*; brise *f*; mine *f*, apparence *f*; mélodie *f*; aérer; **in the open ~** en plein air; **on the ~** à la radio; **~-base** base *f* d'aviation; **~-conditioned** climatisé; **~-conditioning** climatisation *f*; **~-cooled** refroidi par l'air; **~craft** avion *m*, avions *m/pl.*; **~craft carrier** porte-avions *m*; **~ force** forces *f/pl.* aériennes; **~ hostess** hôtesse *f* de l'air; **~ing** ventilation *f*; **~-jacket** gilet *m* de sauvetage; **~line** ligne *f* aérienne; **~liner** avion *m* de ligne; **~mail** poste *f* aérienne; **by ~mail** par avion; **~port** aéroport *m*; **~plane** avion *m*; **~-pump** pompe *f* à air; **~ raid** raid *m* aérien; **~ sickness** mal *m* de l'air; **~-tight** hermétique; **~y** aéré; léger; *façon:* désinvolte.
ajar [ə'dʒɑ:] entrouvert, entrebâillé.
akin to apparenté à.
alarm alarme *f*; *fig.* agitation *f*; alarmer; **~-clock** réveil *m*.
alas hélas!
alcohol alcool *m*; **~ic** alcoolique.
alderman magistrat *m* municipal.
ale [eil] ale *f*; bière *f* anglaise (*ou* blonde).
alert alerte, éveillé; **on the ~** sur le qui-vive.
alien ['eiljən] étranger (*m*); **~ate** *dr.* aliéner; *fig.* s'aliéner (*sympathie etc.*); **~ation** aliénation *f*; désaffection *f*.
alight [ə'lait] allumé; en feu; *v.* descendre; **~ on** tomber sur.
alike semblable, pareil.
aliment aliment *m*; **~ary** alimentaire; **~ation** alimentation *f*.
alive vivant; **~ to** conscient de.
all tout; tous; tout à fait; **not at ~** pas du tout; **~ in** *prix*: tout compris; *assurance*: tous-risques; **~ the better** tant mieux; **~ right** bien; pour de bon; entendu!; d'accord!
alleg|ation allégation *f*; **~e** [ə'ledʒ] alléguer; prétendre.
allegoric(al) allégorique.
alleviat|e [ə'li:vieit] soulager; apaiser (*soif*); **~ion** allègement *m*, soulagement *m*.
alley allée *f*; ruelle *f*.
All Fools' Day le 1er Avril.
alliance [ə'laiəns] alliance *f*.
allocution allocution *f*.
allot assigner, attribuer; **~ment** attribution *f*; portion *f*; lopin *m* de terre.
allow [ə'lau] permettre; admettre; laisser; **~ for** tenir compte de, faire la part de; **~able** admissible; **~ance**

tolérance *f*; permission *f*; argent *m* de poche; allocation *f*; rabais *m*; **make ~ance for** tenir compte de.
alloy ['ælɔi] alliage *m*.
All| Saints' Day la Toussaint; **~ Souls' Day** le jour des morts.
allude to faire allusion à.
allure [ə'ljuə] attirer; séduire; **~ment** attrait *m*; appât *m*.
allusion allusion *f*.
ally [ə'lai] (s')allier; ['ælai] allié *m*.
almight|iness omnipotence *f*; **~y** tout-puissant (*a. eccl.*).
almond ['ɑ:mənd] amande *f*.
almost presque, à peu près.
alms [ɑ:mz] aumône *f*.
alone seul; **let** (*ou* **leave**) **~** laisser tranquille.
along le long de; **all ~** tout le temps.
aloud [ə'laud] à haute voix; tout haut.
alp alpe *f*; **the ~s** *pl.* les Alpes *f/pl.*
already déjà.
also aussi; également.
altar ['ɔ:ltə] autel *m*; **High ~** maître-autel *m*.
alter ['ɔ:ltə] changer; **~ation** changement *m*.
altercation dispute *f*, querelle *f*.
alternat|e (faire) alterner; **~ing current** courant *m* alternatif; **~ion** alternation *f*; alternance *f*; **~ive** alternatif; alternative *f*, choix *m*.
although [ɔ:l'ðəu] quoique, bien que.
altitude ['æltitju:d] altitude *f*.
altogether entièrement; tout à fait.
always toujours.
a.m. = ante meridiem avant midi, du matin.
amalgamat|e (s')amalgamer; **~ion** amalgamation *f*.
amass amasser.
amaz|e [ə'meiz] étonner; stupéfier; **~ement** étonnement *m*; **~ing** étonnant.
ambassador ambassadeur *m*.
ambigu|ity [æmbi'gju:iti] ambiguïté *f*; équivoque *f*; **~ous** ambigu; équivoque.
ambit|ion ambition *f*; **~ious** ambitieux.
ambulance ['æmbjuləns] ambulance *f*; **~ station** poste *m* d'ambulance.
ambush embuscade *f*; guet-apens *m*.
amend [ə'mend] (s')amender; **~ment** modification *f*; **~s** *pl.*: **make ~s for** réparer.
America Amérique *f*; **~n** Américain *m*; américain.
amiab|ility amabilité *f*; **~le** ['eimjəbl] aimable.
amicable amical.
amid(st) parmi, entre.
amiss mal; mal à propos; **take ~** prendre en mauvaise part.
ammonia ammoniac *m*.
ammunition munitions *f/pl.*
amnesty amnistie *f*; amnistier.

among(st) [ə'mʌŋ(st)] parmi, entre.
amortiz|ation amortissement *m*; **~e** [ə'mɔ:taiz] amortir.
amount [ə'maunt] somme *f*; montant *m*; **~ to** s'élever à.
ample ample, abondant.
amplif|ier amplificateur *m*; **~y** amplifier.
amplitude amplitude *f*; ampleur *f*; abondance *f*.
amputate amputer.
amus|e [ə'mju:z] amuser, divertir; **~ement** amusement *m*; divertissement *m*; **~ing** amusant.
an(a)emi|a [ə'ni:mjə] anémie *f*; **~c** anémique.
an(a)esthetic anesthésique (*m*).
analog|ic(al) analogue; **~ous** analogue; **~y** analogie *f*.
analys|e ['ænəlaiz] analyser; **~is** analyse *f*; **~t** psychanalyste *m*.
anarch|ic(al) anarchique; **~ist** anarchiste *m*.
anatomy anatomie *f*.
ancest|or ancêtre *m*; **~ry** lignage *m*; aïeux *m*/*pl*.
anchor ['æŋkə] ancre *f*.
anchovy ['æntʃəvi] anchoi *m*.
ancient ['einʃənt] ancien; antique.
and et; **~ so on** et ainsi de suite.
anew de nouveau.
angel ange *m*; **~ic** angélique.
anger ['æŋgə] colère *f*; mettre en colère.
angle ['æŋgl] angle *m*; *fig*. point *m* de vue.
angry fâché, irrité.
anguish angoisse *f*.
angular angulaire.
animal animal *m*.
animat|e animer; animé; **~ion** animation *f*.
animosity animosité *f*.
anise anis *m*.
ankle cheville *f*.
annals ['ænlz] *pl*. annales *f*/*pl*.; *fig*. histoire *f*.
annex annexe *f*; dépendances *f*/*pl*.; annexer; ajouter; **~ation** annexion *f*.
annihilate [ə'naiəleit] annihiler, anéantir.
anniversary [æni'və:səri] anniversaire *m*.
annotat|e annoter; commenter; **~ion** annotation *f*; commentaire *m*; note *f*.
announce [ə'nauns] annoncer; faire connaître; **~ment** annonce *f*, avis *m*; **~r** annonceur *m*.
annoy [ə'nɔi] gêner; vexer; **~ance** vexation *f*; **~ing** fâcheux.
annual annuel.
annuity rente *f* annuelle.
annul [ə'nʌl] annuler; **~ment** annulation *f*.
anonym|ity anonymat *m*; **~ous** anonyme.
another [ə'nʌðə] un autre; encore un; **one ~** l'un l'autre.
answer ['ɑ:nsə] répondre (à); **~ for** répondre de; être res-

ponsable de; ~ **the door** aller ouvrir; *su.* réponse *f* (**to** à); ~**able** responsable (**for** de).
ant [ænt] fourmi *f.*
antagonist antagoniste *m.*
ante|cedents [ænti'si:dənts] *pl.* antécédents *m/pl.*; ~**date** antidater.
anticipat|e [æn'tisipeit] anticiper; anticiper sur; devancer (*q.*); s'attendre à; ~**ion** anticipation *f*; prévision *f.*
anti-dazzle anti-aveuglant; pare-lumière *m.*
antidote antidote *m.*
anti-freeze antigel *m.*
antipathy antipathie *f.*
antiqu|e [æn'ti:k] antique; ancien; ~**ity** [æn'tikwiti] antiquité *f.*
antiseptic antiseptique.
antlers *pl.* bois *m/pl.*
anvil enclume *f.*
anxi|ety [æŋ'zaiəti] inquiétude *f*; ~**ety for, to** *do* désir *m* de; ~**ous** ['æŋkʃəs] inquiet; **be** ~**ous to** tenir à; **I am** ~**ous to** *a.* il me tarde de.
any un; n'importe quel; du, des; *après négation*: ne … aucun; ~**body**, ~**one** quelqu'un; n'importe qui; ~**how** n'importe comment; en tout cas; ~**thing** quelque chose; n'importe quoi; ~**way** de toute façon; ~**where** n'importe où.
apart à part; écarté; de côté; ~ **from** en dehors de.
apartment pièce *f*, chambre *f*; *Am.* appartement *m*; ~**s** *pl.* appartement *m*; ~ **house** immeuble *m* d'habitation.
apath|etic(al) apathique; ~**y** apathie *f.*
ape singe *m*; imiter, singer.
aperient *méd.* laxatif *m.*
aperitif apéritif *m*, *fam.* apéro *m.*
aperture ouverture *f.*
apiece chacun; la pièce.
apolog|ize [ə'pɔlədʒaiz] s'excuser; ~**y** excuse *f*; apologie *f.*
apople|ctic fit attaque *f* d'apoplexie; ~**xy** ['æpəpleksi] apoplexie *f.*
appal épouvanter; consterner.
apparatus [æpə'reitəs] appareil *m*, attirail *m.*
apparent [ə'pærənt] apparent, évident, manifeste.
appeal appel *m*; attrait *m*; supplication *f*; ~ **to** demander à; faire appel à; attirer, plaire à; ~**ing** suppliant.
appear [ə'piə] (ap)paraître; se montrer; comparaître; ~**ance** apparition *f*, apparence *f*; dehors *m.*
appease [ə'pi:z] apaiser; calmer.
appendicitis [əpendi'saitis] appendicite *f.*
appertain to appartenir à.
appeti|te appétit *m*; ~**zer** amuse-gueule *m*; ~**zing** appétissant.
applau|d applaudir; ~**se** applaudissements *m/pl.*
apple pomme *f*; ~**-pie** tarte *f* aux pommes; ~**-tree** pom-

mier *m*.
appliance [ə'plaiəns] instrument *m*; appareil *m*.
applica|nt candidat *m*; **~tion** application *f*; demande *f*.
apply [ə'plai] appliquer; s'appliquer; **~ to** s'adresser à.
appoint nommer; désigner; assigner; **~ment** nomination *f*; désignation *f*; rendez-vous *m*.
apprais|al estimation *f*; **~e** estimer, évaluer; **~er** estimateur *m*.
appreciat|e [ə'pri:ʃieit] apprécier; estimer, tenir à, faire cas de; **~ion** appréciation *f*.
apprehen|d saisir; arrêter; comprendre; redouter; **~sible** perceptible; **~sion** arrestation *f*; crainte *f*; **~sive** timide; craintif.
apprentice [ə'prentis] placer en apprentissage (**to** chez); apprenti *m*; **~ship** apprentissage *m*.
approach [ə'prəutʃ] approcher; s'approcher de; *fig*. aborder; approche *f*; accès *m*; rapprochement *m*; **~able** accessible; abordable.
approbation approbation *f*; consentement *m*.
appropriat|e [ə'prəuprieit] s'approprier; affecter, destiner (**for** à); *adj*. [ə'prəupriit] approprié, convenable; **~ion** appropriation *f*; affectation *f*.
approv|al approbation *f*; **on ~al** à l'essai; **~e** [ə'pru:v] (**of**) approuver.
approximate [ə'proksimit] approximatif.
apricot ['eiprikət] abricot *m*.
April avril *m*.
apron tablier *m*.
apt convenable, juste; intelligent; **~ at** prompt à; **~ to** apte à; **~itude** talent *m* (**for** pour).
aquatic aquatique; **~s** *pl*. sports *m/pl*. nautiques.
Arab Arabe *m*; *adj*. arabe.
arbitrar|iness arbitraire *m*; **~y** ['ɑ:bitrəri] arbitraire.
arbitrat|e arbitrer; trancher (*différend*); **~ion** arbitrage *m*; **~or** arbitre *m*.
arbo(u)r tonnelle *f*.
arc arc *m*; **~ade** [ɑ:'keid] arcade *f*.
arch [ɑ:tʃ] espiègle; malin; voûte *m*, arc *m*; arche *f*; (s') arquer.
archbishop archevêque *m*.
architect architecte *m*; **~ure** architecture *f*.
archives ['ɑ:kaivz] *pl*. archives *f/pl*.
arctic arctique.
ardent ['ɑ:dənt] ardent .
ard|o(u)r ardeur *f*; chaleur *f*; **~uous** ardu; *travail*: pénible; laborieux.
area ['ɛəriə] superficie *f*; région *f*; zone *f*; terrain *m*; **~ code** indicatif *m* interurbain.
Argentina l'Argentine *f*.
argue ['ɑ:gju:] discuter; raisonner ; plaider.

argument argument *m*; discussion *f*; **~ation** argumentation *f*.
arid aride; **~ity** aridité *f*.
aright bien, correctement.
arise [ə'raiz] s'élever, surgir; se produire, résulter (**from** de).
arisen *p.p. de* **arise.**
aristocra|cy aristocratie *f*; **~t** aristocrate *m*; **~tic** aristocratique.
arithmetic [ə'riθmətik] arithmétique *f*; calcul *m*; **~al** arithmétique.
arm[1] bras *m*.
arm[2] arme *f*; armer; **~ament** armement *m*.
arm|-chair fauteuil *m*; **~ful** brassée *f*.
armistice ['ɑ:mistis] armistice *m*.
armo(u)r armure *f*, blindage *m*; armer, blinder.
arm-pit aisselle *f*.
army armée *f*; *fig*. foule *f*.
aroma arôme *m*; bouquet *m*; **~tic** aromatique.
arose *prét. de* **arise.**
around [ə'raund] autour (de); environ.
arouse [ə'rauz] (r)éveiller; stimuler.
arrange [ə'reindʒ] (s')arranger, ranger, régler, fixer; **~ment** arrangement *m*; disposition *f*.
array [ə'rei] rangs *m/pl.*; étalage *m*; ranger; disposer.
arrears [ə'riəz] arriéré *m*; **in ~** en retard.
arrest arrestation *f*; suspension *f*; arrêt *m*; arrêter.
arriv|al arrivée *f*, arrivage *m*; **~e** [ə'raiv] arriver (**at** à).
arrogan|ce ['ærəugəns] arrogance *f*; **~t** arrogant.
arrow flèche *f*.
arsenal arsenal *m*.
arson ['ɑ:sn] crime *m* d'incendie.
art [ɑ:t] art *m*; artifice *m*; **~ exhibition**, **~ show** exposition *f* d'art; **applied ~s** *pl.*, **~s and crafts** *pl.* arts et métiers *m/pl.*; **the fine ~s** *pl.* les beaux-arts *m/pl.*
arter|ial artériel; **~ial road** artère *f*; **~y** artère *f*.
artful ingénieux; rusé; habile; **~ness** ruse *f*; habileté *f*.
artichoke artichaut *m*.
article article *m*.
articulat|e articuler; **~ion** articulation *f*.
artificial [ɑ:ti'fiʃəl] artificiel; **~ silk** rayonne *f*.
artillery artillerie *f*.
artisan artisan *m*, ouvrier *m*.
artist ['ɑ:tist] artiste *m*; **~ic** artistique.
artless naïf; sans art(ifice); naturel.
as aussi, si; comme; parce que; puis que; à mesure que; **~ a matter of fact** en fait; **~ good ~** aussi bon que; **~ if**, **~ though** comme si; **~ of** à partir de; **~ soon ~** dès que; **~ it were** pour ainsi dire; **~ well** (~) aussi bien (que).
ascen|d [ə'send] monter, s'éle-

ver; **~dancy** suprématie *f*; influence *f* (**over** sur); **~sion** ascension *f*; **℞sion Day** fête *f* de l'Ascension.
ascertain constater; s'informer de.
ascetic [ə'setik] ascétique.
ascribe [əs'kraib] **to** attribuer à, imputer à.
ash cendre *f*; **℞ Wednesday** le mercredi des Cendres.
ashamed [ə'ʃeimd] honteux, confus; **be** *ou* **feel ~** avoir honte (**of** de).
ash-can boîte *f* à ordures; poubelle *f*.
ashore à terre; échoué.
ash-tray cendrier *m*.
Asia ['eiʃə] Asie *f*; **~n** asiatique.
aside à part; de côté.
ask demander (**s.o.** à q.); prier; inviter.
asleep endormi; *pieds*: engourdi; **be ~** dormir; **fall ~** s'endormir.
asparagus [əs'pærəgəs] asperge *f*.
aspect vue *f*; aspect *m*.
aspire [əs'paiə] **to** *ou* **after** aspirer à, viser à.
aspirin aspirine *f*.
ass âne *m*.
assail assaillir; attaquer.
assassin [ə'sæsin] assassin *m*; **~ate** assassiner; **~ation** assassinat *m*.
assault [ə'sɔ:lt] assaut *m*; attaque *f*; assaillir, attaquer.
assembl|age rassemblement *m*; assemblage *m*; **~e** (s')assembler; (se) réunir; **~er** monteur *m*; **~y** assemblée *f*; montage *m*; **~y line** chaîne *f* de montage.
assent consentement *m*; **~ to** admettre; consentir à.
assert affirmer; **~ion** assertion *f*, affirmation *f*.
assess estimer; taxer; **~ment** assiette *f* (des impôts).
asset(s *pl.*) actif *m*.
assid|uity assiduité *f*, diligence *f*; **~uous** assidu; diligent.
assign [ə'sain] assigner (**to** à).
assist aider, secourir; assister; **~ance** [ə'sistəns] aide *f*, secours *m*, assistance *f*; **~ant** assistant *m*.
assizes *pl.* (cour *f* d') assises *f*/*pl*.
associat|e [ə'səuʃiit] associé (*m*); *v*. [ə'səuʃieit] **with** (s')associer avec; **~ion** association *f*; société *f*.
assort|ed assorti; **~ment** assortiment *m*; choix *m*.
assuage [ə'sweidʒ] apaiser, calmer, soulager.
assum|e prendre; supposer; assumer; **~ption** hypothèse *f*; supposition *f*.
assur|ance [ə'ʃuərəns] affirmation *f*; promesse *f*; assurance *f*, aplomb *m*; **~e** assurer.
asthma ['æsmə] asthme *m*; **~tic** asthmatique.
astonish étonner; **~ing** étonnant; **~ment** étonnement *m*, surprise *f*.

astound [əs'taund] confondre; stupéfier; **~ing** stupéfiant.
astray égaré; **go ~** s'égarer.
astride à califourchon (sur).
astringent [əs'trindʒənt] astringent (*m*).
astronom|er astronome *m*; **~y** astronomie *f*.
asunder en deux; éloigné l'un de l'autre; séparé.
asylum [ə'sailəm] asile *m*, refuge *m*.
at à, en (*guerre*), auprès de; sur; **~ the door** à la porte; **~ my aunt's** chez ma tante; **~ school** à l'école; **~ the age of ...** à l'âge de ...; **~ one blow** d'un seul coup; **~ home** chez soi; **~ best** au mieux; **~ the latest** au plus tard.
ate *prét. de* **eat.**
athlet|e ['æθli:t] athlète *m*; **~ic** athlétique; **~ics** *pl.* sports *m*/*pl.* (athlétiques).
at-home réception *f*; soirée *f*.
atmospher|e ['ætməsfiə] atmosphère *f* (*a. fig.*); **~ics** *pl.* [ætməs'feriks] *radio* parasites *m*/*pl.*
atom atome *m*; **~ic bomb** bombe *f* atomique; **~ic energy** énergie *f* atomique; **~ize** vaporiser; atomiser; **~izer** pulvérisateur *m*.
atone for expier, racheter.
atroc|ious atroce; **~ity** atrocité *f*.
attach [ə'tætʃ] attacher; lier, fixer (**to** à); **be ~ed to** être attaché à; **~ment** attachement *m*.
attaché case [ə'tæʃi keis] porte-documents *m*.
attack attaquer; assaut *m*, attaque *f*.
attain [ə'tein] atteindre (**to** à); acquérir; **~ments** *pl.* connaissances *f*/*pl.*; acquisitions *f*/*pl.*
attempt essayer; tâcher; essai *m*, effort *m*; attentat *m*.
attend assister à; suivre (*cours*); **~ (upon)** servir; soigner (*malade*); **~ to** faire attention à; s'occuper de; **~ance** service *m*. assistance *f*; *méd.* soins *m*/*pl.*; présence *f*; **~ant** serviteur *m*; gardien *m*; préposé *m*.
attent|ion attention *f*; **~ive to** attentif à, soucieux de .
attenuate [ə'tenjueit] atténuer; amaigrir.
attest attester; certifier; **~ation** attestation *f*; témoignage *m*.
attic mansarde *f*.
attitud|e ['ætitju:d] attitude *f*; **~inize** poser; faire des grâces.
attorney [ə'tə:ni] avoué *m*; mandataire *m*.
attract attirer; *fig.* séduire; **~ion** attraction *f*; attrait *m*; **~ive** attrayant, séduisant; **~iveness** attrait *m*, charme *m*.
attribute [ə'tribjut] **to** imputer à, attribuer à.
auburn châtain roux.

auction vente *f* aux enchères; vendre aux enchères; **~eer** commissaire-priseur *m*.

audaci|ous [ɔ:'deiʃəs] audacieux, hardi; **~ty** audace *f*, hardiesse *f*.

audible ['ɔ:dəbl] perceptible; audible.

audience auditoire *m*; public *m*, spectateurs *m*/*pl*.

auditor auditeur *m*; vérificateur *m* aux comptes.

aught: for ~ I know autant que je sache.

augment [ɔ:g'ment] augmenter; (s')accroître; **~ation** augmentation *f*; accroissement *m*.

August ['ɔ:gəst] août *m*; **a~** [ɔ:'gʌst] auguste, imposant.

aunt [ɑ:nt] tante *f*.

auspic|es auspices *m*/*pl*.; **~ious** favorable.

auster|e [ɔs'tiə] austère; **~ity** austérité *f*.

Australia [ɔs'treiljə] Australie *f*; **~n** Australien *m*; australien.

Austria Autriche *f*; **~n** Autrichien *m*; autrichien.

autarchy autarchie *f*.

autarky autarcie *f*.

authentic authentique; **~ate** certifier.

author auteur *m*; écrivain *m*; **~ess** femme *f* écrivain; **~itative** autoritaire; péremptoire; **the ~ities** *pl*. les autorités *f*/*pl*., l'administration *f*; **~ity** autorité *f*; autorisation *f*; expert *m* (**on** en); **on good ~ity** de bonne source; **~ize** autoriser.

auto|giro autogire *m*; **~graph** autographe *m*; **~mat** restaurant *m* à distributeurs automatiques; **~matic** automatique; **~(mobile)** ['ɔ:təməubi:l] auto *f*, voiture *f*; **~nomous** autonome; **~psy** autopsie *f*.

autumn ['ɔ:təm] automne *m*; **~al** automnal.

avail servir, être utile; **~ o.s. of** profiter de; *su*.: **of no ~** inutile; **~able** accessible; disponible.

avalanche ['ævəlɑ:nʃ] avalanche *f*.

avaric|e ['ævəris] avarice *f*; **~ious** avare, avaricieux.

avenge [ə'vendʒ] venger.

average ['ævəridʒ] moyenne *f*; avaries *f*/*pl*.; **on an ~** en moyenne; moyen; **~ person** homme *m* moyen; *v*. atteindre une moyenne de.

aver|se to *ou* **from** opposé à; **~sion** aversion *f*; répugnance *f*; **~t** détourner (**from** de).

aviat|ion [eivi'eiʃən] aviation *f*; vol *m*; **~or** aviateur *m*.

avoid éviter; échapper à.

avow [ə'vau] avouer; déclarer; **~al** aveu *m*.

await attendre.

awake s'éveiller; éveillé; **be ~ to** être conscient de; **wide ~** tout éveillé.

award sentence *f* arbitrale; adjudication *f*; décerner (*prix*).

aware: be ~ of avoir connaissance de; **become ~ of** prendre connaissance de; sentir.
away loin, au loin; absent; **go ~** s'en aller, partir.
awe [ɔ:] crainte *f*; respect *m*; **~struck** intimidé.
awful terrible.
awhile [ə'wail] pendant quelque temps, un instant.
awkward ['ɔ:kwəd] gauche, maladroit; **~ness** gaucherie *f*.
awning tente *f*; banne *f*; marquise *f*.
awoke *prét. de* **awake.**
awoken *p.p. de* **awake.**
awry [ə'rai] de travers; de guingois.
ax(e) hache *f*.
axis axe *m*.
axle essieu *m*.
ay(e) [ai] oui.
azure ['æʒə] d'azur; azuré; azur *m*.

B

B.A. = **Bachelor of Arts** Licencié *m* ès lettres.
babble babiller, jaser; babil *m*; jabotage *m*.
baby ['beibi] bébé *m*; **~hood** première enfance *f*; bas age *m*; **~-sitter** gardienne *f* d'enfant.
bachelor ['bætʃələ] garçon *m*; célibataire *m*.
back dos *m*; revers *m*; *chaise:* dossier *m*; fond *m*; derrière *m*; de derrière; (en) arrière; **be ~** être de retour; *v.* (faire) reculer; seconder, appuyer; **~ out (of)** se retirer (de), se dégager (de); **~bite** médire de; **~bone** colonne *f* vertébrale; *fig.* fermeté *f*, cran *m*; **~door** porte *f* de derrière; *fig.* petite porte *f*; **~ground** fond *m*, arrière-plan *m*; formation *f* (professionnelle); **~stairs** escalier *m* de service; **~ward** en arrière; arriéré; en retard; **~wards** en arrière; à reculons; à l'envers.
bacon ['beikən] lard *m*.
bad mauvais, méchant; malade.
bade *a. prét. de* **bid**.
badge [bædʒ] insigne *m*; brassard *m*.
badger blaireau *m*.
badly mal; **he is ~ off** il est dans la gêne; **want ~** avoir grand besoin de.
badness méchanceté *f*.
baffle dérouter; déjouer.
bag sac *m*; sacoche *f*; bourse *f*; poche *f*.
baggage ['bægidʒ] *Am.* bagages *m/pl.*; **~ check** bulletin *m* de bagages; **~ room** consigne *f*.
bagpipe cornemuse *f*.
bail [beil] garant *m*; caution *f*; cautionnement *m*; **~iff** huissier *m*.
bait amorce *f*; appât *m*.

bak|e cuire au four; **~er** boulanger *m*; **~ery** boulangerie *f*; **~ing-powder** levure *f* (en poudre).
balance ['bæləns] balance *f*; bilan *m*; équilibre *m*; (se) balancer; compenser; **~-sheet** bilan *m*.
balcony ['bælkəni] balcon *m*; *thé. a.* deuxième galerie *f*.
bald [bɔ:ld] chauve; dénudé; **~ness** calvitie *f*.
bale [beil] balle *f*; ballot *m*.
balk [bɔ:k] billon *m*; obstacle *m*; contrarier, frustrer; regimber (**at** devant).
ball balle *f*; ballon *m*; boule *f*; bal *m*; **~-bearings** *pl.* roulement *m* à billes; **~(point)-pen** stylo *m* à bille.
ballast lest *m*; ballast *m*.
ballet ['bælei] ballet *m*.
balloon ballon *m*.
ballot vote *m*; scrutin *m*; voter au scrutin; **~-box** urne *f* de scrutin.
balm [bɑ:m], **balsam** baume *m*.
Baltic baltique; balte; **~ Sea** (mer *f*) Baltique *m*.
balustrade [bælə'streid] balustrade *f*.
ban ban *m*; proscription *f*; interdire, proscrire.
banana [bə'nɑ:nə] banane *f*; **~ plug** fiche *f* banane.
band bande *f*; ruban *m*; orchestre *m*.
bandage ['bændidʒ] pansement *m*; mettre un pansement sur.
bang coup *m*; claquement *m*; claquer.
banish bannir; exiler.
banisters *pl.* rampe *f*.
bank banc *m*; rivage *m*; berge *f*; banque *f*; déposer en banque; **~ account** compte *m* en banque; **~-bill** effet *m*; **~-book** livret *m* de banque; **~er** banquier *m*; **~ holiday** jour *m* férié; **~ing-house** maison *f* de banque; **~-note** billet *m* de banque; **~-rate** taux *m* d'escompte; **~ruptcy** banqueroute *f*.
banns *pl.* bans *m*/*pl.*
banquet ['bæŋkwit] banquet *m*; dîner *m* de gala.
banter badinage *m*.
bapti|sm baptême *m*; **~st** baptiste *m*; **~ze** baptiser.
bar barre *f*; barrière *f*; barreau *m*; bar *m*; comptoir *m*; barrer, interdire.
barbed wire fil *m* de fer barbelé.
barbar|ian barbare *m*; **~ous** barbare.
barber barbier *m*; coiffeur *m*; **~('s) shop** salon *m* de coiffure.
bare [bɛə] nu; dénudé; **~foot(ed)** nu-pieds; **~-headed** nu-tête; **~ness** nudité *f*; pauvreté *f*.
bargain ['bɑ:gin] marché *m*, contrat *m*; bonne affaire *f*; **into the ~** par-dessus le marché; *v.* marchander.
barge [bɑ:dʒ] barque *f*; chaland *m*.

bark écorce *f*; barque *f*; *chien:* aboyer.
bar-keeper barman *m*.
barley orge *f*.
barmaid barmaid *f*.
barman barman *m*.
barn grange *f*.
barometer [bə'rɔmitə] baromètre *m*.
baron ['bærən] baron *m*.
barracks *pl.* caserne *f*.
barrage ['bærɑ:ʒ] barrage *m*.
barrel tonneau *m*; *fusil:* canon *m*; cylindre *m*; **~-organ** orgue *m* de Barbarie.
barren ['bærən] stérile.
barricade barricade *f*; barricader.
barrier ['bæriə] barrière *f*; obstacle *m*; portillon *m* d'accès.
barrister avocat *m*.
bartender barman *m*.
barter échange *m*, troc *m*; échanger, troquer (**for** contre).
base [beis] bas, vil; ignoble; base *f*; fondement *m*; **be ~d on** être fondé sur; **~ball** baseball *m*; **~less** sans fondement; **~ment** sous-sol *m*; **~ness** bassesse *f*.
bashful timide; modeste.
basin ['beisn] bassin *m*; cuvette *f*; jatte *f*.
basis base *f*.
bask: ~ in the sun prendre le soleil.
basket corbeille *f*; panier *m*.
bass[1] [bæs] bar *m*, perche *f*.
bass[2] [beis] basse *f*.
bat[1] chauve-souris *f*.
bat[2] *cricket etc.*: batte *f*.
batch fournée *f* (*a.* *fig.*); paquet *m*.
bath [bɑ:θ] bain *m*; **have** (*ou* **take**) **a ~** prendre un bain; **~room** salle *f* de bain; **~-tub** baignoire *f*.
bathe [beið] baignade *f*; (se) baigner.
bathing|-cap bonnet *m* de bain; **~-costume** maillot *m* de bain; **~-wrap** sortie *f* de bain.
batter frapper; maltraiter; cabosser.
battery pile *f*; batterie *f*.
battle bataille *f*; combat *m*; batailler.
bawl [bɔ:l] brailler, crier à tue-tête.
bay[1] baie *f*, golfe *m*; laurier *m*.
bay[2] aboyer.
be [bi:] être; **there is, there are** il y a.
beach [bi:tʃ] plage *f*, grève *f*.
beacon ['bi:kən] phare *m*.
bead perle *f*; *sueur*: goutte *f*; **~s** *pl.* collier *m*.
beak bec *m*.
beam poutre *f*; solive *f*; rayon *m*; rayonner.
bean [bi:n] fève *f*; *café*: grain *m*.
bear[1] ours *m*.
bear[2] [bɛə] porter; souffrir; tolérer; **~ out** confirmer, justifier; **~ up** tenir bon, faire bonne contenance.
beard [biəd] barbe *f*; **~ed** barbu; **~less** imberbe; sans

barbe.

bear|er porteur *m*; *passeport*: titulaire *m*; **~ing** allure *f*, maintien *m*; **take one's ~ings** s'orienter.

beast [bi:st] bête *f*; **~ly** bestial, brutal.

beat [bi:t] coup *m*; *cœur*: battement *m*; **~ (music)** (musique *f*) beat *m*; *v*. (*a. prét.*) battre; surpasser; **~ it** *fam*. se barrer.

beaten *p.p. de* **beat.**

beauti|ful beau; **~fy** embellir.

beauty ['bju:ti] beauté *f*; **~ parlo(u)r, ~ salon** institut *m* de beauté; **~-spot** mouche *f*; *fig*. coin *m* pittoresque.

beaver ['bi:və] castor *m*; **eager ~** *fam*. bûcheur *m*.

became *prét. de* **become.**

because parce que; **~ of** à cause de.

beckon to faire signe à.

becom|e (*a. p.p.*) devenir; convenir à; aller bien à; **~ing** convenable; seyant.

bed lit *m*; *fleurs*: parterre *m*; **go to ~** se coucher; **put to ~** coucher, mettre au lit; **~ and board** pension *f* complète; **~ and breakfast** lit *m* et petit déjeuner *m*; **~-clothes** *pl*. draps *m*/*pl*. de lit; **~ding** literie *f*; **~-linen** linge *m* de lit; **~ridden** alité; **~room** chambre *f* à coucher; **~side** chevet *m*; **~side rug** descente *f* de lit; **~stead** bois *m* de lit.

bee [bi:] abeille *f*.

beech [bi:tʃ] hêtre *m*.

beef bœuf *m*; **~steak** bifteck *m*; **~tea** bouillon *m*.

bee|hive ruche *f*; **~-keeper** apiculteur *m*; **make a ~-line for** aller droit vers.

been *p.p. de* **be.**

beer bière *f*.

beet betterave *f*.

beetle scarabée *m*, escarbot *m*.

befit convenir à.

before devant; (en) avant; avant que; **the day ~** la veille (de); **~hand** d'avance.

beg mendier; prier, supplier.

began *prét. de* **begin.**

beget engendrer.

beggar mendiant *m*.

begin commencer; **~ner** débutant *m*; **~ning** commencement *m*; début *m*.

begot *prét. de* **beget.**

begotten *p.p. de* **beget.**

begrudge [bi'grʌdʒ] envier.

beguile [bi'gail] tromper; faire passer (*temps*).

begun *p.p. de* **begin.**

behalf [bi'hɑ:f]: **on ~ of** au nom de, pour; (*a.* **in ~ of**) en faveur de.

behav|e [bi'heiv] se tenir, se comporter; **~io(u)r** [bi'heivjə] conduite *f*, comportement *m*.

behind (par) derrière; en arrière (de); en retard.

beige beige.

being être *m*; existence *f*.

belch éructer.

belfry ['belfri] beffroi *m*, clo-

cher *m*.
Belgian Belge *m*; belge.
Belgium ['beldʒəm] Belgique *f*.
belie démentir; faire mentir.
belie|f croyance *f*; *fig.* confiance *f*; **~vable** croyable; **~ve** croire (**in** à *ou* en); **~ in** *a.* faire grand cas de; **make ~** faire semblant (de); **~ver** croyant *m*.
bell cloche *f*; sonnette *f*; timbre *m*; **~-boy, ~-hop** chasseur *m*, groom *m*; **~-flower** campanule *f*.
bellows *pl.* soufflet *m*.
bell-push bouton *m* (de sonnerie).
belly ventre *m*.
belong to appartenir à, être à; faire partie de; **~ings** *pl.* affaires *f/pl.*; effets *m/pl.*
beloved aimé.
below en bas; (en) dessous; au-dessous de, sous.
belt ceinture *f*; courroie *f*; **green ~** ceinture *f* verte.
bench banc *m*; *dr.* siège *m*.
bend tournant *m*, courbe *f*, coude *m*; (se) courber; plier; baisser (*tête*).
beneath [bi'ni:θ] = **below.**
benefact|ion bienfait *m*; **~or** bienfaiteur *m*.
benefi|cence [bi'nefisəns] bienfaisance *f*; **~cent** bienfaisant; **~cial** salutaire; utile; **~t** avantage *m*; profit *m*; **for the ~t of** dans l'intérêt de; *v.* profiter à; **~t from** *ou* **by** se trouver bien de.
benevolen|ce bienveillance *f*; bonté *f*; **~t** bienveillant; charitable.
benign [bi'nain] bénin (*a. méd.*); favorable; **~ity** bienveillance *f*; *méd.* bénignité *f*.
bent[1] *prét. et p.p. de* **bend.**
bent[2] penchant *m*, disposition *f*; **~ on** acharné à.
benumb [bi'nʌm] engourdir.
bequ|eath [bi'kwi:ð] léguer (**to** à); **~est** legs *m*.
bereave priver (**of** de).
beret béret *m*.
bereft *prét. et p.p. de* **bereave.**
berry baie *f*.
berth *mar.* évitée *f*; *ch. d. f.* couchette *f*; *fig.* place *f*; **give s.o. a wide ~** éviter q.
beseech [bi'si:tʃ] supplier, implorer; **~ing** suppliant.
beside auprès, à côté de; **~s** en outre, en plus; d'ailleurs.
besiege [bi'si:dʒ] assiéger (*a. fig.*).
besought *prét. et p.p. de* **beseech.**
besprinkle arroser.
best le meilleur, le mieux; **~ man** garçon *m* d'honneur; **do one's ~** faire de son mieux; **make the ~ of a bad job** faire bonne mine à mauvais jeu.
bestir [bi'stə:]: **~ o.s.** se remuer.
bestow on accorder à, conférer à.
bet pari *m*; parier; **~ting office** bureau *m* des paris.

betake: ~ o.s. to se rendre à.
betray trahir; **~al** trahison *f*; **~er** traître *m*.
betrothal [bi'trəuðəl] fiançailles *f*/*pl*.
better meilleur (*m*); mieux; **get the ~ of** l'emporter sur; **so much the ~** tant mieux; **you had ~ go** vous feriez mieux de vous en aller; *v*. améliorer.
between entre; **~ you and me** entre nous.
beverage ['bevəridʒ] boisson *f*.
bevy bande *f*, troupe *f*.
beware [bi'wεə] **of** se méfier de; prendre garde à.
bewilder [bi'wildə] égarer; troubler; **~ment** trouble *m*, confusion *f*.
bewitch ensorceler; enchanter.
beyond [bi'jɔnd] au-delà de; plus loin; au-dessus de; en dehors de; **~ measure** outre mesure.
bias penchant *m* (**towards** pour); influencer.
Bible ['baibl] Bible *f*.
bicarbonate of soda bicarbonate *m* de soude.
bicycle ['baisikl] bicyclette *f*; aller à bicyclette.
bid offre *f*; *v*. (*a. prét. et. p.p.*) offrir.
bidden *a. p.p. de* **bid.**
bier [biə] civière *f*.
big grand, gros; lourd; **talk ~** fanfaronner; faire l'important.
bigot ['bigət] bigot *m*, fanatique *m*.
bigwig *fam*. grand manitou *m*.
bike [baik] vélo *m*.
bilberry airelle *f*.
bile bile *f*; *fig*. colère *f*.
bill[1] bec *m*; se becqueter.
bill[2] note *f*, facture *f*, addition *f*; **~ of exchange** traite *f*; **~ of fare** carte *f* de jour; menu *m*; **~ of lading** connaissement *m*.
billet ['bilit] billet *m* de logement; loger (**on** *ou* **with** chez).
billiard|-cue queue *f* de billiard; **~s** *pl*. (jeu *m* de) billiard *m*.
billion billion *m*; *Am*. milliard *m*.
billow lame *f*, grande vague *f*; ondoyer; **~y** houleux.
bill-sticker afficheur *m*.
bin poubelle *f*.
bind [baind] lier, resserrer; obliger; relier (*livres*); **~ing** obligatoire; lien *m*; *livre*: reliure *f*.
binoculars [bi'nɔkjuləz] *pl*. jumelles *f*/*pl*.
biography [bai'ɔgrəfi] biographie *f*.
birch [bə:tʃ] bouleau *m*.
bird [bə:d] oiseau *m*; **~'s-eye view** perspective *f* à vol d'oiseau.
birth [bə:θ] naissance *f*; accouchement *m*; **~-control** contrôle *m* des naissances, procréation *f* dirigée; **~day**

anniversaire *m*; **~-place** lieu *m* de naissance.

biscuit ['biskit] biscuit *m*.

bit[1] *prét. et p.p.de* **bite.**

bit[2] morceau *m*, bout *m*.

bit|e morsure *f*; piqûre *f*; bouchée *f*; mordre; **~ing** mordant.

bitten *a. p.p. de* **bite.**

bitter amer; aigre; bière *f* blonde; **~ness** amertume *f*; rancune *f*; **~s** amers *m/pl*.

black noir; sombre, triste; **~berry** mûre *f*; **~-currant** cassis *m*; **~en** noircir; cirer (*bottes*); **~ eye** œil *m* poché; **~-head** comédon *m*; **~-leg** renard *m*, jaune *m*; **~ market** marché *m* noir; **~ sheep** brebis *f* galeuse; **~smith** forgeron *m*.

bladder vessie *f*.

blade *herbe*: brin *m*; *couteau*: lame *f*.

blam|able ['bleiməbl] blâmable; **~e** reproches *m/pl*.; blâmer; **~eless** irréprochable, sans tache; **~eworthy** blâmable; répréhensible.

blank (en) blanc; vide (*m*); formulaire *m*; **fill in the ~s** remplir les vides.

blanket couverture *f*.

blasphem|e [blæs'fi:m] blasphémer; outrager; **~y** ['blæsfimi] blasphème *m*.

blast rafale *f*; briser, ruiner; **~ing** explosion *f*.

blaze [bleiz] flamme *f*; feu *m*; flamber; flamboyer.

blazer blazer *m*.

bleach [bli:tʃ] blanchir; décolorer.

bleak [bli:k] froid; triste, morne.

bled *prét. et p.p. de* **bleed.**

bleed saigner.

blemish défaut *m*; tache *f*; tacher, souiller.

blend mélange *m*; mêler; mélanger; couper (*vin*).

bless bénir; consacrer; **~ed** bienheureux; saint; **~ing** bénédiction *f*; bienfait *m*.

blew *prét. de* **blow.**

blind[1] aveugle (*a. fig.* **to** à); **~ alley** impasse *f*; **~ flying** vol *m* sans visibilité; aveugler (**to** à).

blind[2] store *m*; jalousie *f*; persienne *f*.

blind|fold aveuglément; bander les yeux à; **~ness** cécité *f*; *fig*. aveuglement *m*.

blink clignoter; cligner des yeux; *fig*. fermer les yeux à.

bliss félicité *f*; béatitude *f*; **~ful** bienheureux.

blister ampoule *f*; cloque *f*; vésicatoire *m*.

blizzard ['blizəd] tempête *f* de neige.

bloat [bləut] gonfler; **~er** hareng *m* saur.

block bloc *m*; bille *f*; pâté *m* (de maisons); bloquer, obstruer; **~head** imbécile *m*.

blood [blʌd] sang *m*; race *f*; **~-poisoning** empoisonnement *m* du sang; **~-pressure** tension *f* artérielle; **~shed** éffusion *f* de sang; **~shot**

injecté de sang; **~-vessel** vaisseau *m* sanguin; **~y** sanglant; *fam.* sacré.
bloom fleur *f*; épanouissement *m*; fleurir.
blot tache *f*; *encre*: pâté *m*; tacher; ternir; **~ out** effacer.
blouse [blauz] blouson *m*.
blow [bləu] coup *m*; **come to ~s** en venir aux mains; souffler; *fusible*: sauter; **~ in** arriver à l'improviste; **~ over** se calmer; **~ one's nose** se moucher; **~ up** (faire) sauter; éclater; **~out** crevaison *f*.
blown *p.p. de* **blow.**
blue [blu:] bleu; bleuir.
blueprint photocalque *m*; bleu *m*; *fig.* plan *m*; **in the ~ stage** à l'état de projet (*ou* d'ébauche).
blues *mus.* blues *m*; **have the ~** avoir le cafard; avoir le noir.
bluff bluff *m*; bluffer.
bluish bleuâtre.
blunder bévue *f*, maladresse *f*; faire une bévue *ou* gaffe.
blunt émoussé; brusque; émousser.
blur tache *f*; barbouiller; brouiller, rendre confus.
blurb annonce *f* sur le couvre-livre.
blurt [blə:t] **out** trahir par maladresse; laisser échapper.
blush rougeur *f*; rougir.
bluster vanterie *f*; fanfaronner; *vent*: souffler en rafales.
boar [bɔ:] sanglier *m*; verrat *m*.
board [bɔ:d] planche *f*; carton *m*; table *f*; pension *f*; commission *f*, conseil *m*; aller à bord de; **~ and lodging** pension *f* complète; **≗ of Trade** Ministère *m* du Commerce; **~er** pensionnaire *m*; **~ing-house** pension *f*; **~ing-school** internat *m*.
boast [bəust] vanterie *f*; se vanter (de); posséder.
boat [bəut] bateau *m*; **~ing** canotage *m*.
bob petite révérence *f*; s'agiter, sautiller; faire une petite révérence; **~bed hair** coiffure *f* à la Jeanne d'Arc.
bobbin bobine *f*.
bodice corsage *m*.
bodily corporel, physique.
body corps *m*; carrosserie *f*; **(dead) ~** cadavre *m*.
bog marécage *m*; **~ged down** embourbé; **~gy** marécageux.
boil [bɔil] ébullition *f*; furoncle *m*; (faire) bouillir; **~er** chaudière *f*.
boisterous ['bɔistərəs] bruyant; tumultueux; violent.
bold hardi, courageux; **~-ness** hardiesse *f*.
bolster traversin *m*; coussin *m*; **~ up** soutenir.
bolt carreau *m*; verrou *m*; verrouiller; décamper, filer; gober.
bomb [bɔm] bombe *f*; bombarder.
bond lien *m*; attache *f*; contrat *m*, engagement *m*; **in ~** entreposé.

bondage ['bɔndidʒ] esclavage *m.*

bone os *m*; *poisson:* arête *f.*

bonfire feu *m* de joie.

bonnet ['bɔnit] béret *m*; bonnet *m*; *Brit. auto* capot *m.*

bonus ['bəunəs] prime *f*; boni *m*; gratification *f.*

bony osseux; plein d'os *ou* d'arêtes.

book livre *m*; cahier *m*; prendre son billet; réserver, retenir, louer; **~binder** relieur *m*; **~case** bibliothèque *f*; **~ing** réservation *f*; **~ing-office** guichet *m*; **~-keeper** comptable *m*; **~-mark** signet *m*; **~seller** libraire *m*; **~shelf** rayon *m*; **~shop, ~store** librairie *f.*

boom *com.* hausse *f* rapide; vogue *f*; être en hausse; tonner.

boon faveur *f*; bienfait *m.*

boost faire de la réclame pour; **~ business** augmenter les affaires.

boot botte *f*; chaussure *f*; *Brit. auto* coffre *m* (à bagages); **~s** garcon *m* d'étage.

booty butin *m.*

border ['bɔ:də] bord *m*; marge *f*; frontière *f*; border; encadrer; **~ on** confiner à.

bore[1] *prét. de* **bear**[2].

bore[2] creuser; percer; *fig.* ennuyer, raser; ennui *m*; raseur *m*; **~r** perceur *m.*

boring ennuyeux, rasant.

born né; **be ~** naître; **I was ~ on ...** je suis né le ...

borne *p.p. de* **bear**[2].

borough ['bʌrə] bourg *m*; commune *f.*

borrow ['bɔrəu] emprunter (**from** à).

bosom ['buzəm] sein *m.*

boss patron *m*, chef *m.*

botan|ical botanique; **~ical garden** jardin *m* botanique; **~y** botanique *f.*

botch rafistoler; bousiller.

both [bəuθ] tous les deux; **~ of them** tous les deux; **~ ... and** et ... et.

bother ['bɔðə] ennui *m*; tracas *m*; tracasser; (s') inquiéter; **~ to** se donner *ou* prendre la peine de.

bottle bouteille *f*; **~d** en bouteilles; **~-opener** ouvre-bouteille *m.*

bottom bas *m*; fond *m*; *chaise*: siège *m*; derrière *m*; **at the ~ of** au fond de; **at ~** dans le fond; **~less** sans fond; *fig.* insondable.

bough [bau] branche *f*; rameau *m.*

bought *prét. et p.p. de* **buy.**

bounce (re)bond *m*; (faire) (re)bondir

bound[1] *prét. et p.p. de* **bind.**

bound[2] obligé; **be ~ to do** être obligé de faire, devoir faire; **~ for** en route pour; *v.* borner, limiter; bondir, sauter; **~ary** limite *f*; **~less** sans bornes; **~s** *pl. fig.* limite *f.*

bounty générosité *f*; gratification *f*; prime *f.*

bouquet [bu'kei] bouquet *m* (*a. du vin*).
bow[1] [bau] salut *m*; s'incliner (**to** devant; *a. fig.*).
bow[2] [bəu] arc *m*; **~ tie** nœud *m* papillon.
bowels *pl.* entrailles *f/pl.*
bowl [bəul] bol *m*, coupe *f*; *pipe*: fourneau *m*; rouler; **~er** (chapeau *m*) melon *m*.
box boîte *f*; coffret *m*; malle *f*; caisse *f*; *thé.* loge *f*; **~ on the ear** gifle *f*; *v.* faire de la boxe; **~ s.o.'s ears** gifler q.; **~er** boxeur *m*; **~ing** boxe *f*; **~ number** case *f* postale; **~ office** caisse *f*, guichet *m*.
boy garçon *m*; **~hood** enfance *f*, jeunesse *f*.
bra soutien(-gorge) *m*.
brace fortifier; (*a.* **~up**) ravigoter.
braces *pl.* bretelles *f/pl.*
bracelet ['breislit] bracelet *m*.
bracket console *f*; crochet *m*; parenthèse *f*.
brag vanterie *f*; se vanter (**of** de); **~gart** vantard *m*.
braid [breid] tresse *f*; galon *m*; tresser; galonner.
brain [brein] cerveau *m*; intelligence *f*; **~less** stupide; *fig.* irréfléchi; **~ wave** idée *f* lumineuse; **~-worker** intellectuel *m*.
brake frein *m*; freiner; **~lights** *pl.* stops *m/pl.*
bran son *m*.
branch [brɑ:ntʃ] branche *f*, rameau *m*; succursale *f*, filiale *f*; **~ off** bifurquer; **~ (out)** se ramifier; **~-line** embranchement *m*; **~-office** agence *f*.
brand brandon *m*; marque *f*; stigmate *m*; marquer.
brand-new flambant neuf.
brandy cognac *m*.
brass cuivre *m* jaune; laiton *m*; **~ band** fanfare *f*.
brassiere ['bræsiə] soutien (-gorge) *m*.
brave [breiv] courageux, brave; braver, affronter.
bravo bravo *m*.
brawl [brɔ:l] bagarre *f*; querelle *f*; se bagarrer.
brazen d'airain; *fig.* effronté; **~ness** effronterie *f*.
Brazil [brə'zil] le Brésil; **~ian** Brésilien *m*; brésilien.
breach [bri:tʃ] rupture *f*.
bread [bred] pain *m*; *fam.* fric *m*; **~ and butter** tartine *f*.
breadth [bredθ] largeur *f*; ampleur *f*.
break rupture *f*; fracture *f*; interruption *f*; (se) briser, (se) casser; **~ down** tomber en panne; démolir; **~ in** *auto* roder; **~ into** cambrioler; **~ out** éclater, se déclarer; **~ up** mettre en morceaux; (se) briser; démolir; **~able** fragile; **~-down** débâcle *f* de la santé; *auto.* panne *f*; **~fast** ['brekfəst] petit déjeuner *m*; prendre son petit déjeuner; **~neck** à se casser le cou.
breast [brest] poitrine *f*; sein *m*; **~-pin** épingle *f* de cravate; **~-stroke** brasse *f*.
breath [breθ] haleine *f*, respi-

ration *f*; **below one's ~** à mi-voix; **out of ~** à bout de souffle; **~e** [bri:ð] respirer; **~ing** respiration *f*; souffle *m*; **~less** essoufflé; **~-taking** ahurissant.

bred *prét. et p.p. de* **breed.**

breeches *pl.* culotte *f*.

breed race *f*; espèce *f*; produire; élever (*bétail*).

breez|e [bri:z] brise *f*.

brew [bru:] brasser; *fig.* (se) tramer; breuvage *m*; **~er** brasseur *m*; **~ery** brasserie *f*.

bribe pot *m* de vin; corrompre, acheter, soudoyer; **~ry** corruption *f*.

brick brique *f*; **~layer** maçon *m*.

bridal nuptial, de noces.

bride [braid] (nouvelle) mariée *f*; **~groom** (nouveau) marié *m*.

bridge [bridʒ] pont *m*; enjamber (*rivière*).

bridle ['braidl] bride *f*; *fig.* frein *m*; brider; **~-path** piste *f* cavalière.

brief bref; court; donner des instructions à; **~ness** brièveté *f*.

brigand brigand *m*, bandit *m*.

bright [brait] brillant; vif; clair; intelligent; **~en** (s') éclaircir; **~ness** clarté *f*; intelligence *f*.

brilliant ['briljənt] brillant; éclatant.

brim bord *m*.

bring amener; apporter; **~ about** amener, occasionner; provoquer; **~ along** amener; apporter; **~ out** publier; lancer (*actrice etc.*); **~ up** (faire) monter; élever (*enfant*); avancer (*question*); **~er** porteur *m*.

brink bord *m*.

brisk vif, alerte, animé.

bristle ['brisl] *cochon*: soie *f*; poil *m*; (se) hérisser.

British britannique.

brittle fragile, cassant.

broach [brəutʃ] broche *f*; percer, entamer (*fût*); aborder (*sujet*).

broad [brɔ:d] large, grand; *jour*: plein; **~cast** émission *f*; radiodiffuser; **~casting station** station *f* de radiodiffusion; **~-minded** tolérant; à l'esprit large.

broke[1] *prét. de* **break.**

broke[2] fauché, à sec.

broken *p.p. de* **break.**

broker courtier *m*; agent *m* de change.

bronchitis [brɔŋ'kaitis] bronchite *f*.

bronze bronze *m*; de bronze.

brooch [brəutʃ] broche *f*, épingle *f*.

brood couvée *f*; volée *f*; (ac)couver; *fig.* méditer.

brook ruisseau *m*; **~let** ruisselet *m*.

broom balai *m*.

Bros. = **brothers.**

broth bouillon *m*.

brother frère *m*; **~(s) and sister(s)** frère(s) et sœur(s); **~hood** fraternité *f*; **~-in-**

law beau-frère *m*.
brought *prét. et p.p. de* **bring**.
brow [brau] sourcil *m*; front *m*.
brown brun; ~ **bread** pain *m* bis; ~ **paper** papier *m* d'emballage.
bruise [bru:z] contusion *f*; (se) meurtrir.
brush brosse *f*; pinceau *m*; brosser; ~ **up (on)** *fig.* dérouiller, rafraîchir.
Brussels Bruxelles; ~ **sprouts** *pl.* choux *m/pl.* de Bruxelles.
brut|al ['bru:tl] brutal; féroce; ~**ality** brutalité *f*; ~**e** brut; brutal; bête *f* brute.
bubble bulle *f*; bouillonner.
buck chevreuil *m*; mâle *m*.
bucket seau *m*.
buckle boucle *f*, agrafe *f*; boucler; serrer.
bud bourgeon *m*; bouton *m*; bourgeonner, boutonner.
buddy copain *m*.
budge [bʌdʒ] bouger.
budget ['bʌdʒit] budget *m*.
buffer tampon *m*.
buffet ['bʌfit] buffet *m*.
buffoon bouffon *m*.
bug punaise *f*; *Am.* insecte *m*; ~**bear** objet *m* d'épouvante; cauchemar *m*.
bugger *fam.* type *m*, bougre *m*.
build [bild] bâtir; construire; *fig.* fonder (**on** sur); ~ **in** murer; ~ **up** édifier; (se) créer; ~**er** constructeur *m*; ~**ing** édifice *m*; maison *f*; ~**ing trade** (industrie *f* de) bâtiment *m*.
built *prét. et p.p. de* **build.**
bulb bulbe *m*; *élec.* ampoule *f*.
Bulgaria Bulgarie *f*.
bulge [bʌldʒ] bombement *m*; saillie *f*; bomber; faire saillie.
bulk masse *f*, grosseur *f*, volume *m*; ~**y** gros, volumineux.
bull [bul] taureau *m*; haussier *m*; ~**dog** bouledogue *m*; ~**fight** corrida *f*.
bullet ['bulit] balle *f*.
bulletin bulletin *m*, communiqué *m*.
bull's-eye (verre *m* de) hublot *m*; *cible*: blanc *m*.
bumble-bee bourdon *m*.
bump coup *m*, cahot *m*, heurt *m*; (se) cogner, (se) heurter (**against, on** contre); ~ **into** heurter, accrocher; tomber sur (*q.*).
bumper rasade *f*; *auto* pare-chocs *m*.
bumpy cahoteux.
bun petit pain *m* au lait; brioche *f*; chignon *m*.
bunch botte *f*; *fleurs:* bouquet *m*; *gens*: bande *f*; ~ **of keys** trousseau *m* de clefs.
bundle paquet *m*; fagot *m*; botte *f*; (*a.* ~ **up**) empaqueter; mettre en paquet.
bung bondon *m*.
bungalow ['bʌŋgələu] bungalow *m*.
bung-hole bonde *f*.
bungle ['bʌŋgl] gâchis *m*; gâcher, rater, bousiller.

bunk couchette *f.*
bunk(um) blague *f,* bêtises *f/pl.*
buoy [bɔi] bouée *f;* **~ancy** flottabilité *f; fig.* entrain *m;* **~ant** flottable; *fig.* optimiste, plein d'entrain.
burden ['bə:dn] fardeau *m;* charge *f;* charger, accabler (**with** de); **~some** onéreux.
bureau ['bjuərəu] bureau *m; meuble:* secrétaire *m; Am. a.* commode *f.*
burglar cambrioleur *m;* **~y** cambriolage *m.*
Burgundy bourgogne *m,* vin *m* de Bourgogne.
burial ['beriəl] enterrement *m;* **~-ground** cimetière *m.*
burlesque [bə:'lesk] burlesque; burlesque *m;* parodie *f.*
burn [bə:n] brûlure *f;* brûler; cuire; **~er** brûleur *m;* bec *m* de gaz; **~ing** brûlant, ardent.
burnish brunir, polir.
burnt *prét. et p.p. de* **burn.**
burst [bə:st] éclat *m;* explosion *f; v.* (*a. prét. et p.p.*) éclater, crever, exploser; **~ into tears** fondre en larmes; **~ out laughing** éclater de rire.
bury ['beri] ensevelir, enterrer.
bus [bʌs] autobus *m;* **miss the ~** laisser échapper l'occasion.
bush [buʃ] buisson *m.*
bushel ['buʃl] boisseau *m.*
bushy touffu; broussailleux.
business ['biznis] affaire *f;* occupation *f;* **on ~** pour affaires; **~ hours** *pl.* heures *f/pl.* d'ouverture; **~-like** pratique; **~man** homme *m* d'affaires; **~ trip** voyage *m* d'affaires.
bust[1] buste *m,* poitrine *f.*
bust[2] (*a.* **~ up**) ruiner, bousiller; **go ~** craquer, rater.
bustle ['bʌsl] mouvement *m;* remue-ménage *m;* **~ about** s'affairer; faire l'empressé.
busy ['bizi] actif, affairé; occupé; **~ o.s. with** s'occuper à.
but [bʌt] mais; excepté.
butcher ['butʃə] boucher *m;* **~'s** (**shop**) boucherie *f.*
butler *maison privée:* maître *m* d'hôtel.
butt [bʌt] crosse *f* (du fusil); (gros) bout *m; cigarette:* mégot *m;* **~ in** interrompre; **~ in on** se mêler de.
butter beurre *m;* beurrer; **~fly** papillon *m;* **~-milk** petit-lait *m,* babeurre *m.*
button bouton *m;* **~ up** boutonner; **~hole** boutonnière *f;* accrocher (*q.*).
buy [bai] acheter; prendre (*billet*); **~er** acheteur *m;* acquéreur *m.*
buzz [bʌz] bourdonnement; bourdonner; **~er** *télé.* sonnerie *f.*
by [bai] près de; à côté de; *passif:* par; *temps, heure:* avant, pour (*huit heures etc.*); **~ tomorrow** d'ici demain; **~ day** de jour, le jour; **~ far** de beaucoup; **~ o.s.** tout seul; à l'écart; **~ air** en avion; **~ car** en auto; **~ sea** en

bateau; **day ~ day** de jour en jour; **~ the ~** à propos; **go ~** passer; **~gone** passé; d'autrefois; **~-pass** (voie *f* de) contournement *m*; contourner; **~-product** sous-produit *m*; **~-stander** spectateur *m*; **~-street** rue *f* écartée.
bye-bye au revoir.

C

cab taxi *m*; **~ driver** chauffeur *m* de taxi.
cabbage ['kæbidʒ] choux *m*/*pl*.
cabin cabane *f*; cabine *f*; **~-boy** mousse *m*.
cabinet ['kæbinit] meuble *m* à tiroirs; *pol.* cabinet *m*; **~-maker** ébéniste *m*.
cable câble *m*; câbler; **~gram** câblogramme *m*.
cab|rank, ~stand station *f* de taxis.
cackle caquet *m*; caqueter.
caddie *golf:* cadet *m*.
café ['kæfei] café *m*.
cafeteria [kæfi'tiəriə] (restaurant *m*) self-service *m*.
cage [keidʒ] cage *f*; volière *f*; mettre en cage.
cajole [kə'dʒəul] **into doing s.th.** amener à faire qc.
cake gâteau *m*; pâtisserie *f*; **~ of soap** pain *m* de savon; *v.* faire croûte.
calamit|ous calamiteux, désastreux; **~y** calamité *f*; désastre *m*.
calcify ['kælsifai] (se) calcifier.
calcula|ble calculable; **~te** calculer; estimer; **~ting machine** machine *f* à calculer; **~tion** calcul *m*.
calendar calendrier *m*;
calf [kɑ:f] (*pl.* **calves**) veau *m*; mollet *m*; **~skin** veau *m*.
calibre ['kælibə] calibre *m*.
call appel *m*; visite *f*; coup *m* de téléphone; appeler, rendre visite; **~ for** faire venir; aller chercher; **~ on** aller voir; **~ up** donner un coup de téléphone (à); **~-box** cabine *f* téléphonique.
callo|sity callosité *f*; **~us** calleux; *fig.* insensible, dur.
calm [kɑ:m] calme (*m*), tranquille; **~ down** (se) calmer, (s')apaiser.
calorie ['kæləri] calorie *f*.
calumn|iate calomnier; diffamer; **~y** calomnie *f*.
came *prét. de* **come.**
camel chameau *m*.
camera appareil *m* (photographique); **~ store** magasin *m* de photographe.
camomile ['kæməumail] (**tea** infusion *f* de) camomille *f*.
camp camp *m*; camper; **~-stool** chaise *f* pliante.
campaign [kæm'pein] campagne *f*; **electoral ~** campagne *f* électorale.
camping camping *m*; **~ site** terrain *m* de camping.

can[1] pouvoir; être capable de.
can[2] boîte *f* (de conserves); ~ **opener** ouvre-boîtes *m*.
Canad|a Canada *m*; **~ian** Canadien *m*; canadien.
canal canal *m*.
canary(-bird) [kə'nɛəri] serin *m*.
cancel biffer; annuler; **~lation** annulation *f*.
cancer ['kænsə] *méd.* cancer *m*; **~ous** *méd.* cancéreux.
candid franc; sincère.
candidate candidat *m*.
candied candi; confit.
candle bougie *f*; cierge *m*.
cando(u)r franchise *f*; sincérité *f*.
candy sucre *m* candi; *Am.* bonbons *m/pl*.
cane canne *f*; jonc *m*.
canister boîte *f* métallique.
canned en boîte(s).
cannery *Am.* conserverie *f*.
cannon ['kænən] canon *m*.
cannot: I ~ je ne peux pas.
canoe [kə'nu:] canoë *m*.
canopy dais *m*; baldaquin *m*; auvent *m*; marquise *f*.
cant jargon *m*, argot *m*; hypocrisie *f*, tartuferie *f*.
canteen [kæn'ti:n] cantine *f*.
canter petit galop *m*.
canvas toile *f*; tableau *m*.
canvass faire une tournée électorale (dans *une région*); *com.* faire la place; faire (*une place*).
cap bonnet *m*, casquette *f*.
capab|ility [keipə'biliti] capacité *f*; faculté *f*; **~le** ['keipəbl] capable (**of** de).
capacity capacité *f*.
cape [keip] cap *m*, promontoire *m*; pèlerine *f*.
caper câpre *f*; cabriole *f*; gambader.
capital ['kæpitl] capital; excellent; capitale *f*; capital *m*; **~ism** capitalisme *m*; **~ist** capitaliste *m*; **~istic** capitaliste; **~ize** capitaliser.
capitulat|e capituler; **~ion** capitulation *f*.
capric|e [kə'pri:s] caprice *m*, lubie *f*; **~ious** capricieux.
capsize [kæp'saiz] (faire) chavirer.
capsule ['kæpsju:l] capsule *f*.
captain ['kæptin] capitaine *m*; chef *m*.
caption en-tête *m*; *cin.* soustitre *m*.
captivate *fig.* captiver, fasciner.
captiv|e captif *m*; **~ity** captivité *f*.
capture ['kæptʃə] capture *f*; prise *f*; capturer, prendre (*ville*).
car [kɑ:] automobile *f*, voiture *f*; ~ **crash** accident *m* de voiture; ~ **ferry** bac *m* à voitures, car-ferry *m*; ~ **hire** location *f* de voitures; ~ **park** parc *m* à voitures, parking *m*; ~ **train** train *m* à voitures.
caramel caramel *m*.
caravan caravane *f*; roulotte *f*.
caraway carvi *m*.

carbohydrate ['kɑ:bəu-'haidreit] hydrate *m* de carbone.
carbon carbone *m*; **~-paper** papier *m* carbone.
carbuncle escarboucle *f*; *méd.* anthrax *m*.
carburet(t)or carburateur *m*.
card carte *f*; **~board** carton *m*.
cardigan cardigan *m*.
cardinal ['kɑ:dinl] cardinal *m*; **~ number** nombre *m* cardinal.
card|index fichier *m*, classeur *m*; **~-sharper** tricheur *m*.
care [kɛə] souci *m*; soin *m*; attention *f*; **~ of (c/o)** ... chez ...; **take ~** faire attention (**of** à; **that** que); **~ for** soigner; aimer, tenir à; se soucier de; **I don't ~ about it** ça m'est égal.
career [kə'riə] carrière *f*.
care|ful soigneux (**of** de); attentif (**of** à); prudent; soigné; **~less** insouciant.
caress [kə'res] caresse *f*; caresser.
care|-taker concierge *m*, *f*; gardien *m*; **~-worn** usé par le chagrin.
carfare ['kɑ:fɛə] tarif *m*, prix *m* du trajet.
cargo cargaison *f*.
caricature [kærikə'tjuə] caricature *f*.
caries ['kɛərii:z] *méd.* carie *f*.
carnation [kɑ:'neiʃən] œillet *m*.
carnival carnaval *m*.
carol chant *m*, chanson *f*.
carp carpe *f*; **~ at** critiquer.
carpenter charpentier *m*.
carpet tapis *m*; **~-sweeper** balai *m* mécanique.
carriage ['kæridʒ] transport *m*; voiture *f*; frais *m/pl.* de transport; attitude *f*; **baby ~** voiture *f* d'enfant; **~-free, ~-paid** franc de port.
carrier ['kæriə] porteur *m*, voiturier *m*.
carrot ['kærət] carotte *f*.
carry porter; mener; conduire; **~ away** emporter, emmener; **~ on** continuer; **~ out** exécuter, réaliser.
cart charrette *f*; charrier; **~age** (prix *m* du) charriage *m*.
carton ['kɑ:tən] carton *m*.
cartoon [kɑ:'tu:n] caricature *f*; dessin *m* animé.
cartridge ['kɑ:tridʒ] cartouche *f*.
carve découper (*viande*); sculpter; ciseler.
carving sculpture *f*; **~-knife** couteau *m* à découper.
cascade [kæs'keid] chute *f* d'eau; cascade *f*; cascader.
case[1] caisse *f*; valise *f*; étui *m*; *outils:* trousse *f*.
case[2] cas *m*; **in ~** en cas que, au cas où; **in any ~** en tout cas; de toute façon.
casement battant *m* de fenêtre.
cash argent *m* comptant; toucher (*chèque*); encaisser; **~ down** argent *m* comptant;

~ **on delivery** contre remboursement; ~ **payment** payement *m* (au) comptant; ~ **register** caisse *f* enregistreuse.
cashier [kə'ʃiə] caissier *m*; casser.
casing enveloppe *f*; étui *m*.
casino casino *m*.
cask fût *m*, tonneau *m*.
casket cassette *f*, coffret *m*; *Am*. cercueil *m*.
cast [kɑ:st] jet *m*; coup *m*; moulage *m*; *thé*. distribution *f* des rôles; *v*. (*a. prét. et p.p*) jeter; lancer; couler; ~ **iron** fonte *f*; ~ **steel** acier *m* fondu.
castaway naufragé *m*.
caste [kɑ:st] caste *f*; classe *f*; ~ **feeling** esprit *m* de caste.
castigate châtier; critiquer sévèrement.
castle ['kɑ:sl] château *m*.
castor oil huile *f* du ricin.
casual ['kæʒjuəl] fortuit, accidentel; ~ **wear** vêtements *m/pl*. de loisir; ~**ty** accident *m*; ~**ties** *pl*. victimes *f/pl*., pertes *f/pl*.
cat chat *m*.
catalog(ue) ['kætəlɔg] catalogue *m*, répertoire *m*.
cataract cataracte *f*.
catarrh catarrhe *m*.
catastroph|e [kə'tæstrəfi] catastrophe *f*, désastre *m*; ~**ic** désastreux.
catch prise *f*; attraper, prendre, saisir; ~ **on** réussir, prendre; ~ **up with** rattraper; ~**ing** contagieux; infectieux; ~**penny** camelote *f*; ~**y** entraînant; accrochant.
cater: ~ **for** (*ou* **to**) fournir des repas à; ~ **to** *fig*. alimenter, servir, être favorable à.
caterpillar chenille *f*.
cathedral [kə'θi:drəl] cathédrale *f*.
Catholic ['kæθəlik] catholique (*m*, *f*).
cattle bétail *m*.
caught *prét. et p. p. de* **catch.**
cauliflower chou-fleur *m*.
cause [kɔ:z] cause *f*; raison *f*; occasionner, causer.
causeway chaussée *f*.
caustic caustique; *fig*. mordant.
cauterize ['kɔ:təraiz] cautériser.
cauti|on prudence *f*; avertissement *m*; avertir; ~**ous** prudent, circonspect.
cave caverne *f*; grotte *f*.
cavil at trouver à redire à.
cavity cavité *f*; trou *m*.
cease [si:s] cesser (de); ~**less** sans cesse.
cede [si:d] céder.
ceiling ['si:liŋ] plafond *m* (*a. fig*.); ~ **price** prix *m* maximum.
celebrat|e ['selibreit] célébrer; glorifier; ~**ed** célèbre; renommé; ~**ion** célébration *f*.
celerity [si'leriti] célérité *f*.
celery céleri *m*.
celestial céleste.

celibacy ['selibəsi] célibat *m*.
cell [sel] cellule *f*; cachot *m*.
cellar cave *f*.
cellul|oid celluloïd *m*; **~ose** cellulose *f*.
cement ciment *m*; cément *m*; cimenter.
cemetery ['semitri] cimetière *m*.
censor censeur *m*; interdire; expurger; **~ship** censure *f*.
censure ['senʃə] blâme *m*; réprimande *f*; blâmer, critiquer.
census recensement *m*.
cent [sent]: **per ~** pour cent.
centennial (anniversaire *m*) centenaire *m*.
center *Am*. = **centre.**
centigrade ['sentigreid] centigrade.
central central; **~ heating** chauffage *m* central; **~ office** centrale *f*; **~ station** gare *f* centrale; **~ization** centralisation *f*; **~ize** centraliser.
centre centre *m*; **~ forward** *sport* avant centre *m*; **~ half** demi centre *m*; *v*. (se) concentrer (**on** sur).
century ['sentʃuri] siècle *m*.
ceramics *pl*. céramique *f*.
cereals *pl*. ['siəriəlz] céréales *f/pl*.
cerebral cérébral.
ceremon|ial cérémonieux; **~y** ['seriməni] cérémonie *f*.
certain ['sə:tn] certain, sûr (**of** de); **~ty** certitude *f*; chose *f* certaine.
certificat|e [sə'tifikit] certificat *m*, attestation *f*; **~ion** certification *f*.
certi|fy certifier, attester; **~tude** certitude *f*.
cession ['seʃən] cession *f*; abandon *m*.
cesspool fosse *f* d'aisance; *fig*. *a*. cloaque *m*.
chafe frictionner; irriter; s'écorcher.
chaff balle *f*; paille *f* hachée; taquinerie *f*; taquiner.
chain [tʃein] chaîne *f*; enchaîner; **~ store** succursale *f*.
chair [tʃɛə] chaise *f*; siège *m*; **~man** président *m*.
chalet ['ʃælei] chalet *m*.
chalk [tʃɔ:k] craie *f*.
challenge ['tʃælindʒ] défi *m*, provocation *f*; tâche *f*; défier, provoquer; mettre en doute; faire appel à (*attention etc*.).
chamber ['tʃeimbə] chambre *f*; salle *f*; **≗ of Commerce** chambre *f* de commerce; **~maid** femme *f* de chambre.
champagne [ʃæm'pein] champagne *m*.
champion ['tʃæmpjən] champion *m*; **~ship** championnat *m*.
chance [tʃɑ:ns] chance *f*, hasard *m*; occasion *f*; **by ~** par hasard.
chancellor ['tʃɑ:nsələ] chancelier *m*; **≗ of the Exchequer** ministre *m* des Finances.
chandelier [ʃændi'liə] lustre *m*.
change [tʃeindʒ] changement *m*; monnaie *f*; changer; trans-

former; changer de train; **~able** changeant; variable.
channel ['tʃænl] canal *m*; rigole *f*; **the (English) ~** la Manche; **through official ~s** par la voie hiérarchique.
chap crevasse *f*; *fam.* type *m*, gars *m*, bonhomme *m*.
chapel ['tʃæpəl] chapelle *f*; oratoire *m*.
chaplain chapelain *m*.
chapter chapitre *m*.
character ['kæriktə] caractère *m*; personnalité *f*; réputation *f*; *thé.* rôle *m*; **~istic** caractéristique; **~ize** caractériser.
charcoal charbon *m* (de bois).
charge [tʃɑ:dʒ] charge *f*; soin *m*, garde *f*; accusation *f*; **~s** *pl.* frais *m/pl.*; **~ account** compte *m* de crédit; **free of ~** exempt de frais; gratuit; **in ~ (of)** responsable (de), préposé (à); *v.* charger; accuser (**of** de); demander (*un prix à q.*).
charit|able charitable; indulgent; **~y** charité *f*; bienfaisance *f*.
charm [tʃɑ:m] charme *m*; attrait *m*; porte-bonheur *m*; charmer.
chart diagramme *m*, graphique *m*; carte *f* marine.
charter (af)fréter; **~ flight** vol *m* charter; **~-party** charte-partie *f*.
charwoman femme *f* de ménage.
chase [tʃeis] chasse *f*; poursuite *f*; chasser; donner la chasse à.
chasm ['kæzəm] gouffre *m*; abîme *m*.
chassis ['ʃæsi] châssis *m*.
chaste chaste, pudique; pur.
chasti|se châtier; corriger; **~ty** chasteté *f*; *fig.* pureté *f*.
chat causerie *f*; causer; **~ter** bavarder; **~terbox** bavard *m*.
cheap [tʃi:p] (à) bon marché; *fig.* vulgaire; **~en** baisser le prix *ou* la valeur de, déprécier; **~ness** bon marché *m*.
cheat [tʃi:t] tromperie *f*; tricherie *f*; tricheur *m*; tromper; tricher.
check[1] *Am.* = **cheque**.
check[2] frein *m*; contrôle *m*; billet *m*; arrêter; retenir; vérifier; déposer (*bagages etc.*); **~ in** *hotel:* s'inscrire; arriver; **~ out** partir; **~-book** carnet *m* de chèques; **~-room** vestiaire *m*; *Am.* consigne *f*; **~-up** examen *m* (général).
cheek joue *f*; *fam.* toupet *m*; **~y** insolent, effronté.
cheer humeur *f*; gaieté *f*; **~s** *pl.* applaudissements *m/pl.*; **~s!** à la vôtre!; **three ~s for ...!** vive ...!; *v.* applaudir; **~ up** prendre courage; égayer; **~ful** gai; **~less** triste, sombre.
cheese [tʃi:z] fromage *m*; **~-monger** marchand *m* de fromage.

chemical ['kemikl] chimique; **~s** *pl.* produits *m/pl.* chimiques.
chemist ['kemist] chimiste *m*; pharmacien *m*; **~ry** chimie *f.*
cheque [tʃek] chèque *m*; **~-book** carnet *m* de chèques.
chequered ['tʃekəd] à carreaux.
cherish chérir; nourrir, entretenir (*espoir etc.*).
cherry cerise *f.*
chess échecs *m/pl.*; **~-board** échiquier *m.*
chest caisse *f*; coffre *m*; poitrine *f*; **~ of drawers** commode *f.*
chestnut ['tʃesnʌt] châtain; châtaigne *f*; marron *m.*
chew [tʃu:] mâcher; **~ing-gum** gomme *f* á mâcher, chewing-gum *m.*
chicken poulet *m*; poussin *m*; **~-pox** varicelle *f.*
chief principal; chef *m*; *fam.* patron *m*; **~tain** chef *m* de clan.
chilblain engelure *f.*
child [tʃaild] (*pl.* **~ren** ['tʃildrən]) enfant *m*; **~hood** enfance *f*; **~ish** enfantin; puéril.
Chile Chili *m.*
chill froideur *f*; froid *m*; **take the ~ off** tiédir (*liquide*); **~ed meat** viande *f* frigorifiée; **~y** froid; frileux; **feel ~y** avoir froid.
chime [tʃaim] carillon *m.*
chimney cheminée *f*; **~-sweep(er)** ramoneur *m.*
chin menton *m.*
China ['tʃainə] Chine *f*; **ᴤ** porcelaine *f.*
Chinese [tʃai'ni:z] Chinois *m*; chinois.
chink fente *f*; lézarde *f*; crevasse *f.*
chip éclat *m*, copeau *m*; *jeu:* jeton *m*; **~s** *pl.* (pommes *f/pl.* de terre) frites *f/pl*; *v.* découper; (s')ébrécher.
chiropodist [ki'rɔpədist] pedicure *m, f.*
chirp pépier; grésiller.
chisel ciseau *m*; burin *m*; ciseler.
chivalr|ous ['ʃivəlrəs] chevaleresque; courtois; **~y** chevalerie *f*; courtoisie *f.*
chives [tʃaivz] ciboulette *f.*
chloroform chloroforme *m*; chloroformer.
chocolate ['tʃɔkəlit] chocolat *m.*
choice choix *m*; de choix, de première qualité.
choir ['kwaiə] chœur *m.*
choke étranglement *m*; étouffer; suffoquer; **~(r)** starter *m.*
cholera choléra *m.*
choleric colérique; irascible.
choose [tʃu:z] choisir.
chop coup *m* de hache; côtelette *f*; couper, hacher; **~per** couperet *m*; **~py** *mer:* agité.
chord [kɔ:d] corde *f.*
chorus ['kɔ:rəs] chœur *m.*
chose *prét. de* **choose.**
chosen *p.p. de* **choose.**
christen ['krisn] baptiser;

~ing baptême *m*.
Christian ['kristjən] chrétien; **~ name** prénom *m*; **~ity** christianisme *m*.
Christmas ['krisməs] Noël *m*; **~-box** cadeau *m* de Noël, étrennes *f/pl*.
chromium-plated chromé.
chronic chronique.
chronicle chronique *f*.
chuck: ~ out flanquer à la porte; **~ up** abandonner, planter là.
chuckle rire sous cape.
chum copain *m*.
church [tʃə:tʃ] église *f*; **~yard** cimetière *m*.
churn baratter; *fig*. agiter.
cider ['saidə] cidre *m*.
cigar cigare *m*; **~-case** étui *m* à cigares; **~-cutter** coupe-cigare *m*; **~-holder** fume-cigare *m*; **~-store** *Am*. bureau *m* de tabac.
cigarette [sigə'ret] cigarette *f*; **~-holder** fume-cigarette *m*.
cinder cendre *f*.
cinema cinéma *m*.
cipher ['saifə] zéro *m*; chiffre *m*; chiffrer.
circle ['sə:kl] cercle *m*; *thé*. galerie *f*; entourer; faire le tour de.
circuit ['sə:kit] circuit *m*; parcours *m*; **short ~** court-circuit *m*.
circular ['sə:kjulə] circulaire; **~ letter** (lettre *f*) circulaire *f*.
circula|te ['sə:kjuleit] circuler; **~tion** circulation *f*; *journal:* tirage *m*.
circum|ference circonférence *f*; périphérie *f*; **~scribe** circonscrire; *fig*. limiter; **~stance** circonstance *f*; **~stantial** circonstancié; détaillé.
circus ['sə:kəs] cirque *m*.
cite [sait] citer.
citizen ['sitizn] citoyen *m*; bourgeois *m*; **~ship** *Am*. nationalité *f*.
city grande ville *f*; cité *f*.
civil civil; poli, courtois; **~ servant** fonctionnaire *m*; **~ization** civilisation *f*; culture *f*; **~ize** ['sivilaiz] civiliser.
clad revêtu.
claim demande *f*; *dr*. réclamation *f*; droit *m*, titre *m*; réclamer, revendiquer; affirmer.
clam palourde *f*.
clamber grimper.
clammy moite; froid et humide.
clamo(u)r ['klæmə] clameur *f*; cris *m/pl*.; vociférer, crier.
clamp crampon *m*.
clandestine [klæn'destin] clandestin.
clang bruit *m* métallique; (faire) retentir; (faire) résonner.
clap applaudissements *m/pl*.; applaudir; battre des mains.
claret vin *m* de table rouge (du Bordelais).
clash choc *m*; fracas *m*; désaccord *m*; conflit *m*; faire résonner; s'entrechoquer; s'opposer; se heurter; *cou-*

leurs: détonner.
clasp agrafe *f*; fermoir *m*; agrafer; étreindre; **~-knife** couteau *m* pliant.
class classe *f*; sorte *f*; cours *m*; classer.
classic (auteur *m*) classique *m*; **~al** classique; **~s** *pl.* humanités *f/pl.*
classi|fication classification *f*; classement *m*; **~fy** classifier; classer.
classroom salle *f* de classe.
clause [klɔ:z] clause *f*, article *m*; proposition *f*.
claw [klɔ:] griffe *f*; serre *f*; *écrevisse:* pince *f*; griffer.
clay argile *f*; glaise *f*.
clean [kli:n] propre, net; nettoyer; **~ing** nettoyage *m*.
cleanliness ['klenlinis] propreté *f*; netteté *f*; **~ly** propre.
cleanse [klenz] nettoyer; purifier; démaquiller.
clear [kliə] clair; évident; *space:* libre; **~ up** (s')éclaircir; **~ of** débarrasser de; disculper de; **~ance** dégagement *m*; space *m* libre, jeu *m*; espace *m* libre; **~ance sale** soldes *m/pl.*
clearing clairière *f*; **≈ House** chambre *f* de compensation.
clearness clarté *f*.
cleft fente *f*, crevasse *f*.
clemency clémence *f*.
clench (se) serrer.
clergy ['klə:dʒi] clergé *m*; **~man** ecclésiastique *m*.
clerical clérical.
clerk [klɑ:k] employé *m*.
clever adroit, habile, débrouillard; **~ness** habileté *f*; dextérité *f*; intelligence *f*.
click cliquetis *m*; cliqueter.
client ['klaiənt] client *m*.
cliff falaise *f*, escarpement *m*, rocher *m*.
climate ['klaimit] climat *m*.
climb monter, grimper (à, sur); **~ down** descendre; **~ over** franchir; **~er** alpiniste *m*; plante *f* grimpante; **~ing-iron** crampon *m*.
clinch river; *com.* conclure (*affaire*).
cling to s'attacher à; s'accrocher à.
clinic clinique *f*; **~al thermometer** thermomètre *m* médical.
clink tintement *m*; *fam.* prison *f*, bloc *m*; (faire) tinter; **~ glasses** trinquer.
clip attache *f*, pince *f*; *Am a.* vitesse *f*, allure *f*; tondre; **~pings** *pl.* rognures *f/pl.*; *journal:* coupures *f/pl.*
cloak [kləuk] manteau *m*; **~-room** vestiaire *m*; *ch. d. f.* consigne *f*.
clock horloge *f*; pendule *f*; **~wise** dans le sens des aiguilles.
clog entrave *f*; sabot *m*; boucher, obstruer.
close [kləus] proche; serré; étroit; strict; fermé; *temps:* lourd; **~ by, ~ to** tout près de; [kləuz] fin *f*; (se) fermer; (se) terminer; **~d** fermé.
closet ['klɔzit] cabinet *m*;

armoire *f*.
close-up *cin.* gros plan *m*.
closing time heure *f* de fermeture.
cloth [klɔθ] drap *m*; toile *f*; nappe *f*; **lay the ~** mettre le couvert; **~e** [kləuð] (re)vêtir, habiller.
clothes [kləu(ð)z] *pl.* vêtements *m/pl.*; **~-brush** brosse *f* à habits; **~-peg, ~-pin** pince *f*.
clothier drapier *m*; marchand *m* de vêtements de confection.
cloud [klaud] nuage *m*; **~y** nuageux, assombri.
clove [kləuv] clou *m* de girofle.
clover ['kləuvə] trèfle *m*.
clown [klaun] clown *m*; rustre *m*; faire le pitre.
club massue *f*, assommoir *m*; cercle *m*, club *m*.
clue indication *f*; indice *m*; *fig. a.* piste *f*; clef *f*.
clums|iness gaucherie *f*; maladresse *f*; **~y** gauche, maladroit.
clung *prét. et p.p. de* **cling.**
cluster grappe *f*; *arbres:* groupe *m*; *fleurs*: bouquet *m*; (se) grouper.
clutch griffe *f*; serre *f*; *mot.* embrayage *m*; **put the ~ in (out)** embrayer (débrayer); **~ (at)** saisir; s'agripper à.
Co. = Company.
c/o = care of.
coach [kəutʃ] voiture *f*, diligence *f*; répétiteur *m*; *sport* entraîneur *m*; *sport* entraîner.
coagulate [kəu'ægjuleit] (se) cailler.
coal [kəul] charbon *m*; houille *f*; **~-pit** houillère *f*.
coarse [kɔ:s] gros, grossier, rude; **~ness** grossièreté *f*.
coast [kəust] côte *f*, rivage *m*, littoral *m*.
coat [kəut] veste *f*, veston *m*; manteau *m*; *peinture*: couche *f*; **~ with** enduire de; revêtir de; **~ of arms** armoiries *f/pl.*; **~-hanger** cintre *m*; **~ing** enduit *m*; couche *f*.
coax [kəuks]: **~ s.o. into doing s.th.** faire faire qc. à q.
cobble rafistoler; (*a.* **~-stone**) caillou *m*.
cobweb toile *f* d'araignée.
cock coq *m*; **~pit** poste *m* du pilote, cockpit *m*; **~roach** blatte *f*; **~-sure** *fam.* outrecuidant; **~tail** cocktail *m*.
cocoa ['kəukəu] cacao *m*.
coco-nut ['kəukənʌt] noix *f* de coco.
cod morue *f*; **dried ~** merluche *f*.
code code *m*; chiffre *m*; chiffrer.
cod-liver oil huile *f* de foie de morue.
coefficient [kəui'fiʃənt] coefficient *m*; facteur *m*.
coexist coexister; **~ence** coexistence *f*.
coffee ['kɔfi] café *m*; **~-bar** café *m*; **~-bean** grain *m* de café; **~-mill** moulin *m* à café; **~-pot** cafetière *f*.

coffin cercueil *m*.
cog *roue*: dent *f*.
cogitate réfléchir, méditer.
cognac ['kɔnjæk] cognac *m*.
cog-wheel roue *f* dentée.
cohere [kəu'hiə] tenir ensemble; *fig*. se tenir; **~nt** [kəu'hiərənt] cohérent.
coil rouleau *m*; bobine *f*; **~up** (s')enrouler.
coin pièce *f*; frapper (de la monnaie).
coincid|e [kəuin'said] coïncider; **~ence** [kəu'insidəns] coïncidence *f*; *fig*. accord *m*.
coiner faux monnayeur *m*.
coke coke *m*; cokéfier.
cold froid; froideur *f*; rhume *m*; **catch (a)** ~ attraper froid; ~ **cream** cold-cream *m*.
colic colique *f*.
collaborat|e [kə'læbəreit] collaborer; **~or** collaborateur *m*.
collapse effondrement *m*; s'effondrer; s'affaisser.
collar col *m*; collier *m*; saisir (au collet); **~-bone** clavicule *f*.
colleague ['kɔli:g] collègue *m*.
collect (se) rassembler; collectionner; percevoir (*impôts*); (aller) prendre *ou* chercher; **~ion** rassemblement *m*; collection *f*; **~or** collectionneur *m*; percepteur *m*.
college ['kɔlidʒ] collège *m*; institut *m* d'enseignement supérieur.
collide [kə'laid] entrer en collision; ~ **with** heurter.
collier houilleur *m*; **~y** houillère *f*.
collision [kə'liʒən] collision *f*; conflit *m*.
colloquial [kə'ləukwiəl] **language** langue *f* familière.
colonist colon *m*.
colon|ization colonisation *f*; **~ize** coloniser; former une colonie; **~y** colonie *f*.
colo(u)r ['kʌlə] couleur *f*; colorer; **~ed** de couleur; **~ed person** personne *f* de couleur; **~-film** film *m* en couleurs; **~less** sans couleur; pâle.
colt poulain *m*.
column ['kɔləm] colonne *f*.
comb [kəum] peigne *m*; *coq:* crête *f*; peigner.
combat ['kɔmbət] combat *m*; combattre.
combination combinaison *f*.
combine (se) réunir; (s')allier; *com*. cartel *m*.
combustible combustible; **~s** *pl*. matière *f* inflammable.
come [kʌm] (*a*. *p.p.*) venir, arriver; **to** ~ futur, à venir; ~ **across** rencontrer, tomber sur; ~ **along** arriver; ~ **back** revenir; ~ **for** venir chercher; ~ **in** entrer; *mode:* apparaître; ~ **off** se détacher; ~ **on!** allons!; ~ **up to** égaler; **~-back** retour *m* (en vogue).
comed|ian comédien *m*; **~y** comédie *f*.
comely ['kʌmli] avenant; gracieux.
comfort ['kʌmfət] aisance *f*,

confort *m*; consolation *f*; consoler; **~able** confortable; à son aise; **~er** cache-nez *m*.
comic comique; drôle; **~ strips** *pl.*, **~s** *pl.* bandes *f/pl.* dessinées.
comma virgule *f.*
command ordre *m*; commandement *m*; *langue:* maîtrise *f*; ordonner, commander; **at** (*ou* **by**) **~ of** d'après les ordres de; **~er** commandant *m*; **~ment** commandement *m*.
commemorat|e commémorer; célébrer le souvenir de; **~ion** commémoration *f*.
commence [kə'mens] commencer (**to** de, à); **~ment** commencement *m*.
commend recommander; confier; **~able** louable.
comment ['kɔment] commentaire *m*; observation *f* (**on** sur); **~ on** commenter; **~ary** commentaire *m*.
commerc|e ['kɔmə:s] commerce *m*; affaires *f/pl.*; **~ial** [kə'mə:ʃl] commercial; *télév.* publicité *f*; **~ialize** commercialiser.
commission commission *f*; ordre *m*; délégation *f*; commissionner; déléguer; **~er** commissaire *m*; délégué *m*.
commit [kə'mit] commettre (*crime*); confier (**to** à); **~ o.s.** s'engager; **~ment** engagement *m*, obligation *f*; **~tee** comité *m*, commission *f*.
commodity marchandises *f/pl.*
common commun; public; coutumier; ordinaire; terrain *m* communal; **≈ Council** conseil *m* municipal; **~ sense** bon sens *m*; **~er** bourgeois *m*; **~place** banal; banalité *f*.
Commons: House of ~ Chambre *f* des Communes.
commotion agitation *f*, tumulte *m*.
communal communal.
communicat|e communiquer; **~ion** communication *f*; **~ive** communicatif.
commun|ion rapport *m*; communion *f*; **~ism** communisme *m*; **~ist** communiste *m, f*; **~ity** communauté *f*.
compact [kəm'pækt] compact; serré; concis; ['kɔmpækt] poudrier *m*; (*a.* **~ car**) petite voiture *f*.
companion [kəm'pænjən] compagnon *m*; camarade *m*; **~ship** camaraderie *f*; compagnie *f*.
company ['kʌmpəni] compagnie *f*; société *f*.
compar|able comparable; **~ative** relatif; **~e** comparer; **~ison** comparaison *f*.
compartment compartiment *m*.
compass boussole *f*; limite *f*; **~es** *pl.* compas *m*.
compassion [kəm'pæʃən] compassion *f*, pitié *f*; **~ate** compatissant.
compatible [kəm'pætəbl]

compatible (**with** avec).
compatriot [kəm'pætriət] compatriote *m*.
compel contraindre, forcer.
compensat|e dédommager; compenser; **~ion** compensation *f*; dédommagement *m*.
compete [kəm'pi:t] concourir; rivaliser; **~nce** capacité *f*; compétence *f*; **~nt** capable; compétent.
competit|ion [kɔmpi'tiʃən] concurrence *f*; concours *m*; **~or** concurrent *m*; rival *m*.
complacent [kəm'pleisnt] content de soi.
complain se plaindre (**of** de); **~t** plainte *f*; grief *m*; *méd.* maladie *f*, mal *m*.
complaisant [kəm'pleizənt] complaisant, obligeant.
complet|e [kəm'pli:t] complet, entier; total; compléter; achever; **~ion** achèvement *m*; accomplissement *m*.
complex complexe (*m*); **~ion** teint *m*; **~ity** complexité *f*.
compliance [kəm'plaiəns] acquiescement *m*; **in ~ with** conformément à.
complicate compliquer.
compliment ['kɔmplimənt] compliment *m*, galanterie *f*; *v.* ['kɔmpliment] féliciter, complimenter.
comply [kəm'plai] **with** se conformer à; se soumettre à; satisfaire à.
component part partie *f* constituante.
compos|e composer; arranger; **~e o.s.** se calmer; **~er** compositeur *m*; **~ition** composition *f*; **~itor** compositeur *m*; **~ure** sang-froid *m*; calme *m*.
compound ['kɔmpaund] composé; **~ fracture** *méd.* fracture *f* compliquée; **~ interest** intérêts *m/pl.* composés.
comprehen|d comprendre; **~sible** compréhensible; **~sion** compréhension *f*; **~sive** étendu; d'ensemble.
compress comprimer; condenser; compresse *f*; **~or** compresseur *m*.
comprise [kɔm'praiz] contenir, comprendre.
compromise ['kɔmprəmaiz] compromis *m*; faire un compromis; exposer, compromettre.
compuls|ion contrainte *f*; **~ory** obligatoire.
computer ordinateur *m*.
comrade camarade *m*.
concave concave.
conceal [kən'si:l] cacher; voiler; (re)celer.
concede concéder; admettre.
conceit [kən'si:t] vanité *f*; suffisance *f*; **~ed** vaniteux; prétentieux; **~edness** vanité *f*; suffisance *f*.
conceive [kən'si:v] concevoir; imaginer.
concentr|ate (se) concentrer (**on** sur); **~ic** concentrique.
conception conception *f*.

concern rapport *m*; intérêt *m*; inquiétude *f*; entreprise *f*; concerner, intéresser; inquiéter; **~ed** affecté, inquiet; **~ing** quant à; au sujet de.
concert ['kɔnsət] concert *m*; **~ hall** salle *f* de concert.
concession concession *f*.
conciliat|e (ré)concilier; **~ory** [kən'siliətəri] conciliatoire.
concise [kən'sais] concis.
conclu|de terminer, achever; conclure; **~sion** conclusion *f*; fin *f*; **~sive** décisif; concluant.
concord concorde *f*.
concrete ['kɔnkri:t] concret; béton *m*.
concur coïncider; être d'accord; concourir.
concussion secousse *f*; **~ of the brain** commotion *f* cérébrale.
condemn [kən'dem] condamner; **~ation** condamnation *f*.
condense (se) condenser; **~d milk** lait *m* condensé.
condescend condescendre (**to** à); daigner; **~ing** condescendant (**to** envers).
condition condition *f*; état *m*; situation *f*; conditionner; **~al** conditionnel; **~al on** dépendant de.
condole [kən'dəul] **with** exprimer ses condoléances à; **~nce** condoléances *f/pl*.
conducive to favorable à.
conduct ['kɔndʌkt] conduite *f*; [kən'dʌkt] conduire; accompagner; **~ o.s.** se comporter; **~ed tour** excursion *f* accompagnée; **~or** conducteur *m*; *ch. d. f.* receveur *m*; *mus.* chef *m* d'orchestre.
cone cône *m*; pomme *f* de pin.
confection|er confiseur *m*; **~ery** confiserie *f*.
confedera|cy [kən'fedərəsi] confédération *f*; **~te** confédéré; **~tion** confédération *f*.
confer [kən'fə:] conférer; accorder (**on** à); entrer en consultation; **~ence** conférence *f*; consultation *f*.
confess (se) confesser; avouer; **~ion** confession *f*; aveu *m*; **~or** confesseur *m*.
confid|e [kən'faid]: **~ to** confier à; **~ in** avoir confiance en; **~ence** ['kɔnfidəns] confiance *f*; confidence *f*; **~ent** confiant; **~ential** confidentiel.
confine limiter; **~d** alité; **~ment** emprisonnement *m*; accouchement *m*.
confirm [kən'fə:m] confirmer, affirmer; **~ation** confirmation *f*; **~ed** invétéré.
confiscat|e confisquer; **~ion** confiscation *f*.
conflagration conflagration *f*; incendie *f*.
conflict conflit *m*, lutte *f*; être en désaccord; **~ with** se heurter à; **~ing** opposé.
conform (se) conformer; **~ity** conformité *f*; **in ~ity with** conformément à.

confound [kən'faund] confondre; déconcerter.
confront confronter; faire face à.
confus|e confondre; **~ion** confusion *f.*
confute réfuter.
congenial [kən'dʒi:njəl] convenable; de même nature.
congestion congestion *f.*
conglomerate congloméré; conglomérat *m*; (se) conglomérer.
congratulat|e féliciter (**on** de); **~ions** *pl.* félicitations *f/pl.*
congregat|e (se) rassembler; **~ion** assemblée *f*; *eccl.* fidèles *m/pl.*
congress réunion *f*; congrès *m*; **~man** *Am.* membre *m* du Congrès.
conic(al) conique.
conjecture [kən'dʒektʃə] conjecture *f*; conjecturer.
conjunctiv|a conjonctive *f*; **~itis** conjonctivite *f.*
conjur|ation conjuration *f*; **~e** ['kʌndʒə] conjurer; **~e up** évoquer.
connect (se) (re)lier, (se) joindre (**with** à); **~ing rod** bielle *f.*
connection rapport *m*; contact *m*; connection *f*; parent *m*; *ch.d.f.* correspondance *f*; **in this ~** à ce propos.
conquer ['kɔŋkə] conquérir; vaincre; **~or** conquérant *m*; vainqueur *m.*
conquest ['kɔŋkwest] conquête *f.*
conscien|ce ['kɔnʃəns] conscience *f*; **~tious** consciencieux.
conscious ['kɔnʃəs] conscient; **~ness** conscience *f*; **lose ~ness** perdre connaissance *f.*
consecrate consacrer (**to** à); sacrer; bénir.
consecutive consécutif; qui se suivent.
consent [kən'sent] consentement *m*; assentiment *m*; consentir (**to** à).
consequen|ce ['kɔnsikwəns] conséquence *f*; suites *f/pl.*; **it is of no ~ce** cela n'a pas d'importance; **in ~ce of** par suite de; **~tly** par conséquence; donc.
conserva|tion conservation *f*; **~tive** [kən'sə:vətiv] conservateur.
consider considérer; réfléchir; tenir compte de; tenir pour; **~able** considérable, important; **~ate** attentionné, plein d'égards; **~ation** considération *f*; égard *m*; **~ing** étant donné, vu.
consign consigner; livrer, expédier; **~ee** destinataire *m*; **~ment** expédition *f*, envoi *m*, livraison *f*; **~or** expéditeur *m.*
consist of consister de *ou* en; se composer de.
consisten|cy consistance *f*; logique *f*; **~t** logique; en accord.
consol|ation consolation *f*;

~e [kən'səul] consoler.
consolidat|e consolider; **~ion** consolidation *f.*
conspicuous [kən'spikjuəs] bien visible; frappant; **be ~ by one's absence** briller par son absence.
conspir|acy conspiration *f*; **~ator** conspirateur *m*; conjuré *m*; **~e** conspirer.
constable agent *m* (de police).
constan|cy constance *f*; fermeté *f*; **~t** constant; fidèle.
consternation [kɔnstə'neiʃən] consternation *f*; stupéfaction *f.*
constipat|ed constipé; **~ion** constipation *f.*
constituen|cy [kən'stitjuənsi] circonscription *f* électorale; **~t** élément *m* constituant.
constitut|e constituer; nommer; faire; **~ion** constitution *f* (*a. méd.*).
constrain contraindre; **~t** contrainte *f.*
construct construire; bâtir; **~ion** construction *f*; édifice *m*; **~or** constructeur *m.*
consul ['kɔnsəl] consul *m*; **~ General** consul *m* général; **~ate** consulat *m.*
consult consulter; **~ing hours** heures *f/pl.* de consultation; **~ing room** cabinet *m* de consultation.
consume [kən'sju:m] consumer, dévorer; consommer; **~r** consommateur *m*; **~r goods** *pl.* biens *m/pl.* de consommation.
consummate [kɔn'sʌmit] achevé; ['kɔnsəmeit] consommer.
consumption consommation *f*; *méd.* phtisie *f.*
contact ['kɔntækt] contact *m*; [kən'tækt] contacter; **~ lenses** *pl.* verres *m/pl.* (*ou* lentilles *f/pl.*) de contact.
contagio|n [kən'teidʒən] contagion *f*; **~us** contagieux.
contain contenir; renfermer; **~er** boîte *f*; récipient *m*; container *m.*
contemplat|e contempler; **~ion** contemplation *f*; **~ive** contemplatif; pensif.
contemporary [kən'tempərəri] contemporain.
contempt mépris *m*, dédain *m*; **~ible** méprisable; **~uous** dédaigneux.
content content; satisfait (**with** de); contenter, satisfaire; **to one's heart's ~** à cœur joie; **~s** *pl.* contenu *m*; **table of ~s** table *f* des matières; **~ion** dispute *f*; **bone of ~ion** pomme *f* de discorde; **~ment** contentement *m.*
contest lutte *f*; concours *m*; contester; **~ for** disputer (*prix*); **~able** contestable.
context contexte *m.*
continent ['kɔntinənt] continent *m*; **~al** [kɔnti'nentl] continental; de l'Europe.
continu|al [kəŋ'tinjuəl] continuel, incessant; **~ance** continuation *f*; durée *f*; **~e**

[kən'tinju] continuer (**to** à, de); **to be ~ed** à suivre; **~ous** continu; **~ous current** courant *m* continu.
contour contour *m*, profil *m*.
contraband contrebande *f*.
contraceptive [kɔntrə'septiv] anticonceptionnel *m*, contraceptif *m*.
contract ['kɔntrækt] contrat *m*, pacte *m*; entreprise *f*; [kən'trækt] (se) contracter; **~ to** s'engager de; **~ing party** contractant *m*; **~or** entrepreneur *m*; fournisseur *m*; **~ual** contractuel.
contradict contredire; **~ion** contradiction *f*; **~ory** contradictoire.
contrary ['kɔntrəri] contraire, opposé; **on the ~** au contraire.
contrast contraste *m*; (faire) contraster.
contravention [kɔntrə'venʃən] contravention *f*, infraction *f*.
contribut|e [kən'tribjut] donner, fournir; **~e to** contribuer à, aider à; collaborer à; **~ion** contribution *f*; **~or** collaborateur *m*.
contrite ['kɔntrait] contrit, pénitent.
contriv|ance [kən'traivəns] invention *f*; artifice *m*; appareil *m*; **~e** inventer, imaginer; **~e to** trouver moyen de.
control [kən'trəul] domination *f*; empire *m*; autorité *f*; maîtrise *f*; **remote** (*ou* **distant**) **~** commande *f* à distance; *v.* diriger; dominer; être maître de; **~ o.s.** se maîtriser; **~s** *pl.* commandes *f*/*pl.*
controvers|ial controversé, controversable; **~y** ['kɔntrəvə:si] controverse *f*.
contus|e contusionner; **~ion** contusion *f*.
convalesce être en convalescence; **~nce** convalescence *f*; **~nt** convalescent *m*.
convenien|ce [kən'vi:njəns] commodité *f*; convenance *f*; **at your earliest ~ce** dès que possible; **~t** commode; agréable.
convent couvent *m*; **~ion** convention *f*; **~ional** conventionnel.
convers|ation conversation *f*; entretien *m*; **~e** [kən'və:s] **with** parler à, s'entretenir avec; **~ion** conversion *f*; transformation *f*.
convert [kən'və:t] convertir, transformer.
convey [kən'vei] transporter; (a)mener; **~ance** transport *m*; communication *f*; **~er belt** bande *f* transporteuse.
convict forçat *m*; déclarer coupable.
convince persuader, convaincre.
convocation convocation *f*.
convoy ['kɔnvɔi] convoi *m*; escorte *f*; escorter.
convulsion convulsion *f*; *fig.* bouleversement *m*.
cook cuisinier *m*; cuisinière *f*;

(faire) cuire; faire la cuisine, cuisiner; **~ed** cuit; **~ery-book** livre *m* de cuisine; **~ing** cuisine *f*.
cool frais; calme, de sang-froid; *pop*. bon, bien; (se) rafraîchir; **~ness** fraîcheur *f*; calme *m*, sang-froid *m*.
co-op coopé *f*.
cooper tonnelier *m*.
co-operat|e coopérer; **~ion** coopération *f*; **~ive** coopératif; serviable, obligeant; **~ive society** coopérative *f* de consommation; **~ive store** magasin *m* de coopérative de consommation.
cope se débrouiller; **~ with** tenir tête à, faire face à, affronter; venir à bout de; se tirer de.
copious abondant, copieux.
copper cuivre *m*; **~s** *pl*. petite monnaie *f*.
copy copie *f*; reproduction *f*; *livre:* exemplaire *m*; *journal:* numéro *m*; **fair ~** copie *f* au net; **rough ~** brouillon *m*; *v*. copier; transcrire; **~-book** cahier *m* d'écriture; **~right** droit *m* d'auteur; copyright *m*.
coral corail *m*.
cord corde *f*; ficelle *f*; corder; **~age** cordages *m/pl*.
cordial ['kɔ:djəl] cordial (*m*).
corduroy(s *pl*.) ['kɔ:dərɔi(z)] (pantalon *m* de) velours *m* côtelé.
cork liège *m*; bouchon *m*; boucher; **~-screw** tire-bouchon *m*.
corn grain *m*; blé *m*; *Am*. maïs *m*; *méd*. cor *m*, œil-de-perdrix *m*; **~ed beef** corned-beef *m*.
corner coin *m*; tournant *m*; acculer.
cornflakes *pl*. cornflakes *m/pl*.
coron|ation couronnement *m*; **~er** coroner *m*.
corpor|al ['kɔ:pərəl] corporel; **~ation** corporation *f*; corps *m* constitué.
corpse [kɔ:ps] cadavre *m*.
corpulen|ce corpulence *f*; **~t** corpulent.
Corpus Christi Day la Fête-Dieu *f*.
correct correct; juste; corriger, rectifier; reprendre (*enfant*); **~ion** correction *f*; rectification *f*.
correspond correspondre (**with, to** à); s'écrire; **~ence** [kɔris'pɔndəns] correspondance *f*; **~ent** correspondant *m*; **~ing** conforme.
corridor couloir *m*.
corroborate corroborer.
corro|de [kə'rəud] corroder, ronger; **~sion** corrosion *f*; **~sive** corrodant *m*.
corrugate onduler (*tôle*); **~d iron** tôle *f* ondulée.
corrupt corrompu; dépravé; corrompre; **~ion** corruption *f*; dépravation *f*.
corset corset *m*.
cosmetics *pl*. produits *m/pl*. de beauté.
cost prix *m*; frais *m/pl*.; **living**

~s *pl.*, **~ of living** coût *m* de la vie; **at all ~s** à tout prix; *v.* coûter.

costermonger marchand *m* des quatre saisons.

costly précieux; cher.

cost price prix *m* de revient; prix *m* de fabrique.

costume ['kɔstju:m] costume *m*; costumer.

cosy confortable; commode.

cot lit *m* de camp.

cottage ['kɔtidʒ] chaumière *f*; cottage *m*.

cotton ['kɔtn] de coton; coton *m*; **~ batting** *Am.*, **~ wool** ouate *f*.

couch divan *m*; chaise longue *f*; se coucher; se tapir.

cough [kɔf] toux *f*; tousser; **~-lozenges** *pl.* pastilles *f/pl.* contre la toux.

could *prét. et conditionnel de* **can**[1].

council ['kaunsl] conseil *m*; concile *m*; **~(l)or** membre *m* d'un conseil.

counsel consultation *f*; conseil *m*, avocat *m*; **~(l)or** conseiller *m*.

count [kaunt] compte *m*, calcul *m*; comte *m*; compter; **~ upon** compter sur; **~-down** compte *m* à rebours.

countenance mine *f*; *visage*: expression *f*; contenance *f*.

counter compteur *m*; *jeu:* jeton *m*; guichet *m*, comptoir *m*; **~act** contrecarrer; **~balance** contrepoids *m*; compenser; contrebalancer; **~-clockwise** en sens inverse des aiguilles; **~feit** contrefait; faux; contrefaçon *f*; contrefaire; simuler; **~feiter** faux-monnayeur *m*; **~foil** *chèque:* talon *m*; **~part** contrepartie *f*; pendant *m*; homologue *m*; **~sign** contresigner.

countess comtesse *f*.

countless innombrable.

countr|ified campagnard; de province; **~y** ['kʌntri] pays *m*; campagne *f*; patrie *f*; **~yman** paysan *m*; compatriote *m*; **~yside** campagne *f*.

county ['kaunti] comté *m*.

coupl|e ['kʌpl] couple *m*; (*a.* **married ~e**) ménage *m*; **a ~e of** quelques; *v.* (ac)coupler; **~ing** accouplement *m*.

coupon ['ku:pɔn] coupon *m*; bon *m*.

courage ['kʌridʒ] courage *m*; **~ous** [kə'reidʒəs] courageux.

course [kɔ:s] cours *m*; route *f*, direction *f*; *repas:* plat *m*; **in the ~ of** au cours de; **in due ~** en temps utile; **of ~** naturellement, bien entendu.

court [kɔ:t] cour *f*; tribunal *m*; court *m* (de tennis); faire la cour à; **~eous** [kə:tjəs] courtois, poli; **~esy** politesse *f*; **~yard** cour *f*.

cousin ['kʌzn] cousin *m*; cousine *f*.

cover couverture *f*; couvercle *m*; couvert *m*; **~ charge** *restaurant:* couvert *m*; *v.* couvrir; **~ing** couverture *f*; enve-

loppe *f*; **~let** couvre-lit *m*; **~t** caché.
covetous ['kʌvitəs] avide; cupide; **~ness** cupidité *f*.
cow vache *f*.
coward ['kauəd] lâche *m*; **~ice** lâcheté *f*; **~ly** lâche.
cower se tapir (de peur).
cow-hide (peau *f* de) vache *f*.
coy modeste, timide.
crab crabe *m*, cancre *m*.
crack craquement *m*; fente *f*; fissure *f*; *verre*: fêlure *f*; (faire) craquer; (se) fêler; casser (*noix*); **~ a joke** lancer une plaisanterie; **~ed** fêlé; *fam*. toqué; **~er** pétard *m*; *Am*. biscuit *m* sec; **~le** crépiter.
cradle ['kreidl] berceau *m*; bercer.
craft métier *m*; *mar*. navire *m*; **~sman** artisan *m*; **~smanship** dextérité *f* manuelle; **~y** rusé, astucieux.
crag rocher *m* escarpé; **~gy** rocailleux.
cram fourrer, bourrer; *fam*. bachoter.
cramp crampe *f*; **~ s.o.'s style** gêner q.
cranberry airelle *f*.
crane grue *f*; **~ one's neck** tendre le cou.
crank manivelle *f*; excentrique *m*; **~ up** tourner la manivelle de; **~shaft** vilebrequin *m*; **~y** excentrique.
crape crêpe *m*.
crash fracas *m*; catastrophe *f*; collision *f*; accident *m* (d'avion); tomber avec fracas; s'écraser; **~ into** rentrer dans, tamponner; **~-helmet** serre-tête *m*.
crater ['kreitə] cratère *m*.
crav|e désirer ardemment; **~ing** désir *m* ardent.
crawl [krɔ:l] ramper; nager le crawl; **~ with** grouiller de.
crayfish écrevisse *f*.
crazy ['kreizi] fou (**about, over** de); **drive s.o. ~** faire enrager q.
creak craquer; grincer.
cream [kri:m] crème *f*; *fig*. élite *f*; écrémer; **~y** crémeux.
crease [kri:s] (faux) pli *m*; (se) froisser.
creat|e [kri:'eit] créer, produire; **~ion** création *f*; **~or** créateur *m*; **~ure** créature *f*.
credentials [kri'denʃəlz] *pl*. lettres *f*/*pl*. de créance.
credib|ility crédibilité *f*; **~le** digne de foi; croyable.
credit ['kredit] croyance *f*; crédit *m*; réputation *f*; **on ~** à crédit; **~ card** carte *f* de crédit; **letter of ~** accréditif *m*; *v*. créditer; **~able** honorable; estimable; **~or** créancier *m*.
credulity [kri'dju:liti] crédulité *f*.
creed credo *m*; croyance *f*.
creek crique *f*; *Am*. ruisseau *m*.
creep ramper; se faufiler; **~er** plante *f* grimpante; **give s.o. the ~s** donner la chair de poule à q.; **feel ~y** avoir la chair de poule.

cremat|ion incinération *f*; crémation *f*; **~orium,** *Am.* **~ory** crématorium *m*.
crept *prét. et p.p. de* **creep.**
crescent *lune*: croissant *m*; en demi-cercle.
crest cimier *m*; crête *f*; **~-fallen** abattu, découragé.
crevice ['krevis] fente *f*; fissure *f*; lézarde *f*.
crew équipage *m*.
crib mangeoire *f*; lit *m* d'enfant; *fam. école:* clef *f*.
cricket grillon *m*; *sport* cricket *m*; **that's not ~** ce n'est pas de jeu.
cried *prét. et p.p. de* **cry.**
crim|e [kraim] crime *m*; **~inal** criminel; criminel-*m*.
crimson ['krimzn] cramoisi.
cringe [krindʒ] **to** ramper devant.
cripple estropié *m*; estropier; *fig.* paralyser.
cris|is ['kraisis] (*pl.* **~es**) crise *f*.
crisp croustillant; croquant; *air:* frais, vif; *cheveux:* crêpé; **~ bread** pain *m* croustillant.
critic critique *m*; **~ism** critique *f*; **~ize** ['kritisaiz] critiquer.
croak coasser; croasser.
crochet ['krəuʃei] crochet *m*; faire du (*ou* au) crochet.
crockery faïence *f*; poterie *f*.
crocodile ['krɔkədail] crocodile *m*.
crook crochet *m*; coude *m*, tournant *m*; *fam.* escroc *m*, filou *m*; **~ed** courbé; tordu; malhonnête.
crop récolte *f*; tailler; couper; **~ up** surgir.
cross croix *f*; croisement *m*; fâché; **be ~ with** en vouloir à; *v.* (se) croiser; traverser; passer (par); contrecarrer; **~ out** rayer, biffer; **~-examination** contre-interrogatoire *m*; **~ing** traversée *f*; passage *m* (clouté); croisement *m*; **~-roads** carrefour *m*; **~word (puzzle)** mots *m/pl.* croisés.
crotchet ['krɔtʃit] crochet *m*.
crouch [krautʃ] se tapir; s'accroupir.
crow [krəu] corneille *f*; chant *m* (du coq); *coq:* chanter; **~-bar** levier *m* de fer.
crowd [kraud] foule *f*; **~ in** entrer en foule; **~ed** bondé, rempli à craquer.
crown couronne *f*; couronner.
crucible ['kru:sibl] creuset *m* (*a. fig.*).
crude [kru:d] brut; cru; grossier.
cruel cruel; **~ty** cruauté *f*.
cruise [kru:z] croisière *f*; faire une croisière; aller, rouler, se déplacer.
crumb miette *f*; **~le** (s')émietter, (s')effriter.
crumple (se) froisser, (se) friper.
crusade croisade *f*.
crush écrasement *m*; écraser; se presser en foule.
crust croûte *f*; faire croûte; se durcir.
crutch béquille *f*.

cry [krai] cri *m*; crier; s' écrier; pleurer.
crystal cristal *m*; **~lize** (se) cristalliser.
cub [kʌb] *fauves:* petit *m*.
cub|e [kju:b] cube *m*; **~ic** cubique.
cuckold cocu *m*; faire cocu.
cuckoo coucou *m*.
cucumber ['kju:kəmbə] concombre *m*.
cuddle serrer doucement dans ses bras; se peloter.
cudgel ['kʌdʒəl] gourdin *m*; **~ one's brain** se creuser la cervelle.
cue *billiard:* queue *f*; *thé.* réplique *f*; *fig.* avis *m*, mot *m*.
cuff manchette *f*; poignet *m*; revers *m*; **~-links** *pl.* boutons *m/pl.* de manchettes.
culminat|e culminer; **~ion** culmination *f*; apogée *m*.
culp|able ['kʌlpəbl] coupable; **~rit** coupable *m*.
cultivat|e cultiver; **~ion** culture *f*; **~or** cultivateur *m*, extirpateur *m*.
cultur|al culturel; **~e** ['kʌltʃə] culture *f*; **~ed** cultivé, lettré.
cumin cumin *m*.
cunning rusé, astucieux; ruse *f*; astuce *f*.
cup tasse *f*; gobelet *m*; **~board** ['kʌbəd] armoire *f*.
curable guérissable.
curb bride *f*; restreinte *f*; brider, réprimer; (*a.* **~stone**) *Am.* bordure *f* (de trottoir).
curd(s) fromage *m* blanc; **~le** (se) cailler; se figer.
cure [kjuə] guérison *f*; cure *f*; remède *m*; guérir; fumer (*viande*).
curio bibelot *m*; **~sity** curiosité *f*; **~us** curieux; singulier.
curl [kə:l] boucle *f*; (se) boucler; **~ers** *pl.* bigoudis *m/pl*; **~y** bouclé.
currant ['kʌrənt] groseille *f*; raisin *m* sec.
curren|cy circulation *f*; monnaie *f*; **~t** ['kʌrənt] courant *m*; *fig.* cours *m*; courant, en cours.
curse malédiction *f*; juron *m*; maudire; jurer; **~d** ['kə:sid] maudit.
curtail [kə:'teil] raccourcir; tronquer.
curtain ['kə:tn] rideau *m*.
curtsey révérence *f*.
curve [kə:v] courbe *f*; tournant *m*; (se) courber.
cushion ['kuʃən] coussin *m*; amortir (*coup*); **air ~** coussin *m* pneumatique.
custard ['kʌstəd] crème *f*.
custody détention *f*.
custom coutume *f*, usage *m*; **~ary** habituel; d'usage; **~er** client *m*; *fam.* type *m*; **~-made** *Am.* fait sur mesure.
Customs *pl.* douane *f*; **~ duty** droit *m* de douane; **~ examination** visite *f* douanière; **~ house** poste *m* de douane; **~ officer** douanier *m*.
cut (*a. prét. et p.p.*) couper, tailler; trancher; sécher (*classe etc.*); *a. vêtements:* coupe *f*.

taille *f*; réduction *f* (de salaire *ou* de prix); coupure *f*; ~ **down** abattre; réduire; ~ **off** couper; ~ **out** éliminer; se passer de; arrêter (de); **be ~ out for** être taillé pour; ~ **short** couper court à; ~ **up** découper; ~ **glass** cristal *m* taillé.

cutlery couverts *m/pl.*

cutlet ['kʌtlit] côtelette *f*; escalope *f*; côte *f*.

cutter coupeur *m*; *mar.* cutter *m*.

cutting tranchant; coupure *f*; **~s** *pl.* bouts *m/pl.*

cwt. = **hundredweight.**

cycl|e ['saikl] cycle *m*; période *f*; bicyclette *f*; aller à bicyclette; **~ist** cycliste *m, f*.

cylinder ['silində] cylindre *m*; rouleau *m*.

cynic cynique (*m*); sceptique (*m*); **~al** sarcastique, sceptique.

Czechoslovakia ['tʃekəusləu'vækiə] Tchécoslovaquie *f*.

D

dab coup *m* leger; tape *f*; tapoter.

dabble barboter (dans l'eau); ~ **in** s'occuper un peu de, se mêler de.

dad(dy) papa *m*.

dagger poignard *m*.

daily quotidien; journal *m*.

daint|iness délicatesse *f*; raffinement *m*; **~y** délicat; friand; friandise *f*.

dairy ['dɛəri] laiterie *f*.

daisy pâquerette *f*.

dam [dæm] digue *f*; endiguer.

damage ['dæmidʒ] dégâts *m/pl.*; endommager; **~s** *pl.* dommages-intérêts *m/pl.*

damask damas *m*.

damn [dæm] condamner.

damp humide; moite; humidité *f*; *fig.* froid *m*; mouiller; (*a.* **~en**) *fig.* refroidir, glacer; **~er** rabat-joie *m*; étouffoir *m*.

dance [dɑːns] danse *f*; bal *m*; danser; **~r** danseur *m*.

dandruff pellicules *f/pl.*

dandy dandy *m*, élégant *m*.

Dane [dein] Danois *m*.

danger ['deindʒə] danger *m*; **~ous** dangereux.

dangle (faire) pendre; balancer.

Danish ['deiniʃ] danois.

dappled tacheté; pommelé.

dar|e [dɛə] oser; **~ing** audacieux; hardiesse *f*; audace *f*.

dark ténébreux; sombre; foncé; ~ **room** cabinet *m* noir; **~en** (s')obscurcir; **~ness** obscurité *f*.

darling chéri *m*; chérie *f*.

darn repriser, raccommoder; **~ing-needle** aiguille *f* à repriser.

darned *fam.* sacré.

dart dard *m*, trait *m*; lancer; se précipiter, filer.

dash coup *m*; élan *m*; trait *m* (de plume); *liquide*: filet *m*; **cut a ~** faire figure brillante; *v.* lancer; fracasser; anéantir (*espérances*); se jeter, s'élancer, filer; **~board** tableau *m* de bord; **~ing** plein d'élan; *fig.* brillant.

date[1] date *m*; jour *m*; terme *m*; rendez-vous *m*; dater; **out of ~** démodé; **up to ~** dans le vent; **bring up to ~** mettre à jour.

date[2] datte *f.*

daughter ['dɔ:tə] fille *f*; **~-in-law** belle-fille *f.*

dauntless ['dɔ:ntlis] intrépide; sans peur.

dawdle ['dɔ:dl] traînasser.

dawn [dɔ:n] aube *f*, aurore *f*; point *m* du jour; *jour*: poindre.

day jour *m*; journée *f*; **the other ~** l'autre jour; **~break** point *m* du jour; aube *f*; **~light** (lumière *f* du) jour *m*; **~light saving time** heure *f* d'été.

daze étourdir, ahurir.

dazzle ['dæzl] éblouir, aveugler.

dead [ded] mort; ... de mort; **~-beat** éreinté; **~en** amortir; émousser; **~line** dernière limite *f*; **~lock** impasse *f*; **~ly** mortel.

deaf [def] sourd (**to** à); **~en** assourdir; rendre sourd; **~ness** surdité *f.*

deal [di:l] quantité *f*; marché *m*, affaire *f*; donner; distribuer; **~ with** traiter, s'occuper de; **a great** (*ou* **good**) **~** beaucoup (**of** de); **~er** marchand *m*; distributeur *m*; **~ings** *pl.* relations *f/pl.*; commerce *m*.

dealt *prét. et p.p. de* **deal**.

dear [diə] cher; coûteux.

dearth [dɔ:θ] disette *f.*

death [deθ] mort *f*; décès *m*; **~-rate** mortalité *f.*

debarkation débarquement *m*.

debase abaisser, avilir.

debate discuter, disputer; débat *m*, discussion *f.*

debauch [di'bɔ:tʃ] débauche *f.*

debenture obligation *f.*

debit ['debit] débit *m*, doit *m*; débiter.

debt [det] dette *f*; **~or** débiteur *m*.

decadence ['dekədəns] décadence *f.*

decanter carafe *f*; carafon *m*.

decay décadence *f*, délabrement *m*; tomber en décadence; pourrir.

decease [di'si:s] décès *m*; décéder.

deceit tromperie *f*; **~ful** trompeur; faux.

deceive [di'si:v] décevoir, tromper.

December décembre *m*.

decen|cy bienséance *f*; pudeur *f*; **~t** ['di:snt] convenable; comme il faut.

deception tromperie *f*; illusion *f.*

decide décider, déterminer; **~d** décidé; résolu.
decipher [di'saifə] déchiffrer.
decisi|on décision *f*; jugement *m*; **~ve** décisif.
deck pont *m*; *cartes*: jeu *m*; **~-chair** transat(lantique) *m*.
declaim déclamer.
declar|ation déclaration *f*; **~e** déclarer (*a. douane*).
decline [di'klain] déclin *m*; baisse *f*; décliner; refuser.
decode déchiffrer.
decompose (se) décomposer.
decorat|e décorer; orner; **~ion** décoration *f*.
decorous ['dekərəs] bienséant.
decrease [di:'kri:s] diminution *f*; diminuer; (s')amoindrir, tomber.
decree décret *m*; arrêté *m*; décréter, ordonner.
decry dénigrer, décrier.
dedicat|e dédier; **~ o.s. to** se vouer à; **~ion** dédication *f*.
deduce [di'dju:s] déduire, conclure (**from** de).
deduct retrancher; **~ion** déduction *f*; *salaire*: retenue *f*.
deed action *f*; acte *m*.
deem juger; croire.
deep profond; **~en** rendre *ou* devenir plus profond; **~-frozen** surgelé; **~ness** profondeur *f*.
deer daim *m*; cerf *m*.
deface [di'feis] défigurer; mutiler.
defeat [di'fi:t] défaite *f*; vaincre; déjouer.
defect défaut *m*; imperfection *f*; **~ion** défection *f*; **~ive** défectueux; imparfait.
defen|ce [di'fens] défense *f*; protection *f*; **~celess** sans défense; **~d** défendre, protéger; **~dant** accusé *m*; **~sive** défensive *f*.
defer [di'fə:] déférer, ajourner, remettre; **~ence** ['defərəns] déférence *f*; respect *m*.
defi|ance [di'faiəns] défi *m*; **~ant** provocant.
defi|ciency manque *m*; insuffisance *f*; **~cient** [di'fiʃənt] défectueux; insuffisant; **be ~cient in** manquer de.
deficit ['defisit] déficit *m*.
defile défilé *m*; gorge *f*; défiler; souiller, salir.
define définir; délimiter; **~d** précis.
definit|e défini; bien déterminé; **~ely** décidément; **~ion** définition *f*; *phot. etc.* netteté *f*; **~ive** définitif.
deflat|e dégonfler; **~ion** dégonflement *m*; déflation *f*.
deform déformer, défigurer; **~ed** difforme; **~ity** difformité *f*.
defray couvrir (*frais*).
deft adroit, habile.
defy [di'fai] défier; mettre en défi; braver.
degenerat|e [di'dʒenəreit] dégénérer (**into** en); **~ion** dégénération *f*.
degree degré *m*; *université:* grade *m*; **by ~s** graduelle-

ment, peu à peu; **to some ~** dans une certaine mesure.
deign [dein] daigner.
delay retard *m*; délai *m*; retarder; différer; arrêter; s'attarder.
delegate déléguer; délégué *m*.
deliberate délibérer; prémédité; avisé; **~ly** exprès.
delica|cy [de'likəsi] délicatesse *f*; friandise *f*; **~te** ['delikit] délicat; fin.
delicatessen charcuterie *f*.
delicious [di'liʃəs] délicieux.
delight [di'lait] délices *f/pl.*; joie *f*; plaisir *m*; enchanter; **~ in** se délecter de; **~ful** charmant; délicieux.
delinquent délinquent *m*, coupable *m*.
deliver délivrer; libérer; livrer; distribuer; **~ance** délivrance *f*; libération *f*; **~y** livraison *f*; *lettres*: distribution *f*.
delude abuser; tromper.
deluge ['delju:dʒ] déluge *m*.
delusi|on illusion *f*; erreur *f*; **~ve** illusoire; trompeur.
de luxe [di'lʌks] de luxe, de première qualité.
demand demande *f*; demander, exiger.
demeano(u)r [di'mi:nə] air *m*, tenue *f*; conduite *f*.
demi-... demi ...
demilitariz|ation démilitarisation *f*; **~e** démilitariser.
demob(ilize) démobiliser.
democra|cy [di'mɔkrəsi] démocratie *f*; **~t** démocrat *m*; **~tic** démocratique; **~tize** (se) démocratiser.
demoli|sh démolir; **~tion** démolition *f*.
demon ['di:mən] démon *m*; diable *m*.
demonstrat|e démontrer; manifester; **~ion** démonstration *f*; *pol.* manifestation *f*.
demur [di'mə:] objection *f*.
demure [di'mjuə] grave; d'une modestie affectée.
den tanière *f*; antre *m*.
denial [di'naiəl] démenti *m*; déni *m*, refus *m*.
Denmark Danemark *m*.
denominat|e dénommer; **~ion** dénomination *f*; **~ional** confessionnel.
denote dénoter, indiquer.
denounce [di'nauns] dénoncer.
dens|e dense, épais; stupide; **~ity** densité *f*.
dent bosselure *f*; bosseler.
dent|ist dentiste *m*; **~ure** dentier *m*.
deny [di'nai] nier, démentir; refuser.
deodorant [di:'əudərənt] désodorisant *m*.
depart [di'pa:t] partir, s'en aller; mourir; **~ from** s'écarter de; **~ment** département *m*; rayon *m*; **~ment store** *Am.* grand magasin *m*; **State ≈ment** ministère *m* des Affaires étrangères; **~ure** départ *m*.
depend (up)on dépendre de; compter sur; it **~s** cela

dépend; **~able** digne de confiance.
depict dépeindre.
deplorable déplorable.
depopulation dépopulation *f*.
deport expulser (*étranger*); **~ation** expulsion *f*.
depose déposer; témoigner.
deposit sédiment *m*; gisement *m*; acompte *m*, arrhes *f/pl*.; *banque*: dépôt *m*; déposer; verser (*acompte*).
depot ['depəu] dépôt *m*; l'entrepôt *m*.
deprecate désapprouver.
depreciat|e [di'pri:ʃieit] déprécier; **~ion** dépréciation *f*.
depress déprimer; décourager; **~ion** dépression *f*.
deprive of priver de.
depth profondeur *f*.
deputy député *m*, délégué *m*.
derailed déraillé.
derange [di'reindʒ] déranger; désorgainiser.
derision dérision *f*.
derive from venir de; tirer de.
derogate from diminuer.
descend descendre; **~ to** s'abaisser à; **be ~ed from** descendre de; **~ant** descendant *m*.
descent [di'sent] descente *f*; descendance *f*.
describe décrire, dépeindre.
description description *f*.
desert ['dezət] désert (*m*); *v*. [di'zə:t] déserter; **~ion** [di'zə:ʃən] désertion *f*.
deserve [di'zə:v] mériter; être digne de.
design [di'zain] dessein *m*; plan *m*; modèle *m*; intention *f*; projeter; destiner (**for** à).
designat|e nommer; désigner; **~ion** désignation *f*.
desir|able souhaitable: avantageux; **~e** [di'zaiə] désir *m*; désirer; avoir envie de; **~ous** désireux.
desist from cesser de; renoncer à.
desk pupitre *m*; bureau *m*.
desolat|e ravager; désert, morne; **~ion** désolation *f*.
despair désespoir *m*; désespérer (**of** de).
desperate désespéré.
despi|cable ['despikəbl] méprisable; **~se** [di'spaiz] mépriser, dédaigner.
despite [di'spait] dépit *m*; **~ of** en dépit de; malgré.
despondency découragement *m*.
dessert [di'zə:t] dessert *m*.
destin|ation destination *f*; désignation *f*; **~e** destiner (**for** à); **~y** destin *m*, sort *m*.
destitut|e dénué, dépourvu (**of** de); **~ion** dénuement *m*; misère *f*.
destroy détruire; anéantir.
destruct|ion destruction *f*; **~ive** destructif.
detach [di'tætʃ] détacher; séparer; **~ment** détachement *m*; séparation *f*.
detail ['di:teil] détail *m*; détailler; **~ed** détaillé.

detain retenir, détenir.
detect découvrir.
detective détective *m*; ~ **story** roman *m* policier.
detention détention *f*; arrêt *m*.
deter [di'tə:] **from** détourner de.
detergent [di'tə:dʒənt] détergent *m*.
deteriorate (se) détériorer.
determin|ate déterminé; défini; **~ation** résolution *f*; décision *f*; **~e** déterminer; **~e to** (*ou* **on**) décider de; **~ed** résolu.
detest détester, abhorrer; **~able** détestable.
detonation détonation *f*; explosion *f*.
detour ['deituə] déviation *f*.
detract from diminuer; nuire à.
detriment détriment *m*; préjudice *m*.
devalu|ation dévaluation *f*; **~e** [di:'vælju:] dévaluer.
devastate dévaster, ravager.
develop (se) développer; **~er** révélateur *m*; **~ment** développement *m*.
deviat|e from s'écarter de; **~ion** déviation *f*; écart *m*.
device [di'vais] expédient *m*; moyen *m*; appareil *m*, truc *m*; devise *f*.
devil ['devl] diable *m*; **~ish** diabolique.
devise [di'vaiz] inventer; imaginer; concevoir.
devoid of dépourvu de.
devolve upon incomber à; tomber sur.
devot|e consacrer; vouer; **~ed** dévoué, attaché; **~ion** dévouement *m*.
devour [di'vauə] dévorer.
devout [di'vaut] dévot, pieux; **~ness** dévotion *f*.
dew [dju:] rosée *f*; **~y** couvert de rosée.
dexter|ity dextérité *f*; **~ous** adroit, habile.
diabetes [daiə'bi:ti:z] diabète *m*.
diagnos|e *méd.* diagnostiquer; **~is** (*pl.* **~es**) diagnostic *m*.
diagonal [dai'ægənl] diagonal; diagonale *f*.
diagram ['daiəgræm] diagramme *m*; graphique *m*.
dial ['daiəl] cadran *m* (*a. télé.*); composer (un numéro).
dialect dialecte *m*.
diameter [dai'æmitə] diamètre *m*.
diamond diamant *m*; **~s** *pl. cartes*: carreaux *m/pl.*
diaper ['daiəpə] *bébés*: couche *f*.
diaphragm diaphragme *m*.
diarrh(o)ea diarrhée *f*.
diary ['daiəri] journal *m*.
dice dés *m/pl.*; jouer aux dés; **~-box** cornet *m* à dés.
dictat|e dicter; **~ion** dictée *f*; **~or** dictateur *m*; **~orship** dictature *f*.
dictionary dictionnaire *m*.
did *prét. de* **do.**
die [dai] mourir (**of** de); **~ out**

s'éteindre; **never say~!** il ne faut jamais désespérer.
diet régime *m*; (se) mettre au régime.
differ différer (**from** de); **~ence** ['difrəns] différence *f*; dispute *f*; écart *m*; **it makes no ~ence** ç'est bien égal; **~ent** différent.
difficult difficile; **~y** difficulté *f*; obstacle *m*.
dig bêcher; creuser; *fam.* aimer, tenir à; **~ up** dégoter; **~s** *pl. fam.* logement *m*.
digest [di'dʒest] digérer; ['daidʒest] abrégé *m*, sommaire *m*; **~ible** digestible; **~ion** [di'dʒestʃən] digestion *f*.
dignif|ied digne; **~y** rendre digne.
dignity dignité *f*.
digress faire une digression; **~ion** digression *f*; écart *m*.
dike digue *f*; protéger par des digues, endiguer.
dilapidated délabré.
dilate (se) dilater.
diligent ['dilidʒənt] diligent; assidu.
dilute [dai'lju:t] diluer; délayer.
dim terne; vague; (s')obscurcir; (s')estomper; **~ the headlights** se mettre en code.
dimension [di'menʃən] dimension *f*.
diminish diminuer.
diminution [dimi'nju:ʃən] diminution *f*; amoindrissement *m*.
dimple fossette *f*.
din fracas *m*; vacarme *m*.
din|e dîner; **~e out** dîner au restaurant; **~ing-car** wagon-restaurant *m*; **~ing-room** salle *f* à manger.
dinner dîner *m*; banquet *m*; **~-jacket** smoking *m*.
dint: by ~ of à force de.
dip immerser, plonger, tremper; **~ the headlights** se mettre en code; *su.* plongement *m*, immersion *f*.
diphtheria [dif'θiəriə] diphtérie *f*.
diplomacy [di'pləuməsi] diplomatie *f*.
direct direct, franc; **~ current** courant *m* continu; *v.* diriger, conduire; régir; adresser (*lettre*).
direction direction *f*; administration *f*; **~-finder** radiogoniomètre *m*; **~-indicator** indicateur *m* de direction; **~s** *pl.* instructions *f/pl.*, mode *m* d'emploi; *lettre*: adresse *f*.
director directeur *m*; **board of ~s** conseil *m* d'administration; **~y** annuaire *m*.
dirt [də:t] saleté *f*; ordure *f*; salir; **~-cheap** très bon marché; **~y** sale.
disability incapacité *f*.
disable [dis'eibl] mettre hors de service *ou* de combat; **~d** estropié, mutilé; **~d ex-serviceman** mutilé *m* de guerre.
disabuse désabuser (**of** de).

disadvantage [disəd'va:ntidʒ] désavantage *m*; **~ous** défavorable.
disaffection désaffection *f*.
disagree ne pas être d'accord (**with** avec); différer; **~ with** ne pas convenir à; **~able** désagréable; **~ment** désaccord *m*; différend *m*.
disappear [disə'piə] disparaître; **~ance** disparition *f*.
disappoint décevoir; désappointer; **~ed** déçu; **~ment** déception *f*.
disapprov|al désapprobation *f*; **~e** ['disə'pru:v] (**of**) désapprouver.
disarm désarmer (*a. fig.*); **~ament** désarmement *m*.
disast|er désastre *m*, catastrophe *f*; **~rous** désastreux.
disbelie|f incrédulité *f*; refus *m* de croire; **~ve** ne pas croire; refuser créance à.
disburse [dis'bə:s] débourser; **~ment** déboursement *m*.
disc disque *m*; plaque *f*.
discern [di'sə:n] discerner; distinguer; **~ing** judicieux.
discharge [dis'tʃɑ:dʒ] congédier; débarquer; lancer (*projectile*); libérer; s'acquitter de (*devoir*); décharge *m*; *employé*: renvoi *m*; *devoir*: accomplissement *m*.
disciple [di'saipl] disciple *m*; élève *m*.
discipline ['disiplin] discipline *f*; discipliner; punir.
disclaim désavouer; renoncer à; dénier.
disclos|e révéler, découvrir; **~ure** révélation *f*.
dis|colo(u)r (se) décolorer; **~comfort** malaise *m*, gêne *f*; **~concert** déconcerter; troubler; **~connect** débrancher; débrayer; couper; **~contented** mécontent; **~contentment** mécontentement *m*; **~continue** discontinuer; suspendre.
discord discorde *f*; dissonance *f*.
discotheque discothèque *f*.
discount ['diskaunt] rabais *m*; escompte *m*; **~able** escomptable.
discourage [dis'kʌridʒ] décourager.
discourse ['diskɔ:s] discours *m*; allocution *f*; *v*. [dis'kɔ:s] **~ on, upon, about** discourir sur; s'entretenir de.
discover trouver, découvrir; **~er** découvreur *m*; **~y** découverte *f*.
discredit discrédit *m*; doute *m*; discréditer; ne pas croire; mettre en doute.
discreet discret; avisé.
discretion [dis'kreʃən] discrétion *f;* prudence *f*; silence *m* judicieux; **at s.o.'s ~** à la discrétion de q.
discriminat|e distinguer (**from** de); **~ing** avisé; judicieux; délicat; **~ion** discernement *m*; distinction *f*.
discuss discuter; délibérer; **~ion** discussion *f*; débat *m*.
disdain dédain *m*; dédai-

gner.

disease [di'zi:z] maladie *f*; **~d** malade, souffrant.

disembark débarquer.

disengage (se) dégager; **~d** libre; **~ment** dégagement *m*; rupture *f* des fiançailles.

disentangle débrouiller; (se) démêler.

disfigure défigurer; gâter.

disgrace disgrâce *f*; honte *f*; disgracier; déshonorer; **~ful** honteux.

disguise [dis'gaiz] déguiser; déguisement *m*; **in ~** déguisé.

disgust dégoût *m*; **~ed** dégoûté (**with** de); **~ing** dégoûtant; écœurant.

dish plat *m*; assiette *f*; mets *m*; **~ up** servir (*a. fig.*).

dish-cloth lavette *f*.

dishearten [dis'hɑ:tn] décourager.

dishonest [dis'ɔnist] malhonnête; **~y** malhonnêteté *f*.

dishono(u)r déshonneur *m*; déshonorer; ne pas honorer (*traite*); **~able** honteux.

dishwasher machine *f* à laver la vaisselle, lave-vaisselle *m*.

disillusion [disi'luʒən] désillusion *f*; désillusionner.

disinfect désinfecter; **~ant** désinfectant *m*; **~ion** désinfection *f*.

disinherit déshériter.

disinterested désintéressé.

disk disque *m*; plaque *f*.

dislike aversion *f*, répugnance *f*; ne pas aimer; détester; **~d** mal vu.

dislocate disloquer; déboîter.

dismal ['dizməl] sombre; triste; morne.

dismantle démonter.

dismay consternation *f*; consterner; inquiéter.

dismember démembrer.

dismiss congédier; renvoyer; quitter (*sujet*); **~al** congédiement *m*; renvoi *m*.

dismount démonter; descendre (**from** de).

disobedien|ce désobéissance *f*; **~t** désobéissant.

disobey désobéir (à).

disobliging ['disə'blaidʒiŋ] désobligeant; peu complaisant.

disorder désordre *m*; *méd.* affection *f*, trouble *m*; déranger; **~ly** désordonné; qui manque d'ordre.

disorganize désorganiser, embrouiller, mettre en désordre.

disown [dis'əun] désavouer; renier.

dispatch expédition *f*; promptitude *f*; dépêche *f*; envoyer; expédier.

dispens|able dont on peut se passer; **~ary** pharmacie *f*; policlinique *f*; **~e with** se passer de.

disperse [dis'pə:s] (se) disperser; (se) dissiper.

displace [dis'pleis] déplacer; supplanter; remplacer.

display étalage *m*; manifestation *f*; parade *f*; étaler, exposer; montrer.

displeased mécontent (**with, at** de).
dispos|al disposition *f*; **at s.o.'s ~al** à la disposition de q.; **~e** arranger; **~e of** se débarrasser de; jeter; vendre; **~ed to** enclin à, disposé à; **~ition** disposition *f*; *fig.* tendance *f*; humeur *f*.
disproportion ['disprə'pɔːʃən] disproportion *f*.
dispute [di'spjuːt] controverse *f*; querelle *f*; **beyond ~** incontestable; *v.* disputer, contester.
disqualif|ication incapacité *f*; *sport* disqualification *f*; **~y** *sport* disqualifier.
disquiet [dis'kwaiət] inquiétude *f*; agitation *f*; inquiéter.
disregard indifférence *f*; manque *m* de respect; négliger.
disreputable honteux.
dissatis|faction mécontentement *m*; **~fied** mécontent (**with, at** de).
dissemble dissimuler, cacher; feindre.
dissen|sion dissension *f*; désaccord *m*; **~t** différer; avis *m* contraire.
dissertation dissertation *f*.
dissimilar différent (**from, to** de); dissemblable.
dissipat|e (se) dissiper; **~ed** dissipé; **~ion** dissipation *f*.
dissociate [di'səuʃieit] désassocier (**from** de).
dissolv|able dissoluble; **~e** (faire) dissoudre.
dissua|de [di'sweid] **from** dissuader de, détourner de; **~sive** dissuasif.
distance ['distəns] distance *f*; éloignement *m*; *fig.* réserve *f*; **it's some ~** il y a loin; **in the ~** au loin.
distant éloigné; lointain; *personne:* réservé.
distaste dégoût *m*; aversion *f*.
distil (se) distiller; **~lation** distillation *f*; **~ler** distillateur *m*; **~lery** distillerie *f*.
distinct [dis'tiŋkt] distinct (**from** de); clair, net; **~ion** distinction *f*; **~ive** distinctif.
distinguish distinguer; faire une distinction (**between** entre); **~ed** distingué.
distort tordre; déformer; fausser; **~ion** distorsion *f*; déformation *f*.
distract distraire (**from** de); brouiller (*esprit*); **~ed** étourdi; distrait; **~ion** distraction *f*.
distress détresse *f*, angoisse *f*; misère *f*; affliger, chagriner; **~ful** angoissant, affligeant.
distribut|e [dis'tribjut] distribuer; répartir; **~ion** distribution *f*; répartition *f*; **~or** distributeur *m*; concessionnaire *m*.
district district *m*; quartier *m*; contrée *f*; région *f*.
distrust méfiance *f*, défiance *f*; se méfier de.
disturb [dis'təːb] troubler; inquiéter; **~ance** trouble *m*; dérangement *m*.

disunion [dis'ju:njən] désunion *f*; séparation *f*.
ditch fossé *m*.
dive plongeon *m*; piqué *m*; plonger; **~r** plongeur *m*.
divers|e [dai'və:z] divers, différent; varié; **~ion** détournement *m*; divertissement *m*; **~ity** diversité *f*.
divert [dai'və:t] détourner (**from** de); divertir.
divest of dépouiller de.
divide (se) diviser; ligne *f* de partage des eaux.
divin|ation divination *f*; **~e** divin; **~ity** divinité *f*; théologie *f*.
division [di'viʒən] division *f*; partage *m*.
divorce divorce *m*; divorcer (d')avec; **~d** divorcé.
dizz|iness vertige *m*; **~y** pris de vertige.
do [du:] faire; **that will ~** cela suffit; **how do you ~?** enchanté!; **~ you like London? — I ~** aimez-vous Londres? — mais oui; **I could ~ with some coffee** je prendrais bien un café; **~ you see him?** le voyez-vous?; **I ~ not know him** je ne le connais pas; **~ be quick!** dépêchez-vous donc!; **~ without** se passer de.
docile ['dəusail] docile.
dock bassin *m*; *dr.* banc *m* des prévenus; couper; **~er** docker *m*; **~yard** chantier *m* maritime.
doctor docteur *m*; médecin *m*.
document ['dɔkjumənt] document *m*; pièce *f*; **~ary** [dɔkju'mentəri] documentaire; (*a.* **~ary film**) film *m* documentaire.
dodge [dɔdʒ] esquive *f*; ruse *f*; (s')esquiver; éviter; prendre la tangente; **~r** malin *m*; finaud *m*.
dog chien *m*; **go to the ~s** marcher à la ruine; **~-days** *pl.* canicule *f*; **~ged** tenace; **~-tired** éreinté.
doings ['du:iŋz] *pl.* événements *m/pl.*
dole indemnité *f* de chômage; **go on the ~** s'inscrire au chômage; **~ out** distribuer; **~ful** triste, lugubre.
doll poupée *f*.
dolphin dauphin *m*.
dome dôme *m*.
domestic domestique; de ménage, ménager; domestique *m*, *f*; **~ate** domestiquer.
domicile ['dɔmisail] domicile *m*; **~d** domicilié, demeurant (**at** à).
domination domination *f*.
domineer [dɔmi'niə] tyranniser; **~ing** autoritaire; tyrannique.
dominion domination *f*; **≗** Dominion *m*.
donation don *m*; donation *f*.
done [dʌn] *p.p. de* **do**; fait; achevé, fini; cuit; éreinté, fourbu; **what is to be ~?** que faire?
donkey âne *m*.
doom [du:m] sort *m*; destin *m*

tragique; mort *f*; ruine *f*; condamner.
door [dɔ:] porte *f*; **within ~s** chez soi; **out of ~s** dehors; en plein air; **~-bell** sonnette *f*; **~-keeper** concierge *m*; **~man** portier *m*; **~way** porte *f*.
dormitory ['dɔ:mitri] dortoir *m*.
dose dose *f*; doser.
dot point *m*; tache *f*; pointiller.
dote on dorloter, adorer.
double ['dʌbl] double; *chambre*: à deux personnes; double *m*; doubler; plier en deux; courter; **~-breasted** *gilet etc.*: croisé; **~cross** tricher, duper; **~-park** stationner en double file.
doubt [daut] douter (de); doute *m*; **no ~** sans doute; **~ful** douteux.
dough [dəu] pâte *f*; *fam.* fric *m*.
dove[1] [dəuv] *a. prét. de* **dive**.
dove[2] [dʌv] colombe *f*.
down[1] [daun] duvet *m*; dune *f*.
down[2] [daun] en bas; par terre; **~-hearted** déprimé, découragé; **~hill** en descendant; **~pour** averse *f*; **~right** tout à fait; complètement; **~-stairs** en bas; **~stream** en aval; **~ward(s)** de haut en bas; en descendant.
dowry ['dauəri] dot *f*.
doze [dəuz] petit somme *m*; sommeiller.
dozen ['dʌzn] douzaine *f*.
Dr. = debtor; doctor.
drab gris brunâtre; *fig.* terne.
draft [drɑ:ft] traite *f*; lettre *f* de change; désigner; *Am. s. a.* **draught**.
drag entrave *f*; *fam.* **it's a ~** c'est emmerdant; *v.* (se) traîner; (se) tirer.
dragon dragon *m*.
drain tranchée *f*; *méd.* drain *m*; assécher, égoutter; s'écouler; **~age** écoulement *m*; drainage *m*.
drama ['drɑ:mə] drame *m*; **~tist** auteur *m* dramatique.
drank *prét. de* **drink.**
drape draper; envelopper; **~r** *Br.* marchand *m* d'étoffes; **~ry** draperie *f*; **~s** *Am.* rideaux *m/pl.*
draught [drɑ:ft] tirage *m*; courant *m* d'air; *boisson*: coup *m*; **~s** *pl.* (jeu *m* de) dames *f/pl.*; **~sman** dessinateur *m*; traceur *m*; **~y** exposé aux courants d'air.
draw [drɔ:] tirer; attirer; dessiner; toucher (*argent*); aspirer (*air*); **~ up** tirer en haut; rédiger; tirage *m*; loterie *f*; attraction *f*; **~-back** désavantage *m*; obstacle *m*; **~ee** tiré *m*; payeur *m*.
drawer[1] ['drɔ:ə] dessinateur *m*; tireur *m*; **(pair of) ~s** *pl. femmes:* pantalon *m*; caleçon *m*.
drawer[2] ['drɔ:] tiroir *m*; **chest of ~s** commode *f*.
drawing tirage *m*; dessin *m*; **~-board** planche *f* à dessin; **~-pin** *Br.* punaise *f*; **~-room** salon *m*.

drawn *p.p. de* **draw.**
dread [dred] terreur *f*; épouvante *f*; redouter; craindre; **~ful** redoutable; terrible; atroce.
dream [dri:m] rêve *m*, songe *m*; rêver.
dreamt *a. prét. et p.p. de* **dream.**
dreary triste, morne.
dredge [dredʒ] drague *f*; draguer; saupoudrer.
drench tremper.
dress robe *f*; toilette *f*, costume *m*; **in full ~** en grande tenue; *v.* (s')habiller, (se) vêtir; panser (*blessure*); apprêter; **get ~ed** s'habiller; **~ down** réprimander, passer un savon à; **~ up** (s')endimancher; **~ circle** *thé.* (premier) balcon *m*; **~ coat** frac *m*; **~er** dressoir *m*.
dressing habillement *m*, toilette *f*; *cuis.* assaisonnement *m*; sauce *f*; **~-gown** robe *f* de chambre; **~-table** toilette *f*.
dress|maker couturière *f*; **~ suit** habit *m* (de soirée).
drew *prét. de* **draw.**
drift direction *f*; *fig.* tendance *f*; *neige*: amoncellement *m*; dériver; flotter; errer; (se laisser) aller.
drill perçoir *m*; foret *m*; exercices *m/pl.*; (faire) faire l'exercice (à).
drink boisson *f*; boire; **~able** potable; **~ing-glass** verre *m* (à boire); **~ing water** eau *f* potable.
drip dégoutter; **~-dry** qu'il ne faut pas repasser; **~ping** graisse *f* (de rôti).
drive promenade *f* en voiture; *mot.* traction *f*; *fig.* campagne *f*; chasser; conduire; faire marcher; *mot.* rouler; **what are you ~ing at?** à quoi voulez-vous en venir?; **~ on** continuer sa route; **~n** *p.p. de* **drive**; **~r** conducteur *m*.
driving conduite *f*; **~ licence** permis *m* de conduire; **~ school** auto-école *f*.
drizzle ['drizl] bruine *f*; bruiner.
droll comique.
drone faux bourdon *m*; vrombir; *fig.* fainéant *m*.
droop [dru:p] baisser; (laisser) pendre; languir.
drop goutte *f*; pastille *f*; chute *f*; lâcher; (se) laisser tomber; déposer (*passager*); baisser; **~ in** entrer en passant; **~ a line** écrire un mot à.
dropsy hydropisie *f*.
drought [draut] sécheresse *f*.
drove *prét. de* **drive.**
drown [draun] (se) noyer (*a. fig.*); submerger; **be ~ed** se noyer.
drows|e [drauz] somnoler; s'assoupir; **~y** somnolent; assoupi.
drug drogue *f*; stupéfiant *m*; **take ~s** se droguer; *v.* (*a.* **~ up**) droguer; **~-addict, ~-fiend** toxicomane *m*; drogué *m*; **~gist** *Am.* pharmacien *m*; **~store** *Am.* pharmacie-

bazar *f*.
drum tambour *m*; battre le tambour.
drunk *p.p. de* **drink**; ivre; saoul; **get ~** se saouler; **~ard** ivrogne *m*; **~en** ivre; **~enness** ivresse *f*.
dry [drai] sec; aride; (faire) sécher; **~ up** (se) dessécher; **~-cleaners** *pl.* nettoyage *m* à sec; **~-cleaning** nettoyage *m* à sec; **~ goods** articles *m/pl.* de nouveauté; **~ness** sécheresse *f*.
dual carriage-way route *f* à voies séparées.
dubious douteux; incertain.
duch|ess duchesse *f*; **~y** duché *m*.
duck canard *m*; plonger; (se) baisser.
ductile ['dʌktail] malléable; docile.
due [dju:] échu; mérité; payable; **fall ~** venir à échéance; **the train is ~ at ...** le train doit arriver à ...; **in ~ time** en temps utile; **~s** *pl.* droits *m/pl.*
duel duel *m*.
dug *prét. et p.p. de* **dig.**
duke duc *m*.
dull terne, mat; sans éclat: lourd; sombre; inactif; ennuyeux; **~ness** ennui *m*; lenteur *f* de l'esprit.
dumb [dʌm] muet; sot; **deaf and ~** sourd-muet; **~-bell** haltère *m*; *Am. fam.* imbécile *m*.
dummy mannequin *m*; *fig.* homme *m* de paille.
dumping dumping *m*.
dumpling boulette *f*.
dumps: be (down) in the ~ avoir le cafard.
dung engrais *m*.
dungeon ['dʌndʒən] cachot *m*.
dunghill fumier *m*.
dupe [dju:p] dupe *f*; duper, tromper.
duplicate ['dju:plikit] double *m*; **in ~** en double; *v.* ['dju:plikeit] copier; reproduire.
dura|bility durabilité *f*; stabilité *f*; **~ble** ['djuərəbl] durable; résistant; **~tion** durée *f*.
during pendant, durant.
dusk demi-jour *m*; crépuscule *m*; **~y** obscur; noirâtre.
dust poussière *f*; épousseter; **~bin** boîte *f* à ordures, poubelle *f*; **~-coat** cache-poussière *m*; **~man** boueur *m*, boueux *m*; **~-proof** imperméable (à la poussière); **~y** poussiéreux.
Dutch hollandais; néerlandais; **~man** Hollandais *m*.
duti|able ['dju:tjəbl] taxable; **~ful** soumis; respectueux.
duty ['dju:ti] devoir *m* (**to** envers); *douane*: droits *m/pl.*; **off ~** libre; **on ~** de service; **~-free** exempt de droits.
dwarf nain *m*.
dwell demeurer, rester; habiter; **~ upon** s'attarder sur; **~ing** habitation *f*; domicile

m; **~ing-house** maison *f* d'habitation.
dwelt *prét. et p.p. de* **dwell.**
dye [dai] teint(ure *f*) *m*; teindre; **~d-in-the-wool** invétéré; **~r** teinturier *m*; **~-works** *pl.* teinturerie *f*.
dying mourant; moribond; mort *f*.
dynam|ic(al) [dai'næmik(əl)] dynamique; **~ics** *pl.* dynamique *f*; **~ite** ['dainəmait] dynamite *f*; dynamiter.
dynamo ['dainəməu] dynamo *f*.

E

each [i:tʃ] chaque; chacun; **~ one** chacun; **~ other** l'un l'autre; les uns les autres; **they cost a pound ~** ils coûtent une livre chacun *ou* (la) pièce.
eager ardent; empressé; **~ for** avide de; **be ~ to do** brûler de faire; **~ness** ardeur *f*; empressement *m*; vif désir *m*.
eagle aigle *m*.
ear [iə] oreille *f*; *blé:* épi *m*; anse *f*; **~-ache** mal *m* d'oreille; **~-drum** tympan *m*.
earl comte *m*.
early ['ə:li] matinal; précoce; de bonne heure; **~ in the morning** de bon matin.
earn [ə:n] gagner; mériter.
earnest ['ə:nist] sérieux; sérieux *m*; **in (real) ~** pour de bon; **be in ~** être sérieux.
earnings *pl.* gages *m/pl.*; salaire *m*; gains *m/pl.*
ear|-phones *pl.* casques *m/pl.* d'écoute; **~plug** bouchon *m* pour l'oreille; **~-ring** boucle *f* d'oreille; **~-splitting** à fendre les oreilles.
earth [ə:θ] terre *f*; sol *m*; relier à la terre (*radio*); **~en** de terre; **~enware** poterie *f*; faïence *f*; **~ly** terrestre; **~quake** tremblement *m* de terre; **~-worm** lombric *m*.
eas|e [i:z] aise *f*; bien-être *m*; aisance *f*; facilité *f*; **at ~e** tranquille; à son aise; soulager (*douleur*); calmer; (*a.* **~ off**) se détendre; **~iness** facilité *f*; complaisance *f*.
east est *m*; orient *m*; de l'est; oriental.
Easter Pâques *m*.
eastern de l'est; oriental.
eastward(s) à l'est.
easy ['i:zi] facile; aisé; libre; à l'aise; **take it ~** se la couler douce; **~ chair** fauteuil *m*; **~-going** insouciant, nonchalant.
eat [i:t] manger; ronger; consumer; **~ out** manger au restaurant; **~ables** *pl.* comestibles *m/pl.*; **~en** *p.p. de* **eat; poor (great) ~er** petit (gros) mangeur *m*; **~s** *pl. fam.* manger *m*.
eaves [i:vz] *pl.* gouttière *f*;

~drop écouter aux portes.
ebb baisser; décroître; (*a.* **~tide**) reflux *m*.
ebony ébène *f*.
eccentric excentrique (*m*).
ecclesiastical ecclésiastique.
echo ['ekəu] écho *m*; faire écho; retentir.
eclipse éclipse *f*; éclipser.
econom|ic économique; économe; **~ic crisis** crise *f* économique; **~ic policy** politique *f* économique; **~ical** ménager, économe; **~ics** *pl.* [i:kə'nɔmiks] économie *f* politique; **~ist** économiste *m*; **~ize** [i'kɔnəmaiz] économiser (**on** sur); faire des économies; **~y** économie *f*.
ecstasy transport *m*; extase *f*.
ed. = **edition, editor.**
edge [edʒ] tranchant *m*; angle *m*; bord *m*; orée *f*; lisière *f*; **be on ~** être nerveux; *v.* border; se faufiler; **~ways**, **~wise** de côté; de chant.
edible mangeable; comestible.
edifice ['edifis] édifice *m*.
edify édifier; **~ing** édifiant.
edit ['edit] éditer (*livre*); rédiger (*journal*); **~ion** édition *f*; **~or** rédacteur *m* en chef; **~orial** article *m* de fond.
educat|e instruire; former; **~ion** éducation *f*; enseignement *m*; instruction *f*; **Board of ~ion** Ministère *m* de l'Éducation nationale.
EEC = **European Economic Community** Communauté Économique Européenne, CEE.
eel anguille *f*.
efface [i'feis] effacer (*a. fig.*).
effect [i'fekt] effet *m*; conséquence *f*; action *f*; teneur *f*, sens *m*; **~s** *pl.* effets *m/pl.*; biens *m/pl.*; **take ~** faire (son) effet, agir; **of no ~** sans effet; *v.* réaliser, effectuer; **~ive** efficace; effectif; **become ~ive** entrer en vigueur; **~ive capacity** rendement *m*; **~uate** effectuer; réaliser.
effeminate efféminé.
effervescent [efə'vesnt] effervescent.
efficacious efficace.
efficien|cy efficacité *f*; capacité *f*; **~t** [i'fiʃənt] efficace.
effort effort *m*; **~less** sans effort; facile.
effus|ion [e'fju:ʒən] effusion *f*; épanchement *m*; **~ive** expansif.
e.g. = **exempli gratia** par exemple, p.ex.
egg œuf *m*; **~-cup** coquetier *m*; **~-plant** aubergine *f*; **~-shell** coque *f*.
ego|ism égotisme *m*; **~ist** égotiste *m*; **~istic(al)** égotiste.
Egypt ['i:dʒipt] Égypte; **~ian** [i'dʒipʃən] Égyptien *m*; égyptien.
eight [eit] huit (*m*); **~ hours' day** journée *f* de huit heures; **~een** dix-huit; **~y** quatre-vingt.
Eire ['ɛərə] (la République d')

Irlande *f*.
either ['aiðə, 'i:ðə] chaque; l'un et l'autre de; l'un ou l'autre de; **~ ... or** ou ... ou; soit ... soit.
eject éjecter; expulser; **~ion** éjection *f*; expulsion *f*.
eke [i:k] **out** augmenter, ajouter à; étoffer; ménager; **~ a living** s'en tirer.
elaborate [i'læbərit] compliqué; recherché; soigné; *v*. [i'læbəreit] élaborer; **~ness** complication *f*.
elapse (se) passer; s'écouler.
elastic élastique (*m*); flexible; **~ity** élasticité *f*.
elbow ['elbəu] coude *m*; **at one's ~** tout près; *v*. **~ one's way through** se frayer un passage à travers.
elder plus âgé, aîné; **~ly** d'un certain âge.
eldest aîné.
elect élu; choisir; élire; **~ion** élection *f*; **~or** électeur *m*.
electri|c(al) électrique; **~c razor** rasoir *m* électrique; **~cal engineer** ingénieur *m* électricien; **~cian** [ilek'triʃən] électricien *m*; **~city** [ilek'trisiti] électricité *f*; **~fication** électrisation *f*; *ch. d. f.* électrification *f*; **~fy** électriser; électrifier.
elegan|ce ['eligəns] élégance *f*; **~t** élégant.
element élément *m*; **~ary** élémentaire; **~ary school** école *f* primaire.
elephant éléphant *m*.
elevat|e élever; (re)lever; exalter; **~ed (railway)** chemin *m* de fer aérien; **~ion** élévation *f*; altitude *f*; hauteur *f*; **~or** ascenseur *m*.
eleven [i'levn] onze (*m*).
eligible ['elidʒibl] éligible; acceptable; admissible; **be ~ for** avoir droit à; **~ (young) man** bon parti.
eliminate éliminer; supprimer, écarter.
elm orme *m*.
elope [i'ləup] s'enfuir avec un amant; **~ment** enlèvement *m* (consenti).
eloquen|ce ['eləkwəns] éloquence *f*; **~t** éloquent.
else d'autre; encore; **anyone ~?** quelqu'un d'autre?; **or ~** sinon, autrement; **what ~?** quoi encore?; **~where** ailleurs.
elucidate éclaircir; élucider.
elu|de [i'lu:d] éluder; éviter; échapper à; **~sive** insaisissable; *réponse*: évasif.
emaciat|e [i'meiʃieit] amaigrir; **~ion** amaigrissement *m*.
emanate from émaner de.
emancipat|e émanciper; affranchir; **~ion** émancipation *f*.
embalm [im'bɑ:m] embaumer; *fig*. parfumer.
embank endiguer; **~ment** digue *f*; quai *m*.
embargo embargo *m*.
embark (s')embarquer; **~ation** embarquement *m*.
embarrass [im'bærəs] em-

barrasser, gêner; **~ment** embarras *m*, gêne *f*.
embassy ambassade *f*.
embellish embellir.
embers *pl.* cendres *f/pl.* rouges.
embezzle [im'bezl] détourner (*fonds*); **~ment** détournement *m* de fonds.
embitter remplir d'amertume; envenimer.
emblem emblème *m*.
embod|iment incarnation *f*; personnification *f*; **~y** personnifier; incorporer.
embolden enhardir.
embrace [im'breis] prendre dans ses bras, (s')étreindre; *a. fig.* embrasser.
embroider broder; **~y** broderie *f*.
emerald émeraude *f*.
emerge [i'mə:dʒ] émerger, apparaître (**from** de); surgir.
emergency [i'mə:dʒənsi] urgence *f*; circonstance *f* critique; **~ exit** sortie *f* de secours.
emery émeri *m*.
emigra|nt émigrant *m*; **~te** émigrer; **~tion** émigration *f*.
eminen|ce ['eminəns] éminence *f*; élévation *f*; grandeur *f*; **~t** éminent.
emit émettre; dégager.
emotion [i'məuʃən] émotion *f*; sentiment *m*.
emperor empereur *m*.
empha|sis force *f*; intensité *f*; **~size** appuyer sur, souligner; mettre en relief; **~tic** énergique; catégorique.
empire ['empaiə] empire *m*.
employ [im'plɔi] employer; faire usage de; se servir de; **in the ~ of** au service de; **~ee** employé *m*; **~er** patron *m*; **~ment** emploi *m*; occupation *f*; **~ment agency** bureau *m* de placement.
empower autoriser; donner pouvoir à.
empt|iness vide *m*; **~y** vide; (se) vider.
emulate ['emjuleit] imiter; rivaliser.
enable [i'neibl] **to** rendre capable de, mettre à même de, permettre de.
enact décréter; *thé.* jouer, représenter.
enamel émail *m*; vernis *m*; émailler.
enamo(u)r rendre amoureux; **be ~ed of** être épris *ou* amoureux de.
encamp (faire) camper.
encase mettre dans une caisse; envelopper.
enchant [in'tʃɑ:nt] enchanter; ravir; **~ing** enchantant; ravissant.
encircle [in'sə:kl] ceindre; entourer.
enclos|e entourer; renfermer; **~ed please find** recevez ci-joint (*ou* ci-inclus); **~ure** enclos *m*; pièce *f* jointe.
encore bisser; crier bis; bis *m*.
encounter [in'kauntə] rencontre *f*; rencontrer; se trouver face à face avec

(*a. fig.*).
encourage [in'kʌridʒ] encourager; favoriser; **~ment** encouragement *m.*
encroach [in'krəutʃ] **(up)on** empiéter sur.
encumb|er encombrer; gêner; **~rance** encombrement *m*; embarras *m.*
end fin *f*; but *m*; **no ~ of** infiniment de, des tas de; **be at an ~** être fini; **come to an ~** prendre fin; **in the ~** enfin; en fin de compte; **to this ~** dans ce but; **my hair stood on ~** mes cheveux se dressèrent; *v.* finir, (se) terminer.
endanger [in'deindʒə] mettre en danger.
endear faire aimer.
endeavo(u)r [in'devə] effort *m*; tentative *f*; essayer; s'efforcer.
ending fin *f*; achèvement *m*; terminaison *f.*
endive ['endiv] endive *f.*
endless sans fin; infini.
endorse endosser; *fig.* appuyer; **~ment** endossement *m*; **~r** endosseur *m.*
endow [in'dau] doter; *fig.* douer.
endur|able supportable; tolérable; **~ance** endurance *f*; patience *f*; **past ~ance** insupportable; **~ance test** course *f* d'endurance; **~e** [in'djuə] endurer, supporter.
enemy ennemi *m.*
energ|etic énergique; **~y** ['enədʒi] énergie *f.*
enervate énerver, affaiblir.
enfeeble affaiblir.
enforce [in'fɔ:s] exécuter (*loi*); rendre effectif; imposer ([**up**]**on** à); **~ment** exécution *f*; contrainte *f.*
engage [in'geidʒ] (s')engager; embaucher; retenir (*place*); occuper, absorber; **~ in** s'occuper de, se mêler de; **~ed (to be married)** fiancé; **line ~d!** ligne occupée!; **~ment** engagement *m*; obligation *f*; promesse *f*; rendez-vous *m*; fiançailles *f/pl.*; **~ment ring** bague *f* de fiançailles.
engine ['endʒin] machine *f*; locomotive *f*; moteur *m*; **~-driver** mécanicien *m.*
engineer [endʒi'niə] ingénieur *m*; *ch. d. f. Am. a.* mécanicien *m*; *fam.* machiner; **~ing** génie *m*, technique *f*, industrie *f.*
England Angleterre *f.*
English ['iŋgliʃ] anglais; **the ~** *pl.* les Anglais *m/pl.*; **~man** Anglais *m*; **~woman** Anglaise *f.*
engrave graver; **~r** graveur *m.*
engross absorber (*attention*); s'emparer de, occuper.
enhance [in'hɑ:ns] rehausser; augmenter; **~ment** rehaussement *m*; augmentation *f.*
enigma énigme *f.*
enjoin enjoindre, imposer (**on** à).
enjoy [in'dʒɔi] prendre plaisir à; jouir de; aimer; **I ~ my**

dinner je trouve le dîner bon; **~able** agréable; **~ment** plaisir *m*; jouissance *f*.
enlarge agrandir (*a. phot.*); **~ (up)on** s'étendre sur; **~ment** agrandissement *m* (*a. phot*); élargissement *m*; accroissement *m*.
enlighten [in'laitn] éclairer; informer.
enlist *mil.* (s')enrôler.
enliven animer; *fig.* stimuler; égayer.
enmity hostilité *f*.
enorm|ity énormité *f*; **~ous** énorme; abominable.
enough [i'nʌf] assez.
enquiry *etc. cf.* **inquiry** *etc.*
enrage [in'reidʒ] rendre furieux.
enrapture ravir.
enrich enrichir.
ensign ['ensain] étendard *m*, drapeau *m*.
enslave asservir; réduire à l'esclavage; **~ment** asservissement *m*.
ensue [in'sju:] (s'en)suivre; **~ from** résulter de.
ensure [in'ʃuə] garantir; assurer.
entail entraîner; comporter.
entangle empêtrer; enchevêtrer; embrouiller.
enter entrer (dans); inscrire (*nom etc.*); **~ into** entamer (*conversation*); **~ (up)on** commencer, amorcer.
enterpris|e ['entəpraiz] entreprise *f*; esprit *m* d'entreprise; **~ing** entreprenant.
entertain amuser, divertir; recevoir; **~ment** divertissement *m*.
enthuse over *fam.* raffoler de.
enthusias|m [in'θju:ziæzm] enthousiasme *m*; **~t** enthousiaste *m*; **~tic** enthousiaste.
entic|e séduire; attirer; **~ing** séduisant; attrayant.
entire [in'taiə] entier; complet; tout; **~ly** entièrement.
entitle intituler; **~ to** donner le droit de; **be ~d to** avoir droit à.
entrails *pl.* entrailles *f*/*pl.*
entrance ['entrəns] entrée *f*; accès *m*; prix *m* d'entrée.
entreat [in'tri:t] supplier; demander instamment; **~y** supplication *f*; prière *f*.
entrust: ~ to confier à; **~ with** charger de.
entry entrée *f*; inscription *f* (*dans une liste etc.*).
enumerate énumérer.
envelop envelopper.
envelope enveloppe *f*.
env|iable enviable; digne d'envie; **~ious** envieux; **~y** envie *f*; envier (**s.o. s.th.** qc. à q.).
epidemic épidémique; épidémie *f*.
epilepsy ['epilepsi] épilepsie *f*.
episcopa|l épiscopal; **~te** épiscopat *m*; évêché *m*.
episode ['episəud] épisode *m*.
epitaph épitaphe *f*.
epoch ['i:pɔk] époque *f*; **~-making** qui fait époque.

equal ['i:kwəl] égal (*m*); **~ to** à la hauteur de; **my ~s** *pl.* mes pareils *m/pl.*; *v.* égaler; **not to be ~(l)ed** sans égal; **~ity** égalité *f*; **~ize** égaliser.
equanimity tranquillité *f* d'esprit; impassibilité *f*.
equation équation *f*.
equator équateur *m*.
equilibrium équilibre *m*.
equinox équinoxe *m*.
equip équiper; munir; **~ment** équipement *m*; outillage *m*; appareils *m/pl.*
equitable équitable; juste.
equivalent [i'kwivələnt] équivalent (*m*).
equivocal [i'kwivəkəl] équivoque; ambigu.
era ['iərə] ère *f*; époque *f*; âge *m*.
erase [i'reiz] effacer (*a. fig.*); *fig.* oblitérer; **~r** grattoir *m*; gomme *f*.
erect droit; debout; ériger; élever (*statue*); **~ion** érection *f*; construction *f*.
eremite ermite *m*.
ermine hermine *f*.
erode [i'rəud] éroder; ronger.
err [ə:] faire erreur; pécher; **~ from** s'écarter de.
errand ['erənd] commission *f*; course *f*; **~-boy** garçon *m* de courses.
erroneous [i'rəunjəs] erroné.
error erreur *f*, faute *f*.
erudition érudition *f*.
eruption [i'rʌpʃən] éruption *f* (*a. méd.*).
escalator escalier *m* mécanique.
escap|ade escapade *f*; **~e** (s')échapper (à); éviter; s'évader; fuite *f*; **have a narrow ~e** l'échapper belle.
escort escorte *f*; escorter.
especial [is'peʃəl] spécial; particulier; **~ly** particulièrement, surtout.
essay ['esei] essai *m*.
essential [i'senʃəl] essentiel, indispensable.
establish [is'tæbliʃ] établir; fonder; créer; mettre à point; **~ment** établissement *m*; fondation *f*; (train *m* de) maison *f*; **the ~ment** les milieux *m/pl.* établis.
estate [is'teit] propriéte *f* foncière; immeuble *m*; **personal ~** biens *m/pl.* mobiliers; **real ~** biens-fonds *m/pl.*
esteem estime *f*, considération *f*; estimer.
estimable ['estiməbl] estimable; digne d'estime.
estimat|e ['estimeit] estimer; évaluer; juger; apprécier; **~e** ['estimit] calcul *m*; devis *m* (estimatif); **~ion** opinion *f*; estimation *f*.
estrange s'aliéner l'affection de, éloigner; **~ment** aliénation *f*.
etern|al éternel; sans fin; **~ity** éternité *f*.
ether ['i:θə] éther *m*; **~eal** éthéré; *fig.* impalpable.
ethics *pl.* éthique *f*.
Europe ['juərəp] Europe *f*;

~an européen; Européen *m*.
evacuate [i'vækjueit] évacuer.
evade éviter (de).
evaluat|e évaluer; **~ion** évaluation *f*.
evaporat|e (faire) évaporer; s'évaporer.
evasive évasif.
eve [i:v] veille *f*.
even ['i:vən] égal; plat, uniforme; *nombre:* pair; *adv.* même; encore; seulement; **not ~** même pas; **~ if, ~ though** même si; **~ so** tout de même.
evening soir *m*; soirée *f*; **~ dress** *hommes:* tenue *f* de soirée; *femmes:* robe *f* du soir.
evenness égalité *f*; calme *m*; sérénité *f*.
event [i'vent] événement *m*; cas *m*; *sport* réunion *f* sportive; **at all ~s** en tout cas; **~ful** mémorable; mouvementé; **~uality** éventualité *f*; **~ually** finalement.
ever jamais; toujours; **~ so** très, infiniment; **~ since** depuis lors; **for ~** à tout jamais; **~lasting** éternel; **~more** pour toujours.
every chaque; tous les; **~ now and then** de temps en temps; **~ other day** tous les deux jours; **~day** de tous les jours; quotidien; **~one**, **~body** chacun; tout le monde; **~thing** tout; **~ time** chaque fois (que); **~where** partout.
eviden|ce ['evidəns] évidence *f*; preuve *f*; témoignage *m*; **~t** évident, clair.
evil ['i:vl] mauvais; méchant; mal *m*; malheur *m*; **~-doer** malfaiteur *m*; **~-minded** malveillant.
evince manifester.
evolution [i:və'lu:ʃən] développement *m*; évolution *f*.
exact exact; précis; exiger; **~itude**, **~ness** exactitude *f*; **~ly** précisément; (tout) au juste; **~ly!** *a.* c'est ça!
exaggerat|e [ig'zædʒəreit] exagérer; **~ion** exagération *f*.
exaltation exaltation *f*.
examin|ation [igzæmi'neiʃən] examen *m*; inspection *f*; **~e** examiner; visiter (*bagages*); interroger; **~er** examinateur *m*.
example exemple *m*; précédent *m*; **for ~** par exemple.
exasperat|e exaspérer; **~ion** exaspération *f*.
excavat|e excaver; **~ion** excavation *f*; fouille *f*.
exceed excéder, dépasser; surpasser (**in** en); **~ingly** extrêmement.
excel surpasser; exceller (**in**, **at** dans); **~lence** excellence *f*; perfection *f*; **£lency** Excellence *f*; **~lent** excellent; parfait.
except [ik'sept] excepter, exclure; *prp.* excepté; sauf; **~ for** à l'exception de; **~ion** exception *f*; objection *f*; **~ional** exceptionnel.
excess excès *m*; **~ fare** supplément *m*; **~ baggage**, **~ luggage** excédent *m* de

bagages; ~ **postage** surtaxe *f* postale; **~ive** excessif; immodéré.
exchange [iks'tʃeindʒ] échanger (**for** contre); faire un échange de; échange *m*; traite *f*; Bourse *f*; central *m* (téléphonique); **in** ~ en échange (**for** de); **foreign** ~ devises *f/pl.* étrangères; **~able** échangeable (**for** pour, contre).
Exchequer [iks'tʃekə] Trésor *m* public; ministère *m* des Finances.
excise régie *f*; contributions *f/pl.* indirectes.
excit|able excitable; irritable; **~e** exciter; **get ~ed** s'emballer; **~ement** agitation *f*; émoi *m*; **~ing** passionnant.
exclaim s'écrier.
exclamation exclamation *f*.
exclu|de exclure; écarter; **~sion** exclusion *f*; refus *m* d'admission (**from** à).
exclusive exclusif; *cercle*: très fermé; ~ **of** non compris.
excursion [ik'skə:ʃən] excursion *f*; promenade *f*, sortie *f*; **~ist** excursionniste *m, f*.
excus|able excusable; **~e** [ik'skju:s] excuse *f*; prétexte *m*; *v.* [ik'skju:z] excuser; pardonner.
execrate exécrer; détester.
execut|e ['eksikju:t] exécuter; effectuer; **~ion** exécution *f*; **~ive** (pouvoir *m*) exécutif *m*.
exempl|ary exemplaire; typique; **~ify** démontrer; servir d'exemple à.
exempt [ig'zempt] **from** exempt de; exempter de.
exercise ['eksəsaiz] exercice *m*; devoir *m*, thème *m*; **take** ~ prendre de l'exercice; *v.* exercer; pratiquer.
exert [ig'zə:t] **o.s.** se donner du mal; **~ion** effort *m*.
exhal|ation exhalaison *f*; **~e** [eks'heil] exhaler.
exhaust [ig'zɔ:st] épuiser; vider; échappement *m*; ~ **gas** gaz *m* d'échappement; **~ion** épuisement *m*; **~ive** complet, approfondi, exhaustif; **~-pipe** tuyau *m* d'échappement.
exhibit [ig'zibit] exposer; montrer; faire preuve de; **~ion** exposition *f*; étalage *m*; démonstration *f*; **~or** exposant *m*.
exhilarate égayer; ranimer.
exhort exhorter; **~ation** exhortation *f*.
exile exil *m*; exilé *m*; exiler, bannir (**from** de).
exist exister; être; vivre; **~ence** existence *f*; vie *f*; **~ent** existant.
exit ['eksit] sortie *f*; ~ **permit** permis *m* de sortir.
exorbitant [ig'zɔ:bitənt] exorbitant.
exotic [ig'zɔtik] exotique.
expan|d (s')étendre; (se) dilater; **~se** étendue *f*; **~sion** expansion *f*; dilatation *f*; **~sive** expansif; étendu.
expect attendre; **~ant** qui

attend; ~**ant mother** femme *f* enceinte; ~**ation** attente *f*; espoir *m*.
expedient [ik'spi:diənt] expédient (*m*).
expedit|e ['ekspidait] accélérer; hâter; ~**ion** [ekspi'diʃən] expédition *f*.
expel expulser, chasser.
expen|d dépenser; consacrer (*temps*); ~**diture** dépense *f*; ~**se** dépenses *f*/*pl*.; frais *m*/*pl*.; ~**sive** cher, coûteux.
experience [ik'spiəriens] expérience *f*; aventure *f*; éprouver; ~**d** expérimenté.
experiment [ik'sperimənt] expérience *f*; essai *m*; [ik'speriment] expérimenter.
expert ['ekspə:t] expert (*m*); habile (**at** à).
expir|ation expiration *f*; échéance *f*; ~**e** [ik'spaiə] expirer; ~**y** expiration *f*, terme *m*.
expl|ain expliquer; ~**anation** explication *f*; ~**icable** explicable.
explicit [ik'splisit] explicite.
explode exploser; (faire) sauter.
exploit [ik'splɔit] exploiter; ~**ation** exploitation *f*.
explor|ation exploration *f*; ~**e** explorer; ~**er** explorateur *m*.
explos|ion explosion *f*; ~**ive** explosif (*m*).
export ['ekspɔ:t] exportation *f*; ~**s** *pl*. marchandises *f*/*pl*. exportées; ~ **licence** licence *f* d'exportation; ~ **trade** commerce *m* d'exportation; *v*. [ek'spɔ:t] exporter; ~**ation** exportation *f*; ~**er** exportateur *m*.
expos|e exposer (*a. phot.*) (**to** à); *fig*. démasquer, dévoiler; ~**ure** exposition *f* (*a. phot.*); ~**ure meter** photomètre *m*.
express formel; exprès (*m*); *ch. d. f.* rapide *m*; ~ **letter** lettre *f* exprès; *v*. exprimer; ~**ive** expressif.
expropriat|e exproprier; ~**ion** expropriation *f*.
exquisite ['ekskwizit] exquis; délicat; délicieux.
extant existant, qui existe.
extemporize [ik'stempəraiz] improviser.
extend (s')étendre; (se) prolonger; tendre (*main*).
extensi|ble extensible; ~**on** extension *f*; prolongation *f*; *télé*. poste *m*; ~**on cord** rallonge *f*; ~**on table** table *f* à rallonges; ~**ve** étendu; vaste.
extent étendue *f*; importance *f*; **to a certain** ~ jusqu'à un certain point.
extenuate atténuer.
exterior [ek'stiəriə] extérieur (*m*); en dehors.
exterminate exterminer.
external [ek'stə:nl] extérieur; du dehors.
extinct éteint (*a. fig.*); ~**ion** extinction *f*.
extinguish éteindre; exterminer; ~**er** extincteur *m*.
extirpat|e ['ekstə:peit] extir-

per; **~ion** extirpation *f.*
extol porter aux nues.
extort extorquer, arracher; **~ion** extorsion *f.*
extra en plus; supplémentaire; extra *m*; **~s** *pl.* dépenses *f/pl.* supplémentaires; suppléments *m/pl.*; à-côtés *m/pl.*
extract extrait *m*; concentré *m*; extraire; **~ion** extraction *f*; origine *f.*
extraneous [ek'streinjəs] extérieur; étranger.
extraordinary [ik'strɔ:dnri] extraordinaire.
extravagan|ce [ik'strævəgəns] extravagance *f*; prodigalité *f*; **~t** extravagant; prodigue.
extreme [ik'stri:m] extrême (*m*).
extremity extrémité *f*; point *m* extrême.
exuberan|ce exubérance *f*; **~t** exubérant.
exult [ig'zʌlt] exulter; **~ation** exultation *f.*
eye [ai] œil *m* (*pl.* yeux); *aiguille*: trou *m*; **keep an ~ on** surveiller; **open s.o.'s ~s** désabuser q.; *v.* observer, regarder; **~ball** globe *m* oculaire; **~brow** sourcil *m*; **~-catching** accrocheur; **~-lash** cil *m*; **~lid** paupière *f*; **~-liner** traceur *m* pour la paupière; **~-opener** révélation *f*; **~sight** vue *f*; **~wash** boniments *m/pl.*; **~witness** témoin *m* oculaire; assister à.

F

fab épatant.
fable fable *f*; conte *m.*
fabric tissu *m*; édifice *m*; structure *f*; **~ate** fabriquer; inventer.
faboulous ['fæbjuləs] fabuleux.
face [feis] visage *m*; cadran *m*; **on the ~ of it** à première vue; **~ cream** crème *f* de beauté; **~ value** valeur *f* nominale; *v.* faire face à.
facetious [fə'si:ʃəs] facétieux, plaisant.
facil|e ['fæsail] facile; insouciant; complaisant; **~itate** faciliter; **~ities** *pl.* moyen *m*; installation *f*; possibilité *f*; **~ity** facilité *f.*
facing revêtement *m.*
fact fait *m*; réalité *f*; **in ~** en réalité.
faction faction *f.*
factitious [fæk'tiʃəs] faux; factice.
factor facteur *m.*
factory fabrique *f*; usine *f.*
faculty faculté *f.*
fad marotte *f*; lubie *f*; toquade *f*; mode *f.*
fad|e se faner; déteindre; s'affaiblir; **~e away** disparaître; **~ing** *radio* fading *m.*
fag[1] (s')éreinter.
fag[2] *fam.* cigarette *f*, sèche *f.*
fail manquer, rater; échouer;

faire défaut (à); *com.* faire faillite; ~ **to do** ne pas faire; **without** ~ sans faute; ~**ure** échec *m*; défaut *m*; raté *m*; faillite *f*.
faint [feint] faible; léger; vague; s'évanouir; ~**-hearted** lâche; ~**ness** faiblesse *f*; vertige *m*.
fair[1] [fɛə] beau; juste; loyal, sport; (*a.* ~**-haired**) blond; ~ **copy** mise *f* au net; ~ **play** fair play *m*; traitement *m* juste.
fair[2] [fɛə] foire *f*.
fair|ly passablement, assez; ~**ness** beauté *f*; impartialité *f*.
fairy ['fɛəri] fée *f*.
faith [feiθ] foi *f*; confiance *f*; croyance *f*; ~**ful** fidèle; loyal; ~**less** infidèle; perfide.
fake chose *f* truquée; trucage *m*; faux, truqué; truquer; ~ **up** inventer, fabriquer.
falcon ['fɔ:lkən] faucon *m*.
fall chute *f*; baisse *f*; *Am. a.* automne *m*; tomber; baisser; ~ **for** être dupe de; tomber amoureux de; ~ **in** s'écrouler; ~ **short of** ne pas atteindre, être au-dessous de.
fallen *p.p. de* **fall**.
fallow-deer daim *m*.
false [fɔ:ls] faux; artificiel; infidèle; ~ **key** fausse clef *f*; rossignol *m*; ~ **teeth** *pl.* dentier *m*; ~**hood** fausseté *f*; mensonge *m*.
falsi|fication falsification *f*; ~**fy** falsifier; fausser.
falter chanceler; balbutier.
fame renommée *f*; ~**d for** renommé pour.
familiar familier (**to** à); intime; bien connu (**to** de); ~**ity** familiarité *f*; ~**ize** familiariser.
family famille *f*; ~ **name** nom *m* de famille.
famine ['fæmin] famine *f*.
famous ['feiməs] célèbre; renommé.
fan[1] éventail *m*; ventilateur *m*; (s') éventer.
fan[2] *sport etc.* fervent *m*, mordu *m*.
fanatic fanatique (*m*); ~**ism** fanatisme *m*.
fanciful fantaisiste; fantasque.
fancy ['fænsi] imagination *f*; fantaisie *f*; caprice *m*, goût *m*; **take a** ~ **to** se prendre d'affection pour; *v.* (s')imaginer, se figurer; avoir envie de; ~ **articles** *pl.* objets *m/pl.* de luxe; ~ **dress** travesti *m*, costume *m*; ~ **goods** *pl.* nouveautés *f/pl.*; ~**-work** broderie *f*.
fantastic fantastique.
far loin; **as** ~ **as** jusqu'à; autant que; ~ **better** beaucoup mieux; **by** ~ de beaucoup; **so** ~ jusqu'ici; ~**-away** éloigné.
farce farce *f*.
fare [fɛə] prix *m* (du voyage); *taxi*: client *m*; manger *m*, chère *f*, regime *m*; ~ **well**! adieu!; ~**well party** soirée *f* d'adieu.
far-fetched tiré par les che-

veux; forcé.
farm ferme *f*; cultiver; **~er** fermier *m*; **~house** ferme *f*.
far-off lointain, éloigné.
far-sighted *méd.* presbyte; *fig.* clairvoyant.
farth|er ['fɑ:ðə] plus éloigné; plus loin; **~est** le plus éloigné; le plus loin.
fascinat|e fasciner; **~ing** captivant, séduisant.
fashion ['fæʃən] mode *f*; vogue *f*; façon *f*; manière *f*; façonner, former; **~able** à la mode; élégant.
fast[1] rapide; ferme, fixe; *montre*: en avance; *ami*: fidèle; *tissu*: bon teint; *vie*: dissolu; vite; fermement; **~ train** (train *m*) rapide *m*; **be ~ asleep** dormir profondément.
fast[2] jeûner; **~-day** jour *m* de jeûne.
fasten ['fɑ:sn] (s')attacher; fixer; **~er** attache *f*; agrafe *f*; **patent** (*ou* **snap**) **~er** bouton-pression *m*.
fastidious difficile, délicat.
fat [fæt] gras; gros; graisse *f*.
fatal ['feitl] funeste; mortel; **~ity** fatalité *f*.
fate destin *m*; sort *m*.
father ['fɑ:ðə] père *m*; **~-in-law** beau-père *m*; **~ly** paternel.
fathom ['fæðəm] *mar.* brasse *f*; sonder; comprendre à fond, saisir; **~less** insondable.
fatigue [fə'ti:g] fatigue *f*; fatiguer.
fat|ness graisse *f*; embonpoint *m*; **~ty** graisseux.
fatuity sottise *f*; imbécilité *f*.
faucet ['fɔ:sit] robinet *m*.
fault [fɔ:lt] défaut *m*; faute *f*; imperfection *f*; **find ~ with** trouver à redire à; **~iness** imperfection *f*; **~less** parfait; **~y** défectueux.
favo(u)r ['feivə] faveur *f*; grâce *f*; service *m*; favoriser; **~ with** honorer de; **~able** favorable; **~ite** favori (*m*); préféré.
fawn fauve; faon *m*; **~ on** flagorner.
fear [fiə] crainte *f*; peur *f*; craindre; avoir peur de; **~ful** craintif; affreux; **~less** intrépide; sans peur.
feasible faisable; praticable; vraisemblable.
feast fête *f*; festin *m*; régal *m*; fêter; (se) régaler (**on** de).
feat [fi:t] exploit *m*.
feather ['feðə] plume *f*; **~ed** emplumé.
featur|e ['fi:tʃə] trait *m* (du visage); caractéristique *m*; **~e film** grand film *m*; *v.* caractériser; mettre en vedette; **a film ~ing N.N.** un film avec N.N. en vedette.
February février *m*.
fed *prét. et p.p. de* **feed**; **be ~ up** *fam.* en avoir marre (**with** de).
federa|l fédéral; **~lize, ~te** (se) fédérer; **~tion** fédération *f*; syndicat *m*.
fee honoraires *m/pl.*; frais

m/pl.; droit *m*; taxe *f*.
feeble faible; **~ness** faiblesse *f*.
feed nourriture *f*; pâture *f*; (se) nourrir, (s')alimenter (**on** de).
feeding alimentation *f*; **~-bottle** biberon *m*.
feel sentir; ressentir; éprouver; être sensible à; **how do you ~?** comment vous trouvez-vous?; **I ~ like doing** j'ai envie de faire; **~er** antenne *f*; **~ing** sentiment *m*; émotion *f*.
feign [fein] feindre.
fell[1] *prét. de* **fall**.
fell[2] abattre; assommer.
fellow camarade *m*; compagnon *m*; type *m*, gars *m*; membre *m*; **~ citizen** concitoyen *m*; **~-travel(l)er** compagnon *m* de voyage.
felt[1] *prét. et p.p. de* **feel**.
felt[2] feutre *m*; (se) feutrer.
female ['fi:meil] féminin; *animal*: femelle *f*.
feminine ['feminin] féminin.
fen marais *m*, marécage *m*.
fenc|e [fens] clôture *f*; (*a.* **~ in**) enclore; *sport* faire de l'escrime; **~ing** clôture *f*; *sport* escrime *f*; **~ing foil** fleuret *m*.
fend off détourner, parer.
fender garde-feu *m*; *Am. mot.* garde-boue *m*.
ferment ['fə:ment] ferment *m*; [ə:ment] (faire) fermenter; **~ation** [fə:men'teiʃən] fermentation *f*.
fern fougère *f*.
ferocious [fə'rəuʃəs] féroce.
ferret furet *m*; fureter; **~ out** dépister.
ferry bac *m*; **~-boat** bac *m*; ferry-boat *m*.
fertil|e fertile (**in** en); **~ity** fertilité *f*; **~ize** ['fə:tilaiz] fertiliser; **~izer** engrais *m*.
ferv|ent ['fə:vənt] **~id** ardent (*a. fig.*); **~o(u)r** ardeur *f*; ferveur *f*.
festiv|al festival *m*; **~e** de fête, joyeux; **~ity** fête *f*.
fetch aller chercher; apporter; rapporter (*prix*).
feud [fju:d] inimitié *f*.
fever ['fi:və] fièvre *f*; **~ed**, **~ish** fiévreux.
few [fju:] peu (de); peu nombreux, rare; **a ~** quelques-uns *pl.*; quelques *pl*; **quite a ~** pas mal de.
fiancé(e) [fi'ɑ̃:ŋsei] fiancé(e *f*) *m*.
fibr|e ['faibə] fibre *f*.
fickle inconstant, changeant; **~ness** inconstance *f*.
fiction fiction *f*; littérature *f* d'imagination.
fiddle violon *m*; jouer du violon; *fam.* maquiller, truquer; **~ with** tripoter.
fidelity fidélité *f*, loyauté *f*.
fidget ['fidʒit] bouger, gigoter; **~y** agité, nerveux.
field champ *m*; *sport* terrain *m*; *fig.* domaine *m*; **~-glasses** *pl.* jumelles *f/pl.*; **~-sports** *pl.* la chasse et la pêche.
fierce [fiəs] féroce; violent; **~ness** férocité *f*; violence *f*.
fiery ['faiəri] de feu; en-

flammé; ardent.
fifteen quinze.
fifty cinquante.
fig figue *f*.
fight [fait] combat *m*; lutte *f*; combattre: se battre (avec).
figure ['figə] forme *f*; taille *f*; chiffre *m*; (se) représenter; (se) figurer; ~ **out** calculer.
filament filament *m*; filet *m*.
file[1] classeur *m*; fichier *m*; dossier *m*; file *f*; classer; enregistrer.
file[2] lime *f*; limer.
filigree filigrane *m*.
filings *pl.* limaille *f* de fer.
fill (se) remplir; ~ **in** *ou* **out** remplir (*formule*); ~ **up** *auto* faire le plein.
fillet ['filit] filet *m*.
filling remplissage *m*; *dent:* plombage *m*; ~**-station** station-service *f*.
film pellicule *f*; film *m*; filmer.
filter filtre *m*; filtrer; tamiser; ~ **into** s'infiltrer dans; ~**-tip** bout filtre (*m*).
filth saleté *f*; ~**y** sale.
fin [fin] nageoire *f*.
final ['fainl] final; dernier; définitif; *sport* finale *f*.
financ|e [fai'næns] finance *f*; financer; ~**ial** financier.
find découverte *f*, trouvaille *f*; trouver; ~ **guilty** déclarer coupable; ~ **out** découvrir, savoir; ~**er** trouveur *m*; *phot.* viseur *m*.
fine[1] [fain] fin; subtil; bon; excellent; délicat; **be feeling** ~ aller bien.
fine[2] [fain] amende *f*; contravention *f*; infliger une amende à; flanquer une contravention à.
finger ['fiŋgə] doigt *m*; manier, toucher; ~**-print** empreinte *f* digitale.
finish finir; (se) terminer; ~**ing touch** dernière main *f*: coup *m* de pouce.
Finland Finlande *f*.
Finn Finlandais *m*; ~**ish** finlandais.
fir [fə:] sapin *m*.
fire ['faiə] feu *m*; mettre le feu à; tirer (*coup de fusil*); faire partir (*fusil*); *fam.* renvoyer, flanquer à la porte; ~**-brigade,** ~ **department** sapeurs-pompiers *m/pl.*; ~**-escape** escalier *m* de secours; ~**-extinguisher** extincteur *m*; ~**-insurance** assurance-incendie *f*; ~**-place** cheminée *f*, foyer *m*; ~**proof** incombustible, ignifuge; ~**-work** feu *m* d'artifice.
firm [fə:m] ferme; solide; *com.* maison *f*, firme *f*; ~**ness** fermeté *f*; solidité *f*.
first [fə:st] premier; premièrement; d'abord; **at** ~ d'abord; ~ **of all** tout d'abord; ~ **aid** premier secours *m;* ~**-aid kit** trousse *f* de secours; ~**-class**, ~**-rate** de première qualité; ~ **name** prénom *m*.
fish poisson *m*; pêcher; ~**-bone** arête *f*.
fisher|man pêcheur *m*; ~**y**

pêche *f*; *lieu:* pêcherie *f*.

fishing pêche *f*; ~ **licence** permis *m* de pêche; ~**-rod** canne *f* à pêche; ~**-tackle** attirail *m* de pêche.

fish|-shop poissonnerie *f*; ~**y** louche, pas catholique.

fissure ['fiʃə] fissure *f*, fente *f*; fendre.

fist poing *m*.

fit en forme; en bonne santé; bon, propre (**to** à); capable (**for** de); digne (**for** de); ~ **to drink** potable; **see** ~ trouver bon; *v. vêtements etc.*: aller bien; (s')ajuster; (s')adapter; munir (**with** de); ~ **in** (faire) cadrer (**with** avec); ~ **out** équiper; ~ **up** monter; *su. med*; crise *f*, attaque *f*, accès *m*; ~**ness** convenance *f*; bonne forme; ~**ter** monteur *m*; ajusteur *m*; ~**ting** convenable, propre; montage *m*; *vêtements:* essayage *m*; ~**tings** *pl.* installations *f*/*pl.*; appareillage *m*.

five [faiv] cinq.

fix fixer; préparer, faire; réparer; déterminer; nommer (*jour*); ~ **up** arranger; installer; *su.* embarras *m*, pétrin *m*; **in a** ~ dans le pétrin; ~**ed** fixe; invariable.

fizz pétiller; siffler.

flabbergast abasourdir, épater, bouleverser.

flabby, **flaccid** flasque, mou.

flag drapeau *m*; pavillon *m*; languir, faiblir; ~**stone** dalle *f*.

flake flocon *m*; écaille *f*; (s')écailler.

flame flamme *f*; *fig.* passion *f*; flamber (*a. fig.*); ~ **up** s'enflammer.

flank flanc *m*; flanquer.

flannel flanelle *f*; ~**s** *pl.* pantalon *m* en flanelle.

flap pan *m*; battre.

flare [flɛə] flamboyer; ~ **up** *personne:* s'emballer.

flash éclair *m*. éclat *m*; briller; étinceler; ~**bulb** ampoule *f* (de) flash; ~**-light** torche *f* électrique; *phot.* flash *m*; ~**y** tapageur.

flask [flɑ:sk] flacon *m*.

flat (à) plat; insipide; *refus:* net; plaine *f*; appartement *m*; *Am. a.* pneu *m* crevé; *mus.* bémol *m*; ~**-iron** fer *m* à repasser; ~**let** studio *m*; ~**ten** (s')aplatir, (s')aplanir.

flatter flatter; ~**er** flatteur *m*; ~**y** flatterie *f*.

flatulen|ce, ~**cy** flatulence *f*.

flavo(u)r ['fleivə] saveur *f*; goût *m*; arôme *m*; assaisonner; parfumer.

flaw [flɔ:] défaut *m*; défectuosité *f*; imperfection *f*.

flax lin *m*.

flea [fli:] puce *f*.

fled *prét. et p.p. de* **flee.**

flee [fli:] s'enfuir; ~ **from** fuir.

fleec|e [fli:s] toison *f*; tondre; *fig.* écorcher; ~**y** floconneux; moutonné.

fleet flotte *f*.

flesh chair *f*; ~**y** charnu.

flew *prét. de* **fly.**

flex *élec.* fil *m* souple; **~ibility** flexibilité *f*; **~ible** souple; pliant.
flicker vaciller, osciller.
flier ['flaiə] aviateur *m*.
flight [flait] vol *m*; fuite *f*; **~ of stairs** escalier *m*.
flims|iness légèreté *f*; *fig.* trivialité *f*; **~y** léger; fragile; *fig.* frivole.
flinch reculer (**from** devant); tressaillir.
fling lancer, jeter.
flint caillou *m*; pierre *f* à briquet.
flip jeter; *boisson*: flip *m*.
flirt [flə:t] flirter; **~ation** flirt *m*; amourette *f*.
flit voltiger, voleter.
flitch flèche *f* de lard.
float [fləut] flotteur *m*; radeau *m*; mettre à flot; flotter, nager.
floating *com.* floating *m*.
flock troupeau *m*; bande *f*; *fig.* foule *f*; s'attrouper.
flog fouetter; éreinter.
flood [flʌd] déluge *m*, inondation *f*; marée *f* montante; inonder; **~-gate** écluse *f*; **~-light** illumination *f*; illuminer.
floor [flɔ:] plancher *m*; parquet *m*; étage *m*; aire *f*; **take the ~** prendre la parole; *v.* renverser; **~ show** spectacle *m* de variétés.
flop échec *m*, four *m* (noir).
florist fleuriste *m, f*.
flounder ['flaundə] carrelet *m*; patauger, se débattre.
flour ['flauə] farine *f*.
flourish ['flʌriʃ] arabesque *f*; fanfare *f*; fleurir; prospérer; brandir.
flow [fləu] courant *m*, cours *m*; flux *m*; couler, s'écouler; circuler; flotter.
flower ['flauə] fleur *f*; **~ shop** fleuriste *m*.
flu [flu:] = **influenza** grippe *f*.
fluctuat|e fluctuer; varier; **~ion** fluctuation *f*.
fluen|cy facilité *f*; **~t** courant, facile.
fluff duvet *m*; **~y** duveteux.
fluid fluide (*m*).
flung *prét. et p.p. de* **fling**.
flurry ['flʌri] agitation *f*; rafale *f* (de neige); exciter.
flush rougeur *f*; chasse *f* d'eau; (faire) rougir; **~ with** au même niveau que, à fleur de.
flute [flu:t] flûte *f*.
flutter voltiger; s'agiter.
fly [flai] mouche *f*; voler; survoler; **~ open** s'ouvrir subitement; **~er** = **flier.**
flying volant; d'aviation; **~ sickness** mal *m* de l'air; **~ squad** brigade *f* mobile; **~ visit** visite *f* courte.
foal [fəul] poulain *m*.
foam [fəum] écume *f*; mousse *f*; écumer; mousser; **~ rubber** caoutchouc *m* mousse; **~y** écumeux.
f.o.b. = **free on board**.
fob off refiler, fourguer (**on**[**to**] à); payer (**with** de *promesses etc.*).
focus foyer *m*; *opt.* (faire)

converger; (se) concentrer (**on** sur).

fog brouillard *m*; brume *f*; **~gy** brumeux.

foil lame *f*, feuille *f*; tain *m*; *fig.* repoussoir *m*; déjouer; faire échouer.

fold pli *m*, repli *m*; plier; plisser; **~ up** plier; **~er** plieur *m*; plioir *m*; prospectus *m*; classeur *m*.

folding| boat canot *m* pliable; **~ chair** pliant *m*.

foliage ['fəuliidʒ] feuillage *m*.

folk [fəuk] peuple *m*; gens *m/pl.*; **my ~s** *pl.* ma famille; **~lore** folklore *m*; **~-song** chanson *f* populaire; chanson *f* de folk.

follow suivre; **~ up** poursuivre; **~er** partisan *m*; disciple *m*; **~ing** suivant.

folly folie *f*, sottise *f*.

foment [fəu'ment] fomenter; exciter.

fond affectueux; tendre, aimant; **be ~ of** aimer; être amateur de.

fondle caresser.

fondness tendresse *f*; affection *f*.

food nourriture *f*; aliments *m/pl.*; **~ poisoning** intoxication *f* alimentaire; **~-shortage** pénurie *f* de vivres; **~-stuff** aliments *m/pl.*

fool fou *m*; sot *m*; imbécile *m*; duper, berner; faire l'idiot; **~ish** bête; sot; **~proof** indétraquable; à toute épreuve.

foot (*pl.* **feet**) pied *m*; **on ~** à pied; **~ball** football *m*; **~ball match** match *m* de football; **~ing** position *f*; état *m*; équilibre *m*; **~-lights** *pl. thé.* rampe *f*; **~path** sentier *m*; trottoir *m*; **~step** pas *m*; trace *f*; **~wear**, *Am.* **~gear** chaussures *f/pl.*

fop fat *m*, dandy *m*.

for [fɔ:] pour; comme; car.

forbear [fɔ:'bɛə] s'abstenir (de); **~ance** abstention *f*; indulgence *f*.

forbid défendre; interdire.

force [fɔ:s] force *f*; contrainte *f*; **in ~** en vigueur; *v.* contraindre; forcer; **~ one's way in(to)** (*or* **through**) pénétrer de force; **~ open** ouvrir de force; **~d landing** atterrissage *m* forcé.

forcible ['fɔ:səbl] de (*ou* par) force; forcé.

fore|bode présager, pressentir; **~cast** prévision *f*; **~finger** index *m*.

foreign ['fɔrin] étranger; **~ currency** devises *f/pl.* étrangères; **the ⁓ Office** le ministère des Affaires étrangères; **~ policy** politique *f* extérieure; **~ trade** commerce *m* extérieur; **~er** étranger *m*.

fore|ground premier plan *m*; **~land** promontoire *m*; **~leg** jambe *f* de devant; **~man** chef *m* du jury; chef *m* d'équipe; contremaître *m*; **~most** premier; le plus avancé; **~runner** précurseur *m*;

~see prévoir; **~sight** prévoyance *f*.
forest forêt *f*; **~er**, **~-ranger** garde *m* forestier.
foretaste avant-goût *m*.
forfeit ['fɔ:fit] gage *m*; amende *f*; punition *f*; **~s** *pl.* gages *m/pl.*; perdre.
forge [fɔ:dʒ] forge *f*; forger; contrefaire; **~r** forgeron *m*; faussaire *m*.
forget oublier; **~ful** oublieux (**of** de); **~-me-not** myosotis *m*.
forgive pardonner; **~ness** pardon *m*; indulgence *f*.
forgot *prét. de* **forget.**
forgotten *p.p. de* **forget.**
fork fourchette *f*; fourche *f*; bifurquer; **~ out** *fam.* payer, allonger.
form forme *f*; formule *f*; banc *m*; *école*: classe *f*; **good ~** bon ton *m*; *v.* (se) former; **~al** formel; **~ality** formalité *f*.
former précédent; ancien; **the ~** celui-là; **~ly** autrefois; jadis.
formidable ['fɔ:midəbl] formidable.
formless informe.
formul|a formule *f*; **~ate** (se) formuler.
forsake abandonner.
forsaken *p.p. de* **forsake.**
forsook *prét. de* **forsake.**
forswear renoncer à; **~ oneself** se parjurer.
fort [fɔ:t] fort *m*; château *m* fort.
forth: **and so ~** et ainsi de suite; **~coming** prochain; futur; **~with** tout de suite.
fortify fortifier (*a. fig.*).
fortnight ['fɔ:tnait] quinze jours *m/pl.*; quinzaine *f*; **~ly** bimensuel; tous les quinze jours.
fortress forteresse *f*.
fortuitous [fɔ:'tju:itəs] fortuit.
fortunate ['fɔ:tʃnit] fortuné; propice; **~ly** par bonheur.
fortune ['fɔ:tʃən] fortune *f*; destinée *f*; chance *f*; **~-teller** diseuse *f* de bonne aventure.
forty quarante.
forward ['fɔ:wəd] de devant; en avant; *adj.* avancé; effronté; indiscret; *su. football*: avant *m*; *v.* expédier; **~ing agent** expéditeur *m*.
foster nourrir; élever; encourager; **~-child** nourrisson *m*; **~-parents** *pl.* parents *m/pl.* nourriciers.
fought *prét. et p.p. de* **fight.**
foul [faul] infect; sale; dégoûtant; impur; grossier; déloyal; salir, souiller; *sport* violer la règle.
found[1] *prét. et p.p. de* **find.**
found[2] fonder; établir; **~ation** fondation *f*; fondement *m*; **~er** fondateur *m*.
foundling enfant *m* trouvé.
fountain ['fauntin] fontaine *f*; jet *m* d'eau; **~-pen** stylo *m*.
four [fɔ:] quatre; **~-seater** voiture *f* à quatre places; **~teen** quatorze.
fowl [faul] poule *f*; volaille *f*;

oiseaux *m/pl.*
fox renard *m.*
fraction fraction *f*; *fig.* fragment *m.*
fracture ['fræktʃə] fracture *f*; (se) fracturer, (se) briser.
fragil|e ['frædʒail] fragile; faible; **~ity** fragilité *f*; faiblesse *f.*
fragment ['frægmənt] fragment *m*; morceau *m.*
fragran|ce ['freigrəns] parfum *m*; bonne odeur *f*; **~t** parfumé; odoriférant.
frail fragile; délicat; **~ty** fragilité *f*; faiblesse *f.*
frame cadre *m*; forme *f*; châssis *m*; **~ of mind** état *m* d'esprit; *v.* (se) former; façonner; encadrer; **~-up** coup *m* monté; **~work** charpente *f*; *fig.* cadre *m.*
France [frɑ:ns] France *f.*
franchise ['fræntʃaiz] droit *m* de vote.
frank franc; **~ly** franchement; **~ness** franchise *f.*
frantic frénétique; fou.
fratern|al [frə'tə:nl] fraternel; **~ity** fraternité *f*; *Am.* société *f* de collégiens.
fraud [frɔ:d] fraude *f*; **~ulent** frauduleux.
fray bagarre *f*, rixe *f*; s'érailler.
freckles *pl.* taches *f/pl.* de son.
free libre, exempt (**from, of** de); généreux; aisé; gratuit; **~ on board** franco à bord; **~ kick** *sport* coup *m* franc; **~ trade** libre échange *m*; **set ~** libérer; dégager; *v.* libérer (**from** de); **~dom** liberté *f*; exemption *f.*
freemason franc-maçon *m.*
freez|e [fri:z] (se) geler; se glacer; **~ing-point** point *m* de congélation.
freight [freit] fret *m* (*a. prix*); (af)fréter; **~er** navire *m* de charge.
French [frentʃ] français; **~ dressing** sauce *f* à l'huile et au vinaigre; **~ fries** *pl. Am.* (pommes) frites *f/pl.*; **the ~** *pl.* les Français *m/pl.*; **~man** Français *m*; **~woman** Française *f.*
frequen|cy fréquence *f*; **~t** fréquent; fréquenter, hanter, courir.
fresh frais; nouveau; récent; novice; **~ water** eau *f* douce; **~ness** fraîcheur *f*; nouveauté *f.*
fret irritation *f*; s'irriter; s'en faire; user.
fret|-saw scie *f* à découper; **~work** découpage *m.*
friar ['fraiə] moine *m*, frère *m.*
friction friction *f* (*a. fig.*).
Friday ['fraidi] vendredi *m*; **Good ~** Vendredi *m* saint.
fridge [fridʒ] frigo *m.*
fried [fraid] frit; **~ eggs** œufs *m/pl.* sur le plat.
friend [frend] ami *m*; copain *m*; **~ly** amical; d'ami; **~ship** amitié *f.*
fright [frait] peur *f*, effroi *m*, épouvante *f*; **~en** effrayer; **~ful** affreux.

frigid ['fridʒid] glacial; froid.
frill ruche *f*; jabot *m*; **~s** *pl.* façons *f/pl.*
fringe [frindʒ] frange *f*; **~s** *pl.* coiffure *f* à la chien.
frivol|ity frivolité *f*; légèreté *f* d'esprit; **~ous** frivole; futile, vain.
fro: go to and ~ aller et venir.
frock robe *f*; froc *m*.
frog grenouille *f*.
frolic s'ébattre.
from de; depuis; à partir de; par; par suite de.
front front *m*; devant *m*; façade *f*; de devant; premier; **in ~ of** devant; **~ wheel drive** traction *f* avant.
frontier ['frʌntjə] frontière *f*.
frost gelée *f*; givre *m*; **~-bitten** gelé; **~y** glacial.
froth écume *f*, mousse *f*.
frown [fraun] froncer les sourcils.
froze *prét. de* **freeze**.
frozen *p.p. de* **freeze**; (con)gelé; **~ meat** viande *f* frigorifiée.
frugal frugale; économe.
fruit [fru:t] fruit *m*; fruits *m/pl.*; **~erer** fruitier *m*; **~ful** fructueux; fécond; **~less** stérile; *fig.* vain.
frustrate frustrer; déjouer.
fry [frai] frai *m*; *cuis.* friture *f*; **small ~** menu fretin *m*; *v.* (faire) frire; **~ing-pan** poêle *f* à frire.
ft. = **foot; feet**.
fuel [fjuəl] combustible *m*; *mot.* essence *f*.
fugitive ['fju:dʒitiv] fugitif (*m*); exilé *m*.
fulfil [ful'fil] accomplir; réaliser; **~ment** accomplissement *m*.
full [ful] plein; rempli; entier; (*a.* **~ up**) complet; **~ board** pension *f* complète; **~ dress** grande tenue *f*; **~-length** (portrait *m*) en pied; **~ stop** point *m*.
ful(l)ness plénitude *f*.
fumble fouiller, farfouiller; tâtonner, tripoter.
fume [fju:m] fumée *f*; vapeur *f*; fumer (*a. fig.*).
fun plaisir *m*; plaisanterie *f*; rigolade *f*; **for ~** pour rigoler; pour s'amuser; **have ~** s'amuser; **make ~ of** rire de.
function fonction *f*; charge *f*; fonctionner.
fund fonds *m*, réserve *f*; **~s** *pl.* fonds *m/pl.*, argent *m*.
funeral ['fju:nərəl] enterrement *m*; obsèques *f/pl.*
fun fair foire *f*.
funicular railway funiculaire *m*.
funk frousse *f*, trac *m*.
funnel entonnoir *m*.
funny drôle, comique, rigolo; curieux; louche.
fur [fə:] fourrure *f*; **~ coat** manteau *m* de fourrure; **~red**, **~ry** fourré.
furious ['fjuəriəs] furieux.
furnace ['fə:nis] fourneau *m*; fournaise *f*.
furnish fournir (**to** à); munir (**with** de); meubler; **~ed**

room chambre *f* meublée.
furniture ['fə:nitʃə] meubles *m/pl.*; mobilier *m.*
furrow sillon *m*; cannelure *f*; sillonner; canneler.
further ['fə:ðə] plus éloigné; ultérieur; de plus; favoriser; avancer; **~more** en outre, de plus.
furtive ['fə:tiv] furtif.
fury ['fjuəri] furie *f*; fureur *f*; acharnement *m.*
fus|e [fju:z] fondre; fusionner; *plomb*: sauter; fusible *m*; plomb *m*; **~ion** fusion *f.*
fuss agitation *f*; façons *f/pl.*, chichis *m/pl.*, histoires *f/pl.*; faire des façons *etc.*; **~ about** s'affairer; faire l'empressé; **~y** affairé; chichiteux.
fusty qui sent le moisi; démodé.
futile ['fju:tail] futile; vain.
future ['fju:tʃə] futur (*m*); avenir *m.*

G

gab: have the gift of the ~ avoir la langue bien pendue.
gable pignon *m.*
gad about courir çà et là.
gadget ['gædʒit] machin *m*, truc *m.*
gag bâillon *m* (*a. fig.*); bâillonner (*a. fig.*); histoire *f*, blague *f.*
gaiet|y ['geiəti] gaieté *f*; **~ies** *pl.* réjouissances *f/pl.*
gain [gein] gain *m*; gagner; prendre (*poids etc.*); avancer; **~ful employment** travail *m* rémunéré.
gait [geit] allure *f.*
gale grand vent *m*; tempête *f.*
gall [gɔ:l] fiel *m*; bile *f*; *méd.* écorchure *f*; *fam.* culot *m*, toupet *m*; irriter.
gallery galerie *f.*
gallon gallon *m* (*4,54 litres*).
gallows potence *f*, gibet *m.*
gambl|e jouer (de l'argent); risque *m*; **~ing** jeu *m* de hasard.
game[1] jeu *m*; jouer.
game[2] gibier *m*; **~-licence** permis *m* de chasse.
game[3]**: I am ~** j'en suis.
gang clique *f*; bande *f.*
gangway passage *m*; couloir *m*; passerelle *f.*
gap trou *m*; brèche *f*; lacune *f*; vide *m*; interstice *m.*
gape bâiller; **~ at** regarder bouche bée.
garage ['gærɑ:ʒ] garage *m.*
garbage ['gɑ:bidʒ] ordures *f/pl.*; **~ can** poubelle *f.*
garden ['gɑ:dn] jardin *m*; **~er** jardinier *m.*
gargle gargarisme *m*; se gargariser.
garland ['gɑ:lənd] guirlande *f*; enguirlander.
garlic ail *m.*
garment ['gɑ:mənt] habit *m.*
garnish garnir (**with** de).
garret mansarde *f.*

garrison ['gærisn] garnison *f*.
garter jarretière *f*; *Am.* jarretelles *f/pl*.
gas [gæs] gaz *m*; *Am. auto.* essence *f*; **a ~** *fam.* marrant; **step on the ~** appuyer sur l'accélérateur; **~ cooker** cuisinière *f* à gaz; **~ station** *Am.* station-service *f*.
gash coupure *f*, balafre *f*, entaille *f*; entailler.
gasoline *Am.* essence *f*.
gasp souffler; haleter.
gastric ulcer ulcère *m* à l'estomac.
gate [geit] porte *f*; barrière *f*; **~way** passage *m*; portail *m*.
gather (s')assembler; ramasser; (re)cueillir; (re)prendre; (s')amasser; **~ from** conclure de.
gaudy ['gɔ:di] voyant, criard; fastueux.
gauge [geidʒ] calibre *m*; jauge *f*; indicateur *m*.
gauze [gɔ:z] gaze *f*.
gave *prét. de* **give**.
gay gai, allègre; brilliant.
gaze [geiz] regarder fixement.
gazette journal *m* officiel; mettre à l'officiel.
gear [giə] appareil *m*, attirail *m*; *auto* vitesse *f*; **~ to** adapter à; **change ~s, shift ~s** changer de vitesse; **~-box** boîte *f* de vitesses; **~ing** engrenage *m*; **~-lever,** *Am.* **~shift** levier *m* de vitesse.
gem [dʒem] pierre *f* précieuse; joyau *m*.
gender genre *m*.
general ['dʒenərəl] général; en chef; général *m*; **~ practitioner** généraliste *m*; **~ize** généraliser; **~ly** généralement; en général.
generation [dʒenə'reiʃən] génération *f*.
gener|osity générosité *f*; libéralité *f*; **~ous** ['dʒenərəs] généreux; magnanime.
genial ['dʒi:njəl] *climat etc.*: doux; jovial.
genius génie *m*.
gentian gentiane *f*.
gentle doux; noble; **~man** monsieur *m*; gentleman *m*; **~manlike, ~manly** comme il faut; **~ness** affabilité *f*; douceur *f*.
gentry haute bourgeoisie *f*.
genuine ['dʒenjuin] authentique; véritable; sincère.
geography géographie *f*.
geometry géométrie *f*.
germ [dʒə:m] germe *m*.
German allemand; Allemand *m*; **~ Ocean** mer *f* du Nord; **~y** Allemagne *f*.
germinate (faire) germer.
germ-killing bactéricide.
gesture ['dʒestʃə] geste *m*; signe *m*.
get [get] obtenir, trouver; attraper; gagner; aller, venir; arriver; passer; aller chercher; se mettre; (se) faire; devenir; **you have got to obey** il faut que vous obéissiez; **~ about** sortir; *bruit:* se répandre; **~ along** s'en tirer; s'entendre bien (**with** avec); **~ along** *ou*

on (s')avancer; ~ **away** s'échapper; ~ **in** (r)entrer; ~ **off** descendre; ~ **out** sortir; ~ **over** surmonter; revenir de (*surprise etc.*); ~ **over with** en finir avec; ~ **through** (faire) passer; passer par; *télé.* obtenir la communication; ~ **up** se lever; **~-up** tenue *f*; toilette *f*; *livre etc*: présentation *f*.

ghastly horrible; affreux.

ghost [gəust] fantôme *m*; revenant *m*; spectre *m*.

giant ['dʒaiənt] géant (*m*).

gidd|iness vertige *m*; étourderie *f*; **~y** ['gidi] vertigineux; étourdi.

gift cadeau *m*; présent *m*; talent *m*; **~ed** doué.

gigantic [dʒai'gæntik] géant; gigantesque.

giggle ricaner.

gild [gild] dorer.

gin gin *m*; ~ **fizz** gin fizz *m*.

ginger ['dʒindʒə] gingembre *m*; entrain *m*, énergie *f*; **~bread** pain *m* d'épice.

gingerly tout doux.

gipsy bohémien *m*.

girdle ceinture *f*.

girl [gə:l] (jeune) fille *f*; **~hood** jeunesse *f*; adolescence *f*; **~ish** de jeune fille.

give donner; céder; ~ **away** donner; trahir; ~ **back** rendre, retourner; ~ **in (to)** céder (à); se rendre (à); ~ **out** distribuer; émettre; être à bout; ~ **up** abandonner; renoncer à; arrêter de (*fumer etc.*); ~ **way** céder (**to** à); ~ **and take** compromis *m*.

given *p.p. de* **give**; ~ **name** prénom *m*; ~ **to** porté à.

glaci|al glacial; **~er** ['glæsjə] glacier *m*.

glad heureux, content; **~ly** volontiers; avec plaisir; **~ness** joie *f*.

glamo(u)r charme *m*.

glance [glɑ:ns] regard *m*, coup *m* d'œil; jeter un coup d'œil (**at** sur).

gland glande *f*.

glar|e [glɛə] lumière *f* éblouissante; éclat *m*; regard *m* furieux; **~e at** foudroyer du regard; **~ing** éblouissant, aveuglant.

glass verre *m*; miroir *m*; **~es** *pl.* lunettes *f*/*pl.*; **~y** vitreux.

glaz|e [gleiz] glaçure *f*; vernir; (se) glacer; vitrer; **~ier** vitrier *m*.

gleam [gli:m] lueur *f* (*a. fig.*); (re)luire.

glean [gli:n] glaner.

glee joie *f*, allégresse *f*.

glide (faire) glisser; planer.

glimmer faible lueur *f*.

glimpse aperçu *m*; *v.* (*a.* **catch a ~ of**) entrevoir.

glitter étinceler, scintiller.

gloat [gləut] **over** couver du regard; se réjouir de, savourer.

global ['gləubl] global; mondial.

globe globe *m*; sphère *f*.

gloom ténèbres *f*/*pl.*; mélancolie *f*; **~y** obscur, ténébreux;

morne, lugubre.
glori|fication glorification *f*; **~fy** glorifier; **~ous** glorieux; magnifique.
glory gloire *f*; splendeur *f*; **~ in** s'enorgueillir de.
gloss vernis *m*; lustre *m*; **~ over** farder; **~y** lustré, luisant.
glove [glʌv] gant *m*.
glow lueur *f*; éclat *m*; chaleur *f*; rutiler; rayonner; **~-worm** ver *m* luisant.
glue [glu:] colle *f*; coller.
glut surabondance *f*; *marché*: encombrement *m*; inonder, encombrer; **~ton** gourmand *m*; glouton *m*.
gnash [næʃ] grincer (des dents).
gnat [næt] moucheron *m*.
gnaw [nɔ:] **(at)** ronger.
go aller; se rendre; marcher; s'en aller, partir; devenir; **~ bad** se gâter; **~ mad** devenir fou; **~ wrong** tourner mal; **just ~ and try!** essayez toujours!; **let ~** lâcher; laisser aller; **~ about** circuler, aller çà et là; **~ back** retourner; **~ by** passer; se régler sur; **~ down** descendre; baisser; **~ in** entrer; **~ on** continuer; **~ out** sortir; **~ through** passer par; endurer; examiner; **~ up** monter.
goal [gəul] but *m* (*a. sport*); **score a ~** marquer (un but); **~-keeper** gardien *m* de but.
goat [gəut] chèvre *f*; **get s.o.'s ~** taper sur les nerfs de q.
god dieu *m*; *f*; **~child** filleul *m*; **~dess** déesse *f*; **~father** parrain *m*; **~like** divin.
goggles *pl.* lunettes *f/pl.* protectrices.
going: be ~ to être sur le point de; avoir l'intention de; **keep ~** continuer.
gold or *m*; en or, d'or; **~en** d'or; **~en mean** juste milieu *m*; **~smith** orfèvre *m*.
golf golf *m*; **~er** golfeur *m*; joueur *m* de golf; **~-links** (*ou* **~-course**) *pl.* terrain *m* de golf.
gone *p.p. de* **go**; parti; passé; **~ on** fou de.
good [gud] bon; excellent; avantageux; **~ morning** bonjour; **~ afternoon** bonjour; **~ evening** bonsoir; **~ night** bonne nuit; **for ~** à tout jamais; **that's no ~** cela ne vaut rien; **no ~ talking about it** inutile d'en parler; bien *m*; **~s** *pl.* marchandises *f/pl.*
good|-bye adieu *m*; **~-for-nothing** vaurien *m*; **~-humo(u)red**, **~-tempered** de bonne humeur; **~-looking** joli; **~-natured** aimable; d'un bon naturel; **~ness** bonté *f*; bonne qualité *f*.
goods| station gare *f* de marchandises; **~ train** train *m* de marchandises.
goodwill bienveillance *f*; *com.* clientèle *f*; valeur *f* de la raison sociale.
goose [gu:s] (*pl.* **geese**) oie *f*.

gooseberry groseille *f* verte.
gorge [gɔ:dʒ] gorge *f*; **~ on** se gaver de.
gorgeous ['gɔ:dʒəs] magnifique; superbe.
gormandize ['gɔ:məndaiz] se gorger.
gospel évangile *m*.
gossip cancans *m/pl.*; ragot *m*; cancaner.
got *prét. et p.p. de* **get**.
gotten *a. p.p. de* **get**.
gourd [guəd] gourde *f*.
gout [gaut] goutte *f*; podagre *f*; **~y** goutteux.
govern gouverner, diriger; **~ess** gouvernante *f*; **~ment** gouvernement *m*; **~or** gouverneur *m*.
gown robe *f*; toge *f*.
grab saisir.
grace [greis] grâce *f*; bénédicité *m*; distinction *f*; faveur *f*; **~ful** gracieux.
gracious ['greiʃəs] courtois; gracieux; **good ~!** bonté divine!
grade grade *m*, rang *m*; classe *f*; classer; graduer; **~ crossing** passage *m* à niveau.
gradual ['grædʒuəl] progressif; graduel.
graduate graduer; obtenir un diplôme; diplômé *m*.
graft greffe *f*; greffer.
grain [grein] grain *m* (*a. fig.*); blé *m*; céréales *f/pl*.
grammar grammaire *f*.
gramme gramme *m*.
grand [grænd] grand; grandiose, magnifique; **~daughter** petite-fille *f*; **~eur** ['grændʒə] grandeur *f*; noblesse *f*; **~father** grand-père *m*; **~mother** grand-mère *f*; **~parents** *pl.* grands-parents *m/pl.*; **~son** petit-fils *m*.
grange [greindʒ] ferme *f*.
granite granite *m*.
grant concession *f*; subvention *f*; accorder; admettre; **take for ~ed** tenir pour assuré; ne pas douter de; être persuadé de.
granular granuleux.
grape grain *m* de raisin; **~fruit** pamplemousse *f*; **~sugar** sucre *m* de raisin, glucose *m*.
graph diagramme *m*, graphique *m*; **~ic** graphique.
grapple with en venir aux prises avec; s'attaquer à.
grasp prise *f*; saisir; empoigner; *fig.* comprendre.
grass herbe *f*; gazon *m*; **~hopper** sauterelle *f*.
grate [greit] grille *f*; foyer *m*; râper; grincer.
grateful reconnaissant; **~ness** reconnaissance *f*.
gratify faire plaisir à; satisfaire.
gratis ['greitis] gratis, (à titre) gratuit.
gratitude ['grætitju:d] reconnaissance *f*; gratitude *f*.
gratuit|ous [grə'tju:itəs] gratuit; **~y** gratification *f*; pourboire *m*.
grave [greiv] grave; sérieux; tombeau *m*, fosse *f*.

gravel gravier *m*.
graveyard cimetière *m*.
gravit|ation gravitation *f*; **~y** gravité *f*; importance *f*.
gravy jus *m*; sauce *f*.
gray gris (*m*).
graze [greiz] paître; pâturer.
grease [gri:s] graisse *f*; *v*. [gri:z] graisser.
greasy graisseux; gras.
great [greit] grand; important; magnifique; **≗ Britain** Grande-Bretagne *f*; **~-grandchild** arrière-petit-fils *m*; **~-grandfather** arrière-grand-père *m*; **~ly** beaucoup; fortement; **~ness** grandeur *f*; importance *f*.
Greece [gri:s] Grèce *f*.
greed|iness voracité *f*; avidité *f*; **~y** avide; vorace.
Greek Grec *m*; grec.
green vert (*m*); inexpérimenté, jeune; **~ card** carte *f* verte; *su*. gazon *m*; **~s** *pl*. légumes *m/pl*. verts; **~grocer** marchand *m* de légumes; **~horn** blanc-bec *m*; **~ish** verdâtre.
greet saluer; **~ings** salutations *f/pl*.
grew *prét. de* **grow**.
grey gris (*m*); **~hound** lévrier *m*.
grid grille *f*, grillage *m*, réseau *m*; **~iron** gril *m*.
grief [gri:f] douleur *f*; chagrin *m*.
griev|ance grief *m*; offense *f*; **~e** (s')affliger; (se) chagriner.
grill gril *m*; **mixed ~** grillade *f*; *v*. (faire) griller; **~-room** rôtisserie *f*.
grim sinistre; farouche.
grimace [gri'meis] grimace *f*: grimacer.
grimy ['graimi] sale; noirci.
grin grand sourire *m*; sourire.
grind [graind] moudre; broyer; *fam*. bûcher; grincer.
grip prise *f*, serrement *m*; empoigner; saisir (*a. fig*.); (*a.* **~sack**) *Am*. valise *f*; sac *m* de voyage.
grizzly grisonnant; **~ (bear)** ours *m* gris.
groan [grəun] gémissement *m*; soupir *m*; gémir.
groats *pl*. gruau *m* d'avoine.
grocer ['grəusə] épicier *m*; **~ies** *pl*. (articles *m/pl*. d')épicerie *f*; **~y** épicerie *f*.
grog grog *m*.
groov|e [gru:v] rainure *f*; ornière *f*.
gross gros (*m*); épais; grossier; brut; total.
ground[1] *prét. et p.p. de* **grind.**
ground[2] fond *m*; terre *f*; terrain *m* (*a. sport*); **~s** *pl*. terrain *m*; raisons *f/pl*.; marc *m* de café; *v*. fonder, baser (**on** sur); empêcher de décoller (*avion*); *élec*. mettre à terre; **~ floor** rez-de-chaussée *m*; **~less** sans fondement; sans motif; **~ staff** *av*. personnel *m* non-navigant.
group [gru:p] groupe *m*; (se) grouper.

grove bosquet *m*; bocage *m*.
grow [grəu] croître, pousser; devenir; cultiver; ~ **angry** se fâcher; ~ **used to** s'accoutumer à; ~ **up** grandir; se développer; **~er** cultivateur *m*; planteur *m*.
growl [graul] grondement *m*; grognement *m*; gronder, grogner.
grown *p.p. de* **grow**.
grown-up adulte *m*.
growth [grəuθ] croissance *f*; augmentation *f*; pousse *f*.
grudge [grʌdʒ] rancune *f*; donner à contrecœur.
gruel gruau *m* d'avoine.
gruff bourru; rude.
grumble grognement *m*; grommeler; grogner.
guarantee [gærən'ti:] garantie *f*; caution *f*; garantir.
guard [gɑ:d] garde *f*; *personne*: garde *m*; protéger; garder; ~ **against** se garder de, parer; **~ian** gardien *m*; tuteur *m*.
guess [ges] deviner, conjecturer; *Am.* croire; penser.
guest [gest] invité *m*; hôte *m*; **~-house** pension *f* de famille; **~-room** chambre *f* d'amis.
guidance conduite *f*; direction *f*; orientation *f*.
guide [gaid] guide *m*; guider; **~-book** guide *m*; **~-post** poteau *m* indicateur.
guile [gail] ruse *f*.
guilt [gilt] culpabilité *f*; **~y** coupable.
guitar [gi'tɑ:] guitare *f*.
gulf golfe *m*; gouffre *m*.
gull mouette *f*.
gullet gosier *m*.
gulp gorgée *f*; avaler.
gum gencive *f*; gomme *f*; gommer.
gun canon *m*; fusil *m*; révolver *m*; **~-licence** *Am.* permis *m* de port d'armes; **~powder** poudre *f*.
gust rafale *f*, coup *m* de vent; **~y** venteux; orageux.
gut boyau *m*; intestin *m*; vider; éviscérer; *fig.* piller.
gutter *toit:* gouttière *f*; *rue:* ruisseau *m*; *chaussée*: caniveau *m*; ~ **press** feuilles *f/pl.* de chou.
guy [gai] type *m*, gars *m*, bonhomme *m*.
gymnas|ium [dʒim'neizjəm] gymnase *m*; **~tics** *pl.* gymnastique *f*.
gym-shoes chaussures *f/pl.* de gymnastique.
gyn(a)ecologist [gaini'kɔlədʒist] gynécologue *m*.

H

haberdasher chemisier *m*; mercier *m*; **~y** mercerie *f*.
habit ['hæbit] habitude *f*; coutume *f*; **~ation** habitation *f*; demeure *f*; **~ual** habituel, d'usage.

hack pic *m*, pioche *f*; hache *f*; hacher.
had *prét. et p.p. de* **have**.
haddock aiglefin *m*.
h(a)emorrh|age ['heməridʒ] hémorragie *f*; **~oids** *pl.* hémorroïdes *f/pl.*
haggard fatigué, exténué, tiré.
haggle marchander.
hail[1] saluer; héler.
hail[2] grêle *f*; grêler; **~stone** grêlon *m*.
hair [hɛə] cheveux *m/pl.*; poil *m*; **~brush** brosse *f* à cheveux; **~cut** coupe *f* (de cheveux); **have a ~do** se faire coiffer; **~dresser** coiffeur *m*; **~-dryer** sèche-cheveux *m*; séchoir *m*; **~-piece** postiche *m*; **~pin** épingle *f* à cheveux; **~-set(ting)** mise *f* en plis; **~-style** coiffure *f*; **~-tonic** tonique *m* capillaire; **~y** chevelu; poilu, velu.
half [hɑ:f] (à) demi; (à) moitié; demi *m*; moitié *f*; **~ an hour** une demi-heure; **a pound and a ~** une livre et demie; **not ~** *fam.* vachement; **~-breed, ~-caste** métis *m*; **~-moon** demi-lune *f*; **at ~-price** à moitié prix; **~-time** *sport* mi-temps *m*; **~way** à mi-chemin.
halibut flétan *m*.
hall [hɔ:l] grande salle *f*; vestibule *m*; **~mark** marque *f*.
Hallowmas la Toussaint.
halo ['heiləu] halo *m*; auréole *f*.
halt [hɔ:lt] halte *f*; arrêt *m*; faire halte; s'arrêter.
halve [hɑ:v] diviser en deux.
ham jambon *m*.
hammer marteau *m*; marteler.
hammock hamac *m*.
hamper panier *m*; gêner.
hand main *f*; écriture *f*; *montre*: aiguille *f*; ouvrier *m*; *mar.* matelot *m*; **at ~** à portée de la main; **on the one ~** d'une part; **on the other ~** d'autre part; **a good ~ at** adroit à; **come to ~** parvenir, arriver; **on ~** en magasin; *v.* donner, passer; **~ in** remettre; présenter; **~ over** remettre, passer; céder; **~bag** sac *m* à main; **~-baggage** (*ou* **~-luggage**) bagages *m/pl.* à main; **~book** manuel *m*; **~-cream** crème *f* pour les mains; **~ful** poignée *f*; **~icraft** artisanat *m*.
handkerchief ['hæŋkətʃif] mouchoir *m*.
handle poignee *f*; manche *m*; manier; manipuler; **~-bar** guidon *m*.
hand|made fait à la main; **~some** beau; élégant; **~writing** écriture *f*; **~y** commode; maniable; adroit; à portée de la main.
hang (sus)pendre; être pendu; accrocher; **get the ~ of** comprendre; saisir; **~ about** *ou* **around** flâner; rôder; **~**

out *fam.* demeurer, nicher; ~ out in fréquenter, courir.
hangar ['hæŋə] hangar *m.*
hangman bourreau *m.*
hanky *fam.* mouchoir *m.*
happen *événement*: arriver (**to** à), se passer; **he ~ed to be at home** il se trouvait qu'il était chez lui; **~ing** événement *m.*
happ|iness bonheur *m*; félicité *f*; **~y** heureux.
harass ['hærəs] harceler.
harbo(u)r ['hɑ:bə] port *m*; héberger; entretenir (*soupçon*); garder (*rancune etc.*).
hard dur; difficile; *adv. a.* fort; **~ luck** guigne *f*; **~ of hearing** dur d'oreille; **work ~** travailler ferme; **~-boiled** *œuf*: dur; *fam.* tenace; **~en** (se) durcir; **~ly** à peine; ne . . . guère; **~ness** dureté *f*; rigueur *f*; **~ship** pénurie *f*; souffrance *f*; **~ware** quincaillerie *f*; **~ware store** quincaillerie *f*; **~y** robuste; vigoureux.
hare [hɛə] lièvre *m.*
harm mal *m*, tort *m*; faire du mal à; nuire à; **~ful** nuisible; **~less** inoffensif.
harmon|ize ['hɑ:mənaiz] (s')harmoniser; **~y** harmonie *f.*
harness harnais *m*; harnacher.
harp harpe *f*; **~ on** *fig.* râbacher.
harpoon [hɑ:'pu:n] harpon *m*; harponner.
harrow ['hærəu] herse *f*; herser; *fig.* navrer.
harsh rude; âpre; dur.
harum-scarum [hɛərəm-'skɛərəm] écervelé *m.*
harvest moisson *f*; récolte *f*; moissonner; récolter; **~er** moissonneur *m.*
hash hachis *m*; hacher.
hast|e hâte *f*; **make ~e** se dépêcher; se hâter; **~en** (se) hâter; avancer; **~y** précipité; irréfléchi.
hat chapeau *m.*
hatch couver; (faire) éclore; *fig.* machiner.
hatchet hachette *f.*
hate haine *f*; haïr; détester; **~ful** odieux; détestable.
hatred haine *f*; rancune *f.*
haught|iness ['hɔ:tinis] arrogance *f*; **~y** arrogant, hautain.
haul [hɔ:l] coup *m* (de filet); trajet *m*; tirer, traîner.
haunch [hɔ:ntʃ] hanche *f*; *cuis.* cuissot *m.*
haunt [hɔ:nt] hanter; repaire *m.*
have [hæv] avoir; prendre (*bain, thé etc.*); **~ to** devoir; **~ on one** avoir; porter.
haversack havresac *m.*
havoc: make ~ of (*ou* **among**) dévaster.
hawk [hɔ:k] faucon *m*; *com.* colporter.
hay foin *m*; **~ fever** rhume *f* des foins; **~-loft** grenier *m* à foin; **~stack** meule *f.*
haywire: go ~ se brouiller, aller mal; *personne:* perdre la

tête.

hazard ['hæzəd] hasard *m*; risque *m*; hasarder; risquer; **~ous** risqué; hasardeux.

haze brume *f* légère.

hazel-nut noisette *f*.

he il; lui; **~ who** celui qui.

head [hed] tête *f*; **come to a ~** culminer; devenir critique; *v.* être en tête de; **~ for** *fig.* se diriger vers; **~ off** détourner, parer; **~ache** ['hedeik] mal *m* de tête; **~er** plongeon *m*; **~ing** rubrique *f*; en-tête *m*; **~land** promontoire *m*; **~light** *mot.* phare *m*; **~long** la tête la première; **~master** directeur *m*; **~phones** *pl.* casque *m*; **~quarters** quartier *m* général; **~strong** entêté; **~-waiter** maître *m* d'hôtel; **make ~way** avancer, progresser; **~y** capiteux; impétueux.

heal [hi:l] guérir; (*a.* **~ up**) se cicatriser, se refermer.

health [helθ] santé *f*; **~-resort** station *f* balnéaire; **~y** en bonne santé.

heap tas *m*; (*a.* **~ up**) entasser, amasser.

hear [hiə] entendre; écouter; apprendre; **~ing** ouïe *f*; audition *f*; **by ~say** par ouï-dire.

heard *prét. et p.p. de* **hear**.

hearse corbillard *m*.

heart [hɑ:t] cœur *m*; **by ~** par cœur; **~-breaking** déchirant; **~burn** aigreurs *f*/*pl*., brûlures *f*/*pl*. d'estomac.

hearth [hɑ:θ] foyer *m*; âtre *m*.

hearty ['hɑ:ti] cordial; sincère; vigoureux; gros; copieux.

heat chaleur *f*; ardeur *f*; *fig.* colère *f*; (faire) chauffer; s'échauffer; **dead ~** course *f* nulle.

heath [hi:θ] bruyère *f*; lande *f*.

heathen ['hi:ðən] païen (*m*).

heating chauffage *m*.

heat|-stroke coup *m* de chaleur; **~-wave** vague *f* de chaleur.

heave [hi:v] (se) lever; (se) soulever; pousser (*soupir*).

heaven ['hevn] ciel *m*; **ly** céleste.

heaviness pesanteur *f*; lourdeur *f*; *fig.* tristesse *f*.

heavy ['hevi] lourd; considérable; gros; violent; **~-weight** *sport* poids *m* lourd.

hectic hectique; *fig.* fiévreux.

hedge [hedʒ] haie *f*; **~hog** hérisson *m*.

heed attention *f*; *v.* (*a.* **take ~ of**) faire attention à; **~ful** attentif; **~less** insouciant.

heel [hi:l] talon *m*; *Am. fam.* salaud *m*; **take to one's ~s** montrer les talons.

height [hait] hauteur *f*; élévation *f*; **~en** augmenter; rehausser.

heir [ɛə] héritier *m*; **~ess** héritière *f*.

held *prét. et p.p. de* **hold.**

helicopter hélicoptère *m*.

hell enfer *m*; **~ish** infernal.

helm barre *f* du gouvernail.

helmet casque *m.*
help aide *f*; secours *m*; assistance *f*; femme *f* de ménage; aider; secourir; servir; ~ **o.s.** se servir; **I cannot ~ it** ce n'est pas de ma faute; **I could not ~ laughing** je ne pouvais m'empêcher de rire; **~er, ~mate** aide *m*; assistant *m*; **~ful** utile; *personne*: serviable; **~ing** portion *f*; **~less** faible; impuissant; sans secours.
hem bord *m*; ourlet *m*; border; ourler; ~ **in** entourer, cerner.
he-man homme *m* virile.
hemisphere ['hemisfiə] hémisphère *m.*
hemp chanvre *m.*
hen poule *f.*
hence d'ici; d'où; désormais; **~forth** désormais, à l'avenir.
hen|-party assemblée *f* de jupes; **~pecked husband** mari *m* gouverné par sa femme.
her la; elle; lui; son, sa, ses; d'elle.
herald héraut *m*; annoncer.
herb herbe *f.*
herd [hə:d] troupeau *m*; (s')assembler en troupeau.
here [hiə] ici; **~about(s)** près d'ici; **~by** par là; par ce moyen; ~ **you are!** ça y est!; ~ **is**, ~ **are** voici.
hereditary [hi'reditəri] héréditaire.
heresy hérésie *f.*
herewith avec ceci; ci-joint.
heritage ['heritidʒ] héritage *m*, patrimoine *m.*
hermit ['hə:mit] ermite *m*; solitaire *m.*
hernia *méd.* hernie *f.*
hero ['hiərəu] (*pl.* **~es**) héros *m*; **~ic** [hi'rəuik] héroïque; **~ine** ['herəuin] héroïne *f*; **~ism** héroïsme *m.*
herring hareng *m.*
hers à elle; le(s) sien(s), la sienne, les siennes.
herself elle-même; se; soi; soi-même.
hesitat|e hésiter; **~ion** hésitation *f*; indécision *f.*
hew [hju:] couper, tailler.
hewn *p.p. de* **hew.**
hiccup hoquet *m*; avoir le hoquet.
hid *prét. et p.p. de* **hide**[2].
hide[1] peau *f*; cuir *m.*
hide[2] (se) cacher (**from** de).
hidden *a. p.p. de* **hide**[2].
hideous ['hidiəs] hideux, affreux; horrible.
hiding *fam.* raclée *f*; **~-place** cachette *f.*
hi-fi (de) haute fidélité *f.*
high [hai] haut; élevé; fort; aigu; *fam.* ivre; drogué; **it is ~ time** il est bien temps; **leave ~ and dry** laisser en plan, planter là; **~brow** intellectuel *m*; **~-colo(u)red** aux couleurs vives; ~ **dive** plongeon *m* du tremplin; **~lands** *pl.* hautes terres *f/pl.*; ~ **life** la vie mondaine; **~light** attraction *f*, clou *m*; faire ressortir; **~ly** très; bien;

fortement; ~ **road, ~way** route *f* principale; route *f* nationale; ~ **spirits** *pl.* gaieté *f*; entrain *m*; ~ **tension** haute tension *f*.

hijack détourner (*avion*).

hike (faire une) excursion *f* à pied.

hilarious [hi'lɛəriəs] gai, joyeux.

hill colline *f*; coteau *m*; **~side** coteau *m*, pente *f*; **~y** montagneux; accidenté.

hilt poignée *f*; manche *m*.

him le; lui; se; soi; soi-même; celui.

himself lui-même; se; **by** ~ tout seul.

hind [haind]: ~ **leg** jambe *f* (*ou* patte *f*) de derrière.

hind|er empêcher; retarder; **~rance** obstacle *m*.

hinge [hindʒ] gond *m*; charnière *f*.

hint allusion *f*; conseil *m*; suggérer; donner à entendre; ~ **at** faire allusion à.

hip hanche *f*.

hire ['haiə] gages *m/pl.*; location *f*; **for** ~ à louer; *v.* louer; engager; **~-purchase** vente *f* à tempérament.

his son, sa, ses; le(s) sien(s), la sienne, les siennes; à lui.

hiss sifflement *m*; siffler.

histor|ic historique; marquant; **~ical** historique; de l'histoire; **~y** histoire *f*.

hit coup *m*; succès *m*; *v.* (*a. prét et p.p.*) frapper; atteindre, toucher; heurter.

hitch saccade *f*; *fig.* empêchement *m*; **~hike** faire de l'auto-stop, faire du stop; **~hiker** auto-stoppeur *m*.

hither ['hiðə] ici.

hive [haiv] ruche *f*.

H. M. S. = **His (Her) Majesty's Ship.**

hoard [hɔ:d] accumulation *f* secrète; amas *m*; (*a.* ~ **up**) accumuler.

hoarding clôture *f* de bois.

hoarfrost gelée *f* blanche; givre *m*.

hoarse [hɔ:s] rauque; enroué; **~ness** enrouement *m*.

hoax [həuks] mystification *f*, blague *f*; jouer un tour à; mystifier.

hobble clopiner.

hobby passe-temps *m*, violon *m* d'Ingres, hobby *m*.

hobo *Am.* chemineau *m*.

hock[1] vin *m* blanc du Rhin.

hock[2] *fam.* mettre au clou.

hockey hockey *m*.

hog porc *m*.

hoist [hɔist] hisser, arborer.

hold prise *f*; appui *m*; *mar.* cale *f*; **catch** (*ou* **get, lay, take**) ~ **of** saisir, s'emparer de; *v.* tenir; retenir; contenir; (se) maintenir; ~ **the line!** *télé.* ne coupez pas!; ~ **good** (*ou* **true**) être valable; ~ **on** s'arrêter; tenir bon; s'accrocher (**to** à); ~ **water** être étanche; *fig.* tenir debout; ~ **up** (se) soutenir; arrêter; retenir; **~er** possesseur *m*; locataire *m*; **~ing** tenue *f*;

possession *f*; **~-up** attaque *f* à main armée, hold-up *m*.
hole trou *m*; trouer.
holiday jour *m* de fête; congé *m*; jour *m* ferié; **on ~** en vacances; **~s** *pl.* vacances *f/pl.*
hollow ['hɔləu] creux (*m*); (*a.* **~ out**) creuser.
holly ['hɔli] houx *m*.
holy ['həuli] saint; sacré.
homage ['hɔmidʒ] hommage *m*.
home foyer *m*; maison *f*; demeure *f*; patrie *f*; chez soi (*m*); **at ~** chez soi, à la maison; **≗ Office** Ministère *m* de l'Intérieur; **~ trade** commerce *m* intérieur; **bring ~ to** faire sentir à, convaincre de; **come ~**, **get ~**, **go ~** rentrer; **see ~** raccompagner; **strike ~** frapper juste; **~less** sans foyer; **~ly** simple, ordinaire; *Am.* laid; **~-made** fait à la maison; de ménage; **~sick** qui a le mal du pays; **~sickness** mal *m* du pays; **~wards** vers la maison; de retour; **~work** devoirs *m/pl.*
honest ['ɔnist] honnête; sincère; loyal; **~y** honnêteté *f*; probité *f*.
honey ['hʌni] miel *m*; **~moon** lune *f* de miel; **~suckle** chèvrefeuille *f*.
honk *mot.* klaxonner.
honorary honoraire.
hono(u)r ['ɔnə] honneur *m*; distinction *f*; honorer; **~able** honorable.
hood capuchon *m*; chaperon *m*; capot *m* (du moteur); **~-wink** tromper.
hoof sabot *m*.
hook crochet *m*; agrafe *f*; **by ~ or by crook** n'importe comment; *v.* accrocher; agrafer; prendre (*poisson*); **~ed** crochu.
hooligan ['hu:ligən] voyou *m*.
hoop *tonneau*: cercle *m*; cerceau *m* (d'enfant).
hooping-cough ['hu:piŋkɔf] coqueluche *f*.
hoot ululer; *mot.* klaxonner; **~er** sirène *f*; klaxon *m*.
hop saut *m*; sauter; sautiller; **~ it**, **~ off** *fam.* se barrer, se tirer.
hop(s *pl.*) houblon *m*.
hope espoir *m*; espérance *f*; espérer; **~ful** plein d'espoir; prometteur; **~less** désespéré; sans espoir.
horizon [hə'raizn] horizon *m*; **~tal** horizontal.
horn corne *f*; *mus.* cor *m*; *mot.* klaxon *m*, avertisseur *m*; **~ed** à cornes; cornu.
hornet frelon *m*.
horri|ble ['hɔrəbl] horrible, affreux; **~d** horrible, affreux; **~fy** horrifier; *fig.* scandaliser; épouvanter.
horror horreur *f*.
horse [hɔ:s] cheval *m*; **on ~back** à cheval; **~manship** équitation *f*; **~power** cheval-vapeur *m*; **~-race** course *f* de chevaux; **~-radish** raifort *m*; **~-sense** gros bon sens *m*; **~shoe** fer *m*

à cheval; **~whip** cravache *f*.

hose bas *m*; tuyau *m*.

hosier ['həuziə] bonnetier *m*; **~y** bonneterie *f*.

hospitable ['hɔspitəbl] hospitalier.

hospital ['hɔspitl] hôpital *m*; infirmerie *f*; **~ity** hospitalité *f*; **~ize** hospitaliser.

host [həust] hôte *m*; hôtelier *m*; hostie *f*.

hostage ['hɔstidʒ] otage *m*.

hostel ['hɔstəl] foyer *m*; **youth ~** auberge *f* de la jeunesse.

hostess ['həustis] hôtesse *f*.

hostil|e ['hɔstail] hostile, ennemi; **~ity** hostilité *f*.

hot chaud; brûlant; ardent; *goût*: relevé; *nouvelles*: sensationnel; **be ~** *personne*: avoir chaud; *temps*: faire chaud; **~ air** bla-bla(-bla) *m*; **~ dog** saucisse *f* de Francfort; **~house** serre *f* chaude.

hound [haund] chien *m* de chasse.

hour ['auə] heure *f*; *fig.* moment *m*; **per ~** à l'heure; **~s** *pl.* heures *f/pl.* de bureau *etc.*; **~ly** d'heure en heure; (de) toutes les heures.

house [haus] maison *f*; *v.* [hauz] habiter, loger; héberger; **~-breaker** cambrioleur *m*; **~hold** ménage *m*; **~-hunting** recherche *f* d'un logement; **~keeper** ménagère *f*; **~maid** bonne *f*; **~-trained** dressé; propre; **~-warming** pendaison *f* de la crémaillère; **~wife** ménagère *f*; **~work** travail *m* de ménage.

hove *a. prét. et p.p. de* **heave.**

hover ['hɔvə] planer, rôder; *fig.* hésiter; **~craft** hydroglisseur *m*.

how comment; **~ about ...?** et ...?, si on ...?; **~ever** cependant, pourtant; **~ much?** combien (de)?

howl [haul] hurlement *m*; hurler.

h.p. = **horsepower**.

huddle entasser; **~ together** s'entasser; se serrer.

hue [hju:] teinte *f*, couleur *f*.

hug étreinte *f*; étreindre; *fig.* chérir.

huge [hju:dʒ] immense, énorme, vaste.

hull cosse *f*, gousse *f*; *mar.* coque *f*; écosser.

hullabaloo [hʌləbə'lu:] vacarme *m*.

hum bourdonnement *m*; bourdonner; fredonner.

human ['hju:mən] humain; **~ being** être *m* humain; **~e** [hju:'mein] humain, humanitaire; **~ity** humanité *f*; nature *f* humaine; les hommes *m/pl.*

humble ['hʌmbl] humble; humilier; abaisser.

humbug charlatanisme *m*; boniment *m*; charlatan *m*.

humdrum monotone; banal; ennuyeux.

humid ['hju:mid] humide; **~ity** humidité *f*.

humili|ate humilier; mortifier; **~ation** humiliation *f*; **~ty** humilité *f*.
humorous comique, drôle; plein d'humeur; *écrivain*: humoriste.
humo(u)r ['hju:mə] humeur *f*, disposition *f*; humour *m*; céder aux caprices de.
hump bosse *f*.
hunch: have a ~ se douter.
hunchback bosse *f*; bossu *m*.
hundred cent; centaine *f*; **~weight** quintal *m*.
hung *prét. et p.p. de* **hang.**
Hungar|ian Hongrois *m*; hongrois; **~y** Hongrie *f*.
hung|er faim *f*; **~er after** (*ou* **for**) être affamé de; **~ry** affamé; **be ~ry** avoir faim.
hunk morceau *m*, bouchée *f*.
hunt chasse *f*; chasser; **~ for** chercher; **~er** chasseur *m*; **go ~ing** aller à la chasse.
hurdle clôture *f*; *sport* haie *f*; **~-race** course *f* de haies.
hurl [hə:l] lancement *m*; lancer, jeter, flanquer.
hurricane ['hʌrikən] ouragan *m*.
hurr|ied précipité; pressé; **~y** hâte *f*; empressement *m*; **be in a ~y** être pressé; *v*. presser, précipiter; (se) hâter; se dépêcher.
hurt [hə:t] mal *m*; blessure *f*; *v*. (*a. prét. et p.p.*) blesser (*a. fig.*); faire (du) mal (à); nuire à; **~ful** nuisible (**to** à).
husband mari *m*.
hush silence!, chut!; calmer; **~ up** étouffer; **~-money** pot *m* de vin.
husk cosse *f*, gousse *f*; **~y** rauque.
hustle ['hʌsl] tohu-bohu *m*; presse *f*; (se) presser; pousser.
hut cabane *f*.
hydro|gen ['haidridʒən] hydrogène *m*; **~phobia** hydrophobie *f*.
hyena [hai'i:nə] hyène *f*.
hygien|e ['haidʒi:n] hygiène *f*; **~ic** hygiénique.
hymn [him] hymne *f*.
hyphen ['haifən] trait *m* d'union.
hypno|sis [hip'nəusis] hypnose *f*; **~tist** hypnotiseur *m*; **~tize** hypnotiser.
hypo|chondria hypocondrie *f*; spleen *m*; **~crite** ['hipəkrit] hypocrite *m*; tartufe *m*.
hyster|ia [his'tiəriə] hystérie *f*; **~ical** hystérique.

I

I je, moi.
ice [ais] glace *f*; **cut no ~** ne faire aucune impression (**with** sur), ne pas prendre; *v*. (con)geler; **~ bag** sac *m* à glace; **~-cream** glace *f*; **~d** glacé.
icicle ['aisikl] glaçon *m*.
icy glacial (*a. fig.*).
idea [ai'diə] idée *f*; notion *f*.

ideal [ai'diəl] idéal; *le* meilleur; idéal *m*; **~ism** idéalisme *m*; **~ize** idéaliser.
identi|cal identique; même; **~fication (card)** *Am.* carte *f* d'identité; **~fy** identifier; **~ty** identité *f*; **~ty card** carte *f* d'identité.
ideology idéologie *f*.
idiot ['idiət] idiot *m*.
idle ['aidl] inoccupé; oisif; **~ away** gaspiller (*temps*); **~ness** paresse *f*; oisiveté *f*.
idol ['aidl] idole *f* (*a. fig.*); **~ize** idolâtrer.
idyl|(l) idylle *f*; **~lic** idyllique.
i.e. = **id est, that is to say** c'est-à-dire.
if si; **~ not** sinon.
ignition *mot.* allumage *m*; **~ key** clef *f* de contact.
ignor|ance ['ignərəns] ignorance *f*; **~ant** ignorant (*m*); **~e** ne pas faire attention à; ne pas tenir compte de.
ill mal; malade; souffrant; **fall ~, be taken ~** tomber malade; *su.* mal *m*; **~-bred** mal élevé.
illegal [i'li:gəl] illégal.
illegible [i'ledʒəbl] illisible.
illegitima|cy illégitimité *f*; **~te** [ili'dʒitimət] illégitime.
ill|-fated malheureux; infortuné; **~-gotten** mal acquis.
illiterate illettré; analphabète *m*.
ill|matched mal assorti; **~-natured** méchant; desagréable; **~ness** maladie *f*; **~-tempered** de mauvaise humeur; **~-treat** maltraiter.
illuminat|e illuminer; éclaircir (*a. fig.*); **~ion** éclairage *m*; illumination *f*.
ill-use maltraiter.
illus|ion [i'lu:ʒən] illusion *f*; tromperie *f*; **~ive** illusoire, trompeur.
illustrat|e illustrer; expliquer; **~ion** illustration *f*.
illustrious [i'lʌstriəs] illustre; célèbre.
image ['imidʒ] image *f*.
imagin|able imaginable; **~ary** imaginaire; **~ation** imagination *f*; **~e** [i'mædʒin] (s')imaginer; croire; se figurer.
imitat|e imiter; **~ion** imitation *f*; simil(i)...; **~or** imitateur *m*.
immeasurable [i'meʒərəbl] immesurable; infini.
immediate [i'mi:djət] immédiat; **~ly** tout de suite; immédiatement.
immense [i'mens] immense; vaste.
immers|e [i'mə:s] immerger, plonger; **~ion heater** thermoplongeur *m*.
immigra|nt immigrant *m*; immigré *m*; **~te** immigrer; **~tion** immigration *f*.
imminent imminent, proche.
immoderate immodéré.
immodest immodeste.
immoral immoral; **~ity** immoralité *f*.
immortal immortel; **~ity**

immortalité *f*.
immovable immobile; inébranlable.
immun|e [i'mju:n] *méd.* immunisé (**from, against** contre); **~ity (from)** exemption *f* (de); *méd.* immunité *f* (contre); **~ize** immuniser.
impair [im'pɛə] détériorer; affaiblir.
impalpable impalpable.
impart communiquer; donner.
im|partial [im'pɑ:ʃl] impartial; **~passable** *rivière etc.*: infranchissable; *chemin:* impraticable; **~passive** impassible; insensible.
impatien|ce [im'peiʃəns] impatience *f*; **~t** impatient (**to** de).
impeach [im'pi:tʃ] accuser; mettre en doute.
impediment empêchement *m*; obstacle *m*; **~ in one's speech** empêchement *m* de la langue.
impel to pousser à; forcer à.
impenetrable impénétrable.
imperative [im'perətiv] impérieux; urgent.
imperceptible imperceptible.
imperfect imparfait.
imperious impérieux; arrogant; dominateur.
imperishable impérissable.
impersona|l impersonnel; **~te** personnifier; *thé.* représenter.
impertinen|ce [im'pə:tinəns] impertinence *f*; **~t** impertinent.
imperturbable [impə'tə:bəbl] imperturbable.
impervious [im'pə:vjəs] inaccessible; imperméable (**to** à).
impetuous impétueux.
implacable [im'plækəbl] implacable.
implant *fig.* implanter; inculquer.
implement instrument *m*; outil *m*.
implica|te in impliquer dans; **~tion** implication *f*.
implicit [im'plisit] implicite; absolu.
implore implorer; supplier.
imply [im'plai] insinuer, suggérer, donner à entendre.
impolite [impə'lait] impoli.
imponderable impondérable (*m*).
import ['impɔ:t] importation *f*; importance *f*; signification *f*; **~ duty** taxe *f* d'importation; **~s** *pl.* importations *f*/*pl.*; *v.* [im'pɔ:t] importer; **~ance** importance *f*; **~ant** [im'pɔ:tənt] important; **~er** importateur *m*.
importunate insistant, pressant; harcelant.
impos|e imposer; **~e upon** abuser de; **~ing** imposant; grandiose; **~ition** imposition *f*; impôt *m*; tromperie *f*.
impossib|ility impossibilité *f*; **~le** [im'pɔsəbl] impossible.
impostor imposteur *m*.

impracticab|ility impraticabilité *f*; **~le** [im'præktikəbl] impraticable.
imprecation imprécation *f*; malédiction *f*.
impregna|ble imprégnable; **~te** imprégner; féconder.
impress empreinte *f*; imprimer; *fig.* impressionner, en imposer à; **~ion** impression *f*; **be under the ~ion that** avoir l'impression que; **~ive** impressionnant.
imprint imprimer; empreinte *f*.
imprison [im'prizn] emprisonner; **~ment** emprisonnement *m*.
improbab|ility improbabilité *f*; invraisemblance *f*; **~le** [im'prɔbəbl] improbable; invraisemblable.
improper impropre; inconvenant.
improv|able améliorable; **~e** [im'pru:v] (s')améliorer; (se) perfectionner; **~ement** perfectionnement *m*; amélioration *f*.
improvident imprévoyant.
improvise improviser.
impruden|ce [im'pru:dəns] imprudence *f*; **~t** imprudent.
impuden|ce ['impjudəns] impudence *f*; **~t** impudent.
impuls|e ['impʌls] impulsion *f*; **~ive** impulsif.
impunity [im'pju:niti] impunité *f*; **with ~** impunément.
impure impur (*a. fig.*).
imput|ation imputation *f*; **~e to** imputer à.
in dans, en, à, de, chez, sur; par; **be ~** être chez soi; **be all ~** être éreinté.
in|ability impuissance *f* (**to** à); incapacité *f* (**to** de); **~accessible** inaccessible; **~accurate** inexact; incorrect.
inacti|on inaction *f*; **~ve** inactif.
in|adequate [in'ædikwət] insuffisant; **~admissible** inadmissible; **~alterable** immuable; **~animate** inanimé, sans vie.
inane [i'nein] vide, vain; sot.
in|applicable inapplicable; **~appreciable** inappréciable; **~approachable** inabordable; **~apt** inapte; impropre.
inasmuch as en tant que; vu que, attendu que.
inattenti|on inattention *f*; **~ve** inattentif; distrait.
inaudible [in'ɔ:dəbl] inaudible; imperceptible.
inaugurat|e inaugurer; **~ion** inauguration *f*.
incalculable incalculable.
incandescent incandescent; **~ bulb** lampe *f* à incandescence.
incapa|bility incapacité *f*; **~ble** [in'keipəbl] incapable; **~city** incapacité *f*.
incautious [in'kɔ:ʃəs] imprudent; inconsidéré.
incendiary incendiaire (*m*).
incense encens *m*; exaspérer, courroucer.

incentive stimulant *m*; encouragement *m*.
incessant [in'sesnt] incessant, continuel.
inch pouce *m* (*2,54 cm*); **by ~es** peu à peu.
incident ['insidənt] incident *m*; événement *m*; **~al** accidentel; *musique:* de fond.
incis|e inciser; **~ion** incision *f*; **~or** (dent *f*) incisive *f*.
incite [in'sait] inciter; animer; **~ment** incitation *f*; stimulant *m*.
inclin|ation inclination *f*; penchant *m* (*a. fig.*); **~e** [in'klain] (s')incliner; pencher; avoir (une) tendance (**to** à); **be ~ ed to** être incliné à; *su.* inclinaison *f*; pente *f*.
inclu|de renfermer, comprendre, comporter; **~ded, ~ding** y compris; **~sive** inclus; *prix*: global; **~sive of** y compris.
in|coherent [inkəu'hiərənt] incohérent.
income ['inkəm] revenu *m*; **~-tax** impôt *m* sur le revenu; **~-tax return** déclaration *f* de revenu.
incoming entrant; qui arrive.
in|comparable [in'kɔmpərəbl] incomparable; **~compatible** incompatible; **~competent** incompétent; incapable *m*; **~complete** incomplet; inachevé; **~comprehensible**, **~conceivable** [inkən'si:vəbl] incompréhensible.
inconsidera|ble insignifiant; **~te** inconsidéré; irréfléchi.
in|consistent [inkən'sistənt] inconséquent; contradictoire; en désaccord (**with** avec); **~consolable** inconsolable; **~constant** inconstant; **~contestable** incontestable.
inconvenien|ce [inkən'vi:njəns] inconvénient *m*; incommodité *f*; incommoder, déranger; **~t** incommode; gênant.
incorporate incorporer; **~d company** société *f* constituée.
in|correct incorrect; inexact; **~corrigible** incorrigible; **~corruptible** incorruptible.
increase [in'kri:s] augmenter (**by** de); s'accroître; agrandir; *su.* ['inkri:s] augmentation *f*; accroissement *m*.
incred|ible [in'kredəbl] incroyable; **~ulous** incrédule.
incubator incubateur *m*; couveuse *f*.
inculcate inculquer (**in** à).
inculpate inculper, incriminer.
incur [in'kə:] encourir; s'exposer à; contracter (*dettes*).
incurab|ility incurabilité *f*; **~le** inguérissable; incurable (*m*).
indebted endetté; **~ to** *fig.* redevable à.
indecen|cy indécence *f*; inconvenance *f*; **~t** [in'di:snt] indécent; inconvenant.
indecision irrésolution *f*.

indeed [in'di:d] en effet; en vérité; vraiment.
indefatigable [indi'fætigəbl] infatigable; inlassable.
indefensible indéfendable; insoutenable.
indefinite [in'definit] indéfini.
indelible ineffaçable; indélébile.
indemni|fication dédommagement *m*; indemnisation *f*; **~fy** indemniser (**for** de); **~ty** indemnité *f*; compensation *f*.
indent denteler; ordre *m*, commande *f*.
independen|ce [indi'pendəns] indépendance *f* (**from** de); **~t** indépendant (**of** de).
in|describable indescriptible; **~destructible** indestructible; **~determinable** indéterminable.
ind|ex (*pl.* **~ices** ['indisi:z]) index *m*; indice *m*; *cadran*: aiguille *f*; table *f* des matières.
India Inde *f*; **~n** Indien *m*; indien; **Red ~n** Peau-Rouge *m*.
india-rubber gomme *f* (à effacer).
indicat|e indiquer; marquer; montrer; **~ion** indication *f*; marque *f*.
indict [in'dait] inculper; **~ment** inculpation *f*.
indifferen|ce [in'difrəns] indifférence *f*; **~t** indifférent (**to** à); médiocre.
indigest|ible [indi'dʒestəbl] *méd.* indigeste; **~ion** indigestion *f*.
indign|ant indigné; **~ation** indignation *f*.
indirect indirect.
indiscre|et [indis'kri:t] indiscret; imprudent; **~tion** indiscrétion *f*; imprudence *f*.
indiscriminate [indis'kriminit] sans discernement, aveugle; **~ly** au hazard.
indispos|ed indisposé; **~ition** indisposition *f*.
indisputable incontestable.
indistinct indistinct; vague.
indistinguishable indistinct; imperceptible.
individual [indi'vidjuəl] individu *m*; individuel.
indivisible indivisible.
Indo-China ['indəu'tʃainə] Indochine *f*.
indolen|ce ['indələns] indolence *f*; paresse *f*; **~t** indolent (*a. méd.*); paresseux.
indoor d' intérieur; **~s** à la maison; à l' intérieur.
induce [in'dju:s] persuader; produire, causer.
indulge [in'dʌldʒ] avoir de l'indulgence pour, céder à; **~ in** se livrer à; se permettre, s'offrir; **~nce** indulgence *f*; complaisance *f*; **~nt** indulgent.
industr|ial [in'dʌstriəl] industriel; **~ialist** industriel *m*; **~ialize** industrialiser; **~ious** laborieux, travailleur; **~y** ['indəstri] industrie *f*; **heavy ~ies** *pl.* industrie *f* lourde.

inebriate [i'ni:brieit] enivrer.
inedible immangeable.
ineffable ineffable.
ineff|ective, ~icient [ini'fiʃənt] incapable; inefficace.
inept inepte; déplacé, mal à propos.
inequitable injuste.
inert inerte; **~ia** inertie *f*.
in|estimable inestimable; inappréciable; **~evitable** inévitable; **~excusable** inexcusable; **~exhaustible** inépuisable; **~exorable** [in'eksərəbl] inexorable; implacable; **~expensive** bon marché, peu coûteux; **~experienced** inexpérimenté; **~explicable** inexplicable.
inexpress|ible inexprimable; **~ive** sans expression.
inextinguishable inextinguible.
infallible [in'fæləbl] infaillible; sûr.
infamous infâme; abominable.
infan|cy première enfance *f*; **~t** enfant *m*; **~tile** d'enfant; infantile; **~tile paralysis** poliomyélite *f*.
infatuate infatuer, affoler; **~d with** entiché de.
infect infecter; *méd.* contaminer; **~ion** infection *f*; contamination *f*; **~ious** infectieux; contagieux.
infer [in'fə:] déduire, inférer (**from** de); **~ence** déduction *f*; inférence *f*.
inferior [in'fiəriə] inférieur (**to** à); subalterne; **~ity complex** complexe *m* d'infériorité.
infernal [in'fə:nl] infernal; diabolique.
infest infester (**with** de).
infiltrate (s')infiltrer.
infinit|e infini; illimité; **~y** infinité *f*.
infirm infirme, faible; **~ary** [in'fə:məri] infirmerie *f*; hôpital *m*; **~ity** infirmité *f*; faiblesse *f*.
inflame [in'fleim] enflammer; allumer.
inflamma|ble [in'flæməbl] inflammable; **~tion** inflammation *f*.
inflat|able gonflable; **~e** gonfler; **~ion** inflation *f*.
inflexib|ility inflexibilité *f*; **~le** inflexible (*a. fig.*).
inflict infliger (**on** à).
influence ['influəns] influence *f*; influer sur; influencer.
influential [influ'enʃəl] influent.
inform informer; avertir; **~al** sans cérémonie; **~ation** renseignements *m/pl.*; informations *f/pl.*; **gather ~ation** recueillir des renseignements; **~er** mouchard *m*.
infringe [in'frindʒ] enfreindre, violer (*loi*); **~ upon** empiéter sur; **~ment** infraction *f*.
infus|e infuser; inculquer; **~ion** infusion *f* (*a. fig.*).
ingen|ious [in'dʒi:njəs] ingénieux; **~uity** ingénuité *f*;

~uous [in'dʒenjuəs] ingénu; candide.
ingratitude [in'grætitju:d] ingratitude *f.*
ingredient [in'gri:djənt] ingrédient *m.*
inhabit habiter; **~able** habitable; **~ant** habitant *m.*
inhale inhaler; aspirer.
inherent inhérent (**in** à).
inherit hériter de (*qc.*); **~ s.th. from s.o.** hériter qc. de q.; **~ance** héritage *m.*
inhibit empêcher (**from** de), gêner, restreindre; **~ion** inhibition *f.*
inhospitable inhospitalier.
inhuman [in'hju:mən] inhumain; barbare.
initia|l initiale *f*; parapher; **~te** initier (**into** à); **~tive** initiative *f.*
inject injecter; **~ion** injection *f.*
injunction injonction *f.*
injur|e ['indʒə] nuire à; endommager; blesser; **~ious** nuisible; **~y** dommage *m*; mal *m*; blessure *f.*
injustice [in'dʒʌstis] injustice *f.*
ink encre *f.*
inkling idée *f*, soupçon *m.*
inland intérieur *m* (d'un pays).
inlay incruster; marqueter.
inlet entrée *f*, admission *f*; crique *f*, anse *f.*
inmate habitant *m*; pensionnaire *m.*
inmost le plus profond; le plus intime.
inn auberge *f.*
inner intérieur; intime; **~ tube** *mot.* chambre *f* à air.
innkeeper aubergiste *m.*
innocen|ce ['inəsəns] innocence *f*; **~t** innocent.
innovation [inəu'veiʃən] innovation *f*; changement *m.*
innumerable [i'nju:mərəbl] innombrable.
inoculate inoculer; greffer.
inoffensive inoffensif.
inopportune inopportun; hors de saison.
inquir|e [in'kwaiə] demander; **~e about** (*ou* **on**) se renseigner sur, s'informer de; **~e into** faire des recherches sur; **~ing** curieux; **~y** enquête *f*; investigation *f*; recherche *f*; **~y office** bureau *m* de renseignements.
inquisitive curieux; investigateur.
insan|e fou; insensé; **~ity** folie *f*, démence *f.*
insatiable [in'seiʃjəbl] insatiable.
inscribe [in'skraib] inscrire.
inscription inscription *f.*
insect insecte *m.*
insecure [insi'kjuə] peu sûr, incertain.
insensib|ility évanouissement *m*; insensibilité *f*; **~le** [in'sensəbl] insensible; indifférent (**to** à).
inseparable inséparable.
insert [in'sə:t] insérer; **~ion** insertion *f.*

inside dedans (*m*), intérieur (*m*); à l'intérieur (de); ~ **of** en (moins de); ~ **left** *sport* intérieur *m* gauche.
insight ['insait] perspicacité *f*, pénétration *f*; aperçu *m*.
insignificant insignifiant; peu important.
insincere [insin'siə] insincère.
insinuate insinuer; donner à entendre; ~ **o.s. into** s'insinuer dans.
insipid insipide, fade.
insist (up)on insister sur.
insolen|ce ['insələns] insolence *f*, effronterie *f*; ~**t** insolent.
insolvency insolvabilité *f*.
insomnia insomnie *f*.
inspect examiner; contrôler; ~**ion** inspection *f*; contrôle *m*; ~**or** inspecteur *m*.
inspir|ation inspiration *f*; ~**e** inspirer (*a. fig.*).
inst. = **instant.**
install [in'stɔːl] installer; ~**ation** installation *f*; montage *m*.
instal(l)ment acompte *m*; portion *f*; **on the** ~ **plan** à tempérament, à crédit.
instance ['instəns] instance *f*; **for** ~ par exemple.
instant ['instənt] instant (*m*); immédiat; urgent; ~ **coffee** café *m* en poudre; ~**aneous** instantané; ~**ly** immédiatement.
instead of au lieu de.
instep cou-de-pied *m*.
instigat|e inciter; provoquer; ~**ion** instigation *f*.
instinct ['instiŋkt] instinct *m*; ~**ive** instinctif.
institut|e institut *m*; instituer; établir; fonder; ~**ion** institution *f*.
instruct instruire; enseigner; ~**ion** instruction *f*; enseignement *m*; ordre *m*; ~**ions (for use)** mode *m* d'emploi; ~**ive** instructif.
instrument ['instrumənt] instrument *m*; appareil *m*.
in|subordinate insubordonné; ~**sufferable** intolérable; ~**sufficient** insuffisant.
insula|r insulaire; *fig.* borné; ~**te** isoler; ~**ting tape** chatterton *m*.
insult ['insʌlt] insulte *f*, affront *m*; *v.* [in'sʌlt] insulter.
insuperable insurmontable.
insupportable insupportable, intolérable.
insur|ance [in'ʃuərəns] assurance *f*; ~**ance policy** police *f* d'assurance; ~**ant** assuré *m*; ~**e** assurer.
insurgent insurgé *m*.
insurmountable [insə'mauntəbl] insurmontable; infranchissable.
insurrection insurrection *f*.
intact [in'tækt] intact, indemne.
intake prise *f*; admission *f*; consommation *f*, ration *f*.
integr|al intégral; intégrant; ~**ity** intégrité *f*; probité *f*.
intellect intelligence *f*; entendement *m*; ~**ual** intellectuel; intellectuel *m*.

intellig|ence [in'telidʒəns] intelligence *f*; renseignement *m*; **~ent** intelligent; **~ible** intelligible.
intempera|nce intempérance *f*; **~te** intempérant.
intend avoir l'intention de; projeter de; **~ for** destiner à; **~ed** *fam.* fiancé *m*, fiancée *f*.
intense intense; ardent.
intensi|fication renforcement *m*; **~fy** intensifier; augmenter; **~ty** intensité *f*; force *f*; **~ve** [in'tensiv] intensif.
intention [in'tenʃən] intention *f*; but *m*; **~al** intentionnel, voulu.
intercede intercéder.
intercept intercepter.
intercession intercession *f*.
interchange échange *m*; échanger; changer de place; **~able** interchangeable.
intercom interphone *m*.
intercourse commerce *m*, relations *f/pl*; rapports *m/pl.* sexuels.
interdict interdire, défendre.
interest intérêt *m* (*a. com.*); participation *f*; profit *m*; intéresser; **be ~ed in** s'intéresser à; s'occuper de; **~ed party** intéressé *m*; **~ing** intéressant.
interfere [intə'fiə] intervenir; **~ in** se mêler de; **~ with** tripoter, gêner, déranger; **~nce** intervention *f*; *radio* parasites *m/pl.*; **~nce elimination** *radio* déparasitage *m*.
interior [in'tiəriə] intérieur (*m*); **(art of) ~ decoration** décoration *f* intérieure.
interlude interlude *m*.
intermedia|ry intermédiaire (*m*); **~te** intermédiaire (*m*).
interminable [in'tə:minəbl] interminable, sans fin.
intermission arrêt *m*, pause *f*; *Am. thé. a.* entracte *m*.
intermittent intermittent.
intern interner; *méd.* interne *m*.
internal [in'tə:nəl] interne; intérieur; **~ revenue** *le* fisc.
international [intə'næʃənl] international.
interpellate interpeller.
interpose interposer; (*a.* **~ o.s.**) intervenir, s'interposer, s'entremettre.
interpret [in'tə:prit] interpréter; **~er** interprète *m. f.*
interrelated en relation mutuelle.
interrogat|e interroger, questionner; **~ion** *dr.* interrogatoire *m*; **~ion mark** (*ou* **point**) point *m* d'interrogation; **~ive** interrogateur; interrogatif.
interrupt interrompre; **~ion** interruption *f*.
intersection [intə'sekʃən] intersection *f*; *auto* carrefour *m*.
interval ['intəvəl] intervalle *m*; distance *f*; *thé.* entracte *m*.
interven|e intervenir; **~tion** intervention *f*.
interview ['intəvju:] entrevue *f*; interview *f*; interviewer.

intestine intestin *m*.
intima|cy ['intiməsi] intimité *f*; **~te** intime.
intimation insinuation *f*; notification *f*.
intimidate intimider.
into ['intu] dans, en; à.
intolera|ble [in'tɔlərəbl] intolérable; insupportable; **~nt** intolérant.
intoxicate enivrer; **~d** ivre.
intractable intraitable; obstiné.
intrepid intrépide; **~ity** intrépidité *f*.
intricate compliqué; confus; embrouillé.
intrigue intrigue *f*; intriguer.
introduc|e [intrə'dju:s] introduire; présenter; **~tion** introduction *f*; présentation *f*; **letter of ~tion** lettre *f* de recommandation.
intrude faire intrusion, déranger; imposer, faire admettre; **~ upon** empiéter sur; **~ o.s. into** se faufiler dans; **~r** intrus *m*; importun *m*.
intrusive importun.
intuition [intju:'iʃən] intuition *f*.
inundat|e inonder; **~ion** inondation *f*.
invade envahir; **~r** envahisseur *m*.
invalid [in'vælid] invalide, nul; ['invəlid] malade, infirme; invalide *m*; **~ate** rendre nul; invalider; **~ation** invalidation *f*; **~ity** invalidité *f*.
invaluable [in'væljuəbl] inestimable.
invariable [in'vɛəriəbl] invariable.
invasion invasion *f*; empiétement *m*; violation *f*.
invective invective *f*.
inveigh [in'vei] invectiver; **~ against** fulminer contre.
invent inventer; **~ion** invention *f*; **~or** inventeur *m*.
inver|se [in'və:s] inverse; **~t** renverser; intervertir.
invest placer, mettre (*argent*); **~ with** investir de.
investigat|e [in'vestigeit] examiner; enquêter sur; **~ion** recherches *f/pl.*; enquête *f*.
investment *com.* placement *m*, investissement *m*.
inveterate invétéré; acharné; enraciné.
invidious odieux; haïssable.
invigorate fortifier; vivifier.
invincible invincible.
inviolable inviolable.
invisible [in'vizəbl] invisible.
invit|ation invitation *f*; **~e** [in'vait] inviter; **~ing** alléchant, séduisant.
invoice facture *f*; facturer.
invoke invoquer.
involuntary involontaire; irréfléchi.
involve entraîner; avoir pour conséquence; **~ in** impliquer dans; mêler à (*affaire* etc.); **~d** *a.* en cause.
invulnerable [in'vʌlnərəbl] invulnérable.
inward intérieur; interne; **~ly** intérieurement; en dedans;

~s vers l'intérieur.
iodine ['aiəudi:n] iode *m.*
IOU = I owe you reconnaissance *f* de dette.
Ireland ['aiələnd] Irlande *f.*
Irish ['airiʃ] irlandais; **the ~** les Irlandais *m/pl.*; **~man** Irlandais *m.*
iron ['aiən] fer *m*; fer *m* à repasser; de fer (*a. fig.*); repasser; **~-bound** *fig.* inflexible.
ironic(al) ironique.
iron|ing repassage *m*; **~-monger** quincaillier *m*; **~-mould** tache *f* de rouille; **~works** *pl.* usine *f* sidérurgique.
irony ['aiərəni] ironie *f.*
irradiant rayonnant.
irrational déraisonnable.
ir|recoverable irrécouvrable; *perte:* irréparable; **~refutable** irréfutable.
irregular [i'regjulə] irrégulier; **~ity** irrégularité *f.*
irrelevan|ce inconséquence *f*; **~t** inapplicable; hors de propos.
irremovable [iri'mu:vəbl] immuable.
irreparable [i'repərəbl] irréparable.
irreproachable [iri'prəutʃəbl] irréprochable.
irresistible irrésistible.
irresolute irrésolu; hésitant.
irrespective of sans considération de.
irresponsib|ility irresponsabilité *f*; **~le** [iris'pɔnsəbl] irresponsable.
irretrievable irréparable.
irreveren|ce irrévérence *f*; manque *m* de respect; **~t** irrévérent.
irrevocab|ility irrévocabilité *f*; **~le** irrévocable.
irrigat|e arroser; irriguer; **~ion** irrigation *f*; arrosage *m.*
irrita|bility irritabilité *f*; **~ble** ['iritəbl] irritable; **~te** irriter; **~ting** irritant, agaçant; **~tion** irritation *f.*
is est; **that ~ to say** c'est-à-dire.
island ['ailənd] île *f.*
isolat|e ['aisəleit] isoler; **~ion** isolement *m.*
Israel Israël *m*; **~i** Israélien *m*; israélien.
issue ['isju:] issue *f*; sortie *f*; *fig.* fin *f*; résultat *m*; problème *m*, question *f*; descendance *f*; émission *f*; publication *f*; **at ~** dont il s'agit; *v.* sortir, provenir (**from** de); publier; distribuer.
it il, elle, le la, lui; en, y.
Ital|ian Italien *m*; italien; **~y** Italie *f.*
itch démangeaison *f* (*a. fig.*); démanger; **I am ~ing to** il me tarde de.
item ['aitem] article *m*; détail *m*; question *f.*
itinerant ambulant.
itinerary itinéraire *m.*
its son, sa, ses.
itself lui-même; elle-même; soi-même; **by ~** tout seul; **in ~** en soi.

ivory ['aivəri] ivoire *m.*

ivy lierre *m.*

J

jack *auto* cric *m*; *cartes*: valet *m*; ~ **up** soulever au cric.

jackal chacal *m.*

jackdaw choucas *m.*

jacket ['dʒækit] veste *f*; veston *m*; jaquette *f*; enveloppe *f.*

jack-knife couteau *m* de poche.

jackpot gros lot *m.*

jail [dʒeil] prison *f*; emprisonner; ~**er** geôlier *m.*

jam confiture *f*; embouteillage *m*, encombrement *m*; *radio* brouillage *m*; (se) coincer; (s')enrayer; brouiller.

January janvier *m.*

Japan [dʒə'pæn] Japon *m*; ~**ese** [dʒæpə'ni:z] (*pl.* ~**ese**) Japonais *m*; japonais.

jar pot *m*; jarre *f*; choc *m*; grincer; secouer; *couleurs:* jurer; ~ **(up)on** choquer; agacer.

jaundice jaunisse *f.*

jaw [dʒɔ:] mâchoire *f*; caqueter; chapitrer; ~**-bone** maxillaire *m.*

jazz up animer, égayer.

jealous ['dʒeləs] jaloux (**of** de); ~**y** jalousie *f.*

jeans *pl.* [dʒi:nz] jeans *m/pl.*

jeer raillerie *f*; (*a.* ~ **at**) railler.

jelly gelée *f.*

jeopardize ['dʒepədaiz] mettre en péril; compromettre.

jerk [dʒə:k] saccade *f*; secousse *f*; **by** ~**s** par à-coups; ~**y** saccadé.

jersey ['dʒə:zi] chandail *m.*

jet jet *m*; aller en jet; ~ **(plane)** avion *m* à réaction, jet *m.*

jetty jetée *f.*

Jew [dʒu:] juif *m.*

jewel ['dʒu:əl] bijou *m*; ~**(l)er** bijoutier *m*; ~**(le)ry** bijoux *m/pl.*

Jew|ess juive *f*; ~**ish** juif.

jiffy: in a ~ en un tournemain.

jingle ['dʒiŋgl] tintement *m*; cliquetis *m*; tinter.

jingo chauvin *m.*

job travail *m*, boulot *m*; tâche *f*; emploi *m*; job *m*; ~**ber** *com.* intermédiaire *m*; ~**less** sans travail; ~ **lot** articles *m/pl.* d'occasion; ~**-work** travail *m* à la pièce.

jockey jockey *m.*

joggle secouer légèrement; branler.

join (re)joindre; unir; s'associer (à); se joindre à; s'inscrire à, entrer dans; ~ **in** prendre part à.

joiner menuisier *m.*

joint joint *m*; jointure *f*; pièce *f* de viande; charnière *f*; commun; ~**ly** en commun, ensemble; ~**-stock company** société *f* par actions.

joke [dʒəuk] plaisanterie *f*; bon mot *m*; plaisanter.

jolly gai, joyeux.
jolt choc *m*; cahot *m*; cahoter.
jostle coudoyer; ~ **against** heurter.
jot iota *m*; ~ **down** prendre note de, noter.
journal ['dʒə:nl] journal *m*; ~**ism** journalisme *m*; ~**ist** journaliste *m*.
journey ['dʒə:ni] voyage *m*; trajet *m*; voyager.
jovial jovial; enjoué.
joy joie *f*; ~**ful,** ~**ous** joyeux; enjoué; ~**less** triste.
jubil|ate exulter; se réjouir; ~**ee** jubilé *m*.
judge [dʒʌdʒ] juge *m*; juger.
judg(e)ment jugement *m*; opinion *f*; discernement *m*.
jug pot *m*; cruche *f*.
juggle ['dʒʌgl] jongler; ~**r** jongleur *m*.
juic|e [dʒu:s] jus *m*; ~**y** juteux; succulent.
July [dʒu'lai] juillet *m*.
jump saut *m*, bond *m*; sauter, bondir; franchir; ~ **at** sauter sur, saisir; ~**er** sauteur *m*; pull-over *m*; ~**ing-pole** perche *f* à sauter.
junction ['dʒʌŋkʃn] jonction *f*; *ch. d. f.* nœud *m*, embranchement *m*.
June [dʒu:n] juin *m*.
jungle ['dʒʌŋgl] jungle *f*; *fig.* confusion *f*.
junior cadet; plus jeune.
junk [dʒʌŋk] rebut *m*; bric-à-brac *m*.
juris|diction juridiction *f*; compétence *f*; ~**prudence** jurisprudence *f*.
juror juré *m*.
jury jury *m*.
just juste; équitable; précisément; seulement; ~ **now** tout à l'heure.
justice ['dʒʌstis] justice *f*; juge *m*, magistrat *m*; **do** ~ **to** faire (*ou* rendre) justice à; **court of** ~ tribunal *m*.
justification justification *f*.
justify ['dʒʌstifai] justifier.
juvenile ['dʒu:vənail] juvénile; de (la) jeunesse.

K

kangaroo [kæŋgə'ru:] kangourou *m*.
keen perçant; vif; pénétrant; perspicace; ~**ness** perspicacité *f*; finesse *f*.
keep tenir; garder; maintenir; entretenir; protéger; nourrir; ~ **company** tenir compagnie à; ~ **time** *montre*: être juste; ~ **waiting** faire attendre; ~ **away** (se) tenir à l'écart; ~ **on** garder; ~ **out** empêcher d'entrer; se garantir de; ~ **in with** rester en bons termes avec; ~ **(on) doing** continuer à faire; ~ **up with** se maintenir au niveau de.
keep|er gardien *m*; garde *m*; surveillant *m*; ~**ing** surveillance *f*; garde *f*; **in** ~**ing with**

en harmonie avec; en accord avec; **~sake** souvenir *m*.
kennel chenil *m*.
kept *prét. et p.p. de* **keep.**
kernel ['kə:nl] grain *m*; noyau *m*.
kerosene pétrole *m*.
kettle marmite *f*; bouilloire *f*; **~-drum** timbale *f*.
key [ki:] clé *f*, clef *f* (*a. fig.*); *piano etc.*: touche *f*; **~board** clavier *m*; **~hole** trou *m* de la serrure; **~ industry** industrie *f* clef; **~note** tonique *f*; **~ position** position *f* clef.
kick coup *m* de pied; *fam.* plaisir *m*; **for ~s** pour s'amuser; *v.* donner des coups de pied (à); *fam.* botter.
kick-off coup *m* d'envoi.
kid chevrau *m*; *fam.* enfant *m, f*, gosse *m, f*; **~-gloves** *pl.* gants *m/pl.* de chevrau.
kidney rein *m*; *cuis.* rognon *m*.
kill tuer; abattre (*bête*); **~ing** meurtrier; *fam.* tordant; **~-joy** rabat-joie *m*.
kilo|cycle ['kiləusaikl] kilocycle *m*; **~gram(me)** kilogramme *m*; **~metre** kilomètre *m*; **~watt** kilowatt *m*.
kin parenté *f*; parents *m/pl.*
kind [kaind] bon, aimable; affable; genre *m*; espèce *f*.
kindergarten école *f* maternelle.
kindle ['kindl] (s')enflammer.
kindness bonté *f*; amabilité *f*; bienveillance *f*.
king roi *m*; **~dom** royaume *m*.
kiosk kiosque *m*.
kipper hareng *m* fumé.
kiss baiser *m*; embrasser; **~proof** indélible.
kitchen ['kitʃin] cuisine *f*; **~ware** ustensiles *m/pl.* de cuisine.
kite cerf-volant *m*.
kitten petit chat *m*.
knack tour *m* de main; truc *m*; **have the ~ of** avoir le chic pour.
knapsack havresac *m*.
knave [neiv] coquin *m*; fripon *m*.
knead [ni:d] pétrir.
knee genou *m*; **~-cap, ~-pan** rotule *f*.
kneel s'agenouiller.
knell glas *m*.
knelt *prét. et p.p. de* **kneel.**
knew *prét. de* **know.**
knickerbockers *pl.* culotte *f* de golf; knickerbocker *m*.
knife (*pl.* **knives**) couteau *m*; poignarder.
knight [nait] chevalier *m*; faire chevalier.
knit tricoter; joindre; **~ the brows** froncer les sourcils.
knob *porte*: bouton *m*; bosse *f*.
knock coup *m*; choc *m*; frapper; cogner; **~ down** abattre, renverser; **~ out** mettre hors de combat; **~-out** knock-out *m*.
knot [nɔt] nœud *m*; nouer.
know [nəu] savoir; connaître; reconnaître; **come to ~** apprendre; **make ~n** faire connaître; **~ing** intelligent;

rusé, instruit.
knowledge ['nɔlidʒ] connaissance *f*; savoir *m*; science *f*; **to my ~** autant que je sache.
known *p.p. de* **know.**
knuckle ['nʌkl] articulation *f* du doigt; nœud *m*.

L

label étiquette *f*; marque *f*; étiqueter.
laboratory [lə'bɔrətəri] laboratoire *m*.
laborious laborieux; travailleur; pénible, fatigant.
labo(u)r ['leibə] travail *m*; labeur *m*; peine *f*; **hard ~** travail *m* forcé; **≈ Exchange**, *Am.* **Labor Registry Office** bureau *m* de placement; **≈ Party** parti *m* travailliste; *v.* travailler, peiner (*a. fig.*).
lace lacet *m*; ruban *m*; galon *m*; lacer; galonner.
lack manque *m*; absence *f*; manquer; avoir besoin de.
lackay laquais *m*.
laconic laconique; bref.
lacquer ['lækə] laque *f*; laquer.
lad garçon *m*.
ladder échelle *f*; *bas*: maille *f* qui file; **~proof** indémaillable.
lade charger.
laden *p.p. de* **lade.**
ladies' room toilettes *f/pl.* pour dames.
ladle ['leidl] louche *f*.
lady dame *f*; femme *f* du monde; **~'s maid** femme *f* de chambre.
lager (beer) bière *f* blonde.
lagoon [lə'gu:n] lagune *f*.
laid *prét. et p.p. de* **lay**[2].
lain *p.p. de* **lie**[2].
lake lac *m*.
lakeside bord *m* du lac.
lamb [læm] agneau *m*.
lame boiteux; estropié; estropier; paralyser.
lament complainte *f*; se lamenter; pleurer; **~able** déplorable; **~ation** lamentation *f*.
lamp lampe *f*; lanterne *f*; **~post** (poteau *m* de) réverbère *m*.
lance [lɑ:ns] lance *f*; percer.
land terre *f*; terrain *m*; pays *m*; atterrir (*avion*); **~-holder** propriétaire *m* foncier.
landing débarquement *m*; atterrissage *m*; palier *m*; **~-gear** train *m* d'atterrissage; **~-stage** débarcadère *m*.
land|lady propriétaire *f*; hôtelière *f*; **~lord** propriétaire *m*; hôtelier *m*; **~mark** borne *f*; (point *m* de) repère *m*; **~scape** paysage *m*; **~slide, ~slip** éboulement *m*.
lane ruelle *f*; chemin *m*.
language ['læŋgwidʒ] langue *f*; language *m*.
langu|id languissant; **~ish** languir; **~or** langueur *f*.

lank(y) grand et maigre.
lantern lanterne *f*.
lap genoux *m/pl.*; giron *m* (*a. fig.*); *eau*: clapotis *m*; laper.
lapel [lə'pel] revers *m*.
lapse erreur *f*; faux pas *m*; *temps:* écoulement *m*; ~ **into** (re)tomber dans.
lard saindoux *m*; larder; **~er** garde-manger *m*.
large [lɑ:dʒ] grand; gros; vaste; nombreux; **~-minded** à l'esprit large; tolérant; **~-scale** de grande envergure; **~-sized** de grand format.
lark alouette *f*; farce *f*.
laryn|x ['læriŋks] (*pl.* **~ges**) larynx *m*.
lash coup *m* de fouet; mèche *f*; *œil:* cil *m*; fouetter; cingler.
lass jeune fille *f*.
last dernier; ultime; passé; durer; suffire; ~ **but one** avant-dernier; ~ **night** hier soir; **at** ~ enfin; **~ing** durable; permanent; **~ly** en dernier lieu.
latch loquet *m*; verrou *m*; **~key** clef *f* de la maison.
late tard; en retard; défunt; *heure:* avancé; **be** ~ être en retard; *ch. d. f.* avoir du retard; **~-comer** tard venu *m*; **~ly** récemment; dernièrement; **~r (on)** plus tard; **at the ~st** au plus tard.
lateral latéral.
lath latte *f*; latter.
lathe [leið] tour *m*.
lather *savon:* mousse *f*; écume *f*; savonner.
Latin latin (*m*).
Latin America Amérique *f* latine.
Latin American sud-américain; Sud-Américain *m*.
latitude ['lætitju:d] latitude *f*.
latter dernier (de deux).
lattice treillis *m*; treillisser.
laudable louable.
laugh [lɑ:f] rire *m*; rire; ~ **at** se moquer de; **~able** risible, dérisoire; **~ter** rire *m*.
launch [lɔ:ntʃ] lancement *m*; *mar.* chaloupe *f*; lancer.
launderette blanchisserie *f* automatique.
laun|dress blanchisseuse *f*; **~dry** blanchisserie *f*; lessive *f*.
laurel ['lɔrəl] laurier *m*.
lava ['lɑ:və] lave *f*.
lavatory lavabo *m*; toilette *f*.
lavish immodéré; prodiguer.
law loi *f*; droit *m*; **~-court** tribunal *m*; **~ful** légal; légitime.
lawn pelouse *f*; gazon *m*; **~-mower** tondeuse *f*.
lawsuit procès *m*.
lawyer ['lɔ:jə] avocat *m*; jurisconsulte *m*.
lax débonnaire; négligent; relâché; **~ative** laxatif *m*.
lay[1] *pret. de* **lie**[2].
lay[2] poser; mettre; coucher; pondre (*œufs*); ~ **down** déposer; formuler (*principe*); ~ **out** disposer; arranger.
layer poseur *m*; couche *f*; *arch.* assise *f*; *poule:* pondeuse *f*.

layman laïque *m*.
lay-out tracé *m*; dessin *m*; disposition *f*, arrangement *m*.
laz|iness paresse *f*; **~y** ['leizi] paresseux; indolent.
lead[1] [led] plomb *m*; sonde *f*.
lead[2] [li:d] conduite *f*; direction *f*; laisse *f*; conduire; mener; dominer.
leaden de plomb (*a. fig.*).
lead|er chef *m*; meneur *m*; article *m* de fond; **~ing** principal; en chef.
leaf (*pl.* **leaves**) feuille *f*; feuillet *m*; *porte:* battant *m*; **~let** feuillet *m*; prospectus *m*.
league[1] lieue *f*.
league[2] [li:g] ligue *f*; union *f*; **~ match** match *m* de championnat; **2 of Nations** Société *f* des Nations; (se) liguer.
leak voie *f* d'eau; *mar.* faire eau; *liquide*: fuir, couler; **~age** fuite *f*; coulage *m*.
lean maigre; émacié; (s')appuyer; se pencher; **~ness** maigreur *f*.
leant *prét. et p.p. de* **lean.**
leap saut *m*; bond *m*; sauter; bondir; **~-year** année *f* bissextile.
leapt *prét. et p.p. de* **leap.**
learn apprendre; étudier; **~ed** ['lə:nid] savant.
learnt *prét. et p.p. de* **learn.**
lease bail *m*; louer; prendre (à bail); **~holder** locataire *m* à bail.
least le moindre; le plus petit; **at ~** au moins.
leather ['leðə] cuir *m*; de cuir, en cuir.
leave permission *f*; liberté *f*; congé *m*; laisser; s'en aller; partir; quitter; **~ off** renoncer à; cesser.
lecture ['lektʃə] conférence *f*; leçon *f*; réprimande *f*; **attend ~s** suivre un cours; *v.* faire des conférences; faire la morale à; **~r** conférencier *m*.
led *prét. et p.p. de* **lead**[2].
ledge [ledʒ] rebord *m*; saillie *f*; **~r** grand-livre *m*.
lee côté *m* sous le vent.
leech sangsue *f* (*a. fig.*).
lees *pl.* lie *f* (*a. fig.*).
left[1] *prét. et p.p. de* **leave.**
left[2] gauche; à gauche; gauche *f*; **~-handed** gaucher.
leftist gauchiste *m*.
left-luggage office consigne *f*.
leg jambe *f*; patte *f*; *table etc.*: pied *m*.
legacy ['legəsi] legs *m*.
legal légal; juridique; **~ize** légaliser; autoriser.
legation légation *f*.
legend légende *f*; **~ary** légendaire.
legible lisible.
legion ['li:dʒən] légion *f*.
legislat|ive ['ledʒislətiv] législatif; **~or** législateur *m*.
legitima|cy [li'dʒitiməsi] légitimité *f*; **~te** légitime; légitimer.
leisure ['leʒə] loisir *m*; **~ly** posé; *adv.* à loisir.
lemon ['lemən] citron *m*; **~ squash** citron *m* pressé.

lend prêter.
length longueur *f*; étendue *f*; durée *f*; **at ~** enfin; **~en** allonger; prolonger; (s')étendre; **~ways, ~wise** en longueur.
lenient ['li:njənt] indulgent; doux.
lens lentille *f*; *phot.* objectif *m*.
lent *prét. et p.p. de* **lend.**
Lent carême *m*.
lentil lentille *f*.
leprosy lèpre *f*.
less moindre; moins; **~en** diminuer; amoindrir; **~er** plus petit; moindre.
lesson leçon *f*.
lest de peur que; que ... ne.
let (*a. prét. et p.p.*) laisser; permettre; louer; **~ alone** laisser tranquille; **~ down** baisser; laisser en panne; **~ out** laisser sortir; laisser échapper.
letter lettre *f*; **~s** *pl.* (belles-) lettres *f/pl.*; **by ~** par lettre; **~-box** boîte *f* aux lettres; **~ carrier** *Am.* facteur *m*; **~gram** *Am.* télégramme *m* lettre; **~ of credit** lettre *f* de crédit.
lettuce ['letis] laitue *f*.
level égal; horizontal; de niveau; **~ crossing** passage *m* à niveau; *su.* niveau *m*; **on a ~ with** de niveau avec; *fig.* au niveau de; **on the ~** *fam.* honnête, droit; *v.* niveler; équilibrer; **~-headed** bien équilibré.
lever levier *m*.
levy levée *f*; réquisition *f*; lever (*impôt*).
liabilit|y responsabilité *f*; **~ies** *pl.* engagements *m/pl.*
liable ['laiəbl] responsable (**for** de); **~ to** passible de; soumis à, sujet à; **~ to duty** soumis à la douane.
liar menteur *m*.
libel ['laibəl] libelle *m*; diffamation *f*; diffamer.
liberal libéral; généreux; **~ity** libéralité *f*; générosité *f*.
liberat|e libérer; **~ion** libération *f*; **~or** libérateur *m*.
liberty liberté *f*.
librar|ian bibliothécaire *m*; **~y** bibliothèque *f*.
licen|ce ['laisəns] permission *f*; permis *m*; autorisation *f*; **~se** autoriser; accorder un permis à; permettre; **~tious** licentieux, dissolu.
lick lécher; *fam.* battre, écraser; **~ing** raclée *f*.
lid couvercle *m*.
lie[1] mensonge *m*; **tell a ~** mentir (à).
lie[2] position *f*; être couché; reposer; *pays:* être situé.
life [laif] vie *f*; durée *f*; **~ annuity** rente *f* viagère; **~-belt** ceinture *f* de sauvetage; **~boat** canot *m* de sauvetage; **~ insurance** assurance-vie *f*; **~-jacket** gilet *m* de sauvetage; **~less** sans vie, inanimé; **~-size(d)** de grandeur naturelle; **~time** vie *f*; vivant *m*.
lift élévation *f*; *Br.* ascenseur

m; **give s.o. a ~** *auto* emmener q. en auto; *v.* lever; soulever.

ligature ['ligətʃuə] ligature *f* (*a. méd.*).

light [lait] lumière *f*; clarté *f*; lueur *f*; feux *m/pl.*; éclairage *m*; allumer; éclairer; léger; éclairé; blond; **would you give me a ~?** voudriez-vous me donner du feu?; **~ on** tomber sur (*a. fig.*); **~en** illuminer; éclaircir; alléger, soulager; **~er** briquet *m*; **~house** phare *m*; **~ing** éclairage *m*; **~-minded** étourdi, frivole; **~ness** légèreté *f*; frivolité *f*.

lightning éclairs *m/pl.*; foudre *f*; **~-conductor** paratonnerre *m*.

like tel; semblable; pareil; comme; **~ that** de la sorte; **look ~** ressembler à; *v.* aimer; trouver à son goût; vouloir; **how do you ~ London?** comment trouvez-vous Londres?; **~lihood** vraisemblance *f*; probabilité *f*; **~ly** probable, vraisemblable; susceptible (**to** de); **he is ~ to come later** il est probable qu'il vienne plus tard; **~ness** ressemblance *f*; portrait *m*; **~wise** de même; pareillement.

liking goût *m*; penchant *m*.

lilac ['lailək] lilas; lilas *m*.

lily lis *m*.

limb [lim] membre *m*; partie *f* du corps.

lime chaux *f*; glu *f*; **~light** *thé.* rampe *f*; **in the ~light** *fig.* en vedette; très en vue.

limit limite *f*; frontière *f*; **that's the ~!** ça c'est le comble!; *v.* limiter; borner; **~ation** limitation *f*; restriction *f*; **~ed company** société *f* à responsabilité limitée.

limp boiter; flasque, mou.

line ligne *f*; *ch.d.f.* voie *f*; *télé.* fil *m*; trait *m*; **not in my ~** pas de mon ressort; *v.* ligner, régler (*papier*); doubler (*vêtement*); **~ up** *Am.* faire la queue.

linen ['linin] toile *f* de lin; linge *m*; de (*ou* en) toile.

liner (*a.* **ocean ~**) paquebot *m*; (*a.* **air ~**) avion *m* de ligne.

linger ['liŋgə] s'attarder; traîner.

lining doublure *f*.

link chaînon *m*; anneau *m*; *fig.* lien *m*; (se) joindre; unir.

links *pl.* boutons *m/pl.* de manchette; terrain *m* de golf.

linseed graine *f* de lin.

lion ['laiən] lion *m*; **~ess** lionne *f*.

lip lèvre *f*; **~stick** rouge *m* à lèvres.

liqu|efy liquéfier; fluidifier; **~id** ['likwid] liquide (*m*); **~idate** liquider; solder.

liquor ['likə] alcool *m*, boisson *f* alcoolique.

liquorice réglisse *f*.

lisp zézayer.

list tableau *m*; liste *f*; registre *m*; énumerer; inscrire sur une liste.

listen ['lisn] écouter; prêter attention (**to** à); ~ **in** écouter la radio; ~**er** auditeur *m*.
listless inattentif; indolent.
lit *prét. et p.p. de* **light.**
litera|l littéral; mot à mot; ~**ture** littérature *f*.
litter détritus *m*.
little petit; mesquin; peu; peu *m*; ~ **by** ~ peu à peu.
live [liv] vivre; demeurer, habiter; durer; ~ **on** se nourrir de.
livel|ihood ['laivlihud] subsistance *f*; moyen *m* d'existence; ~**iness** vivacité *f*; ~**y** vif; animé; pétulant.
liver foie *m*.
livery livrée *f*.
livid livide.
living vivant; vif; subsistance *f*; vie *f*; **earn a** ~ gagner sa vie; ~**-room** salon *m*; living-room *m*.
lizard ['lizəd] lézard *m*.
load fardeau *m* (*a. fig.*); charge *f*; charger.
loaf[1] (*pl.* **loaves**) pain *m*.
loaf[2] flâner.
loafer flâneur *m*.
loam glaise *f*.
loan prêt *m*; emprunt *m*; prêter.
loath [ləuθ] **to** peu enclin à; ~**e** [ləuð] détester; ~**ing** répugnance *f*; ~**some** dégoûtant; repugnant.
lobby vestibule *m*, couloir *m*; *thé.* foyer *m*; lobby *m*, groupe *m* de pression.
lobe *méd.* lobe *m*.
lobster homard *m*.
local local; ~ **call** communication *f* locale; ~**ity** localité *f*: endroit *m*; ~**ize** localiser.
locate [ləu'keit] établir; repérer; **be** ~**d** *Am.* être domicilié.
lock serrure *f*; écluse *f*: fermer à clef; enfermer; ~**et** médaillon *m*; ~**-out** lock-out *m*; ~**smith** serrurier *m*.
locomotive ['ləukəməutiv] locomotive *f*.
locust sauterelle *f*.
lodg|e [lɔdʒ] (se) loger; porter (*plainte*): ~**er** locataire *m*; ~**ings** *pl.* logement *m*.
loft grenier *m*; *église*: tribune *f*; ~**iness** hauteur *f*; élévation *f*; ~**y** élevé; noble; pompeux.
log bûche *f*; **sleep like a** ~ dormir à poings fermés.
loggerheads ['lɔgəhedz]: **be at** ~ **with** être en bisbille avec.
logic ['lɔdʒik] logique *f*; ~**al** logique.
loin [lɔin] filet *m*; *bœuf:* aloyau *m*; ~**s** *pl.* reins *m/pl.*
loiter flâner; rôder.
lonely solitaire; isolé.
long long; allongé; longtemps; **before** ~ sous peu; **be** ~ **to** tarder à; **in the** ~ **run** à la longue; ~ **for** languir après; désirer; ~**-distance reception** *radio* réception *f* à grande distance; ~**ing** aspiration *f*; désir *m* ardent; ~**-playing record** (disque *m*) microsillon *m*; ~**-sighted** presbyte; *fig.* prévoyant.

look regard *m*; air *m*, apparence *f*; **have a ~ at** jeter un coup d'œil sur; *v.* regarder; sembler, paraître; **~ after** s'occuper de; **~ at** regarder; **~ for** chercher; **~ forward to** attendre; **~ into** examiner, étudier; **~ out!** attention!; **~ out for** être à la recherche de; **~ over** parcourir du regard; **~ to** voir à, faire attention à; **~ up** lever les yeux; **~ (up)on** regarder (**as** comme); **~er-on** spectateur *m*; **~ing-glass** miroir *m*; **~-out** vigie *f*; *fig.* qui-vive *m*.
loom métier *m* à tisser; se dessiner; surgir; menacer, être imminent.
loop boucle *f*; ganse *f*; **~-hole** meurtrière *f*; trou *m*; *fam.* échappatoire *f*.
loose [lu:s] lâche; délié; détendu; relâché; ample; libre; lâcher, détacher, défaire; **~-fitting** ample, large; **~n** (se) défaire; (se) délier.
lop-sided qui manque de symmétrie, déjeté.
loquacious [ləu'kweiʃəs] loquace.
lord seigneur *m*; maître *m*; *titre*: lord *m*; **the** ≗ le Seigneur; **≗'s prayer** oraison *f* dominicale; le Pater; **≗'s supper** la Cène.
lord|ly noble; despotique; hautain; **~ship** seigneurie *f*.
lorry lorry *m*; **(motor) ~** camion *m*.
lose [lu:z] perdre; *montre*: retarder; manquer (*train*).
loss perte *f*.
lost *prét. et p.p. de* **lose.**
lost property office bureau *m* des objets trouvés.
lot sort *m* (*a. fig.*); destin *m*, fortune *f*; **a ~ (of)** beaucoup (de), un tas (de).
lotion lotion *f*.
lottery loterie *f*.
loud bruyant; haut; fort; *couleur*: criard; **~-speaker** haut-parleur *m*.
lounge [laundʒ] flâner; se prélasser; foyer *m*; petit salon *m*; *hôtel:* hall *m*; **~-chair** chaise-longue *f*.
louse [laus] (*pl.* **lice**) pou *m*.
lovable aimable.
love [lʌv] amour *m*; affection *f*; **~ at first sight** coup *m* de foudre; **give** (*ou* **send**) **one's ~ to** envoyer ses meilleures amitiés à; **fall in ~ (with)** tomber amoureux (de); **make ~** faire l'amour; **~ly** adorable; charmant; beau; **~r** amoureux *m*; amant *m*; *fig.* amateur *m*; **pair of ~rs** couple *m* amoureux; **~-story** histoire *f* d'amour.
loving tendre; affectueux.
low bas; faible; vil; abattu; **~brow** terre-à-terre; philistin *m*; **~er** plus bas; inférieur; (a)baisser; diminuer; **~-necked** décolleté; **~ pressure** basse pression *f*; **~ season** morte-saison *f*; **~-spirited** abattu; découragé.
loyal loyal; fidèle; **~ty** loyauté

f; fidélité *f*.
lozenge ['lɔzindʒ] pastille *f*, tablette *f*.
lubricate lubrifier, graisser.
lubrication lubrification *f*; graissage *m*; ~ **oil** lubrifiant *m*.
luck destin *m*; chance *f*; *fam.* veine *f*; **bad** ~ mauvaise fortune *f*; **~ily** heureusement; par bonheur; **~y** chanceux; fortuné.
lucrative ['lu:krətiv] lucratif.
ludicrous ridicule, comique.
luggage ['lʌgidʒ] bagage *m*; **~-rack** filet *m* à bagages; ~ **van** fourgon *m*.
lukewarm ['lu:kwɔ:m] tiède; tempéré.
lumbago lumbago *m*.
lumber objects *m*/*pl*. de rebut; *Am.* bois *m* de charpente; **~-room** débarras *m*.
luminous lumineux.
lump motte *f*; masse *f*; morceau *m*; **in the** ~ en bloc; ~ **sugar** sucre *m* en morceaux; ~ **sum** somme *f* globale.
lunatic ['lu:nətik] fou (*m*); aliéné (*m*); ~ **asylum** maison *f* d'aliénés.
lunch(eon) ['lʌntʃ(ən)] déjeuner *m*; déjeuner; ~ **time** heure *f* du déjeuner.
lungs *pl.* poumon *m*.
lurch [lə:tʃ]: **leave in the** ~ planter là, *fam.* plaquer.
lure [ljuə] leurre *m*; attrait *m*; leurrer; attirer.
lurk se tapir; se cacher.
luscious ['lʌʃəs] succulent; délicieux.
lustre ['lʌstə] éclat *m*; lustre *m*; **~less** sans éclat; terne.
lute [lju:t] luth *m*; lut *m*.
Luxembourg Luxembourg *m*.
luxurious [lʌg'zjuəriəs] luxueux; somptueux; **~ness** luxe *m*; somptuosité *f*.
luxury ['lʌkʃəri] luxe *m*.
lying-in hospital maternité *f*.
lynch [lintʃ] lyncher.
lyric lyrique; poème *m* lyrique; **~s** *pl.* poésie *f* lyrique.

M

M.A. = **Master of Arts**.
Ma'am = **madam.**
macaroon macaron *m*.
mace masse *f*.
machine [mə'ʃi:n] machine *f*; appareil *m*; **~-gun** mitrailleuse *f*; **~ry** machinerie *f*; *fig.* mécanisme *m*; ~ **tool** machine-outil *f*.
machinist machiniste *m*; mécanicien *m*.
mackerel maquereau *m*.
mackintosh imperméable *m*.
mad fou; furieux; **drive** ~ rendre fou.
madam ['mædəm] madame *f*.
madden rendre furieux.
made *prét. et p.p. de* **make.**
made-to-order fait sur commande.

mad|house maison *f* d'aliénés; **~man** fou *m*; **~ness** folie *f*.
magazine [mægə'zi:n] dépôt *m*; revue *f*, magazine *f*.
maggot ver *m*; larve *f*.
magic, ~al magique; **~ian** magicien *m*.
magist|racy magistrature *f*; **~rate** magistrat *m*.
magnanimous [mæg'nænimәs] magnanime.
magnet aimant *m*.
magnificen|ce [mæg'nifisns] magnificence *f*; **~t** magnifique.
magnify agrandir; amplifier; **~ing glass** loupe *f*.
magnitude ['mægnitju:d] grandeur *f*; importance *f*.
magpie pie *f*.
mahogany [mә'hɔgәni] acajou *m*.
maid fille *f*; servante *f*, bonne *f*; **old ~** vieille fille *f*; **~en(ly)** virginal; *fig*. inaugural, premier; **~en name** nom *m* de jeune fille; **~-servant** servante *f*, bonne *f*.
mail [meil] poste *f*; courrier *m*; *Am*. mettre à la poste; **air ~** poste *f* aérienne; **~box** *Am*. boîte *f* aux lettres; **~ carrier** (*ou* **~man**) *Am*. facteur *m*; **~ train** train-poste *m*.
maim [meim] mutiler; tronquer.
main [mein] principal; **~ road** grand-route *f*; **~ street** rue *f* principale; **~land** continent *m*; terre *f* ferme; **~ly** principalement.
maintain [mein'tein] maintenir; soutenir; prétendre.
maintenance ['meintinәns] soutien *m*; maintien *m*.
maize [meiz] maïs *m*.
majest|ic [mә'dʒestik] majestueux; **~y** majesté *f*.
major ['meidʒә] plus grand; majeur (*a. mus.*).
majority majorité *f*.
make faire; fabriquer; former; atteindre; fabrication *f*; forme *f*; marque *f*; **~ sure of** s'assurer de; **~ out** établir; discerner; **~ up** (par)faire; inventer; se maquiller; **~ up one's mind** se décider; **~ up for** compenser, réparer; **~-believe** feinte *f*; **~r** auteur *m*; fabricant *m*; **~shift** expédient *m*; **~-up** maquillage *m*.
malady maladie *f*.
male [meil] mâle; masculin; mâle *m*.
malediction malédiction *f*.
malevolen|ce malveillance *f*; **~t** malveillant.
malic|e ['mælis] malice *f*; méchanceté *f*; **~ious** méchant; malveillant.
malign [mә'lain] méchant; diffamer, calomnier; **~ant** méchant; *méd*. malin.
mallet maillet *m*.
malnutrition sous-alimentation *f*.
malt [mɔ:lt] malt *m*; malter.
mammals *pl*. mammifères *m/pl*.
man (*pl*. **men**) homme *m*;

équiper (*bateau*).
manage ['mænidʒ] diriger; administrer; manier; ~ **to** trouver moyen de, arriver à; **~able** maniable; docile; **~ment** administration *f*; direction *f*; maniement *m*; **~r** gérant *m*; imprésario *m*; manager *m*.
mane [mein] crinière *f*.
manful viril; vaillant.
manger ['meindʒə] mangeoire *f*; crèche *f*.
mangle calandre *f*; calandrer; déchirer; mutiler.
manhood virilité *f*.
mania ['meinjə] phobie *f*; manie *f*; **~c** fou *m*; furieux.
manicure soin *m* des mains et ongles; faire les ongles (de).
manicurist manucure *m, f*.
manifest manifeste; évident; manifester; **~ation** manifestation *f*.
manifold multiple; divers.
manipulate [mə'nipjuleit] manipuler; manier.
man|kind genre *m* humain; **~ly** viril.
manner ['mænə] manière *f*; façon *f*; **~s** mœurs *f/pl.*; savoir-vivre *m*; **~ism** maniérisme *m*; **~ly** poli; courtois.
manœuvre [mə'nu:və] manœuvre *m*; manœuvrer.
man-of-war navire *m* de guerre.
manor ['mænə] manoir *m*; **~-house** manoir *m*.
manpower main-d'œuvre *f*.
mansion château *m*; hôtel *m* (particulier).
manslaughter ['mænslɔ:tə] homicide *m* involontaire.
mantelpiece tablette *f* de cheminée.
mantle manteau *m*; couvrir; cacher, voiler.
manual manuel; manuel *m*.
manufacture [mænju'fæktʃə] manufacture *f*; fabrication *f*; fabriquer; **~r** fabricant *m*; industriel *m*.
manure [mə'njuə] fumier *m*; fumer.
manuscript manuscrit *m*.
many beaucoup (de); ~ **times** maintes fois.
map carte *f*.
maple érable *m*.
mar gâter, abîmer.
maraud [mə'rɔ:d] marauder.
marble marbre *m*; bille *f*; de marbre.
march marche *f*; pas *m*, allure *f*; (faire) marcher.
March mars *m*.
marchpane massepain *m*.
mare [mɛə] jument *f*.
margin ['mɑ:dʒin] bord *m*; marge *f*.
marine [mə'ri:n] marin; maritime; **~r** marin *m*.
maritime ['mæritaim] maritime.
mark marque *f*; signe *m*; cible *f*; *école*: note *f*; jalon *m*; *sport* but *m*; marquer; étiqueter; faire attention à.
market marché *m*; vendre (*ou* acheter) au marché; ~ **place** place *f* du marché.

marking|-ink encre *f* indélébile; **~-tool** rouanne *f*.
marmalade ['mɑːməleid] confiture *f* d'oranges.
marqu|ess, ~is marquis *m*.
marriage ['mæridʒ] mariage *m*; **~able** mariable; **~-certificate** acte *m* de mariage.
married marié; **~ couple** ménage *m*.
marrow moelle *f*.
marry (se) marier; épouser.
marsh marais *m*; marécage *m*; **~ fever** fièvre *f* paludéenne.
marshal ['mɑːʃəl] maréchal *m*; ranger, placer.
marshy marécageux.
marten martre *f*.
martial ['mɑːʃəl] martial; **~ law** lois *f/pl*. martiales.
martyr ['mɑːtə] martyr(e) *m*, *f*; martyriser; **~dom** martyre *m*.
marvel merveille *f*; **~ at** s'émerveiller de; **~(l)ous** merveilleux.
mascot mascotte *f*; porte-bonheur *m*.
masculine masculin; mâle.
mash broyer; écraser; **~ed potatoes** *pl*. pommes *f/pl*. mousseline.
mask masque *m*; (se) masquer; (se) déguiser.
mason ['meisn] maçon *m*.
masquerade [mæskə'reid] mascarade *f*.
mass masse *f*; foule *f*; *eccl*. messe *f*; **~ media** mass media *m/pl*; **~ meeting** réunion *f* en masse; **~ production** fabrication *f* en série; *v*. (se) masser.
massacre ['mæsəkə] massacre *m*.
massage ['mæsɑːʒ] massage *m*; masser.
massive massif.
mast mât *m*.
master maître *m*; patron *m*; **Ⱶ of Arts** diplômé *m* ès lettres; *v*. maîtriser; diriger; subjuguer; gouverner; **~-builder** entrepreneur *m* de bâtiment; **~ly** parfait; magistral; **~piece** chef-d'œuvre *m*; **~y** maîtrise *f*; supériorité *f*.
masticate mâcher.
mat natte *f*; dessous *m* de plat; mat, terne.
match allumette *f*; égal *m*, pendant *m*; mariage *m*; *sport* match *m*; (s')assortir; égaler, rivaliser avec; **~-box** boîte *f* d'allumettes; **~less** sans égal; sans rival.
mate camarade *m*, compagnon *m*.
material matériel; essentiel, important; matière *f*; matériel *m*; **~ize** se réaliser.
maternal [mə'təːnl] maternel.
maternity maternité *f*; **~ dress** robe *f* de grossesse; **~ hospital** maternité *f*.
mathematics [mæθi'mætiks] *pl*. mathématiques *f/pl*.
matrimony mariage *m*.
matter matière *f*; affaire *f*;

chose *f*; sujet *m*; *méd.* pus *m*; fait *m*; **printed ~** imprimé *m*; **no ~ how** de n'importe quelle manière; **that is a ~ of course** cela va sans dire; **what's the ~?** qu'est-ce qu'il y a?; *v.* importer; **it does not ~** cela ne fait rien; **~-of-fact** prosaïque.
mattress matelas *m*.
matur|e mûr; mûrir; *traite*: arriver à échéance; **~ity** maturité *f*; date *f* d'échéance.
Maundy ['mɔ:ndi] **Thursday** jeudi *m* saint.
maxim maxime *f*; **~um** maximum *m*; **~um output** rendement *m* maximum.
May mai *m*.
may pouvoir; **~be** peut-être.
May Day premier mai.
mayor [mɛə] maire *m*.
maze [meiz] labyrinthe *m*.
me [mi:] moi; me.
meadow ['medəu] pré *m*; prairie *f*.
meagre maigre; mince; insuffisant.
meal repas *m*; farine *f*; **~-time** heure *f* du repas.
mean médiocre; mesquin; avare; moyen; *v.* vouloir dire, signifier; **~ to** avoir l'intention de; *su.* milieu *m*; moyen *m*; **~s** *pl.* ressources *f/pl.*; **by all ~s!** certainement!; **by no ~s** pas du tout; **by ~s of** au moyen de; **~ing** signification *f*; sens *m*; **~ness** avarice *f*; **~time, ~while** en attendant.
meant *prét. et p.p. de* **mean.**
measles [mi:zlz] *pl.* rougeole *f*.
measurable mesurable.
measure ['meʒə] mesure *f*; quantité *f*; **in some ~** dans une certaine mesure; *v.* mesurer; **~ment** mesurage *m*; dimension *f*.
meat [mi:t] viande *f*; **roast ~** rôti *m*; **~-safe** garde-manger *m*.
mechani|c mécanicien *m*; **~cal** mécanique; **~cs** *pl.* mécanique *f*; **~sm** mécanisme *m*; **~ze** mécaniser.
medal ['medl] médaille *f*.
meddle ['medl] **with** se mêler de.
media *pl.* media *m/pl.*
mediaeval [medi'i:vl] médiéval.
median médian; moyen.
mediate servir d'arbitre.
medical ['medikl] médical.
medicin|al [me'disinl] médicinal; **~e** médecine *f*; médicament *m*; remède *m*; **~e-chest** armoire *f* à pharmacie.
medieval = **mediaeval.**
mediocr|e médiocre; **~ity** médiocrité *f*.
meditat|e méditer; projeter; **~ion** méditation *f*; **~ive** méditatif.
Mediterranean (Sea) Méditerranée *f*.
medium (*pl.* **media**) moyen *m*; milieu *m*; médium *m*; moyen; *cuis.* à point.
meek doux; docile; **~ness**

docilité *f*; soumission *f*.
meet [mi:t] (se) rencontrer; faire face à; satisfaire (*demande*); ~ **with an accident** avoir un accident; **~ing** réunion *f*; rencontre *f*; **~ing-place** lieu *m* de rencontre.
melancholy mélancolie *f*; mélancolique.
mellow mûr; moelleux.
melod|ious [mi'ləudjəs] mélodieux; **~y** mélodie *f*.
melon ['melən] melon *m*.
melt (se) fondre; se dissoudre; **~ing-point** point *m* de fusion.
member membre *m*; député *m*; **~ship** qualité *f* de membre.
memo mémorandum *m*.
memor|able mémorable; **~andum** mémorandum *m*; **~ial** mémorial *m*; monument *m*; **~ize** apprendre par cœur; **~y** mémoire *f*.
menace ['menəs] menace *f*; menacer.
mend raccommoder; réparer.
mendacious [men'deiʃəs] menteur, mensonger.
men's room toilettes *f/pl.* pour hommes.
mental mental; ~ **arithmetic** calcul *m* mental; ~ **hospital** maison *f* de santé; **~ity** mentalité *f*.
mention ['menʃən] mention *f*; citer, mentionner; **don't ~it!** (il n'y a) pas de quoi!; **not to ~ ...** sans compter ...
menu ['menju:] carte *f*.
mercantile mercantile; commercial; marchand.
mercer marchand *m* de soieries; **~y** soieries *f/pl.*
merchan|dise ['mə:tʃəndaiz] marchandise *f*; **~t** marchand *m*; négociant *m*.
merc|iful miséricordieux; **~iless** impitoyable; sans merci; **~y** pitié *f*; grâce *f*.
mere [miə] simple; seul; **~ly** seulement; purement.
merge [mə:dʒ] fusionner; **~r** fusion *f*.
meridian méridien (*m*).
merit mérite *m*; mériter.
merry gai, joyeux; plaisant; **make ~** se divertir; se réjouir; **~-go-round** manège *m* de chevaux de bois.
mesh maille *f*; **~es** *pl.* filet *m*.
mess gâchis *m*; désordre *m*; pétrin *m*; (*a.* ~ **up**) gâcher; salir.
mess|age message *m*; (petit) mot *m*; **~enger** messager *m*.
met *prét. et p.p. de* **meet.**
metal ['metl] métal *m*; métallique; **sheet ~** tôle *f*; **~lurgy** métallurgie *f*.
meteorolog|ical météorologique; **~y** météorologie *f*.
meter *Am.* = **metre.**
method méthode *f*; manière *f*; **~ical** méthodique.
meticulous [mi'tikjuləs] méticuleux.
metre ['mi:tə] mètre *m*.
metropolis métropole *f*; capitale *f*.
mettle courage *m*; enthou-

siasme *m*; fougue *f*.
Mexican mexicain; Mexicain *m*.
Mexico Mexique *m*.
micro|phone ['maikrəfəun] microphone *m*; **~scope** microscope *m*.
midday midi *m*.
middle milieu *m*; centre *m*; moyen; **≗ Ages** *pl*. Moyen Age *m*; **~ classe(s** *pl*.) classe *f* moyenne; **~-sized** de taille moyenne.
middling médiocre; passable.
midnight ['midnait] minuit *f*.
midst: in the ~ of au milieu de.
mid|summer solstice *m* d'été; plein été *m*; **~way** à mi-chemin.
midwife sage-femme *f*.
might [mait] force *f*; puissance *f*; **~y** puissant, fort.
migraine ['mi:grein] migraine *f*.
mild [maild] doux; affable; paisible.
mildew ['mildju:] *plantes:* rouille *f*; mildiou *m*.
mildness douceur *f*; affabilité *f*.
mile mille *f*; **~age** kilométrage *m*; **~age indicator, ~-ometer** compteur *m* kilométrique; **~stone** borne *f* kilométrique.
military militaire (*m*).
milk lait *m*; traire; **~-bar** milk-bar *m*; **~maid** laitière *f*; **~man** laitier *m*; **~-shake** milk shake *m*.
milky laiteux; **≗ Way** Voie *f* lactée.
mill moulin *m*; usine *f*; moudre; fraiser; fouler; **~er** meunier *m*.
millet millet *m*.
milliner modiste *f*; **~y** modes *f/pl*.
million million; million *m*.
mimic mimer, singer.
mince [mins] hacher; **not to ~ matters** ne pas mâcher ses mots; **~d meat** hachis *m*.
mind esprit *m*; intellect *m*; intelligence *f*; mémoire *f*; opinion *f*; intention *f*; envie *f*; **change one's ~** se raviser; **bear in ~** tenir compte de; **I have half a ~ to** je n'ai pas mal envie de; *v*. faire attention à; s'occuper de; avoir des objections à; **never ~!** ça ne fait rien!; **I don't ~** ça ne me fait rien; **~ful** attentif; soucieux (**of** de).
mine[1] le(s) mien(s), la mienne, les miennes; à moi.
mine[2] mine *f*; miner; exploiter; **~r** mineur *m*.
mineral minéral (*m*); **~ water** eau *f* minérale.
mingle (se) mêler; mélanger.
miniature ['minətʃə] miniature *f*; en miniature.
minimum minimum *m*.
mining exploitation *f* des mines.
minister ministre *m*; prêtre *m*, pasteur *m*.
ministry ministère *m*.

mink vison *m*.
minor ['mainə] mineur; moindre; mineur *m*; **~ity** minorité *f*.
minster cathédrale *f*.
mint menthe *f*; (la) Monnaie; monnayer, frapper.
minus ['mainəs] moins.
minute [mai'nju:t] minuscule; détaillé; minutieux; ['minit] minute *f*; note *f*; **~s** *pl*. procès-verbal *m*.
mirac|le ['mirəkl] miracle *m*; **~ulous** miraculeux.
mirage mirage *m*.
mire boue *f*; fange *f*; bourbier *m*.
mirror miroir *m*; glace *f*; refléter.
mirth [mə:θ] joie *f*, gaieté *f*; **~ful** gai, joyeux.
misadventure [misəd'ventʃə] mésaventure *f*.
misanthrop|ist misanthrope *m*; **~y** misanthropie *f*.
misapply mal appliquer.
mis|apprehension malentendu *m*; **~behavio(u)r** mauvaise conduite *f*.
miscalculat|e mal calculer; **~ion** faux calcul *m*.
miscarriage insuccès *m*; échec *m*; fausse couche *f*.
miscellaneous [misi'leinjəs] divers; varié.
mischie|f ['mistʃif] mal *m*; tort *m*; dommage *m*; méchanceté *f*; **~vous** méchant; espiègle.
misconduct mauvaise conduite *f*; gérer mal.
misdeed méfait *m*.
miser ['maizə] avare *m*.
miser|able ['mizərəbl] misérable, pitoyable; **~y** misère *f*; détresse *f*; souffrance *f*.
mis|fire raté *m* (d'allumage); **~fortune** malheur *m*; **~giving** appréhension *f*; pressentiment *m*; **~guide** égarer; **~hap** malheur *m*; accident *m*; **~interpret** mésinterpréter; **~lay** égarer, perdre; **~lead** fourvoyer, égarer; **~print** faute *f* d'impression.
miss[1] mademoiselle *f*.
miss[2] coup *m* manqué; manquer, rater; omettre; regretter.
misshapen ['mis'ʃeipən] difforme; déformé.
missing absent; manquant; **~ person** disparu *m*.
mission mission *f*; **~ary** missionnaire *m*.
mist brume *f*; buée *f*.
mistake erreur *f*; méprise *f*; faute *f*; **by ~** par mégarde; *v*. se méprendre sur; **~ for** prendre pour; **~n** erroné; fait par erreur.
mister monsieur *m* (*abbr*. **Mr**).
mistress maîtresse *f*; madame *f* (*abbr*. **Mrs**).
mistrust se méfier de.
misunderstand mal comprendre; mal interpréter; **~ing** malentendu *m*.
misuse [mis'ju:s] abus *m*; mauvais usage *m*; *v*. [mis'ju:z] mésuser de; mal

employer.
mitigate mitiger; atténuer.
mitten moufle *f*.
mix (se) mêler; (se) mélanger; **be ~ed up with** être mêlé dans (*ou* à); **~ture** mélange *m*; mixture *f*.
moan [məun] gémissement *m*; gémir.
mob foule *f*; populace *f*.
mobil|e ['məubail] mobile; **~ize** mobiliser.
mock faux; imité; ridiculiser; singer; **~er** railleur *m*; **~ery** moquerie *f*; parodie *f*.
mode mode *f*; façon *f*.
model modèle *m*; modeler.
moderat|e modéré; (se) modérer; **~ion** modération *f*; tempérance *f*.
modern moderne; **~ize** moderniser.
modest ['mɔdist] modeste; **~y** modestie *f*.
modi|fication modification *f*; **~fy** modifier.
modulate moduler.
moist humide; **~en** humecter; **~ure** humidité *f*.
moisturizing cream crème *f* hydratante.
molar: ~ tooth molaire *f*.
mole taupe *f*; môle *m*.
molest [məu'lest] molester; importuner; **~ation** molestation *f*.
molten *p. p. de* **melt.**
moment moment *m*; instant *m*; importance *f*; **~ary** momentané; **~ous** important.
monarch ['mɔnək] monarque *m*; **~y** monarchie *f*.
monastery ['mɔnəstəri] monastère *m*.
Monday ['mʌndi] lundi *m*.
money argent *m*; monnaie *f*; **ready ~** argent *m* comptant; espèces *f/pl.*; **~ order** mandat-poste *m*.
monk moine *m*.
monkey singe *m*; guenon *f*; **~-wrench** clef *f* anglaise.
mono|gram monogramme *m*; **~poly** monopole *m*; **~tonous** [mə'nɔtnəs] monotone.
monst|er monstre *m*; **~rosity** monstrosité *f*; **~rous** monstrueux.
month mois *m*; **~ly** mensuel; revue *f* mensuelle.
mood humeur *f*; état *m* d'âme; **~s** *pl.* lubies *f/pl.*
moon lune *f*; **~light** clair *m* de lune.
moor[1] lande *f*.
moor[2] (s')amarrer.
mop balai *m* à franges; éponger; balayer.
moral ['mɔrəl] moral; morale *f*; **~ity** moralité *f*; **~s** *pl* mœurs *f/pl.*
morbid morbide; malsain.
more plus; davantage; **no ~** pas plus; **once ~** encore une fois; **~ and ~** de plus en plus; **~over** de plus; en outre; d'ailleurs.
morning matin *m*; **tomorrow ~** demain matin; **in the ~** le matin.
morose [mə'rəus] morose,

grognard.

mor|phia, ~phine *méd.* morphine *f*.

morsel morceau *m*.

mortal ['mɔ:tl] mortel; **~ity** mortalité *f*.

mortgage ['mɔ:gidʒ] hypothèque *f*; hypothéquer.

mortif|ication mortification *f*; humiliation *f*; **~y** mortifier; humilier.

mortuary dépôt *m* mortuaire; morgue *f*.

mosaic [məu'zeiik] mosaïque *f*.

mosque [mɔsk] mosquée *f*.

mosquito [məs'ki:təu] moustique *m*; **~ bite** piqûre *f* de moustique.

moss mousse *f*; **~y** moussu.

most le plus; la plupart de; **at the ~** au plus; **~ly** pour la plupart; le plus souvent.

moth mite *f*; teigne *f*; **~-eaten** mité.

mother mère *f*; **~hood** maternité *f*; **~-in-law** belle-mère *f*; **~ly** maternel; **~-of-pearl** nacre *f*; **~ tongue** langue *f* maternelle.

motion ['məuʃən] mouvement *m*; motion *f*; faire signe; **~less** immobile.

motive motif *m*; mobile *m*.

motor ['məutə] moteur *m*; voyager en auto; **~ boat** canot *m* automobile; **~-car** automobile *f*; voiture *f*; **~ cycle, ~ bike** motocyclette *f*; **~ing** automobilisme *m*; **~ist** automobiliste *m*; **~ize** motoriser; **~ launch** bateau *m* automobile.

mottled marbré.

mo(u)ld [məuld] moisi *m*; terreau *m*; moule *m*; moisir; mouler; **~er** mouleur *m*; s'effriter; **~y** moisi.

mount monter (sur); mont *m*; support *m*.

mountain montagne *f*; mont *m*; **~eer** [maunti'niə] alpiniste *m*; montagnard *m*; **~ous** montagneux; **~ range** chaîne *f* de montagnes.

mourn [mɔ:n] (se) lamenter; porter le deuil (de), pleurer; **~ful** funèbre; lugubre; **~ing** affliction *f*; deuil *m*.

mouse (*pl.* **mice**) souris *f*; **~trap** souricière *f*.

moustache [məs'tɑ:ʃ] moustache *f*.

mouth [mauθ] bouche *f*; gueule *f*; orifice *m*; **~ful** bouchée *f*; **~-organ** harmonica *m*; **~-wash** eau *f* dentifrice.

movable mobile; mobilier; **~s** *pl.* mobilier *m*.

move [mu:v] (se) mouvoir; remuer; transporter; déménager; proposer; émouvoir; **~ in** emménager; **~ out** déménager; mouvement *m*; *échecs:* coup *m*; **on the ~** en marche; **get a ~ on** se dépêcher; **make a ~** partir; **~ment** mouvement *m*; déplacement *m*.

movie film *m*; **~s** *pl. fam.* cinéma *m*; **~ camera**

camera *f*.
moving mobile; *fig.* émouvant, touchant.
mow [məu] faucher.
mown *p. p. de* **mow**.
M.P. = **Member of Parliament.**
Mr; Mrs M; Mme.
much beaucoup (de); **as ~ (as)** autant (que); **make ~ of** attacher de l'importance à; comprendre.
mucous ['mju:kəs]: **~ membrane** *méd.* muqueuse *f*.
mud boue *f*; fange *f*.
muddle gâchis *m*, *fam.* pagaille *f*; **~ up** (em)brouiller.
muddy boueux; couvert de boue; confus.
mudguard garde-boue *m*.
muffle emmitoufler; assourdir; **~r** cache-nez *m*; amortisseur *m* de son; *mot.* silencieux *m*.
mug pot *m*; chope *f*.
muggy *temps:* lourd, mou.
mulberry mûre *f*.
mule [mju:l] mulet *m*; mule *f*.
mulled: ~ wine vin *m* chaud.
multipl|e multiple; **~ication** multiplication *f*; **~y** ['mʌltiplai] (se) multiplier.
multitude ['mʌltitju:d] multitude *f*.
mumble marmottement *m*; marmotter, marmonner.
mummy *fam.* maman *f*.
mumps oreillons *m/pl*.
municipal [mju:'nisipl] municipal; **~ity** municipalité *f*.
murder meurtre *m*; assassinat *m*; assassiner, tuer; **~er** meurtrier *m*; **~ess** meurtrière *f*; assassine *f*; **~ous** meurtrier.
murmur murmure *m*; grognement *m*; murmurer.
musc|le ['mʌsl] muscle *m*; **~ular** musculaire; musculeux.
muse [mju:z] méditation *f*; rêverie *f*; **≗** Muse *f*; *v.* rêver, méditer.
museum [mju:'ziəm] musée *m*.
mushroom champignon *m*.
music musique *f*; **~al** musical; **~-hall** music-hall *m*; **~ian** musicien *m*; **~-stand** pupitre *m*.
muslin mousseline *f*.
mussel moule *f*.
must[1] moût *m*; moisi *m*.
must[2] devoir; falloir; **I ~ not** je ne dois pas.
mustard ['mʌstəd] moutarde *f*.
muster rassemblement *m*; *mil.* revue *f*; (se) rassembler; passer en revue.
musty moisi.
muta|bility mutabilité *f*; **~ble** changeable, variable; **~tion** mutation *f*.
mute [mju:t] muet (*m*); *mus.* sourdine *f*.
mutilat|e mutiler; tronquer; **~ion** mutilation *f*.
mutin|eer [mju:ti'niə] mutin *m*; **~y** mutinerie *f*; se révolter.
mutter grondement *m*; marmotter; gronder.
mutton mouton *m*; **~ chop**

côtelette *f* de mouton.
mutual mutuel; réciproque; *ami etc.*: commun.
muzzle ['mʌzl] museau *m*; muselière *f*; museler.
my mon, ma, mes.
myrtle myrte *m*.
myself moi-même; moi; me.
myster|ious [mi'stiəriəs] mystérieux; **~y** mystère *m*.
mystic mystique *m, f*.
mysti|fication mystification *f*; désorientation *f*; **~fy** ['mistifai] mystifier; dérouter.
myth [miθ] mythe *m*.

N

nag (at) gronder; critiquer.
nail clou *m*; ongle *m*; clouer; **~ file** lime *f* à ongles; **~ polish** vernis *m* à ongles.
naive [nɑ:'i:v] naïf, ingénu.
naked ['neikid] nu; **~ness** nudité *f*.
name nom *m*; renom *m*; réputation *f*; nommer; appeler; désigner; **~less** sans nom, anonyme; **~-plate** plaque *f*; **~sake** homonyme *m*.
nap somme *m*; **after-dinner ~** sieste *f*.
napkin serviette *f* (de table); *bébé:* couche *f*.
nappy couche *f*.
narco|sis narcose *f*; **~tic** narcotique (*m*); stupéfiant *m*.
narrat|e raconter, narrer; **~ion** narration *f*; **~ive** narratif; récit *m*.
narrow étroit; rétréci; *fig.* borné; (se) rétrécir; **~-gauge** *ch. d. f.* à voie étroite; **~-minded** à l'esprit étroit.
nasty ['nɑ:sti] sale; méchant; désagréable.
nation ['neiʃən] nation *f*.
national national; **~ity** nationalité *f*; **~ize** nationaliser.
native indigène *m*; natif; originaire; natal; **~ country** pays *m* natal; **~ language** langue *f* maternelle; **a ~ of** originaire de.
natural ['nætʃrəl] naturel; normal; simple; **~ism** naturalisme *m*; **~ize** naturaliser.
nature ['neitʃə] nature *f*; naturel *m*.
naught [nɔ:t] zéro *m*; **~y** malicieux; méchant.
nause|a nausée *f*; **~ous** nauséabond.
nautical naval; nautique; **~ mile** mille *m* marin.
naval ['neivəl] naval.
nave [neiv] nef *f*; moyeu *m*.
navel ['neivəl] nombril *m*.
navig|able navigable; **~ate** naviguer; gouverner; piloter; **~ation** navigation *f*; **~ator** navigateur *m*.
navvy terrassier *m*.
navy marine *f*; flotte *f*.
near [niə] près; près de; proche; *ami*: intime; **~by** (tout) proche; **~ly** presque; à

peu près; ~ness proximité *f*; imminence *f*; ~-sighted myope.
neat [ni:t] propre; net; soigné.
necess|ary nécessaire; **~itate** nécessiter; **~ity** nécessité *f*.
neck cou *m*, col *m*; **~erchief** foulard *m*; **~lace** ['neklis] collier *m*; **~tie** cravate *f*.
need besoin *m*; nécessité *f*; indigence *f*; avoir besoin de; **~ful** nécessaire.
needle aiguille *f*; **~work** ouvrage *m* (à l'aiguille).
needless inutile.
negat|ion négation *f*; **~ive** négatif (*m*).
neglect négligence *f*; oubli *m*; négliger; omettre de; **~ful** négligent; oublieux.
negligee ['negli:ʒei] négligé *m*.
negligen|ce ['neglidʒəns] négligence *f*; **~t of** négligent de.
negotia|ble négociable; **~te** [ni'gəuʃieit] négocier; **~tion** négociation *f*.
Negr|ess Négresse *f*; **~o** (*pl.* **~oes**) Nègre *m*, Noir *m*.
neigh [nei] hennir; hennissement *m*.
neighbo(u)r ['neibə] voisin *m*; **~hood** voisinage *m*; proximité *f*; environs *m/pl.*, quartier *m*; **~ing** voisin, contigu.
neither ['naiðə, 'ni:ðə] aucun, ni l'un ni l'autre; **~ . . . nor** ni . . . ni.
neon néon *m*.
nephew ['nevju:] neveu *m*.
nerv|e nerf *m*; courage *m*; **~ous** nerveux; **~ous breakdown** dépression *f* nerveuse.
nest nid *m*; (se) nicher.
nestle ['nesl] se blottir.
net filet *m*; réseau *m*; net; pur; **~ profit** bénéfice *m* net.
Netherlands *pl.* Pays-Bas *m/pl.*
nettle ortie *f*; piquer, irriter.
network réseau *m*; **radio ~** réseau *m* radiophonique.
neur|algia [njuə'rældʒə] névralgie *f*; **~osis** névrose *f*; **~otic** névrosé.
neutral ['nju:trəl] neutre; **~ity** neutralité *f*; **~ize** neutraliser.
never jamais; **~more** jamais plus; **~theless** néanmoins; cependant; quand même.
new neuf; nouveau; récent; frais; moderne; **~ly** nouvellement; récemment.
news [nju:z] nouvelles *f/pl.*; informations *f/pl.*; **~-agency** agence *f* d'informations; **~-agent** marchand *m* de journaux; **~-boy** crieur *m* de journaux; **~paper** journal *m*; **~-reel** actualités *f/pl.*; **~-stand** kiosque *m* à journaux.
New Year nouvel an *m*; **~'s Day** jour *m* de l'an.
next le plus proche; voisin; à côté; suivant, prochain; après; **~ day** le lendemain; **~ door (to)** à côté (de); **~ to** à côté de, près de; **~ to nothing** presque rien.
nib pointe *f*; *plume:* bec *m*.
nibble mordiller; grignoter.
nice [nais] agréable; aimable;

charmant; délicat; **~ty** délicatesse *f*; exactitude *f*.
nick encoche *f*; **in the ~ of time** juste à point.
nickel nickel *m*; *Am. fam.* pièce *f* de cinq cents.
nickname sobriquet *m*.
niece [ni:s] nièce *f*.
niggard ['nigəd] ladre *m*; **~ly** avare.
night [nait] nuit *f*; soir *m*; **at ~, in the ~** (pendant) la nuit; **last ~** hier soir; **~-club** boîte *f* de nuit; **~dress**, **~-gown** chemise *f* de nuit; **~-flight** vol *m* de nuit; **~ingale** rossignol *m*; **~ly** nocturne; de nuit; **~mare** cauchemar *m*; **~-rate** tarif *m* de nuit.
nimble agile; leste; vif.
nine neuf; **~ty** quatre-vingt-dix.
nip pincement *m*; morsure *f*; pincer; **~ in the bud** écraser dans l'œuf.
nipple mamelon *m*.
nitrogen ['naitrədʒən] azote *m*.
no non; pas; aucun; pas de; **~ longer** ne … plus; **~ one** personne; **~smoking** défense de fumer.
No. = **number** numéro, N°.
nobility noblesse *f*.
noble noble (*m*); **~man** gentilhomme *m*.
nobody personne, aucun.
nod faire signe de la tête; sommeiller; hocher la tête; signe *m* de tête; hochement *m*.
nois|e bruit *m*; tapage *m*; **~eless** sans bruit; **~y** bruyant, tapageur.
nomina|l nominal; **~te** nommer; désigner; **~tion** nomination *f*; désignation *f*.
non|-aggression pact pacte *m* de non-agression; **~-alcoholic** non alcoolisé; **~-creasing** infroissable.
none [nʌn] aucun; nul; ne … aucun; **~ the less** pas moins; néanmoins.
non-party indépendant.
nonsens|e absurdité *f*; sottise *f*; **~ical** absurde.
non|-skid antidérapant; **~-skid chain** chaîne *f* antidérapante; **~-smoker** non-fumeur *m*; **~-stop** *av.* sans escale.
nook coin *m*; recoin *m*.
noon midi *m*.
noose [nu:s] nœud *m* coulant.
nor ni; **neither … ~** ni … ni.
norm norme *f*; **~al** normal.
north nord *m*; du nord; **~-east** nord-est *m*; **~erly**, **~ern** du nord; septentrional; **~ward** vers le nord; **~-west** nord-ouest *m*.
Norway Norvège *f*.
Norwegian norvégien; Norvégien *m*.
nose nez *m*; flairer.
nostril narine *f*; naseau *m*.
not ne … pas; non; **~ at all** pas du tout.
notable notable.
notary ['nəutəri] notaire *m*.
notation [nəu'teiʃən] nota-

tion *f*.
notch entaille *f*; coche *m*; cran *m*; entailler; denteler.
note note *f*; remarque *f*; billet *m*; noter; **~book** carnet *m*; **~d** distingué; renommé; **~paper** papier *m* à lettres; **~worthy** notable.
nothing ['nʌθiŋ] rien; **for ~** pour rien; en vain.
notice ['nəutis] avis *m*; délai *m*; affiche *f*; congé *m*; **take ~ of** faire attention à; **give ~ to** donner son congé à; **at short ~** à bref délai; **until further ~** jusqu'à nouvel ordre; *v.* remarquer; **~able** perceptible; visible.
notify notifier; aviser; informer.
notion notion *f*; idée *f*; opinion *f*; **~s** *pl. Am.* mercerie *f*.
notorious notoire; fameux.
notwithstanding malgré; sans égard à; en dépit de; néanmoins.
nought [nɔ:t] zéro *m*.
nourish ['nʌriʃ] nourrir; **~ing** nutritif; **~ment** nourriture *f*.
novel nouveau; récent; roman *m*; **~ist** romancier *m*; **~ty** nouveauté *f*.
November novembre *m*.
novice ['nɔvis] novice *m, f*.
now maintenant; actuellement; or; **~ and then** de temps en temps; **~adays** de nos jours; aujourd'hui.
nowhere nulle part.
noxious nuisible; malsain.
nozzle ['nɔzl] ajutage *m*, bec *m*.
nuclear nucléaire.
nude [nju:d] nu (*m*).
nudge [nʌdʒ] coup *m* de coude; pousser du coude.
nuisance ['nju:sns] désagrément *m*; ennui *m*; *fam.* casse-pieds *m*.
null nul; **~ and void** nul et non avenu; **~ify** annuler.
numb [nʌm] engourdi.
number nombre *m*; chiffre *m*; numéro *m*; numéroter; compter; **~less** innombrable; **~ plate** *auto* plaque *f* d'immatriculation.
numer|al chiffre *m*; **~ical** numérique; **~ous** nombreux.
nun [nʌn] religieuse *f*.
nuptial nuptial; **~s** *pl.* noces *f/pl*.
nurse [nə:s] infirmière *f*; nurse *f*; nourrice *f*; **~ry** chambre *f* d'enfants; crèche *f*.
nut noix *f*; noisette *f*; écrou *m*; **~cracker** casse-noix *m*; **~s** *fam.* fou, dingue (**over** de).
nutri|ment nourriture *f*; **~tious**, **~tive** nutritif.
nutshell: **in a ~** en un mot.
nylon nylon *m*.

O

oak chêne *m*.
oar [ɔ:] rame *f*; ramer; **~sman** rameur *m*.
oas|is [əu'eisis] (*pl.* **~es**) oasis *f*.
oat (*souvent* **~s** *pl.*) avoine *f*.
oath [əuθ] serment *m*; juron *m*; **take an ~** prêter serment.
obduracy entêtement *m*.
obedien|ce [ə'bi:djəns] obéissance *f*; soumission *f*; **~t** obéissant.
obey obéir (à).
obituary nécrologie *f*.
object ['ɔbdʒikt] objet *m*; but *m*; *v.* [əb'dʒekt] objecter; **~ to** s'opposer à; **~ion** objection *f*; **~ionable** répréhensible; désagréable.
obligat|ion obligation *f*; engagement *m*; **~ory** obligatoire.
oblig|e [ə'blaidʒ] obliger; forcer; **much ~ed**! merci beaucoup!; **~ing** obligeant.
oblique [ə'bli:k] oblique, en biais; indirect.
obliterate effacer; gratter; *med.* oblitérer.
oblivi|on oubli *m*; **~ous** oublieux (**of** de).
oblong oblong; rectangle *m*.
obnoxious odieux; détestable; offensant.
obscure [əb'skjuə] obscur, sombre; voiler; obscurcir.
observ|ation observation *f*; remarque *f*; **~atory** observatoire *m*.
observe [əb'zə:v] observer; remarquer.
obsolete vieilli; démodé.
obstacle ['ɔbstəkl] obstacle *m*.
obstina|cy obstination *f*; opiniâtreté *f*; **~te** obstiné.
obstruct obstruer; **~ive** obstructif.
obtain [əb'tein] obtenir, gagner; **~able** disponible; trouvable.
obtru|de importuner; **~sive** importun.
obtuse [əb'tju:s] obtus; *Am.* stupide.
obvious évident, manifeste.
occasion occasion *f*; cause *f*, raison *f*; occasionner; provoquer; **on the ~ of** à l'occasion de; à propos de; **~al** occasionnel, intermittent; **~ally** de temps en temps.
occidental occidental.
occup|ant occupant *m*; **~ation** occupation *f*; profession *f*; **~ational disease** maladie *f* professionnelle; **~ied** occupé; **~y** occuper.
occur [ə'kə:] arriver; survenir; avoir lieu; **it ~s to me that** il me vient à l'idée que; **~rence** occurrence *f*; événement *m*.
ocean ['əuʃən] océan *m*.
October octobre *m*.
octopus pieuvre *f*.
oculist oculiste *m*.
odd dépareillé; étrange; bizarre; curieux; *nombre*: impair;

~s *pl.* inégalité *f*; disparité *f*; chances *f/pl.*; **~s and ends** bric-à-brac *m.*

odious odieux; détestable.

odo(u)r odeur *f*; parfum *m.*

of [ɔv, əv] de; du; des; à; sur; **of it** en.

off [ɔf] au loin; à distance; enlevé; **~ and on** de temps à autre; **be well ~** être à son aise; **a day ~** un jour de congé; **~ season** hors de saison; morte-saison *f.*

offal abats *m/pl.*, déchets *m/pl.*

offen|ce offense *f*; infraction *f*; **take ~ce** s'offenser; **~d** offenser; froisser; enfreindre; **~sive** offensif; choquant; offensive *f.*

offer offre *f*; proposition *f*; (s')offrir; (se) présenter.

office fonction *f*; bureau *m*; service *m*; **~ hours** heures *f/pl.* de bureau *ou* de service.

officer officier *m*; agent *m* (de police).

official [ə'fiʃəl] officiel; fonctionnaire *m.*

officious officieux; importun.

off-licence magasin *m* de spiritueux.

offspring progéniture *f*; descendant *m.*

often ['ɔ:fn] souvent.

oil huile *f*; huiler; lubrifier; **~cloth** toile *f* cirée; **~-gauge** jauge *m* de niveau d'huile; **~-painting** peinture *f* à l'huile; **~-well** puits *m* de pétrole; **~y** huileux; *fig.* onctueux.

old vieux, vieil; âgé; **~ age** vieillesse *f*; **~-fashioned** démodé.

olive ['ɔliv] olive *f*; **~ oil** huile *f* d'olive.

Olympic games *pl.* jeux *m/pl.* Olympiques.

omelet(te) ['ɔmlit] omelette *f.*

omen présage *m*, augure *m.*

ominous sinistre, menaçant.

omission omission *f.*

omit [ə'mit] omettre.

omnibus autobus *m.*

on sur; à; en; de; contre; pour; dès; dessus; **and so ~** et ainsi de suite.

once [wʌns] une fois; jadis; **at ~** tout de suite, à la fois.

oncoming traffic circulation *f* en sens inverse.

one [wʌn] un, une; on; **~ day** un (certain) jour; **~self** soi, soi-même; **~-way street** (*ou* **traffic**) sens *m* unique.

onion ['ʌnjən] oignon *m.*

onlooker spectateur *m*; assistant *m.*

only seul, unique; seulement; ne ... que; **~ yesterday** hier encore.

onward en avant.

ooze [u:z] boue *f*; suinter; **~ out** *fig. nouvelles*: transpirer.

opaque [əu'peik] opaque.

open ouvert; exposé; franc; **(in the) ~ air** en plein air; *v.* (s')ouvrir; **~ing** ouverture *f*; embouchure *f*; orifice *m*; début *m.*

opera ['ɔpərə] opéra *m*; **~-glasses** *pl.* jumelles *f/pl.*; **~-house** opéra *m.*

operat|e opérer; faire marcher; **~e on s.o. for** opérer q. de; **~ing expenses** *pl.* frais *m/pl.* d'exploitation; **~ion** opération *f*; **~or** *télé.* standardiste *f*.
operetta opérette *f*.
opinion opinion *f*; avis *m*.
opponent adversaire *m*.
opportun|e opportun; à propos; **~ity** occasion *f*; possibilité *f*.
oppose opposer; s'opposer à; combattre.
opposit|e opposé; contraire; vis-à-vis; contraire *m*; **~ion** opposition *f*.
oppress opprimer; oppresser; **~ion** oppression *f*; accablement *m*; **~ive** opprimant; accablant, déprimant.
optic|ian opticien *m*; **~s** *pl.* optique *f*.
option option *f*; choix *m*.
opulen|ce opulence *f*; abondance *f*; **~t** opulent; riche.
or ou.
oral oral.
orange ['ɔrindʒ] orange *f*.
orator ['ɔrətə] orateur *m*.
orchard ['ɔ:tʃəd] verger *m*.
orchestra ['ɔ:kistrə] orchestre *m*; **~ seat** fauteuil *m* d'orchestre.
ordain [ɔ:'dein] ordonner; décréter.
order ordre *m*; consigne *f*; mandat *m*; ordonnance *f*; commande *f*; règlement *m*; **out of ~** hors de service; **put in ~** mettre en ordre; **in ~ to** afin de, pour; *v.* ordonner; commander; **~ly** ordonné; discipliné; ordonnance *f*.
ordinance ordonnance *f*; décret *m*.
ordinary ordinaire.
ore [ɔ:] minerai *m*.
organ orgue *m*; organe *m*; **~ic** organique; **~ism** organisme *m*; **~ist** organiste *m*; **~ize** organiser; **~izer** organisateur *m*.
Orient orient *m*.
oriental oriental.
orientate orienter.
orifice orifice *m*; ouverture *f*.
origin ['ɔridʒin] origine *f*; provenance *f*; source *f*; **~al** original; primitif; original *m*; **~ate** faire naître; produire; provenir; dériver.
ornament ornement *m*; orner; **~al** décoratif.
orphan orphelin *m*.
orthodox orthodoxe.
oscillat|e (faire) osciller; **~ion** oscillation *f*.
ostensible prétendu.
ostenta|tion ostentation *f*; **~tious** ostentatoire.
ostrich ['ɔstritʃ] autruche *f*.
other ['ʌðə] autre; autrui; **the ~ day** l'autre jour; **every ~ day** tous les deux jours; **~wise** autrement; sans cela, sinon.
ought [ɔ:t]: **he ~ to do it** il devrait le faire.
ounce [auns] *poids:* once *f*.
our ['auə] notre, nos; **~s** le, la nôtre, les nôtres; **~selves** nous, nous-mêmes.

out [aut] hors; dehors; découvert; *lumière etc.:* éteint; absent; ~ **of** hors de; par (*pitié etc.*); **voyage** ~ départ *m*; **way** ~ sortie *f*; **~bid** enchérir sur; *fig.* surpasser; **~-board motor(boat)** hors-bord *m*; **~break** éruption *f*; tumulte *m*; **~burst** éruption *f*; explosion *f*; **~cast** exclus; proscrit *m*; **~cry** clameur *f*; **~distance** dépasser; **~do** surpasser; **~-doors** en plein air; au dehors.

outer extérieur; externe.

out|fit équipement *m*; trousseau *m*; **~ing** excursion *f*, promenade *f*; **~last** survivre à; **~lay** dépense *f*, débours *m/pl.*; **~let** sortie *f*; issue *f*; débouché *m*; **~line** contour *m*; tracé *m*; tracer; **~look** vue *f*; *fig.* perspective *f*; **~-number** surpasser en nombre; **~-of-the-way** écarté; insolite; **~put** rendement *m*; production *f*.

outrage ['autreidʒ] outrage *m*; outrager; **~ous** outrageux; outré.

out|right franc; **~run** dépasser; **~side** extérieur *m*; dehors; **~sider** étranger *m*; *sport* outsider *m*; **~size** grande taille *f*; **~skirts** *pl.* banlieue *f*; **~standing** saillant, éminent; *paiement:* en retard; **~strip** surpasser; **~ward** ['autwəd] extérieur; (*a.* **~wards**) vers l'extérieur; **~weigh** excéder en poids *ou* en valeur; **~wit** duper.

oven ['ʌvn] four *m*.

over ['əuvə] sur; plus de; au-dessus de; en plus de; à travers; **all** ~ partout, par tout; **all ~ the country** dans tout le pays; ~ **there** là-bas; **~alls** *pl.* bleu *m*; salopette *f*; **~burden** surcharger; **~cast** couvert, nuageux; **~charge** surcharger; faire payer trop cher; **~coat** pardessus *m*; **~come** surmonter; vaincre; **~crowded** bondé, rempli à craquer; **~do** exagérer; *cuis.* faire trop cuire; **~draw** mettre à découvert (*compte*); **~due** échu, en retard; **~eat** manger trop; **~flow** inondation *f*; inonder; déborder; **~grow** envahir; **~haul** réviser; remettre en état; **~head** en haut; **~heads** frais *m/pl.* généraux; **~heat** surchauffer; **~lap** (se) chevaucher; **~leaf** au verso; **~load** surcharger; **~look** donner sur; ignorer; **~night** (pendant) la nuit; **~power** vaincre; accabler; **~production** surproduction *f*; **~rate** surestimer; **~run** envahir; **~seas** d'outre-mer; **~seer** inspecteur *m*; **~sight** négligence *f*; oubli *m*; **~sleep** dormir trop longtemps; **~-strain** épuiser; surmener; **~-take** rattraper; *mot.* doubler; **~throw** renversement *m*; renverser; culbuter; **~time** heures *f/pl.* supplémentaires.

overture ['əuvətjuə] ouverture *f.*
over|turn renverser; *auto:* capoter; **~value** surestimer; **~weight** *bagages etc.:* excédent *m*; **~whelm** accabler, écraser; envahir; **~work** (se) surmener; surmenage *m.*
owe [əu] **s.o. s.th.** devoir qc. à q.
owing to à cause de; en raison de.
owl [aul] chouette *f*; hibou *m.*
own [əun] propre; à soi; **a house of his ~** une maison à lui; posséder; avouer; **~er** propriétaire *m*; **~ership** propriété *f.*
ox (*pl.* **oxen**) bœuf *m.*
oxygen ['ɔksidʒən] oxygène *m.*
oyster ['ɔistə] huître *f.*

P

pace [peis] pas *m*; allure *f*; marcher au pas; arpenter.
Pacific Ocean (océan *m*) Pacifique *m.*
pacify pacifier; calmer.
pack paquet *m*; ballot *m*; sac *m*; troupe *f*; bande *f*; *cartes:* jeu *m*; (*a.* **~ up**) emballer; empaqueter; **~ with** remplir de; **~age** paquet *m*; colis *m*; **~er** emballeur *m*; **~et** paquet *m*; **~ing** emballage *m.*
pact pacte *m*; contrat *m.*
pad tampon *m*; bourrelet *m*; bloc *m*; étoffer.
paddle pagaie *f*; pagayer.
padlock cadenas *m.*
page [peidʒ] page *f*; paginer.
pageboy page *m.*
paid *prét. et p. p. de* **pay**.
pail [peil] seau *m.*
pain [pein] douleur *f*; souffrance *f*; affliger; **take ~s** se donner du mal; **~ful** douloureux; pénible; **~staking** assidu, soigneux.
paint couleur *f*; peinture *f*; **wet ~!** attention à la peinture!; *v.* peindre; **~box** boîte *f* de couleurs; **~ed** peint; **~er** peintre *m*; **~ing** peinture *f.*
pair [pɛə] paire *f*; couple *m*; (s')accoupler.
palace ['pælis] palais *m.*
palat|able savoureux; **~e** ['pælit] palais *m*; goût *m.*
pale [peil] pâle; blême; pâlir; blêmir; **~ness** pâleur *f.*
pallid pâle; blafard.
palm [pɑ:m] paume *f*; palmier *m*; palme *f*; **~ off** fourguer (**on** à).
palpable palpable.
palpitate palpiter.
paltry ['pɔ:ltri] mesquin; chétif.
pamphlet brochure *f*; pamphlet *m.*
pan casserole *f*; poêlon *m*; **~cake** crêpe *f.*
pane [pein] carreau *m*, vitre *f.*
panel panneau *m*; lambris *m*; jury *m*; groupe *m.*
pang tourment *m*; douleur *f*

aiguë.
panic panique *f.*
pansy pensée *f.*
pant haleter; panteler.
panties *pl.* slip *m.*
pantry garde-manger *m.*
pants *pl.* pantalon *m.*
pantsuit ensemble-pantalon *m.*
panty-hose collants *m/pl.*
pap bouillie *f.*
paper papier *m*; (**news~**) journal *m*; **~s** *pl.* documents *m/pl.*; tapisser; **~-back** livre *m* de poche; **~-bag** sachet *m*; **~-clip** trombone *m*; **~-hanger** tapissier *m.*
par pair *m*; égalité *f.*
parachut|e ['pærəʃu:t] parachute *m*; **~ist** parachutiste *m, f.*
parade [pə'reid] défilé *m*; parade *f*; défiler; faire étalage de.
paradise ['pærədais] paradis *m.*
paradox paradoxe *m.*
paraffin pétrole *m.*
paragraph paragraphe *m.*
parallel parallèle *m*; parallèle (**with, to** à).
paraly|se paralyser; **~sis** paralysie *f*; **~tic** paralytique (*m*).
paramount suprême.
parapet parapet *m.*
parasol parasol *m.*
parcel paquet *m*; colis *m*; parceller; **~ post** service *m* des colis postaux.
parch (se) dessécher; **~ment** parchemin *m.*
pardon ['pɑ:dn] pardon *m*; pardonner; **~able** pardonnable.
pare [pɛə] peler (*fruit*); tailler (*ongles*).
parent|age origine *f*; naissance *f*; parenté *f*; **~al** des parents.
parents ['pɛərənts] *pl.* parents *m/pl*; **~-in-law** *pl.* beaux-parents *m/pl.*
parish paroisse *f.*
parity égalité *f*; parité *f.*
park parc *m*; *auto* parquer, stationner.
parking stationnement *m*; **no ~** stationnement interdit; **~ light** feu *m* de position; **~ lot**, **~ place** parking *m*; **~ meter** compteur *m* de stationnement, parc(o)mètre *m.*
parliament ['pɑ:ləmənt] parlement *m*; **~ary** parlementaire.
parlo(u)r salon *m*; **beauty ~** *Am.* salon *m* de beauté; **~maid** bonne *f.*
parquet ['pɑ:kei] parquet *m*; **~ry** parquetage *m.*
parrot perroquet *m.*
parsley persil *m.*
parson curé *m*; pasteur *m*; **~age** presbytère *m.*
part [pɑ:t] part *f*; partie *f*; pièce *f*; *thé.* rôle *m*; **~s** *pl.* région *f*; **take ~ in** participer à; *v.* partager; (se) séparer.
partake participer (**in** à).
partial partiel; partial; **~ity** partialité *f.*

participate [pɑ:'tisipeit] participer.
particle particule *f*.
particular [pə'tikjulə] particulier; méticuleux; **~s** *pl.* détails *m/pl.*; **~ity** particularité *f*.
parting séparation *f*; raie *f*.
partisan [pɑ:ti'zæn] partisan *m*.
partition partition *f*; cloison *f*; partager; cloisonner.
partly en partie.
partner associé *m*; partenaire *m*; **sleeping ~** associé *m* commanditaire; **~ship** association *f*; société *f*.
partridge ['pɑ:tridʒ] perdrix *f*.
part-time (work) emploi *m* à mi-temps.
party parti *m*; groupe *m*; surprise-partie *f*.
pass [pɑ:s] col *m*; gorge *f*; passage *m*; laissez-passer *m*; passer; dépasser; doubler; être reçu à (*examen*); faire circuler; **~ away** mourir; passer; **~ through** traverser; **~able** passable; *rue:* praticable.
passage ['pæsidʒ] passage *m*; trajet *m*; couloir *m*.
passenger passager *m*; voyageur *m*; **~ train** train *m* de voyageurs.
passer-by passant *m*.
passion ['pæʃən] passion *f*; **~ate** passionné; ardent.
passive passif.
pass|port passeport *m*.
past passé (*m*); après; au-delà de; plus loin que; **ten ~ six** six heures dix.
paste pâte *f*; colle *f*; coller; **~board** carton *m*.
pastime passe-temps *m*.
pastry ['peistri] pâtisserie *f*; **~ shop** pâtisserie *f*.
pasture ['pɑ:stʃə] pâturage *m*; paître.
pat petite tape *f*; tapoter.
patch pièce *f*; tache *f*; petite portion *f*; rapiécer.
patent ['peitənt] patent; évident; brevet *m* (d'invention); **~ fastener** bouton-pression *m*; **~ leather** cuir *m* verni.
patern|al paternel; **~ity** paternité *f*.
path sentier *m*; chemin *m*; piste *f*.
pathological pathologique.
patien|ce ['peiʃəns] patience *f*; **~t** patient (*m*).
patriot ['peitriət] patriote *m*, *f*; **~ic** patriotique; **~ism** patriotisme *m*.
patrol patrouille *f*; ronde *f*; patrouiller.
patron patron *m*; protecteur *m*; client *m*; **~ize** protéger; le prendre de haut avec.
pattern modèle *m*; dessin *m*; échantillon *m*.
pause [pɔ:s] pause *f*.
pave paver; **~ment** pavé *m*; trottoir *m*.
pavilion [pə'viljən] pavillon *m*.
paw patte *f*; tripoter.
pawn gage *m*; mettre en gage;

~**broker** prêteur *m* sur gages; ~**shop** mont-de-piété *m*.
pay paie *f*; traitement *m*; gages *m/pl.*; salaire *m*; payer; ~ **in** verser; ~ **out** débourser; ~ **a visit** rendre visite; ~**able** payable; dû; ~ **attention to** faire attention à; ~-**day** jour *m* de paie; ~-**desk** caisse *f*; ~-**envelope** sachet *m* de paie; ~**ing** rentable; ~**ment** paiement *m*; versement *m*; ~-**roll,** ~-**sheet** feuille *f* de paie.
pea pois *m*.
peace [pi:s] paix *f*; tranquillité *f*; ~**able** pacifique; ~**ful** paisible; tranquille.
peach pêche *f*.
peacock paon *m*.
peak cime *f*; sommet *m*; ~ **hours** *pl.* heures *f/pl.* de pointe; ~**load** charge *f* maximum; ~ **season** pleine saison *f*.
peal [pi:l] carillon *m*; (faire) retentir.
peanut cacahuète *f*.
pear [pɛə] poire *f*.
pearl perle *f*.
peasant ['pezənt] paysan *m*; ~**ry** paysans *m/pl.*
peat tourbe *f*; ~**moss** tourbière *f*.
pebble caillou *m*.
peck *fam.* bécot *m*; picoter.
peculiar [pi'kju:ljə] particulier; singulier; ~**ity** particularité *f*; singularité *f*.
pedal ['pedl] pédale *f*; pédaler.
peddle ['pedl] faire le colportage (de); ~**r** colporteur *m*.
pedestrian piéton *m*; ~ **crossing** passage *m* clouté; ~ **precinct** rues *f/pl.* piétonnières.
pedigree ascendance *f*; *animaux:* pedigree *m*.
peel [pi:l] pelure *f*; (se) peler; éplucher.
peep coup *m* d'œil; ~ **at** regarder à la dérobée.
peer pair *m*; noble *m*; ~**less** sans égal.
peevish grognon.
peg cheville *f*; patère *f*.
pen plume *f*.
penal ['pi:nl] pénal; ~ **servitude** travaux *m/pl.* forcés; ~**ty** ['penlti] pénalité *f*; amende *f*.
penance pénitence *f*.
pencil crayon *m*; ~-**sharpener** taille-crayon *m*.
pend|ant ['pendənt] pendentif *m*; pendant *m*; ~**ing** en attendant; ~**ulum** balancier *m*.
penetrate pénétrer.
penholder porte-plume *m*.
penicillin pénicilline *f*.
peninsula [pi'ninsjulə] péninsule *f*.
penitent pénitent.
penknife canif *m*.
penniless sans le sou.
penny (*pl.* **pennies** *ou* **pence**) penny *m*.
penny-dreadful roman *m* de quatre sous.
pension ['penʃən] pension *f*; retraite *f*; ~ **off** mettre à la

retraite.

pensive pensif.

penthouse appentis *m*; hangar *m*; appartement *m* sur le toit.

penury misère *f*; pauvreté *f*.

people ['pi:pl] peuple *m*; gens *m/pl.*; **my** ~ ma famille; peupler.

pep verve *f*; élan *m*.

pepper poivre *m*; poivrer; **~mint** menthe *f*.

per: ~ **annum** par an; ~ **day** par jour.

perambulator voiture *f* d'enfant.

perceive [pə'si:v] percevoir, s'apercevoir de.

per cent pour cent.

percentage pourcentage *m*.

perch perchoir *m*; perche *f*; se percher.

perchance par hasard.

percolator percolateur *m*.

peremptory péremptoire; absolu.

perfect ['pə:fikt] parfait; achevé; accompli; *v.* [pə'fekt] perfectionner; **~ion** perfection *f*.

perfidious perfide.

perforate perforer; trouer.

perform accomplir; exécuter; *thé. etc.* jouer; **~ance** accomplissement *m*; représentation *f*; performance *f*.

perfume ['pə:fju:m] parfum *m*; parfumer; **~ry** parfumerie *f*.

perhaps peut-être.

peril péril *m*; **~ous** périlleux; dangereux.

period ['piəriəd] période *f*; durée *f*; *meubles etc.*: de style; **~ic(al)** périodique; **~ical** périodique *m*; revue *f*.

perish périr; mourir; *fig.* se gâter; **~able** périssable.

perjur|e ['pə:dʒə]: **~e oneself** se parjurer; **~y** parjure *m*.

perm permanente *f*; **have one's hair ~ed** se faire permanenter.

permanen|ce ['pə:mənəns] permanence *f*; **~t** permanent; **~t (wave)** permanente *f*.

permi|ssion permission *f*; permis *m*; **~t** permettre.

pernicious pernicieux.

perpetrate perpétrer.

perpetua|l [pə'petʃuəl] perpétuel; **~te** perpétuer.

perplex embarrasser; compliquer; **~ed** perplexe; **~ity** perplexité *f*.

persecut|e persécuter; **~ion** persécution *f*; **~or** persécuteur *m*.

persever|ance [pə:si'viərəns] persévérance *f*; **~e** persévérer; **~ing** persévérant.

persist persister (**in** dans); s'obstiner; **~ent** persistant.

person personne *f*; individu *m*; **in** ~ en personne; **~age** personnage *m*; **~al** personnel; **~ality** personnalité *f*; personnage *m*; **~ify** personnifier.

personnel personnel *m*.

perspir|ation transpiration *f*; **~e** transpirer, suer.

persua|de persuader; **~sion** persuasion *f*; **~sive** persuasif, convaincant.
pert effronté; insolent.
pertinent pertinent.
pertness effronterie *f*.
perturbation perturbation *f*.
peruse [pə'ru:z] lire attentivement; examiner.
pervade se répandre dans, pénétrer.
perver|se pervers; **~t** pervertir; égarer.
pessimis|m pessimisme *m*; **~t** pessimiste *m, f*.
pest peste *f*; *fig*. fléau *m*; **~er** importuner.
pet animal *m* favori; *fam*. chéri *m*; caresser; **~ name** nom *m* d'affection; **mother's ~** enfant *m* gâté.
petition pétition *f*; adresser une pétition à.
petrol ['petrəl] essence *f*.
petroleum pétrole *m*.
petrol| station poste *m* d'essence; **~ tank** réservoir *m* d'essence.
petticoat jupon *m*.
pettifogger pinailleur *m*.
pettiness petitesse *f*; insignifiance *f*.
petty insignifiant; mesquin; **~ cash** petite monnaie *f*.
pew [pju:] banc *m* d'église.
pewter ['pju:tə] étain *m*; potin *m*.
phantasm chimère *f*.
phantom fantôme *m*.
pharmaceuticals *pl*. produits *m/pl*. pharmaceutiques.
pharmacy pharmacie *f*.
pheasant ['feznt] faisan *m*.
phenomen|on [fi'nɔminən] (*pl*. **~a**) phénomène *m*.
philanthropist philanthrope *m*.
philatel|ist philatéliste *m*; **~y** philatélie *f*.
philolog|ical philologique: **~ist** philologue *m*; **~y** philologie *f*.
philosoph|er [fi'lɔsəfə] philosophe *m*; **~y** philosophie *f*.
phone *fam*. téléphone *m*; téléphoner.
phonograph tourne-disque *m*, électrophone *m*.
photo photo *f*; **~copy, ~stat** photocopie *f*; photocopier; **~graph** photographie *f*; photographier; **~grapher** photographe *m*; **~graphy** [fə'tɔgrəfi] photographie *f*; **~print** photocopie *f*; **~ shop, ~ store** magasin *m* de photographie.
phrase [freiz] phrase *f*; expression *f*; exprimer, formuler; **~ book** guide *m* de langue.
physic|al physique; **~al culture** hygiène *f* du corps; **~ian** médecin *m*; **~ist** physicien *m*; **~s** *pl*. physique *f*.
piano piano *m*; **grand ~** piano *m* à queue.
pick (*a*. **~axe**) pic *m*, pioche *f*; faire (*trou*); becqueter; curer (*dents*); ronger (*os*); cueillir; choisir; **~ up** ramasser; venir prendre (*q*.); *mot*. reprendre.
picket piquet *m* de grève.

pickle marinade *f*; mariner; **~s** *pl.* pickles *m/pl.*
pick|pocket voleur *m* à la tire, pick-pocket *m*; **~-up** pick-up *m*.
picnic pique-nique *m*; pique-niquer.
picture ['piktʃə] tableau *m*; image *f*; peinture *f*; **the ~s** *pl.* le cinéma *m*; *v.* représenter; imaginer; **~-book** livre *m* d'images; **~ (post)card** carte *f* illustrée.
pie [pai] pâté *m*; tourte *f*.
piece [pi:s] pièce *f*; morceau *m*; **~ of advice** conseil *m*; **in ~s** rompu; *v.* **~ together** rassembler.
pier [piə] jetée *f*; pilier *m*.
pierc|e [piəs] percer; pénétrer; **~ing** perçant; pénétrant.
piety ['paiəti] piété *f*.
pig porc *m*; cochon *m*.
pigeon ['pidʒin] pigeon *m*; **~-hole** casier *m*; caser; classer.
pigskin peau *f* de porc.
pike pic *m*; barrière *f*; *poisson:* brochet *m*.
pile tas *m*; monceau *m*; **~ up** (s')entasser.
pilgrim pèlerin *m*; **~age** pèlerinage *m*.
pill pilule *f*, comprimé *m*.
pillage ['pilidʒ] pillage *m*; piller.
pillar pilier *m*; colonne *f*; **~-box** boîte *f* aux lettres.
pillion *mot.* siège *m* arrière; **ride ~** monter en croupe.
pillow oreiller *m*; coussinet *m*; **~-case, ~-slip** taie *f* d'oreiller.
pilot ['pailət] pilote *m*; guide *m*; piloter; guider.
pimple bouton *m*.
pin épingle *f*; cheville *f*; épingler; clouer.
pincers *pl.* tenailles *f/pl.*; pince *f*.
pinch pincée *f*; prise *f*; *fig.* embarras *m*; pincer; *fam.* voler, chiper.
pine [pain] pin *m*; languir; **~ for** soupirer après.
pineapple ananas *m*.
pink rose; œillet *m*; *mot.* cogner.
pinnacle ['pinəkl] pinacle *m*; cime *f*.
pioneer pionnier *m* (*a. fig.*).
pious ['paiəs] pieux.
pipe tuyau *m*; tube *f*; pipe *f*; siffler; **~line** pipe-line *m*; **~ tobacco** tabac *m* pour pipe.
pirate ['paiərət] pirate *m*.
pistol pistolet *m*.
piston piston *m*; **~-rod** tige *f* de piston.
pit trou *m*; mine *f*; *thé.* parterre *m*.
pitch lancement *m*; degré *m*; niveau *m*; pente *f*; poix *f*; dresser (*tente*); ranger; jeter, lancer; **~fork** fourche *f* à foin.
pitfall piège *m*; trappe *f*.
pit|iful pitoyable; **~iless** impitoyable; **~y** pitié *f*; avoir pitié de; **it is a ~y!** c'est dommage!
pivot ['pivət] pivot *m*; (faire) pivoter.

placard placard *m*; affiche *f*; placarder, afficher.

place [pleis] place *f*; lieu *m*; endroit *m*; localité *f*; emplacement *m*; **out of ~** déplacé; mal à propos; **take ~** avoir lieu; *v*. placer; mettre.

placid placide; **~ity** placidité *f*.

plague [pleig] peste *f*; *fig*. fléau *m*; tourmenter, harceler.

plaice carrelet *m*, plie *f*.

plaid [plæd] plaid *m*; tissu *m* écossais.

plain [plein] uni; plat; simple; laid; évident; franc; plaine *f*; **~ness** simplicité *f*; clarté *f*.

plaint|iff demandeur *m*; **~ive** plaintif.

plait tresse *f*; tresser.

plan plan *m*; projet *m*; projeter; planifier.

plane [plein] plat; égal; raboter; planer; plan *m*; avion *m*; *bot*. platane *m*; rabot *m*.

planet planète *f*.

plank planche *f*; madrier *m*.

plant plante *f*; usine *f*; machinerie *f*; planter; implanter; **~ation** plantation *f*; **~er** planteur *m*.

plaster emplâtre *m*; plâtre *m*; plâtrer; *méd*. mettre un emplâtre à.

plastic (matière *f*) plastique *m*.

plate plaque *f*; assiette *f*; cliché *m*; plaquer.

platform estrade *f*; quai *m*; tribune *f*.

platinum ['plætinəm] platine *m*.

platitude ['plætitju:d] platitude *f*; banalité *f*.

play jeu *m*; activité *f*; *thé*. pièce *f*; jouer; **~er** joueur *m*; **~ground** cour *f*; **~ing-card** carte *f* à jouer; **~wright** dramaturge *m*.

plea [pli:] excuse *f*; demande *f*; **~d** plaider.

pleasant ['pleznt] agréable; sympathique.

pleas|e [pli:z] faire plaisir à; s'il vous plaît; **~ed** content; **~ing** agréable; charmant; **~ure** ['pleʒə] plaisir *m*; gré *m*; volonté *f*.

pleat plissé *m*; plisser.

pledge gage *m*; nantissement *m*; promesse *f*; mettre en gage; promettre.

plent|iful abondant; **~y** abondance *f*; **~y of** beaucoup de.

pleurisy pleurésie *f*.

pliable ['plaiəbl] flexible; souple.

pliers *pl*. pinces *f*/*pl*.

plight [plait] situation *f* difficile; condition *f*.

plot conspiration *f*; *thé*. *etc*.: intrigue *f*; parcelle *f*; comploter; conspirer.

plough [plau] charrue *f*; labourer.

pluck courage *m*; *fam*. cran *m*; arracher; cueillir; pincer (*guitare*); **~ up courage** reprendre courage; **~y** courageux; *fam*. crâne.

plug tampon *m*; bouchon *m*;

élec. prise *f*; boucher; ~ **in** *élec.* brancher.

plum [plʌm] prune *f*; pruneau *m*.

plumb [plʌm] plomb *m*; sonder; **~er** plombier *m*.

plump dodu; rebondi; tomber lourdement.

plunder pillage *m*; piller.

plunge [plʌndʒ] (se) plonger; s'enfoncer.

plural pluriel *m*; **~ity** pluralité *f*.

plus [plʌs] plus.

plush peluche *f*.

plywood ['plaiwud] contreplaqué *m*.

p.m. = **post meridiem** de l'après-midi, du soir.

pneumonia [nju:'məunjə] pneumonie *f*.

poach [pəutʃ] braconner; **~er** braconnier *m*; **~ing** braconnage *m*.

pocket poche *f*; empocher; encaisser (*insultes*); **~book** livre *m* de poche; portefeuille *m*; calepin *m*.

pod cosse *f*.

poem ['pəuim] poème *m*.

poet ['pəuit] poète *m*; **~ic(al)** poétique; **~ry** poésie *f*.

point point *m*; essentiel *m*; pointe *f*; question *f*; **~-blank** à bout portant; ~ **of view** point *m* de vue; **the ~ is that** ce dont il s'agit c'est que; **make a ~ of** se faire une règle de; **off the ~** hors de propos; **be on the ~ of** être sur le point de; **to the ~** à propos; *v.* pointer; ponctuer; aiguiser; ~ **out** indiquer; **~ed** pointu; **~er** baguette *f*; chien *m* d'arrêt; *fam.* conseil *m*, tuyau *m*.

poise [pɔiz] aplomb *m*; balancer.

poison ['pɔizn] poison *m*; empoisonner; **~ous** toxique; *serpent:* venimeux; *plante:* vénéneux.

poke attiser; pousser; fourrer; ~ **fun at** se moquer de.

poker tisonnier *m*; **~-face** visage *m* impassible.

Poland Pologne *f*.

pole pôle *m*; mât *m*; poteau *m*.

Pole Polonais *m*.

pole-jumping saut *m* à la perche.

police [pə'li:s] police *f*; **~man** agent *m* (de police); ~ **station** commissariat *m*.

policy ['pɔlisi] politique *f*; diplomatie *f*; police *f*.

poliomyelitis [pəuliəumaiə'laitis] poliomyélite *f*.

polish ['pɔliʃ] poli *m*; vernis *m*; polir; cirer; faire briller.

Polish ['pəuliʃ] polonais.

polite [pə'lait] poli, courtois; **~ness** politesse *f*.

politic|al politique; **~ian** homme *m* politique; **~s** *pl.* politique *f*.

pollut|e [pə'lu:t] polluer; **~ion** pollution *f*.

pomp pompe *f*; ostentation *f*; **~ous** pompeux.

pond étang *m*; mare *f*.

ponder| **(over)** méditer sur;

considérer; **~ous** pesant.
pony poney *m*.
P.O. = **post office** bureau *m* de poste.
poodle caniche *m*.
pool étang *m*; bassin *m*; pool *m*; fonds *m* commun; mettre en commun.
poor [puə] pauvre; indigent; **the ~** les pauvres *m/pl*.
pop[1] bruit *m* sec; **~ in** entrer à l'improviste; **~ up** apparaître.
pop[2]: **~ music** musique *f* pop; **~ song** chanson *f* pop.
popcorn popcorn *m*.
pope pape *m*.
poplar peuplier *m*.
poplin popeline *f*.
poppy pavot *m*.
popular populaire; **~ity** popularité *f*; **~ize** populariser; rendre populaire.
populat|e peupler; **~ion** population *f*.
populous populeux.
porcelain ['pɔ:slin] porcelaine *f*.
porch porche *m*.
pore [pɔ:] pore *m*; **~ over** être plongé dans.
pork porc *m*.
porous poreux, perméable.
porridge ['pɔridʒ] bouillie *f* de flocons d'avoine, porridge *m*.
port[1] *poste:* port *m*.
port[2] port *m*; **~ of transshipment** port *m* de transbordement.
portable portatif.
portal portail *m*.
portentous de mauvais augure.
porter portier *m*; porteur *m*.
portfolio [pɔ:t'fəuljəu] serviette *f*.
portion portion *f*; part *f*; dot *f*; **~ out** partager.
port|liness corpulence *f*; embonpoint *m*; **~ly** gros.
portrait ['pɔ:trit] portrait *m*.
portray peindre; décrire.
Portugal Portugal *m*.
Portuguese portugais; Portugais *m*.
pose pose *f*; poser; **~ as** se faire passer pour.
position position *f*; situation *f*; rang *m*; état *m*; **be in a ~ to** être à même de.
positive positif (*m*); certain; convaincu.
possess [pə'zes] posséder; **~ed with** obsédé de; **~ion** possession *f*; **~or** possesseur *m*.
possib|ility possibilité *f*; **~le** possible; **~ly** peut-être.
post poste *m*; emploi *m*; poste *f*; poteau *m*; poster; mettre à la poste; **~age** affranchissement *m*; port *m*; **~age stamp** timbre-poste *m*; **~al cheque** chèque *m* postal; **~al order** mandat *m* postal; **~card** carte *f* postale; **~er** affiche *f*.
poste restante [pəust'restɑ̃:nt] poste restante.
posteri|or postérieur; **~ty** postérité *f*.

post|man facteur *m*; **~mark** timbre *m*; **~ office** (bureau *m* de) poste *f*; **~-office box** boîte *f* postale.
postpone remettre à plus tard; ajourner; **~ment** ajournement *m*.
postscript post-scriptum *m*.
posture ['pɔstʃə] posture *f*; attitude *f*; prendre une posture; poser.
pot pot *m*; marmite *f*; *fam.* marijuana *f*, herbe *f*.
potable potable.
potato [pə'teitəu] (*pl.* **~es**) pomme *f* de terre.
poten|cy puissance *f*; force *f*; **~t** puissant, fort; **~tial** potentiel.
pot-hole trou *m*; caverne *f*; *mot.* nid-de-poule *m*.
potter potier *m*; **~y** poterie *f*.
pouch [pautʃ] poche *f*; blague *f* (à tabac).
poultice ['pəultis] cataplasme *m*.
poultry ['pəultri] volaille *f*.
pounce [pauns] **on** fondre sur.
pound [paund] livre *f*; broyer; piler.
pour [pɔ:] verser; répandre; pleuvoir à verse.
pout [paut] faire la moue.
poverty pauvreté *f*.
powder poudre *f*; (se) poudrer; **~ed milk** lait *m* en poudre; **~-room** toilettes *f*/*pl.* pour dames.
power pouvoir *m*; puissance *f*; force *f*; autorité *f*; **~ful** puissant; **~-station** centrale *f* électrique.
practica|ble praticable; faisable; **~l** pratique; **~l joke** farce *f*, (mauvais) tour *m*.
practi|ce ['præktis] pratique *f*; habitude *f*; exercice *m*; art *m*; **~se** pratiquer; exercer; étudier.
practitioner [præk'tiʃnə] praticien *m*.
praise éloge *m*; louange *f*; louer; **~worthy** louable.
pram voiture *f* d'enfant.
prank escapade *f*; farce *f*.
prattle jaser; jacasser.
prawn crevette *f* rose.
pray prier; demander; **~er** prière *f*; supplication *f*.
preach [pri:tʃ] prêcher; **~er** prédicateur *m*.
precarious [pri'kɛəriəs] précaire.
precaution précaution *f*.
precede [pri:'si:d] (faire) précéder; **~nce** préséance *f*; priorité *f*; **~nt** précédent, antérieur; précédent *m*.
precept précepte *m*.
precinct enceinte *f*; **~s** *pl.* environs *m*/*pl.*
precious ['preʃəs] précieux.
precipi|ce précipice *m*; **~tate** hâter; (se) précipiter; **~tation** précipitation *f*.
precis|e [pri'sais] précis, exact; **~ely!** précisément!; **~ion** précision *f*; exactitude *f*.
pre|cursor précurseur *m*; **~decessor** prédécesseur *m*;

~destinate prédestiner.
predict prédire; **~ion** prédiction *f*; prévision *f*.
pre|dilection préférence *f*; **~dominant** prédominant; **~-eminent** prééminent; remarquable (**in** par).
pre-emption: right of ~ droit *m* de préemption.
preface ['prefis] préface *f*; avant-propos *m*; préfacer.
prefer [pri'fə:] préférer (**to** à); **~able** préférable; **~ence** préférence *f*.
pregnant enceinte; *fig*. gros.
prejudic|e ['predʒudis] préjugé *m*; dommage *m*; **~ial** nuisible (**to** à).
preliminar|ies *pl*. préliminaires *m/pl*.; **~y** préliminaire.
prelude prélude *m* (**to** à, de).
premature [premə'tjuə] prématuré; avant terme.
premier ['premjə] premier; premier ministre *m*.
premises ['premisiz] *pl*. locaux *m/pl*.; immeubles *m/pl*.; **on the ~** sur les lieux; sur place.
premium prime *f*; récompense *f*.
preoccupied préoccupé; absorbé.
prepaid payé (d'avance).
prepar|ation préparatif *m*; préparation *f*; **~e** (se) préparer; **~e for** préparer (*examen etc*.).
prepossess prévenir en faveur; préoccuper.
prescri|be [pri'skraib] prescrire; ordonner; **~ption** prescription *f*; *méd*. ordonnance *f*.
presence ['prezns] présence *f*; **~ of mind** présence *f* d'esprit.
present ['preznt] présent (*m*); actuel; cadeau *m*; **at ~** à présent; **for the ~** pour le moment; *v*. [pri'zent] (se) présenter; offrir.
presently tout à l'heure; *Am. a*. à présent.
preservation préservation *f*; conservation *f*.
preserve [pri'zə:v] préserver; conserver; **~s** *pl*. conserves *f/pl*.
preside [pri'zaid] présider; **~nt** président *m*.
press presse *f*; foule *f*; pression *f*; (se) presser; repasser (*vêtements*); **~ing** urgent; pressé; **~ meeting** conférence *f* de presse; **~ure** pression *f*; **~ure gauge** manomètre *m*.
prestige [pre'sti:ʒ] prestige *m*.
presume [pri'zju:m] présumer, supposer.
presumpt|ion présomption *f*; supposition *f*; **~ive** probable.
preten|ce [pri'tens] semblant *m*; prétexte *m*; **false ~ce** faux semblant *m*; **~d** simuler; prétendre; faire semblant; **~sion** prétention *f* (**to** à); titre *m*.
pretext prétexte *m*.
pretty joli; mignon; assez; **~ much the same** à peu près la même chose.

prevail [pri'veil] prévaloir; prédominer.
prevalent ['prevələnt] dominant; courant; répandu.
prevent empêcher (**from** de); détourner; **~ion** empêchement *m*; mesure *f* préventive; **~ive** préventif.
previous ['pri:vjəs] antérieur (**to** à); préalable; **~ly** auparavant.
pre-war d'avant-guerre.
prey [prei] proie *f*; **~ upon** tourmenter (*esprit*).
price [prais] prix *m*; fixer (*ou* marquer) le prix de; **~less** inestimable; *fam.* impayable; **~-list** prix-courant *m*.
prick pointe *f*; piqûre *f*; piquer; percer; **~ up one's ears** dresser les oreilles; **~ly** épineux.
pride fierté *f*; orgueil *m*.
priest prêtre *m*.
prig poseur *m*, petit saint *m*.
prim guindé; compassé, collet monté.
prima|cy ['praiməsi] primauté *f*; **~ry** primitif; primordial; primaire.
prime [praim] premier; principal; de première qualité; **2 Minister** Premier ministre; apogée *m*; force *f* (de l'âge).
primitive primitif; grossier.
prim|ness raideur *f*; préciosité *f*; **~rose** primevère *f*.
prince [prins] prince *m*; **~ly** princier; *fig.* magnifique; **~ss** princesse *f*.
principal ['prinsəpl] principal (*m*); **~ity** principauté *f*.
principle ['prinsəpl] principe *m*; **on ~** par principe.
print impression *f*; empreinte *f*; *phot.* épreuve *f*; imprimé *m*; tirage *m*; **out of ~** épuisé; *v.* imprimer; **~ed matter** imprimés *m/pl.*; **~er** imprimeur *m*.
printing impression *f*; **~-office** imprimerie *f*.
prior ['praiə] prieur *m*; **~ to** antérieur(ement) à; **~ity** priorité *f*.
prism prisme *m*.
prison ['prizn] prison *f*; **~er** prisonnier *m*; captif *m*.
priva|cy retraite *f*; intimité *f*; **~te** privé, particulier; **~tion** privation *f*.
privilege ['privilidʒ] privilège *m*; **~d** privilégié.
prize [praiz] prix *m*, récompense *f*; lot *m*; estimer; **~ open** forcer avec un levier; **~-winner** lauréat *m*.
probab|ility probabilité *f*; **~le** probable.
probation probation *f*; épreuve *f*; stage *m*.
probity probité *f*.
problem problème *m*.
procedure [prə'si:dʒə] procédure *f*; procédé *m*.
proceed [prə'si:d] procéder; continuer son chemin; aller; **~ against** intenter un procès à; **~ from** provenir de; **~ings** *pl.* procès *m*; poursuites *f/pl.*; **~s** ['prəusi:dz] *pl.* profit *m*.

process ['prəuses] procédé *m*; processus *m*; procès *m*; **in the ~ of construction** en construction; **~ion** procession *f*.
procla|im proclamer; **~mation** proclamation *f*.
procur|ation procuration *f*; **~e** (se) procurer; obtenir.
prodig|ious [prə'didʒəs] prodigieux; **~y** prodige *m*, merveille *f*; **infant ~y** enfant *m* prodige.
produce ['prɔdju:s] produit *m*; rendement *m*; *v*. [prə'dju:s] produire; **~r** producteur *m*; *thé*. metteur *m* en scène; *cin*. directeur *m* de productions.
product produit *m*; denrée *f*; **~ion** production *f*; *thé*. représentation *f*; **~ive** productif.
profane [prə'fein] profane, impie; profaner.
profess déclarer; professer; **~ion** profession *f*; métier *m*; **~ional** professionnel (*m*); **~or** professeur *m*.
proffer offrir; proposer.
proficien|cy compétence *f*; capacité *f*; **~t** compétent.
profile ['prəufail] profil *m*; profiler.
profit ['prɔfit] profit *m*; **~ by** (*ou* **from**) tirer parti de; **~able** profitable; lucratif; **~eer** profiteur *m*.
profligate débauché.
profound profond.
profuse profus; prodigue.
prognos|is (*pl.* **~es**) prognose *f*; **~ticate** pronostiquer.
program(me) programme *m*; programmer.
progress ['prəugres] progrès *m*; avancement *m*; *v*. [prəu'gres] (s')avancer; faire des progrès; **~ive** progressif.
prohibit prohiber; interdire; **~ed** interdit, défense de...; **~ion** prohibition *f*; défense *f*; *Am*. régime *m* sec.
project ['prɔdʒekt] projet *m*; intention *f*; *v*. [prə'dʒekt] projeter; lancer; **~ion** projection *f*.
proletaria|n prolétaire (*m*); **~t** prolétariat *m*.
prolog(ue) prologue *m*.
prolong prolonger.
promenade [prɔmə'nɑ:d] promenade *f*; se promener.
prominent éminent; saillant.
promis|e ['prɔmis] promesse *f*; promettre; **~ing** qui promet bien; **~sory note** billet *m* à ordre.
promot|e [prə'məut] promouvoir; avancer; encourager; **~ion** promotion *f*; avancement *m*.
prompt prompt; rapide; ponctuel; suggérer; *thé*. souffler; **~er** souffleur *m*.
promulgate promulguer.
prong dent *f* de fourche; pointe *f*.
pronounce [prə'nauns] prononcer; déclarer.
pronunciation [prənʌnsi'eiʃən] prononciation *f*.
proof à l'épreuve de; résistant à; preuve *f*; justification *f*;

épreuve *f*; **~-sheet** épreuve *f*.
prop appui *m*; soutien *m*; **~s** *pl. thé.* accessoires *f/pl.*; **~ up** caler, soutenir.
propaganda propagande *f*.
propaga|te ['prɔpəgeit] (se) propager; **~tion** propagation *f*.
propeller propulseur *m*; hélice *f*.
proper propre; convenable; à propos; juste; **~ly** *a.* comme il faut; **~ty** propriété *f*.
prophe|cy ['prɔfisi] prophétie *f*; **~sy** prophétiser; **~t** prophète *m*.
prophylactic *méd.* prophylactique (*m*).
propitious [prə'piʃəs] propice; favorable.
proportion [prə'pɔ:ʃən] proportion *f*; part *f*; **~al** proportionnel; **~ate** proportionné (**to** à).
propos|al proposition *f*; demande *f* en mariage; **~e** proposer; faire une demande en mariage; **~ition** proposition *f*; *fam.* affaire *f*.
propriet|ary article article *m* de marque; **~or** [prə'praiətə] propriétaire *m*; **~y** convenance *f*, bienséance *f*.
prose prose *f*.
prosecut|e ['prɔsikju:t] poursuivre; **~ion** continuation *f*; poursuites *f/pl.* judiciaires; **~or** plaignant *m*; **the Public ~or** le procureur de la République.
prospect ['prɔspekt] perspective *f*; espérances *f/pl.*; avenir *m*; **~ive** en perspective; prospectif; **~us** prospectus *m*.
prosper réussir; (faire) prospérer; **~ity** prospérité *f*; **~ous** prospère; fleurissant.
prostitute prostituée *f*; prostituer.
prostrate ['prɔstreit] prosterné; *méd.* prostré; *v.* [prɔ'streit] abattre; prosterner.
protect (from) protéger (de); défendre (de); **~ion** protection *f*; **~ive** protecteur; **~or** protecteur *m*.
protest ['prəutest] protestation *f*; *com.* protêt *m*; *v.* [prə'test] protester de (*innocence etc.*); protester (*Am.* contre); **~ant** Protestant *m*.
protract prolonger.
proud [praud] fier; orgueilleux; **~ flesh** *méd.* chair *f* fongueuse.
prov|able ['pru:vəbl] prouvable; **~e** prouver; éprouver; démontrer; se montrer, se révéler.
proven *p.p. de* **prove.**
proverb proverbe *m*; maxime *f*; **~ial** proverbial.
provide: ~ for pourvoir aux besoins de; **~ with** fournir de; munir de; **~d that** pourvu que.
providence providence *f*; prévoyance *f*.
province ['prɔvins] province *f*; *fig.* domaine *m*.
provincial provincial; de province.

provision disposition *f*; stipulation *f*, clause *f*; **~s** *pl.* provisions *f*/*pl.*; **~al** provisoire.
provocation provocation *f*.
provoke provoquer; fâcher; irriter.
prowl [praul] rôder.
proxim|ate proche; prochain; **~ity** proximité *f*.
proxy procuration *f*; mandataire *m*; **by ~** par procuration.
pruden|ce ['pru:dəns] prudence *f*; **~t** prudent.
prud|ery pruderie *f*; **~ish** prude.
prune [pru:n] pruneau *m*; élaguer; émonder.
prussic acid acide *m* prussique.
P.S. = **postscript.**
psalm [sɑ:m] psaume *m*.
psychiatr|ist [sai'kaiətrist] psychiatre *m*; **~y** psychiatrie *f*.
psychoanalyst [saikəu'ænəlist] psychanalyste *m*.
psycholog|ical [saikə'lɔdʒikl] psychologique; **~ist** psychologue *m*; **~y** psychologie *f*.
psychos|is (*pl.* **~es**) psychose *f*.
pub *fam.* bistrot *m*.
puberty ['pju:bəti] puberté *f*.
public publique; **~-address system** installation *f* de haut-parleurs; **~ house** café *m*; **~ notice** avis *m* au public; **~ relations** *pl.* relations *f*/*pl.* publiques.
publication publication *f*.
publicity publicité *f*.
publish publier; éditer; **~er** éditeur *m*; **~ing-house** maison *f* d'édition.
pudding pudding *m*.
puff souffle *m*; bouffée *f*; houppe *f*; vantardise *f*; réclame *f*; souffler; tirer des bouffées; **~ up** gonfler.
puff-paste pâte *f* feuilletée.
pull [pul] traction *f*; tirer; traîner; ramer; **~ down** démolir; **~ in** rentrer; **~ off** ôter; **~ out** sortir; **~ o.s. together** se ressaisir; **~ up** s'arrêter; **~ s.b's leg** faire marcher q.
pulley poulie *f*.
pullover pull(-over) *m*.
pulp pulpe *f*; pâte *f*.
pulpit ['pulpit] chaire *f*.
puls|ate battre, palpiter; **~e** pouls *m*; *méd.* palpiter.
pulverize pulvériser; réduire en poudre.
pump pompe *f*; **~ up** pomper; *mot.* gonfler; **~kin** potiron *m*; **~-room** buvette *f*.
pumpernickel pain *m* noir.
pun calembour *m*; jeu *m* de mots; faire des jeux de mots.
punch perçoir *m*; poinçon *m*; coup *m* de poing; *cuis.* punch *m*; percer; perforer.
Punch and Judy show *thé.* guignol *m*.
punching-ball punching-ball *m*.
punctual ['pʌŋktjuəl] ponc-

tuel; exact; **~ity** ponctualité *f.*
puncture ['pʌŋktʃə] crevaison *f*; ponction *f*; **~d** crevé.
punish punir, châtier; **~able** punissable; **~ment** punition *f*; châtiment *m.*
pupil[1] ['pju:pl] pupille *f.*
pupil[2] élève *m*, écolier *m.*
puppy chiot *m*; jeune chien *m.*
purchas|e ['pə:tʃəs] achat *m*; acquisition *f*; acheter; acquérir; **~er** acheteur *m*; **~ing power** pouvoir *m* d'achat.
pure [pjuə] pur; **~bred** *Am.* de race.
purgat|ive purgatif (*m*); **~ory** purgatoire *m.*
purge [pə:dʒ] purge *f*; purgation *f*; purger; purifier.
puri|fy purifier; dépurer; **~ty** pureté *f*; propreté *f.*
purple ['pə:pl] pourpre; violet; pourpre *f*, *m.*
purpose ['pə:pəs] but *m*; objet *m*; intention *f*; **on ~** exprès; **to no ~** en vain; **~ful** réfléchi; *personne:* énergique; **~less** inutile; sans but; **~ly** exprès.
purr ronronner.
purse [pə:s] bourse *f*; porte-monnaie *m*; *Am. a.* sac *m* à main; pincer (*lèvres*).
pursu|ance: in ~ance of conformément à; **~e** poursuivre; exercer (*profession*); **~it** poursuite *f.*
purvey fournir; **~ance** approvisionnement *m*; **~or** fournisseur *m.*
push [puʃ] poussée *f*; coup *m*; initiative *f*, dynamisme *m*; **give s.b. the ~** flanquer q. à la porte; *v.* pousser; presser; inciter; **~-button** poussoir *m*; **~ing** entreprenant; arriviste.
put [put] (*a. prét. et p.p.*) mettre; poser; placer; *sport* lancer; **~ away** ranger; écarter; **~ back** remettre; retarder (*horloge*); **~ by** mettre de côté; **~ down** déposer; noter; **~ in** introduire; mettre dans; insérer; placer (*mot*); **~ off** renvoyer; ajourner; enlever (*vêtement*); **~ on** mettre (*vêtement*); **~ on airs** se donner des airs; **~ out** mettre dehors; étendre; éteindre (*feu*); déconcerter; **~ through to** *télé.* mettre en communication avec; **~ up** construire; installer; ouvrir (*parapluie*); mettre (en vente); loger; **~ up at** descendre à, loger à; **~ up with** s'accommoder de, prendre son parti de.
putr|efaction putréfaction *f*; **~efy** ['pju:trifai] putréfier; pourrir; **~id** putride.
putty: glaziers' ~ mastic *m* à vitres.
put-up job coup *m* monté.
puzzle ['pʌzl] énigme *f*; rébus *m*; embarras *m*; intriguer; embarrasser.
pyjamas [pə'dʒɑ:məz] *pl.* pyjama *m.*
pylon ['pailən] pylone *m.*
pyramid ['pirəmid] pyramide *f.*

Q

quack *son:* couac *m*; charlatan *m*; médicastre *m*; faire des couacs.
quadrangle ['kwɔdræŋgl] quadrilatère *m*; carré *m*.
quadrup|ed quadrupède *m*; **~le** quadruple; (se) quadrupler.
quail caille *f*.
quaint curieux, étrange.
quake trembler; frémir.
quali|fication qualification *f*; aptitude *f*; capacité *f*; réserve *f*; **~fy** (se) qualifier; rendre capable; être capable; **~ty** qualité *f*.
quantity quantité *f*.
quarantine ['kwɔrənti:n] quarantaine *f*; mettre en quarantaine.
quarrel ['kwɔrəl] querelle *f*; brouille *f*; se quereller; se disputer; **~some** querelleur.
quarry carrière *f*; extraire d' une carrière.
quarter quart *m*; quartier *m*; trimestre *m*; **from all ~s** de toutes parts; *v.* partager *ou* diviser en quatre; **~ly** trimestriel; tous les trois mois.
quartz quartz *m*.
quaver ['kweivə] tremblement *m*; *mus.* croche *f*; trémolo *m*; trembler.
quay [ki:] quai *m*.
queen reine *f*.
queer bizarre; étrange; excentrique; **feel ~** se sentir tout chose.
quench [kwentʃ] apaiser (*soif etc.*); éteindre (*feu*); réprimer.
question question *f*; demande *f*; problème *m*; **ask s.b. a ~** poser une question à q.; **the ~ is** il s'agit de savoir si ...; **in ~** en question; dont il s'agit; *v.* questionner; douter de; **~able** douteux; contestable; **~-mark** point *m* d'interrogation; **~naire** questionnaire *m*.
queue [kju:] queue *f*; **~ up** faire la queue.
quick prompt; rapide; preste; fin; vite; **cut to the ~** tailler dans le vif; **~en** vivifier; animer; **~-lunch bar** (restaurant *m*) self-service *m*; **~ness** rapidité *f*; vitesse *f*; vivacité *f*; **~silver** vif-argent *m*; mercure *m*; **~-witted** à l'esprit vif.
quiet ['kwaiət] tranquille; calme (*m*); **~ness** tranquillité *f*; calme *m*.
quilt courtepointe *f*.
quince [kwins] coing *m*.
quinine [kwi'ni:n] quinine *f*.
quit quitter; s'en aller; quitte, libéré.
quite [kwait] tout à fait; entièrement; assez; **~ so!** parfaitement!
quiver tremblement *m*; frisson *m*; trembler; frissonner.

quiz *télév.* programme-concours *m*, devinette *f*; examiner, interroger.
quota quote-part *f*; contingent *m*.
quotation citation *f*; cours *m*, cote *f*; **~-marks** *pl.* guillemets *m/pl.*
quote citer; coter (*prix*).
quotidian quotidien.

R

rabbi rabbin *m*.
rabbit lapin *m*.
rabble cohue *f*; racaille *f*.
rabid ['ræbid] acharné; féroce; *chien:* enragé.
race [reis] race *f*; course *f*; (faire) courir; **~course** champ *m* de courses; piste *f*; **~r** coureur *m* (*a. mot.*); cheval *m* de course; **~track** piste *f*.
racing courses *f/pl.*; **~ car** voiture *f* de course.
rack râtelier *m*; porte-bagages *m*; chevalet *m*; portemanteau *m*; torturer; tourmenter.
racket raquette *f*; vacarme *m*; tapage *m*; affaire *f*, combine *f*; **~eer** escroc *m*.
rack-railway chemin *m* de fer à crémaillère.
racy vif; plein de verve.
radar ['reidɑ:] radar *m*; **~ set** appareil *m* de radar.
radia|nt ['reidjənt] rayonnant; radieux; **~te** rayonner; **~tion** radiation *f*; rayonnement *m*; **~tor** radiateur *m* (*a. mot.*).
radical radical (*m*).
radio ['reidiəu] radio *f*; **~ car** voiture-radio *f*; **~ play** pièce *f* radiophonique; **~gram** radiogramme *m*; **~graph** radiographie *f*; radiographier; **~scopy** radioscopie *f*.
radish radis *m*.
radium radium *m*.
radius rayon *m*.
raffle loterie *f*; (*a.* **~ off**) mettre en tombola.
raft [rɑ:ft] radeau *m*.
rag chiffon *m*; haillon *m*; *journal:* feuille *f* de chou.
rage [reidʒ] rage *f*; fureur *f*; **~ for** manie *f* de; **be all the ~** être du dernier cri *ou* chic; *v.* être furieux; *fig.* sévir.
ragged ['rægid] déguenillé; en haillons; déchiqueté.
raid raid *m*; coup *m* de main; razzia *f*; faire un coup de force; razzier.
rail barre *f*; rampe *f*; rail *m*; **run off** *ou* **jump the ~s** dérailler; **~-car** autorail *m*; **~ing** balustrade *f*; grille *f*; **~way,** *Am.* **~road** chemin *m* de fer; **~wayman** cheminot *m*.
rain [rein] pluie *f*; pleuvoir; **it is ~ing** il pleut; **~bow** arc-en-ciel *m*; **~coat** imperméable *m*; **~proof** imperméable; **~y** pluvieux.
raise [reiz] lever; élever; soule-

ver; hausser; augmenter; se procurer (*argent*).
raisin ['reizn] raisin *m* sec.
rake râteau *m*; roué *m*; râteler.
rally ralliement *m*; (se) rallier; reprendre ses forces.
ram bélier *m*; mouton *m*; battre; heurter; enfoncer.
ramble rôder; se promener.
ramify se ramifier.
ramp rampe *f*.
ran *prét. de* **run.**
ranch [rɑ:ntʃ] ranch *m*.
rancid rance.
ranco(u)r rancune *f*.
random: at ~ au hasard.
rang *prét. de* **ring.**
range [reindʒ] rangée *f*; chaîne *f*; étendue *f*; portée *f*; gamme *f*; fourneau *m* de cuisine; aligner; s'étendre; **~-finder** télémètre *m*.
rank rang *m*; ordre *m*; classe *f*; ranger; classer; *adj*. grossier; fétide.
ransack saccager; piller.
ransom rançon *f*; rançonner; racheter.
rap [ræp] tape *f*; frapper.
rapac|ious [rə'peiʃəs] rapace; **~ity** rapacité *f*.
rape viol *m;* violer; **~ and murder** assassinat *m* avec viol.
rapid rapide; prompt; **~ity** rapidité *f*; vélocité *f*; **~s** *pl.* rapides *m/pl.*
rapt ravi, transporté; **~ure** ravissement *m*.
rar|e [rɛə] rare; précieux; *bifteck:* saignant; **~eness, ~ity** rareté *f*; curiosité *f*.
rascal coquin *m*; fripon *m*.
rash irréfléchi; *méd.* éruption *f*.
rasher tranche *f* de lard (frite).
rasp [rɑ:sp] râpe *f*; râper; **~berry** framboise *f*.
rat rat *m*; **smell a ~** flairer un piège.
rate taux *m*; pourcentage *m*; cours *m*; vitesse *f*; **~ of exchange** cours *m* du change; **~ of interest** taux *m* d'intérêt; **at any ~** en tout cas; *v*. estimer; taxer.
rather ['rɑ:ðə] plutôt; assez; **I should** (*ou* **had**) **~** j'aimerais mieux.
rati|fication ratification *f*; **~fy** ratifier; approuver.
ration ['ræʃən] ration *f*; rationner; ravitailler.
rational raisonnable; logique; **~ization** rationalisation *f*; **~ize** rationaliser.
rattle cliquetis *m*; crécelle *f*; branler; cliqueter; faire du bruit.
ravage ['rævidʒ] ravager; piller.
rave délirer; s'extasier.
raven ['reivn] corbeau *m*; **~ous** ['rævənəs] vorace.
ravine [rə'vi:n] ravine *f*.
ravish ravir; enchanter; **~ing** ravissant.
raw [rɔ:] cru: brut; **~ material** matière *f* première.
ray rayon *m*; radiation *f*.
rayon ['reiɔn] rayonne *f*; soie *f*

artificielle.
razor ['reizə] rasoir *m*; **~-blade** lame *f* de rasoir.
Rd. = **road** route; rue.
reach extension *f*; portée *f*; étendue *f*; **out of ~** hors d'atteinte; **within easy ~** tout près; *v.* atteindre; s'étendre.
react [ri'ækt] réagir; **~ion** réaction *f*; **~ionary** réactionnaire.
read (*a. prét. et p. p.*) lire; **~ over** parcourir; **~er** lecteur *m*.
readi|ly promptement; volontiers; **~ness** promptitude *f*; bonne volonté *f*.
reading lecture *f*; **~-lamp** lampe *f* de travail; **~-room** salle *f* de lecture.
readjust [ri:ə'dʒʌst] rajuster.
ready ['redi] prêt; prompt; **~ to** disposé à, sur le point de; **get ~** (se) préparer; **~-made** tout fait; *vêtements:* prêt à porter.
real [riəl] réel; véritable; matériel; **~ estate** *ou* **property** biens *m/pl.* immobiliers; **~ity** réalité *f*.
realize ['riəlaiz] réaliser; comprendre; saisir; convertir en argent; se rendre compte de.
really ['riəli] vraiment; en vérité.
realm [relm] royaume *m*; domaine *m*.
reap moissonner; récolter.
reappear [ri:ə'piə] reparaître.
rear arrière *m*, derrière *m*; élever; cultiver; (se) dresser; **~ light** feu *m* arrière.
rearrange arranger de nouveau.
rear|-view mirror rétroviseur *m*; **~ wheel** roue *f* arrière.
reason ['ri:zn] raison *f*; cause *f*; motif *m*; raisonner; **~able** raisonnable; modéré.
reassemble [riə'sembl] (se) rassembler; remonter (*machine*).
reassure rassurer.
rebel rebelle *m*; se révolter; se rebeller; **~lion** rébellion *f*; **~lious** rebelle, mutin.
rebuild reconstruire.
rebuke blâme *m*; reproche *m*; réprimander.
recall rappel *m*; révocation *f*; (se) rappeler; révoquer; se souvenir de.
recast refondre; *fig.* remanier.
receipt [ri'si:t] reçu *m*.
receive [ri'si:v] recevoir; **~r** destinataire *m*; *télé.* récepteur *m*.
recent ['ri:snt] récent; nouveau; frais.
reception réception *f*; accueil *m*; **~ clerk**, **~ manager** réceptionniste *m*, *f*; **~ office** réception *f*.
recess coin *m* solitaire; niche *f*; *dr.* vacances *f/pl.*
recipe ['resipi] recette *f*; *méd.* ordonnance *f*.
reciprocal [ri'siprəkəl] réciproque; mutuel.

recit|al [ri'saitl] récit *m*; *dr.* exposé *m*; *mus.* récital *m*; **~e** déclamer; raconter.

reckless téméraire; imprudent; insouciant (**of** de).

reckon calculer, compter; penser, croire; **~ upon** compter sur; **~ with** tenir compte de.

reclaim réformer; récupérer.

recogni|tion reconnaissance *f*; **~ze** reconnaître.

recoil: **~ from** reculer devant; **~ (up)on** retomber sur.

recollect se souvenir de, se rappeler; **~ion** mémoire *f*; souvenir *m*.

recommend recommander; **~ation** recommandation *f*; **~ed** recommandé.

recompense récompense *f*; dédommagement *m*; récompenser; dédommager.

reconcil|e ['rekənsail] réconcilier; mettre d'accord; **~iation** (ré)conciliation *f*.

reconsider reconsidérer.

reconstruct reconstruire; **~ion** reconstruction *f*.

record ['rekɔ:d] dossier *m*; procès-verbal *m*; registre *m*; disque *m*; record *m*; **break a ~** battre un record; *v.* [ri'kɔ:d] enregistrer; **~er** flûte *f* à bec; (*a.* **tape ~er**) magnétophone *m*; **~-player** tourne-disque *m*, électrophone *m*.

recourse recours *m*.

recover recouvrer; regagner; guérir; **~y** rétablissement *m*; guérison *f*.

recreat|e (se) récréer; divertir; **~ion** récréation *f*; divertissement *m*; **~ion centre** centre *m* récréatif; **~ion ground** terrain *m* de jeux.

recruit [ri'kru:t] recrue *f*; recruter; se remettre.

rectangle ['rektæŋgl] rectangle *m*.

rectif|ier *élec.* redresseur *m*; **~y** rectifier.

rector recteur *m*; curé *m*; **~y** cure *f*; presbytère *m*.

recuperate [ri'kju:pəreit] (se) remettre, (se) rétablir.

recur revenir; se reproduire; **~rence** renouvellement *m*; *méd.* récidive *f*; **~rent** périodique.

recycle [ri'saikl] recycler.

red rouge; roux; **≈ Cross** Croix *f* Rouge; **~ tape** paperasserie *f*.

red|breast rouge-gorge *m*; **~den** rougir; **~dish** rougeâtre.

redeem racheter; **~er** rédempteur *m*.

redemption rachat *m*; amortissement *m*; rédemption *f*.

red-hot chauffé au rouge.

redress redressement *m*; réparation *f*; redresser; réparer; corriger.

reduc|e [ri'dju:s] réduire; diminuer; **~tion** réduction *f*; diminution *f*.

reef récif *m*.

reek mauvaise odeur *f*; puer, empester.

reel [ri:l] bobine *f*; rouleau *m*; dévidoir *m*; bobiner, tituber;

~ **off** dévider.
re-|elect réélire; ~**engage** rengager; ~**enter** rentrer; ~**establish** rétablir.
refer [ri'fə:] **to** renvoyer à; se référer à; parler de.
referee arbitre *m*; arbitrer.
reference ['refrəns] référence *f*; allusion *f*; rapport *m*; renvoi *m*; **work of** ~, ~ **book** ouvrage *m* de référence; ~ **number** numéro *m* de référence.
refill remplir; recharge *f*.
refine [ri'fain] raffiner; polir; ~**ment** épuration *f*; *fig.* raffinement *m*; ~**ry** raffinerie *f*.
reflect refléter; réfléchir; ~ **on** méditer sur; ~**ion** reflet *m*; réflexion *f*; ~**or** réflecteur *m*; cataphote *m*.
reform réforme *f*; réformer; ~**ation** réformation *f*; réforme *f*; ~**er** réformateur *m*.
refract|ion réfraction *f*; ~**ory** réfractaire.
refrain from s'abstenir de.
refresh (se) rafraîchir; (se) restaurer; ~**ment** rafraîchissement *m*.
refrigera|te réfrigérer; ~**tor** frigidaire *m*.
refuel [ri:'fjuəl] *mot.* prendre de l'essence.
refuge ['refju:dʒ] refuge *m*.
refugee [refju'dʒi:] réfugié *m*.
refund rembourser; restituer.
refurnish remeubler.
refus|al [ri'fju:zl] refus *m*; ~**e** ['refju:s] ordures *f/pl.*; *v.* [ri'fju:z] refuser; repousser; rejeter.
refute réfuter.
regain regagner.
regard égard *m*; attention *f*; estime *f*; respect *m*; ~**s** *pl.* compliments *m/pl.*; *v.* regarder, considérer; tenir compte de; **as** ~**s**, ~**ing** en ce qui concerne; ~**ful** soigneux (**of** de); ~**less** inattentif (**of** à).
regatta régates *f/pl.*
regenerate (se) régénérer.
regent ['ri:dʒənt] régent *m*.
regimen *méd.* régime *m*.
regiment régiment *m*.
region ['ri:dʒən] région *f*; ~**al** régional.
register registre *m*; liste *f*; compteur *m*; enregistrer; inscrire; ~**ed letter** lettre *f* recommandée.
registr|ar officier *m* de l'état civil; ~**ation** enregistrement *m*; immatriculation *f*; recommandation *f*; ~**y office** bureau *m* de l'état civil.
regret regret *m*; regretter; ~**table** regrettable.
regular régulier; réglé; véritable; ~**ity** régularité *f*.
regulat|e régler; ~**ion** règlement *m*; réglementation *f*; réglage *m*; **traffic** ~**ions** *pl.* code *m* de la route.
rehears|al [ri'hə:sl] *thé.* répétition *f*; ~**e** répéter; énumérer.
reign [rein] règne *m*; régner.
reimburse [ri:im'bə:s] rembourser; ~**ment** rembourse-

ment *m*.
rein [rein] rêne *f*; bride *f*.
reinforce [ri:in'fɔ:s] renforcer; **~d concrete** béton *m* armé; **~ment** renfort *m*.
reinsurance réassurance *f*.
reject rejeter; repousser; refuser; **~ions** *pl.* rebuts *m/pl.*
rejoic|e (se) réjouir; égayer; **~ing** réjouissance *f*.
rejoin rejoindre; répliquer; **~der** réplique *f*.
rejuvenate rajeunir.
relapse rechute *f*; retomber; récidiver.
relate relater; raconter; (se) rapporter (**to** à); **~d** apparenté; allié.
relation relation *f*; récit *m*; **~s** *pl.* rapports *m/pl.*; parents *m/pl.*; **~ship** parenté *f*.
relative relatif (**to** à); parent *m*.
relax relâcher; (se) détendre; **~ation** relâchement *m*; détente *f*; relaxation *f*.
relay relais *m*; relève *f*.
release [ri'li:s] délivrance *f*; *phot.* déclencheur *m*; relâcher; délivrer; libérer; *phot.* déclencher.
relegate reléguer.
relentless implacable.
relevant ['reləvənt] pertinent, approprié.
relia|bility sûreté *f*; véracité *f*; crédibilité *f*; **~ble** sûr; digne de confiance; **~nce** confiance *f*.
relic relique *f*; **~s** *pl.* restes *m/pl.*
relief soulagement *m*; secours *m*; relief *m*; **~ work** travaux *m/pl.* de secours.
relieve soulager; secourir; mettre en relief.
relig|ion [ri'lidʒən] religion *f*; **~ious** religieux.
relinquish abandonner; renoncer à.
relish goût *m*, saveur *f*; goûter; savourer.
reluctant peu disposé (**to** à); qui agit à contre-cœur; **~ly** à contre-cœur.
rely [ri'lai] **(up)on** compter sur; se fier à.
remain [ri'mein] rester; demeurer; **~s** *pl.* restes *m/pl.*; **~der** reste *m*; restant *m*; **~ing** de reste.
remark remarque *f*; observation *f*; remarquer; **~able** remarquable.
remedy remède *m*; remédier à.
rememb|er se rappeler, se souvenir de; **~er me to him** présentez mes amitiés; **~rance** souvenir *m*; mémoire *f*.
remind [ri'maind] **of** faire penser à, rappeler, évoquer; **~er** mémento *m*; rappel *m*.
remit remettre; pardonner; relâcher; **~tance** remise *f* (d'argent).
remnant reste *m*; résidu *m*.
remorse [ri'mɔ:s] remords *m/pl.*; **~ful** plein de remords.
remote éloigné; écarté.
remov|al [ri'mu:vl] enlève-

ment *m*; révocation *f*; déménagement *m*; déplacement *m*; **~e** enlever; déménager; déplacer; révoquer; éliminer.
remunerate [ri'mju:nəreit] rémunérer.
render rendre; **~ing** interprétation *f*.
renew renouveler; renouer; **~al** renouvellement *m*.
renounce [ri'nauns] renoncer à; abandonner; renier.
renovate rénover; remettre à neuf.
renown renom *m*; renommée *f*; **~ed** renommé; réputé.
rent loyer *m*; louer; **~al** loyer *m*.
renunciation renoncement *m*; renonciation *f*.
reopen [ri:'əupən] rouvrir.
reorganiz|ation réorganisation *f*; **~e** réorganiser.
repair réparation *f*; **in good ~** en bon état *m*; *v*. réparer; raccommoder; **~ shop** atelier *m* de réparations.
reparation réparation *f*; dédommagement *m*.
repartee [repɑ:'ti:] riposte *f*.
repatriat|e rapatrier; rapatrié *m*; **~ion** rapatriement *m*.
repay rendre (*argent*); rembourser (*q*.); **~ment** remboursement *m*.
repeat [ri'pi:t] répéter; réitérer; **~ed** réitéré.
repel rebuter; repousser; **~lent** repoussant.
repent| **(of)** se repentir de, regretter; **~ance** repentir *m*.
repetition répétition *f*.
replace replacer; remplacer; **~ment** remplacement *m*.
reply [ri'plai] réponse *f*; répondre **(to** à); **~ postcard** carte-réponse *f*.
report [ri'pɔ:t] rapport *m*; compte rendu *m*; *école*: bulletin *m*; réputation *f*; rumeur *f*; détonation *f*; rendre compte de; dénoncer; se présenter (**to** à); **~er** reporter *m*.
repose [ri'pəuz] repos *m*; (se) reposer.
reprehen|d blâmer; réprimander; **~sion** blâme *m*; réprimande *f*.
represent représenter; symboliser; *thé*. jouer; **~ation** représentation *f*; **~ations** *pl*. remontrance *f* courtoise; **~ative** représentatif; typique; représentant *m*.
repress réprimer; refouler; **~ion** répression *f*.
reprimand ['reprimɑ:nd] réprimande *f*; réprimander.
reprint réimpression *f*; réimprimer.
reproach [ri'prəutʃ] reproche *m*; disgrace *f*; **~ s.o. for** (*ou* **with) s.th.** reprocher qc. à q.; **~ful** plein de reproches.
reproduc|e [ri:prə'dju:s] (se) reproduire; (se) multiplier; **~tion** reproduction *f*; réplique *f*.
reproof reproche *m*.
reptile ['reptail] reptile *m*.
republic [ri'pʌblik] républi-

que *f*; **~an** républicain (*m*).
repugnan|ce répugnance *f*; aversion *f*; **~t** répugnant.
repulsive répulsif.
reput|able ['repjutəbl] honorable; estimé; **~ation** réputation *f*; renommée *f*; **~e** réputation *f*.
request demande *f*; requête *f*; pétition *f*; **at the ~ of** à la demande de; *v*. demander (*qch*. **of** à *q*.); prier (*q*. **to** à).
require [ri'kwaiə] exiger; avoir besoin de; **~ment** exigence *f*; nécessité *f*; besoin *m*.
requisite requis; nécessaire; requis *m*.
requite récompenser; répondre à (*amour*).
rescue délivrance *f*; sauvetage *m*; délivrer; sauver.
research [ri'sə:tʃ] recherches *f*/*pl*.; **~ work** recherches *f*/*pl*.; **~ worker**, **~er** chercheur *m*.
resembl|ance ressemblance *f*; **~e** ressembler à.
resent s'offenser de; **~ful** rancunier; irrité; **~ment** ressentiment *m*.
reserv|ation réserve *f*; *place:* location *f*; **~e** réserve *f*; réserver; retenir (*place*); **~ed** réservé; **~oir** réservoir *m*.
reshuffle rebattre (*cartes*); *fig*. remanier.
reside [ri'zaid] résider; habiter; **~nce** ['rezidəns] résidence *f*; séjour *m*; **~nce permit** permis *m* de séjour; **~nt** résidant; habitant *m*; **~ntial area** quartier *m* résidentiel.
resign [ri'zain] résigner; démissionner; **~ation** résignation *f*; démission *f*.
resist résister à; s'opposer à; **~ance** résistance *f*.
resolut|e ['rezəlu:t] résolu; déterminé; **~eness** fermeté *f*; **~ion** résolution *f*; détermination *f*.
resolve (se) résoudre (**to** à).
resort recours *m*; ressource *f*; ressort *m*; **summer ~** villégiature *f*; *v*. **~ to** avoir recours à.
resound [ri'zaund] résonner; retentir.
resource [ri'sɔ:s] ressource *f*; **~ful** débrouillard; plein de ressources.
respect respect *m*; égard *m*; considération *f*; **in this ~** à cet égard; *v*. respecter; avoir égard à; **~able** respectable; **~ful** respectueux; **~ive** respectif.
respiration [respə'reiʃən] respiration *f*.
respond to répondre à; obéir à.
responsi|bility responsabilité *f*; **~ble** responsable; digne de confiance; **~ve** sensible (**to** à).
rest [rest] reste *m*; repos *m*; pause *f*; **~ cure** cure *f* de repos; *v*. (se) reposer; **~ (up)on** s'appuyer sur.
restaurant restaurant *m*.
rest-house maison *f* de repos.

restitution restitution *f*; **make ~ of** restituer.
restless inquiet; sans repos; **~ness** inquiétude *f*.
restor|ation restauration *f*; restitution *f*; réintégration *f*; **~e** rétablir; restaurer; restituer.
restrain retenir; contraindre; empêcher (**from** de); **~t** contrainte *f*; réserve *f*.
restrict restreindre; limiter; **~ion** restriction *f*; limitation *f*.
result résultat *m*; **~ from** résulter de; **~ in** aboutir à.
resume [ri'zju:m] reprendre; se remettre à; récapituler.
retail (au) détail (*m*); détailler; **~er** détaillant *m*.
retain retenir; conserver.
retard (re)tarder; retard *m*.
retire [ri'taiə] (se) retirer; prendre sa retraite; **~d** retraité; **~ment** retraite *f*.
retort réplique *f*; riposte *f*; répliquer; riposter.
retouch [ri:'tʌtʃ] retoucher.
retrace retracer.
retreat [ri'tri:t] retraite *f*; se retirer; reculer.
retribution châtiment *m*; vengeance *f*.
retrieve [ri'tri:v] recouvrer; réparer; rétablir.
retro|active rétroactif; **~spective** rétrospectif.
return [ri'tə:n] retour *m*; renvoi *m*; **~s** *pl.* profit *m*, recette *f*; **by ~ (of post)** par retour du courrier; **~ journey** voyage *m* de retour; **~ ticket** (billet *m*) aller (et) retour *m*; **many happy ~s (of the day)!** mes meilleurs vœux (pour votre anniversaire)!; *v.* retourner; revenir; renvoyer; rembourser; rentrer; rendre.
Rev. = **Reverend.**
revaluation réévaluation *f*.
reveal [ri'vi:l] révéler; dévoiler.
revel ['revl] festoyer; **~ in** se délecter à; **~ry** orgie *f*; fête *f*.
revenge revanche *f*; vengeance *f*; **~ oneself** se venger (**for** de); **~ful** vindicatif; vengeur.
revenue ['revənju:] revenu *m*.
revere [ri'viə] révérer, vénérer; **~nce** vénération *f*; respect *m*; **~nd** révérend, vénérable; **≈nd** Révérend *m*.
reverse contraire *m*; revers *m*; **~ gear** marche *f* arrière; *v.* renverser; inverser; révoquer.
revert to retourner à; revenir à.
review [ri'vju:] revue *f*; révision *f*; critique *f*; examen *m*; réviser; critiquer; passer en revue.
revis|e réviser; corriger; modifier; **~ion** revision *f*.
reviv|al [ri'vaivəl] renaissance *f*; renouvellement *m*; **~e** (se) ranimer; réveiller.
revocation révocation *f*.
revoke révoquer.
revolt révolte *f*; rébellion *f*; (se) révolter.
revolution [revə'lu:ʃən] révo-

lution *f*; rotation *f*; tour *m*; **~ary** révolutionnaire (*m*); **~ist** révolutionnaire *m*; **~ize** révolutionner.
revolve tourner; retourner; pivoter; **~r** révolver *m*.
revulsion *sentiments*: revirement *m*.
reward récompense *f*; récompenser.
rheumat|ic [ru:'mætik] rhumatismal; **~ism** rhumatisme *m*.
rhubarb rhubarbe *f*.
rhyme [raim] rime *f*; (se) rimer.
rhythm rythme *m*; **~ical** rythmique.
rib côte *f*.
ribbon ruban *m*; bande *f*.
rice [rais] riz *m*.
rich riche; fertile; fécond; **~es** *pl.* richesse *f*.
rickets *méd.* rachitisme *m*.
rid (*a. prét. et p. p.*) débarrasser; délivrer (**of** de); **get ~ of** se débarrasser de.
ridden *p.p. de* **ride.**
riddle[1] énigme *f*; expliquer.
riddle[2] crible *m*; cribler.
ride promenade *f*; voyage *m*; course *f*; monter à cheval; voyager; aller; **~r** cavalier *m*.
ridge [ridʒ] crête *f*; arête *f*.
ridicul|e ['ridikju:l] ridicule *m*; moquerie *f*; ridiculiser; **~ous** [ri'dikjuləs] ridicule.
riding équitation *f*.
rifle fusil *m*; carabine *f* (de chasse).
rift fente *f*; fissure *f*.
rigging gréement *m*.
right [rait] droit; exact; juste; vrai; à droite; droit *m*; **~ away** (tout) de suite; **be ~** avoir raison; **~ of way** priorité *f* (de passage); **~-hand** de droite.
rigid ['ridʒid] rigide; raide.
rigo|rous rigoureux; **~(u)r** rigueur *f*; rigidité *f*.
rim (re)bord *m*; *lunettes:* monture *f*; *roue:* jante *f*.
ring bague *f*; cercle *m*; *boxe:* ring *m*; coup *m* de sonnette; sonner; tinter; résonner; **~ off** *télé.* raccrocher; **~ up** téléphoner; **~leader** chef *m* de bande.
rink *sport* patinoire *f*.
rinse rincer.
riot ['raiət] émeute *f*; faire une émeute.
rip fendre; déchirer.
ripe mûr; **~n** mûrir; **~ness** maturité *f*.
ripple clapoter; se rider.
rise ascension *f*; montée *f*; élévation *f*; augmentation *f*; se lever; monter; augmenter; surgir.
risen *p.p. de* **rise.**
risk risque *m*; danger *m*; hasard *m*; risquer; hasarder; **run a ~** courir un risque; **~y** risqué; aléatoire.
rival ['raivl] rival *m*; concurrent *m*; rivaliser (avec); **~ry** concurrence *f*.
river rivière *f*; fleuve *m*; **~side** rive *f*, bord *m* de l'eau.
rivet rivet *m*; riveter; river.

roach *zo.* gardon *m.*
road [rəud] route *f*; voie *f*; chaussée *f*; ~ **up** attention, travaux!; **~-house** auberge *f*, motel *m*; **~-map** carte *f* routière; **~side** bord *m* de la route; **~-way** chaussée *f.*
roar [rɔ:] rugir; mugir; gronder; éclater (de rire *etc.*).
roast [rəust] rôtir; griller; rôti *m.*
rob voler; cambrioler; **~ber** voleur *m*; **~bery** cambriolage *m.*
robe robe *f*; toge *f.*
robust [rəu'bʌst] robuste; vigoureux.
rock rocher *m*; roc *m*; roche *f*; bercer; (se) balancer.
rock(-'n-roll) rock (and roll) *m.*
rocket fusée *f*; monter en flèche; ~ **plane** avion-fusée *m.*
rocking-chair chaise *f* à bascule.
rocky rocailleux; rocheux.
rod baguette *f*; canne *f*; tige *f.*
rode *prét. de* **ride.**
rogu|e [rəug] fripon *m*; espiègle *m*; **~ish** malin.
roll rôle *m*; rouleau *m*; petit pain *m*; (faire) rouler; ~ **up** enrouler; retrousser (*manches*); **~er** rouleau *m*; **~er-skating** patinage *m* à roulettes.
rolling|-mill laminoir *m*; ~ **stock** matériel *m* roulant.
romance idylle *f*; roman *m*; romance *f.*
romantic romantique; romanesque.
romp gambader; s'ébattre.
roof toit *m*; ~ **of the mouth** palais *m*; **~ing felt** carton *m* bitumé.
room salle *f*; pièce *f*; chambre *f*; espace *m*; ~ **and board** pension *f* complète; ~ **service** service *m* d'étage; **~y** spacieux.
root racine *f*; prendre racine; ~ **out** déraciner.
rope corde *f*; cordage *m*; câble *m*; (en)corder.
rosary rosaire *m.*
rose[1] *prét. de* **rise.**
ros|e[2] rose *f*; **~y** rose, rosé.
rot pourriture *f*; carie *f*; pourrir; se carier.
rota|ry rotatif; rotatoire; **~te** (faire) tourner.
rotten corrompu; pourri; gâté; *fam.* moche, sale.
rouge [ru:ʒ] rouge *m*; fard *m*; mettre du rouge; farder.
rough [rʌf] rude; brut; grossier; brutal; **~ness** rudesse *f*; grossièreté *f*; rugosité *f.*
roulette roulette *f.*
round [raund] rond; circulaire; plein; arrondir; contourner; autour de; rond *m*; cercle *m*; *boxe:* round *m*; tournée *f* (de boissons); ~ **trip** (voyage *m*) aller-retour *m*; **all the year** ~ (pendant) toute l'année; ~ **off** arrondir; compléter.
roundabout indirect; (manège *m* de) chevaux *m/pl.* de

bois; *auto* rond-point *m*.
round-up rassemblement *m*; rafle *f*.
rouse [rauz] réveiller; ranimer; provoquer.
route [ru:t] route *f*; voie *f*.
routine [ru:'ti:n] travail *m* courant; courant, quotidien.
rove rôder; vagabonder; errer; **~r** vagabond *m*.
row[1] [rəu] rang *m*; rangée *f*; ligne *f*; file *f*; ramer; canoter.
row[2] [rau] tapage *m*; vacarme *m*; dispute *f*; **kick up a ~** chahuter; **~dy** tapageur *m*; voyou *m*.
row|er rameur *m*; **~ing-boat** bateau *m* à rames.
royal ['rɔiəl] royal; **~ty** royauté *f*; droit *m* d'auteur.
rub (se) frotter; frictionner; **~ out** effacer.
rubber caoutchouc *m*; gomme *f*; **~s** *pl.* caoutchoucs *m/pl*; **~ stamp** tampon *m*.
rubbish débris *m/pl.*; ordures *f/pl.*; fatras *m*; **talk ~** débiter des bêtises.
ruby rubis *m*.
rucksack ['rʌksæk] sac *m* à dos.
rudder gouvernail *m*.
ruddy rouge; haut en couleur.
rude [ru:d] rude; grossier; impoli; **~ness** rudesse *f*; grossièreté *f*.
rudiments *pl.* éléments *m/pl.*; rudiments *m/pl.*
ruffian bandit *m*; brute *f*.
rug couverture *f*; descente *f* de lit; carpette *f*.
ruin [ruin] ruine *f*; ruiner; abîmer; **~ous** ruineux; désastreux.
rule [ru:l] règle *f*; ordre *m*; règlement *m*; pouvoir *m*; régler; gouverner; **~ of the road** code *m* de la route; **as a ~** en général; **~r** souverain *m*; dirigeant *m*; règle *f*.
rumble gronder; résonner.
rumo(u)r bruit *m*; on-dit *m*.
run *v.* (*a. p.p.*) courir; fuir; (faire) couler; (faire) marcher; diriger; **~ into** rencontrer; *auto etc.*: heurter, rentrer dans; **I have ~ out of tobacco** je n'ai plus de tabac; **~ up to** se monter à; s'élever à; *su.* course *f*; suite *f*; série *f*; *fig.* marche *f*; **the common ~** l'homme ordinaire; **~-about (car)** *mot.* voiturette *f*; **~away** fugitif (*m*); **~ner** coureur *m*; **~ner-up** *sport* deuxième *m*; **~ning-board** marchepied *m*; **~ning water** eau *f* courante; **~way** piste *f* (d'envol).
rung *p.p. de* **ring.**
rupture rupture *f*; hernie *f*.
rural rural; rustique.
rush mouvement *m* précipité; élan *m*; **~ hour** heure *f* de pointe; *v.* s'empresser; bousculer; **~ at** se ruer sur.
Russia ['rʌʃə] Russie *f*; **~n** Russe *m*; russe.
rust rouille *f*; se rouiller.
rustic rustique; paysan *m*.
rustle froufrouter; bruire.
rusty rouillé.

rut ornière *f*.
ruthless ['ru:θlis] impitoyable; sans scrupules.
rye [rai] seigle *m*.

S

sable zibeline *f*.
sabre ['seibə] sabre *m*.
saccharin saccharine *f*.
sack sac *m*; mettre en sac; saccager; congédier (*employé*).
sacred sacré.
sacri|fice sacifice *m*; sacrifier; **~lege** sacrilège *m*; **~sty** sacristie *f*.
sad triste; mélancolique; déplorable; **~den** (s')attrister.
saddle selle *f*; seller; **~r** sellier *m*.
sadness tristesse *f*.
safe [seif] sûr; sain et sauf; coffre-fort *m*.
safety sûreté *f*; protection *f*; **~-belt** ceinture *f* de sécurité; **~-lock** serrure *f* de sûreté; **~-pin** épingle *f* de sûreté.
said *prét et p.p. de* **say.**
sail [seil] voile *f*; naviguer; *sport* faire de la voile; **~ing-boat** bateau *m* à voiles; **~ing-ship** voilier *m*; **~or** marin *m*.
saint [seint] saint *m*.
sake: for the ~ of pour (l'amour de); dans l'intérêt de; **for my ~** pour moi.
salad salade *f*; **~ oil** huile *f* de table.
salami [sə'lɑ:mi] salami *m*.
salary rémunération *f*; traitement *m*; salarier.
sale [seil] vente *f*; débit *m*; **public ~** vente *f* aux enchères; **~s** *pl.* soldes *m/pl.*; **~sgirl** vendeuse *f*; **~sman** vendeur *m*; **~ swoman** vendeuse *f*.
salient saillant; proéminent.
saliva salive *f*.
sallow blême; jaune.
salmon ['sæmən] saumon *m*.
saloon [sə'lu:n] salon *m*; bar *m*; *Am. a.* débit *m* de boissons.
salt [sɔ:lt] sel *m*; salé; saler; **~-cellar** salière *f*; **~petre** salpêtre *m*; **~-works** *pl.* saline *f*; **~y** salé.
salubrious [sə'lu:briəs] salubre.
salutary salutaire.
salute [sə'lu:t] salut *m*; salve *f*; saluer.
salvage ['sælvidʒ] sauvetage *m*; récupération *f*; sauver; récupérer.
salvation salut *m*; **≈ Army** Armée *f* du Salut.
salve sauver; récupérer.
same: the ~ le même, la même, les mêmes; **it's all the ~ to me** cela m'est égal.
sample échantillon *m*; échantillonner; goûter.
sanct|ify sanctifier; **~imonious** cafard; papelard; **~ion** sanction *f*; approbation *f*;

~uary sanctuaire *m.*
sand sable *m.*
sandwich ['sænwidʒ] sandwich *m.*
sandy sableux, sablonneux.
sane sain; raisonnable.
sang *prét. de* **sing.**
sanguine sanguin.
sanitary sanitaire; hygiénique; ~ **napkin,** ~ **towel** serviette *f* (*ou* bande *f*) hygiénique.
sanit|ation hygiène *f*; **~y** équilibre *m* mental.
sank *prét. de* **sink.**
sap sève *f* (*a. fig.*).
sapphire ['sæfaiə] saphir *m.*
sarcasm sarcasme *m.*
sardine sardine *f.*
sash écharpe *f*; **~-window** fenêtre *f* à guillotine.
sat *prét. et p.p. de* **sit.**
satchel cartable *m*, carton *m* (d'écolier).
sati|ate ['seiʃieit] rassasier; assouvir; **~ation, ~ety** [sə'taiəti] satiété *f.*
satin ['sætin] satin *m.*
satir|e ['sætaiə] satire *f*; **~ical** satirique, mordant.
satis|faction satisfaction *f*; contentement *m*; **~factory** satisfaisant; **~fied** satisfait; content; **~fy** satisfaire; contenter.
saturate saturer; imprégner (**with** de).
Saturday samedi *m.*
sauce [sɔ:s] sauce *f*; **~-boat** saucière *f*; **~pan** casserole *f*; **~r** soucoupe *f.*
saucy effronté.
saunter ['sɔ:ntə] flâner; se balader.
sausage ['sɔsidʒ] saucisse *f*; **~s** *pl.* saucisses *f/pl.*
savage ['sævidʒ] sauvage; féroce, cruel; sauvage *m.*
save [seiv] sauver; économiser; épargner; éviter (*difficulté etc.*); ~ **from** préserver de; *prp.* excepté, sauf.
saveloy cervelas *m.*
savings *pl.* économies *f/pl.*; **~-bank** caisse *f* d'épargne.
savio(u)r ['seivjə] sauveur *m*; ⚓ Sauveur *m.*
savo(u)r ['seivə] saveur *f*; goût *m*; savourer; ~ **of** avoir un goût de; **~y** savoureux.
saw[1] *prét. de* **see.**
saw[2] scie *f*; scier; **~dust** sciure *f* de bois; **~mill** scierie *f.*
sawn *p.p. de* **saw**[2].
say dire; **that is to** ~ c'est-à-dire; **I ~!** dites donc!; **you don't ~ so!** vraiment!; **he is said to be rich** on dit qu'il est riche; **they** ~ on dit; **have a ~ in the matter** avoir voix au chapitre; **~ing** adage *m*; proverbe *m.*
scab croûte *f*; *fam.* jaune *m.*
scaffold échafaud *m*; **~ing** échafaudage *m.*
scald [skɔ:ld] échauder; ébouillanter.
scale écaille *f*; échelle *f*; *mus.* gamme *f*; **~s** *pl.* balance *f*; *v.* (s)écailler; escalader; peser.
scallop coquille *f* Saint-Jacques.

scandal scandale *m*; honte *f*; **~ize** scandaliser; **~ous** scandaleux.
scant|iness rareté *f*; insuffisance *f*; **~y** rare; insuffisant.
scape|goat bouc *m* émissaire; **~grace** vaurien *m*.
scar [skɑ:] cicatrice *f*; balafre *f*; balafrer; (*a.* **~ over**) se cicatriser.
scarc|e [skɛəs] rare; **~ely** à peine; ne ... guère; **~ity** rareté *f*; manque *m*.
scare [skɛə] (s')effrayer; **be ~d** avoir peur; **~crow** épouvantail *m*; **~-monger** alarmiste *m*.
scarf écharpe *f*; foulard *m*; fichu *m*.
scarlet écarlate; **~ fever** *méd.* scarlatine *f*.
scarred balafré; grêlé.
scatter répandre; (se) disperser.
scavenger balayeur *m*.
scene [si:n] scène *f*; vue *f*; lieu *m*; **~ry** paysage *m*; décors *m/pl*.
scenic ['si:nik] pittoresque.
scent [sent] parfum *m*; odorat *m*; parfumer; flairer.
sceptic ['skeptik] sceptique *m*, *f*; **~al** sceptique.
sceptre sceptre *m*.
schedule ['ʃedju:l] plan *m*; liste *f*; programme *m*; *Am.* horaire *m*; **behind ~** en retard.
scheme [ski:m] plan *m*; projet *m*; intrigue *f*, combine *f*; intriguer.
scholar savant *m*; érudit *m*; **~ship** érudition *f*; bourse *f* (d'études).
school école *f*; **~boy** écolier *m*; **~fellow** camarade *m* d'école; **~girl** écolière *f*; **~ing** enseignement *m*; instruction *f*; **~teacher** instituteur *m*.
sciatica [sai'ætikə] *méd.* sciatique *f*.
scien|ce ['saiəns] science *f*; **~tific** scientifique; **~tist** homme *m* de science, savant *m*.
scissors *pl.* ciseaux *m/pl*.
scoff railler; *fam.* bouffer.
scold gronder; réprimander; **~ing** réprimande *f*.
scoop cuiller *f*; pelle *f* à main; **~ out** excaver; écoper.
scooter ['sku:tə] trottinette *f*; *mot.* scooter *m*.
scope portée *f*; étendue *f*.
scorch brûler, roussir.
score entaille *f*, marque *f*; vingtaine *f*; compte *m*; *sport* score *m*; *mus.* partition *f*; sujet *m*; *sport* marquer; inscrire; entailler.
scorn mépris *m*; mépriser; **~ful** méprisant.
Scot Écossais *m*.
Scotch écossais; **~** whisky *m* écossais, scotch *m*; **~man** Écossais *m*.
Scotland l'Écosse *f*.
Scottish écossais.
scoundrel coquin *m*; salaud *m*.
scourge [skə:dʒ] fléau *m*.

scout [skaut] scout *m*; éclaireur *m*; reconnaître; **Boy ∼s** scouts *m/pl.*
scrabble griffonner; gratter.
scramble aller à quatre pattes; **∼ for** se battre pour; **∼d eggs** *pl.* œufs *m/pl.* brouillés.
scrap fragment *m*; morceau *m*; **∼ of paper** bout *m* de papier; *v.* mettre au rebut.
scrape grattage *m*; *fam.* difficulté *f*; racler; décrotter; **∼r** racloir *m*.
scrap-iron ferraille *f*.
scratch égratignure *f*; rayure *f*; **start from ∼** partir de zéro; *v.* égratigner; gratter.
scrawl [skrɔ:l] griffonner.
scream cri *m* perçant; pousser un cri aigu; **a perfect ∼** désopilant, marrant.
screen écran *m*; paravent *m*; masquer; protéger, abriter; *télév.* mettre à l'écran.
screw [skru:] vis *f*; hélice *f*; visser; (res)serrer; **∼driver** tournevis *m*.
scribble griffonnage *m*; griffonner.
script écriture *f*; *cin.* scénario *m*; **(Holy) ∼ure** Écriture *f* (sainte).
scrounge [skraundʒ] *fam.* chiper.
scrub broussailles *f/pl.*; nettoyer; récurer; **∼bing-brush** brosse *f* dure.
scruple ['skru:pl] scrupule *m*.
scrupulous scrupuleux; méticuleux.
scrutin|ize scruter; dévisager; **∼y** examen *m* minutieux.
scuffle rixe *f*; mêlée *f*; se bousculer.
sculp|tor ['skʌlptə] sculpteur *m*; **∼ture** sculpture *f*.
scum [skʌm] écume *f*; *fig.* lie *f*, rebut *m*.
scurf pellicules *f/pl.*
scurry se hâter.
scurvy *méd.* scorbut *m*.
scuttle seau *m* à charbon.
scythe [saið] faux *f*; faucher.
sea mer *f*; **∼coast** littoral *m*, côte *f*; **∼food** fruits *m/pl.* de mer; **∼gull** goéland *m*.
seal[1] phoque *m*.
seal[2] sceau *m*; sceller; cacheter; plomber.
sea level niveau *m* de la mer.
seam [si:m] couture *f*.
seaman matelot *m*.
seamless sans couture.
seamstress couturière *f*.
seaport port *m* de mer.
search [sə:tʃ] chercher; scruter; fouiller; **in ∼ of** à la recherche de; **∼light** projecteur *m*; phare *m*.
seasick: be ∼ avoir le mal de mer; **∼ness** mal *m* de mer.
seaside bord *m* de la mer; **∼ resort** station *f* balnéaire.
season ['si:zn] saison *f*; **peak ∼** haute saison *f*; **cherries are in ∼** c'est la saison des cerises; *v.* assaisonner; tempérer; acclimater; **∼able** opportun; **∼ing** assaisonnement *m*; **∼ ticket** carte *f* d'abonnement.

seat siège *m*; banc *m*; place *f*; résidence *f*; (faire) asseoir; placer; **be ~ed** être assis; **~ belt** ceinture *f* de sécurité.

sea|-urchin oursin *m*; **~weed** algue *f*.

seclude séparer; écarter.

second second; deuxième; secondaire; seconde *f*; **~ary** secondaire; **~-class** de seconde classe; de deuxième qualité; **~-hand** d'occasion; aiguille *f* de secondes; **~-rate** de qualité inférieure.

secre|cy discrétion *f*; **~t** secret (*m*); **~tary** secrétaire *m, f*; ministre *m*.

secret|e *méd.* sécréter; **~ion** sécrétion *f*.

sect secte *f*.

section section *f*; tranche *f*; paragraphe *m*.

secular séculaire; temporel.

secure [si'kjuə] sûr; mettre en sûreté; s'emparer de; se procurer; retenir.

securit|y sécurité *f*; sûreté *f*; garantie *f*; caution *f*; **~ies** *pl.* valeurs *f/pl.*

sedan *mot.* limousine *f*.

sedative ['sedətiv] calmant (*m*), sédatif (*m*).

sedentary ['sedntəri] sédentaire.

sediment sédiment *m*.

seduce [si'dju:s] séduire; **~r** séducteur *m*.

see [si:] voir; rendre visite à; consulter (*médecin etc.*); **I ~** je comprends; **~ out** reconduire; **~ to** veiller à, s'occuper de; **~ s.th. through** mener qc. à bien.

seed [si:d] graine *f*; germe *m*; semence *f*; *pomme*: pépin *m*.

seek (re)chercher; solliciter.

seem [si:m] sembler; paraître; **~ingly** apparemment; **~ly** convenable, décent.

seen *p.p. de* **see.**

seesaw balançoire *f*.

seethe bouillonner; bouillir.

segregate séparer; isoler.

seiz|e [si:z] saisir; empoigner; confisquer; **~ure** saisie *f*; confiscation *f*.

seldom rarement.

select choisir; choisi; **~ion** sélection *f*; choix *m*; **~ivity** *radio* sélectivité *f*.

self (*pl.* **selves**) même; **~-centered** égoïste; **~-confident** sûr de soi; **~-conscious** embarrassé; **~-control** sang-froid *m*; **~-deception** illusion *f*; **~-defence** légitime défense *f*; **~-drive** *voiture*: sans chauffeur; **~-government** autonomie *f*; **~ish** égoïste; **~-preservation** conservation *f* de soi-même; **~-service** libre service *m*; **~-service restaurant** (restaurant *m*) self-service *m*; **~-starter** démarreur *m* automatique.

sell [sel] vendre; **~ off, ~ out** liquider; **~er** vendeur *m*; **best ~er** best-seller *m*; **~ing price** prix *m* de vente.

semblance apparence *f*.

semi... demi...; **~circle**

demi-cercle *m*; **~final** demi-finale *f*; **~-manufactured product** demi-produit *m*.
semolina [semə'li:nə] semoule *f*.
senate ['senit] sénat *m*.
senator ['senətə] sénateur *m*.
send envoyer; expédier; **~ back** renvoyer; **~ for** envoyer chercher, faire venir; **~ off** expédier.
senile ['si:nail] sénile.
senior aîné; supérieur *m*.
sensation sensation *f*; sentiment *m*; **~al** sensationnel.
sense sens *m*; sentiment *m*; bon sens *m*; signification *f*; (pres)sentir; **~less** inanimé; insensé.
sensi|bility sensibilité *f*; **~ble** raisonnable; sensé; **~tive** sensible (**to** à).
sensual ['sensjuəl] sensuel.
sent *prét. et p.p. de* **send.**
sentence phrase *f*; *dr.* jugement *m*; **~ to** condamner à.
sentiment sentiment *m*; **~al** sentimental.
sentinel, sentry sentinelle *f*.
separat|e séparé; distinct; isolé; (se) séparer; diviser; **~ion** séparation *f*.
September septembre *m*.
septic *méd.* septique.
sequel suite *f*; résultat *m*.
sequence suite *f*; série *f*; succession *f*.
serene [si'ri:n] serein; calme.
serial ['siəriəl] en série; (roman-)feuilleton *m*.
series *(a. pl.)* série *f*.
serious sérieux; grave.
sermon sermon *m*.
serpent serpent *m*.
serum sérum *m*.
servant serviteur *m*; domestique *m, f*; servant *m*.
serve servir; être utile à; suffire à; **~ as** servir de; **(it) ~s him right** c'est bien fait pour lui.
service ['sə:vis] service *m*; emploi *m*; entretien *m*; **~ charge** service *m*; **~ station** station-service *f*; **~able** utile; pratique.
servicing entretien *m*.
servile ['sə:vail] servile.
servitude servitude *f*; esclavage *m*.
session session *f*; séance *f*.
set (*a. prét. et p.p.*) poser; placer; mettre; arranger; établir (*règle*); *soleil:* se coucher; placé; fixe; immuable; ensemble *m*; assortiment *m*; jeu *m*; service *m*; **~ menu** menu *m* à prix fixe; **~ out** se mettre en route, partir; **~back** échec *m*; recul *m*; **~ting** position *f*; monture *f*; cadre *m*.
settle (s')établir; décider; organiser; régler (*compte*); se poser; **~ down** s'établir; **~ up** régler le compte; **~d** fixe; tranquille; **~ment** établissement *m*; arrangement *m*; règlement *m*; colonisation *f*; **~r** colon *m*.
seven sept; **~teen** dix-sept; **~ty** soixante-dix.
sever ['sevə] (se) séparer;

couper.
several plusieurs; divers.
sever|e sévère; austère; rigoureux; **~ity** sévérité *f*; rigueur *f*.
sew [səu] coudre; **~ on, ~ up** recoudre.
sewer[1] ['səuə] couturière *f*.
sewer[2] ['sjuə] égout *m*.
sewing couture *f*; **~-machine** machine *f* à coudre.
sewn *p.p.de* **sew.**
sex sexe *m*.
sexton sacristain *m*; fossoyeur *m*.
sexual sexuel.
shabby minable; mesquin.
shade ombre *f*; abat-jour *m*; nuance *f* (de couleur); ombrager; ombrer; obscurcir; nuancer.
shadow ['ʃædəu] ombre *f*; obscurité *f*; fantôme *m*; ombrager; filer (*personne*); **~y** ombreux.
shady ombragé; *caractère:* douteux.
shaft *outil*: manche *m*; brancard *m*; *mine:* puits *m*; *lumière:* rayon *m*.
shaggy poilu; hirsute.
shake secousse *f*; tremblement *m*; secouer; agiter; trembler; **~ s.o.'s hands** serrer la main à q.
shaken *p.p. de* **shake.**
shaky tremblant; chancelant.
shall: ~ I go? dois-je aller?; **I ~ go** j'irai.
shallow peu profond; basfond *m*.
sham [ʃæm] feint; faux; feindre; faire semblant (de); trompe-l'œil *m*, frime *f*.
shame [ʃeim] honte *f*; pudeur *f*; faire honte à; **~faced** honteux; **~ful** déshonorant; **~less** sans vergogne.
shampoo [ʃæm'pu:] shampooing *m*.
shank jambe *f* inférieure; tige *f*.
shape forme *f*; tournure *f*; façon *f*; **in good ~** en forme; **take ~** prendre forme; *v.* former; façonner; modeler; **~less** informe; **~ly** beau.
share [ʃɛə] part *f*; portion *f*; valeur *f*; titre *m*; partager; **~ (in)** participer à; **~holder** actionnaire *m*.
shark requin *m*; *fam.* escroc *m*.
sharp aigu; tranchant; clair, net; âcre; acide; rusé; *mus.* dièse; **at 10 o'clock ~** à dix heures précises; **look ~!** dépêchez-vous!; **~en** aiguiser; tailler (*crayon*); **~ener** taille-crayon *m*; **~ness** acuité *f*; rigueur *f*; âpreté *f*; acidité *f*; finesse *f*; **~-shooter** bon tireur *m*.
shatter briser; fracasser; détraquer (*nerfs, santé*).
shave (se) raser; effleurer; **~r** rasoir *m* électrique.
shaving copeau *m*; **~-brush** blaireau *m*; **~-cream** crème *f* à raser; **~-soap** savon *m* à barbe.
shaven *p.p. de* **shave.**

shawl [ʃɔ:l] châle *m*; fichu *m*.
she elle.
sheaf gerbe *f*; faisceau *m*.
shear [ʃiə] tondre; **(a pair of) ~s** *pl.* cisailles *f/pl.*
shed hangar *m*; abri *m*; réduit *m*; *v.* (*a. prét. et p.p.*) répandre; verser.
sheep mouton *m*; brebis *f*.
sheer [ʃiə] pur; transparent; **~ nonsense** pure sottise *f*.
sheet feuille *f*; tôle *f*; drap *m* de lit; **~ iron** fer *m* en feuilles; **~ lightning** éclairs *m/pl.* de chaleur.
shelf (*pl.* **shelves**) planche *f*; rayon *m*; étagère *f*; **be on the ~** être au rancart; avoir coiffé sainte Catherine.
shell cosse *f*; coquille *f*; obus *m*; écosser; **~fish** coquillage *m*, crustacé *m*.
shelter abri *m*; refuge *m*; (s')abriter; protéger.
shelve mettre sur un rayon; *fam. fig.* mettre au rancart.
shepherd berger *m*.
sheriff shérif *m*.
sherry xérès *m*, vin *m* de Xérès.
shield bouclier *m*; défendre; protéger, abriter.
shift changement *m*; expédient *m*; déplacement *m*; équipe *f*; changer; transférer; **~y** rusé; retors.
shin(-bone) [ʃin] tibia *m*.
shine [ʃain] éclat *m*; lustre *m*; briller; luire; cirer (*chaussures*).
shingle bardeau *m*.
shiny lustré; reluisant.
ship bateau *m*; vaisseau *m*; navire *m*; expédier; **~ment** chargement *m*; transport *m*; expédition *f*; **~owner** armateur *m*; **~per** expéditeur *m*; **~(ping) line** compagnie *f* de navigation; **~wreck** naufrage *m*; **~yard** chantier *m* maritime.
shire ['ʃaiə] comté *m*.
shirt [ʃə:t] chemise *f*.
shiver éclat *m*; tremblement *m*, frisson *m*; fracasser; frissonner; **~y** frissonnant.
shock choc *m*; secousse *f*; coup *m*; heurter; choquer; offenser; **be ~ed** se scandaliser; **~-absorber** amortisseur *m*; **~ing** choquant.
shoddy camelote *f*; de camelote.
shoe [ʃu:] soulier *m*, chaussure *f*; **~black** cireur *m*; **~horn** chausse-pied *m*; **~-lace, ~-string** lacet *m*; **~maker** cordonnier *m*; **~-polish** cirage *m*; **~-shop** magasin *m* de chaussures.
shone *prét. et p.p. de* **shine.**
shook *prét. de* **shake.**
shoot rejeton *m*; chasser au fusil; tirer (**at** sur); filer, foncer; filmer, photographier.
shooting tir *m*; décharge *f*; chasse *f*; *douleur*: poignant; **go ~** partir en chasse; **~ star** étoile *f* filante.
shop magasin *m*; boutique *f*; **talk ~** parler boutique; *v.*

faire des achats; **~-assistant** vendeur *m*; **~keeper** boutiquier *m*; **~-lifter** voleur *m* à l'étalage.
shopping emplettes *f/pl.*; **go ~** faire ses courses (*ou* provisions); **~ bag** sac *m* (*ou* filet *m*) à provisions; **~ centre, ~ plaza** centre *m* commercial.
shop-window devanture *f*; vitrine *f*.
shore côte *f*; plage *f*; rivage *m*.
shorn *p.p. de* **shear.**
short court; bref; **~ wave** onde *f* courte; **in ~** bref; **~age** manque *m*; pénurie *f*; **~-coming** insuffisance *f*; défaut *m*; **~en** raccourcir; abréger; **~hand** sténographie *f*; **~ly** bientôt; **~ness** brièveté *f*; insuffisance *f*; **~s** *pl.* caleçon *m*; short *m*; **~-sighted** myope.
shot coup *m* de feu; tireur *m*; photographie *f*; **big ~** *fam.* grosse légume; *prét. et p.p. de* **shoot.**
shoulder ['ʃəuldə] épaule *f*; **put one's ~ to the wheel** s'y mettre; *v.* mettre sur les épaules.
shout [ʃaut] cri *m*; crier; s'écrier.
shove [ʃʌv] poussée *f*; pousser.
shovel pelle *f*; pelleter.
show [ʃəu] apparence *f*; parade *f*; spectacle *m* (de variétés), show *m*; *cin.* séance *f*; montrer; indiquer; exposer; **~ off** poser; faire étalage de; **~ business** (monde *m ou* industrie *f* du) spectacle *m*.
shower ['ʃauə] averse *f*; combler (**with** de); **~-bath** douche *f*; **~y** pluvieux.
shown *p.p. de* **show.**
show|-room salle *f* d'exposition; **~-window** devanture *f*; **~y** criard; prétentieux.
shrank *prét. de* **shrink.**
shred lambeau *m*; fragment *m*; lacérer.
shrewd [ʃru:d] rusé, perspicace.
shriek cri *m* perçant; pousser des cris aigus.
shrill aigu; perçant.
shrimp crevette *f*; nain *m*.
shrink rétrécir; diminuer; **~ from** reculer devant.
Shrove Tuesday mardi *m* gras.
shrub arbuste *m*.
shrug haussement *m* des épaules; hausser les épaules.
shrunk(en) *p.p. de* **shrink.**
shudder frémissement *m*; frisson *m*; frémir; frissonner.
shuffle mêler; battre (*cartes*); traîner (*pieds*).
shun éviter; esquiver.
shunt *ch.d.f.* manœuvre *f*; manœuvrer; aiguiller.
shut (se) fermer; **~ up!** taistoi!; **~-down** fermeture *f*; **~ter** contrevent *m*; *phot.* obturateur *m*.
shuttle navette *f*; faire la navette; **~ service** navette *f*.
shy [ʃai] timide; **~ness** timidité *f*.
sick malade; **be ~** vomir; *fam.*

be ~ of en avoir marre de; ~-bed lit *m* de malade.
sickle faucille *f.*
sick|-leave congé *m* de maladie; **~ly** maladif; malsain; **~ness** maladie *f*; nausée *f*; **~-room** chambre *f* de malade.
side côté *m*; bord *m*; parti *m*; **~board** buffet *m*; **~burns** *pl.* favoris *m/pl.*; **~lights** *pl. mot.* feux *m/pl.* de position; **~walk** *Am.* trottoir *m*; **~ways, ~wise** de côté.
siege [si:dʒ] siège *m.*
sieve [siv] tamis *m*; crible *m.*
sift tamiser; passer au crible.
sigh soupir *m*; soupirer.
sight [sait] vue *f*; spectacle *m*; **catch ~ of** apercevoir; **out of ~** hors de vue; **~s** *pl.* curiosités *f/pl.*, monuments *m/pl.*; **~seeing: go ~seeing** visiter les curiosités; **~seer** visiteur *m*, touriste *m.*
sign [sain] signe *m*; symbole *m*; enseigne *f*; signer.
signal ['signl] signal *m*; signe *m*; signaler.
signature ['signitʃə] signature *f.*
signboard enseigne *f.*
significan|ce, ~cy importance *f*; signification *f*; **~t** significatif.
signify ['signifai] signifier; vouloir dire.
signpost poteau *m* indicateur.
silen|ce ['sailəns] silence *m*; faire taire; **~cer** amortisseur *m*; *mot.* silencieux *m*; **~t** silencieux; muet.
silk soie *f*; **~en** de soie; **~y** soyeux.
sill seuil *m*; rebord *m.*
sill|iness bêtise *f*; **~y** sot; bête.
silver argent *m*; argenter; d'argent; **~ware** argenterie *f*; **~y** argenté; argentin.
similar pareil, semblable.
simple simple; ingénu.
simpli|city simplicité *f*; naïveté *f*; **~fication** simplification *f*; **~fy** simplifier.
simply simplement; nettement; ne ... que.
simulate ['simjuleit] feindre; simuler.
simultaneous [siməl'teinjəs] simultané.
sin péché *m*; pécher.
since depuis que; puisque; depuis; **long ~** il y a longtemps.
sincer|e [sin'siə] sincère; franc; **~ity** sincérité *f.*
sinew tendon *m*; **~y** tendineux; musculeux.
sing chanter.
singe [sindʒ] roussir; brûler, flamber.
singer ['siŋə] chanteur *m.*
single seul; unique; célibataire; **~ bed** lit *m* pour une personne; **~ room** chambre *f* à un lit; **~ (ticket)** aller *m* (simple); **~-breasted** *veston:* droit.
singular ['siŋgjulə] singulier; étrange, curieux; singulier *m.*

sinister sinistre; menaçant.
sink évier *m*; couler; s'enfoncer, baisser; (faire) sombrer; **~er** plomb *m*.
sinner pécheur *m*.
sinuous ['sinjuəs] sinoueux.
sip petite gorgée *f*; siroter.
siphon ['saifən] siphon *m*.
sir [sə:] monsieur *m*.
siren ['saiərən] sirène *f*.
sirloin aloyau *m*.
sister sœur *f*; **~-in-law** belle-sœur *f*.
sit s'asseoir; être assis; *dr.* siéger; **~ down** s'asseoir; **~ up** se redresser; veiller tard; **~-down strike** grève *f* sur le tas.
site site *m*; emplacement *m*.
sitting séance *f*; session *f*; **~-room** living(-room) *m*.
situat|ed situé; **~ion** situation *f*; position *f*; place *f*; emploi *m*.
six six; **~teen** seize; **~ty** soixante.
size [saiz] taille *f*, dimension *f*; format *m*; *chaussures etc.:* pointure *f*; *vêtements:* taille *f*.
skat|e patin *m*; patiner; **~ing** patinage *m*; **~ing-rink** patinoire *f*, skating *m*.
skeleton ['skelitn] squelette *m*; *arch.* charpente *f*.
sketch croquis *m*; esquisse *f*; faire le croquis de.
ski [ski:] ski *m*; skier.
skid dérapage *m*; glisser; déraper.
ski|er skieur *m*; **~ing** ski *m*.
skilful adroit, habile.
ski-lift remonte-pente *m*, téléski *m*.
skill habileté *f*; dextérité *f*, adresse *f*; talent *m*; **~ed** habile; spécialisé; *ouvrier:* qualifié.
skim écumer; écrémer; raser; effleurer; **~(med) milk** lait *m* écrémé.
skin peau *f*; pelure *f*; écorcher, peler; **~-deep** à fleur de peau; **~-diving** plongée *f* sous-marine.
skip saut *m*, bond *m*; sauter, bondir; omettre; **~per** *fam.* capitaine *m*; **~ping-rope** corde *f* à sauter.
skirt [skə:t] jupe *f*; border; longer; **~s** *pl.* bord *m*.
skittle ['skitl] quille *f*.
skulk se tenir caché; rôder; tirer au flanc.
sky [skai] ciel *m*; **~light** lucarne *f*; **~-line** horizon *m*; **~ scraper** gratte-ciel *m*.
slab dalle *f*; plaque *f*; *chocolat:* tablette *f*.
slack lâche; mou; (se) relâcher, (se) détendre; **~en** (se) relâcher, (se) détendre; diminuer; **~er** *fam.* flemmard *m*; **~s** *pl.* pantalon *m*.
slag scorie *f*; scorifier.
slam (faire) claquer.
slander ['slɑ:ndə] calomnie *f*; calomnier; **~er** calomniateur *m*.
slang argot *m*.
slant pente *f*, inclinaison *f*; être en pente; (s')incliner; **~ing** incliné, en pente.

slap tape *f*; gifle *f*; taper; gifler.
slash entaille *f*; balafre *f*; taillader; balafrer.
slate [sleit] ardoise *f*; *fam.* éreinter.
slaughter ['slɔ:tə] massacre *m*; *animaux:* abattage *m*; tuer, massacrer; abattre (*animaux*); **~-house** abattoir *m*.
slave [sleiv] esclave *m*; s'échiner; **~ry** esclavage *m*.
sled(ge) [sled(ʒ)] traîneau *m*; se promener en traîneau.
sledge(-hammer) marteau *m* de forgeron.
sleek lisse; luisant.
sleep sommeil *m*; dormir; **~ on** (*ou* **over) it!** la nuit porte conseil; **go to ~** s'endormir; **~er** dormeur *m*; *fam. ch.d.f.* wagon-lit *m*; **~iness** assoupissement *m*, somnolence *f*.
sleeping|-bag sac *m* de couchage; **~-car** wagon-lit *m*; **~-pill** somnifère *m*.
sleep|less sans sommeil; **~lessness** insomnie *f*; **~-walker** somnambule *m*; **~y** somnolent; engourdi; **be** (*ou* **feel) ~y** avoir sommeil.
sleet pluie *f* mêlée de neige.
sleeve [sli:v] manche *f*.
sleigh [slei] = **sled(ge).**
slender mince, svelte; élancé; **~ness** minceur *f*.
slept *prét. et p.p. de* **sleep.**
slice tranche *f*; *cuis.* truelle *f*; découper (en tranches).
slid *prét. et p.p. de* **slide.**
slide glissoire *f*; glissade *f*; *phot.* diapositive *f*; (faire) glisser; **~-rule** règle *f* à calcul.
sliding: ~ scale échelle *f* mobile; **~ seat** siège *m* à coulisse.
slight [slait] léger, peu considérable; manque *m* d'égards; négliger.
slim svelte, mince; (se faire) maigrir.
slime limon *m*; vase *f*.
slimy vaseux; visqueux.
sling fronde *f*; écharpe *f*; lancer; suspendre.
slip jupon *m*; glissade *f*; taie *f* (d'oreiller); inadvertance *f*; (faire) glisser, *fig.* faire un faux pas; **let ~** lâcher; **~ on** passer (*vêtement*); **~ of paper** bout *m* de papier; **~per** pantoufle *f*; **~pery** glissant; rusé.
slit fente *f*, fissure *f*; *v.* (*a. prét. et. p.p.*) fendre.
slogan ['sləugən] slogan *m*, devise *f*.
slop fange *f*; lavasse *f*; répandre (*liquide*); **~ over** déborder.
slope pente *f*, inclinaison *f*; pencher; aller en pente.
slot rainure *f*, mortaise *f*; mortaiser; **~-machine** distributeur *m* automatique; machine *f* à sous.
slouch [slauʃ] **(along)** marcher d'un pas traînant; **~ hat** chapeau *m* mou.
slovenly ['slʌvnli] malpropre, mal soigné; négligent.
slow [sləu] lent; lourd, indo-

lent; **be ~** *montre:* retarder; **~ down** ralentir; **~-motion picture** *cin.* ralenti *m*.
sluggard paresseux *m*.
sluggish paresseux, indolent; lourd.
sluice [slu:s] écluse *f*.
slum taudis *m*; **~s** *pl.* bas quartiers *m/pl*.
slumber sommeil *m*; sommeiller.
slump baisse *f*; effondrement *m* (des cours); s'effondrer.
slung *prét. et p.p. de* **sling.**
slush neige *f* fondue; boue *f*; *fig.* sensiblerie *f*.
slut salope *f*, garce *f*.
sly [slai] rusé; fin, malin.
smack[1] claque *f*, gifle *f*; (faire) claquer; donner une claque à; gifler.
smack[2] léger goût *m*; **~ of s.th.** sentir qc.
small [smɔ:l] petit; médiocre; peu important; **~pox** *méd.* petite vérole *f*.
smart [smɑ:t] vif, éveillé; pimpant; élégant; chic; *v. plaie etc.*: cuire, brûler; souffrir.
smash fracas *m*; ruine *f*; **car ~** accident *m*, collision *f*; *v.* (se) briser; écraser; ruiner.
smattering teinture *f*, connaissance *f* superficielle.
smear [smiə] tache *f*; barbouiller; enduire (**with** de).
smell odeur *f*, senteur *f*; odorat *m*; sentir.
smelt[1] *prét. et p.p. de* **smell.**
smelt[2] fondre.
smile sourire *m*; sourire.
smirk [smə:k] minauder.
smith forgeron *m*.
smithy ['smiði] forge *f*.
smog brouillard *m* chargé de fumée.
smoke fumée *f*; fumer; **~r** fumeur *m*.
smoking: no ~! défense de fumer!; **~ carriage** (*Am.* **car**) wagon *m* de fumeurs; **~-compartment** compartiment *m* pour fumeurs.
smoky plein de fumée; enfumé.
smooth [smu:ð] uni, lisse; mielleux, doucereux; calme, paisible; *v.* lisser; aplanir; calmer.
smoulder ['sməuldə] couver.
smuggle faire passer en contrebande; **~r** contrebandier *m*.
smuggling contrebande *f*.
smut tache *f* de suie; saleté *f*; obscénité *f*.
smutty obscène.
snack casse-croûte *m*; **~ bar** snack bar *m*.
snag *fig.* obstacle *m* (*ou* difficulté *f*) caché(e); hic *m*.
snail limaçon *m*; escargot *m*.
snake serpent *m*.
snap coup *m* de dents; claquement *m*, rupture *f*; **cold ~** coup *m* de froid; *v.* (se) briser; (faire) claquer; **~ at** happer; **~fastener** (bouton-)pression *f* (*m*); **~shot** instantané *m*; prendre un instantané.
snare [snɛə] (prendre au)

piège *m.*
snarl [snɑ:l] gronder, grogner.
snatch saisir brusquement; ~ **at** chercher à saisir; *su.* courte période *f*; **~es** *pl. conversation:* bribes *f/pl.*
sneak [sni:k] se faufiler; *fam.* moucharder.
sneakers *pl.* chaussures *f/pl.* de tennis.
sneer ricanement *m*; sarcasme *m*; ricaner; ~ **at** railler.
sneeze [sni:z] éternuer.
sniff renifler; ~ **at** dédaigner.
snipe bécassine *f.*
snob snob *m*; **~bery** snobisme *m*; **~bish** affecté, poseur.
snooze [snu:z] *fam.* roupillon *m.*
snore ronflement *m*; ronfler.
snort *cheval:* renâcler.
snorkel tuba *m.*
snout [snaut] museau *m.*
snow [snəu] neige *f*; neiger; **~storm** tempête *f* de neige.
snub rabrouer, rembarrer.
snub-nosed camard, camus.
snuff tabac *m* à priser; priser.
snug confortable; coquet.
so ainsi; aussi; tellement; alors; donc; ~ **as to** de manière a; ~ **do I,** ~ **can I,** ~ **shall I** moi aussi.
soak [səuk] tremper; (s')imbiber.
soap [səup] savon *m*; savonner.
soar [sɔ:] s'élever; planer.
sob sanglot *m*; sangloter.
sober sobre, modéré; qui n'a pas bu; ~ **up** (se) dégriser; (se) détromper.
so-called soi-disant.
sociable ['səuʃəbl] sociable; affable.
social ['səuʃl] social; sociable; ~ **insurance** assurances *f/pl.* sociales; **~ism** socialisme *m*; **~ist** socialiste *m, f.*
society [sə'saiəti] société *f.*
sock chaussette *f*; semelle *f* intérieure.
socket emboîture *f*; *dent:* alvéole *m*; *œil:* orbite *f.*
socle socle *m.*
soda soude *f*; **~-fountain** buvette *f*; **~-water** eau *f* gazeuse.
sodden détrempé.
sofa sofa *m*, canapé *m.*
soft doux; mou; tendre; ~ **drink** boisson *f* non-alcoolique; **~en** amollir; calmer, adoucir; **~ness** douceur *f*; tendresse *f*; mollesse *f.*
soil[1] sol *m*; terrain *m.*
soil[2] (se) salir; (se) souiller.
sold *prét. et p.p.* de **sell;** ~ **out** épuisé.
solder soudure *f*; souder.
soldier ['səuldʒə] soldat *m*; **~y** troupe *f*; soldatesque *f.*
sole[1] [səul] seul, unique.
sole[2] semelle *f*; ressemeler.
sole[3] *zo.* sole *f.*
solemn solennel; grave.
solemnity solennité *f.*
solicit [sə'lisit] solliciter; inviter.
solicitor *dr.* avoué *m* et notaire *m.*
solid solide, massif; grave;

~arity solidarité *f*; ~ity solidité *f*.
solitary solitaire; isolé.
solitude solitude *f*.
solubility solubilité *f*.
soluble soluble.
solution solution *f*.
solve résoudre; solutionner; deviner (*énigme*); **~ncy** solvabilité *f*; **~nt** solvable.
some [sʌm] quelque; certain; du, de la; quelques-uns; **~body, ~one** quelqu'un; **~how** d'une manière ou d'une autre.
somersault ['sʌməsɔ:lt] culbute *f*; culbuter.
some|thing quelque chose; **~time** ancien; un jour; **~times** quelquefois; **~what** quelque peu; **~where** quelque part.
son [sʌn] fils *m*.
song chanson *f*; chant *m*.
son-in-law gendre *m*.
sonority sonorité *f*.
sonorous sonore.
soon bientôt; de bonne heure; **~er** plus tôt; plutôt.
soot suie *f*.
soothe [su:ð] apaiser, calmer; soulager.
sooty couvert de suie.
soporific somnifère *m*.
sorcer|er sorcier *m*; **~ess** sorcière *f*; **~y** magie *f*.
sore [sɔ:] plaie *f*; douloureux, endolori; **have a ~ throat** avoir mal à la gorge.
sorrow ['sɔrəu] chagrin *m*; tristesse *f*.
sorry navré; triste; pauvre; **I am ~** je regrette; **I am ~ for you** je vous plains.
sort espèce *f*, sorte *f*, genre *m*; classer; trier.
SOS signal *m* de détresse.
sot ivrogne *m*.
sought *prét. et p.p.* de **seek.**
soul [səul] âme *f*; **~less** sans âme; inexpressif.
sound[1] [saund] sain, solide; en bon état; *sommeil:* profond.
sound[2] sonde *f*; sonder.
sound[3] son *m*, bruit *m*; (ré)sonner; **~-film** film *m* sonore; **~less** insonore; **~-proof** insonorisé; **~-wave** onde *f* sonore.
soup soupe *f*; potage *m*.
sour ['sauə] aigre, acide; morose; *lait:* tourné.
source [sɔ:s] source *f*; origine *f*.
south [sauθ] sud *m*; midi *m*; du sud; **~-east** sud-est *m*.
souther|ly ['sʌðəli], **~n** du sud, méridional.
south-west sud-ouest *m*.
souvenir souvenir *m*.
sovereign souverain; souverain *m*, souveraine *f*.
Soviet soviétique; soviet *m*.
sow[1] [sau] truie *f*.
sow[2] [səu] semer.
sown *p.p. de* **sow**[2].
spa station *f* thermale.
space espace *m*; intervalle *m*; **~ out** espacer.
spacious spacieux, vaste.
spade bêche *f*; *cartes:* pique *m*.
Spain Espagne *f*.

span[1] *prét. de* **spin.**
span[2] ouverture *f*, portée *f*; *ailes:* envergure *f*; mesurer; embrasser.
spangle paillette *f*.
Spaniard Espagnol *m*.
Spanish espagnol.
spank fesser.
spanner clé *f* à écrous.
spare [spɛə] disponible; libre; maigre, chétif; ménager; épargner; se passer de; **~ room** chambre *f* d'ami; **~ part** pièce *f* de rechange; **~ time** heures *f/pl.* libres; **~ tyre** pneu *m* de rechange.
spark étincelle *f*; jeter des étincelles; **~(ing-)plug** bougie *f* d'allumage; **~le** étinceler; mousser; **~ling wine** vin *m* mousseux.
sparrow passereau *m*.
spasm ['spæzəm] spasme *m*; **~odical** spasmodique.
spat *prét. et p.p. de* **spit.**
spatter éclabousser.
speak [spi:k] parler (**to** à; **about, of** de); **~ out** parler à haute voix; **~er** orateur *m*.
spear [spiə] lance *f*; brin *m*.
special ['speʃl] spécial; particulier; **~ delivery** exprès; **~ist** spécialiste *m*; **~ity** spécialité *f*; **~ize** se spécialiser.
specif|ic spécifique; **~ication** spécification *f*; **~y** spécifier, déterminer.
specimen ['spesimin] spécimen *m*; exemple *m*, échantillon *m*.
speck petite tache *f*; **~(l)ed** tacheté, moucheté.
spectacle spectacle *m*; **(a pair of) ~s** *pl.* lunettes *f/pl.*
spectator [spek'teitə] spectateur *m*.
speculate ['spekjuleit] spéculer; méditer (**on, about** sur).
sped *prét. et p.p. de* **speed.**
speech [spi:tʃ] langue *f*; discours *m*; **~less** muet; interloqué.
speed vitesse *f*; hâte *f*; se hâter; filer, foncer; **~ up** accélérer; **~ing** excès *m* de vitesse; **~ limit** vitesse *f* limite; **~ometer** indicateur *m* de vitesse; **~y** rapide, vite.
spell[1] charme *m*.
spell[2] (courte) période *f*; tour *m*.
spell[3] épeler; **~ing** orthographe *f*; **~ing-book** abécédaire *m*.
spelt *prét. et p.p.* de **spell**[3].
spend dépenser, consumer; passer (*temps*); **~thrift** prodigue *m, f*.
spent *prét. et p.p. de* **spend.**
sphere [sfiə] sphère *f*.
spice épice *f*; épicer.
spick and span tiré à quatre épingles.
spicy épicé; relevé.
spider araignée *f*.
spike pointe *f*; *blé:* épi *m*.
spill répandre; verser; renverser.
spilt *prét. et p.p. de* **spill.**
spin (faire) tourner; filer (*laine etc.*).

spinach ['spinidʒ] épinards *m/pl.*
spindle fuseau *m*; essieu *m*.
spine épine *f* dorsale, colonne *f* vertébrale; épine *f*.
spinning-mill filature *f*.
spinster célibataire *f*; *fam.* vieille fille *f*.
spirit esprit *m*; caractère *m*; courage *m*; élan *m*, entrain *m*; fantôme *m*; **~s** *pl.* spiritueux *m/pl.*; **in high ~s** plein d'entrain; **in low ~s** déprimé; **~ed** vif, animé; **~ual** ['spiritjuəl] spirituel.
spit[1] broche *f*; embrocher.
spit[2] crachat *m*; cracher.
spite dépit *m*; **in ~ of** malgré; **~ful** plein de rancune, vindicatif.
spittle salive *f*.
splash éclaboussement *m*; éclaboussure *f*; éclabousser.
spleen rate *f*; *fig.* bile *f*.
splend|id resplendissant, magnifique; **~o(u)r** splendeur *f*; magnificence *f*.
splint *méd.* éclisse *f*; **~er** éclat *m* (de bois); écharde *f*.
split fente *f*, fissure *f*; *v.* (*a. prét. et p.p.*) (se) fendre; (se) diviser; (faire) éclater; **~ one's sides** crever de rire; **~ting headache** mal *m* de tête atroce.
splutter bredouiller; *plume:* cracher; *moteur:* bafouiller.
spoil pillage *m*; butin *m*; piller, ravager; (se) gâter; **~-sport** trouble-fête *m*.
spoilt *prét. et p.p. de* **spoil.**
spoke[1] *prét. de* **speak.**
spoke[2] *roue:* rayon *m*.
spoken *p.p. de* **speak.**
sponge [spʌndʒ] éponge *f*; éponger; **~ on** vivre aux crochets de.
sponsor parrain *m*, marraine *f*; répondant *m* (**for** de); patron *m*; payer les frais de (*programmes de télévision etc.*), patronner.
spontaneous [spɔn'teinjəs] spontané.
spool bobine *f*; bobiner.
spoon cuiller *f*; *fam.* se faire des mamours, se peloter; **~ful** cuillerée *f*.
sport jeu *m*, amusement *m*; sport *m*; (*a.* **good ~**) *fam.* chic type *m*; **~ing** sportif; **~s-car** voiture *f* (de) sport; **~s-jacket** veston *m* sport; **~sman** sportsman *m*; sportif *m*; **~swear** vêtements *m/pl.* (de) sport; **~swoman** sportswoman *f*, sportive *f*.
spot tache *f*, souillure *f*; endroit *m*; (se) tacher; souiller; **~less** sans tache; immaculé; **~light** projecteur *m*; **in the ~light** en vedette.
spout [spaut] gouttière *f*; tuyau *m* de décharge; (faire) jaillir.
sprain [sprein] entorse *f*; foulure *f*; (se) fouler.
sprang *prét. de* **spring**[1].
sprawl [sprɔ:l] se vautrer.
spray atomiseur *m*; liquide *m* atomisé; vaporiser; arroser.
spread [spred] étendue *f*,

expansion *f*; envergure *f*; *fam.* festin *m*; (s')étendre; se répandre; (se) propager.
sprig brindille *f*, brin *m*.
sprightly ['spraitli] vif; enjoué.
spring[1] saut *m*, bond *m*; ressort *m*; source *f*; sauter; bondir; ~ **from** naître de, provenir de; **~-board** tremplin *m*; **~y** élastique.
spring[2] printemps *m*.
sprinkle répandre; arroser; saupoudrer (**with** de).
sprint sprint *m*; sprinter.
sprinter sprinter *m*.
sprout [spraut] pousse *f*, germe *m*; pousser, germer; **Brussels ~s** *pl.* choux *m/pl.* de Bruxelles.
sprung *p.p. de* **spring**[1].
spun *prét. et p.p. de* **spin.**
spur [spə:] éperon *m*; éperonner; stimuler.
spurt [spə:t] effort *m* soudain; (faire) jaillir; sprinter.
spy [spai] espion *m*; espionner; ~ **on** épier.
squabble ['skwɔbl] querelle *f*, dispute *f*; se disputer.
squadron escadron *m*.
squall cri *m*; coup *m* de vent, rafale *f*; brailler, piailler; **~y** à rafales.
squander gaspiller.
square [skwεə] carré; catégorique; en ordre; honnête, loyal; carré *m*; place *f*; balancer, régler; ~ **with** cadrer avec.
squash écraser; aplatir; **lemon ~** citron *m* pressé.
squat [skwɔt] trapu; s'accroupir.
squatter squatter *m*.
squeak crier; grincer; *fam.* moucharder.
squeeze serrer; presser.
squint loucher.
squirrel écureuil *m*.
squirt [skwə:t] giclée *f*; (faire) gicler.
S.S. = **steamship.**
St. = **Street** Rue; **Saint** Saint.
stab coup *m* de poignard; poignarder.
stabili|ty stabilité *f*; constance *f*; **~zation** stabilisation *f*; **~ze** ['steibilaiz] stabiliser; **~zer** stabilisateur *m*.
stable[1] ['steibl] stable; constant; fixe; solide.
stable[2] écurie *f*.
stack meule *f*; pile *f*; mettre en meule; empiler.
stadium ['steidjəm] stade *m*.
staff bâton *m*; *mar. drapeau:* mât *m*; personnel *m*.
stage [steidʒ] *thé.* scène *f*; estrade *f*; échafaud(age) *m*; phase *f*; étape *f*; monter (*pièce*; *coup*); ~ **box** loge *f* d'avant-scène; ~ **fright** trac *m*; ~ **manager** régisseur *m*.
stagger chanceler; tituber; échelonner.
stagnant stagnant; inactif, mort.
stag-party *fam.* réunion *f* d'hommes.
stain tache *f*; tacher, souiller; **~ed glass window** vitrail *m*;

~**less** sans tache; *acier:* inoxydable; ~ **remover** détachant *m*.
stair [stɛə] marche *f*; ~**s** *pl.* escalier *m*; ~**case,** *Am.* ~-**way** escalier *m*.
stake [steik] pieu *m*; bûcher *m*; enjeu *m*; mettre en jeu, hasarder, miser; **be at** ~ être en jeu; s'agir de.
stale éventé; *pain:* rassis; défraîchi, vieilli.
stalk[1] [stɔːk] tige *f*; *verre:* pied *m*.
stalk[2] marcher dignement.
stall échoppe *f*, boutique *f*; stand *m*; *thé.* fauteuil *m* d'orchestre; *mot.* caler.
stammer bégayer; bredouiller.
stamp estampe *f*; marque *f*; caractère *m*, genre *m*; timbre-poste *m*; frapper du pied; timbrer (*lettre*); *fig.* marquer (**as** comme).
stand tribune *f*; être debout; rester; se tenir; se placer; supporter; ~ **up** se lever.
standard ['stændəd] standard; normal; ~ **time** heure *f* légale; *su.* étendard *m*; norme *f*, standard *m*; ~ **of living** niveau *m* de vie; ~**ize** normaliser.
standing durée *f*; renom *m*; debout; établi, permanent.
standpoint point *m* de vue.
standstill arrêt *m*.
stand-up *col:* droit; *repas:* debout; ~ **buffet** buffet-bar *m*.
stank *prét. de* **stink.**
star astre *m*; étoile *f*; *thé.* vedette *f*, étoile *f*; ⁓**s and Stripes** *Am.* bannière *f* étoilée; *v. thé.* être (*ou* mettre) en vedette.
starboard tribord *m*.
starch [stɑːtʃ] amidon *m*.
stare [stɛə] regard *m* fixe; regarder fixement.
start commencement *m*; départ *m*; démarrage *m*; sursaut *m*; partir; démarrer; commencer; sursauter; ~**er** *sport* starter *m*; *mot.* démarreur *m*; ~**ing point** point *m* de départ.
startl|e faire tressaillir; effrayer; ~**ing** sensationnel; effrayant.
starv|ation famine *f*; ~**e** affamer; mourir de faim.
state état *m*; condition *f*; rang *m*; déclarer, affirmer; **the States** *pl.* les États-Unis *m/pl.*; ~**liness** grandeur *f*; ~**ly** imposant, noble; ~-**ment** déclaration *f*; compte *m* rendu; ~**ment of account** relevé *m* de compte; ~**sman** homme *m* d'État.
statics *pl. radio* parasites *m/pl.*
station poste *m*, place *f*; station *f*; gare *f*; ~**ary** stationnaire; ~**er** papetier *m*; ~**ery** papeterie *f*; ~-**master** chef *m* de gare.
statistic|al statistique; ~**s** *pl.* statistique *f*.
statue ['stætʃuː] statue *f*.

stature ['stætʃə] stature *f*, taille *f*.
statute ['stætju:t] loi *f*; décret *m*; **~s** *pl*. règlements *m/pl*.
stave douve *f*; **~ off** écarter, éloigner; détourner.
stay séjour *m*; séjourner; rester, demeurer; **~ away** ne pas venir; **~-at-home** casanier *m*.
stead [sted]: **in his ~** à sa place; **~fast** ferme, constant; **~iness** fermeté *f*; constance *f*; **~y** ferme, constant, sûr; sérieux, posé.
steak [steik] bifteck *m*, steak *m*; tranche *f*.
steal [sti:l] voler, dérober; **~ into** se glisser dans.
stealth [stelθ]: **by ~** à la dérobée; **~y** furtif; dérobé.
steam vapeur *f*; buée *f*; dégager de la vapeur; fumer; **~boat** bateau *m* à vapeur; **~-engine** machine *f* à vapeur; **~er** steamer *m*; **~ship** vapeur *m*, paquebot *m*.
steel acier *m*; aciérer; endurcir.
steep[1] escarpé; à pic; raide; *prix:* excessif.
steep[2] tremper; infuser.
steeple clocher *m*; **~chase** steeple(-chase) *m*.
steer piloter; conduire; **~ing-wheel** volant *m*.
stem tige *f*; *verre:* pied *m*; *mar.* étrave *f*; arrêter, endiguer; **~ from** provenir de.
stench puanteur *f*.
stencil stencil *m*, pochoir *m*.
step pas *m*; marche *f*; démarche *f*; faire un (*ou* des) pas, marcher; **~ up** augmenter.
step|father beau-père *m*; **~mother** belle-mère *f*.
sterile ['sterail] stérile.
sterilize ['sterilaiz] stériliser.
sterling: a pound ~ une livre sterling.
stern[1] *mar.* poupe *f*.
stern[2] austère; sévère; **~ness** austérité *f*; sévérité *f*.
stereo *disque etc.:* stéréo.
stevedore ['sti:vədɔ:] débardeur *m*.
stew [stju:] ragoût *m*; (faire) mijoter.
steward ['stjuəd] intendant *m*; maître *m* d'hôtel; steward *m*.
stick bâton *m*; canne *f*; baguette *f*; piquer; coller; mettre; s'enfoncer; **~ing-plaster** sparadrap *m*; **~y** gluant, collant.
stiff raide, rigide; inflexible; opiniâtre; **~en** raidir; durcir; **~ness** raideur *f*.
stifle ['staifl] étouffer.
still[1] encore, toujours; pourtant, malgré cela.
still[2] calme, tranquille; calmer, apaiser; **~ness** calme *m*, silence *m*.
stimul|ant stimulant; tonique *m*; **~ate** stimuler; **~ation** stimulation *f*; **~us** stimulant *m*.
sting aiguillon *m*; dard *m*; piqûre *f*; piquer; irriter.
stinginess avarice *f*.
stingy ['stindʒi] avare, ladre.

stink puanteur *f*; puer (**of s.th.** qc.).
stint rationner; lésiner sur.
stipulate stipuler.
stipulation stipulation *f*.
stir [stə:] mouvement *m*; agitation *f*; remuer; agiter, troubler; ~ **up** exciter.
stirrup ['stirəp] étrier *m*.
stitch point *m*; maille *f*; piquer, coudre; brocher.
stock bûche *f*; race *f*, famille *f*; marchandises *f/pl.* en magasin; capital *m*; bétail *m*; approvisionner; **~s** *pl.* actions *f/pl.*, valeurs *f/pl.*; **~-broker** agent *m* de change; **≈ Exchange** bourse *f*; **~-holder** *Am.* actionnaire *m*.
stocking bas *m*.
stock| phrase cliché *m*; **~-taking** inventaire *m*.
stoic ['stəuik] stoïcien (*m*).
stoke entretenir, tisonner (*feu*); **~r** chauffeur *m*.
stole *prét. de* **steal.**
stolen *p. p. de* **steal.**
stolid lourd; flegmatique.
stomach ['stʌmək] estomac *m*; ventre *m*; *fam.* digérer; **~ache** mal *m* d'estomac.
stone pierre *f*; *fruit:* noyau *m*; lapider (*q.*); énoyauter (*fruit*); **~-blind** complètement aveugle; **~-deaf** sourd comme un pot.
stony pierreux; *fig.* insensible.
stood *prét. et p.p. de* **stand.**
stool tabouret *m*; *méd.* selle *f*.
stoop se baisser.
stop halte *f*; pause *f*; interruption *f*; arrêter; empêcher (**from** de); boucher; plomber (*dent*); s'arrêter, cesser; **~gap** bouche-trou *m*; **~page** ['stɔpidʒ] obstruction *f*; arrêt *m*; blocage *m*; **~per** bouchon *m*; **~-press** *journal:* dernière heure *f*; **~-watch** compte-secondes *m*.
storage ['stɔ:ridʒ] emmagasinage *m*.
store provisions *f/pl.*; boutique *f*; magasin *m*; **department ~** grand magasin *m*; *v.* emmagasiner; mettre en réserve; **~house** entrepôt *m*, magasin *m*; **~keeper** *Am.* boutiquier *m*.
stor(e)y étage *m*.
stork cigogne *f*.
storm tempête *f*; orage *m*; tempêter; **~y** orageux.
story histoire *f*, récit *m*.
stout [staut] fort, robuste; corpulent; ferme, courageux; bière *f* brune, stout *m*; **~ness** embonpoint *m*.
stove poêle *m*; fourneau *m*.
stow [stəu] mettre en place, arranger; **~away** passager *m* clandestin.
straight [streit] droit; juste; **~ ahead, ~ on** tout droit; **~ away** tout de suite; **put ~** rendre droit, arranger; **~en** (se) redresser; **~forward** direct; franc.
strain tension *f*; effort *m*; fatigue *f* excessive; tendre, se forcer; faire un effort; *méd.* fouler; suinter; **~er** filtre *m*;

passoire *f*.
strait [streit] détroit *m*; embarras *m*; ~ **jacket** camisole *f* de force.
strand[1] rive *f*, plage *f*, grève *f*; échouer.
strand[2] brin *m*; tresse *f*.
strange [streindʒ] étrange, singulier; **~r** inconnu *m*, étranger *m*.
strangle étrangler.
strap courroie *f*; attacher; fermer.
stratagem ['strætədʒəm] stratagème *m*; ruse *f*.
strateg|ic(ally) stratégique (-ment); **~y** stratégie *f*.
straw [strɔ:] paille *f*; **~berry** fraise *f*; ~ **hat** chapeau *m* de paille.
stray s'égarer; égaré.
streak raie *f*, bande *f*; rayer, strier; **~y** entrelardé.
stream courant *m*; cours *m* d'eau, fleuve *m*; flot *m*; couler; ruisseler; **~er** banderole *f*; **~line** profiler; rationaliser.
street rue *f*.
streetcar *Am*. tramway *m*.
strength force *f*; intensité *f*; **~en** fortifier; renforcer.
strenuous ['strenjuəs] énergique; ardu.
stress force *f*, emphase *f*; accent *m*; *méd*. surmenage *m*, tension *f*, stress *m*; accentuer.
stretch étendue *f*, tension *f*; étendre, tendre; élargir; **~er** brancard *m*, civière *f*.
strew [stru:] répandre; parsemer (**with** de).
strewn *p.p. de* **strew.**
stricken with frappé de; *méd*. atteint de.
strict strict; rigide.
stridden *p.p. de* **stride.**
stride grand pas *m*; marcher à grands pas.
strike[1] frapper; battre, cogner; *horloge:* sonner; frotter (*allumette*); ~ **out** rayer, biffer.
strike[2] grève *f*; **~-breaker** briseur *m* de grève.
striking frappant.
string ficelle *f*, fil *m*; cordon *m*; série *f*; *mus*. corde *f*; ficeler; enfiler.
strip[1] dépouiller; déshabiller; ~ **of** dépouiller de.
strip[2] bande *f*; ruban *m*.
stripe raie *f*; barre *f*; rayer; barrer; **~d** rayé.
strive: ~ **for** s'efforcer d'obtenir; ~ **against** (*ou* **with**) lutter contre.
striven *p.p. de* **strive.**
strode *prét. de* **stride.**
stroke[1] coup *m*; trait *m* de plume; *piston:* course *f*; *méd*. apoplexie *f*.
stroke[2] caresser, flatter.
stroll flânerie *f*; flâner.
strong fort, ferme, solide; vigoureux; résolu; **~hold** forteresse *f*.
strove *prét. de* **strive.**
struck *prét. et p.p. de* **strike**[1].
structure ['strʌktʃə] construction *f*, structure *f*.
struggle lutte *f*, effort *m*;

lutter, se démener.
strung *prét. et p.p. de* **string.**
strut démarche *f* fière; se pavaner.
stub *chèque:* talon *m.*
stubble chaume *m.*
stubborn ['stʌbən] obstiné, entêté.
stuck *prét. et p.p. de* **stick.**
stuck up affecté, suffisant.
stud[1] bouton *m* de chemise; clou *m*; clouter.
stud[2] haras *m.*
student ['stju:dnt] étudiant *m.*
studied ['stʌdid] calculé, prémédité.
studio ['stju:diəu] atelier *m.*
studious studieux; appliqué.
study étude *f*; cabinet *m* de travail; étudier.
stuff matière *f*; étoffe *f*; *fam.* sottise *f*; rembourrer; **~ed** *cuis.* farci; **~ing** rembourrage *m*; *cuis.* farce *f*; **~y** mal aéré.
stumble trébucher, broncher; **~ upon** tomber sur.
stump souche *f*; bout *m*; faire une campagne électorale; marcher lourdement; **~y** trapu; court.
stun étourdir; *fig.* foudroyer.
stung *prét et p.p. de* **sting.**
stunk *prét et p.p. de* **stink.**
stunt rabougrir.
stupe|faction stupéfaction *f*; étonnement *m*; **~fy** stupéfier; étonner.
stupid ['stju:pid] stupide, sot, bête; **~ity** stupidité *f.*
sturdy ['stə:di] robuste, vigoureux.
stutter bégayer.
sty[1] [stai] *a. fig.* porcherie *f.*
sty[2] [stai] *méd.* orgelet *m.*
styl|e [stail] style *m*; manière *f*, mode *f*; **~ish** à la mode, chic.
subaltern subalterne *m.*
subconscious subconscient.
subdivi|de subdiviser; **~sion** subdivision *f.*
subdue [səb'dju:] subjuguer; amortir; adoucir.
subheading sous-titre *m.*
subject ['sʌbdʒikt] soumis; sujet (**to** à); sujet *m*; matière *f*, question *f*; *v.* [səb'dʒekt] assujettir; **~ to** soumettre à.
sublime [sə'blaim] sublime.
submarine sous-marin (*m*).
submerge [səb'mə:dʒ] plonger; submerger.
submiss|ion soumission *f*; déférence *f*; **~ive** docile.
submit (se) soumettre (**to** à).
subordinate subordonné; subalterne.
subscribe souscrire; **~ to** s'abonner à; **~r** abonné *m.*
subscription souscription *f*; abonnement *m.*
subsequent subséquent; **~ly** par la suite.
subsid|e s'affaisser; se calmer, s'abaisser; **~iary** subsidiaire; **~ize** subventionner; **~y** subvention *f.*
subsist subsister, exister; **~ence** existence *f*; moyens *m/pl.* d'existence.
substance ['sʌbstəns] substance *f*; fond *m*, matière *f.*

substantial substantiel; *repas:* copieux; cossu.
substitute ['sʌbstitju:t] substitut *m*, remplaçant *m*; succédané *m*; ~ **for s.o.** remplacer q.
subtenant sous-locataire *m*.
subterfuge ['sʌbtəfju:dʒ] subterfuge *m*.
subterranean souterrain.
sub-title sous-titre *m*.
subtle ['sʌtl] subtil; ingénieux.
subtract soustraire.
suburb ['sʌbə:b] faubourg *m*; **~an** suburbain, de banlieue.
subversion subversion *f*.
subway passage *m* souterrain; *Am.* métro *m*.
succeed [sək'si:d] succéder à; réussir (**in** à).
success succès *m*; **~ful** réussi; qui réussit; **~ion** succession *f*; **~ive** successif; **~or** successeur *m*.
succumb [sə'kʌm] succomber (**to** à).
such tel, pareil, semblable; ~ **as** tel que.
suck sucer; ~ **in** absorber.
suckle allaiter.
sudden soudain; **~ly** tout à coup.
suds *pl.* eau *f* de savon.
sue [sju:] poursuivre en justice.
suède [sweid] daim *m*; *gants:* suède *m*.
suffer souffrir (**from** de); subir, tolérer; **~ance** tolérance *f*; **~ing** souffrance *f*.
suffice [sə'fais] suffire.
sufficien|cy suffisance *f*; **~t** suffisant, assez.
suffocat|e suffoquer, étouffer; **~ion** suffocation *f*.
suffrage ['sʌfridʒ] suffrage *m*.
sugar ['ʃugə] sucre *m*; sucrer.
suggest [sə'dʒest] suggérer; proposer; **~ion** suggestion *f*; proposition *f*; idée *f*; **~ive** suggestif.
suicide ['sjuisaid] suicide *m*; suicidé *m*.
suit [sju:t] *hommes:* costume *m*, complet *m*, *femmes:* tailleur *m*; procès *m*; adapter (**to** à); convenir à; **~able** convenable, à propos; **~case** valise *f*; **~e** [swi:t] suite *f*; **~e of rooms** appartement *m*; **~or** prétendant *m*; *dr.* plaideur *m*.
sulk faire la moue, bouder.
sulky boudeur.
sullen maussade, morose.
sulphur ['sʌlfə] soufre *m*.
sult|riness chaleur *f* étouffante; **~ry** étouffant.
sum somme *f*; total *m*; calcul *m*; ~ **up** additionner; résumer.
summar|ize résumer; **~y** sommaire; résumé *m*.
summer été *m*; ~ **time** heure *f* d'été.
summit sommet *m*, cime *f*; ~ **conference** conférence *f* au sommet.
summon appeler; convoquer; citer; **~s** convocation *f*; citation *f*.
sun soleil *m*; **~bathe** prendre

le soleil; **~beam** rayon *m* de soleil; **~burn** coup *m* de soleil; **~burnt** bronzé.
Sunday dimanche *m*.
sundown coucher *m* du soleil.
sundries *pl.* choses *f/pl.* diverses; frais *m/pl.* divers.
sung *p. p. de* **sing.**
sun-glasses *pl.* lunettes *f/pl.* de soleil.
sunk *p. p. de* **sink.**
sunken enfoncé; creux.
sunny ensoleillé; gai.
sun|rise lever *m* du soleil; **~set** coucher *m* du soleil; **~shade** parasol *m*; **~shine** soleil *m*; **~stroke** coup *m* de soleil; **~-tan** hâle *m*; **~tan oil** huile *f* solaire; **~-up** *fam.* lever *m* du soleil.
superb [sju:'pə:b] superbe.
super|ficial superficiel: **~-fluous** [sju:'pə:fluəs] superflu, inutile; **~intend** surveiller; **~intendence** surveillance *f*.
superior [sju:'piəriə] supérieur (*m*); **~ity** supériorité *f*.
super|man surhomme *m*; **~market** supermarché *m*; **~numerary** *thé.* figurant *m*; **~scription** suscription *f*; inscription *f*; **~stition** superstition *f*; **~vise** surveiller; **~vision** surveillance *f*; **~-visor** surveillant *m*.
supper souper *m*; **the Lord's ~** la Cène.
supplant [sə'plɑ:nt] supplanter.
supple souple, flexible.
supplement supplément *m*; annexe *f*; ajouter à; **~ary** supplémentaire.
suppleness souplesse *f*.
suppl|ier fournisseur *m*; **~y** [sə'plai] approvisionnement *m*; provision *f*; fournir; approvisionner, ravitailler; **~y with** pourvoir de, fournir de.
support appui *m*, soutien *m*; soutenir, supporter; faire vivre (*famille*); **~able** tolérable; soutenable.
suppos|e supposer; croire; *adv.* si, en cas que; **be ~ed to** être censé, devoir; **~ition** supposition *f*.
suppository suppositoire *m*.
suppress supprimer; réprimer; **~ion** répression *f*.
suprem|acy suprématie *f*; **~e** [su'pri:m] suprême, souverain.
surcharge surcharge *f*; supplément *m*; surcharger.
sure [ʃuə] sûr, certain; stable; **make ~ of** s'assurer de; **~ly** certainement, assurément; **~ness** certitude *f*, sûreté *f*; **~ty** garant *m*.
surface surface *f*.
surf-board aquaplane *f*; planche *f* de surfing.
surge [sə:dʒ] houle *f*; vague *f*; être houleux.
surge|on ['sə:dʒən] chirurgien *m*; **~ry** chirurgie *f*; *Br. médecin*: cabinet *m* de consultation.
surly hargneux.
surmise [sə:'maiz] con-

jecturer.
surmount [sə:'maunt] surmonter.
surname nom *m* de famille.
surpass surpasser, excéder.
surplus surplus *m*.
surpris|e [sə'praiz] surprise *f*; surprendre; **~ed** surpris; **~ing** étonnant.
surrender capitulation *f*; cession *f*; capituler.
surround [sə'raund] entourer, environner; **~ings** *pl.* alentours *m/pl.*, environs *m/pl.*
survey ['sə:vei] examen *m*, inspection *f*; arpentage *m*; *v.* [sə:'vei] examiner; arpenter; **~or** arpenteur *m*; intendant *m* (de douane).
surviv|al [sə'vaivl] survie *f*; **~e (s.th.)** survivre (à qc.); **~or** survivant *m*.
susceptib|ility sensibilité *f*; **~le** sensible (**to** à).
suspect suspect (*m*); soupçonner; suspecter.
suspend suspendre; cesser (*paiement*); **~ers** *pl.* jarretelles *f/pl.*; *Am.* bretelles *f/pl.*
suspense suspens *m*.
suspension suspension *f*.
suspic|ion soupçon *m*; *dr.* suspicion *f*; **~ious** soupçonneux; suspect.
sus|tain [sə'stein] soutenir; entretenir, nourrir; **~tenance** subsistance *f*, nourriture *f*.
swagger *fam.* crâner.
swallow[1] hirondelle *f*.
swallow[2] avaler.
swam *prét. de* **swim.**
swamp [swɔmp] marais *m*.
swan cygne *m*.
swarm essaim *m*; foule *f*; **~ with** fourmiller de.
sway domination *f*, empire *m*; (se) balancer; diriger, influencer.
swear [swɛə] (faire) prêter serment; jurer; **~ at** injurier; **~ in** assermenter.
sweat [swet] sueur *f*, transpiration *f*; suer, transpirer; **~er** chandail *m*.
Swed|e Suédois *m*; **~en** Suède *f*; **~ish** suédois.
sweep balayer; ramoner; draguer; ramoneur *m*; **make a clean ~ of** faire table rase de; **~ing** complet, général; **~ings** *pl.* ordures *f/pl.*
sweet [swi:t] doux; sucré; gentil; délicieux; dessert *m*; **~en** sucrer; adoucir; **~heart** chéri(e *f*) *m*; **~ness** douceur *f*; fraîcheur *f*; charme *m*; **~s** *pl.* sucreries *f/pl.*; **~-shop** confiserie *f*.
swell *Am. fam.* formidable; chic; houle *f*; enfler, gonfler; **~ing** gonflement *m*; *méd.* enflure *f*.
swept *prét. et p.p. de* **sweep.**
swerve s'écarter; *mot.* faire une embardée.
swift vite, léger; rapide; **~ness** rapidité *f*, vélocité *f*.
swim nager; **~mer** nageur *m*; **~ming** nage *f*, natation *f*; **~ming-pool** piscine *f*;

~ming-trunks *pl.* caleçon *m* de bain; **~-suit** maillot *m* de bain.
swindle escroquerie *f*; **~r** escroc *m*, filou *m*.
swine cochon *m*, porc *m*.
swing balancement *m*; entrain *m*; escarpolette *f*; **be in full ~** battre son plein; *v.* se balancer; brandir.
swirl [swɔːl] remous *m*, tourbillon *m*; (faire) tourbillonner.
Swiss Suisse *m*; suisse.
switch *ch.d.f.* aiguille *f*; interrupteur *m*; **~ off** fermer (*radio*); **~ on** allumer; mettre (*radio*); **~board** tableau *m* de distribution.
Switzerland Suisse *f*.
swollen *p.p. de* **swell.**
swoon évanouissement *m*; s'évanouir.
sword [sɔːd] épée *f*.
swore *prét. de* **swear.**
sworn *p.p. de* **swear.**
swum *p.p. de* **swim.**
swung *prét. et p.p. de* **swing.**
syllable syllabe *f*.
symbol symbole *m*; **~ic(al)** symbolique; **~ize** symboliser.
symmetrical symétrique.
symmetry symétrie *f*.
sympath|etic compatissant; **~ize with** compatir à; approuver; **~y** sympathie *f*.
symphony ['simfəni] symphonie *f*.
symptom *méd.* symptôme *m*; **~atic** symptomatique.
synagogue synagogue *f*.
syndicate syndicat *m*; syndiquer.
synonymous [si'nɔniməs] synonyme.
synthes|is ['sinθisis] synthèse *f*; **~ize** synthétiser.
synthetic [sin'θetik] synthétique.
syringe seringue *f*.
syrup sirop *m*.
system système *m*, méthode *f*; **~atic(al)** systématique; **~atize** systématiser.

T

tab attache *f*; étiquette *f*.
table ['teibl] table *f*; **~-cloth** nappe *f*.
table d'hôte [tɑːbl'dəut] menu *m* à prix fixe.
tablet ['tæblit] plaque *f* commémorative; *méd.* comprimé *m*.
table-tennis ping-pong *m*.
tacit tacite; **~urn** taciturne.
tack punaise *f*, broquette *f*; clouer; *mar.* louvoyer.
tackle attirail *m*; palan *m*; se mettre à, attaquer.
tact tact *m*; **~ful** plein de tact.
tact|ical tactique; **~ics** tactique *f*.
tag ferret *m*; étiquette *f*; **~ on** attacher (**to** à).
tail [teil] queue *f*; bout *m*.

tail-light feu *m* arrière.
tailor tailleur *m*; **~-made** sur mesure.
taint tache *f*, souillure *f*; corrompre; (se) gâter.
take prendre; saisir; porter; mettre (*temps*); demander (*temps, etc.*); **~ place** avoir lieu; **~ a walk** se promener; **~ away** emmener; **~ for** prendre pour; **~ in** prendre; tromper; **~ off** enlever, ôter; *avion*: décoller; **~ out** (faire) sortir; enlever; **~ up** ramasser; occuper (*place*); aborder (*études*); **~n** *p.p. de* **take; ~-off** départ *m*; *av.* décollage *m*.
talcum-powder talc *m*.
tale [teil] conte *m*, récit *m*.
talent talent *m*; **~ed** bien doué.
talk [tɔ:k] conversation *f*; parler (**to** à); s'entretenir (**to** avec); **~ative** bavard.
tall [tɔ:l] grand; haut.
tallow suif *m*.
tame apprivoisé; apprivoiser; dompter.
tamper with tripoter.
tan hâle *m*; hâlé; (se) hâler; tanner.
tangerine [tændʒə'ri:n] mandarine *f*.
tangible tangible, palpable.
tangle embrouillement *m*; confusion *f*; embrouiller.
tank réservoir *m*; citerne *f*.
tanker bateau-citerne *m*.
tantalize ['tæntəlaiz] tantaliser, tourmenter.
tap[1] tape *f*; petit coup *m*; taper, frapper doucement.
tap[2] robinet *m*; **on ~** en perce; *fig.* disponible.
tape ruban *m*; bande *f*; **~-measure** centimètre *m*; **~-recorder** magnétophone *m*.
taper cierge *f*; s'effiler.
tapestry tapisserie *f*.
tar goudron *m*; goudronner.
tardy tardif, lent, traînard.
target ['tɑ:git] cible *f*; objectif *m*.
tariff tarif *m*.
tarnish (se) ternir; souiller.
tarpaulin bâche *f*.
tart[1] tarte *f*, tartelette *f*.
tart[2] acide, aigre.
task tâche *f*, besogne *f*.
tassel gland *m*; pompon *m*.
taste goût *m*; goûter; **~ of** avoir un goût de; **~less** insipide.
tasty savoureux.
tatter haillon *m*, lambeau *m*; **~ed** déguenillé.
tattoo tatouage *m*; tatouer.
taught *prét. et p.p. de* **teach.**
taunt [tɔ:nt] sarcasme *m*.
tax impôt *m*, taxe *f*; imposer; taxer; **~ation** taxation *f*; **~-collector** percepteur *m*; **~-free** exempt d'impôts.
taxi ['tæksi], **~-cab** taxi *m*; **~-driver** chauffeur *m* de taxi; **~-rank**, **~-stand** station *f* de taxi.
tea thé *m*; **have ~** prendre le thé.
teach [ti:tʃ] enseigner, instruire.
teacher instituteur *m*.

teaching enseignement *m.*
teacup tasse *f* à thé.
team [ti:m] attelage *m*; équipe *f*; **~work** travail *m* d'équipe; collaboration *f*.
tea|-party thé *m*; **~pot** théière *f*.
tear[1] [tiə] larme *f*.
tear[2] [tɛə] déchirure *f*; déchirer.
tea-room salon *m* de thé.
tease taquiner, tracasser.
tea|-shop salon *m* de thé; **~spoon** cuiller *f* à thé; **~-things** *pl.* service *m* à thé.
techni|cal technique; **~cian** technicien *m*; **~que** [tek'ni:k] technique *f*.
tedious ennuyeux, fatigant.
teem [ti:m] **with** fourmiller de.
teenager adolescent(e *f*) *m.*
teens *pl.* âge *m* de treize à dix-neuf ans.
teetotaller [ti:'təutlə] abstinent *m.*
telecast téléviser.
telegram télégramme *m.*
telegraph télégraphe *m*; télégraphier; **~ist** télégraphiste *m, f.*
telephone ['telifəun] téléphone *m*; **~-booth** cabine *f* téléphonique; **~ book, ~ directory** annuaire *m* des téléphones; **~ call** appel *m* téléphonique; **~ exchange** central *m* téléphonique; **~ number** numéro *m* de téléphone; **~ operator** téléphoniste *m, f.*
telephoto lens télé-objectif *m.*
telescope téléscope *m.*
television ['teliviʒn] télévision *f*; **~ set** téléviseur *m.*
telewriter télautographe *m.*
telex télex *m.*
tell dire, raconter; compter; **~ from** distinguer de; **I have been told** on m'a dit; **~tale** révélateur.
temper humeur *f*, caractère *m*; **lose one's ~** se mettre en colère; *v.* tempérer.
temperature ['temprətʃə] température *f*.
tempest tempête *f*; orage *m*; **~uous** orageux.
temple[1] temple *m.*
temple[2] tempe *f*.
tempor|al temporel; **~ary** temporaire; intérimaire; **~ize** temporiser.
tempt tenter; **~ation** tentation *f*; **~ing** alléchant.
ten dix.
tenac|ious [ti'neiʃəs] tenace, opiniâtre; **~ity** ténacité *f*, attachement *m.*
tenant locataire *m, f.*
tend garder, soigner, surveiller.
tend to avoir tendence à.
tendency ['tendənsi] tendance *f*.
tender tendre; délicat; sensible; **~ness** tendresse *f*.
tenderloin filet *m.*
tenement logement *m.*
tennis-court court *m* (de tennis).

tenor ['tenə] *mus.* ténor *m*; teneur *f*, contenu *m*.
tense tendu, raide.
tension tension *f*; **high ~** haute tension *f*.
tent tente *f*.
tenuity [te'nju:əti] ténuité *f*.
tepid tiède.
term [tə:m] terme *m*; fin *f*, limite *f*; trimestre *m*; **~s** *pl.* **(of payment)** conditions *f/pl.* (de paiement); **be on good ~s with** être bien avec.
termin|al terminus *m*; **~ate** (se) terminer.
terrace ['terəs] terrasse *f*.
terri|ble terrible, épouvantable; **~fic** formidable; **~fy** terrifier, épouvanter.
territory territoire *m*.
terror terreur *f*, effroi *m*; **~ize** terroriser.
test épreuve *f*; examen *m*; test *m*; tester.
testament testament *m*.
testify ['testifai] témoigner (**to** de).
testimony témoignage *m*.
text texte *m*; **~book** manuel *m*.
textile textile (*m*).
texture ['tekstʃə] tissu *m*; texture *f*.
than que.
thank remercier (**for** de); **~ you!** merci!; **~s** *pl.* remerciements *m/pl.*; merci; **~s to** grâce à; **~ful** reconnaissant (**for** de); **~less** ingrat.
that ce, cet, cette; ce ...-là; qui, que, ce que; *cj.* que.
thaw [θɔ:] dégel *m*; dégeler; *neige:* fondre.
the [ðə, ði:] le, la, les; **~ ... ~** ... plus ... plus ...
theater *Am.* = **theatre.**
theatre ['θiətə] théâtre *m*.
theft vol *m*.
their [ðεə] leur, leurs; **~s** le (la) leur, les leurs; à eux.
them eux, elles; leur; les.
theme thème *m*, sujet *m*.
themselves [ðəm'selvz] eux-mêmes, elles-mêmes.
then alors, puis; ensuite; donc; à cette époque.
theology théologie *f*.
theoretical théorique.
theory théorie *f*.
there [ðεə] là, y; là-bas; **~ is, ~ are** il y a; **~about(s)** dans les environs; à peu près, environ; **~fore** donc, par conséquent; **~upon** sur ce, là-dessus.
thermometer thermomètre *m*.
thermos thermos *m*.
these [ði:z] (*pl. de* **this**) ces, ceux-ci, celles-ci.
they ils, elles, eux; **~ who** ceux qui, celles qui.
thick épais, gros; dense, solide; *voix:* pâteuse; **~en** (s')épaissir; **~et** fourré *m*; **~ness** épaisseur *f*.
thief (*pl.* **thieves** [θi:vz]) voleur *m*.
thigh [θai] cuisse *f*.
thimble dé *m* à coudre.
thin mince; maigre; léger, fin; (s')amincir; maigrir.
thing chose *f*; objet *m*; créa-

ture *f*; **~s** *pl.* affaires *f/pl.*; vêtements *m/pl.*; **how are ~s?** comment ça va?
think penser (**about, of** à); **I ~ so** je crois; **~ it over** y réfléchir.
thirst soif *f*; **~y: I am ~y** j'ai soif.
thirt|een treize; **~y** trente.
this ce, cet, cette; ce ... -ci, cet(te) ... -ci; ceci.
thistle ['θisl] chardon *m*.
thorn épine *f*; **~y** épineux.
thorough ['θʌrə] exhaustif, complet; parfait; **~fare** voie *f* de communication; **no ~fare** passage interdit.
those (*pl. de* **that**) ces; ceux-là, celles-là.
though [ðəu] quoïque, bien que; pourtant, cependant; **as ~** comme si.
thought[1] *prét. et p.p. de* **think.**
thought[2] [θɔ:t] pensée *f*; idée *f*; **~ful** pensif; attentif, soucieux; **~less** irréfléchi; inconsidéré; insouciant.
thousand mille; millier *m*.
thrash battre, rosser; **a sound ~ing** *fam.* une fessée.
thread fil *m*; filet *m*; enfiler; **~bare** usé jusqu'à la corde.
threat menace *f*; **~en** menacer.
three trois; **~fold** triple.
thresh battre (*blé*).
threshold ['θreʃəuld] seuil *m*.
threw *prét. de* **throw.**
thrifty économe; prospère.
thrill frisson *m*; (faire) frémir, émouvoir; **~ing** émouvant; palpitant.
thrive [θraiv] prospérer, réussir.
thriven *p.p. de* **thrive.**
throat gorge *f*; gosier *m*; **clear one's ~** s'éclaircir la voix (*ou* la gorge).
throb palpitation *f*, pulsation *f*; palpiter, battre.
throne trône *m*.
throng foule *f*; se presser; encombrer.
throttle étrangler, étouffer; **~ down** fermer les gaz.
through [θru:] à travers; par; au moyen de; direct; **~ carriage** voiture *f* directe; **~ train** train *m* direct.
throughout d'un bout à l'autre (de).
throve *prét. de* **thrive.**
throw jet *m*, coup *m*; jeter, lancer; **~ away** jeter; gaspiller; **~ off** se débarrasser de; **~ out** jeter dehors; expulser; **~ up** jeter en l'air; vomir.
thrown *p.p. de* **throw.**
thrust coup *m*; botte *f*; pousser; presser; enfoncer.
thumb [θʌm] pouce *m*; feuilleter; **~ a lift** faire de l'autostop; **~ tack** punaise *f*.
thump bourrade *f*; bourrer de coups; **~ing** énorme.
thunder tonnerre *m*; tonner; *fig.* gronder; **~bolt** (coup *m* de) foudre *m*; **~storm** orage *m*.
Thursday ['θə:zdi] jeudi *m*.
thus ainsi; donc; **~ far**

jusqu'ici.
thwart [θwɔ:t] déjouer, frustrer.
tick tic-tac *m*; marque *f*; faire tic-tac; ~ **off** *fam.* réprimander.
ticket ['tikit] billet *m*; ticket *m*; étiquette *f*; ~ **collector** contrôleur *m*; ~ **machine** distributeur *m* de tickets; ~-**office** guichet *m*.
tickle chatouillement *m*; chatouiller.
ticklish chatouilleux.
tide marée *f*; courant *m*.
tidy propre, net; bien rangé.
tie lien *m*, attache *f*; cravate *f*; lier, attacher.
tier [tiə] rangée *f*; gradin *m*.
tiger tigre *m*.
tight [tait] serré; raide, tendu; *vêtements:* étroit; *fam.* soûl; ~**en** (se) serrer; tendre; ~-**fisted** avare; ~**s** *pl.* collant *m*.
tile carreau *m*; tuile *f*.
till[1] jusqu'à (ce que).
till[2] tiroir-caisse *m*.
till[3] labourer.
tilt inclinaison *f*, pente *f*; (s')incliner, pencher.
timber bois *m* de construction.
time temps *m*; fois *f*; **at** ~**s** de temps à autre; **at the same** ~ en même temps; **in** ~ à temps; **for the** ~ **being** pour le moment; **have a good** ~ s'amuser; **on** ~ à l'heure; **what** ~ **is it?** quelle heure est-il?; *v.* calculer; ~-**table** horaire *m*.
timid timide, craintif.
tin étain *m*; fer-blanc *m*; boîte *f* de conserve.
tincture ['tiŋktʃə] teinture *f*.
tinfoil papier *m* argent.
tinge [tindʒ] teinte *f*, nuance *f*; teinter.
tingle tinter; picoter.
tinned food conserves *f*/*pl*.
tin-opener ouvre-boîte *m*.
tinsel clinquant *m*.
tint teinte *f*; teinter.
tiny menu; tout petit.
tip[1] bout *m*; pointe *f*.
tip[2] pourboire *m*; donner un pourboire à.
tip[3] tape *f*; taper.
tip[4] information *f*, *fam.* tuyau *m*.
tip[5] basculer; (se) renverser.
tipsy gris.
tiptoe ['tiptəu]: **on** ~ sur la pointe des pieds.
tire[1] *Am.* pneu(matique) *m*.
tire[2] fatiguer; ~**d** fatigué; ~**some** ennuyeux.
tissue ['tiʃu:] tissu *m*; ~-**paper** papier *m* de soie.
tit: ~ **for tat** du tac au tac.
titbit bon morceau *m*.
title ['taitl] titre *m*; droit *m*; titrer; ~**d** titré.
to à; en; vers; jusqu'à; pour, afin de.
toad crapaud *m*; ~**y** flagorneur *m*.
toast[1] pain *m* grillé.
toast[2] toast *m*; porter un toast à.
tobacco [tə'bækəu] tabac *m*; ~**nist** marchand *m* de tabac;

~nist's bureau *m* (*ou* débit *m*) de tabac.
toboggan luge *f*; luger.
today aujourd'hui.
toe orteil *m*; bout *m*.
toffee caramel *m*.
together ensemble.
toil travail *m* dur, labeur *m*; trimer, peiner.
toilet toilette *f*; W.-C. *m*; **~ case** nécessaire *m* de toilette.
token témoignage *m*, signe *m*; *télé. etc.* jeton *m*.
told *prét et p.p. de* **tell.**
tolera|ble tolérable; passable; **~nce** tolérance *f*; **~nt** tolérant; **~te** tolérer.
toll [təul] péage *m*.
tomato [tə'mɑ:təu] (*pl.* **~es**) tomate *f*.
tomb [tu:m] tombeau *m*.
tomcat matou *m*.
tomorrow [tə'mɔrəu] demain.
ton tonne *f*.
tone ton *m*; timbre *m*.
tongs *pl.* pincettes *f/pl.*
tongue [tʌŋ] langue *f*; **hold one's ~** se taire.
tonic tonique (*m*).
tonight ce soir.
tonnage tonnage *m*.
tonsil amygdale *f*; **~litis** amygdalite *f*.
too [tu:] trop; aussi; **~ much, ~ many** trop (de).
took *prét. de* **take.**
tool outil *m*, instrument *m*; **~-kit** boîte *f* (*ou* trousse *f*) à outils.
tooth [tu:θ] (*pl.* **teeth**) dent *f*; **~ache** ['tu:θeik] mal *m* de dents; **~-brush** brosse *f* à dents; **~-paste** pâte *f* dentifrice; **~pick** cure-dent *m*.
top supérieur; haut *m*, tête *f*; sommet *m*; dessus *m*; *auto:* capote *f*; **on ~ of** au-dessus de; **~coat** pardessus *m*.
topic sujet *m*; **~al** actuel.
topsy-turvy [tɔpsi'tə:vi] sens dessus dessous.
torch torche *f*; *Br.* lampe *f* de poche.
tore *prét. de* **tear**².
torment supplice *m*, torture *f*; tourmenter.
torn *p.p. de* **tear**².
torpedo torpille *f*; torpiller.
torpid engourdi; inactif.
torrent torrent *m*; déluge *m*.
torrid brûlant, torride.
tortoise ['tɔ:təs] tortue *f*.
torture ['tɔ:tʃə] torture *f*; torturer.
toss secousse *f*; jeter en l'air; (s')agiter.
total ['təutl] total; total *m*; s'élever à; **~ity** totalité *f*.
totter chanceler; branler.
touch [tʌtʃ] toucher *m*; contact *m*; pointe *f*, soupçon *m*; **get in ~ with** prendre contact avec; *v.* toucher (à); émouvoir; **~ up** retoucher.
tough [tʌf] dur, résistant, tenace; **~ness** dureté *f*, ténacité *f*.
tour [tuə] tour *m*, voyage *m*; voyager (en).
tourism tourisme *m*.
tourist touriste *m*, *f*; **~**

agency, ~ office, *Am.* ~ bureau bureau *m* de tourisme; ~ class classe *f* touriste.
tow [təu] remorque *f*; remorquer.
towards [tə'wɔ:dz] vers; envers; pour, à l'égard de.
towel ['tauəl] essuie-main *m*; serviette *f*.
tower tour *f*; s'élever; **~ing** élevé; violent.
town ville *f*; **~ hall** hôtel *m* de ville; **~speople** *pl.* citadins *m/pl.*
toy jouet *m* (*a. fig.*).
trace [treis] trace *f*; tracer; suivre.
track piste *f*; chemin *m*; cours *m*; traquer, pister.
tractable maniable; docile.
tractor tracteur *m*.
trade commerce *m*, négoce *m*; métier *m*, profession *f*; faire le commerce (**in** de); échanger (**for** contre); **~ in** donner en reprise; **~ mark** marque *f* de fabrique; **~ union** syndicat *m*.
trader commerçant *m*, marchand *m*; vaisseau *m* marchand.
tradition tradition *f*.
traffic ['træfik] commerce *m*; circulation *f*; **~ jam** embouteillage *m*; **~ lights** *pl.* feux *m/pl.* (de circulation).
trafficator clignotant *m*.
tragedy ['trædʒidi] tragédie *f*.
tragic tragique.
trail traînée *f*; trace *f*, piste *f*; traîner; **~er** remorque *f*.
train train *m*; suite *f*, cortège *m*; (s')entraîner; former, élever; **~-ferry** ferry-boat *m*; **~er** entraîneur *m*; **~ing** entraînement *m*; formation *f*.
trait trait *m*.
traitor traître *m*.
trajectory [trə'dʒektəri] trajectoire *f*.
tram(-car) tramway *m*.
tramp bruit *m* de pas; vagabond *m*; aller à pied.
tramway tramway *m*.
trance [trɑ:ns] extase *f*; transe *f*.
tranquil tranquille.
tranquilliser calmant *m*.
transaction transaction *f*.
transatlantic transatlantique.
trans|cribe transcrire; **~fer** copie *f*; transport *m*; cession *f*; transfert *m*; transporter; transférer.
transfiguration transfiguration *f*.
transform transformer (**into** en); **~ation** transformation *f*, conversion *f*; **~er** transformateur *m*.
transgression transgression *f*; infraction *f*.
tranship = **trans-ship.**
transient ['trænziənt] transitoire, passager.
transistor transistor *m*.
transit ['trænsit] transit *m*, passage *m*.
transition transition *f*.
translat|able traduisible; **~e**

traduire; **~ion** traduction *f*; **~or** traducteur *m*.
transmission transmission *f*; *mot.* embrayage *m*.
transmit transmettre.
transparent transparent.
transpire [træn'spaiə] transpirer.
transplant transplanter.
transport transport *m*; transporter; **~ation** *Am.* transport *m*.
trans-ship transborder.
trap piège *m*; prendre au piège, attraper.
trash rebut *m*; camelote *f*; **~y** sans valeur.
travel voyage *m*; voyager; parcourir; **~ agency** bureau *m* de voyages; **~ agent** agent *m* de tourisme; **~ insurance** assurance-voyages *f*.
travel(l)er voyageur *m*; **~'s cheque** chèque *m* de voyage.
traverse ['trævəs] traverser.
trawl [trɔ:l] chalut *m*; traîner.
tray plateau *m*.
treacher|ous ['tretʃərəs] traître, perfide; **~y** trahison *f*, perfidie *f*.
treacle ['tri:kl] mélasse *f*.
tread pas *m*; marche *f*; *pneu:* chape *f*; fouler; piétiner.
treadle pédale *f*.
treason ['tri:zn] trahison *f*.
treasur|e ['treʒə] trésor *m*; **~y** Trésor *m* (public); trésorerie *f*.
treat [tri:t] régal *m*; banquet *m*; fête *f*; traiter; **~ s.o. to s.th.** offrir qc. à q.; **~ise** traité *m*; **~ment** traitement *m*; **~y** traité *m*; accord *m*.
treble triple; triple *m*.
tree arbre *m*.
trellis treillis *m*; treilliser.
tremble trembler, trembloter.
tremendous [tri'mendəs] énorme; extraordinaire.
tremor tremblement *m*.
tremulous tremblant; *fig.* craintif.
trench tranchée *f*; fossé *m*; creuser un fossé; **~ coat** imperméable *m*.
trend direction *f*, tendance *f*.
trespass entrer sans permission; **No ~ing** défense d'entrer; propriété privée.
trial [traiəl] épreuve *f*, essai *m*; procès *m*; **on ~** à l'essai.
triangle triangle *m*.
tribe tribu *f*.
tribunal [trai'bju:nl] tribunal *m*, cour *f* de justice.
tribut|ary ['tribjutəri] tributaire; *fleuve:* affluent *m*; **~e** tribut *m*, hommage *m*.
trick ruse *f*; tour *m* (de main); duper.
trickle couler (goutte à goutte); laisser dégoutter.
tricky difficile, délicat; malin, rusé.
trifl|e ['traifl] bagatelle *f*, rien *m*; **~e with** jouer avec; **~ing** insignifiant.
trigger détente *f*; déclic *m*; déclencher.

trill trille *m*; triller.
trim soigné, net; arranger; garnir, orner; tailler; **~mings** *pl. cuis.* garniture *f*.
Trinity *eccl.* Trinité *f*.
trinket colifichet *m*; bibelot *m*.
trip excursion *f*, voyage *m*; (faire) trébucher.
trip|le triple; **~licate** tripler.
triumph ['traiəmf] triomphe *m*; triompher (**over** de).
trivial trivial; banal.
trod *prét. de* **tread.**
trodden *p.p. de* **tread.**
troll(e)y bus trolley *m*.
trombone trombone *m*.
troop troupe *f*; défiler.
trophy ['trəufi] trophée *m*.
tropical tropical.
tropics *pl.* tropiques *m/pl.*
trot trot *m*; trotter.
trouble ['trʌbl] trouble *m*; souci *m*, chagrin *m*, peine *f*; difficulté *f*; troubler; chagriner; (se) déranger; (s')inquiéter; **~some** ennuyeux; fâcheux, gênant.
trough [trɔf] auge *f*; abreuvoir *m*; pétrin *m*.
trousers *pl.* pantalon *m*.
trout truite *f*.
truant ['tru:ənt]**: play ~** faire l'école buissonnière.
truce [tru:s] trêve *f*.
truck fardier *m*, camion *m*; **~ driver** camionneur *m*.
true [tru:] vrai; exact; loyal; **come ~** se réaliser; **be ~ of** en être de même pour.
truffle truffe *f*.
truism truisme *m*, vérité *f* banale, lapalissade *f*.
truly vraiment; sincèrement.
trump atout *m*; *cartes*: couper; **~ up** inventer.
trumpet trompette *f*; **~er** trompette *m*.
truncheon ['trʌntʃən] bâton *m*.
trunk tronc *m*; trompe *f*; *Am. auto* coffre *m* (à bagages); **~s** *pl.* slip *m*; **~-call** appel *m* interurbain.
trust confiance *f* (**in** en); trust *m*; se fier à; faire confiance à; **~ s. o. with s. th.** confier qc. à q.; **~ee** administrateur *m*; syndic *m*; **~ful** confiant; **~worthy** digne de confiance.
truth [tru:θ] vérité *f*; **~ful** vrai, véridique.
try [trai] essayer (**to** de); mettre à l'épreuve, éprouver; *dr.* juger; **~ on** essayer; **~ing** ardu, fatigant.
tub baignoire *f*, tub *m*.
tube [tju:b] tube *m*; tuyau *m*; *Br.* métro *m*; **inner ~** chambre *f* à air; **~less tyre** pneu *m* sans chambre.
tuberculosis tuberculose *f*.
tuck pli *m*, plissé *m*; **~ up** retrousser, relever.
Tuesday ['tju:zdi] mardi *m*.
tug remorqueur *m*; saccade *f* violente; tirer fort; traîner; remorquer; **~ of war** lutte *f* de traction.
tulip ['tju:lip] tulipe *f*.
tumble ['tʌmbl] (faire) tomber; dégringoler; **~r** go-

belet *m*.
tumo(u)r *méd.* tumeur *f*.
tumult ['tju:mʌlt] tumulte *m*; tohu-bohu *m*.
tun tonne *f*; cuve *f*.
tuna thon *m*.
tune [tju:n] air *m*, mélodie *f*.
tunnel tunnel *m*.
turbine ['tə:bain] turbine *f*.
turbot turbot *m*.
turbulent ['tə:bjulənt] turbulent, tumultueux.
tureen [tə'ri:n] soupière *f*; saucière *f*.
turf gazon *m*; tourbe *f*.
Turk Turc *m*.
turkey dindon *m*.
Turkey Turquie *f*.
Turkish turc; **~ towel** serviette-éponge *f*.
turmoil ['tə:mɔil] agitation *f*.
turn tour *m*; tournant *m*, virage *m*; tournure *f*; occasion *f*; **by ~s** alternativement; **it is my ~** c'est mon tour; *v.* (se) tourner; changer, transformer; devenir; **~ back** retourner; **~ down** rabattre; refuser; **~ off** fermer; **~ on** ouvrir; **~ out** (faire) sortir, chasser; se montrer; **~ up** (se) relever; retrousser; arriver; **~ing** tournant *m*.
turnip navet *m*.
turn|-out rendement *m* total; **~over** chiffre *m* d'affaires; **~pike** tourniquet *m*; **~-up** revers *m*.
turpentine térébenthine *f*.
turtle ['tə:tl] tortue *f*.
tusk [tʌsk] défense *f*.
tutor précepteur *m*; répétiteur *m*; *dr.* tuteur *m*.
tuxedo [tʌk'si:dəu] *Am.* smoking *m*.
tweezers *pl.* pince *f*.
twelve douze.
twenty vingt.
twice deux fois.
twig brindille *f*, ramille *f*.
twilight ['twailait] crépuscule *m*, demi-jour *m*.
twin beds *pl.* lits *m/pl.* jumeaux.
twine ficelle *f*; (s')enrouler; (s')entrelacer.
twinkl|e étinceler; clignoter; **in the ~ing of an eye** en un clin d'œil.
twins *pl.* jumeaux *m/pl.*
twist cordonnet *m*; torsion *f*, contorsion *f*; (se) tordre; (se) tortiller.
twitch élancement *m*; contraction *f* spasmodique; (se) crisper.
two [tu:] deux; **~-piece** deux-pièces *m*.
tycoon [tai'ku:n] magnat *m*.
type type *m*, genre *m*; taper à la machine; **~writer** machine *f* à écrire; **~written** dactylographié.
typhoon [tai'fu:n] typhon *m*.
typical typique (**of** de).
typist dactylo *f*.
tyranny ['tirəni] tyrannie *f*.
tyrant ['taiərənt] tyran *m*.
tyre pneu(matique) *m*.

U

udder mamelle *f.*
ugliness laideur *f.*
ugly ['ʌgli] laid; vilain.
U.K. = **United Kingdom.**
ulcer ulcère *m.*
ulterior [ʌl'tiəriə] ultérieur.
ultimate dernier; final.
ultra-violet ultra-violet.
umbrella parapluie *m.*
umpire ['ʌmpaiə] arbitre *m.*
un|abashed [ʌnə'bæʃt] sans être déconcerté; **~able** incapable; **~abridged** non abrégé; complet; **~acceptable** inacceptable; désagréable; **~accountable** inexplicable; **~accustomed** inaccoutumé (**to** à); **~acquainted with** peu versé dans; **~affected** naturel; insensible (**by** à); **~alterable** inchangeable.
unanimity [ju:nə'nimәti] unanimité *f.*
unanimous unanime.
un|answerable irréfutable; **~approachable** inaccessible, inabordable; **~armed** sans armes; **~asked** sans avoir été invité; spontané (-ment); **~assuming** modeste; **~attainable** impossible à atteindre; **~attended** seul, sans escorte; **~attractive** peu séduisant; **~authorized** sans autorisation; illicite; **~avoidable** inévitable.
unaware: be ~ of ignorer; **~s** au dépourvu, à l'improviste; par mégarde.
un|balanced déséquilibré; **~bearable** insupportable; **~becoming** peu convenable; malséant; **~believing** incrédule; **~bend** (se) détendre; **~bias(s)ed** impartial; **~bidden** sans être invité; **~bind** délier, détacher; **~bolt** déverouiller.
unbound libre; *livre:* non relié; **~ed** illimité, infini.
un|breakable incassable; **~broken** non brisé; continu; **~button** déboutonner; **~canny** mystérieux; sinistre; **~ceasing** incessant; continuel; **~certain** incertain; irrésolu; **~changeable** immuable; **~checked** effréné; **~civil** impoli; **~claimed** non réclamé; *lettre:* au rebut.
uncle ['ʌŋkl] oncle *m.*
un|clean malpropre; **~comfortable** inconfortable; mal à l'aise; **~common** peu ordinaire, rare; **~concerned** indifférent; insouciant; **~conditional** catégorique; **~conscious** inconscient; évanoui; **~contested** incontesté; **~controllable** absolu; irrésistible; **~cooked** cru; **~cork** déboucher; **~couple** [ʌn'kʌpl] découpler; **~cover** (se) découvrir; **~cultivated** in-

culte; **~daunted** [ʌn'dɔ:ntid] intrépide; **~decided** indécis; **~defined** indéfini; indéterminé; **~deniable** incontestable.

under sous, au-dessous de; dessous; **~bid** offrir moins que (*q.*); **~clothes** *pl.* vêtements *m/pl.* de dessous, linge *m* de corps; **~-developed** sous-développé; **~done** saignant; **~estimate** sous-estimer; **~-expose** sous-exposer; **~fed** sous-alimenté; **~go** subir; supporter; **~graduate** étudiant *m* non diplomé; **~ground** souterrain; métro *m*; **~line** souligner; **~lying** fondamental; **~mine** saper; miner; **~neath** [ʌndə'ni:θ] sous, au-dessous de; dessous; **~pants** *pl.* caleçon *m*; **~pass** passage *m* souterrain; **~shirt** gilet *m* (de corps); **~signed** soussigné *m*; **~sized** de taille non suffisante; **~stand** comprendre; **~standing** entente *f*, accord *m*; **~stood** *prét. et p.p. de* **understand; ~take** entreprendre; promettre; **~taking** entreprise *f*; **~water** sous-marin; **~wear** vêtements *m/pl.* de dessous.

un|deserved non mérité; **~desirable** indésirable, désagréable; **~did** *prét. de* **undo; ~digested** non digéré; **~diminished** sans diminution; **~disturbed** sans être troublé; **~do** défaire; délier, détacher; **~done** *p.p. de* **undo; ~doubted** incontestable; **~dress** (se) déshabiller; **~duly** indûment, trop; **~earthly** [ʌn'ɔ:θli] surnaturel; **~easiness** malaise *m*; inquiétude *f*; **~easy** mal à l'aise; **~eatable** immangeable; **~educated** inculte; vulgaire; **~employed** sans travail.

unemployment chômage *m*; **~ benefit** allocation *f* de chômage.

un|equal inégal; **~even** inégal; impair; **~exampled** sans exemple; **~expected** inattendu; imprévu; **~explored** inexploré; **~exposed** *phot.* vierge; **~failing** infaillible; **~fair** injuste; **~fashionable** démodé; **~fasten** défaire; détacher; **~fathomable** insondable; **~favo(u)rable** défavorable; contraire; **~feeling** insensible; **~finished** incomplet; **~fit** incapable; déplacé; **~fold** déplier; exposer (*projet*); se déployer; **~foreseen** imprévu; inattendu; **~forgiving** implacable; **~fortunately** malheureusement; **~friendly** peu amical; hostile; **~furnished** non meublé; **~gainly** maladroit, dégingandé; **~grateful** ingrat; **~guarded** sans défense; irréfléchi; **~happy** malheureux; **~healthy** malsain; maladif; **~heard-of**

inouï; **~hinged** *esprit:* dérangé; **~hoped-for** inespéré; **~hurt** sain et sauf.
uniform ['ju:nifɔ:m] uniforme; uniforme *m*.
un|impaired intact; non diminué; **~important** insignifiant; **~inhabited** inhabité; **~injured** indemne; sain et sauf; **~insured** non assuré; **~intelligent** inintelligent; **~intelligible** inintelligible; **~intentional** involontaire; **~interesting** sans intérêt.
union ['ju:njən] union *f*; syndicat *m*; concorde *f*, harmonie *f*; **Ⱥ Jack** pavillon *m* britannique.
unique [ju:'ni:k] unique.
unit ['ju:nit] unité *f*; élément *m*; **~e** (s')unir; (se) réunir; **the Ⱥed Kingdom** le Royaume-Uni; **the Ⱥed States (of America)** *pl.* les États-Unis *m/pl.* (d'Amérique); **~y** unité *f*; concorde *f*.
univers|al [ju:ni'və:sl] universel; **~ality** universalité *f*; **~e** univers *m*; **~ity** université *f*.
un|just injuste; **~kind** peu aimable; **~known** inconnu; **~lace** délacer; **~lawful** illégal, illicite; **~learned** illettré.
unless [ən'les] à moins que (*ou* de); si ... ne ... pas.
unlike différent, dissemblable; autrement que.
unlikely invraisemblable; **this is ~ to happen** il est peu probable que cela se produise.
un|limited illimité; **~load** décharger.
unlock ouvrir; **~ed** ouvert.
un|looked-for inattendu; imprévu; **~lucky** infortuné; malchanceux; **~manageable** intraitable; **~married** célibataire; **~matched** sans pareil; **~mentionable** dont on ne parle pas; **~merciful** impitoyable; **~mindful of** peu soucieux de; **~mistakable** typique; indiscutable.
unmoved non ému; impassible.
un|natural anormal; contre nature; **~necessary** inutile; excessif; **~noticed** inaperçu; **~occupied** libre; **~pack** déballer; **~paid** non payé; **~palatable** désagréable au goût; **~perceived** inaperçu; **~pleasant** désagréable; **~popular** impopulaire; **~practised** inexpérimenté; **~precedented** sans précédent; **~prejudiced** sans préjugés; **~prepared** non préparé; improvisé; **~pretentious** modeste; **~profitable** peu lucratif; inutile; **~proved** non éprouvé; **~provoked** non provoqué; **~qualified** incompétent; sans restriction; **~questionable** incontestable; **~ravel** (se) démêler, (se) débrouiller; **~reasonable** déraisonnable; absurde; **~refined**

inculte, grossier; **~relenting** implacable; **~reliable** douteux; instable; **~rest** agitation *f*; **~restrained** sans contrainte; **~rewarded** sans récompense; **~ripe** vert; pas mûr; **~rival(l)ed** sans égal; **~roll** (se) dérouler; **~ruly** mutin, insoumis; **~safe** dangereux; **~satisfactory** peu satisfaisant; **~screw** dévisser; **~scrupulous** sans scrupules; **~seasonable** inopportun; **~seemly** peu convenable; **~seen** inaperçu, à la dérobée; **~selfish** sans égoïsme; **~serviceable** inutile, bon à rien.

unsettle déranger; **~d** dérangé; non réglé; indécis; instable; en suspens.

unshapely [ʌn'ʃeipli] informe.

unshrink|able irrétrécissable; **~ing** inébranlable.

un|sightly laid; **~skilled** inexpérimenté; *ouvrier:* non qualifié; **~sociable** insociable; **~sold** invendu; **~solved** non résolu; **~sound** malsain; **~speakable** inexprimable; **~steady** incertain, irrésolu; **~studied** naturel; **~successful** sans succès; raté; **~suitable** non approprié; **~suspicious** crédule; **~systematic** sans système; **~thinkable** inconcevable; **~thinking** irréfléchi; **~tidy** négligé; en désordre; **~tie** dénouer, défaire; détacher.

until [ən'til] jusqu'a; jusqu'à ce que; avant.

un|timely [ʌn'taimli] inopportun; prématuré; **~tiring** infatigable; **~touched** non touché, intact; indifférent (**by** à); **~trained** inexpérimenté; **~translatable** intraduisible; **~tried** non essayé; inexpérimenté; **~true** faux, inexact; déloyal; **~truth** mensonge *m*; **~used** inutilisé; neuf; **~usual** insolite; exceptionnel; **~veil** dévoiler; découvrir; **~welcome** importun; **~well** indisposé; **~wholesome** malsain; **~wieldy** peu maniable; **~wise** imprudent; **~wittingly** à son insu; **~worthy** indigne; **~wrap** déballer; **~written** non écrit; **~yielding** inébranlable, inflexible.

up en haut; en l'air; debout; levé; **be hard ~** avoir peu d'argent; **be ~ to s.th.** être à la hauteur de qc.; **what's he ~ to?** qu'est-ce qu'il fricote?; **what's ~?** qu'est-ce qu'il y a?

up|hill montant; *travail:* ardu; **~hold** soutenir.

upholster tapisser.

upkeep entretien *m*.

upon [ə'pɔn] sur.

upper supérieur, (plus) haut; d'en haut; de dessus; **the ~ class** la haute société.

upright droit, vertical; intègre; debout, d'aplomb.

uproar ['ʌprɔ:] tumulte *m*, tapage *m*.

upset [ʌp'set] renverser; bouleverser.
upside-down sens dessus dessous.
upstairs en haut.
upstart parvenu *m*.
uptake: be slow in the ~ avoir l'esprit bouché.
up-to-date moderne.
upward ['ʌpwəd] ascendant, montant.
urban urbain.
urge [ə:dʒ] pousser, presser; **~ncy** urgence *f*; **~nt** urgent.
urn urne *f*.
us [ʌs] nous.
U.S.(A.) = **United States (of America)**.
usable utilisable.
usage ['ju:zidʒ] usage *m*; traitement *m*.
use usage *m*, emploi *m*; utilité *f*; **of ~** utile; **what's the ~ (of)?** à quoi bon?; *v*. se servir de, employer; **~ up** épuiser; **~d** usagé; habitué (**to** à); **he ~d to say**, *etc*. il disait, *etc*.; **be ~d to** avoir l'habitude de; **~ful** utile; **~less** inutile; **~r** usager *m*.
usher *thea*. ouvreur *m*, ouvreuse *f*; **~ in** introduire; **~ette** ouvreuse *f*.
usual ['ju:ʒuəl] habituel, accoutumé; **as ~** comme d'habitude; **~ly** d'habitude.
usur|er usurier *m*; **~y** usure *f*.
utensil [ju:'tensl] ustensile *m*.
utili|ty [ju:'tiləti] utilité *f*; **~zation** utilisation *f*; **~ze** utiliser.
utmost dernier, extrême.
utter[1] total, entier; absolu.
utter[2] pousser (*cri*); prononcer (*mot*); **~ance** parole *f*; expression *f*.
uttermost extrême.

V

vacancy vacuité *f*, vide *m*; poste *m* vacant.
vacant vacant, libre; vide; vague.
vacation vacances *f/pl*.
vaccinat|e vacciner; **~ion** vaccination *f*.
vacillate vaciller; hésiter (**between** entre).
vacuum ['vækjuəm] vide *m*; **~ cleaner** aspirateur *m*; **~ flask** thermos *m*.
vagabond vagabond *m*.
vague [veig] vague.
vain [vein] vain; vaniteux; futile; **in ~** en vain.
valerian valériane *f*.
valet valet *m* de chambre.
valiant ['væljənt] vaillant.
valid valide, valable; **~ity** validité *f*.
valley vallée *f*; vallon *m*.
valo(u)r ['vælə] valeur *f*; vaillance *f*.
valuable précieux; **~s** *pl*. objets *m/pl*. de valeur.
value ['vælju:] valeur *f*, prix *m*; évaluer; tenir à; **~-added**

tax taxe *f* sur la valeur ajoutée.
valve soupape *f*; *radio* valve *f*.
vamp[1] empeigne *f*.
vamp[2] femme *f* fatale.
van camionnette *f*; *ch.d.f.* fourgon *m*.
vanilla vanille *f*.
vanish disparaître.
vanity vanité *f*; ~ **case** poudrier *m*.
vaporize (se) vaporiser.
vapo(u)r vapeur *f*.
variable variable.
variance désaccord *m*.
variation variation *f*; différence *f*; changement *m*.
varicose vein varice *f*.
variety [və'raiəti] variété *f*; diversité *f*; ~ **show** spectacle *m* de music-hall.
various divers, différent.
varnish vernis *m*; vernir, vernisser; *fig*. farder.
vary varier, changer.
vase [vɑ:z] vase *m*.
vast vaste, immense.
vault[1] [vɔ:lt] voûte *f*; cave *f*.
vault[2] saut *m*; **(~ over)** sauter.
veal [vi:l] veau *m*; **roast** ~ rôti *m* de veau.
vegeta|ble ['vedʒtəbl] légume *m*; **~rian** végétarien *m*; **~tion** végétation *f*.
vehemence véhémence *f*.
vehement véhément.
vehicle véhicule *m* (*a. fig*.).
veil voile *m*; (se) voiler.
vein [vein] veine *f*.
velocity vélocité *f*, vitesse *f*.
velvet de velours; velours *m*.
vend vendre; **~or** vendeur *m*.
vending machine distributeur *m* automatique.
venerate vénérer.
veneration vénération *f*.
venereal disease maladie *f* vénérienne.
Venetian [və'ni:ʃən] **blind** jalousie *f*.
vengeance ['vendʒəns] vengeance *f*.
venison ['venzn] venaison *f*; chasse *f*.
vent issue *f*, passage *m*; trou *m*; **give** ~ **to** donner libre cours à.
ventilate ventiler; aérer.
ventilation ventilation *f*; aérage *m*.
ventriloquist ventriloque *m*.
venture ['ventʃə] aventure *f*, entreprise *f* hasardeuse; (se) risquer; (s')aventurer; **~some** audacieux.
veracious [və'reiʃəs] véridique.
veranda(h) véranda *f*.
verb verbe *m*; **~al** verbal; *traduction:* mot à mot.
verdict verdict *m*.
verdigris vert-de-gris *m*.
verge bord *m*, bordure *f*; **~ on** frôler, friser.
verify ['verifai] vérifier.
veritable véritable.
vermin vermine *f*.
verse vers *m*.
versed in versé dans.
version version *f*.
versus contre.

vertical vertical.
very très, fort, bien; **the ~ best** tout ce qu'il y a de mieux; **this ~ day** aujourd'hui même; **in the ~ act** en flagrant délit; **~ well** très bien.
vessel vaisseau *m*; navire *m*.
vest[1] gilet *m*.
vest[2] **with** investir de; **~ed rights** *pl.* droits *m/pl.* acquis.
vestibule ['vestibju:l] vestibule *m*.
vestige ['vestidʒ] vestige *m*.
vestry sacristie *f*.
veteran ancien combattant *m*.
veterinar|ian, ~y surgeon vétérinaire *m*.
veto ['vi:təu] (*pl.* **~es**) veto *m*; mettre son veto à.
vex fâcher, vexer, ennuyer; **~ation** ennui *m*; **~atious** fâcheux.
via via; par (la voie de).
viaduct viaduc *m*.
vibrat|e [vai'breit] vibrer; osciller; **~ion** vibration *f*.
vicar curé *m*; ministre *m*.
vice[1] vice *m*; défaut *m*.
vice[2] étau *m*.
vice|-consul vice-consul *m*; **~-president** vice-président *m*.
vice versa [vaisi'və:sə] vice versa, inversement.
vicinity voisinage *m*.
vicious ['viʃəs] vicieux.
victim victime *f*.
victorious victorieux.
victory victoire *f*.
victuals ['vitlz] *pl.* vivres *m/pl.*
vie [vai] **with** rivaliser avec.
view [vju:] vue *f*, coup *m* d'œil; regard *m*; intention *f*, but *m*; opinion *f*; regarder; voir, examiner; **point of ~** point *m* de vue; **~-finder** viseur *m*.
vigilance ['vidʒiləns] vigilance *f*.
vigorous vigoureux, robuste.
vigo(u)r vigueur *f*.
vile vil, abject, bas.
villa villa *f*.
village ['vilidʒ] village *m*.
villain infâme *m*; gredin *m*.
vindicate défendre, justifier; prouver.
vine vigne *f*.
vinegar ['vinigə] vinaigre *m*.
vineyard ['vinjəd] vignoble *m*.
vintage vendange(s *pl.*) *f*; vin *m*, cru *m*.
viol|ate violer, **~ence** violence *f*; **~ent** violent.
violet *fleur:* violette *f*; *couleur:* violet (*m*).
violin [vaiə'lin] violon *m*.
viper vipère *f*.
virgin vierge *f*; **~al** virginal, de vierge.
virtue ['və:tju:] vertu *f*; mérite *m*; **by ~ of** en vertu de.
virtuous vertueux.
visa visa *m*.
viscount ['vaikaunt] vicomte *m*.
visibility visibilité *f*.
visible visible.
vision ['viʒən] vision *f*; vue *f*.
visit visite *f*; aller voir, rendre visite à; visiter; **~ing-card**

carte *f* de visite; **~ing hours** *pl.* heures *f/pl.* de visite; **~or** visiteur *m*; invité *m*.
visual ['vizjuəl] visuel; **~ize** se représenter.
vital ['vaitl] vital; essentiel; **~ity** vitalité *f*.
vitamin vitamine *f*.
vivaci|ous [vi'veiʃəs] vivace, vif, animé; **~ty** vivacité *f*; verve *f*.
vivid vif; net, clair.
vocabulary vocabulaire *m*.
vocal vocal; **~ chords** *pl.* cordes *f/pl.* vocales.
vocation vocation *f*; profession *f*, métier *m*; **~al guiding** orientation *f* professionnelle.
vogue [vəug] vogue *f*.
voice voix *f*.
void vide (*m*); **~ of** dépourvu de, dénué de.
volcano (*pl.* **~es**) volcan *m*.
volley volée *f*.
volt volt *m*.
voltage voltage *m*.
voluble ['vɔljubl] volubile.
volume volume *m*, masse *f*; tome *m*; **~ control** *radio* régulateur *m* de puissance.
voluntary volontaire.
volunteer volontaire *m*, *f*; s'offrir (**for** pour); offrir (**to** de).
voluptuous [və'lʌptʃuəs] voluptueux.
vomit vomir.
voracious [və'reiʃəs] vorace.
vote vote *m*, scrutin *m*; voter; **~r** votant *m*.
voting|-booth cabine *f* de vote; **~-box** urne *f* de vote.
vouch [vautʃ] **for** se porter garant de; **~er** pièce *f* justificative; reçu *m*, bon *m*.
vow [vau] vœu *m*; jurer.
vowel voyelle *f*.
voyage ['vɔiidʒ] voyage *m* sur mer (*ou Am.* en avion); traversée *f*; voyager sur mer; naviguer; **~r** passager *m*.
vulgar vulgaire, commun, de mauvais goût; **~ity** vulgarité *f*, grossièreté *f*.
vulnerable vulnérable.
vulture ['vʌltʃə] vautour *m*.

W

wad tampon *m*, bouchon *m*; **~ding** rembourrage *m*.
waddle ['wɔdl] se dandiner.
wade marcher dans l'eau; passer à gué.
wafer gaufrette *f*; hostie *f*.
waffle gaufre *f*.
wag farceur *m*; (se) remuer, (s')agiter.
wage-earner salarié *m*.
wages *pl.* salaire *m*.
waggon ['wægən] charrette *f*, chariot *m*; fourgon *m*; wagon *m*.
wail plainte *f*; gémir; se lamenter (**over** sur).
wainscot boiserie *f*.
waist ceinture *f*, taille *f*; **~coat** ['weiskəut] gilet *m*.
wait attendre; **~ for** attendre

(*q.*, *qc.*); ~ **upon** servir (*q.*); **keep ~ing** faire attendre; **~er** garçon *m*; **~ing-list** liste *f* d'attente; **~ing-room** salle *f* d'attente; **~ress** serveuse *f*.

wake[1] sillon *m*; sillage *m*.

wake[2] (se) réveiller; (s')éveiller; ~ **up** (se) réveiller; **~n** (s')éveiller.

walk [wɔ:k] promenade *f*; marche *f*; marcher; aller à pied; se promener; **~er** promeneur *m*, marcheur *m*.

walking|-stick canne *f*; **~-tour** marche *f*.

walk|-out grève *f*; **~-over** victoire *f* facile.

wall muraille *f*, mur *m*; *a.* ~ **in** (*ou* **up**) murer.

wallet portefeuille *m*.

wallow se vautrer, se rouler.

wallpaper papier *m* peint.

walnut noix *f*; noyer *m*.

waltz [wɔ:ls] valse *f*; valser.

wand [wɔnd] baguette *f*.

wander errer, rôder; divaguer; **~er** vagabond *m*.

wane [wein] déclin *m*; *lune:* décours *m*; décroître.

want besoin *m*, manque *m*; **for ~ of** faute de; *v.* manquer de, avoir besoin de; désirer, souhaiter; vouloir.

war guerre *f*; lutte *f*.

ward garde *f*; tutelle *f*; *hôpital:* salle *f*; ~ **off** parer, détourner; **~en** gardien *m*.

wardrobe ['wɔ:drəub] garde-robe *f*; armoire *f*; **~-trunk** malle-armoire *f*.

ware marchandise *f*; **~house** entrepôt *m*; mettre en entrepôt.

warlike guerrier, martial.

warm chaud; *fig.* cordial; animé; (se) (ré)chauffer.

warmonger ['wɔ:mʌŋgə] belliciste *m*.

warmth [wɔ:mθ] chaleur *f*.

warn avertir; prévenir; **~ing** avertissement *m*.

warp (faire) gauchir.

warrant garantie *f*; ~ **of arrest** mandat *m* d'arrêt; *v.* garantir; justifier.

wart verrue *f*.

wary ['wɛəri] avisé, prudent; **be ~ of** se méfier de.

wash lessive *f*; (se) laver; ~ **up** faire la vaisselle; **~able** lavable; ~ **and wear** sans repassage; **~-basin** lavabo *m*.

washing lessive *f*; **~-machine** machine *f* à laver; **~-powder** savon *m* en poudre, lessive *f*.

wash|-out *fam.* fiasco *m*, four *m* (noir); **~rag** *Am.* gant *m* de toilette; **~-room** toilettes *f*|*pl.*; **~-stand** lavabo *m*.

wasp guêpe *f*.

waste perdu; de rebut; *terre:* inculte; gaspillage *m*; gâcher; gaspiller; **~ful** prodigue; **~-paper basket** corbeille *f* à papier.

watch montre *f*; garde *f*; observer; regarder; ~ **for** guetter; ~ **out** prendre garde; ~ **out!** attention!; ~ **over** garder, veiller sur; **~-band**

bracelet *m*; **~ful** vigilant; **~-maker** horloger *m*; **~man** veilleur *m*, gardien *m*.

water eau *f*; arroser; faire boire; se mouiller; **make a person's mouth ~** faire venir l'eau à la bouche; **~-colo(u)r** aquarelle *f*; **~-cooling** refroidissement *m* par eau; **~cress** cresson *m*; **~fall** cascade *f*; **~ing-place** abreuvoir *m*; station *f* thermale; ville *f* d'eau; **~melon** pastèque *f*; **~-pipe** tuyau *m* d'eau; **~proof** imperméable *m*; **~ skiing** ski *m* nautique; **~ skis** *pl.* skis *m/pl.* nautiques; **~-supply** approvisionnement *m* en eau; **~tight** étanche; **~way** voie *f* d'eau; **~y** aqueux; humide.

watt watt *m*.

wave vague *f*; onde *f*; ondulation *f*; onduler; (s')agiter; flotter; faire signe de la main; **~-length** longueur *f* d'onde.

waver ['weivə] vaciller; *fig.* hésiter.

wavy ondulé.

wax[1] cire *f*; cirer.

wax[2] *lune:* croître.

waxworks *pl.* figures *f/pl.* de cire.

way chemin *m*, route *f*, voie *f*; sens *m*; manière *f*, mode *f*; moyen *m*; **~ in** entrée *f*; **~ out** sortie *f*; **by the ~** à propos; **by ~ of** à titre de; **out of the ~** *fig.* extraordinaire; **have one's ~** en faire à sa tête; **~lay** embusquer; **~side** bord *m* de la route; **~ward** capricieux, entêté.

we nous.

weak [wi:k] faible; **~en** (s')affaiblir; **~ly** faible; **~ness** faiblesse *f*.

wealth [welθ] richesse *f*, opulence *f*; **~y** riche, opulent.

weapon ['wepən] arme *f*.

wear porter (*vêtements*); user; fatiguer, épuiser; **~ away (down, out)** (s')user, (s')effacer; *su.* usure *f*; **for hard ~** de bon usage.

weariness fatigue *f*.

weary ['wiəri] fatigué; las (**of** de).

weather temps *m*; **~-beaten** usé par le temps; **~-bureau** office *m* météorologique; **~-forecast, ~ report** bulletin *m* météorologique, *fam.* météo *f*; **~proof** étanche, imperméable.

weave tisser; tresser.

weaver tisserand *m*.

web tissu *m*; toile *f*.

wed (se) marier; épouser.

wedding noce(s *pl.*) *f*; mariage *m*; **golden (silver) ~** noces *f/pl.* d'or (d'argent); **~-dress** robe *f* de mariée; **~-ring** alliance *f*.

wedge [wedʒ] coin *m*; cale *f*; caler; **~ in** insérer; coincer.

Wednesday ['wenzdi] mercredi *m*.

weed mauvaise herbe *f*.

week [wi:k] semaine *f*; **a ~ ago** il y a huit jours; **today ~** d'aujourd'hui en huit; **~-day**

jour *m* ouvrable; **~-end** fin *f* de la semaine; week-end *m*; **~ly** hebdomadaire (*m*); *adv.* par semaine; tous les huit jours.

weep pleurer.

weigh [wei] peser; estimer, évaluer; **~ anchor** lever l'ancre; **~ down** accabler.

weight poids *m*; lourdeur *f*; importance *f*; **~y** lourd; important.

welcome bienvenu; bienvenue *f*; souhaiter la bienvenue à; accueillir; **(you are) ~!** pas de quoi!

weld souder.

welfare bien-être *m*; **social ~** assistance *f* sociale.

well[1] puits *m*; jaillir.

well[2] bien; bien portant; **as ~ as** aussi bien que; **I am ~** je vais bien; **~-done** *cuis.* bien cuit; **~-known** célèbre; **~-meaning** bien intentionné; **~-off, ~-to-do** cossu, aisé.

went *prét. de* **go.**

wept *prét. et p.p. de* **weep.**

west ouest *m*; occident *m*; **~ern** de l'ouest; occidental; **~ward(s)** à (*ou* vers) l'ouest.

wet mouillé, humide; **~ through** trempé; *su.* humidité *f*; *v.* mouiller, humecter; arroser.

whale baleine *f*; **~bone** baleine *f*.

wharf [wɔ:f] quai *m*; **~age** quayage *m*.

what qu'est-ce qui?; qu'est-ce que?; ce qui, ce que; qui, que, quel; **~ else** quoi d'autre; **~ever** quoi que ce soit; quelque ... que; tout ce que; **~ for** pourquoi; à quoi.

wheat [wi:t] froment *m*; blé *m*.

wheel roue *f*; rouler; tournoyer; **~barrow** brouette *f*.

when quand, lorsque; où.

whence d'où.

whenever toutes les fois que.

where où; **~abouts** où?; lieu *m* où l'on se trouve; **~as** tandis que; **~upon** sur quoi; là-dessus.

wherever n'importe où; partout où.

whet aiguiser; *fig.* exciter.

whether si; soit que; **~ ... or** si ... ou.

which [witʃ] qui, que, lequel; ce qui, ce que; **~ever** n'importe (le)quel.

while pendant que, tandis que; temps *m*, moment *m*; **~ away** faire passer (*temps*).

whim caprice *m*; lubie *f*.

whimper pleurnicher.

whimsical capricieux.

whine geindre, pleurnicher.

whip fouet *m*; fouetter; battre (*œufs*); **~ped cream** (crème *f*) Chantilly *m*.

whirl [wə:l] tourbillon *m*; (faire) tournoyer (*ou* tourbillonner); **~pool** tourbillon *m*; **~wind** tourbillon *m*, cyclone *m*.

whisk époussette *f*; agiter; **~ away** faire disparaître; chasser.

whiskers *pl.* favoris *m/pl.*

whisper chuchotement *m*; chuchoter; parler bas.
whistle ['wisl] sifflet *m*; sifflement *m*; siffler.
white [wait] blanc; **~ lie** pieux mensonge *m*; **~-hot** chauffé à blanc; *su. œuf:* blanc *m*; **~n** blanchir; **~ness** blancheur *f*; pâleur *f*; **~wash** blanc *m* de chaux; blanchir à la chaux; *fig.* disculper.
Whitsuntide Pentecôte *f*.
whiz(z) siffler.
who [hu:] qui; qui est-ce qui; **~ever** quiconque.
whole [həul] entier, intégral, tout; totalité *f*, tout *m*; **on the ~** à tout prendre; **~sale** vente *f* en gros; de gros; en gros; **~saler** grossiste *m*; **~some** salubre; salutaire.
whom [hu:m] qui; que; lequel.
whoop [hu:p] huer, crier; **~ing-cough** *méd.* coqueluche *f*.
whose [hu:z] dont, de qui, duquel; **~ hat is this?** à qui (est) ce chapeau?
why [wai] pourquoi.
wick mèche *f*.
wicked ['wikid] méchant, mauvais; **~ness** méchanceté *f*.
wicker chair fauteuil *m* d'osier.
wide large, vaste, étendu; immense; **~ awake** bien éveillé; **~n** (s')élargir; **~-spread** répandu.
widow veuve *f*; **~er** veuf *m*.
width [widθ] largeur *f*, étendue *f*.
wield manier.
wife (*pl.* **wives**) femme *f*, épouse *f*.
wig perruque *f*.
wild [waild] sauvage; féroce; fou; **run ~** se dévergonder; faire des fredaines; **~cat strike** grève *f* illégale; **~-erness** ['wildənis] désert *m*; **~fire: spread like ~fire** se répandre comme une traînée de poudre.
wilful têtu; fait à dessein.
will volonté *f*; décision *f*; testament *m*; **at ~** à volonté; *v.* vouloir; avoir l'habitude de; **be ~ing to** vouloir bien, être prêt à; **~ingly** volontiers.
willow saule *m*.
win gagner.
wince tressaillir; **not to ~** ne pas broncher.
wind[1] [waind] tourner; (s')enrouler; serpenter; **~ up** remonter (*montre*); finir.
wind[2] [wind] vent *m*; **get ~ of** avoir vent de; **~bag** bavard *m*; **~fall** *fig.* aubaine *f*.
winding ['waindiŋ] sinuosité *f*; en spirale; **~ stairs** *pl.* escalier *m* en colimaçon; **~-up** *affaire*: liquidation *f*.
windlass treuil *m*.
window ['windəu] fenêtre *f*; **~-dressing** étalage *m*; *fig.* trompe-l'œil *m*; **~-pane** carreau *m*; **~-shopping: go ~-shopping** faire du lèche-vitrines; **~-shutter** contrevent *m*; **~-sill** appui *m* de fenêtre.

windpipe trachée *f.*
windscreen, *Am.* **windshield** *mot.* pare-brise *m*; ~ **wiper** essuie-glace *m*; ~-**washer** lave-glace *m.*
windy venteux.
wine vin *m*; ~**glass** verre *m* à vin; ~-**list** carte *f* des vins; ~-**merchant** marchand *m* de vins.
wing aile *f.*
wink clin *m* d'œil; cligner de l'œil; clignoter.
winner gagnant *m*; vainqueur *m.*
winning gagnant; séduisant, charmeur.
winter hiver *m*; hiverner.
wipe essuyer; ~ **out** effacer; ~ **up** nettoyer.
wire ['waiə] fil *m* de fer; télégramme *m*; télégraphier.
wireless sans fil; *Br.* radio *f*; ~ **message** radiogramme *m*; ~-**set** *Br.* poste *m*, radio *f.*
wire|-netting grillage *m*; ~**puller** meneur *m.*
wisdom ['wizdəm] sagesse *f.*
wise sage; prudent, discret; ~**crack** faire le malin, faire de l'esprit.
wish désir *m*; souhait *m*; désirer; souhaiter.
wistful désireux, nostalgique; rêveur; pensif.
wit esprit *m*; bon sens *m*; **be at one's** ~**'s end** être au bout de son rouleau.
witch [witʃ] sorcière *f.*
with avec; de; par; dans; chez; parmi; contre.
withdraw (se) retirer; se dégager; ~**al** retrait *m*; retraite *f.*
wither (se) dessécher, (se) flétrir; dépérir.
withhold from refuser à.
within dedans; à l'intérieur (de); dans.
without sans; dehors; **do** ~ se passer de.
withstand résister à.
witness témoin *m*; témoignage *m*; témoigner; assister à; ~-**box,** *Am.* ~ **stand** barre *f* des témoins.
witty spirituel; plaisant.
woke *prét. de* **wake**[2].
woken *p.p. de* **wake**[2].
wolf [wulf] (*pl.* **wolves**) loup *m.*
woman ['wumən] (*pl.* **women** ['wimin]) femme *f*; ~**ish** efféminé; ~**ly** féminin.
won *prét. et p.p. de* **win.**
wonder étonnement *m*; merveille *f*, surprise *f*; s'étonner; se demander; vouloir bien savoir; ~**ful** merveilleux.
woo courtiser.
wood bois *m*; forêt *f*; ~**en** de (*ou* en) bois; ~**land** pays *m* boisé; bois *m*; ~**work** boiserie *f*; charpente *f*; ~**y** boisé.
wool laine *f.*
woollen de laine, en laine.
word [wə:d] mot *m*; parole *f*; nouvelle *f*; **have** ~**s with** se disputer avec; ~**ing** expression *f*, style *m.*
wore *prét. de* **wear.**
work [wə:k] travail *m*; beso-

gne *f*; œuvre *f*; ouvrage *m*; travailler; fonctionner, aller; **~s** (*pl.*) usine *f*; rouage *m*; **~ out** (se) développer; **~ permit** permis *m* de travail; **~ up** exciter; **~er** travailleur *m*, ouvrier *m*.
working: in ~ order en état de fonctionner; **~ capital** fonds *m/pl.* d'exploitation; **~ classes** *pl.* classe *f* ouvrière; **~ day** jour *m* ouvrable; **~ hours** *pl.* heures *f/pl.* de travail.
workman ouvrier *m*; artisan *m*; **~ship** ouvrage *m*, travail *m*; façon *f*, exécution *f*.
workshop atelier *m*.
world [wə:ld] monde *m*; l'univers *m*; **~ championship** championnat *m* du monde; **~-famous** de renommeé mondiale; **~ly** du monde; **~-power** puissance *f* mondiale; **~ war** guerre *f* mondiale; **~-wide** universel; mondial.
worn *p.p. de* **wear.**
worn-out usé; épuisé.
worry souci *m*, ennui *m*; (se) tourmenter, (s')inquiéter.
worse [wə:s] pire; plus mauvais; plus malade; **~ and ~** de mal en pis.
worship culte *m*; vénération *f*; adorer.
worst le plus mauvais, le pire; **get the ~ of it** avoir le dessous.
worsted ['wustid] laine *f* peignée.
worth valeur *f*; prix *m*; **a dollar's**, *etc*, **~ of...** pour un dollar, *etc.* de ...; **~less** sans valeur; **be ~ (one's) while, be ~while** en valoir la peine; **~y** digne, de mérite.
would *prét. et conditionnel de* **will.**
would-be prétendu; soi-disant.
wound[1] [wu:nd] blessure *f*; blesser.
wound[2] [waund] *prét. et p.p. de* **wind**[1].
wove *prét. de* **weave.**
woven *p.p. de* **weave.**
wrap [ræp] (en)rouler, envelopper; emmitoufler; **be ~ped up in** être absorbé dans; **~per** couverture *f*; (**postal ~per**) bande *f* de journal; **~ping-paper** papier *m* d'emballage.
wrath [rɔ:θ] colère *f*; courroux *m*.
wreath [ri:θ] guirlande *f*; tresse *f*, couronne *f* (de fleurs); **~e** [ri:ð] enguirlander.
wreck naufrage *m*; navire *m* naufragé; épave *f*; débris *m*; ruiner; faire naufrage; **~er service** *Am. mot.* service *m* de dépannage.
wrench torsion *f*; clef *f* (à écrous); tordre; forcer.
wrest [rest] **from** arracher à.
wrestle ['resl] lutter; **~r** lutteur *m*, catcheur *m*.
wretched ['retʃid] misérable.
wriggle (se) tortiller; **~ into** se faufiler dans.
wring [riŋ] tordre; **(~ out)**

essorer (*linge*); ~ **from** arracher à.
wrinkle faux pli *m*; ride *f*; (se) rider; (se) plisser; froncer (*les sourcils*); **~-resistant** infroissable.
wrist poignet *m*; **~-watch** montre-bracelet *f*.
writ mandat *m*, ordonnance *f*.
write [rait] écrire; **~r** écrivain *m*, auteur *m*.
writing écriture *f*; écrit *m*; ~ **pad** bloc-notes *m*; **~-paper** papier *m* à lettres.
written *p.p. de* **write.**
wrong faux; mauvais; mal *m*, tort *m*; faire tort à, nuire à; **be** ~ avoir tort, se tromper; ~ **number** *télé.* erreur *f* de numéro.
wrote *prét. de* **write.**
wrung *prét. et p.p. de* **wring.**
wry [rai] tordu; de travers; **pull a ~ face** faire la grimace.

X

Xmas ['krisməs] = **Christmas.**
X-ray rayon *m* X; radiographier; ~ **examination** examen *m* radiographique; ~ **photography** radiographie *f*.

Y

yacht [jɔt] yacht *m*; faire du yachting; ~ **club** yacht-club *m*; **~ing** yachting *m*.
Yankee Yankee *m*.
yard[1] cour *f*.
yard[2] yard *m*.
yarn fil *m*; *fam.* conte *m*.
yawn [jɔ:n] bâillement *m*; bâiller.
year [jə:] an *m*; année *f*; **~ly** annuel; tous les ans.
yearn [jə:n] désirer; ~ **for** soupirer après.
yeast levure *f*, ferment *m*.
yell hurlement *m*; hurler.
yellow jaune; **~ish** jaunâtre.
yelp jappement *m*; japper.
yes oui; si.
yesterday hier; **the day before ~** avant-hier.
yet cependant; néanmoins, tout de même; encore; toujours; **as ~** jusqu'à présent; **not ~** pas encore.
yield donner, rapporter; céder (**to** à); rendement *m*, récolte *f*; **~ing** souple; *fig.* complaisant.
yoke attelage *m*; atteler.
yolk [jəuk] jaune *m* d'œuf.
you vous, tu; on.
young jeune; neuf.
youngster jeune *m*.
your votre, vos, à vous; **~s** le (la) vôtre, les vôtres; **~self** (*pl.* **~selves**) toi-même,

vous-mêmes.

youth [ju:θ] jeunesse *f*; jeune homme *m*; **~ful** jeune; de jeunesse; **~ hostel** auberge *f* de la jeunesse.

Yugoslavia Yougoslavie *f*.

Z

zeal [zi:l] zèle *m*; **~ous** ['zeləs] zélé; enthousiaste.

zebra zèbre *m*; **~ crossing** passage *m* clouté.

zenith ['zeniθ] zénith *m*.

zero ['ziərəu] zéro *m*.

zest goût *m*, saveur *f*; entrain *m*, verve *f*.

zigzag zigzag *m*; zigzaguer.

zinc zinc *m*.

zip code *Am*. code *m* postal.

zip(-fastener), zipper fermeture *f* à glissière.

zone zone *f*; ceinture *f*.

zoolog|ical [zəuə'lɔdʒikl] **garden** jardin *m* zoologique, zoo *m*; **~y** [zəu'ɔlədʒi] zoologie *f*.

zoom lens objectif *m* transfocateur.

zoom (up) monter en flèche.

Nombres

Numbers

Nombres cardinaux — Cardinal Numbers

0 zéro *nought, zero*
1 un, une *one*
2 deux *two*
3 trois *three*
4 quatre *four*
5 cinq *five*
6 six *six*
7 sept *seven*
8 huit *eight*
9 neuf *nine*
10 dix *ten*
11 onze *eleven*
12 douze *twelve*
13 treize *thirteen*
14 quatorze *fourteen*
15 quinze *fifteen*
16 seize *sixteen*
17 dix-sept *seventeen*
18 dix-huit *eighteen*
19 dix-neuf *nineteen*
20 vingt *twenty*
21 vingt et un *twenty-one*
30 trente *thirty*
40 quarante *forty*
50 cinquante *fifty*
60 soixante *sixty*
70 soixante-dix *seventy*
80 quatre-vingt(s) *eighty*
81 quatre-vingt-un *eighty-one*
90 quatre-vingt-dix *ninety*
91 quatre-vingt-onze *ninety-one*
100 cent *a* (ou *one*) *hundred*
101 cent un *one hundred and one*
150 cent cinquante *one hundred and fifty*
200 deux cent(s) *two hundred*
1000 mille *a* (ou *one*) *thousand*
1001 mille un *thousand and one*
1100 onze cents *eleven hundred*
5000 cinq mille *five thousand*
100.000 cent mille *hundred thousand*
1.000.000 un million *a* (ou *one*) *million*

Nombres ordinaux — Ordinal Numbers

1er le premier, 1re la première *the first*
2e le (la) deuxième, le (la) second(e) *the second*
3e le (la) troisième *the third*
4e le (la) quatrième *the fourth*
5e le (la) cinquième *the fifth*
6e le (la) sixième *the sixth*
7e le (la) septième *the seventh*

8e le (la) huitième *the eighth*
9e le (la) neuvième *the ninth*
10e le (la) dixième *the tenth*
11e le (la) onzième *the eleventh*
12e le (la) douzième *the twelfth*
20e le (la) vingtième *the twentieth*
100e le (la) centième *the hundredth*
1000e le (la) millième *the thousandth*

Pays européens et leurs capitales

European Countries and their Capitals

Angleterre *f* (Londres) *England* (*London*)
Autriche *f* (Vienne) *Austria* (*Vienna*)
Belgique *f* (Bruxelles) *Belgium* (*Brussels*)
Bulgarie *f* (Sofia) *Bulgaria* (*Sofia*)
Danemark *m* (Copenhague) *Denmark* (*Copenhagen*)
Espagne *f* (Madrid) *Spain* (*Madrid*)
Finlande *f* (Helsinki) *Finland* (*Helsinki*)
Grèce *f* (Athènes) *Greece* (*Athens*)
Hongrie *f* (Budapest) *Hungary* (*Budapest*)
Irlande *f* (Dublin) *Ireland* (*Dublin*)
Italie *f* (Rome) *Italy* (*Rome*)
Norvege *f* (Oslo) *Norway* (*Oslo*)
Pays-Bas *m/pl.* (Amsterdam) *the Netherlands* (*Amsterdam*)
Pologne *f* (Varsovie) *Poland* (*Warsaw*)
Portugal *m* (Lisbonne) *Portugal* (*Lisbon*)
République *f* fédérale d'Allemagne (Bonn) *German Federal Republic* (*Bonn*)
République *f* démocratique allemande (Berlin-Est) *German Democratic Republic* (*East Berlin*)
Roumanie *f* (Bucarest) *Romania* (*Bucharest*)
Russie *f* (Moscou) *Russia* (*Moscow*)
Suède *f* (Stockholm) *Sweden* (*Stockholm*)
Suisse *f* (Berne) *Switzerland* (*Bern*)
Tchécoslovaquie *f* (Prague) *Czechoslovakia* (*Prague*)
Turquie *f* (Ankara) *Turkey* (*Ankara*)
Yougoslavie *f* (Belgrade) *Yugoslavia* (*Belgrade*)

Abréviations françaises

French Abbreviations

A.C.F.	Automobile-Club de France
A.F.P.	Agence France-Presse
A.N.A.	Armée Nord-Atlantique
Bd.	Boulevard
B.(D.)F.	Banque de France
Benelux	Belgique-Nederland-Luxembourg
C.A.	Communauté Atlantique, Conseil Atlantique
c.-à.-d.	c'est-à-dire
C.D.	Corps Diplomatique
C.E.	Communauté Européenne, Conseil de l'Europe
C.P.S.	Conseil Permanent de Sécurité
C.R.I.	Croix-Rouge Internationale
Dépt.	Département
F	franc
F.L.N.	Forces de la Libération Nationale
F.N.U.	Forces des Nations Unies
F.O.	Force Ouvrière
I.O.	Internationale Ouvrière
L.D.H.	Ligue des Droits de l'Homme
N°	numéro
O.C.E.E.	Organisation de Coopération Economique Européenne
O.N.U.	Organisation des Nations Unies
O.P.A.	Organisation du Pacte Atlantique
O.R.T.F.	Office de la Radiotélévision française
O.T.A.N.	Organisation du Traité de l'Atlantique Nord
p.	page
P.A.N.	Pacte Atlantique-Nord
P. et T.	Postes et Télécommunications
p.ex.	par exemple
R.D.A.	République Démocratique Allemande
R.F.	République Française

R.F.A.	République Fédérale Allemande
S.N.C.F.	Société nationale des chemins de fer français
St(e)	Saint(e)
s.v.p.	s'il vous plaît
T.A.N.	Traité Atlantique-Nord
U.E.P.	Union Européenne des Paiements
U.R.S.S.	Union des Républiques Socialistes Soviétiques
v.	voir

Abréviations anglaises et américaines

British and American Abbreviations

AA	Automobile Association (*U.K.*)
AEC	Atomic Energy Commission (*of SC*)
AFL-CIO	American Federation of Labor and Congress of Industrial Organizations
AFN	American Forces Network
a.m.	ante meridiem = before noon
AP	Associated Press (*U.S.*)
ASA	American Standards Association
B.A.	Bachelor of Arts
BBC	British Broadcasting Corporation
BR	British Railways
BRCS	British Red Cross Society
Bros.	Brothers
BSI	British Standards Institution
CBC	Canadian Broadcasting Corporation
CBS	Columbia Broadcasting System
CENTO	Central Treaty Organization
CIA	Central Intelligence Agency (*U.S.*)
CID	Criminal Investigation Department (*U.K.*)
Co.	Company
C.O.D.	Cash (*U.S.* collect) on delivery
COMECON	Council for Mutual Economic Aid
DC	District of Columbia
doz.	dozen
EC	East Central (*London*)
ECSC	European Coal and Steel Community

EEC	European Economic Community
EFTA	European Free Trade Association
EPU	European Payments Union
ESRO	European Space Research Organization
EURATOM	European Atomic Energy Community
FBI	Federal Bureau of Investigation (*U.S.*)
GATT	General Agreement on Tariffs and Trade
GB	Great Britain
GLC	Greater London Council
GPO	General Post Office
H.M.	His (*or* Her) Majesty
IAEA	International Atomic Energy Agency
IATA	International Air Transport Association
ICJ	International Court of Justice
IMF	International Monetary Fund
INTERPOL	International Criminal Police Organization
IOC	International Olympic Committee
IRA	Irish Republican Army
ISBN	International Standard Book Number
ISO	International Standards Organization
ITA	Independent Television Authority (*U.K.*)
ITO	International Trade Organization
£	pound sterling
lb.	pound(s)
Ltd.	limited
M.A.	Master of Arts
M.D.	Doctor of Medicine
MHR	Member of the House of Representatives (*U.S.*)
MP	Member of Parliament (*U.K.*); Military Police (*U.S.*)
m.p.h.	miles per hour
Mt.	Mount
NASA	National Aeronautics and Space Administration (*U.S.*)
NATO	North Atlantic Treaty Organization
NHS	National Health Service (*U.K.*)
OAS	Organization of American States
OAU	Organization of African Unity
OECD	Organization for Economic Co-operation and Development
oz(.)	ounce(s)

p	(new) penny
PEN	Poets, Playwrights, Editors, Essayists and Novelists
Ph.D.	Doctor of Philosophy
p.m.	post meridiem = afternoon
PO	Post Office
RAC	Royal Automobile Club
RAF	Royal Air Force
RC	Red Cross
Rd.	Road
RM	Royal Mail
RN	Royal Navy
SACEUR	Supreme Allied Commander Europe
SALT	Strategic Arms Limitation Talks
SC	Security Council (*UN*)
SEATO	South-East Asia Treaty Organization
SHAPE	Supreme Headquarters Allied Powers Europe
Sq.	Square
St.	Street, Saint
STD	subscriber trunk dialling (*U.K.*)
STOL	short take-off and landing
TGWU	Transport and General Workers' Union (*U.K.*)
TUC	Trade(s) Union Congress (*U.K.*)
UFO	unidentified flying object(s)
UK	United Kingdom
UN	United Nations
UNESCO	United Nations Educational, Scientific and Cultural Organization
UNICEF	United Nations International Children's Emergency Fund
UP(I)	United Press (International)
US(A)	United States (of America)
VAT	value-added tax
VHF	very high frequency
VIP	very important person
VLF	very low frequency
VTO(L)	vertical take-off (and landing)
WC	West Central (*London*); water-closet
WEU	Western European Union
WFTU	World Federation of Trade Unions
WHO	World Health Organization